Français
Méthodes

lycées toutes séries / préparation au bac

PROGRAMME 2007

Sous la direction de Pierre Sivan
Agrégé de lettres modernes
Lycée Saint-Louis, Paris

Frédérique Cauchi-Bianchi
Agrégée de lettres modernes
Lycée Saint-Exupéry, Saint-Raphaël

Éric Jacobée
Certifié de lettres modernes
Institution Sainte-Geneviève, Meaux

Sylvie Jacobée
Certifiée de lettres modernes
Ensemble Scolaire Sainte-Marie, Meaux

Annie Le Fustec-Démery
Agrégée de lettres classiques
Lycée Michelet, Vanves

Gérard Rainart
Agrégé de grammaire
IUFM de La Seyne-sur-Mer

Évelyne Thoizet-Loiseau
Agrégée de lettres modernes
Maître de conférences à l'université d'Artois

Nathan

ISBN 978-2-09-172660-1

Avant-propos

Ce manuel s'adresse aux élèves des classes de Lycées des **séries générales** et **technologiques**. Il invite à lier systématiquement lecture et analyse des textes, pratiques d'écriture, acquisition des notions et des méthodes de travail indispensables.

Il intègre les **réformes opérées dans les programmes de la classe de 1re** telles qu'elles apparaissent dans les textes officiels parus en novembre 2006.

La structure des chapitres

L'organisation type des chapitres est la suivante :

- L'**observation** d'un texte ou d'un corpus de textes.
- « **L'essentiel** », qui présente les notions à maîtriser et les savoir-faire à construire.
- **Les exercices**, de difficultés variées, qui permettent de mettre en œuvre les savoirs acquis, de s'entraîner à l'analyse raisonnée des textes et de se préparer aux épreuves du Baccalauréat. Certains de ces exercices, signalés comme « **exercices guidés** », indiquent à l'élève la démarche à suivre pour élaborer ses réponses.

À l'intérieur de chaque chapitre, une large place est réservée à l'**écriture d'invention**.

L'organisation du manuel

Le manuel s'articule suivant les perspectives d'étude définies dans les *Instructions Officielles* :

Parties 1 et 2 L'étude de la langue

- Dans la continuité des travaux accomplis au collège, le manuel se livre à un rappel des connaissances acquises : **lexique**, **syntaxe**, **grammaire de texte**.
- Dans le domaine rhétorique, il définit les principales **figures de style** que les élèves doivent pouvoir reconnaître, analyser et employer. Il fait également le point sur les éléments essentiels de **versification**.

Partie 3 L'approche des principaux mouvements littéraires et culturels

Cette approche s'inscrit dans une **double perspective**, qui est à la fois **d'histoire littéraire** – car elle présente les traits qui permettent de cerner les principaux mouvements – et **méthodologique** : comment définir un mouvement ? Quelle est l'utilité des distinctions relevant de l'histoire littéraire dans l'analyse des textes ?

Partie 4 L'analyse des genres

Accordant, conformément aux nouveaux programmes, **une large place au roman**, cette partie est organisée en fonction de la distinction traditionnelle des genres : roman, poésie, théâtre, autobiographie. Elle met l'accent sur les **outils d'analyse** de ces différents genres.

Partie 5 Les registres

Les **différents registres** et les procédés qui les caractérisent sont ici présentés : l'épique, le tragique et le pathétique, le lyrique, le comique, le polémique et le satirique, et enfin l'ironie (que nous avons préféré traiter dans ce cadre plutôt que dans celui – trop restreint – des figures de style).

Partie 6 L'argumentation

Les chapitres consacrés à l'argumentation permettent d'en appréhender les différentes **modalités** ainsi que les **objectifs**. Ils montrent sous quelles formes, directe ou indirecte, la visée argumentative est mise en œuvre **dans les textes littéraires**.

Partie 7 L'analyse de l'image

Cette partie aborde les questions posées par l'**analyse de divers types** d'images (tableaux, photographies, dessins de presse...) ainsi que par la **relation entre l'image et le texte littéraire**. Un chapitre est consacré à l'**adaptation filmique** des œuvres littéraires.

Partie 8 Écriture et réécritures

L'élève est ici invité à découvrir les problèmes liés à la **production** et à la **réception** des textes littéraires, aux **modes d'élaboration** des œuvres, ainsi qu'aux **enjeux** des multiples formes de réécriture.

Partie 9 Les épreuves de l'examen

Le manuel s'achève sur un ensemble de **douze chapitres** consacrés aux différentes épreuves du Baccalauréat : définition et exigence des exercices, méthodes pour les traiter.

Pour chaque objet d'étude de 2de ou de 1re figure – sur le modèle de l'examen – un « **sujet bac** » : corpus de textes accompagné de questions et de propositions de sujets distincts pour chacune des séries concernées.

Soucieux avant tout de clarté, ce manuel se veut un outil de travail accessible à tous les élèves. Nous espérons qu'il leur permettra de consolider leurs acquis, d'acquérir des connaissances nouvelles, d'améliorer leur pratique de la lecture littéraire et de se préparer efficacement aux épreuves du Baccalauréat.

Les auteurs.

Objets d'étude de la classe de 2de

Le roman	**Le récit : le roman ou la nouvelle** ▸ Étude d'une œuvre romanesque du XIXe ou du XXe siècle.
Le théâtre	**Le comique et le tragique** ▸ Étude d'une comédie ou d'une tragédie, accompagnée de textes et de documents complémentaires.
L'argumentation	• **Démontrer, convaincre, persuader :** analyse de ces trois modes d'argumentation et des liens qu'ils entretiennent. ▸ Étude d'un groupement de textes et de documents (éventuellement iconographiques). • **L'éloge et le blâme** (*objet d'étude facultatif*) ▸ Étude d'une œuvre ou d'un groupement de textes (poésie ou prose), accompagnée de documents complémentaires.
Les mouvements littéraires	**Un mouvement littéraire et culturel du XIXe ou du XXe siècle :** romantisme, réalisme, naturalisme, symbolisme, surréalisme… ▸ Étude d'un ensemble de textes littéraires, de documents et d'une œuvre littéraire.
L'écriture littéraire	• **Le travail de l'écriture :** analyse des rapports entre projets, brouillons, texte achevé, variantes. ▸ Étude d'un groupement de textes littéraires et de documents. • **Écrire, publier, lire** (*objet d'étude facultatif*) : examen de la situation des auteurs, des lecteurs ou des spectateurs, des modes de diffusion de l'œuvre littéraire. ▸ Étude d'un ou plusieurs ouvrages et de divers documents.
La poésie	La poésie ne constitue pas un objet d'étude à part entière en classe de 2de, mais son étude peut être abordée dans plusieurs cadres : – la découverte d'un mouvement littéraire, – le travail de l'écriture, – l'éloge et le blâme, – le théâtre (la poésie dramatique).

Remarque : dans la continuité de la classe de 3e, l'étude du genre autobiographique peut être poursuivie dans le cadre de l'étude du récit et de l'argumentation.

Objets d'étude de la classe de 1re

Objets d'étude communs à toutes les séries	
Le roman	**Le roman et ses personnages, visions de l'homme et du monde** ▸ Étude d'un roman du XVIIe siècle à nos jours, accompagnée de textes et documents complémentaires.
La poésie	**La spécificité du travail poétique sur le langage** ▸ Étude d'un recueil de poèmes ou d'un groupement de textes poétiques du XVIe siècle à nos jours.
Le théâtre	**Texte et représentation** ▸ Étude d'une pièce de théâtre, du XVIIe siècle à nos jours, accompagnée de textes et documents complémentaires, en particulier de caractère visuel.
L'argumentation	**Convaincre, persuader, délibérer :** les modalités de l'argumentation directe ou indirecte à travers les formes de l'essai, de la fable, du conte philosophique. ▸ Étude d'une œuvre littéraire ou d'un groupement de textes, accompagné de textes et de documents complémentaires.
Les mouvements littéraires (*objet d'étude facultatif dans les séries technologiques*)	**Étude d'un mouvement littéraire et culturel du XVIe, du XVIIe ou du XVIIIe siècle :** la Pléiade, l'humanisme, le baroque, le classicisme, les Lumières… ▸ Étude d'une œuvre littéraire ou d'un groupement de textes, accompagnée de textes et de documents complémentaires.
Objets d'étude réservés à la classe de 1re L	
L'autobiographie	**Étude des rapports entre réalité vécue et fiction littéraire** ▸ Étude d'une œuvre littéraire, accompagnée de textes et de documents complémentaires.
L'écriture littéraire	**Les réécritures : étude et pratique des diverses formes de réécriture** ▸ Un groupement de textes littéraires.

Sommaire

I. *L'étude de la langue*

II. *Les procédés de l'écriture littéraire*

III. *Les mouvements littéraires et culturels*

IV. *Les genres*

Le roman

La poésie

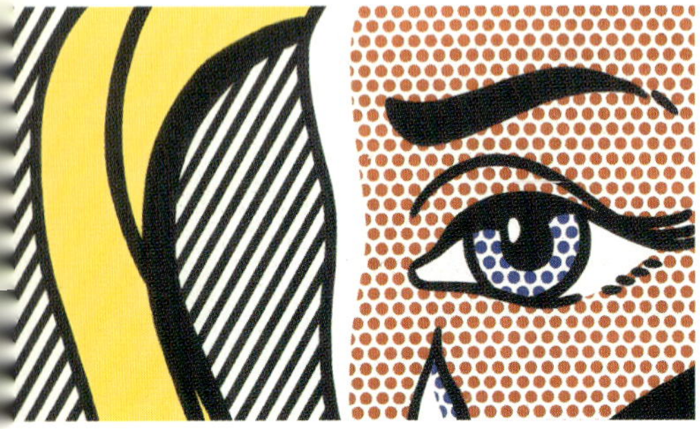

V. *Les registres*

VI. *L'argumentation*

VII. *Le discours de l'image*

VIII. *Écriture, réécritures*

IX. *Les épreuves de l'examen*

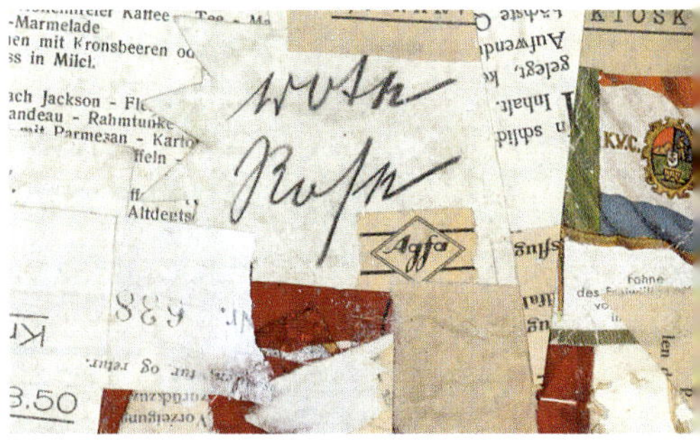

Andria Santarelli (née en 1935), *Communication première* (1993), acrylique sur toile, coll. part.

I

L'étude de la langue

Chapitre 1

La situation d'énonciation

2de / 1re

Mots clés

- énoncé
- énonciation
- situation d'énonciation
- locuteur
- destinataire

L'essentiel

- On appelle **énonciation** l'acte de produire, à l'écrit ou à l'oral, un discours : **l'énoncé**.
- L'énoncé est produit par un locuteur, pour un destinataire, à un moment et dans un lieu précis : ces éléments constituent la **situation d'énonciation**.

« Chère imagination, ce que j'aime surtout en toi, c'est que tu ne pardonnes pas ». (André Breton, *Manifeste du surréalisme*, 1924)

▸ Le locuteur André Breton s'exprime au présent, à la 1re personne, et s'adresse à l'imagination personnifiée.

- La situation d'énonciation peut apparaître clairement ou être effacée.

1. Mise en évidence de la situation d'énonciation

Les indices à repérer	Leurs marques formelles
Le **locuteur** se désigne lui-même.	Marques de la 1re personne : - pronoms personnels : *je, me, moi, nous* - adjectifs possessifs : *mon, ma, mes, notre, nos* - pronoms possessifs : *le mien, la mienne, le nôtre…*
Le **destinataire** est explicitement désigné.	Marques de la 2e personne : - pronoms personnels : *tu, te, toi, vous* - adjectifs possessifs : *ton, ta, votre, vos* - pronoms possessifs : *le tien, la tienne, le vôtre…*
Le **lieu** est indiqué par rapport à la position du locuteur.	- adverbes de lieu : *ici, derrière* - groupes nominaux : *à ma gauche, en ce lieu…*
Les indications de **temps** font référence au moment de l'énonciation.	- adverbes de temps : *aujourd'hui, maintenant* - groupes nominaux : *en cet instant, l'an prochain*
Les **temps verbaux**	Temps dominant : le présent ; les autres temps, à l'exception du passé simple, peuvent être utilisés pour situer les actions les unes par rapport aux autres.

2. Effacement de la situation d'énonciation

Les indices à repérer	Leurs marques formelles
Le **locuteur** ne se manifeste pas directement.	Marques de la 3e personne : - pronoms personnels : *il, elle, ils, elles, la, le, lui, les* - adjectifs possessifs : *son, sa, ses, leur, leurs* - pronoms possessifs : *le sien, la sienne, le leur, la leur, les leurs*
Le **destinataire** n'est pas connu.	Absence de marques
Les indications de **lieu** font référence aux événements racontés.	Exemple : *dans cette ville, à Londres…*
Les indications de **temps** font référence au moment de l'énonciation.	Exemple : *ce jour-là, la veille, le lendemain.*
Les **temps verbaux**	Temps dominants : le passé simple, l'imparfait, mais on rencontre aussi le présent de narration.

Exercices

Les indices de la situation d'énonciation

1 Relevez les indices de l'énonciation : qui parle ? à qui ? où ? quand ? En quoi cette situation d'énonciation est-elle originale ?

Frères humains qui après nous vivez,
N'ayez les cœurs contre nous endurcis,
Car, si pitié de nous pauvres avez,
Dieu en aura plus tôt de vous merci[1].
Vous nous voyez ci [2] attachés cinq, six :
Quant de[3] la chair, que trop avons nourrie,
Elle est piéça[4] dévorée et pourrie,
Et nous, les os, devenons cendre et poudre,
De notre mal personne ne s'en rie[5] :
Mais priez Dieu que tous nous veuille absoudre[6] !

François Villon, *Ballade des pendus* (1463).

1. Dieu aura pitié de vous. 2. ici 3. quant à 4. depuis longtemps
5. Que personne ne se moque de notre malheur ! 6. pardonner

Mise en évidence ou effacement ?

2 Dans les textes suivants, la situation d'énonciation est-elle mise en évidence ou effacée ? Justifiez vos réponses.

Texte 1

À TOUS CEUX
qui crevèrent d'ennui au collège
ou
qu'on fit pleurer dans la famille,
qui, pendant leur enfance,
furent tyrannisés par leurs maîtres
ou rossés par leurs parents,
je dédie ce livre.
Jules Vallès

Jules Vallès, *L'Enfant* (1879).

Texte 2

À peine âgé de vingt ans, Octave venait de sortir de l'École polytechnique. Son père, le marquis de Malivert, souhaita retenir son fils unique à Paris. Une fois qu'Octave se fut assuré que tel était le désir constant d'un père qu'il respectait, et de sa mère qu'il aimait avec une sorte de passion, il renonça au projet d'entrer dans l'artillerie.

Stendhal, *Armance* (1827).

Texte 3

16 mai.

Je suis malade, décidément ! Je me portais si bien le mois dernier ! J'ai la fièvre, une fièvre atroce, ou plutôt un énervement fiévreux, qui rend mon âme aussi souffrante que mon corps. J'ai sans cesse cette sensation affreuse d'un danger menaçant, cette appréhension d'un malheur qui vient ou de la mort qui approche, ce pressentiment qui est sans doute l'atteinte d'un mal encore inconnu, germant dans le sang et dans la chair.

Guy de Maupassant, *Le Horla* (1887).

La combinaison de situations d'énonciation

3 En repérant les indices de l'énonciation : qui parle ? à qui ? où ? quand ?, montrez comment deux situations d'énonciation se combinent dans ce texte.

Voilà qu'on me communique toute une histoire, arrivée, paraît-il, et qui semble inventée par quelque romancier populaire ou quelque dramatique[1] en délire.

Elle est, en tout cas, saisissante, bien machinée[2] et fort intéressante en son étrangeté.

Dans une propriété de campagne, mi-ferme et mi-château, vivait une famille possédant une fille courtisée par deux jeunes gens, les deux frères.

Ils appartenaient à une ancienne et bonne maison, et vivaient ensemble en une propriété voisine.

L'aîné fut préféré. Et le cadet, dont un amour tumultueux bouleversait le cœur, devint sombre, rêveur, errant.

Guy de Maupassant, *Un drame vrai* (1882).

1. auteur de pièces de théâtre 2. agencée, construite

BILAN

4 Lisez le texte suivant.

À Alfred Le Poittevin

Milan, 13 mai [1845]

J'ai quitté cette pauvre Méditerranée !! Je lui ai dit adieu avec un étrange serrement de cœur. Le matin que nous devions partir de Gênes, je suis sorti à six heures comme pour aller me promener. J'ai pris une barque et j'ai été jusqu'à l'entrée de la rade pour revoir une dernière fois ces flots bleus que j'aime tant. – La mer était forte. Je me laissais bercer dans la chaloupe en pensant à toi et en te regrettant. Puis, quand j'ai senti que le mal de mer pourrait bien venir, je suis revenu à terre et nous nous sommes en allés. J'en ai été si triste pendant trois jours que j'ai cru plusieurs fois que j'en crèverais. Cela est littéral. Quelque effort que je fisse, je ne pouvais pas desserrer les dents. – Je commence à croire décidément que l'ennui ne tue pas, car je vis.

Gustave Flaubert, *Lettre à Alfred Le Poittevin*.

Questions

1. Analysez la situation d'énonciation dans ce texte.
2. Modifiez le texte pour effacer la situation d'énonciation. Vous pourrez effectuer toutes les modifications que vous jugerez nécessaires : personne, temps verbaux…

Chapitre 5

Les niveaux de langue

2de / 1re

Mots clés

- niveau de langue familier
- niveau de langue soutenu
- niveau de langue courant
- vocabulaire usuel

L'essentiel

1. Les variations dans l'usage de la langue

■ Les utilisateurs d'une même langue ne l'emploient pas tous, et pas toujours, de la même façon. Les variations sont dues à différents facteurs :

- la **situation de communication** dans laquelle on se trouve : on ne s'exprime pas de la même manière face à un camarade et face à un supérieur hiérarchique, dans une réunion à caractère officiel et lors d'une conversation privée ;

- le **milieu** auquel appartiennent les interlocuteurs. L'usage du langage peut ainsi révéler l'origine sociale ou géographique de celui qui parle.

■ Ces variations définissent différents **niveaux** (ou **registres**) **de langue**. On distingue généralement trois niveaux de langue : **soutenu**, **familier** et **courant**.

Un même locuteur peut évidemment, suivant les situations, être conduit à utiliser ces trois niveaux, parfois à les mêler. Les critères permettant de les distinguer sont liés à l'usage d'une époque précise, ils peuvent donc varier.

2. Distinguer les trois niveaux de langue

Le niveau de langue soutenu

■ Caractéristique des milieux sociaux et culturels élevés, il marque de la part de celui qui l'emploie **une réelle attention à son langage et à son comportement**. Il correspond par exemple à une allocution officielle, à une conversation avec une personne à qui l'on entend marquer son respect…

■ On emploie donc un **vocabulaire recherché**, avec des termes anciens, rares ou spécialisés ; une **syntaxe soignée**, comportant des phrases complexes et, souvent, des verbes au subjonctif imparfait.

Le niveau de langue familier

■ Il correspond à **un discours plus ou moins spontané** ; on l'emploie avec des proches, des amis, dans des situations de communication où l'on peut se comporter sans contraintes.

■ Il se caractérise par un **vocabulaire familier**, voire grossier ; une **syntaxe relâchée** par rapport à l'usage jugé correct : ruptures de construction, répétitions.

Le niveau de langue courant

■ Il s'emploie dans **les échanges courants de la vie quotidienne**, au contact de gens que l'on connaît peu.

■ Il adopte donc **un vocabulaire compris par tous**, composé de mots usuels ; **une syntaxe respectant les usages grammaticaux**, sans recherche particulière.

Remarque : dans une œuvre littéraire, un auteur peut jouer sur le mélange des différents niveaux de langue, pour créer des effets de surprise, faire rire le lecteur, souligner des contrastes, caractériser des personnages.

L'usage d'un niveau de langue

1 **a. Quel est le niveau de langue utilisé par Paul Valéry ? Justifiez votre réponse.**

b. Pourquoi Valéry utilise-t-il ce niveau de langue ?

Mesdemoiselles[1],

M. le Grand Chancelier[2] m'ayant fait l'honneur de me donner la présidence de cette cérémonie, je me suis incliné devant l'autorité de sa charge et de sa gloire. Mais tandis que je répondais à son désir par l'obéissance que lui doivent les légionnaires, un grand trouble toutefois s'emparait de mon esprit. Je sentais naître en moi une timidité de jeune fille. [...]

Je vous ouvre mon cœur : je me disais que la tâche assez glorieuse de vous faire un petit sermon était la plus délicate que le sort académique jusqu'à présent m'eût assignée.

J'avais beau, pour échauffer un peu mes esprits, me représenter votre antique Maison, de moi tout inconnue, clôture mystérieuse, instituée, et comme consacrée par le grand Empereur[3], à l'ombre de la royale et tombale Basilique[4], – je ne trouvais ni l'âme ni le ton du discours qu'il fallait vous tenir entre ces vieux et vénérables murs, où tant de jeunesse recueillie apprend (je l'espère) tant de choses.

Paul Valéry, *Variété*, Discours prononcé à la maison d'éducation de la Légion d'honneur de Saint-Denis le 11 juillet 1932, © Gallimard.

1. Valéry s'adresse aux pensionnaires de la maison de la Légion d'honneur, institution éducative réservée aux filles des membres de la Légion d'honneur. **2.** Le Grand Chancelier préside l'ordre de la Légion d'honneur. **3.** Napoléon 1er, créateur de l'ordre de la Légion d'honneur **4.** La basilique de Saint-Denis, où se trouvent les tombeaux des rois de France.

Le mélange des niveaux de langue

2 **a. Quels sont les différents niveaux de langue présents dans ce dialogue ? Quelles en sont les marques ?**

b. Comment expliquez-vous l'usage de ces niveaux de langue différents ? Quels effets en résultent ?

Louise veut féliciter sa sœur Simone, interprète du rôle de Phèdre dans la tragédie de Racine ; son mari, Jean-Claude, refuse. Une dispute éclate.

Jean-Claude : Parce que toi tu en fais des efforts ?

Louise : Beaucoup, Jean-Claude, beaucoup !

Jean-Claude : Je rêve ! [...] Après m'avoir fourgué quatre heures et demie de ta sœur !

Louise : Trois heures et demie !

Jean-Claude : Et l'heure qu'on est en train de passer à piétiner devant sa loge, ça compte pour du beurre !?

Louise : Elle se lave ! Tu ne vas quand même pas compter de la même façon Simone dans *Phèdre* et Simone sous sa douche !!

Jean-Claude : C'est toi que je compte en ce moment, Louise ! Toi qui m'épuises autant qu'elle sur scène ! qui t'additionnes à ta sœur, j'ai la double ration ! [...]

Louise *(haineuse)* **:** Détrompe-toi, Jean-Claude, je suis très loin d'être comme Simone, très loin ! Parce que moi, dis-toi bien que si un jeune homme aux cheveux bouclés, les mollets sanglés par des lanières de cuir, traversait un jour ma vie, je pars avec illico ! Illico ! Sans hésiter, sans me retourner, je file avec Hippolyte... à Sciathos, à Scopélos, à Myconos[1]... où il voudra, et je te plante là, toi et ton cerveau de cœlacanthe[2] !

Jean-Michel Ribes, *Tragédie*, in *Théâtre sans animaux*, © Actes-Sud Papiers (2001).

1. îles grecques **2.** poisson d'origine préhistorique

BILAN

3 **Lisez le texte suivant.**

Mohammed, dit Momo, est un jeune garçon âgé de dix ans. Il ne connaît pas ses parents et est élevé par une vieille femme, Madame Rosa. Il raconte ici ses aventures avec son parapluie Arthur.

Le plus grand ami que j'avais à l'époque était un parapluie nommé Arthur que j'ai habillé des pieds à la tête. Je lui avais fait une tête avec un chiffon vert que j'ai roulé en boule autour du manche et un visage sympa, avec un sourire et des yeux ronds, avec le rouge à lèvres de Madame Rosa. C'était pas tellement pour avoir quelqu'un à aimer mais pour faire le clown car j'avais pas d'argent de poche et j'allais parfois dans les quartiers français[1] là où il y en a. J'avais un pardessus trop grand qui m'arrivait aux talons et je mettais un chapeau melon, je me barbouillais le visage de couleurs et avec mon parapluie Arthur, on était marrants tous les deux. Je faisais le rigolo sur le trottoir et je réussissais à ramasser jusqu'à vingt francs par jour, mais il fallait faire gaffe parce que la police a toujours un œil pour les mineurs en liberté. Arthur était habillé comme un unijambiste avec un soulier de basket bleu et blanc, un pantalon, un veston à carreaux sur un cintre que je lui avais attaché avec des ficelles et je lui avais cousu un chapeau rond sur la tête.

Romain Gary (*alias* Émile Ajar), *La Vie devant soi*, © Mercure de France (1975).

1. Momo vit dans le quartier parisien de Belleville qui, à l'époque où se déroule le récit, est habité par des populations immigrées.

Questions

1. Quel est le niveau de langue utilisé dans cet extrait de roman ?
2. Quel est l'effet recherché par l'écrivain ?
3. Récrivez ce texte dans un niveau de langue soutenu.
4. En comparant le texte de Romain Gary et le texte que vous avez récrit, commentez ce que peut révéler du personnage chacun des deux niveaux de langue.

Chapitre 7

Histoire et formation des mots

Mots clés

- étymologie
- néologisme
- préfixe
- suffixe

2de / 1re

L'essentiel

1. Histoire des mots

■ Les mots d'une langue ont une histoire : ils naissent, évoluent et parfois disparaissent. L'**étymologie** est la science qui étudie l'histoire des mots. Ses résultats sont rassemblés dans les dictionnaires étymologiques.

Le mot *science* vient du nom latin *scientia*, formé sur le verbe *scire*, « savoir ».

■ Le sens des mots se modifie au fil des siècles. Il y a souvent de fortes différences entre le sens étymologique du mot - qui n'est pas forcément son « vrai » sens – et le sens actuel.

Étonner veut dire, au XVIIe siècle, « frapper comme le fait la foudre ». Il a aujourd'hui le sens bien plus faible de « surprendre ».

■ Certains mots sortent de l'usage au fil du temps. Leur emploi par un auteur moderne a donc un effet particulier.

Dans le poème « L'Ermite », Apollinaire évoque les jeux que connaissent les humains :
« Les humains savent tant de jeux : l'amour la mourre ».
▸ Le mot *mourre* désignait anciennement un jeu de hasard. Le poète joue sur le rapprochement sonore avec le mot *amour*.

2. Formation des mots

Le français est constitué principalement de **mots latins**, d'emprunts, de néologismes, de mots composés et de dérivés.

Le latin *sexta hora*, « sixième heure », a donné *siesta* en espagnol puis *sieste* en français.

■ Les **emprunts** révèlent souvent l'influence culturelle d'un pays ou d'un groupe social.

L'admiration pour l'Italie à la Renaissance favorise l'emprunt à l'italien de mots comme *balcon*, *cavalier*, *costume*.

■ Les **néologismes** servent à désigner des inventions ou des notions nouvelles.

Le mot *ordinateur* apparaît en français en 1951, avec le développement de l'informatique.

■ Les **mots composés** comportent soit plusieurs éléments français (*chaise longue*), soit plusieurs éléments grecs ou latins.

Œnologie, « science des vins », est formé sur les mots grecs *oinos*, « vin », et *logos*, « étude de ».

■ Les **mots dérivés** sont constitués à partir d'une base à laquelle on ajoute un **préfixe**, un **suffixe** ou les deux.

Sur le mot *rêve*, on peut construire *rêver*, *rêveur*, *rêverie*, *rêveusement* ; sur *trouver* : *retrouver*, *re-trouvailles*.

Remarque : Les dictionnaires de langue comportent des articles, parfois en annexe, expliquant l'usage et la signification des éléments grecs et latins, des préfixes et des suffixes.

- issime : I. Pour former des noms. La base est un nom. *Le généralissime*. II. Pour former des adjectifs. La base est un adjectif. *Illustrissime*, *rarissime*, *richissime*. (*Nouveau Petit Robert* 2007)

Exercices

Sens et étymologie

1 **Recherchez l'étymologie des mots suivants. Qu'apporte-t-elle à la compréhension de leur(s) sens ?**

auteur – anthologie – chiasme – didascalie – drame – fable – ludique – métaphore – parodie – polémique – stéréotype – symbole – topos – tragédie – utopie.

2 **Écriture d'invention**

Cherchez au CDI, dans un dictionnaire ou dans une grammaire, un tableau détaillé des racines grecques et des racines latines. Écrivez un texte sérieux ou amusant dans lequel vous emploierez cinq mots composés sur des racines grecques et cinq mots composés sur des racines latines.

Évolution du sens des mots

3 **Donnez le sens des mots soulignés dans ces extraits de textes du XVIIe siècle. Utilisez un dictionnaire historique.**

1. Suis moins ta passion, <u>règle</u> mieux tes désirs. (Corneille, *Horace*).
2. Le Ciel <u>a résolu</u> votre grandeur suprême. (Corneille, *Cinna*).
3. C'est un dessein que j'ai formé par pure <u>politique</u>, un stratagème utile, une <u>grimace</u> nécessaire. (Molière, *Dom Juan*)
4. Athènes me montra mon <u>superbe</u> ennemi. (Racine, *Phèdre*)
5. Que de soins m'eût coûté cette tête <u>charmante</u> ! (Racine, *Phèdre*)

Formation des mots

4 **En vous appuyant sur la manière dont ils sont construits et sur leur étymologie, expliquez le sens précis des mots suivants.**

pronom – adjectif – préposition – adverbe – conjonction.

5 **À quelle langue les mots suivants ont-ils été empruntés ? Employez-les dans une phrase.**

baroque – burlesque – pastiche.

6 **Expliquez la différence de sens entre les mots suivants. Employez chacun d'eux dans une phrase qui en éclaire le sens.**

attentionné/attentif – compréhensible/compréhensif – désintérêt/désintéressement – imaginaire/imaginatif – intellectuel/intelligible – luxueux/luxuriant/luxurieux.

Valeur expressive des préfixes et des suffixes

7 **Quelle est la valeur des préfixes dans les mots suivants ?**

antédiluvien – aphone – hypersensible – dissemblable – dysfonctionnement – irrépressible – médire – périphérique – supranational.

8 **Quelle est la valeur des suffixes dans les mots :**

rougeâtre – braillard – vieillot – travailloter – gravissime – rêvasser – mangeaille – longuet.

BILAN

9 **Lisez le texte suivant.**

En plein Moyen Âge, le duc d'Auge interroge l'abbé Onésiphore Biroton sur les rêves.

– Si on voit le ciel, des anges, ou même simplement des oiseaux, à condition qu'ils ne soient pas de nuit, le rêve vient de Dieu ; si l'on voit des flammes, des démons ou même simplement des animaux rampants et tout spécialement des serpents, alors le rêve vient du Diable.

– Je ne rêve jamais de tout cela.

– Et de quoi rêvez-vous, messire ?

– Je rêve souvent que je suis sur une péniche, je m'assois sur une chaise longue, je me mets un mouchoir sur la figure et je fais une petite sieste.

– Sieste… mouchoir… péniche… qu'est-ce que c'est que tous ces mots-là ? Je ne les entrave point.

– Ce sont des mots que j'ai inventés pour désigner des choses que je vois dans mes rêves.

– Vous pratiqueriez donc le néologisme, messire ?

– Ne néologise pas toi-même : c'est là privilège de duc. Aussi de l'espagnol *pinaça* je tire *pinasse* puis *péniche*, du latin *sexta hora* l'espagnol *siesta* puis *sieste* et, à la place du *mouchenez* que je trouve vulgaire, je dérive du bas-latin *mucare* un vocable bien françoué selon les règles les plus acceptées et les plus diachroniques.

– Nous voilà bien loin de l'onirologie sapientale et chrétienne. Votre science sémantique, messire, a fumet d'hérésie.

– En quoi serait-il hérétique de rêver de péniche ?

Raymond Queneau, *Les Fleurs bleues*, III, © Gallimard (1965).

Questions

1. Vérifiez l'histoire des mots *péniche, sieste* et *mouchoir*. De quels instruments allez-vous vous servir ?
2. Comment les mots *diachronique* et *onirologie* sont-ils formés ? Trouvez d'autres mots construits avec les mêmes éléments et donnez leur sens.
3. Chercher le sens et l'étymologie des deux verbes *entraver*. Lequel est employé à la ligne 12 ? À quel niveau de langue appartient-il ?
4. Qu'est-ce qu'un *néologisme* ? Pourquoi le duc d'Auge dit-il à l'abbé de ne pas *néologiser* (l.16) ? Quel est l'antonyme de *néologisme* ?
5. Qu'est-ce qu'un *anachronisme* ? Relevez dans le texte des termes anachroniques. Quel effet produisent-ils ?

Chapitre 8

Les relations entre les mots

Mots clés

- signifiant
- signifié
- polysémie

2de/1re

L'essentiel

■ Les mots ont une forme (lettres, sons) qu'on nomme **signifiant**, un sens qu'on appelle **signifié**.

Le **signifiant** du mot *parfum* comporte 6 lettres et 2 syllabes, son **signifié** est « odeur agréable ».

■ Il existe entre les mots des **ressemblances** ou des **différences** fondées sur leur signifiant ou sur leur signifié. Ces relations sont désignées par des termes linguistiques composés d'éléments grecs.

1. Les ressemblances de forme

Noms et étymologies	Définitions	Exemples
Homonymes *homo-*, « semblable », « même »; *-onyme*, « mot »	Mots de forme identique mais ayant une signification différente. Des homonymes peuvent être **homographes**: ils ont la même forme écrite. Des homonymes peuvent être **homophones**: ils se prononcent de la même manière.	*causer un accident/causer avec un ami* *dont/don*
Paronymes *para-*, « à côté », « proche de »; -onyme, « mot »	Mots qui se ressemblent par leur signifiant	*ivre/livre/givre*

Remarque: Certaines figures de style jouent sur ces ressemblances, par exemple, la **paronomase.**

« Qui vole un œuf vole un bœuf. » Proverbe.
« Plutôt souffrir que de mourir. » (La Fontaine).

2. Les liens de sens

Noms et étymologies	Définitions	Exemples
Mots polysémiques *poly-*, « plusieurs »; *sème*, « sens »	Mots qui ont plusieurs sens	*être en tête/faire la tête/perdre la tête*
Synonymes *syn-*, « avec »; *-onyme*, « mot »	Mots de sens proches	*détester, haïr, abhorrer*
Antonymes *anti-*, « contre »; *-onyme*, « mot »	Mots de sens contraire	*aimer/détester*
Mots englobants (ou **hyperonymes**)	Termes génériques, mots désignant une catégorie, un ensemble	L'énumération *l'amour, l'amitié, la haine* peut être résumée par un terme générique: *les sentiments.*

Exercices

Homonymie et paronymie

1 Distinguez les mots suivants en les employant chacun dans une phrase qui en fera saisir le sens.

air/ aire / ère/ hère – cahot / chaos – censé / sensé – chœur / cœur – différend / différent – étique / éthique.

2 Distinguez les couples de mots suivants en les décomposant et en cherchant leur étymologie.

alternance et alternative – collision et collusion – perpétuer et perpétrer – piété et pitié.

Polysémie

3 Employez les mots suivants dans plusieurs phrases pour en faire apparaître les différents sens.

coup – descendre – droit – feu – jeu – louer – passer – pièce – sauvage – sujet.

4 Cherchez les différents sens possibles des mots *embrasser*, *voile*, *sentir*, puis dites comment vous comprenez ces extraits du poème de Rimbaud.

J'ai embrassé l'aube d'été. […] En haut de la route, près d'un bois de lauriers, je l'ai entourée avec ses voiles amassés, et j'ai senti un peu son immense corps. L'aube et l'enfant tombèrent au bas du bois.
Au réveil il était midi.

Arthur Rimbaud, *Illuminations* (1886).

Synonymie et antonymie

5 a. Que reproche l'auteur à la façon de parler des courtisans sous la monarchie ? Au nom de quelles valeurs ?

b. Trouvez le plus grand nombre possible de synonymes des mots *peiné*, *réjoui*, *laid*, *beau*, et essayez de les classer en fonction de leur intensité.

c. Donnez un synonyme adapté au contexte pour les mots : *servile*, *laconique*, *apanage*.

L'exagération du discours plaçait toujours au delà ou en deçà de la vérité. Au lieu d'être *peinés* ou *réjouis*, on ne voyait que des gens *désespérés* ou *enchantés*. Bientôt il ne serait plus rien resté de laid ni de beau dans la nature : on n'aurait trouvé que de *l'exécrable* ou du *divin*.

Il est temps que le style mensonger, que les formules serviles disparaissent et que la langue ait partout ce caractère de véracité et de fierté laconique qui est l'apanage des républicains.

Abbé Grégoire, *Rapport sur la nécessité et les moyens d'anéantir les patois et d'universaliser l'usage de la langue française* (1794).

6 Écriture d'invention

Récrivez au présent le texte de l'abbé Grégoire (exercice 5), en faisant à votre tour une critique de certaines expressions contemporaines qui vous paraissent ridicules.

7 Donnez un antonyme pour chacun de ces mots.

anachronique – hétérogène – homéopathique – hydrophobe – polygame.

Mots englobants

8 Trouvez les mots englobants (ou hyperonymes) qui permettent de remplacer les séries suivantes :

1. honnêteté – sincérité – générosité – patience.
2. comédie – tragédie – farce – drame – mélodrame.
3. sonnet – ode – hymne – rondeau – ballade.
4. quatrain – tercet – distique – sizain – quintil.
5. lyrique – didactique – pathétique – tragique – satirique.

BILAN

9 Lisez ces extraits de Jean Tardieu.

• **Extrait 1.** Prenez un mot usuel. Posez-le sur une table bien en évidence et décrivez-le : de face, de profil, de trois-quarts.[…]

• **Extrait 2.** Trouvez un seul verbe pour signifier l'acte qui consiste à boire un verre de vin blanc avec un camarade bourguignon, au café des Deux-Magots, vers six heures, un jour de pluie, en parlant de la non-signification du monde, sachant que vous venez de rencontrer votre ancien professeur de chimie et qu'à côté de vous une jeune femme dit à sa voisine : « Je lui en ai fait voir de toutes les couleurs, tu sais ! »

• **Extrait 3.** Étant donné une vieille boîte en bois que je veux détruire ou jeter au rebut, ai-je le droit de dire que je la tue, que je l'épluche, que je la fais cuire, que je la mange, que je la digère, ou encore que je l'efface, que je la biffe, que je la condamne, l'incarcère, l'exile, la destitue, la vaporise, l'éteins, la scalpe, l'embaume, la fais tondre, l'électrocute, la dégonfle, la souffle ?
Répondez à chacune de ces questions.

Jean Tardieu, *Œuvres posthumes du professeur Froeppel*, © Gallimard (1978).

Questions et activités

1. Pourquoi les extraits ci-dessus sont-ils amusants ? Sur quels aspects du lexique permettent-ils de réfléchir ?
2. Imaginez un texte construit sur le modèle du deuxième extrait : « Trouvez un seul verbe pour signifier l'acte qui consiste à... »
3. Imaginez un texte construit sur la même structure que le troisième extrait : « Étant donné un(e)... que je veux..., ai-je le droit de dire que... »

Chapitre 9

Connotations, champs lexicaux

Mots clés
- connotation
- dénotation
- champ lexical

2de/1re

L'essentiel

1. Sens dénoté, sens connotés

■ Le sens habituel d'un mot, accepté par tous les locuteurs d'une même langue, s'appelle **sens dénoté** ou **dénotation**. Il est stable.

Le mot *nuit* désigne la période pendant laquelle la Terre n'est pas éclairée par le Soleil.

■ Des sens supplémentaires peuvent être associés au sens dénoté, soit par l'ensemble des locuteurs, soit par certains groupes, en fonction de leur expérience propre et de leurs réactions affectives : ce sont les **sens connotés** ou **connotations**.

L'évocation de la nuit peut être associée au ciel étoilé, aux ténèbres inquiétantes ou aux plaisirs des boîtes de nuit.

■ Les **connotations** sont **variables** d'un groupe humain à un autre, et même d'un individu à un autre. Elles sont liées à des niveaux de langue ou à des emplois particuliers que signalent les dictionnaires (*vulgaire*, *vieilli*, *précieux*, *didactique*, etc.). Les connotations sont donc par nature **instables**.

Le mot *nuit* n'éveille pas les mêmes échos chez un astronome et chez un insomniaque. Il a aussi des connotations différentes dans des expressions comme *travail de nuit* (notion de pénibilité), *boîte de nuit* (notion de plaisir).

■ Les connotations donnent aux mots une **portée symbolique**, fréquemment utilisée en poésie.

« Dans la nuit éternelle emportés sans retour » (Lamartine, « Le lac »)

▸ La nuit symbolise ici la mort, le jour étant souvent lié à la vie.

2. Les champs lexicaux

■ On désigne par **champ lexical** l'ensemble des mots d'un texte qui sont en rapport avec **une même notion**.

« Je crus <u>entendre</u> des mouvements confus, des <u>murmures</u> sinistres et <u>articulés</u> comme des <u>chuchotements</u>, une <u>rumeur</u> de <u>paroles sourdes</u> et de <u>rires étouffés</u> qui <u>bourdonnaient</u> dans mon <u>oreille</u>. » (Charles Nodier, *La Fée aux miettes*, 1832)

▸ Les mots soulignés sont tous en rapport avec le son.

→ **Chapitres 18 et 20**
• Figures d'analogie et de substitution, p. 54 ;
• Figures de construction, p. 60.

■ La présence de plusieurs champs lexicaux différents dans un même texte peut être liée à l'usage de figures de style, par exemple une **métaphore filée** ou une **antithèse**.

*« Mes <u>yeux ouverts</u>, à la façon d'une **bouche** affamée, **dévorent** la terre et le ciel. Oui, j'ai la sensation nette et profonde de **manger** le monde avec mon <u>regard</u>, et de **digérer** les <u>couleurs</u> comme on **digère** les viandes et les fruits. »* (Maupassant, *La Vie d'un paysagiste*, 1886).

▸ Les mots soulignés renvoient à la vue, les mots en gras renvoient à la nourriture. Le rapprochement des deux champs lexicaux constitue une métaphore filée qui suggère que le peintre se nourrit de la contemplation du monde.

Les connotations

1 Écriture d'invention

a. Quelles connotations s'attachent pour vous aux termes suivants : *aube, crépuscule, printemps, automne* ?

b. Sur le modèle de ce poème en prose, composez un éloge d'un moment que vous aimez en exprimant de façon précise les connotations qui s'attachent pour vous à ce mot.

Ô nuit ! ô rafraîchissantes ténèbres ! vous êtes pour moi le signal d'une fête intérieure, vous êtes la délivrance d'une angoisse ! Dans la solitude des plaines, dans les labyrinthes pierreux d'une capitale, scintillement des étoiles, explosion des lanternes, vous êtes le feu d'artifice de la déesse Liberté !

Baudelaire, *Petits Poèmes en prose*, XXII (1862).

2 Écriture d'invention

Sur le modèle de l'extrait de roman ci-dessous, imaginez un dialogue entre deux personnages contemporains qui veulent lancer un nouveau produit et lui cherchent un nom.

Le parfumeur Popinot se prépare à commercialiser un nouveau produit, avec l'aide du représentant Gaudissart, et d'un auteur de prospectus.

L'impatient Gaudissart prit le manuscrit et lut à haute voix et avec emphase : HUILE CÉPHALIQUE !

– J'aimerais mieux Huile Césarienne, dit Popinot.

– Mon ami, dit Gaudissart, tu ne connais pas les gens de province : il y a une opération chirurgicale qui porte ce nom-là, et ils sont si bêtes qu'ils croiraient ton huile propre à faciliter les accouchements : de là pour les ramener aux cheveux, il y aurait trop de tirage.

– Sans vouloir défendre mon mot, dit l'auteur, je vous ferai observer que Huile Céphalique veut dire huile pour la tête, et résume vos idées.

Balzac, *César Birotteau*, ch. II (1835).

3 Commentez la strophe ci-dessous en réfléchissant aux connotations des mots *poussière, chant, pierre, lierre, miroir, ombre*. Quelles relations sont établies entre le poète et sa muse ?

Je te dois tout je ne suis rien que ta poussière
Chaque mot de mon chant c'est de toi qu'il venait
Quand ton pied s'y posa je n'étais qu'une pierre
Ma gloire et ma grandeur seront d'être ton lierre
Le fidèle miroir où tu te reconnais
Je ne suis que ton ombre et ta menue monnaie

Aragon, « Prose du bonheur et d'Elsa », *Le Roman inachevé*, © Gallimard (1956).

Les champs lexicaux

4 Quels champs lexicaux s'opposent dans cet extrait ? Quelles figures sont ainsi construites ? Reformulez la thèse exprimée.

La guerre est un fruit de la dépravation des hommes ; c'est une maladie convulsive et violente du corps politique ; il n'est en santé, c'est-à-dire dans son état naturel, que lorsqu'il jouit de la paix. [...] Jamais les triomphes les plus éclatants ne peuvent dédommager une nation de la perte d'une multitude de ses membres que la guerre sacrifie ; ses victoires même lui font des plaies profondes que la paix seule peut guérir.

Damilaville, article « Paix », *Encyclopédie* (1750-1772).

5 Relevez les champs lexicaux dominants dans l'extrait ci-dessous. Quel effet l'auteur veut-il produire en les entremêlant ?

Les nuages abaissés entrent sous l'ombrage des bois. La nue se déchire, et l'éclair trace un rapide losange de feu. Un vent impétueux, sorti du couchant, roule les nuages sur les nuages ; les forêts plient ; le ciel s'ouvre coup sur coup ; et, à travers ces crevasses, on aperçoit de nouveaux cieux et des campagnes ardentes. Quel affreux, quel magnifique spectacle ! La foudre met le feu dans les bois ; l'incendie s'étend comme une chevelure de flammes ; des colonnes d'étincelles et de fumée assiègent les nues, qui vomissent leurs foudres dans le vaste embrasement.

Chateaubriand, *Atala* (1801).

BILAN

6 Lisez le texte suivant.

Le cancre

Il dit non avec la tête
mais il dit oui avec le cœur
il dit oui à ce qu'il aime
il dit non au professeur
il est debout
on le questionne
et tous les problèmes sont posés
soudain le fou rire le prend
et il efface tout
les chiffres et les mots
les dates et les noms
les phrases et les pièges
et malgré les menaces du maître
sous les huées des enfants prodiges
avec des craies de toutes les couleurs
sur le tableau noir du malheur
il dessine le visage du bonheur.

Jacques Prévert, *Paroles*, © Gallimard (1945).

Questions

1. Relevez les mots appartenant au champ lexical de l'école. À quels mots s'opposent-ils dans le poème ?
2. Quelles réflexions ces contrastes peuvent-ils suggérer ?

Chapitre 10

Les éléments d'une phrase

2de / 1re

Mots clés

- groupe sujet/groupe verbal
- complément essentiel
- complément circonstanciel
- attribut
- phrase non verbale

L'essentiel

1. La phrase de base

■ La phrase de base est constituée par deux éléments obligatoires et fixes : le **groupe sujet** (GS) et le **groupe verbal** (GV) ; elle peut être enrichie par des éléments supprimables et déplaçables : les compléments circonstanciels (CC).

En 1857, *Flaubert* *publie* Madame Bovary.
CC GS GV

■ Certaines phrases ne comportent pas de verbe, on les appelle **phrases non verbales**. Elles peuvent être constituées à partir d'un nom, d'un adjectif, d'un adverbe.

La semaine prochaine, pluie sur l'ensemble de la France.

2. Le groupe sujet

■ Indispensable, le groupe sujet **impose l'accord du verbe** en nombre et en personne.

■ Il peut être : un nom ou un groupe nominal, un pronom, un infinitif ou un groupe infinitif, une subordonnée relative ou conjonctive.

Fumer nuit gravement à la santé. (L'infinitif *fumer* est sujet du verbe *nuire*.)

3. Le groupe verbal

■ On distingue 3 catégories de verbes :
- les verbes **intransitifs** : ils n'ont pas de compléments essentiels ;
- les verbes **transitifs** : ils sont suivis de compléments essentiels ;
- les verbes **attributifs** (ou verbes d'état) : *être*, *sembler*, *paraître*, *devenir*, *rester*, *passer pour*, *avoir l'air*. Ils introduisent un attribut caractérisant le sujet.

■ Les **compléments essentiels du verbe** ne peuvent être ni supprimés ni déplacés : leur suppression prive la phrase de son sens ou le modifie profondément.
On distingue : les **compléments d'objet direct**, construits sans préposition, et les **compléments d'objet indirects,** introduits par des prépositions.

■ Certains verbes ont des **compléments essentiels** indiquant le **lieu** ou le **temps**.

Je vais à Paris. – L'orage a duré plusieurs heures.

■ Les attributs peuvent caractériser :
- le sujet

Il passait pour fou. (L'adjectif *fou* est attribut du sujet *il*.)

- le COD, en particulier après certains verbes de perception ou de jugement.

On jugeait sa conduite étrange. (*étrange* est attribut du COD *sa conduite*).

■ Les **compléments circonstanciels** peuvent être supprimés ou déplacés ; ils enrichissent la phrase, en précisant des circonstances de l'action : temps, lieu, manière, moyen, cause, conséquence, but, comparaison, condition, concession.

Phrase verbale, phrase non verbale

1 **Voici un ensemble de titres d'articles de presse.**

a. Transformez ces phrases non verbales en phrases verbales.

b. Pourquoi les journalistes ont-ils eu recours pour ces titres à des phrases non verbales ?

c. Sur le même modèle, imaginez des slogans ou d'autres titres qui évoquent les spécificités ou les qualités d'un film, d'un livre, d'un concert ou d'une émission de télévision.

1. Les sous-sols de France-Inter, mémoire de l'histoire radiophonique
2. Exposition événement au musée Granet d'Aix-en-Provence : Cézanne, le sculpteur de peinture
3. Le musée du quai Branly : un bâtiment signé Jean Nouvel, éclairé par Yann Kersalé, planté de lianes et de savanes par Gilles Clément. Un casting de luxe pour le nouvel écrin des arts premiers. Inventaire avant ouverture

© *Télérama*, juin 2006, n° 2945.

Compléments essentiels, compléments circonstanciels

2 **Les groupes soulignés sont-ils des compléments essentiels ou des compléments circonstanciels ? Distinguez les compléments essentiels directs et les compléments essentiels indirects.**

Un matin, tandis que le capitaine, étendu sur un lit de repos, lisait, en attendant le déjeuner, *La vie très horrificque de Pantagruel*, et que son frère prenait une leçon de guitare sous la direction du signor Uberto Vinibella, un laquais vint annoncer à Bernard qu'une vieille très proprement habillée l'attendait dans la salle basse, et que, d'un air de mystère, elle avait demandé à l'entretenir. Il descendit aussitôt et reçut des mains tannées d'une vieille [...] une lettre qui répandait un doux parfum : elle était scellée avec un fil d'or et un large cachet de cire verte [...].

Prosper Mérimée, *Chronique du règne de Charles IX* (1829).

3 **a. Distinguez parmi les groupes de mots soulignés les compléments essentiels et les compléments circonstanciels.**

b. Précisez la valeur des compléments circonstanciels (temps, lieu, moyen...).

Le train se mouvait lentement à travers une campagne hostile, lançant de loin en loin de brefs coups de sifflet comme pour se rassurer lui-même. Lorsqu'il s'arrêtait, dans un vacarme de grincements et de tampons heurtés, on devinait les gares sans les voir. L'air produit par le déplacement du convoi entrait dans le wagon grâce aux vitres absentes. Il tempérait la lourdeur de l'atmosphère, mais ne favorisait pas la guérison de mon satané et ridicule rhume qui, pourtant, allait mieux depuis quelques heures.

J'éprouvai bientôt le besoin de me moucher.

Je ne trouvai dans mes poches qu'un mouchoir. J'étais certain d'en avoir eu deux depuis le matin [...]

Léo Malet, *Le Dernier Train d'Austerlitz*,
© Éditions Clancier-Guénaud (1945).

Compléments essentiels et attributs

4 **Les mots ou groupes de mots soulignés sont-ils des compléments essentiels ou des attributs du sujet ? Justifiez votre réponse.**

Le Corbeau et le Renard

Maître Corbeau, sur un arbre perché,
Tenait en son bec un fromage.
Maître Renard, par l'odeur alléché,
Lui tint à peu près ce langage :
« Hé bonjour, Monsieur du Corbeau.
Que vous êtes joli ! que vous me semblez beau !
Sans mentir, si votre ramage
Se rapporte à votre plumage,
Vous êtes le Phénix[1] des hôtes de ces bois. »

La Fontaine, *Fables* I, 2, vers 1 à 9 (1668).

1. oiseau légendaire au plumage magnifique

La construction des phrases

5 **Précisez la fonction des mots ou groupes de mots soulignés. Quel effet leur place produit-elle dans la phrase (attente, mise en relief d'un élément, surprise...) ?**

1. Le long d'un clair ruisseau buvait une colombe. (La Fontaine)
2. Fière est cette forêt dans sa beauté tranquille. (Musset)
3. On avait retrouvé un matin, dans les roseaux, près de Chatou, deux cadavres enlacés, la femme et l'homme, deux mondains connus, riches, plus tout jeunes, et mariés seulement de l'année précédente. (Maupassant)
4. Comme on voit sur la branche au mois de mai la rose,
En sa belle jeunesse, en sa première fleur,
Rendre le ciel jaloux de sa vive couleur,
Quand l'Aube de ses pleurs au point du jour l'arrose
(Ronsard)

6 **Écriture d'invention**

a. Observez la construction syntaxique du texte (place et fonction des groupes de mots).

b. Composez un texte qui adoptera la même construction grammaticale et la même disposition sur la page.

Choses inhabituelles qui causent une impression étrange

Au jour de l'an, époque des visites, dès le matin : le roulement des voitures.

À l'aurore, le gazouillement des oiseaux.

À l'aurore, entendre quelqu'un qui tousse.

Mais tous les bruits, à l'aurore, ne sont-ils pas étranges ?

Sei Shonagon, *Les Notes de l'oreiller*, œuvre japonaise du XIe siècle, trad. du japonais par Kuni Matsuo et Steinilber Oberlin, © Stock (1990).

Chapitre 11

2de / 1re

La phrase complexe

Mots clés

- proposition
- juxtaposition
- coordination
- subordination

L'essentiel

Une **phrase simple** ne comporte qu'**une seule proposition**, c'est-à-dire un seul groupe verbal. Une **phrase complexe** comporte **plusieurs propositions** juxtaposées, coordonnées ou subordonnées, c'est-à-dire placées dans un rapport de dépendance.

Il viendra me voir demain / s'il en a la possibilité.

▸ La phrase comporte deux propositions, elle est complexe.

1. La juxtaposition

Deux propositions juxtaposées ne sont reliées entre elles que par un **signe de ponctuation** : une virgule, un point-virgule ou deux points. Le lien qui les unit est **implicite**.

La pluie tombait, il prit son parapluie ; il sortit.

2. La coordination

■ Les propositions coordonnées sont reliées entre elles :
- par des **conjonctions de coordination** : *mais*, *ou*, *et*, *donc*, *or*, *ni*, *car* ;
- par des **adverbes** ou **locutions adverbiales** : *alors*, *ainsi*, *pourtant*, *en effet*…

■ La relation entre ces propositions, mises sur le même plan syntaxique, est **explicite**.

Il s'arrêta sous un porche et attendit la fin de l'averse.

3. La subordination

■ La **proposition subordonnée dépend d'une proposition principale** et ne peut exister sans elle.

Il se demandait / ce qu'il était venu faire dans cet endroit.
principale — subordonnée

■ On distingue trois catégories de propositions subordonnées :

- **la subordonnée relative** complète un nom comme le ferait un adjectif ; elle est introduite par un pronom relatif (*qui*, *que*, *quoi*, *dont*, *où*, *lequel*…).

Il se lança dans une tirade / qui ennuya toute l'assistance.

▸ La relative complète le nom *tirade* à la manière d'un adjectif (*une tirade très ennuyeuse*).

- la subordonnée **complément essentiel** du verbe de la principale : subordonnée conjonctive introduite par *que*, ou subordonnée interrogative indirecte.

*Il **pensa** alors / que ce film ne valait rien.*

▸ La subordonnée conjonctive introduite par *que* est complément essentiel du verbe *penser*.

*Il se **demanda** / pourquoi il était venu passer ses vacances dans un endroit pareil.*

▸ La subordonnée interrogative indirecte est complément essentiel du verbe *se demander*.

- la subordonnée **complément circonstanciel** : elle exprime le temps, la cause, la conséquence, la concession, la comparaison, la condition, le but.

Puisque tu le désires, je reste. ▸ La subordonnée introduite par *puisque* exprime la cause.

Exercices

Juxtaposition, coordination et subordination

1 **Indiquez le rapport logique implicite (cause, conséquence, opposition, temps…) qui existe entre les deux propositions juxtaposées. Mettez en évidence ce lien logique en utilisant la subordination.**

1. Elle s'est fait teindre les cheveux en blond platine ; je ne la reconnais plus.
2. Mon frère est gaucher ; je suis droitière.
3. L'arbitre a sifflé une pénalité ; un joueur avait agrippé le maillot de son adversaire pour le retarder dans sa course.
4. Les portes se sont ouvertes, les spectateurs sont entrés.
5. Il était de très loin le meilleur : le prix lui échappa.

2 **Distinguez les différents types de subordonnées (relative, conjonctive introduite par *que*, interrogative indirecte, circonstancielle).**

1. Dès qu'il fut entré, il comprit qu'il était tombé dans un piège.
2. Il voulut savoir comment l'individu était parvenu à découvrir son adresse.
3. Bien qu'il eût compris depuis longtemps la vérité, il refusait d'admettre qu'elle fût aussi cruelle.
4. La pièce dont je te parle triomphe au théâtre depuis que la critique a fait son éloge.
5. Quoi que tu me dises, je ne peux accepter que tu te complaises à dévorer des romans qui ne présentent pas le moindre intérêt.

Les effets des différentes constructions

3 **a. Relevez les différentes propositions et précisez leur catégorie : juxtaposée, coordonnée ou subordonnée.**

b. Quels sont les effets produits par la construction des phrases ?

Jacques Lantier est aux commandes de sa locomotive, qu'il a baptisée du prénom féminin de Lison. Soudain, il s'aperçoit que la voie est barrée par un chariot chargé de pierres.

C'était l'inévitable. Violemment, il avait tourné le volant du changement de vitesse, fermé le régulateur, serré le frein. Il faisait machine arrière, il s'était pendu, d'une main inconsciente, au bouton du sifflet, dans la volonté violente et furieuse d'avertir, d'écarter la barricade géante, là-bas. Mais, au milieu de cet affreux sifflement de détresse qui déchirait l'air, la Lison n'obéissait pas, allait quand même, à peine ralentie ; elle n'était plus la docile d'autrefois, depuis qu'elle avait perdu dans la neige sa bonne vaporisation[1], son démarrage si aisé, devenue quinteuse[2] et revêche maintenant, en femme vieillie, dont un coup de froid a détruit la poitrine. Elle soufflait, se cabrait sous le frein, allait, allait toujours dans l'entêtement alourdi de sa masse. Pecqueux, fou de peur, sauta.

Émile Zola, *La Bête humaine* (1890).

1. Un précédent accident a endommagé la Lison. **2.** sujette à des quintes de toux

4 **Analysez la construction de la dernière phrase. Sur quel effet de contraste l'auteur joue-t-il par rapport au début de l'extrait ?**

Les oiseaux s'éveillaient dans le vallon où il[1] descendit. Il ne faisait pas frais même dans les profondeurs encore couvertes des ténèbres de la nuit. Le ciel était entièrement éclairé d'élancements de lumière grise. Enfin, ce soleil rouge, tout écrasé dans de longues herbes de nuages sombres, émergea des forêts.

Malgré la chaleur déjà étouffante, Angélo avait très soif de quelque chose de chaud. Comme il débouchait dans la vallée intermédiaire qui séparait les collines où il avait passé la nuit d'un massif plus haut et plus sauvage, étendu à deux ou trois lieues devant lui et sur lequel les premiers rayons du soleil faisaient luire le bronze de hautes chênaies, il vit une petite métairie au bord de la route et, dans le pré, une femme en jupon rouge qui ramassait le linge qu'elle avait étendu au serein[2].

Jean Giono, *Le Hussard sur le toit*, © Gallimard (1951).

1. Le pronom désigne Angélo, le héros du roman de Giono. **2.** à la tombée du soir

BILAN

5 **Lisez le texte suivant.**

L'être que j'appelle moi vint au monde un certain lundi 8 juin 1903, vers huit heures du matin, à Bruxelles, et naissait d'une Française appartenant à une vieille famille du Nord, et d'un Belge dont les ascendants avaient été durant quelques siècles établis à Liège, puis s'étaient fixés dans le Hainaut. La maison où se passait cet événement, puisque toute naissance en est un pour le père et la mère et quelques personnes qui leur tiennent de près, se trouvait située au numéro 193 de l'avenue Louise, et a disparu il y a une quinzaine d'années, dévorée par un building.

Marguerite Yourcenar, *Souvenirs pieux*, © Gallimard (1980).

Questions et activités

1. Identifiez les propositions coordonnées et subordonnées. Par quels mots sont-elles introduites ?
2. Quel est leur rôle ?
3. Évoquez vos propres origines familiales dans deux textes différents : le premier utilisera des phrases simples, ou des phrases complexes sans subordination ; le deuxième tentera d'imiter le texte de Marguerite Yourcenar. Lequel des deux textes préférez-vous ? Pourquoi ?

Chapitre 12

La ponctuation

Mots clés

- intonation
- pause
- valeur expressive

2de / 1re

L'essentiel

La ponctuation est un système de signes écrits qui permet :
- de distinguer et de **séparer** les groupes de mots ;
- de préciser les **rapports** entre les mots et les groupes de mots ;
- de **rythmer** la phrase et de donner des indications sur l'**intonation**.

1. La séparation des énoncés

■ Le **point** est une pause forte ; il marque la fin d'une phrase.

■ Les **points de suspension** marquent une interruption de la phrase. Ils indiquent qu'un énoncé est inachevé ou laissé en suspens. Ils peuvent aussi marquer l'indécision.

« Que je m'arrête ici !… Et qu'à mon tour je contemple un peu la nature… Belles couleurs bleues de la mer matinale… » (Constantin Cavafy, *Poèmes*)

▸ Les points de suspension marquent des pauses de contemplation et d'émotion.

■ Le **point-virgule** sépare deux propositions dans une phrase complexe, sans en rompre le développement.

■ La **virgule** marque une pause de courte durée. Elle sépare les mots ou groupes de mots à l'intérieur d'une phrase ; elle juxtapose les propositions dans la phrase complexe. Elle crée parfois un effet d'abondance ou d'accélération, par accumulation des termes.

« Va, cours, vole et nous venge. » (Corneille, *Le Cid*)

▸ L'accumulation des verbes met en valeur la demande impérative d'une vengeance rapide.

2. La valeur logique de la ponctuation

■ Les **deux-points** marquent une relation de **cause** ou de **conséquence**.

« Le cerf est reconnu : chacun prend un épieu. » (La Fontaine)

▸ La deuxième proposition exprime la conséquence de la première.

Les deux-points servent aussi à introduire une **énumération**.

■ Les **parenthèses** ou les **tirets** isolent des mots, des propositions qui apportent un **commentaire**.

« Oui, m'arrêter ici, et me figurer que je vois ce paysage (à la vérité, je l'ai aperçu en arrivant, et l'espace d'une seconde), et non pas seulement mes illusions, mes souvenirs, mes voluptueux fantasmes… » (Constantin Cavafy, *Poèmes*)

3. La valeur expressive de la ponctuation

■ Le **point d'exclamation** marque l'**émotion** (colère, désespoir…) de celui qui parle. Il figure fréquemment à la fin d'une **phrase impérative**.

■ Le **point d'interrogation** clôt une **question**, mais il peut aussi traduire une émotion.

■ Les **guillemets** peuvent mettre en valeur un mot ou une expression ; ils marquent la distance du locuteur par rapport aux termes qu'il emploie.

Remarque : un même signe de ponctuation peut avoir des **valeurs multiples**.

Les guillemets permettent d'isoler un énoncé, de repérer une citation, un dialogue.

Ponctuer un texte

1 **Rétablissez la ponctuation et la mise en page du dialogue entre le narrateur, qui vient d'arriver à Ille, et son guide.**

Vous savez dis-je au Catalan qui me servait de guide depuis la veille vous savez sans doute où demeure M. de Peyrehorade Si je le sais s'écria-t-il je connais sa maison comme la mienne et s'il ne faisait pas si noir je vous la montrerais C'est la plus belle d'Ille Il a de l'argent oui M. de Peyrehorade et il marie son fils à plus riche que lui encore Et ce mariage se fera-t-il bientôt lui demandai-je Bientôt il se peut que les violons soient déjà commandés pour la noce Ce soir peut-être demain après-demain que sais-je C'est à Puygarrig que ça se fera car c'est Melle de Puygarrig que monsieur le fils épouse Ce sera beau oui

Prosper Mérimée, *La Vénus d'Ille* (1837).

2 **Voici le texte d'une lettre non ponctuée. Deux versions sont possibles, selon la ponctuation choisie. En ponctuant le texte de deux façons différentes, établissez ces deux versions. En quoi diffèrent-elles ?**

Mon Aglaé j'ai pris une grande décision j'ai eu une violente discussion avec mes parents à propos de notre mariage maintenant tout est fini entre nous ils se sont montrés odieux papa a dit grand-père te tuera si tu épouses cette fille mais non sans hésitation a ajouté maman je saurai te défendre tu as compris ils veulent que j'épouse Charlotte la fille de la charcutière qui est laide et grosse comme toi je la trouve grotesque mais elle est riche il n'y a plus à hésiter et mon choix est fait t'oublier moi jamais je serais un sale type en épousant Charlotte c'est avec toi que je me marierai ton Gaston.

Georges Berr, *L'Art de dire*, © Hachette (1924).

L'usage des signes de ponctuation

3 **Indiquez, dans les phrases suivantes, la fonction des différents signes de ponctuation utilisés.**

Edmond Barbentane l'agaçait, Aurélien, avec ses questions : « Alors, tu as vu ma cousine Bérénice ? C'est tout ce que tu en dis ? » et cent autres à quoi il fallait lui répondre quelque chose du style : « Elle est charmante… curieuse personne… mais oui, mais oui, elle me plaît bien… » Parce que de dire qu'elle lui déplaisait, ce qui était le vrai, eût demandé qu'on s'expliquât, qu'on parlât sans fin.

Edmond rigolait. Qu'est-ce que ça pouvait lui faire, après tout, ce qu'Aurélien pensait de sa cousine ? Elle était descendue chez les Barbentane à Paris, elle allait repartir pour sa province. […]

« Alors, c'est tout ce que tu dis de Bérénice ? »

Une manie. Il n'avait rien à en dire. Mais puisque n'en rien dire allait entraîner Edmond à des conclusions, bon : « Elle a l'air extrêmement douce. Ce doit être un repos dans une maison, la présence d'une femme comme ça… » […]

[Edmond] pouffa. Ah, pour une bourde…

« Douce ? Bérénice ? Douce ? eh bien, mon vieux, je t'en souhaite à la douzaine des douces comme ça ! La chose la plus drôle que j'aie jamais entendue ! Tu veux rire. Tu ne l'as pas regardée ? »

Louis Aragon, *Aurélien*, © Gallimard (1944).

4 **Quel effet l'absence de ponctuation produit-il dans ce récit ?**

Deux cavaliers viennent d'être accidentés en pleine nuit.

Je pensais Pauvre Wack il a toujours eu l'air d'un idiot mais maintenant plus que jamais, puis je ne pensais plus quelque chose comme une montagne ou un cheval s'abattant sur moi me jetant à terre me piétinant tandis que des milliers de chevaux galopants continuaient à me passer sur le corps puis je ne sentis même plus les chevaux seulement comme une odeur d'éther et le noir des oreilles bourdonnantes et…

Claude Simon, *La Route des Flandres*, © Éditions de Minuit (1960).

5 **En vous fondant sur l'emploi de la ponctuation, expliquez comment se crée un dialogue entre l'aube et la nuit.**

– Entends-tu trembler les étoiles ?
– Entends-tu pâlir mon cœur ?
– Entends-tu l'aube à pleines voiles ?
– Écoute une âme se voiler.

– Le soleil monte comme un trophée.
– Mon cœur se meurt d'être vainqueur.
– Entends-tu pleurer les fontaines ?
– Entends-tu leurs fées me pleurer ?
– J'entends sangloter les fontaines…
– Le cor d'ivoire de la Mort.

Paul Fort, *Ballades françaises* (1894).

6 **Écriture d'invention**

a. Quels sont les signes de ponctuation dominants dans ce début de nouvelle ? Quelles impressions donnent-ils au lecteur ?
b. À partir des propos dont se compose le texte, rédigez un récit mettant en scène les personnages évoqués. Le récit comportera des éléments narratifs, descriptifs et des dialogues.

Vendredi 27 juin 1997, 7h 30

Attention, chaud devant ! Café ou thé ? Café, OK. Une tartine ? Tiens. Quel temps magnifique aujourd'hui. Qu'est-ce que tu vas faire ? Rester ici à bouquiner ? Encore un peu de café ? Moi, je reprendrais bien des cornflakes, j'adore les cornflakes, pire qu'un gosse ! Oh là là, déjà 8 heures, je vais être en retard. Qu'est-ce que je mets comme cravate ? La rouge ou la bleue ? La rouge, tu as raison. Embrasse-moi ! Tu as l'air si tranquille… Donne-moi ta main. J'aime tes mains, elles sont douces. Tu veux te recoucher ? Attends, je t'aide. Voilà…tu es bien, là, n'est-ce pas ? Bien au chaud… j'arrange tes cheveux… Tu es ravissante, tu sais… Si j'avais le temps… Mais il faut que je file ! À ce soir, sois sage !

Brigitte Aubert, *Rigor mortis*, © Le Seuil (1997).

Chapitre 13

Modes et voix

Mots clés

- mode personnel
- mode impersonnel
- voix active
- voix passive
- voix pronominale

2de/1re

Observation

Gravure de Gustave Doré (1832-1883) conçue pour illustrer la fable de La Fontaine.

Questions et activités

Les modes

1. Aux vers 10, 14, 19, à quel mode sont conjugués les verbes soulignés ? Justifiez l'emploi de ce mode.
2. À quel mode le verbe *prête* (v. 2) est-il conjugué ? Comment peut-on en être sûr ? Trouvez d'autres verbes conjugués au même mode.
3. À quel mode le verbe *saurais* (v. 12) est-il conjugué ? En l'opposant au futur *ferez* du même vers, dites quel sens donne ce mode aux vers 12 et 13.

Les voix

4. Dans les vers 7 et 15, à quelle voix les verbes en gras sont-ils conjugués ? À quel temps ? Comment le verbe *fut pris* est-il mis en valeur par la versification ? Pourquoi ?
5. Transformez, en les réécrivant à une autre voix, les vers 6 et 7 et le vers 15.
6. Comparez le texte de La Fontaine et le résultat que vous obtenez après ces transformations des vers 6, 7 et 15. Que suggère ici La Fontaine par l'emploi des voix ?

Le petit Poisson et le Pêcheur

Petit poisson deviendra grand,
Pourvu que Dieu lui prête vie.
Mais le lâcher en attendant,
Je tiens[1] pour moi que c'est folie :

Car de le rattraper il n'est pas trop certain.
Un Carpeau, qui n'était encore que fretin[2]
Fut pris par un Pêcheur au bord d'une rivière.
« Tout fait nombre, dit l'homme en voyant son butin ;
Voilà commencement de chère et de festin :
Mettons-le en notre gibecière. »
Le pauvre Carpillon lui dit en sa manière :
« Que ferez-vous de moi ? Je ne saurais fournir
Au plus qu'une demi-bouchée ;
Laissez-moi Carpe devenir :
Je serai par vous **repêchée**.
Quelque gros partisan[3] m'achètera bien cher,
Au lieu qu'il vous en faut chercher
Peut-être encor cent de ma taille
Pour faire un plat : quel plat ? croyez-moi ; rien qui vaille.
– Rien qui vaille ? Eh bien soit, repartit le Pêcheur ;
Poisson, mon bel ami, qui faites le Prêcheur,
Vous irez dans la poêle ; et vous avez beau dire,
Dès ce soir on vous fera frire. »

Un Tien[4] vaut, ce dit-on, mieux que deux tu l'auras :
L'un est sûr, l'autre ne l'est pas.

Jean de La Fontaine, *Fables*, livre V, 3 (1668).

1. Je crois
2. petit poisson
3. financier percevant les impôts
4. forme d'impératif vieilli (*tiens*) employée ici comme un nom

L'essentiel

1. Les modes

Les modes verbaux correspondent aux **différentes manières de présenter une action**, un fait, une situation. Il existe des modes personnels, où le verbe peut être conjugué à plusieurs personnes, et des modes impersonnels, où le verbe ne se conjugue pas.

Les modes personnels

Indicatif	L'indicatif présente un fait dans sa **réalité**. Ce fait peut être situé dans le passé, dans le présent ou dans le futur.	*« Petit poisson deviendra grand. »* L'emploi de l'indicatif indique que, pour le locuteur, le fait se réalisera effectivement.
Subjonctif	Le subjonctif envisage un fait comme **possible** ou **probable**; sa réalisation est seulement envisagée. Le subjonctif exprime ainsi fréquemment le **souhait**, la crainte.	*« Pourvu que Dieu lui prête vie »*. La réalisation du fait n'est pas certaine, mais souhaitée.
Impératif	L'impératif est utilisé pour donner un **ordre**, un **conseil**, ou exprimer une **défense**.	*« Laissez-moi Carpe devenir. »*
Conditionnel	Le conditionnel peut être considéré comme un mode quand il exprime l'idée d'une **action soumise à une condition**, une **hypothèse**, un **fait imaginaire**, mais aussi un **souhait**, une **demande** polie.	*« … je ne saurais fournir au plus qu'une demi-bouchée. »*

Remarque: Quand il n'a pas cette valeur de mode, le conditionnel est un **temps de l'indicatif**: il exprime un futur vu à partir d'un moment du passé. (voir chapitre 14)

Les modes impersonnels

- L'**infinitif** est considéré comme la forme nominale du verbe.
- Le **participe** constitue la forme adjective du verbe. On distingue le participe passé et le participe présent.

  attendu (participe passé) – *attendant* (participe présent)

Précédé de *en*, le participe présent est un gérondif.

« en attendant » (v. 3)

2. Les voix

- Les voix (on parle aussi de **formes**) permettent d'exprimer le rôle du sujet dans l'action.

Voix active	Le sujet est l'**agent de l'action**, car il l'effectue.	*« Quelque gros partisan m'achètera bien cher. »*
Voix passive	Le sujet **subit l'action**. Le responsable de l'action peut être désigné par un **complément d'agent**.	*« Un Carpeau qui n'était encore que fretin/ Fut pris par un Pêcheur. »* Le Carpeau subit l'action; le Pêcheur (c. d'agent) effectue l'action.
Voix pronominale	Le verbe se conjugue avec un **pronom** de la même personne que le sujet.	*Le Carpeau se demande à quelle sauce il sera mangé.*

- La **forme impersonnelle** se reconnaît par le pronom *il* qui ne représente ni une personne ni un objet:

  « Car de le rattraper il n'est pas trop certain » (v. 5).

Exercices

Reconnaître les modes

1 Employez chacune de ces formes verbales dans deux phrases où elles seront employées à des modes différents. Dites quel mode et quel temps sont utilisés dans chaque phrase.

Exemples :
Il faut que <u>nous devenions</u> amis : subjonctif présent.
Peu à peu, <u>nous devenions</u> amis : indicatif imparfait.

ils deviennent – elles peignent – vous composiez – ils sentent.

2 Conjuguez au futur simple ou au conditionnel présent les verbes entre parenthèses. Justifiez votre choix.

1. Que (*faire*)-je, lorsque j' (*atteindre*) l'âge de vingt ans ? À cette époque-là de ma vie, je ne savais pas ce que le destin me (*réserver*).
2. Ah ! Si j'avais le pouvoir des fées ! Je (*faire*) taire les guerres et je (*voir*) régner la paix. Je (*vivre*) serein et je (*mourir*) sans peine !
3. S'il te plaît, je (*vouloir*) simplement ton aide. Je te la (*rendre*) un jour.
4. « Voilà combien de jours, voilà combien de nuits
Voilà combien de temps que tu es reparti !
Tu m'as dit cette fois c'est le dernier voyage...
Au printemps tu (*voir*), je (*être*) de retour,...
Nous (*aller*) voir ensemble les jardins refleuris
Et (*déambuler*) dans les rues de Paris. »

Barbara, *Chansons*, © Édition Paul Beuscher (1962).
Avec l'aimable autorisation des Éditions Paul Beuscher.

3 En observant ce texte, identifiez les différents modes personnels employés et justifiez leur emploi.

L'extrait suivant constitue le début de la pièce de Molière.

Julie : Mon Dieu ! Éraste, gardons d'être surpris[1] ; je tremble qu'on ne nous voie ensemble, et tout serait perdu, après la défense que l'on m'a faite.
Éraste : Je regarde de tous côtés, et je n'aperçois rien.
Julie : Aie aussi l'œil au guet, Nérine, et prends bien garde qu'il ne vienne personne.
Nérine : Reposez-vous sur moi, et dites hardiment ce que vous avez à vous dire.
Julie : Avez-vous imaginé pour notre affaire quelque chose de favorable ? Et croyez-vous, Éraste, pouvoir venir à bout de détourner ce fâcheux mariage que mon père s'est mis en tête ?
Éraste : Au moins y travaillons-nous fortement ; et déjà nous avons préparé un bon nombre de batteries pour renverser ce dessein[2] ridicule.
Nérine : Par ma foi ! voilà votre père.
Julie : Ah ! séparons-nous vite.

Molière, *Monsieur de Pourceaugnac*, Acte I, scène 3 (1669).

1. Évitons d'être vus. **2.** ce projet

Justifier l'emploi des modes

4 Relevez et classez les verbes selon le mode utilisé. Indiquez les valeurs de ces différents modes dans le texte.

L'empereur Hadrien, qui attend la mort, médite sur sa vie.

Mon mausolée, sur le faîte duquel on plante en ce moment les cyprès destinés à former en plein ciel une pyramide noire, sera terminé à peu près à temps pour le transfert des cendres encore chaudes. J'ai prié Antonin qu'il y fasse ensuite transporter Sabine ; j'ai négligé de lui faire décerner à sa mort les honneurs divins qui somme toute lui sont dus ; il ne serait pas mauvais que cet oubli fût réparé. Et je voudrais que les restes d'Aelius César soient placés à mes côtés...

Petite âme, âme tendre et flottante, compagne de mon corps, qui fut ton hôte, tu vas descendre dans ces lieux pâles, durs et nus, où tu devras renoncer aux jeux d'autrefois. Un instant encore, regardons ensemble les rives familières, les objets que sans doute nous ne reverrons plus... Tâchons d'entrer dans la mort les yeux ouverts...

Marguerite Yourcenar, *Mémoires d'Hadrien*, © Gallimard (1974).

5 Relevez les verbes au subjonctif et à l'impératif ; commentez l'emploi de ces modes.

Voltaire adresse une prière à Dieu.

Puissent tous les hommes se souvenir qu'ils sont frères ! Qu'ils aient en horreur la tyrannie exercée sur les âmes, comme ils ont en exécration le brigandage qui ravit par la force le fruit du travail et de l'industrie paisible ! Si les guerres sont inévitables, ne nous haïssons pas, ne nous déchirons pas les uns les autres dans le sein de la paix, et employons l'instant de notre existence à bénir également en mille langages divers, depuis Siam jusqu'à la Californie, ta bonté qui nous a donné cet instant.

Voltaire, *Traité sur la Tolérance* (1763).

6 Mettez les verbes entre parenthèses au mode qui convient. Indiquez le mode choisi et justifiez ce choix.

Saint-Preux, précepteur de la jeune Julie d'Étanges, est épris de son élève. Celle-ci vient de lui révéler dans une lettre qu'elle éprouve pour lui le même sentiment.

Permets, permets que je (*savourer*) le bonheur inattendu d'être aimé... aimé de celle... Trône du monde, combien je te (*voir*) au-dessous de moi ! Que je la (*relire*) mille fois, cette lettre adorable où ton amour et tes sentiments (*être*) écrits en caractères de feu ; où, malgré tout l'emportement d'un cœur agité, je (*voir*) avec transport combien, dans une âme honnête, les passions les plus vives (*garder*) encore le caractère de la vertu ! Quel monstre, après avoir lu cette touchante lettre, (*pouvoir*) abuser de ton état, et témoigner par l'acte le plus marqué son profond mépris pour lui-même ? Non, chère amante, (*prendre*) confiance en un ami fidèle qui n'(*être*) point fait pour te tromper. Bien que ma raison (*être*) à jamais perdue, bien que le trouble de mes sens (*s'accroître*) à chaque instant, ta personne (*être*) désormais pour moi le plus charmant, le plus sacré dépôt dont jamais mortel (*être*) honoré.

Jean-Jacques Rousseau, *Julie ou la Nouvelle Héloïse*, lettre 5 (1761).

Reconnaître les voix

7 Trouvez l'intrus de chaque série. Justifiez votre réponse.

1. je suis arrivé – je suis pris – je suis parti.
2. elle est venue – elle est demandée – elle est interrogée.
3. il pleut – il pleure – il faut.

8 Distinguez les phrases à la voix active et les phrases à la voix passive. Transformez, quand cela est possible, les phrases actives en phrases passives et les phrases passives en phrases actives. Pourquoi la transformation est-elle parfois impossible ?

1. Le dernier bataillon avait été encerclé par l'ennemi.
2. Il partit pour l'Amérique sans éprouver le moindre regret.
3. Quand Zola décida de défendre le capitaine Dreyfus, injustement condamné, il fut violemment attaqué par les partisans de l'armée.
4. L'écriture de *Madame Bovary* fut pour Flaubert une véritable souffrance.
5. Le recueil poétique de Baudelaire *Les Fleurs du Mal* fut condamné par un tribunal pour outrage aux bonnes mœurs.

Justifier l'emploi des voix

9 Relevez les verbes à la voix pronominale ; justifiez l'emploi de cette voix dans le texte.

Deux jours et deux nuits le vent a soufflé. Il était chargé de nuages ; maintenant il pleut. L'orage qui bouchait les défilés du fleuve s'est levé. Comme un taureau fouetté d'herbes, il s'est arraché à la boue des plaines ; son dos musculeux s'est gonflé ; puis il a sauté les collines, et il s'est mis en marche dans le ciel.

Jean Giono, *Colline*, © Gallimard (1928).

10 À quelle voix les verbes soulignés sont-ils conjugués ? Quel est l'effet produit par l'usage de cette voix ?

Au plus fort de la guerre, l'attention des puissances belligérantes fut attirée par le problème de l'heure d'été, lequel, semblait-il, n'avait pas été envisagé dans toute son ampleur. On pressentait déjà que rien de sérieux n'avait été entrepris dans cette voie-là et que le génie humain, ainsi qu'il arrive si souvent, s'était laissé imposer[1] par des habitudes.

Marcel Aymé, « Le décret », *Le Passe-muraille*, © Gallimard (1943).

1. s'était laissé impressionner

Interpréter l'usage des voix

11 Relevez dans le poème les formes impersonnelles : que remarquez-vous sur leur emploi ? Que suggère pour le lecteur cet emploi de l'impersonnel ?

Il pleure dans mon cœur
Comme il pleut sur la ville ;
Quelle est cette langueur
Qui pénètre mon cœur ?

Ô bruit doux de la pluie
Par terre et sur les toits !
Pour un cœur qui s'ennuie
Ô le chant de la pluie !

Il pleure sans raison
Dans ce cœur qui s'écœure.
Quoi ! nulle trahison ?...
Ce deuil est sans raison.

C'est bien la pire peine
De ne savoir pourquoi
Sans amour et sans haine
Mon cœur a tant de peine !

Paul Verlaine, *Romances sans paroles, ariettes oubliées* (1874).

BILAN

12 Lisez le texte suivant

Le roman de Georges Perec met en scène un jeune couple parisien au début des années 60.

Ils traversaient Paris pour aller voir un fauteuil qu'on leur avait dit parfait. Et même, connaissant leurs classiques, ils hésitaient parfois à mettre un vêtement neuf, tant il leur semblait important, pour l'excellence de son allure, qu'il ait d'abord été porté trois fois. Mais les gestes, un peu sacralisés, qu'ils avaient pour s'enthousiasmer devant la vitrine d'un tailleur, d'une modiste ou d'un chausseur, ne parvenaient le plus souvent qu'à les rendre un peu ridicules.

Peut-être étaient-ils trop marqués par leur passé (et pas seulement eux, d'ailleurs, mais leurs amis, leurs collègues, les gens de leur âge, le monde dans lequel ils trempaient). Peut-être étaient-ils d'emblée trop voraces : ils voulaient aller trop vite. Il aurait fallu que le monde, les choses de tout temps leur appartiennent, et ils y auraient multiplié les signes de leur possession. Mais ils étaient condamnés à la conquête : ils pouvaient devenir de plus en plus riches ; ils ne pouvaient faire qu'ils l'aient toujours été. Ils auraient aimé vivre dans le confort, dans la beauté. Mais ils s'exclamaient, ils admiraient, c'était la preuve la plus sûre qu'ils n'y étaient pas.

Georges Perec, *Les Choses* (1965), © René Julliard

Questions et activités

1. Relevez et classez les verbes en fonction du mode auquel ils sont employés.
2. Justifiez l'emploi de ces différents modes. Quel effet produit l'alternance de l'indicatif et du conditionnel ?
3. Relevez les verbes conjugués au passif et justifiez votre réponse.
4. Sur le modèle du texte de Perec, faites le portrait d'un jeune couple d'aujourd'hui.

Chapitre 14

Les temps verbaux

2de / 1re

Mots clés

- chronologie
- antériorité
- moment de l'énonciation

Observation

Texte

À Madame de Grignan

Paris, lundi 5 février (1674)

L'archevêque de Reims revenait hier fort vite de Saint-Germain. C'était comme un tourbillon. S'il se croit grand seigneur, ses gens le croient encore plus que lui. Ils passaient au travers de Nanterre, tra, tra, tra. Ils rencontrent un homme à cheval, gare, gare. Ce pauvre homme se veut ranger; son cheval ne le veut pas. Et enfin le carrosse et les six chevaux renversent cul par dessus tête le pauvre homme et le cheval, et passent par-dessus et si bien par-dessus que le carrosse fut versé et renversé. En même temps, l'homme et le cheval, au lieu de s'amuser à être roués[1], se relèvent miraculeusement, et remontent l'un sur l'autre, et s'enfuient et courent encore, pendant que les laquais et le cocher de l'archevêque et l'archevêque même se mettent à crier: « Arrête, arrête ce coquin; qu'on lui donne cent coups. » L'archevêque, en racontant ceci, disait: « Si j'avais tenu ce maraud-là, je lui aurais rompu les bras et coupé les oreilles. »

Mme de Sévigné, *Lettres*.

1. Il s'agit du supplice de la roue: le condamné était attaché à une roue, ses membres étaient brisés.

Questions

1. Relevez dans le texte les verbes conjugués au présent de l'indicatif; quels emplois différents du présent pouvez-vous identifier?
2. Dans le passage allant du début du texte jusqu'à *fut versé et renversé* (l. 6-7), quels sont les différents temps du passé utilisés? Justifiez leur emploi.

Détail d'une gouache de J. W. Baur (vers 1600-1640), Paris, Musée du Louvre.

L'essentiel

1. Temps simples et temps composés

Les temps servent à **situer chronologiquement une action** dans le présent, le passé, le futur. On distingue les **temps simples** et les **temps composés** : formés avec l'auxiliaire *être* ou *avoir* au temps simple suivi du participe passé du verbe, ces derniers expriment l'antériorité par rapport au temps simple qui leur correspond.

Modes	Temps simples	Temps composés
Indicatif	– présent : *il verse* – imparfait : *il versait* – futur : *il versera* – passé simple : *il versa* – conditionnel présent, à valeur de futur par rapport au passé : *il verserait*	– passé composé : *il a versé* – plus-que-parfait : *il avait versé* – futur antérieur : *il aura versé* – passé antérieur : *il eut versé* – conditionnel passé à valeur de futur antérieur par rapport au passé : *il aurait versé*
Subjonctif	– présent : *qu'il verse* – imparfait : *qu'il versât*	– passé : *qu'il ait versé* – plus-que-parfait : *qu'il eût versé*
Impératif	présent : *verse*	passé : *aie versé*
Infinitif	présent : *verser*	passé : *avoir versé*
Participe	présent : *versant*	passé : *ayant versé*

→ **Chapitre 13 :** Modes et voix, p. 36

Remarque : le conditionnel a tout à la fois une valeur modale et une valeur temporelle quand il correspond à un futur situé par rapport à une action passée.

L'archevêque déclare (présent) *que le coquin sera châtié* (futur).

L'archevêque déclara (passé) *que le coquin serait châtié* (conditionnel = futur dans le passé).

2. Les actions dans la chronologie

Pour situer les actions dans la chronologie, on se réfère à un **point de repère** qui permet de distinguer ce qui s'est passé et ce qui se passera.

■ Si le point de repère est le **moment de l'énonciation** (E), c'est-à-dire le moment où l'on parle, l'énoncé est au présent et l'on organise les autres temps selon le schéma suivant :

[E]

imparfait/passé simple/ passé composé présent de narration — moment de l'énonciation : présent — futur

Je sais qu'il est venu te voir hier après-midi.

[P] *Il est venu te voir* — [E] *Je sais*

■ Si le point de repère est **situé dans le passé** (P), on organise les temps selon le schéma suivant :

[P] — [E]

plus-que-parfait / passé antérieur — moment du passé — futur du passé (formes du conditionnel) — moment de l'énonciation

Je savais qu'il était venu te voir la veille.

Il était venu te voir — [P] *Je savais* — [E]

3. Les valeurs des temps

Le présent

Valeurs du présent	Exemples
- présent **actuel** (ou **présent de l'énonciation**) : il correspond au moment où le locuteur parle.	*Je vous souhaite une bonne soirée.*
- présent de **vérité générale**	*Deux et deux font quatre.*
- présent de **répétition**	*Tous les soirs, je promène mon chien.*
- présent de **narration** : l'événement a eu lieu dans le passé, mais il est raconté au présent.	*Je marchais tranquillement, soudain j'entends un hurlement de terreur.*
- présent à valeur de **futur proche**	*J'arrive dans une minute.*

L'imparfait, le passé simple, le passé composé

■ Avec l'**imparfait**, l'action est considérée **dans son déroulement**, sans que les limites en soient fixées. Dans un récit au passé, l'**imparfait** est le temps de la **toile de fond**, des événements d'arrière-plan, sur lequel se détachent les **faits au passé simple**.

« Il arriva un jour vers trois heures ; tout le monde était aux champs ; il entra dans la cuisine, mais n'aperçut point d'abord Emma ; les auvents étaient fermés. » (Flaubert, *Madame Bovary*)

Valeurs de l'imparfait	Exemples
- **décrire** : l'imparfait est utilisé pour la représentation d'un lieu, d'un personnage...	*« Le long des bâtiments s'étendait un large fumier, de la buée s'en élevait. »* (Flaubert)
- exprimer une **habitude**	*« Il rentrait tard, à dix heures, minuit quelquefois. »* (Flaubert)
- marquer la **durée**	*La pluie tombait depuis des heures.*
- exprimer une **hypothèse**	*Si tu le souhaitais, tu pourrais le faire.*

■ Le **passé simple** :

- il marque une séparation nette par rapport au moment de l'énonciation ; l'action exprimée au passé simple est **délimitée dans le temps**.

« L'hiver fut rude. La convalescence de Madame fut longue. » (Flaubert, *Madame Bovary*).

▸ L'hiver et la convalescence de la malade appartiennent à un passé révolu.

- il exprime une **succession d'actions** dans un récit.

« Homais se présenta, il offrit ses hommages à Madame, ses civilités à Monsieur, dit qu'il était charmé d'avoir pu leur rendre quelque service. » (Flaubert, *Madame Bovary*)

■ Le **passé composé** établit un lien entre le présent et le passé ; le présent semble toujours en contact avec le passé.

« Aujourd'hui maman est morte. Ou peut-être hier, je ne sais pas. J'ai reçu un télégramme de l'asile : "Mère décédée. Enterrement demain." » (Albert Camus, *L'Étranger*)

Le futur

Valeurs du futur	Exemples
- indiquer la **certitude** qu'une action aura lieu dans l'avenir	*Les Brésiliens remporteront la prochaine Coupe du monde de football.*
- marquer une **intention**	*Je partirai demain de très bonne heure.*
- souligner une **éventualité**, marquer une **probabilité**	*J'ai entendu un cri ; ce sera un animal blessé.*
- exprimer un **ordre**	*Le candidat sera muni de sa convocation.*

Les temps composés

1 Mettez les verbes entre parenthèses au temps composé qui convient; indiquez quel est le temps choisi.

1. La nuit, dans le froid du dortoir, je récitais par cœur les noms des navigateurs qui (*parcourir*) les océans, fuyant les escadres, poursuivant les chimères, des mirages, le reflet insaisissable de l'or. (J.- M. G. Le Clézio). – **2.** Il disposa comme accessoires sur un tabouret en guise de balustrade, sa vareuse, un bouclier, une boîte de sardines, un paquet de plumes, un couteau, et quand il (*jeter*) devant Rosanette une douzaine de gros sous, il lui fit prendre sa pose. (G. Flaubert). – **3.** Camille[1] l'écoutait, le regardait avec un étonnement de niais. Ce garçon débile, dont le corps mou et affaissé n'(*avoir*) jamais une secousse de désir, rêvait puérilement à cette vie d'atelier dont son ami lui parlait (É. Zola). – **4.** Lorsque Thérèse (*se dresser*) et qu'elle (*secouer*) ses jupes fripées et couvertes de feuilles sèches, les trois promeneurs quittèrent la clairière, en cassant les petites branches devant eux. (É. Zola)

1. Le prénom désigne ici un homme.

L'usage des temps

2 Dans les phrases suivantes, distinguez les différents emplois du conditionnel (mode ou temps).

1. Il lui affirma que, pour rien au monde, il ne quitterait cette maison, dans laquelle il avait connu tant de bonheur. – **2.** Si l'on en croit les rumeurs émanant des milieux économiques, les cours du pétrole devraient continuer à monter dans les mois à venir. – **3.** Comment pouvais-je savoir qu'il apprendrait si rapidement la vérité? – **4.** Rien n'aurait pu le détourner de son projet. – **5.** Il pensa qu'il lui suffirait d'être patient pour s'emparer de l'objet de sa convoitise.

3 Quelles sont les différentes valeurs du présent dans les extraits suivants?

Extrait 1

Simonide préservé par les dieux

On ne peut trop louer trois sortes de personnes:
  Les dieux, sa maîtresse, et son roi.
Malherbe[1] le disait; j'y souscris quant à moi:
  Ce sont maximes toujours bonnes.

Extrait 2

Le Loup et le Chien

  Un loup n'avait que les os et la peau,
    Tant les chiens faisaient bonne garde.
Ce loup rencontre un Dogue aussi puissant que beau,
Gras, poli, qui s'était fourvoyé par mégarde.

Extrait 3

L'Ivrogne et sa femme

Chacun a son défaut où toujours il revient:
  Honte ni peur n'y remédie.
Sur ce propos, d'un conte, il me souvient:
  Je ne dis rien que je n'appuie
  De quelque exemple.

La Fontaine, *Fables*, Livres 1 et 3 (1668).

1. écrivain du XVIIe siècle

4 Quels emplois différents de l'imparfait pouvez-vous relever dans les extraits suivants?

1. Le cabinet de Gundermann était une immense pièce, dont il n'occupait qu'un petit coin, au fond, près de la dernière fenêtre. Assis devant un simple bureau d'acajou, il se plaçait de façon à tourner le dos à la lumière, il avait le visage complètement dans l'ombre. Levé dès cinq heures, il était au travail. (Émile Zola, *L'Argent*, 1891)
2. Jusqu'à l'été de 1814, quand les Alliés campaient dans Paris, on se battait souvent avec les étrangers. Surtout les anciens officiers de Buonaparte, qui vous taillaient au sabre de jeunes Allemands, ou des Russes, en veux-tu en voilà. (Louis Aragon, *La Semaine sainte*, 1958)
3. Quant au second voyageur, il formait avec le premier venu un contraste complet. Sous son chapeau, à bords retroussés, apparaissaient, riches et crépus, des cheveux plutôt roux que blonds; sous ses cheveux, un œil gris brillait à la moindre contrariété d'un feu si resplendissant, qu'on eût dit alors un œil noir. (Alexandre Dumas, *La Reine Margot*, 1845)

Imparfait et passé simple

5 Transposez ce texte en remplaçant les imparfaits par des passés simples et les passés simples par des imparfaits: est-ce toujours possible? Faut-il supprimer des mots? Pourquoi? Interprétez les différences de sens introduites par le changement de temps.

Pascalet découvre une barque abandonnée dans laquelle il s'assied et rêve: la barque s'éloigne…

Brusquement, je revins à moi. Où étais-je? Entre la barque et la cabane, la corde était tombée. Puis dans un courant invisible je partais à la dérive. J'essayai de saisir, au passage, une branche; mais elle m'échappa. Sans secousse, insensiblement, je m'éloignais du bord. Le froid de la peur me glaçait. Car l'eau, d'abord paisible, entrait dans le courant à mesure que j'avançais, et je voyais, sur moi, venir l'immense nappe de la rivière avec rapidité.

Henri Bosco, *L'Enfant et la rivière*, © Gallimard (1945).

6 Quels sont les temps utilisés dans le texte? Justifiez leur emploi.

Salammbô monta sur la terrasse de son palais, soutenue par une esclave qui portait dans un plat de fer des charbons enflammés.

Il y avait au milieu de la terrasse un petit lit d'ivoire, couvert de peaux de lynx avec des coussins en plume de perroquet, animal fatidique consacré aux Dieux, et dans les quatre coins s'élevaient quatre longues cassolettes remplies de nard, d'encens, de cinnamome et de myrrhe. L'esclave alluma les parfums. Salammbô regarda l'étoile polaire; elle salua lentement les quatre coins du ciel et s'agenouilla sur le sol parmi la poudre d'azur qui était semée d'étoiles d'or, à l'imitation du firmament... Elle se balança tout le corps deux ou trois fois, puis se jeta le front dans la poussière, les bras allongés.

Gustave Flaubert, *Salammbô* (1862).

L'alternance des temps

7 **a. Commentez l'emploi des présents.**

b. Relevez les verbes conjugués à l'imparfait et au passé simple et justifiez leur emploi.

c. Quelle est la valeur du conditionnel ?

Le texte de Colette est extrait d'un article de presse.

5 février 1915. Il y a une œuvre, à Paris, qui veut donner du travail, à domicile, à des mains blanches, soignées, naguère oisives. Il était temps. La faim ne fait pas toujours sortir le loup du bois, et l'on tremble de pitié, à voir le défilé des petites louves, muettes, qui maigrissaient fièrement dans leur tanière froide. Elles viennent, maintenant. Elles font cet effort, qui leur coûte plus qu'une journée sans pain, de venir chercher et rendre un travail facile, honorablement payé. Elles s'apprivoisent. Je ne trouve pas d'autre mot; et je voudrais que celui-ci ne les blessât point. C'est celui que m'inspira leur groupe farouche, anxieux, sans cesse grossi et qui ne s'épuisait pas. Elles étaient si variées, si particulières que je me souviens presque de toutes. Quand une longue jeune femme, vêtue de noir, posa son paquet sur la table, je pensai à une reine remettant les clés de sa ville. Une autre battait des cils et cherchait, du regard, l'issue, la liberté, comme une biche. Une jeune fille blonde, devant le guichet des payements, répondait : « Oui, oui », fébrilement, sans écouter les chiffres, prête à accepter le plus dérisoire salaire pourvu qu'on la laissât s'en aller.

Colette, *Les Heures longues* (1917), © Arthème Fayard.

8 **Justifiez l'emploi du présent, du passé simple et de l'imparfait.**

Michelet, historien du XIXe siècle, fait dans ce texte le portrait de Diderot, philosophe du XVIIIe.

Voltaire l'appelle Panto-phile, amant de toute la nature, ou plutôt amoureux de tout.

Il n'est pas moins Pan-urge, l'universel faiseur. C'est un fils d'ouvrier (comme Rousseau, Beaumarchais et tant d'autres). Langres, sa ville, fabrique de bons couteaux et de mauvais tableaux, l'inspire aux métiers et aux arts.

De son troisième nom qui lui va mieux encore, c'est le vrai Prométhée[1]. Il fit plus que ses œuvres. Il fit surtout des hommes. Il souffla sur la France, souffla sur l'Allemagne. Celle-ci l'adopta plus que la France encore, par la voix solennelle de Goethe.

Grand spectacle de voir le siècle autour de lui; tous venaient à la file puiser au puits de feu. Ils y venaient d'argile, ils en sortaient de flamme. Et, chose merveilleuse, c'était la libre flamme de la nature propre à chacun. Il fit jusqu'à ses ennemis, les grandit, les arma de ce qu'ils tournèrent contre lui.

Michelet, *Histoire de France* (1855-1867).

1. titan qui déroba le feu aux dieux pour en faire don aux hommes

9 **Quels temps se succèdent dans ce passage ? Justifiez leur emploi.**

Lors d'une soirée dans un salon aristocratique, Lucien Leuwen, jeune officier, parvient enfin à engager la conversation avec Mme de Chasteller, dont il est amoureux.

Sans perdre rien de sa douceur et de son accent respectueux, la voix de Lucien s'éclaircit et prit de l'éclat. Les idées nettes et plaisantes ne lui manquèrent pas plus que les paroles; vives et pittoresques pour les peindre. Dans la simplicité noble du ton qu'il osa prendre spontanément avec Mme de Chasteller, il sut faire apparaître, sans se permettre assurément rien qui pût choquer la délicatesse la plus scrupuleuse, cette nuance de familiarité délicate qui convient à deux âmes de même portée, lorsqu'elles se rencontrent et se reconnaissent au milieu des masques de cet ignoble bal masqué qu'on appelle le monde. Ainsi des anges se parleraient qui, partis du ciel pour quelque mission, se rencontreraient, par hasard, ici-bas.

Stendhal, *Lucien Leuwen* (1835).

10 **Écriture d'invention**

Les objets d'une exposition artistique sont accompagnés d'un commentaire descriptif et explicatif : dans un premier paragraphe, vous décrirez (au présent) cette statue de l'art africain antique ; dans un deuxième paragraphe, vous expliquerez, en vous fondant par exemple sur des recherches au CDI ou sur Internet, son origine, son usage, son histoire (et vous utiliserez plutôt les temps du passé).

Sculpture masculine assise, culture Nok (Nigeria) , 500 av. J.-C.-500 ap. J.-C. Musée du quai Branly, Paris. © H. Dubois / AFP

Les valeurs des temps verbaux

11 **Quels sont les temps et les modes utilisés ? Justifiez leur emploi. Quel portrait de l'enfant peut-on construire à partir de cette observation ?**

Je décidai de partir un lundi… Je partirais après souper, vers huit heures. Il fait encore jour. J'arriverais au pont une heure après. À ce moment-là, la nuit est tombée… J'en profiterais pour passer sur le pont. L'ombre empêcherait l'aiguilleur de me voir passer.

J'emporterais dans mon sac d'écolier de quoi manger pendant deux jours… Le pont franchi, je me dirigerais, de nuit, vers Barbentane.

Henri Bosco, *Antonin*, © Gallimard (1952).

12 **Quels sont les modes et les temps verbaux utilisés dans le poème suivant ? Comment contribuent-ils à susciter l'émotion du lecteur ?**

La jeune Tarentine

Pleurez, doux alcyons[1], ô vous, oiseaux sacrés,
Oiseaux chers à Thétis[2], doux alcyons, pleurez.
Elle a vécu, Myrto, la jeune Tarentine[3].
Un vaisseau la portait aux bords de Camarine[4].
Là l'hymen, les chansons, les flûtes, lentement
Devaient la reconduire au seuil de son amant. […]

André Chénier, *Les Bucoliques* (1785-1787).

1. oiseaux de mer 2. divinité marine 3. Tarente est un port de Sicile.
4. port de Sicile

13 **a. Quel est le temps utilisé dans le poème ? Quelles valeurs prend-il dans le texte ?**
b. Quelles relations peut-on établir entre l'usage de ce temps et les sentiments exprimés ?

Je vis, je meurs ; je me brûle, je me noie.
J'ai chaud extrême en endurant froidure.
La vie m'est et trop molle et trop dure.
J'ai grands ennuis entremêlés de joie.

Tout à un coup je ris et je larmoie,
Et en plaisir maint grief[1] tourment j'endure.
Mon bien s'en va et à jamais ne dure.
Tout en un coup je sèche et je verdoie.

Ainsi Amour inconstamment me mène.
Et quand je pense avoir plus de douleur,
Sans y penser, je me treuve[2] hors de peine.

Puis quand je crois ma joie être certaine
Et être au haut de mon désiré heur[3],
Il me remet en mon premier malheur.

Louise Labé, *Sonnets* (1555).

1. *grief* signifie « grave ». 2. *treuve*, forme médiévale de *trouve*
3. *heur* signifie « bonheur ».

14 **En observant ce poème en prose, commentez l'emploi du passé composé, du passé simple et de l'imparfait, en montrant comment Rimbaud a marqué les étapes de l'aventure qu'il raconte.**

Aube

J'ai embrassé l'aube d'été.

Rien ne bougeait encore au front des palais. L'eau était morte. Les camps d'ombres ne quittaient pas la route du bois. J'ai marché, réveillant les haleines vives et tièdes, et les pierreries regardèrent, et les ailes se levèrent sans bruit.

La première entreprise fut, dans le sentier déjà empli de frais et blêmes éclats, une fleur qui me dit son nom.

Je ris au wasserfal[1] blond qui s'échevela à travers les sapins : à la cime argentée je reconnus la déesse.

Alors je levai un à un les voiles. Dans l'allée, en agitant les bras. Par la plaine, où je l'ai dénoncée au coq. À la grand'ville elle fuyait parmi les clochers et les dômes, et courant comme un mendiant sur les quais de marbre, je la chassais.

En haut de la route, près d'un bois de lauriers, je l'ai entourée avec ses voiles amassés, et j'ai senti un peu son immense corps. L'aube et l'enfant tombèrent au bas du bois.

Au réveil il était midi.

Arthur Rimbaud, *Illuminations* (1886).

1. nom allemand de la cascade

BILAN

15 **Lisez le texte suivant.**

Une allée du Luxembourg

Elle a passé, la jeune fille
Vive et preste comme un oiseau :
À la main une fleur qui brille,
À la bouche un refrain nouveau.

C'est peut-être la seule au monde
Dont le cœur au mien répondrait,
Qui venant de sa nuit profonde
D'un seul regard l'éclaircirait !

Mais non, – ma jeunesse est finie…
Adieu, doux rayon qui m'as lui, –
Parfum, jeune fille, harmonie…
Le bonheur passait, – il a fui !

Gérard de Nerval, *Odelettes* (1853).

Questions

1. Quels sont les temps employés par le poète ? Justifiez leur emploi.
2. Quels sentiments le poète exprime-t-il ? Quel rôle jouent les temps verbaux dans l'expression de ces sentiments ?
3. Par quel procédé poétique (voir ch. 23) l'usage et la variation des temps verbaux sont-ils mis en relief ?

Chapitre 15

Les termes de reprise

Mots clés

- substitut
- cohérence
- pronom

2de / 1re

L'essentiel

Dans un texte, les phrases et les membres de phrase sont liés entre eux par des **termes de reprise** (ou **substituts**), c'est-à-dire des mots ou expressions qui reprennent et remplacent un élément de l'énoncé précédent. Ils assurent au texte sa **cohérence**.

1. Les reprises pronominales

Les pronoms ont souvent pour rôle d'éviter la répétition d'un nom ou d'un groupe de mots. Ils peuvent les reprendre totalement ou partiellement. On distingue :

- Les **pronoms personnels de la troisième personne** : *il*, *elle*, *le*, *la*, *les*, *eux*, *leur*...

  « Gavroche, fusillé, taquinait la fusillade. ***Il*** *avait l'air de s'amuser beaucoup. »* (Victor Hugo).

  ▸ Le pronom personnel ***il*** évite la répétition du nom propre *Gavroche*, qu'il remplace totalement.

- Les **pronoms *en* et *y***

  « Si nous n'avions point de défauts, nous ne prendrions pas tant de plaisir à ***en*** *remarquer dans les autres. »* (La Rochefoucauld).

  ▸ ***En*** reprend partiellement le mot *défauts*.

- Les **pronoms relatifs** : *qui*, *que*, *dont*, *où*, *lequel*...
- Les **déterminants et les pronoms démonstratifs et possessifs** : *celui-ci*, *le sien*...
- **Les pronoms indéfinis** : *l'un... l'autre*, *la plupart*

  « Deux vrais amis vivaient au Monomotapa
  L'un *ne possédait rien qui n'appartînt à* ***l'autre****. »* (La Fontaine)

  ▸ Les pronoms indéfinis *l'un... l'autre* reprennent chacun partiellement l'expression *deux amis*.

2. Les reprises lexicales

Un élément d'énoncé peut être repris également par des mots qui constituent :

- une **répétition**

  « Robinson se présente d'abord comme le héros de la solitude. [...] *Or il me semble que* ***cette solitude*** *grandissante est la plaie la plus pernicieuse de l'homme occidental contemporain. »* (Michel Tournier, *Le Vent Paraclet*, 1977)

  ▸ Le mot *solitude* est répété avec un déterminant démonstratif.

- une **équivalence**

  « Juliette avait depuis quelque temps de graves accidents au cœur. Nous croyions à une maladie de ***cet organe****. »* (Guy de Maupassant, *Le Tic*, 1884)

  ▸ Le mot *cœur* est remplacé par *organe*, mot englobant précédé d'un déterminant démonstratif.

- une **reformulation condensée**

  « Assurons-nous bien du fait, avant que de nous inquiéter de la cause. Il est vrai que ***cette méthode*** *est bien lente pour la plupart des gens. »* (Fontenelle).

  ▸ Le terme *méthode* résume toute la phrase précédente.

→ **Chapitre 8**
Les relations entre les mots, p. 26

Exercices

1 **Relevez les termes de reprise dans l'extrait ci-dessous. Donnez leur classe grammaticale et dites quels éléments ils remplacent.**

Je pensais que mon père ne pouvait plus rien pour moi. Ses mots et ses idées n'avaient pas cours dans les salles de français ou de philo, les séjours à canapés de velours rouge des amies de classe. L'été, par la fenêtre ouverte de ma chambre, j'entendais le bruit de sa bêche aplatissant régulièrement la terre retournée.

J'écris peut-être parce qu'on n'avait plus rien à se dire.

Annie Ernaux, *La Place*, © Gallimard (1983).

2 **Relevez les termes de reprise et dites à quel(s) terme(s) ils renvoient.**

Une chauve-souris donna tête baissée
Dans un nid de belette ; et, sitôt qu'elle y fut,
L'autre, envers les souris de longtemps courroucée,
Pour la dévorer accourut.

La Fontaine, *Fables*, II, 5 (1668).

3 **Relevez les termes de reprise dans les extraits ci-dessous. Dites à quels éléments de l'énoncé précédent ils renvoient, et éventuellement ce qu'ils lui retranchent ou ce qu'ils lui ajoutent.**

1. Quand je commence, je ne sais point du tout où cela ira, si ma lettre sera longue ou si elle sera courte ; j'écris tant qu'il plaît à ma plume, c'est elle qui gouverne tout : je crois que cette règle est bonne, je m'en trouve bien et je la continuerai. (Madame de Sévigné, *Lettre* du 30 juillet 1677)

2. Lorsqu'on m'a demandé d'exposer mes idées sur l'éducation des filles, je me suis aperçu qu'il ne m'était pas arrivé, dans toute ma vie, de consacrer une heure à réfléchir à ce grave sujet. [...] Mais c'est justement parce que j'ignorais tout de la question que j'ai accepté de la traiter. [...] Je me suis avisé que ce problème dépendait d'un autre beaucoup plus important, et qu'il faudrait d'abord chercher quelle idée nous nous faisons de la femme en général. (François Mauriac, *L'Éducation des filles*, 1933)

3. Je ne veux pas écrire un traité de la caricature ; je veux simplement faire part au lecteur de quelques réflexions qui me sont venues souvent au sujet de ce genre singulier. Ces réflexions étaient devenues pour moi une espèce d'obsession ; j'ai voulu me soulager. J'ai fait, du reste, tous mes efforts pour y mettre un certain ordre et en rendre ainsi la digestion plus facile. Ceci est donc purement un article de philosophe et d'artiste. (Charles Baudelaire, *De l'essence du rire*, 1855)

4. C'est au nom de Dieu qu'on se battra. Et comment en serait-il autrement, du moment que chaque religion prétend au monopole de la vérité révélée ? Car il ne s'agit plus ici de morale ; chacune prétendant unir tous les hommes, les divise. Chacune prétend être la seule à posséder la Vérité. La raison est commune à tous les hommes, et s'oppose à la religion, aux religions. (André Gide, *Journal*, 1933)

4 **Écriture d'invention**

a. Étudiez les reprises dans les vers ci-dessous ; quels effets produisent-elles ?

b. Composez à votre tour quelques vers commençant par la formule « Je veux... » et recourant aux mêmes procédés de reprise.

Je veux un amour plein de sanglots et de pleurs.
Je veux un amour triste ainsi qu'un ciel d'automne,
Un amour qui serait comme un bois planté d'ifs
Où dans la nuit le cor mélancolique sonne ;
Je veux un amour triste ainsi qu'un ciel d'automne
Fait de remords très lent et de baisers furtifs.

Jean Moréas, *Les Syrtes*, « Conte d'amour » 2 (1884).

BILAN

5 **Observez la façon dont le peintre reprend le motif du paon dans ce tableau.**

Edgar Maxence (1871-1954), *Profil au paon* (avant 1896), coll. part.

Activité d'écriture

Rédigez les résultats de vos observations dans un ou deux paragraphes en utilisant diverses formes de reprises que vous soulignerez.

Chapitre 16

Les connecteurs

Mots clés

- classes de mots
- valeur temporelle
- valeur spatiale
- valeur argumentative

2de / 1re

L'essentiel

1. Définition

■ Comme leur nom l'indique, **les connecteurs établissent des liens** entre deux énoncés (deux propositions, deux phrases, deux paragraphes, deux parties). Ils indiquent explicitement quelle relation de sens existe entre ces énoncés.

■ Du point de vue des **classes de mots**, les connecteurs sont :
- les conjonctions de coordination ou de subordination ;
- certains adverbes : *alors*, *ensuite*… ;
- des groupes nominaux introduits par une préposition : *en fin de compte*, *en tout cas*…
- des présentatifs : *voilà*…
- certaines expressions comportant des adjectifs numéraux : *en premier lieu*…

2. Valeur des connecteurs

Les connecteurs peuvent avoir :

■ une **valeur temporelle**, comme *alors*, *après*, *ensuite*, *soudain*, etc. ; ils servent à marquer une succession chronologique, et sont donc fréquents dans les textes narratifs pour exprimer les étapes successives de l'action.

■ une **valeur spatiale**, comme *à droite*, *devant*, *en haut*, etc. ; ils structurent souvent les **textes descriptifs**, en situant les différents éléments de l'objet à décrire.

■ une **valeur argumentative** marquant les liens entre les thèses défendues et réfutées, entre les arguments et les contre-arguments. Ils indiquent l'**opposition**, la **concession**, l'**explication** et la **cause**, l'**addition**, la **conclusion** et la **conséquence**.

■ une valeur **énumérative** : *d'abord*, *ensuite*, *enfin*, *d'une part*, *d'autre part*, *aussi*…

■ une **valeur de reformulation** : *c'est-à-dire*, *autrement dit*, *en résumé*, *finalement*, *bref*…

Sens	Connecteurs
Temps	*alors, après, ensuite, et, puis, enfin, finalement…*
Espace	*ici, là, en haut, en bas, à gauche, à droite, devant, derrière, au-dessus, au-*
Cause, explication, justification	*car, parce que, puisque, en effet…*
Conséquence, conclusion	*donc, aussi* (+ sujet inversé), *c'est pourquoi, en conséquence, ainsi, enfin, en définitive, finalement, en résumé, en conclusion…*
Opposition, concession	*mais, pourtant, cependant, néanmoins, toutefois, en revanche, au contraire, certes, il est vrai, bien que, quoique…*
Addition, énumération	*or, d'ailleurs, et, de plus, non seulement… mais encore…* *d'abord, ensuite, enfin, d'une part, d'autre part, aussi, également, de même…*
Reformulation	*c'est-à-dire, autrement dit, en résumé, finalement, bref…*

→ **Chapitre 12**
La ponctuation, p. 34

Remarque : la **ponctuation** peut jouer le rôle de certains connecteurs. Les deux-points ont ainsi la valeur explicative de *en effet*, ou la valeur d'opposition de *mais*.

Exercices

1 **Relevez les connecteurs dans l'extrait ci-dessous. Cherchez quels éléments de l'énoncé ils relient entre eux, puis précisez leur sens.**

Rousseau répond à Mme de Francueil qui lui a reproché d'avoir placé ses enfants dans un orphelinat.

« Il ne faut pas faire d'enfant quand on ne peut pas les nourrir. » Pardonnez-moi madame, la nature veut qu'on en fasse puisque la terre produit de quoi nourrir tout le monde ; mais c'est l'état des riches, c'est votre état qui vole au mien le pain de mes enfants. La nature veut aussi qu'on pourvoie à leur subsistance ; voilà ce que j'ai fait.

Jean-Jacques Rousseau, *Lettre à Mme de Francueil*, 20 avril 1751.

2 **a. Que reprennent les mots soulignés dans l'extrait ci-dessous ? Quel connecteur relie les deux phrases ? Quelle est sa valeur ?**

b. Reformulez le raisonnement de Bayle en commençant par la conclusion : que devrez-vous supprimer ? Quel lien logique unira les deux phrases ?

Dans sa conception de l'homme, Bayle accorde une place essentielle aux instincts.

Si l'on était assez ridicule pour faire en sorte qu'un enfant ne souhaitât point de manger quand il a faim, et de boire quand il a soif, et qu'il ne sentît point de plaisir en apaisant sa faim et sa soif, on perdrait toute sa peine. On peut donc dire certainement que ce désir, et ce plaisir nous viennent de la nature indépendamment de l'instruction.

Pierre Bayle, *Réponse aux questions d'un provincial* (1703-1706).

3 **Écriture d'invention**

Rédigez un dialogue entre deux interlocuteurs qui s'opposent sur l'intérêt d'un roman ou d'un film qu'ils viennent de découvrir. Vous utilisez des connecteurs argumentatifs variés, et au moins une fois une concession.

4 **Relevez les connecteurs ; quelle est leur valeur ?**

Denise, jeune provinciale, vient d'arriver à Paris. Elle découvre la vitrine d'un grand magasin.

Et jamais elle n'avait vu cela, une admiration la clouait sur le trottoir. Au fond, une grande écharpe en dentelle de Bruges, d'un prix considérable, élargissait un voile d'autel, deux ailes déployées d'une blancheur rousse ; des volants de point d'Alençon se trouvaient jetés en guirlandes ; puis, c'était, à pleines mains, un ruissellement de toutes les dentelles, les malines, les valenciennes, les applications de Bruxelles, les points de Venise, comme une tombée de neige. À droite et à gauche, des pièces de drap dressaient des colonnes sombres, qui reculaient encore ce lointain de tabernacle[1]. Et les confections[2] étaient là, dans cette chapelle élevée au culte des grâces de la femme : occupant le centre, un article hors ligne, un manteau de velours avec des garnitures de renard argenté ; d'un côté, une rotonde de soie, doublée de petit-gris ; de l'autre, un paletot de drap, bordé de plumes de coq ; enfin, des sorties de bal, en cachemire blanc.

Émile Zola, *Au bonheur des dames* (1883).

1. petite armoire qui occupe le milieu de l'autel dans une église
2. les vêtements

5 **a. Relevez les connecteurs et dites quels éléments ils relient.**

b. Cherchez le sens étymologique du mot *médiocre*. Comment l'ensemble du texte justifie-t-il la dernière phrase ?

Mobilisé en 1939, Sartre écrit un journal intime (son « carnet »). Il vient de lire le Journal *d'André Gide. (1869-1951)*

J'ai fait un retour sur mon carnet à moi et j'ai vu combien il différait de ceux de Gide. C'est d'abord un carnet de témoin. Plus je vais, plus je le considère comme un témoignage : le témoignage d'un bourgeois de 1939 mobilisé, sur la guerre qu'on lui fait faire. Et moi aussi j'écris n'importe quoi sur mon carnet, mais c'est avec l'impression que la valeur historique de mon témoignage me justifie à le faire. Entendons-nous : je ne suis pas un grand de ce monde et je ne vois pas les grands de ce monde, mon journal n'aura donc pas la valeur que pourrait avoir celui de Giraudoux[1] ou de Chamson[1]. D'autre part je ne suis pas en position privilégiée, par exemple dans la ligne Maginot ou, au contraire, à l'arrière, au 2e bureau ou parmi les censeurs. [...] Mais précisément à cause de tout cela, mon journal est un témoignage qui vaut pour des millions d'hommes. C'est un témoignage médiocre, et par là-même général.

Jean-Paul Sartre, *Les Carnets de la drôle de guerre (1939-1940)*, © Gallimard (1983).

1. écrivains français du XXe siècle

BILAN

6 **Lisez ce poème.**

Amour me tue, et si[1] je ne veux dire
Le plaisant mal que ce m'est de mourir :
Tant j'ai grand peur, qu'on veuille secourir
Le mal, par qui doucement je soupire.

Il est bien vrai, que ma langueur désire
Qu'avec le temps je me puisse guérir :
Mais je ne veux ma dame requérir
Pour ma santé : tant me plaît mon martyre. [...]

Ronsard, *Premier Livre des Amours* (1552).

1. si = pourtant

Questions et activités

1 Relevez les termes qui servent de connecteurs : quelle est leur valeur ? Quels autres procédés soulignent le paradoxe du sentiment amoureux ?

2 Rédigez un paragraphe de commentaire pour exposer le résultat de vos analyses.

Chapitre 17

Les progressions thématiques

2de / 1re

Mots clés

- thème
- propos

L'essentiel

■ Les progressions thématiques sont un des moyens d'assurer à un texte un sens cohérent.

■ On appelle **thème** ce dont parle la phrase, et **propos** l'information nouvelle apportée sur le thème.

Dans la phrase : *« Le mouvement surréaliste accorde une place importante à l'inconscient », le mouvement surréaliste* est le thème, *accorde une place importante à l'inconscient* constitue le propos.

1. La progression linéaire

■ Quand le propos d'une phrase devient le thème de la phrase suivante, on dit que la **progression** est **linéaire**.

« Le mouvement surréaliste accorde une place importante à l'inconscient ; celui-ci s'exprime par exemple dans les récits de rêves ou dans l'écriture automatique. »

▸ *L'inconscient*, propos de la première phrase, est repris par *celui-ci* et devient le thème de la deuxième phrase.

■ La progression linéaire complète le savoir du lecteur, en donnant une information sur chaque propos successif.

2. La progression à thème constant

■ Quand plusieurs phrases successives ont le même thème avec un propos différent, on parle de **progression à thème constant**.

« Ce roi est un grand magicien : il exerce son empire sur l'esprit même de ses sujets ; il les fait penser comme il veut. » (Montesquieu, *Lettres persanes*, XXIV, 1721)

▸ Chaque proposition a pour thème *le roi*, repris par *il*, et ajoute une information le concernant.

■ La progression à thème constant permet de scander la succession des actions dans les textes narratifs.

3. La progression à thème éclaté

■ Quand un même thème se subdivise en plusieurs sous-thèmes, on parle de **progression à thème éclaté**.

*« [**la place**] était presque vide : sous les marronniers d'une verdure tendre et neuve, les bancs restaient inoccupés, le long de la grille, à la station des voitures, la file des fiacres s'allongeait, d'un bout à l'autre ; et l'omnibus de la Bastille s'arrêtait au bureau, à l'angle du jardin. »* (Émile Zola, *L'Argent*, I, 1891)

▸ *La place* est le thème de la première phrase ; les autres phrases ont pour thème divers éléments visibles sur cette place : *les bancs*, *la file des fiacres*, *l'omnibus*.

■ La progression à thème éclaté donne des indications sur les différentes parties d'un ensemble.

Remarque **: dans un texte, plusieurs types de progressions peuvent se combiner.**

Les types de progressions

1 **Identifiez les types de progression utilisés dans les extraits de fables ci-dessous.**

Texte 1

Un pauvre Bûcheron tout couvert de ramée,
Sous le faix du fagot aussi bien que des ans
Gémissant et courbé, marchait à pas pesants,
Et tâchait de gagner sa chaumine enfumée.
Enfin, n'en pouvant plus d'effort et de douleur,
Il met bas son fagot, il songe à son malheur [...]
Il appelle la Mort. Elle vient sans tarder,
Lui demande ce qu'il faut faire. [...]

La Fontaine, *Fables*, I, 16 (1668).

Texte 2

Si j'osais ajouter au mot de l'interprète[1],
J'inspirerais ici l'amour de la retraite :
Elle offre à ses amants des biens sans embarras,
Biens purs, présents du Ciel, qui naissent sous les pas.

La Fontaine, *Fables*, XI, 4 (1678).

1. Ce personnage vient d'interpréter un rêve qui conseille de rechercher la solitude (la « retraite »).

2 **a. Pourquoi peut-on parler de suspense à propos de ce texte ?**
b. Identifiez les progressions utilisées dans le passage ci-dessous. Quel rôle jouent-elles dans la création du suspense ?

D'abord [la femme de la Barbe bleue] ne vit rien, parce que les fenêtres étaient fermées. Après quelques moments, elle commença à voir que le plancher était tout couvert de sang caillé, et que, dans ce sang, se miraient les corps de plusieurs femmes mortes, et attachées le long des murs : c'était toutes les femmes que la Barbe bleue avait épousées, et qu'il avait égorgées l'une après l'autre. Elle pensa mourir de peur, et la clef du cabinet, qu'elle venait de retirer de la serrure, lui tomba de la main.

Charles Perrault, *Contes de ma mère l'oye, la Barbe bleue* (1697).

3 **Identifiez le type de progression utilisé dans l'extrait ci-dessous. Quelle figure de style la souligne ? Pour quel effet a-t-elle été choisie ?**

Le théâtre, on ne saurait trop le répéter, a de nos jours une importance immense, et qui tend à s'accroître avec la civilisation même. Le théâtre est une tribune. Le théâtre est une chaire. Le théâtre parle fort et parle haut. [...]

Victor Hugo, « Avertissement de *Lucrèce Borgia* » (1833).

4 **a. Identifiez le type de progression utilisé dans l'extrait ci-dessous. Sur quelle relation lexicale (voir chapitre 8) est-elle construite ?**
b. Comment l'auteur évite-t-il la monotonie ?

La diversité des arbres faisait un spectacle changeant. Les hêtres à l'écorce blanche et lisse entremêlaient leurs couronnes ; des frênes courbaient mollement leurs glauques ramures ; dans les cépées[1] de charmes, des houx pareils à du bronze se hérissaient ; puis venaient une file de minces bouleaux, inclinés dans des attitudes élégiaques ; et les pins, symétriques comme des tuyaux d'orgue, en se balançant continuellement, semblaient chanter.

Gustave Flaubert, *L'Éducation sentimentale*, III (1869).

1. touffes de jeunes tiges

5 **Écriture d'invention**

Écrivez un paragraphe sur le modèle du texte de Flaubert (voir exercice précédent), en choisissant l'un de ces points de départ :

a. « La diversité des constructions faisait un spectacle changeant. »

b. « La diversité des invités offrait un spectacle distrayant. »

c. « La diversité des lectures ne permettait pas l'ennui. »

6 **Repérez la progression thématique qui organise ce paragraphe. Quelle métaphore filée (voir page 55) permet-elle de développer ?**

Créon, roi de Thèbes, essaie d'expliquer à Antigone la nécessité de l'exercice du pouvoir.

Créon : Il faut pourtant qu'il y en ait qui mènent la barque. Cela prend l'eau de toutes parts, c'est plein de crimes, de bêtise, de misère... Et le gouvernail est là, qui ballotte. L'équipage ne veut plus rien faire, il ne pense qu'à piller la cale et les officiers sont déjà en train de se construire un petit radeau confortable, rien que pour eux, avec toute la provision d'eau douce pour tirer au moins leurs os de là. Et le mât craque, et le vent siffle, et les voiles vont se déchirer, et toutes ces brutes vont crever toutes ensemble, parce qu'elles ne pensent qu'à leur peau, à leur précieuse peau et à leurs petites affaires.

Jean Anouilh, *Antigone*, © La Table ronde (1946).

7 **Écriture d'invention**

Sur le modèle de la réplique de Créon (exercice 6), construisez un paragraphe à thème éclaté qui développera une des phrases suivantes, à votre choix :

« Il faut pourtant qu'il y en ait... »
a. qui montent le spectacle...
b. qui bâtissent l'édifice...
c. qui mettent la main à la pâte...

Vous n'êtes pas tenu de donner à votre texte un sens métaphorique.

8 **Écriture d'invention**

Rédigez un ou deux paragraphes argumentatifs qui, au choix :

a. dénoncent les méfaits des émissions de téléréalité ;

b. fassent l'éloge des films documentaires.

Vous emploierez, dans l'ordre de votre choix, les trois types de progressions thématiques que vous connaissez.

Exercices

La nature des rimes

1 **a. Repérez dans les textes suivants les rimes masculines et les rimes féminines. Comment sont-elles réparties dans chacun des extraits ?**

b. En fonction de la date d'écriture de chacun des poèmes, expliquez les différences que vous constatez.

Texte 1

Quatre jours mon amour pas de lettre de toi
Le jour n'existe plus le soleil s'est noyé
La caserne est changée en maison de l'effroi
Et je suis triste ainsi qu'un cheval convoyé

Que t'est-il arrivé souffres-tu ma chérie
Pleures-tu Tu m'avais bien promis de m'écrire
Lance ta lettre obus de ton artillerie
Qui doit me redonner la vie et le sourire

Huit fois déjà le vaguemestre[1] a répondu
« Pas de lettres pour vous » Et j'ai presque pleuré
Et je cherche au quartier ce joli chien perdu
Que nous vîmes ensemble ô mon cœur adoré

Guillaume Apollinaire, *Poèmes à Lou* (1915), © Gallimard (1969).

1. sous-officier chargé du service de la poste dans un régiment

Texte 2

Ta douleur, Du Périer, sera donc éternelle,
Et les tristes discours
Que te met en l'esprit l'amitié[1] paternelle
L'augmenteront toujours !

Le malheur de ta fille au tombeau descendue
Par un commun trépas,
Est-ce quelque dédale où ta raison perdue
Ne se retrouve pas ?

Je sais de quels appas son enfance était pleine,
Et n'ai pas entrepris,
Injurieux ami, de soulager ta peine
Avecque son mépris.[2]

Malherbe, *Consolation à M. Du Périer sur la mort de sa fille* (1599).

1. l'amour 2. Je n'essaierai pas de soulager ta peine en méprisant les charmes de ta fille, ce serait te faire injure, sous prétexte d'amitié.

La disposition des rimes

2 **Selon quels schémas les rimes sont-elles disposées dans les extraits suivants ?**

Texte 1

Mais les gens comme nous brûlent d'un feu discret,
Avec qui pour toujours on est sûr du secret :
Le soin que nous prenons de notre renommée
Répond de toute chose à la personne aimée,
Et c'est en nous qu'on trouve, acceptant notre cœur,
De l'amour sans scandale et du plaisir sans peur.

Molière, *Tartuffe*, Acte III, sc. 3 (1669).

Texte 2

Peuples ! écoutez le poète !
Écoutez le rêveur sacré !
Dans votre nuit, sans lui complète,
Lui seul a le front éclairé !
Des temps futurs perçant les ombres,
Lui seul distingue en leurs flancs sombres
Le germe qui n'est pas éclos.
Homme, il est doux comme une femme.
Dieu parle à voix basse à son âme
Comme aux forêts et comme aux flots !

Victor Hugo, *Les Rayons et les Ombres* (1840).

3 **Peut-on parler d'usage régulier de la rime dans ce poème ? Indiquez les procédés sonores utilisés par Eluard.**

La courbe de tes yeux fait le tour de mon cœur,
Un rond de danse et de douceur,
Auréole du temps, berceau nocturne et sûr,
Et si je ne sais plus tout ce que j'ai vécu
C'est que tes yeux ne m'ont pas toujours vu.

Feuilles de jour et mousse de rosée,
Roseaux du vent, sourires parfumés,
Ailes couvrant le monde de lumière,
Bateaux chargés du ciel et de la mer,
Chasseurs de bruits et sources des couleurs,

Parfums éclos d'une couvée d'aurores
Qui gît toujours sur la paille des astres,
Comme le jour dépend de l'innocence
Le monde entier dépend de tes yeux purs
Et tout mon sang coule dans leurs regards.

Paul Eluard, *Capitale de la douleur*, © Gallimard (1926).

La qualité de la rime

4 **Repérez les différentes qualités de rimes (pauvres, suffisantes, riches) dans l'extrait suivant.**

Léandre le sot,
Pierrot qui d'un saut
De puce
Franchit le buisson,
Cassandre sous son
Capuce,

Arlequin aussi,
Cet aigrefin si
Fantasque
Aux costumes fous,
Ses yeux luisant sous
Son masque,

Do, mi, sol, mi, fa,
Tout ce monde va,
Rit, chante
Et danse devant
Une belle enfant
Méchante [...]

Paul Verlaine, *Fêtes galantes* (1869).

5 **Exercice guidé**

Quelle relation peut-on établir entre le choix des mots placés à la rime, la disposition des rimes et l'expression des sentiments du poète ?

Je pense à toi mon Lou ton cœur est ma caserne
Mes sens sont tes chevaux ton souvenir est ma luzerne

Le ciel est plein ce soir de sabres d'éperons
Les canonniers s'en vont dans l'ombre lourds et prompts

Mais près de toi je vois sans cesse ton image
Ta bouche est la blessure ardente du courage

Nos fanfares éclatent dans la nuit comme ta voix
Quand je suis à cheval tu trottes près de moi

Nos 75[1] sont gracieux comme ton corps
Et tes cheveux sont fauves comme le feu d'un obus
qui éclate au nord

Guillaume Apollinaire, *Poèmes à Lou* (1915), © Gallimard (1969).

1. type de canon

Les questions à vous poser

- Comment les rimes sont-elles disposées ? Quel changement remarquez-vous à la fin du poème ?
- Ce changement peut-il être mis en relation avec la signification du poème ?
- Quels contrastes peut-on relever entre les deux premiers vers et les deux vers suivants ?
- Ces contrastes peuvent-ils être mis en relation avec le choix des rimes et leur disposition ?
- Faites le même travail sur les quatre vers suivants. Que constatez-vous ?

Jouer avec les rimes

6 **Pourquoi le poème suivant mérite-t-il son titre ?**

Rimes riches à l'œil

L'homme insulté, qui se retient
Est, à coup sûr, doux et patient.
Par contre, l'homme à l'humeur aigre
Gifle celui qui le dénigre.
Moi, je n'agis qu'à bon escient :
Mais, gare aux fâcheux qui me scient !
Qu'ils soient de Château-l'Abbaye
Ou nés à Saint-Germain-en-Laye,
Je les rejoins d'où qu'ils émanent,
Car mon courroux est permanent.

Alphonse Allais, *Le Sourire* (1901).

7 **a. Quelle est la disposition des rimes adoptée par Aragon ? Le premier vers est-il isolé ou peut-on considérer qu'il rime avec d'autres vers de la première strophe ? À quelle condition ? (Aidez-vous en lisant la strophe à voix haute.)**

b. Donnez un exemple de rime intérieure.

Petite suite sans fil

Ah parlez-moi d'amour ondes petites ondes
Le cœur dans l'ombre encore a ses chants et ses cris
Ah parlez-moi d'amour voici les jours où l'on
Doute où l'on redoute où l'on est seul on s'écrit
Ah parlez-moi d'amour Les lettres que c'est long
De ce bled à venir et retour à Paris

Vous parlerez d'amour La valse et la romance
Tromperont la distance et l'absence Un bal où
Ni toi ni moi n'étais va s'ouvrir Il commence
Les violons rendraient les poètes jaloux
Vous parlerez d'amour avec des mots immenses
La nuit s'ouvre et le ciel aux chansons de deux sous […]

Louis Aragon, *Le Crève-cœur*, © Gallimard (1941).

8 **Écriture d'invention**

a. Inventez une fin pour chacun des vers de ce poème, sachant qu'il est écrit en alexandrins, à l'exception du dernier vers des quintils qui est un hexasyllabe. Les rimes suivent le schéma : ABAAB.

b. Recherchez dans *Les Feuilles d'automne* le poème original qui correspond à ces vers inachevés. Vous le lirez à voix haute en respectant le rythme.

À une femme

Enfant ! si j'étais roi, je donnerais ....
Et mon char, et mon sceptre, et ....
Et ma couronne d'or, et mes ....
Et mes flottes, à qui la mer ....
Pour un regard de vous !

Si j'étais Dieu, la terre et l'air avec les ondes
Les anges, les démons ....
Et le profond chaos ....
L'éternité, l'espace, ...
Pour un baiser de toi !

Victor Hugo, *Les Feuilles d'automne* (1831).

Allitérations et assonances

9 **Repérez les allitérations et assonances dans les vers suivants. Indiquez l'effet recherché par le poète.**

1. L'esprit ne sait plus rien des sens ni de soi-même. (Leconte de Lisle)

2. Des crépuscules blancs tiédissent sous mon crâne
Qu'un cercle de fer serre ainsi qu'un vieux tombeau
Et triste, j'erre après un rêve vague et beau,
Par les champs où la sève immense se pavane. (Mallarmé)

3. Et fixe avec le feu dans le sombre pigment
La poudre étincelante où ton pinceau se trempe. (Heredia)

Gérard Fromanger (né en 1939), *Change* (portraits de membres du mouvement Tel Quel), 1976, coll.part.

III

Les mouvements littéraires et culturels

■ Les mouvements se construisent souvent **par opposition les uns aux autres**. Ils critiquent les outrances et les faiblesses des mouvements précédents pour les nuancer ou en prendre le contre-pied. Ils se réfèrent à un idéal humain original qui incarne les valeurs nouvelles.

Au XVIIe siècle, le classicisme préconise l'usage de la mesure et de la raison, qui s'incarnent dans l'idéal de « l'honnête homme ». Par opposition, le romantisme exalte la beauté des passions et construit la figure du héros mélancolique et révolté.

2. Échanges et influences

■ Un mouvement regroupe souvent des **artistes de différents pays** qui s'influencent mutuellement.

L'humanisme réunit le Hollandais Érasme, l'Anglais Thomas More, les Français Rabelais ou Montaigne.
Le romantisme est né en Allemagne et en Grande-Bretagne avant de gagner la France puis l'Europe.

■ Par des **modes d'expression différents**, des romanciers, des poètes, des peintres, des hommes de théâtre, des sculpteurs, des compositeurs et des architectes manifestent une sensibilité commune et une même conception de la beauté.

L'importance que le surréalisme accorde au rêve et aux manifestations de l'inconscient s'exprime aussi bien dans la poésie d'André Breton que dans la peinture de Salvador Dali ou dans les films de Luis Buñuel.

3. La dénomination des mouvements

Certains mouvements se revendiquent comme tels et se constituent délibérément en « **écoles** ».

Au XVIe siècle, Ronsard et Du Bellay rassemblent autour d'eux le groupe des poètes de La Pléiade.
Au XIXe siècle, Émile Zola prend la tête de l'école naturaliste.

■ Dans d'autres cas, la dénomination est adoptée par des **critiques** et des **historiens** qui dégagent les traits communs aux œuvres d'une même période.

Les termes de *classicisme* et de *baroque* sont forgés au XIXe siècle pour caractériser les traits communs à des œuvres élaborées au XVIIe siècle.

■ Certains artistes sont rattachés par des critiques à un mouvement particulier bien qu'ils refusent de s'y reconnaître.

Maupassant est considéré comme un romancier réaliste ou naturaliste parce que son écriture et les thèmes qu'il aborde le rapprochent de Flaubert et de Zola. Pourtant, il ne se voulait d'aucune école.

Remarque : Les termes utilisés pour nommer les mouvements passent souvent dans la langue usuelle. Ils peuvent désigner :

- une attitude intellectuelle, une vision du monde ;
- un trait de caractère, un comportement ;
- des réalités quotidiennes.

Il y a quelque chose de romantique dans l'univers tourmenté de ce cinéaste. / Emma Bovary se perdait dans ses rêves d'amours romantiques. / Ce dîner aux chandelles m'a paru très romantique.

Identifier un mouvement littéraire

1 **Voici des titres d'œuvres littéraires, musicales et picturales. Classez-les en fonction des thèmes qu'ils semblent aborder. À l'aide des ressources du CDI, cherchez qui est l'auteur de chacune des œuvres et à quelle époque elle a été conçue. En vous référant aux chapitres 28, 30, 31, 33, essayez d'identifier les mouvements auxquels elles appartiennent.**

Ballade à la lune – Le Bourgeois gentilhomme – Cinna ou la Clémence d'Auguste – Clair de Terre – Couple aux têtes pleines de nuages – Le Curé de Tours – Feuilles d'automne – La Fortune des Rougon – Harmonies poétiques et religieuses – Histoire d'une fille de ferme – Madame Bovary – Melancholia – Nuit d'octobre – Poisson soluble – La Princesse de Clèves – Sonate Clair de lune – Deux enfants sont menacés par un rossignol.

2 **En vous référant à un manuel scolaire, à une histoire littéraire ou à un dictionnaire, identifiez le mouvement littéraire auquel appartiennent les artistes suivants.**

1. Breton, Eluard, Aragon, Desnos.
2. La Fontaine, Corneille, Boileau, La Bruyère.
3. Lamartine, Nerval, Musset, Vigny.
4. Maupassant, Zola, les frères Goncourt.

3 **En vous référant à un manuel scolaire, à une histoire littéraire ou à un dictionnaire des œuvres, identifiez l'intrus dans les séries suivantes. Justifiez votre réponse.**

1. *Horace, Hernani, Britannicus.*
2. *Germinal, Une vie, L'Étranger.*
3. *Les Contemplations, Clair de terre, Nadja.*

Repérer les thèmes caractéristiques d'un mouvement

4 **Comparez les deux tableaux suivants :**

1. Eugène Delacroix, *La Mort de Sardanapale* (1826), Paris, musée du Louvre.

2. Jean-François Millet, *L'Angélus* (1857-1859), Paris, musée d'Orsay.

a. Recherchez la signification des deux titres

b. Décrivez la scène représentée dans chaque tableau (lieu, époque, personnages, action). Quelles réactions suscite-t-elle chez le spectateur ?

c. À quels mouvements pouvez-vous rattacher chacune de ces toiles ? (Aidez-vous des chapitres 30 et 31 du manuel.)

5 **Les deux extraits suivants appartiennent à des œuvres romantiques. Quelles caractéristiques permettent de les rapprocher ?**

Texte 1

La solitude absolue, le spectacle de la nature, me plongèrent bientôt dans un état presque impossible à décrire. Sans parents, sans amis, pour ainsi dire seul sur la terre, n'ayant point encore aimé, j'étais accablé d'une surabondance de vie. Quelquefois je rougissais subitement, et je sentais couler dans mon cœur comme des ruisseaux d'une lave ardente ; quelquefois je poussais des cris involontaires, et la nuit était également troublée de mes songes et de mes veilles. Il me manquait quelque chose pour remplir l'abîme de mon existence : je descendais dans la vallée, je m'élevais sur la montagne, appelant de toute la force de mes désirs l'idéal objet d'une flamme future ; je l'embrassais dans les vents ; je croyais l'entendre dans les gémissements du fleuve ; tout était ce fantôme imaginaire, et les astres dans les cieux, et le principe même de vie dans l'univers.

François René de Chateaubriand, *René* (1802).

Texte 2

Ruy Blas

Espérer ! Mais tu ne sais rien encore.
Vivre sous cet habit qui souille et déshonore,
avoir perdu la joie et l'orgueil, ce n'est rien.
Être esclave, être vil, qu'importe ! – écoute bien.
Frère ! Je ne sens pas cette livrée infâme,
car j'ai dans ma poitrine une hydre aux dents de flamme
qui me serre le cœur dans ses replis ardents.
Le dehors te fait peur ? Si tu voyais dedans !

Exercices

Le rôle du savoir

1 a. Quelle est l'attitude du père de Montaigne à l'égard du savoir ? En quoi est-elle caractéristique de l'humanisme ?

b. Montaigne approuve-t-il totalement cette attitude ?

C'est, à la vérité, une très utile et grande partie que la science[1]. Ceux qui la méprisent témoignent assez leur bêtise : mais je n'estime pourtant sa valeur jusqu'à cette mesure extrême qu'aucuns[2] lui attribuent, comme Hérillus le philosophe, qui logeait en elle le souverain bien, et tenait qu'il ne fût en elle de nous rendre sages et contents : ce que je ne crois pas, ni ce que d'autres ont dit, que la science est mère de toute vertu[3], et que tout vice est produit par l'ignorance. Si cela est vrai, cela est sujet à une longue interprétation. Ma maison a été de long temps ouverte aux gens de savoir, et en est fort connue : car mon père, qui l'a commandée cinquante ans et plus, échauffé de cette ardeur nouvelle de quoi le roi François premier embrassa les lettres et les mit en crédit, rechercha avec grand soin et dépense l'accointance[4] des hommes doctes[5] les recevant chez lui comme personnes saintes et ayant quelque particulière inspiration de sagesse divine, recueillant leurs sentences[6] et leurs discours comme des oracles, et avec d'autant plus de révérence et de religion qu'il avait moins de loi[7] d'en juger car il n'avait aucune connaissance des lettres, non plus que ses prédécesseurs. Moi, je les aime bien, mais je ne les adore pas.

Montaigne, *Essais*, II, 12 « Apologie de Raymond Sebond » (1580).

1. le savoir, la connaissance **2.** que certains **3.** pas plus que ce que d'autres ont dit, à savoir que la science est mère de toute vertu **4.** la compagnie, l'amitié **5.** savants **6.** avis, pensées **7.** de pouvoir, d'autorité

2 Comparez ce texte à l'extrait de *Pantagruel* (p. 84). Quels points communs pouvez-vous relever entre les deux auteurs dans leur conception de l'éducation ?

Donc la première place est revendiquée par la grammaire et il faut dès le début enseigner aux enfants à la fois celle du grec et du latin, non seulement parce que c'est dans ces deux langues qu'a été transmis presque tout ce qui semble mériter d'être connu, mais aussi parce que toutes deux sont si apparentées l'une à l'autre qu'on peut plus vite les apprendre ensemble que séparément, en tout cas que la latine sans la grecque. Quintilien préfère que nous commencions par le grec mais à condition que dès que cette langue est apprise le latin vienne à sa suite peu de temps après. Il conseille de les cultiver avec un soin égal et ainsi l'une ne nuira pas à l'autre. Donc il faut assimiler les rudiments des deux langues dès le début par les leçons d'un très bon précepteur ; au cas où on n'aurait pas la chance d'en rencontrer un, alors (ce qui est la deuxième solution) il faut du moins avoir recours aux meilleurs auteurs, que je souhaiterais en tout petit nombre, mais bien choisis. […]

Car la véritable aptitude à parler correctement s'acquiert de la meilleure façon en vivant avec ceux qui parlent purement et surtout par la lecture assidue des auteurs éloquents, parmi lesquels il faut s'imprégner d'abord de ceux dont le style est le plus pur, mais aussi de ceux qui plaisent à ceux qui les étudient par un certain attrait du sujet.

Érasme, *La Méthode pour étudier* (1511),
© Librairie générale Française (1991).

3 Décrivez précisément les divers éléments figurant dans le tableau de Holbein (décor, objets, costume et attitude du personnage). Pourquoi ce personnage peut-il apparaître comme un symbole de l'attitude humaniste ?

Hans Holbein, *Portrait de Nicolas Kratzer* (1528),
Paris, Musée du Louvre.

Le bonheur humain

4 a. Quels principes règlent la vie des habitants de Thélème ?

b. Quelle conception de l'homme et du bonheur humain peut-on dégager de ce texte ?

Le roi Gargantua, pour récompenser le moine frère Jean, lui donne la direction d'une abbaye. Mais frère Jean décide, avec l'accord de Gargantua, que cette abbaye, baptisée abbaye de Thélème, sera régie par des principes radicalement différents de ceux que l'on observe dans les couvents.

Toute leur vie[1] était régie non par des lois, des statuts et des règles, mais selon leur volonté et leur libre arbitre. Ils sortaient du lit quand bon leur semblait, buvaient, mangeaient, travaillaient, dormaient quand le désir leur en venait. Nul ne les éveillait, nul ne les obligeait à boire ni à manger, ni à faire quoi que ce soit. Ainsi en avait décidé Gargantua. Et toute leur règle était en cette clause :

FAIS CE QUE VOUDRAS.

Parce que les gens libres, bien nés, bien éduqués, vivant en bonne société, ont naturellement un instinct, un aiguillon qu'ils appellent honneur et qui les pousse à agir toujours vertueusement et les éloigne du vice. Quand une vile et contraignante sujétion les abaisse et les asservit, pour déposer et briser le joug de servitude, ils détournent ce noble sentiment qui les inclinait librement vers la vertu, car c'est toujours ce qui est défendu que nous entreprenons, et c'est ce qu'on refuse que nous convoitons.

Grâce à cette liberté, ils rivalisèrent d'efforts pour faire, tous, ce qu'ils voyaient faire à un seul. Si l'un ou l'une d'entre eux disait : « buvons », tous buvaient ; si on disait : « jouons », tous jouaient ; si on disait : « allons nous ébattre aux champs », tous y allaient. Si c'était pour chasser au vol ou à courre, les dames montées sur de belles haquenées, avec leur fier palefroi[2], portaient chacune sur leur poing joliment ganté un épervier, un lanier, un émerillon[3] ; les hommes portaient les autres oiseaux.

Rabelais, *Gargantua* (1534), translation en français moderne de Guy Demerson, © Éditions du Seuil (1973).

1. la vie des jeunes gens et des jeunes filles accueillis par l'abbaye **2.** termes désignant des juments et des chevaux destinés à la promenade ou au voyage **3.** épervier, lanier, émerillon : oiseaux de proie que l'on utilisait pour la chasse

Humanisme et religion

5 Quels principes Utopus applique-t-il en matière de religion ? Pour quelles raisons ?

Les Utopiens mettent au nombre de leurs institutions les plus anciennes celle qui prescrit de ne faire tort à personne pour sa religion. Utopus[1], à l'époque de la fondation de l'empire, avait appris qu'avant son arrivée, les indigènes[2] étaient en guerre civile au sujet de la religion. Il avait aussi remarqué que cette situation du pays lui en avait puissamment facilité la conquête, parce que les sectes dissidentes[3], au lieu de se réunir en masse, combattaient isolées et à part. Dès qu'il fut victorieux et maître, il se hâta de décréter la liberté de religion. Cependant, il ne proscrivit pas le prosélytisme[4] qui propage la foi au moyen du raisonnement, avec douceur et modestie ; qui ne cherche pas à détruire par la force brutale le religion contraire, s'il ne réussit pas à persuader ; qui enfin n'emploie ni la violence, ni l'injure. Mais l'intolérance et le fanatisme furent punis de l'exil ou de l'esclavage.

Utopus, en décrétant la liberté religieuse, n'avait pas seulement en vue le maintien de la paix que troublaient naguère des combats continuels et des haines implacables, il pensait encore que l'intérêt de la religion elle-même commandait une pareille mesure. Jamais il n'osa rien statuer en matière de foi, incertain si[5] Dieu n'inspirait pas lui-même aux hommes des croyances diverses, afin d'éprouver, pour ainsi dire, une grande multitude de cultes variés. Quant à l'emploi de la violence et des menaces pour contraindre un autre à croire comme soi, cela lui parut tyrannique et absurde. Il prévoyait que si toutes les religions étaient fausses, à l'exception d'une seule, le temps viendrait où, à l'aide de la douceur et de la raison, la vérité se dégagerait d'elle-même, lumineuse et triomphante, de la nuit de l'erreur.

Thomas More, *L'Utopie* (1516), trad. V. Stouvelen, © Éditions sociales, coll. « Essentiel » (1982).

1. fondateur de la cité d'Utopie **2.** les populations habitant l'île avant qu'Utopus n'en fasse la conquête **3.** les différentes religions **4.** volonté de convertir à une religion **5.** ne sachant pas si

Le pouvoir politique

6 a. Quels reproches La Boétie adresse-t-il au pouvoir monarchique ?

b. Comment explique-t-il la puissance exercée par le tyran ?

Pour le moment, je voudrais seulement comprendre comment il se peut que tant d'hommes, tant de bourgs, tant de villes, tant de nations supportent quelquefois un tyran seul qui n'a de puissance que celle qu'ils lui donnent, qui n'a de pouvoir de leur nuire qu'autant qu'ils veulent bien l'endurer, et qui ne pourrait leur faire aucun mal s'ils n'aimaient mieux tout souffrir de lui que de le contredire. Chose vraiment étonnante – et pourtant si commune qu'il faut plutôt en gémir que s'en ébahir –, de voir un million d'hommes misérablement asservis, la tête sous le joug, non qu'ils y soient contraints par une force majeure, mais parce qu'ils sont fascinés et pour ainsi dire ensorcelés par le seul nom d'un, qu'ils ne devraient pas redouter – puisqu'il est seul – ni aimer – puisqu'il est envers eux tous inhumain et cruel. Telle est pourtant la faiblesse des hommes : contraints à l'obéissance, obligés de temporiser, ils ne peuvent pas être toujours les plus forts.

Mais ô grand Dieu, qu'est donc cela ? Comment appellerons-nous ce malheur ? Quel est ce vice, ce vice horrible, de voir un nombre infini d'hommes, non seulement obéir, mais servir, non pas être gouvernés, mais être tyrannisés, n'ayant ni biens, ni parents, ni enfants, ni leur vie même qui soit à eux ? De les voir souffrir les rapines, les paillardises, les cruautés, non d'une armée, non d'un camp barbare contre lesquels chacun devrait défendre son sang et sa vie, mais d'un seul ! Non d'un Hercule ou d'un Samson[1], mais d'un hommelet[2] souvent le plus lâche, le plus efféminé de la nation, qui n'a jamais flairé la poudre des batailles ni guère foulé le sable des tournois, qui n'est pas seulement inapte à commander aux hommes, mais encore à satisfaire la moindre femmelette ! Nommerons-nous cela lâcheté ? Appellerons-nous vils et couards ces hommes soumis ? Si deux, si trois, si quatre cèdent à un seul, c'est étrange, mais toutefois possible ; on pourrait dire avec raison : c'est faute de cœur[3]. Mais si cent, si mille souffrent l'oppression d'un seul, dira-t-on encore qu'ils n'osent pas s'en prendre à lui, ou qu'ils ne le veulent pas ?

La Boétie, *De la servitude volontaire* (1574), translation en français moderne de S. Auffret, © Éditions Mille et une nuits, département des Éditions Fayard (1995).

1. héros biblique doué d'une force prodigieuse **2.** homme faible **3.** par manque de courage

Chapitre 27

La Pléiade

Mots clés

- manifeste
- Antiquité
- imitation
- inspiration

2de / 1re

Observation

Texte 1

Mignonne, allons voir si la rose
Qui ce matin avait déclose[1]
Sa robe de pourpre au soleil,
A point perdu cette vesprée[2]
Les plis de sa robe pourprée,
Et son teint au vôtre pareil.

Las[3] ! voyez comme en peu d'espace,
Mignonne, elle a dessus la place[4],
Las, las ses beautés laissé choir[5] !
Ô vraiment marâtre Nature,
Puisqu'une telle fleur ne dure
Que du matin jusques au soir !

Donc, si vous me croyez, mignonne,
Tandis que votre âge fleuronne[6]
En sa plus verte nouveauté,
Cueillez, cueillez votre jeunesse :
Comme à cette fleur, la vieillesse
Fera ternir votre beauté.

Ronsard, *Odes* (1550).

1. ouvert **2.** ce soir **3.** hélas **4.** ici
5. laissé tomber **6.** est en fleur

Portrait de Pierre de Ronsard (1524-1585) figurant sur la page de titre des *Sonnets pour Hélène*.

Texte 2

Quand vous serez bien vieille, au soir, à la chandelle,
Assise auprès du feu, dévidant[1] et filant,
Direz, chantant mes vers, en vous émerveillant :
« Ronsard me célébrait du temps que j'étais belle ! »

Lors, vous n'aurez servante oyant[2] telle nouvelle,
Déjà sous le labeur à demi sommeillant,
Qui au bruit de Ronsard ne s'aille réveillant,
Bénissant votre nom de louange immortelle.

Je serai sous la terre, et, fantôme sans os,
Par les ombres myrteux[3] je prendrai mon repos :
Vous serez au foyer une vieille accroupie,

Regrettant mon amour et votre fier dédain.
Vivez si m'en croyez, n'attendez à demain :
Cueillez dès aujourd'hui les roses de la vie.

Ronsard, *Sonnets pour Hélène* (1578).

1. travail de la laine **2.** entendant **3.** du myrte (arbre consacré à Vénus). *Ombre* est ici un mot masculin.

Questions

1. À qui le poète s'adresse-t-il dans chacun des deux poèmes ? Justifiez votre réponse.
2. Sur quelle comparaison le premier poème repose-t-il ? Relevez les éléments appartenant au champ lexical de la fleur. Quel est l'effet produit ?
3. Relevez les différentes expressions du temps dans les deux textes. Que veut montrer l'auteur ?
4. Quel conseil le poète donne-t-il à ses destinataires dans les derniers vers des deux poèmes ? Recherchez dans un dictionnaire de citations le sens de l'expression « Carpe diem » du poète latin Horace. Pourquoi peut-on la rapprocher de ces deux poèmes ?

L'essentiel

Au XVIe siècle, la Pléiade constitue une école visant à une renaissance de la poésie française.

1. Une poésie nouvelle

Chapitre 26
L'humanisme, p. 84

■ La Pléiade rassemble, autour de **Ronsard** et de **Du Bellay**, un groupe de jeunes poètes dont l'objectif est de **donner ses lettres de noblesse à la poésie française**. Pétris de culture grecque et latine, ces poètes sont le produit de l'enseignement humaniste.

■ Rédigée par Du Bellay, la ***Défense et Illustration de la langue française*** (1549) constitue le **manifeste** exprimant les principes auxquels se réfère le groupe :

Chapitres 7, 18 à 21
• Histoire et formation des mots, p. 24
• Figures de style, p. 54, 58, 60 et 62

- l'utilisation de la langue française en poésie : les poètes français doivent écrire dans leur **langue maternelle** et non en latin ou en grec ;
- l'**enrichissement de la langue** par divers procédés lexicaux : reprise de termes vieillis ou disparus, emprunt aux langues régionales, au vocabulaire technique, création de mots dérivés de termes existant déjà ou dérivés de mots grecs ou latins ;
- l'emploi de **figures de style** : métaphore, allégorie, comparaison, périphrase...

Ronsard, dans son ode, joue sur l'assimilation métaphorique entre la fleur et la jeune fille à laquelle il s'adresse (texte 1).

2. Le culte de l'Antiquité

■ Les poètes de la Pléiade **rejettent le Moyen Âge** et condamnent les genres médiévaux les plus pratiqués (ballade, rondeau, chanson) pour **remettre à l'honneur les genres antiques** (élégie, ode, blason, épopée, hymne...). La Pléiade impose également le **sonnet**, venu d'Italie.

■ Pour parvenir à faire vivre une poésie nouvelle, il faut **s'inspirer des modèles grecs et latins**. La poésie de la Pléiade fait fréquemment référence à la littérature et à la mythologie gréco-latines.

Ronsard, dans son sonnet pour Hélène, évoque les « ombres myrteux » ; cette expression désigne une région des Enfers, séjour des morts, tel que se le représentaient les Grecs et les Latins.

3. Les objectifs du poète

■ Pour les artistes de la Pléiade, le poète est un être d'exception qui a reçu le don de l'**inspiration**, mais il doit également **travailler**, en particulier la composition des vers et la richesse de ses rimes, pour atteindre son but ultime : **l'immortalité littéraire**.

■ L'œuvre poétique doit avant tout éveiller les émotions du lecteur. Aussi le **thème amoureux** est-il récurrent dans les poèmes de la Pléiade, de même que l'évocation de la **fuite du temps**. Le **registre lyrique** est fréquemment privilégié.

Paul Bril (1554-1626), *Vue de Rome* (1595), Paris, bibliothèque des Beaux-Arts.

Exercices

Le groupe de La Pléiade

1 **a. D'où vient le mot *Pléiade*? À l'aide d'un dictionnaire ou d'une encyclopédie, recherchez ce que désignait ce terme dans l'Antiquité. Pourquoi, selon vous, les poètes du XVIe siècle ont-ils repris ce nom?**

b. À l'aide d'un dictionnaire ou d'une encyclopédie, cherchez quels étaient les sept poètes de la Pléiade.

2 **Quel objectif semblable les deux poètes poursuivent-ils dans les deux extraits suivants? Justifiez votre réponse. Que peut-on en déduire sur les relations qu'ils entretiennent?**

Texte 1

À Joachim Du Bellay, Angevin[1], poète excellent.

Aujourd'hui je me vanterai
Que jamais je ne chanterai
Un homme plus aimé que toi
Des neuf pucelles[2] et de moi,
Poste qui cornera ta gloire[3]
Que toute France est appreuvant[4],
Dans les délices s'abreuvant,
Dont tu flattes l'orgueil de Loire.

Ronsard, *Odes*, Livre I (1550).

1. natif de la région de l'Anjou 2. les neuf muses, déesses donnant au poète l'inspiration 3. qui chantera ta gloire 4. que toute la France approuve

Texte 2

Heureux, de qui la mort de sa gloire est suivie,
Et plus heureux celui dont l'immortalité
Ne prend commencement de la postérité,
Mais devant que[1] la mort ait son âme ravie

Tu jouis (mon Ronsard) même durant ta vie,
De l'immortel honneur que tu as mérité:
Et devant que[2] mourir (rare félicité)
Ton heureuse vertu triomphe de l'envie[3].

Du Bellay, *Les Regrets* (1558).

1. avant que 2. avant de 3. de la jalousie

L'enrichissement de la langue

3 **À quoi Du Bellay compare-t-il la langue française et la langue latine? Que veut-il montrer au moyen de cette comparaison? Quel rôle serait implicitement assigné aux poètes nouveaux?**

Ainsi puis-je dire de notre langue, qui commence encore à fleurir sans donner de fruits, ou est plutôt, comme une plante […], qui n'a point encore fleuri; tant s'en faut qu'elle ait apporté tout le fruit qu'elle pourrait bien produire. Cela, certainement, non par défaut naturel – elle est aussi apte à engendrer que les autres –, mais par la faute de ceux qui l'ont eue en garde, et ne l'ont pas cultivée suffisamment, mais laissée comme une plante sauvage, en ce même désert où elle avait commencé à naître, sans jamais l'arroser, la tailler, ni la défendre des ronces et des épines qui lui faisaient ombre, et qui l'ont laissée décliner et quasi mourir. Si les anciens Romains avaient été aussi négligents à la culture de leur langue, quand elle donna ses premières pousses, pour certaines en si peu de temps, elle ne fut devenue si grande. Mais eux, comme de bons agriculteurs, l'ont premièrement transportée d'un lieu sauvage en un lieu domestique; puis afin qu'elle puisse plus tôt et mieux fructifier, ils en ont coupé à l'entour les inutiles rameaux et les ont remplacés, en réparation, par des rameaux sans défaut et domestiques, magistralement tirés de la langue grecque.

Du Bellay, *Défense et illustration de la langue française* (1549), texte adapté en français moderne.

L'usage des figures

4 **Sur quelle figure de style le poème suivant est-il construit? Que veut montrer le poète au moyen de cette figure?**

Comme le champ semé en verdure foisonne,
De verdure se hausse en tuyau verdissant,
Du tuyau se hérisse en épi florissant,
D'épi jaunit en grain, que le chaud assaisonne[1];

Et comme en la saison le rustique[2] moissonne
Les ondoyants cheveux du sillon blondissant,
Le met d'ordre en javelle[3], et du blé jaunissant
Sur le champ dépouillé mille gerbes façonne:

Ainsi de peu à peu crût[4] l'empire romain,
Tant[5] qu'il fut dépouillé par la barbare main,
Qui ne laissa de lui que ces marques antiques

Que chacun va pillant, comme on voit le glaneur,
Cheminant pas à pas, recueillir les reliques[6]
De ce qui va tombant après le moissonneur.

Du Bellay, *Antiquités de Rome* (1558).

1. fait mûrir 2. le paysan 3. poignée de blé coupée et déposée à terre 4. grandit 5. jusqu'à ce que 6. ce qui reste

Les genres poétiques

5 **Cherchez la définition du mot *hymne*. En quoi ce poème, dédié au roi Henri II, est-il un hymne? Justifiez votre réponse.**

Il [Dieu] t'a premièrement, quant à ta forte taille,
Fait comme un de ces dieux qui vont à la bataille,
Ou de ces chevaliers qu'Homère nous a peints
Si vaillants devant Troie, Ajax et les germains,
Rois pasteurs de l'armée et le dispos Achille[1],
Qui, rembarrant de coups les Troyens à leur ville,
Comme un loup les agneaux par morceaux les hachaient
Et des fleuves le cours d'hommes morts empêchaient.
Mais bien que cet Achille ait le nom de pied-vite[2],
De coureur, de sauteur, pourtant il ne mérite
D'avoir l'honneur sur toi, soit à corps élancé

Pour sauter une haie, ou franchir un fossé,
Ou soit pour voltiger[3], ou pour monter en selle
Armé de pied en cap quand la guerre t'appelle.

Ronsard, « Hymne de Henri, deuxième de ce nom », *Hymnes* (1555).

1. héros grecs dont Homère raconte les exploits dans l'*Iliade* 2. Dans l'*Iliade*, Achille est souvent nommé « Achille au pied léger ». 3. terme d'équitation

6 **a. Quelle forme poétique Du Bellay utilise-t-il ? Justifiez votre réponse.**

b. Comparez les deux quatrains et les deux tercets (temps verbaux, lexique, figures). Que constatez-vous ?

Las, où est maintenant ce mépris de Fortune[1] ?
Où est ce cœur vainqueur de toute adversité,
Cet honnête[2] désir de l'immortalité,
Et cette honnête flamme[3] au peuple non commune ?

Où sont ces doux plaisirs, qu'au soir sous la nuit brune,
Les Muses[4] me donnaient alors qu'en liberté,
Dessus le vert tapis d'un rivage écarté,
Je les menais danser aux rayons de la lune ?

Maintenant la Fortune est maîtresse de moi,
Et mon cœur qui soulait[5] être maître de soi,
Est serf[6] de mille maux et regrets qui m'ennuient.

De la postérité je n'ai plus de souci,
Cette divine ardeur, je ne l'ai plus aussi,
Et les Muses de moi, comme étranges[7], s'enfuient.

Du Bellay, *Les Regrets* (1558).

1. le sort, le hasard 2. honorable 3. le désir de la création poétique 4. déesses qui donnent au poète l'inspiration 5. avait l'habitude 6. esclave 7. étrangères

L'imitation des Anciens

7 **a. À l'aide d'un dictionnaire ou d'une encyclopédie, recherchez qui sont les différents personnages cités dans le poème suivant. À quel texte célèbre de l'Antiquité Ronsard fait-il référence ?**

b. Les *Sonnets pour Hélène* sont tous destinés à une femme réelle, Hélène de Surgères, que Ronsard a connue. Pourquoi, en s'adressant à elle, le poète utilise-t-il le mythe antique ?

« Il ne faut s'ébahir[1], disaient ces bons vieillards
Dessus le mur troyen, voyant passer Hélène,
Si pour telle beauté nous souffrons tant de peine :
Notre mal ne vaut pas un seul de ses regards.

Toutefois il vaut mieux, pour n'irriter point Mars,
La rendre à son époux, afin qu'il la remmène,
Que voir de tant de sang notre campagne pleine,
Notre havre[2] gagné, l'assaut à nos remparts. »

Pères, il ne fallait, à qui la force tremble,
Par un mauvais conseil les jeunes retarder ;
Mais, et jeunes et vieux, vous deviez tous ensemble

Et le corps et les biens pour elle hasarder.
Ménélas fut bien sage et Pâris, ce me semble,
L'un de la demander, l'autre de la garder.

Ronsard, *Sonnets pour Hélène* (1578).

1. s'étonner 2. notre port

8 **a. Cherchez dans la mythologie gréco-latine un récit de la naissance de Vénus ; en quoi le tableau de Botticelli illustre-t-il ce récit ?**

b. Que symbolise Vénus ? Comment est-elle mise en valeur dans le tableau ?

Sandro Botticelli, *La Naissance de Vénus* (1484), Florence, musée des Offices.

Le travail poétique

9 **a. Quel est le thème de ce sonnet ? Quelle leçon le poète nous invite-t-il à tirer ?**

b. Quel est le registre dominant dans le poème ?

c. Quel rôle la fleur et l'évocation de la nature jouent-elles dans le poème ?

Hier cueillant cette rose en automne fleurie,
Je mis devant mes yeux notre été qui s'enfuit,
Et l'automne prochain et l'hiver qui le suit,
Et la fin trop voisine à notre chère vie.

La voyant aujourd'hui languissante et flétrie,
Un regret du passé à pleurer me conduit.
La raison que le deuil pour un temps a séduite
Juge que cet exemple à plaisir nous convie[1].

Belles, que vous et moi soyons bien à reprendre[2],
Hé ! si le bien présent nous dédaignons de prendre
Tant que voyant le jour ici nous demeurons.

Las ! Hélas ! chaque hiver les ronces effeuillissent[3],
Puis de feuilles nouvelles au printemps reverdissent,
Mais sans revivre plus, une fois nous mourons !

Jean Antoine de Baïf, *Amours diverses* (1572).

1. nous invite à profiter des plaisirs de la vie 2. à blâmer 3. perdent leurs feuilles

Chapitre 28 Le baroque et le classicisme

Mots clés

- trompe-l'œil
- mise en abyme
- fatalité
- imitation

2de / 1re

Observation

Questions

1. Commentez l'emploi des mots *extravagante* et *irrégularité*.
2. En quoi la pièce, telle qu'elle est décrite, s'écarte -t-elle des règles auxquelles le public est habitué (voir chapitre 45) ?
3. Corneille trouve-t-il sa pièce mauvaise ? Pourquoi ?
4. Observez les dates de la pièce et de son *Examen* : que constatez-vous ?
5. Comparez les impressions qui se dégagent des deux tableaux présentés ci-dessous.

Texte

Corneille a fait jouer sa pièce L'Illusion comique *en 1635. Des années plus tard, il rédige un « Examen » pour la présenter aux lecteurs.*

« Je dirai peu de choses de cette pièce : c'est une galanterie extravagante[1] qui a tant d'irrégularités qu'elle ne vaut pas la peine de la considérer, bien que la nouveauté de ce caprice[2] en ait rendu le succès assez favorable pour ne me repentir pas d'y avoir perdu quelque temps. Le premier acte ne semble qu'un prologue ; les trois suivants forment une pièce que je ne sais comment nommer : le succès[3] en est tragique ; Adraste y est tué, et Clindor en péril de mort ; mais le style et les personnages sont entièrement de la comédie. [...] L'action n'y est pas complète, puisqu'on ne sait, à la fin du quatrième acte qui la termine, ce que deviennent les principaux acteurs[4], et qu'ils se dérobent plutôt au péril qu'ils n'en triomphent. Le cinquième est une tragédie assez courte pour n'avoir pas la juste grandeur que demande Aristote et que j'ai tâché d'expliquer[5]. Clindor et Isabelle, étant devenus comédiens sans qu'on le sache, y représentent une histoire qui a du rapport avec la leur, et semble en être la suite [...]

Tout cela cousu ensemble fait une comédie dont l'action n'a pour durée que celle de sa représentation. [...] Le style semble assez proportionné aux matières, si ce n'est que Lyse, en la sixième scène du troisième acte, semble s'élever un peu trop au-dessus du caractère de la servante. [...] Je ne m'étendrai pas davantage sur ce poème. Tout irrégulier qu'il est, il faut qu'il ait quelque mérite, puisqu'il a surmonté l'injure des temps, et qu'il paraît encore sur nos théâtres, bien qu'il y ait plus de trente années qu'il est au monde. »

Corneille, Examen de *L'Illusion comique* (1660).

---

1. *galanterie* : petite chose sans importance ; *extravagante* : folle, impertinente, qui va contre le bon sens **2.** Au XVIIe siècle, *capricieux* signifie « qui s'écarte volontairement des normes ». **3.** l'issue, le résultat **4.** les principaux personnages **5.** dans son *Discours sur le Poème dramatique* (1660)

1

2

1. Simon Vouet, *La Mort de Didon* (1640), Dôle, musée des Beaux-Arts.

2. Le Lorrain, *Adieu d'Énée à Didon* (1676), Kunsthalle, Hambourg.

L'essentiel

Le baroque et le classicisme sont deux mouvements littéraires et artistiques qui coexistent en France au XVIIe siècle mais qui se différencient dans leurs choix.

1. Contextes d'apparition du baroque et du classicisme

	Baroque	Classicisme
Période	De 1580 à 1750 environ, en Europe et en Amérique latine	De 1660 à 1700 environ, en France
Contexte	Les guerres de Religion du XVIe siècle, les troubles politiques du XVIIe, la Contre-Réforme catholique	Le règne de Louis XIV, la monarchie absolue, le jansénisme
Dénomination	Le mot *baroque* est attribué au XXe siècle.	Le mot *classicisme* est attribué au XIXe siècle.

2. Visions du monde et de l'homme, choix esthétiques

	Baroque	Classicisme
Vision du monde	Le monde est instable, en constante métamorphose, semblable à un théâtre.	Le monde est stable, ordonné, immuable.
Vision de l'homme	L'homme est changeant, inconstant, voué à la mort, mais il peut jouir des plaisirs de la vie.	L'homme est soumis à la fatalité, mais doué de raison, il est capable d'atteindre la perfection de « l'honnête homme ».
Principes esthétiques	• Le beau est lié au mouvement, à l'ornementation, à l'illusion. • On l'atteint par l'imagination, la liberté, la démesure. • L'art est une source de plaisir.	• Le beau est lié à l'équilibre, à l'harmonie, à l'ordre, à la sobriété. • On l'atteint par la raison, l'imitation des Anciens, le respect des règles, la mesure. • L'art a une visée morale.
Thèmes et motifs récurrents	• La fuite du temps, la fragilité de l'amour, la réalité de la mort, la représentation du « monde renversé » • L'eau et l'air, les miroirs, les masques, les images macabres	• L'analyse psychologique des passions : l'amour, le goût du pouvoir • Les devoirs de la morale et de la vie en société
Procédés et figures	• En art : la ligne courbe, les décors chargés, le trompe-l'œil, les contrastes violents, la couleur • La mise en abyme et le « théâtre sur le théâtre » • L'hyperbole, l'antithèse	• En art : la ligne droite, la symétrie, l'absence d'ornements, le dessin, la composition • La litote, l'euphémisme

3. Œuvres baroques et œuvres classiques

■ Les principales œuvres **baroques** sont : la comédie de Corneille l'*Illusion comique* (1635), le roman d'Honoré d'Urfé *L'Astrée* (1607-1627), les poèmes de Jean de Sponde, de Saint-Amant, d'Agrippa d'Aubigné (*Les Tragiques*, 1616).

■ Les principales œuvres **classiques** sont : les tragédies de Corneille et de Racine, les comédies de Molière, les *Fables* de La Fontaine, le roman de madame de La Fayette *La Princesse de Clèves* (1678), les *Maximes* de La Rochefoucauld (1664), les *Caractères* de La Bruyère (1674), l'*Art poétique* de Boileau (1674).

Remarque : on trouve fréquemment des éléments baroques dans des œuvres classiques, comme le récit de la mort sanglante d'Hippolyte dans *Phèdre*, de Racine (1677).

1 **Cherchez dans un dictionnaire l'histoire des mots *baroque* et *classique* ou *classicisme*.**

Quel est le sens actuel des expressions suivantes ?

1. La musique classique, la musique baroque – **2.** Un professeur de lettres classiques – **3.** Un grand classique du cinéma – **4.** Ce jeune homme porte une tenue vestimentaire classique, mais il a parfois des idées baroques.

Le baroque

2 **Cherchez dans une mythologie qui est Circé, et dans un dictionnaire ce que peut symboliser le paon. Comment l'auteur du texte ci-dessous justifie-t-il le recours à la catégorie nouvelle du baroque ?**

Toute une époque, qui va approximativement de 1580 à 1670, de Montaigne au Bernin[1], se reconnaît à une série de thèmes qui lui sont propres : le changement, l'inconstance, le trompe-l'œil et la parure, le spectacle funèbre, la vie fugitive et le monde en instabilité ; on les voit s'incarner en deux symboles exemplaires : Circé et le paon, c'est-à-dire la métamorphose et l'ostentation, le mouvement et le décor. Ces thèmes et ces symboles répondent mal à l'idée de classicisme ou de préclassicisme, et ne satisfont pas davantage à celle de romantisme. Ils justifient par conséquent l'appel à une nouvelle catégorie.

Jean Rousset, *La Littérature de l'âge baroque en France. Circé et le paon*, © Librairie José Corti (1954).

1. sculpteur et architecte italien du XVIIe siècle

3 **Quels thèmes baroques s'expriment dans l'extrait de roman ci-dessous ? Quels sont les sentiments du personnage de Diane ?**

Diane, persuadée qu'elle a été trompée par Sylvandre, médite au bord d'une rivière.

« Ainsi, dit-elle, vont courant dans le sein de l'oubli toutes les choses mortelles » ; et là s'étant tue quelque temps, après elle reprenait ainsi : « Ô que celui-là était bien véritable, qui disait que jamais une même personne ne passa deux fois une même rivière[1], puisque non seulement depuis que je suis sur ce rivage, l'eau que je vois couler n'est pas la même qui coulait quand j'y suis arrivée, mais hélas, ni moi-même je ne suis pas la même Diane que j'étais quand je suis venue ici ; le temps par une puissance à laquelle rien ne peut résister, va poussant et chassant toutes choses devant lui ; et le soleil même qui est celui qui mesure le temps, suivant le branle[2] universel de tout ce qui est en l'univers, est chassé par le temps, et n'est plus au même point auquel il était quand j'ai commencé de parler. »

Honoré d'Urfé, *L'Astrée*, livre IV (1607-1627).

1. référence au philosophe grec Héraclite **2.** le mouvement

4 **Quelles visions de la nature et de l'homme se dégagent de cet extrait de poème ? Le poète est-il optimiste ou pessimiste ?**

Je veux dans un tableau la Nature pourtraire[1],
J'y peindrai la Fortune et le change ordinaire
De tout ce qui se voit sous la voûte des cieux,
L'Amour y sera peint d'une forme nouvelle,
Non comme de coutume avec une double aile,
Je lui en donne autant comme Argus avait d'yeux[2].
L'on y verra la mer et les ondes émues,
L'air avec ses éclairs, son tonnerre et ses nues,
Le feu prompt et léger vers le ciel aspirant,
Girouettes, moulins, oiseaux de tous plumages,
Papillons, cerfs, dauphins, et des conins[3] sauvages
Qui perdent de leurs trous la mémoire en courant.
Des fantômes, des vents, des songes, des chimères,
Sablons toujours mouvants, tourbillons et poussières
Des pailles, des rameaux, et des feuilles des bois,
Et si je le pouvais, j'y peindrais ma pensée,
Mais elle est trop soudain de mon esprit passée,
Car je ne pense plus à ce que je pensais. [...]
Si c'est un astre d'or qui me fait variable,
J'aime de ses regards l'influence agréable,
Et ne m'aimerais pas si j'étais autrement ;
Mon esprit est léger, car ce n'est rien que flamme,
Et si pour tout le monde il n'est qu'une seule âme,
L'Âme de tout le monde est le seul mouvement. [...]

Pierre Motin, dans le recueil collectif *Le Cabinet des Muses* (1619).

1. faire le portrait de la Nature **2.** Dans la mythologie grecque, Argus avait cent yeux répartis sur tout le corps. Après sa mort, ses yeux furent semés sur le plumage du paon. **3.** des lapins

5 **a. De quoi le poète souffre-t-il ? À qui a-t-il recours ? A-t-il confiance ?**

b. Étudiez dans le poème les éléments qui vont par trois. Que remarquez-vous ? Quels sont les effets produits ?

Tout s'enfle contre moi, tout m'assaut, tout me tente,
Et le Monde et la Chair, et l'Ange révolté[1],
Dont l'onde, dont l'effort, dont le charme inventé[2]
Et m'abîme, Seigneur, et m'ébranle, et m'enchante.

Quelle nef, quel appui, quelle oreille dormante,
Sans péril, sans tomber, et sans être enchanté,
Me donras-tu[3] ? Ton Temple où vit la Sainteté,
Ton invincible main, et ta voix si constante ?

Et quoi ? Mon Dieu, je sens combattre maintes fois
Encor avec ton Temple, et ta main, et ta voix,
Cet Ange révolté, cette Chair, et ce Monde.

Mais ton Temple pourtant, ta main, ta voix sera
La nef, l'appui, l'oreille, où ce charme perdra,
Où mourra cet effort, où se perdra cette onde.

Jean de Sponde, *Sonnets* (1597).

1. Lucifer, le diable **2.** le sortilège trompeur **3.** me donneras-tu ?

Le classicisme

6 **Quelles conceptions de la passion se dégagent de l'extrait ci-contre ? À quoi cette passion s'oppose-t-elle ?**

Après la mort de son mari, madame de Clèves a refusé d'épouser le duc de Nemours dont elle est pourtant amoureuse. Elle est ensuite tombée malade.

Lorsqu'elle revint de cet état, elle trouva néanmoins que Monsieur de Nemours n'était pas effacé de son cœur, mais elle appela à son secours, pour se défendre contre lui, toutes les raisons qu'elle croyait avoir pour ne l'épouser jamais. Il se passa un assez grand combat en elle-même. Enfin, elle surmonta les restes de cette passion qui était affaiblie par les sentiments que sa maladie lui avait donnés. Les pensées de la mort lui avaient rapproché la mémoire de M. de Clèves. Ce souvenir, qui s'accordait à son devoir, s'imprima fortement dans son cœur. Les passions et les engagements du monde lui parurent tels qu'ils paraissent aux personnes qui ont des vues plus grandes et plus éloignées.

Madame de La Fayette, *La Princesse de Clèves* (1678).

7 **Philinte est une des figures de « l'honnête homme » classique. Quels principes guident sa conduite ? Comment les justifie-t-il ?**

Alceste a déclaré vouloir fuir les humains, qu'il juge trop pleins de vices. Son ami Philinte lui répond.

Philinte

Il faut, parmi le monde, une vertu traitable[1] ;
À force de sagesse, on peut être blâmable ;
La parfaite raison fuit toute extrémité,
Et veut que l'on soit sage avec sobriété.
Cette grande roideur des vertus des vieux âges
Heurte trop notre siècle et les communs usages ;
Elle veut aux mortels trop de perfection.
Il faut fléchir au temps sans obstination[2] ;
Et c'est une folie à nulle autre seconde
De vouloir se mêler de corriger le monde.
J'observe, comme vous, cent choses tous les jours,
Qui pourraient mieux aller, prenant un autre cours ;
Mais, quoi qu'à chaque pas je puisse voir paraître,
En courroux, comme vous, on ne me voit point être ;
Je prends tout doucement les hommes comme ils sont,
J'accoutume mon âme à souffrir ce qu'ils font ;
Et je crois qu'à la cour, de même qu'à la ville,
Mon flegme est philosophe autant que votre bile[3].

Molière, *Le Misanthrope ou l'Atrabilaire amoureux*, Acte I, scène 1, vers 149-166 (1666).

1. prête à l'indulgence 2. Il faut accepter les exigences de l'époque. 3. Le flegme et la bile sont, au XVIIe siècle, deux fluides dont on pense qu'ils caractérisent deux tempéraments opposés, l'un calme et serein, l'autre colérique et tourmenté.

8 **a. Cherchez, dans un manuel ou dans un dictionnaire des œuvres, quel est le sujet de la tragédie de Racine *Bérénice* (1670).**

b. Pour quelles raisons Racine a-t-il choisi ce sujet ? Quelles sont, selon lui, les qualités d'une belle tragédie ?

Ce n'est point une nécessité qu'il y ait du sang et des morts dans une tragédie : il suffit que l'action en soit grande, que les acteurs[1] en soient héroïques, que les passions y soient excitées, et que tout s'y ressente de cette tristesse majestueuse qui fait tout le plaisir de la tragédie.

Je crus que je pourrais rencontrer toutes ces parties dans mon sujet ; mais ce qui m'en plut davantage, c'est que je le trouvai extrêmement simple. [...]

Il y en a qui pensent que cette simplicité est une marque de peu d'invention. Ils ne songent pas qu'au contraire toute l'invention consiste à faire quelque chose de rien, et que tout ce grand nombre d'incidents a toujours été le refuge des poètes qui ne sentaient dans leur génie ni assez d'abondance ni assez de force pour attacher durant cinq actes leurs spectateurs par une action simple, soutenue de la violence des passions, de la beauté des sentiments et de l'élégance de l'expression. [...]

La principale règle est de plaire et de toucher : toutes les autres ne sont faites que pour parvenir à cette première.

Racine, Préface de *Bérénice* (1671).

1. les personnages.

9 **a. Quelle est l'étymologie du mot *laconique* ? Quel est son sens actuel ?**

b. Quelles sont, d'après ce passage, les caractéristiques du genre de la fable ?

c. Quels éléments du texte montrent l'appartenance de La Fontaine à la littérature classique ?

Les fables ne sont pas ce qu'elles semblent être.
Le plus simple animal nous y tient lieu de Maître.
Une Morale nue apporte de l'ennui ;
Le conte fait passer le précepte avec lui.
En ces sortes de feintes il faut instruire et plaire,
Et conter pour conter me semble peu d'affaire.
C'est par cette raison qu'égayant leur esprit,
Nombre de gens fameux en ce genre ont écrit.
Tous ont fui l'ornement et le trop d'étendue.
On ne voit point chez eux de parole perdue.
Phèdre[1] était si succinct qu'aucuns l'en ont blâmé.
Ésope[1] en moins de mots s'est encore exprimé.
Mais sur tous certain Grec[2] renchérit et se pique
D'une élégance Laconique.
Il renferme toujours son conte en quatre vers ;
Bien ou mal, je le laisse à juger aux experts. [...]

La Fontaine, *Fables*, VI, 1, début (1668).

1. célèbres auteurs de fables de l'Antiquité 2. le fabuliste Babrius

10 **Reportez-vous aux tableaux de la page 93.**

a. Cherchez au CDI ou sur Internet l'histoire de Didon et d'Énée : quel poète l'a racontée ? à quelle époque ? dans quelle œuvre ?

b. Quel moment de cette histoire chacun des peintres a-t-il choisi de représenter ?

c. Lequel de ces tableaux est baroque, lequel classique ? Justifiez vos réponses avec le plus grand nombre possible d'arguments.

Chapitre 29

Les Lumières

2de / 1re

Mots clés

- préjugé
- dogme
- esprit d'examen
- esprit critique
- raison
- tolérance

Observation

Texte

Philosophe

Les autres hommes sont emportés par leurs passions, sans que les actions qu'ils font soient précédées de la réflexion : ce sont des hommes qui marchent dans les ténèbres ; au lieu que le philosophe dans ses passions mêmes, n'agit qu'après la réflexion ; il marche la nuit, mais il est précédé d'un flambeau.

Le philosophe forme ses principes sur une infinité d'observations particulières. Le peuple adopte le principe sans penser aux observations qui l'ont produit : il croit que la maxime[1] existe pour ainsi dire par elle-même ; mais le philosophe prend la maxime dès sa source ; il en examine l'origine ; il en connaît la propre valeur, et n'en fait que l'usage qui lui convient.

La vérité n'est pas pour le philosophe une maîtresse qui corrompe son imagination, et qu'il croit trouver partout ; il se contente de la pouvoir démêler où il peut l'apercevoir, il ne la confond point avec la vraisemblance ; il prend pour vrai ce qui est vrai, pour faux ce qui est faux, pour douteux ce qui est douteux, et pour vraisemblable ce qui n'est que vraisemblable. Il fait plus, et c'est ici une grande perfection du philosophe, c'est que lorsqu'il n'a point de motif propre pour juger, il peut demeurer indéterminé. [...]

L'homme n'est point un monstre qui ne doive vivre que dans les abîmes de la mer, ou dans le fond d'une forêt : les seules nécessités de la vie lui rendent le commerce[2] des autres nécessaire ; et dans quelque état où il puisse se trouver, ses besoins et le bien-être l'engagent à vivre en société. Ainsi la raison exige de lui qu'il connaisse, qu'il étudie, et qu'il travaille à acquérir les qualités sociables[3].

Notre philosophe ne se croit pas en exil dans ce monde ; il ne croit point être en pays ennemi ; il veut jouir en sage économe des biens que la nature lui offre ; il veut trouver du plaisir avec les autres, et pour en trouver, il en faut faire : ainsi il cherche à convenir à ceux avec qui le hasard ou son choix le font vivre ; et il trouve en même temps ce qui lui convient : c'est un honnête homme qui veut plaire et se rendre utile.

Dumarsais, article « Philosophe », *Encyclopédie* (1751-1772).

1. principe, règle
2. la compagnie
3. les qualités propres à la vie en société

Jean Honoré Fragonard (1732-1765), *Un philosophe lisant*, Hambourg, Kunsthalle.

Questions

1. Quelles différences le texte établit-il entre le philosophe et les autres hommes ?
2. À l'aide d'un dictionnaire, expliquez les distinctions entre les notions suivantes : passion/raison ; vrai/vraisemblable.
3. À quelle conception du philosophe Dumarsais s'oppose-t-il dans les deux derniers paragraphes ?
4. Pourquoi peut-on dire que ce texte est un éloge du philosophe ? Quelles qualités met-il en évidence ?

L'essentiel

Né au début du xviiie siècle, le mouvement des Lumières prend rapidement une **dimension européenne**. Il apparaît comme une entreprise de lutte contre les préjugés et les fausses croyances.

1. Le philosophe et les idées des Lumières

- Les penseurs et les écrivains du XVIIIe siècle revendiquent le titre de « philosophes » ; étymologiquement, le philosophe est « l'ami de la sagesse » (en grec, *philos* = « ami » ; *sophia* = « sagesse »). Le but de ces penseurs est la **recherche de la vérité**, qui ne peut être atteinte que par l'exercice de la **raison** et de **l'esprit critique**.

  Dumarsais présente la vérité comme la « maîtresse » du philosophe ; mais dans cet amour de la vérité, le philosophe sait conserver toute sa raison.

- Au-delà de leurs diversités, les philosophes des Lumières se rassemblent dans des **combats communs** : la lutte contre l'intolérance religieuse, la tyrannie politique, l'ignorance, la censure, l'inégalité entre les hommes.

- Les écrivains et penseurs des Lumières refusent l'autorité de la tradition établie. Ils considèrent que **l'esprit critique doit pouvoir s'exercer en toute liberté**. Aucun domaine ne doit échapper à son examen : affirmations scientifiques, autorité politique, lois, hiérarchies sociales, religions, art…

  Dans l'article « Philosophe » de l'*Encyclopédie*, le philosophe est représenté comme celui qui doit dissiper les ténèbres, l'obscurantisme.

→ **Chapitres 52, 53 et 57**
• Le registre satirique, p. 254 ;
• L'ironie, p. 260 ;
• La fiction argumentative, p. 282.

- La volonté de **remettre en cause préjugés et croyances** conduit souvent ces écrivains à **se heurter aux pouvoirs en place**, qu'il s'agisse du pouvoir politique ou du pouvoir religieux.

  Jean-Jacques Rousseau doit fuir la France pour éviter d'être arrêté après la publication de son traité *Émile ou De l'éducation* (1762).

2. La diffusion des Lumières

- Pour les philosophes des Lumières, **la réflexion n'est pas le privilège d'une élite**. Les connaissances et les idées nouvelles doivent être partagées. Ainsi, l'entreprise la plus exemplaire de l'esprit des Lumières est l'***Encyclopédie***, ouvrage collectif, visant à exposer l'ensemble des connaissances acquises au XVIIIe siècle.

- Afin de toucher le public, les philosophes tentent de présenter leurs idées sur un **mode plaisant**. Ils adoptent des **formes littéraires variées** : la fiction avec le conte philosophique et le roman, le dialogue philosophique, le pamphlet, ou même le dictionnaire :

  Candide ou l'Optimisme, conte philosophique de Voltaire (1759) ;
  Lettres persanes, roman de Montesquieu (1721) ;
  Dictionnaire philosophique, de Voltaire (1764).

Ils utilisent volontiers le **registre satirique** et l'**ironie**, qui entraînent la complicité du lecteur tout en le conduisant à la réflexion.

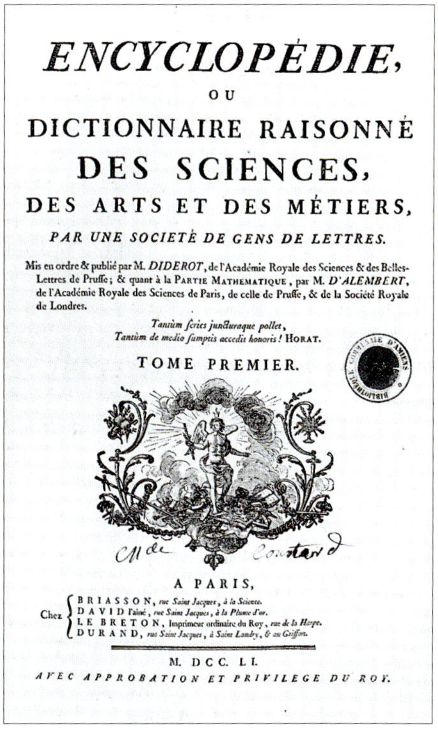

ENCYCLOPÉDIE,
OU
DICTIONNAIRE RAISONNÉ
DES SCIENCES,
DES ARTS ET DES MÉTIERS,
PAR UNE SOCIETÉ DE GENS DE LETTRES.
Mis en ordre & publié par M. *DIDEROT*, de l'Académie Royale des Sciences & des Belles-Lettres de Prusse ; & quant à la PARTIE MATHEMATIQUE, par M. *D'ALEMBERT*, de l'Académie Royale des Sciences de Paris, de celle de Prusse, & de la Société Royale de Londres.
Tantùm series juncturaque pollet,
Tantùm de medio sumptis accedit honoris ! HORAT.
TOME PREMIER.
A PARIS,
Chez BRIASSON, *rue Saint Jacques, à la Science.*
DAVID l'aîné, *rue Saint Jacques, à la Plume d'or.*
LE BRETON, Imprimeur ordinaire du Roy, *rue de la Harpe.*
DURAND, *rue Saint Jacques, à Saint Landry, & au Griffon.*
M. DCC. LI.
AVEC APPROBATION ET PRIVILEGE DU ROY.

Page de titre de l'*Encyclopédie* (1771-1772).

La figure du philosophe

1 **a. Quelles préoccupations des philosophes ce texte met-il en évidence ?**

b. Quelles sont les principales qualités des philosophes ?

Il se forma bientôt en Europe une classe d'hommes moins occupés encore de découvrir ou d'approfondir la vérité, que de la répandre ; qui, se dévouant à poursuivre les préjugés dans les asiles[1] où le clergé, les écoles, les gouvernements, les corporations anciennes les avaient recueillis et protégés, mirent leur gloire à détruire les erreurs populaires, plutôt qu'à reculer les limites des connaissances humaines : manière indirecte de servir à leurs progrès, qui n'était ni la moins périlleuse, ni la moins utile.

En Angleterre, Collins et Bolingbroke ; en France, Bayle, Fontenelle, Voltaire, Montesquieu et les écoles formées par ces hommes célèbres, combattirent en faveur de la vérité, employant tour à tour toutes les armes que l'érudition[2], la philosophie, l'esprit, le talent d'écrire peuvent fournir à la raison ; prenant tous les tons, employant toutes les formes, depuis la plaisanterie, jusqu'au pathétique, depuis la compilation[3] la plus savante et la plus vaste jusqu'au roman, ou au pamphlet du jour.

Condorcet, *Esquisse d'un tableau historique des progrès de l'esprit humain* (1793).

1. abris, refuges **2.** savoir approfondi **3.** rassemblement de documents sur un sujet

Lumières et pouvoir politique

2 **a. Pourquoi ce portrait peut-il apparaître comme un éloge du roi de France ?**

b. Quelles critiques sont en fait adressées au pouvoir royal ? Quel procédé Montesquieu emploie-t-il ici ?

Dans son roman, Montesquieu imagine que deux habitants du royaume de Perse visitent Paris. Par lettres, ils font part de leurs observations à leurs amis demeurés en Perse.

Le roi de France est le plus puissant prince de l'Europe[1]. Il n'a point de mines d'or comme le roi d'Espagne son voisin ; mais il a plus de richesses que lui, parce qu'il les tire de la vanité de ses sujets, plus inépuisable que les mines. On lui a vu entreprendre ou soutenir de grandes guerres, n'ayant d'autres fonds que des titres d'honneur à vendre[2] ; et, par un prodige de l'orgueil humain, ses troupes se trouvaient payées, ses places munies, et ses flottes équipées.

D'ailleurs ce roi est un grand magicien : il exerce son empire sur l'esprit même de ses sujets ; il les fait penser comme il veut. S'il n'a qu'un million d'écus dans son trésor et qu'il en ait besoin de deux, il n'a qu'à leur persuader qu'un écu en vaut deux[3], et ils le croient. S'il a une guerre difficile à soutenir, et qu'il n'ait point d'argent, il n'a qu'à leur mettre dans la tête qu'un morceau de papier est de l'argent, et ils en sont aussitôt convaincus[4]. Il va même jusqu'à leur faire croire qu'il les guérit de toutes sortes de maux en les touchant[5], tant est grande la force et la puissance qu'il a sur les esprits.

Montesquieu, *Lettres persanes*, lettre 24 (1721).

1. Il s'agit de Louis XIV. **2.** Pour des raisons financières, Louis XIV avait décidé de vendre des titres de noblesse à de riches bourgeois. **3.** Le pouvoir royal jouait librement sur la valeur de la monnaie. **4.** Le texte fait référence à une première émission de papier-monnaie tentée en 1701. **5.** Les rois de France étaient censés disposer du pouvoir de guérir certaines maladies par simple toucher du malade.

3 **a. Quelles sont pour Voltaire les qualités majeures du système politique anglais ? Comment met-il en relief ces qualités ?**

b. Comparez cette représentation du pouvoir monarchique anglais avec celle que donne Montesquieu du pouvoir monarchique français (exercice 2).

La nation anglaise est la seule de la Terre qui soit parvenue à régler[1] le pouvoir des rois en leur résistant, et qui d'efforts en efforts ait enfin établi ce gouvernement sage où le prince, tout-puissant pour faire du bien, a les mains liées pour faire le mal ; où les seigneurs sont grands sans insolence et sans vassaux, et où le peuple partage le gouvernement sans confusion.

La chambre des pairs[2] et celle des communes[3] sont les arbitres de la nation, le roi est le sur-arbitre. Cette balance manquait aux Romains : les grands et le peuple étaient toujours en division à Rome sans qu'il y eût un pouvoir mitoyen qui pût les accorder. Le sénat de Rome[4], qui avait l'injuste et punissable orgueil de ne vouloir rien partager avec les plébéiens[5], ne connaissait d'autre secret, pour les éloigner du gouvernement, que de les occuper toujours dans les guerres étrangères. Ils regardaient le peuple comme une bête féroce qu'il fallait lâcher sur leurs voisins de peur qu'elle ne dévorât ses maîtres ; ainsi le plus grand défaut du gouvernement des Romains en fit des conquérants ; c'est parce qu'ils étaient malheureux chez eux qu'ils devinrent les maîtres du monde, jusqu'à ce qu'enfin leurs divisions les rendirent esclaves.

Le gouvernement d'Angleterre n'est point fait pour un si grand éclat, ni pour une fin si funeste ; son but n'est point la brillante folie de faire des conquêtes, mais d'empêcher que ses voisins n'en fassent ; ce peuple n'est pas seulement jaloux de sa liberté, il l'est encore de celle des autres.

Voltaire, *Lettres anglaises*, VIII (1734).

1. limiter **2.** chambre haute du Parlement anglais, réunissant les membres de la noblesse **3.** chambre basse du Parlement anglais, représentant le peuple **4.** assemblée réunissant les membres de l'aristocratie romaine **5.** le peuple

Lumières et religion

4 **a. Quel est le sujet du dialogue entre Orou et l'aumônier ?**

b. Comment se manifeste l'embarras de l'aumônier ?

c. À quelle conclusion Diderot veut-il nous conduire par cette conversation ?

En 1768, le navigateur français Bougainville débarque à Tahiti. Diderot imagine un dialogue entre le Tahitien Orou et un prêtre, l'aumônier du navire de Bougainville.

Orou: Pourrais-tu m'apprendre ce que c'est que le mot religion, que tu as prononcé tant de fois, et avec tant de douleur?
L'aumônier, après avoir rêvé un moment, répondit: Qui est-ce qui a fait ta cabane et les ustensiles qui la meublent?
Orou: C'est moi.
L'aumônier: Eh bien! nous croyons que ce monde et ce qu'il renferme est l'ouvrage d'un ouvrier.
Orou: Il a donc des pieds, des mains, une tête?
L'aumônier: Non.
Orou: Où fait-il sa demeure?
L'aumônier: Partout.
Orou: Ici même?
L'aumônier: Ici.
Orou: Nous ne l'avons jamais vu.
L'aumônier: On ne le voit pas.
Orou: Voilà un père bien indifférent! Il doit être vieux; car il a du moins l'âge de son ouvrage.
L'aumônier: Il ne vieillit point; il a parlé à nos ancêtres: il leur a donné des lois; il leur a prescrit la manière dont il voulait être honoré; il leur a ordonné certaines actions comme bonnes; il leur en a défendu d'autres, comme mauvaises.
Orou: J'entends; et une de ces actions qu'il leur a défendues comme mauvaises, c'est de coucher avec une femme et une fille? Pourquoi donc a-t-il fait deux sexes?
L'aumônier: Pour s'unir; mais à certaines conditions requises, après certaines cérémonies préalables, en conséquence desquelles un homme appartient à une femme, et n'appartient qu'à elle; une femme appartient à un homme et n'appartient qu'à lui.
Orou: Pour toute leur vie?
L'aumônier: Pour toute leur vie.
Orou: En sorte que, s'il arrivait à une femme de coucher avec un autre que son mari, ou à un mari de coucher avec une autre que sa femme… mais cela n'arrive point, car, puisqu'il est là, et que cela lui déplaît, il sait les en empêcher.
L'aumônier: Non; il les laisse faire et ils pèchent contre la loi de Dieu, car c'est ainsi que nous appelons le grand ouvrier, contre la loi du pays; et ils commettent un crime.

Diderot, *Supplément au voyage de Bougainville* (1780).

Des formes littéraires variées

5 **a. Pourquoi les deux textes qui suivent peuvent-ils être rapprochés?**

b. Au nom de quelles valeurs les deux auteurs s'expriment-ils?

c. Quels moyens différents utilisent-ils pour mener à bien leur projet de dénonciation?

Texte 1

TRAITE DES NÈGRES (*Commerce d'Afrique*), c'est l'achat des nègres que font les Européens sur les côtes d'Afrique, pour employer ces malheureux dans leurs colonies en qualité d'esclaves. Cet achat des nègres, pour les réduire en esclavage, est un négoce qui viole la religion, la morale, les lois naturelles, et tous les droits de la nature humaine. […]

Si un commerce de ce genre peut être justifié par un principe de morale, il n'y a point de crime, quelque atroce qu'il soit, qu'on ne puisse légitimer. Les rois, les princes, les magistrats ne sont point les propriétaires de leurs sujets, ils ne sont donc pas en droit de disposer de leur liberté et de les vendre pour esclaves.

D'un autre côté, aucun homme n'a le droit de les acheter ou de s'en rendre le maître; les hommes et leur liberté ne sont point un objet de commerce; ils ne peuvent être ni vendus, ni achetés, ni payés à aucun prix.

Jaucourt, *Encyclopédie* (1751-1772).

Texte 2

Candide et son valet traversent l'Amérique; dans le présent épisode, ils se trouvent dans la colonie hollandaise du Surinam.

En approchant de la ville, ils rencontrèrent un nègre étendu par terre, n'ayant plus que la moitié de son habit, c'est-à-dire d'un caleçon de toile bleue; il manquait à ce pauvre homme la jambe gauche et la main droite. «Eh, mon Dieu! lui dit Candide en hollandais, que fais-tu là, mon ami, dans l'état horrible où je te vois? – J'attends mon maître, monsieur Vanderdendur, le fameux négociant, répondit le nègre. – Est-ce M. Vanderdendur, dit Candide, qui t'a traité ainsi? – Oui, Monsieur, dit le nègre, c'est l'usage. On nous donne un caleçon de toile pour tout vêtement deux fois l'année. Quand nous travaillons aux sucreries, et que la meule nous attrape le doigt, on nous coupe la main; quand nous voulons nous enfuir, on nous coupe la jambe: je me suis trouvé dans les deux cas. C'est à ce prix que vous mangez du sucre en Europe.»

Voltaire, *Candide ou l'Optimisme*, ch. 19 (1759).

6 Écriture d'invention

Voici les impressions du Persan Usbek sur la mode parisienne.

Je trouve les caprices de la mode, chez les Français, étonnants. Ils ont oublié comment ils étaient habillés cet été. Ils ignorent encore plus comment ils le seront cet hiver.

[…] Autrefois, les femmes avaient de la taille et des dents[1]; aujourd'hui, il n'en est pas question. Dans cette changeante nation, quoi qu'en disent les mauvais plaisants, les filles se trouvent autrement faites que leurs mères.

Montesquieu, *Lettres persanes*, lettre XCIX (1721).

1. parures de dentelles

Imaginez à votre tour ce qu'un étranger nouvellement arrivé en France pourrait dire aujourd'hui sur la mode. Veillez à conserver le registre et la visée critique du texte.

Chapitre 30

Le romantisme

Mots clés
- mal du siècle
- drame
- révolte

2de / 1re

Observation

L'extrait suivant se situe au début du roman d'Alfred de Musset.

Pour écrire l'histoire de sa vie, il faut d'abord avoir vécu ; aussi n'est-ce pas la mienne que j'écris.

Ayant été atteint, jeune encore, d'une maladie morale abominable, je raconte ce qui m'est arrivé pendant trois ans. Si j'étais seul malade, je n'en dirais rien ; mais comme il y en a beaucoup d'autres que moi qui souffrent du même mal, j'écris pour ceux-là, sans trop savoir s'ils y feront attention ; car, dans le cas où personne n'y prendrait garde, j'aurai encore retiré ce fruit de mes paroles, de m'être mieux guéri moi-même, et, comme le renard pris au piège, j'aurai rongé mon pied captif. [...]

Trois éléments partageaient donc la vie qui s'offrait alors[1] aux jeunes gens : derrière eux un passé à jamais détruit, s'agitant encore sur ses ruines, avec tous les fossiles des siècles de l'absolutisme ; devant eux l'aurore d'un immense horizon, les premières clartés de l'avenir ; et entre ces deux mondes... quelque chose de semblable à l'Océan qui sépare le vieux continent de la jeune Amérique, je ne sais quoi de vague et de flottant, une mer houleuse et pleine de naufrages, traversée de temps en temps par quelque blanche voile lointaine ou par quelque navire soufflant une lourde vapeur ; le siècle présent, en un mot, qui sépare le passé de l'avenir, qui n'est ni l'un ni l'autre et qui ressemble à tous deux à la fois, et où l'on ne sait, à chaque pas que l'on fait, si l'on marche sur une semence ou sur un débris.

Voilà dans quel chaos il fallut choisir alors ; voilà ce qui se présentait à des enfants pleins de force et d'audace, fils de l'Empire et petits-fils de la Révolution.

Or, du passé ils n'en voulaient plus, car la foi en rien ne se donne ; l'avenir, ils l'aimaient, mais quoi ! comme Pygmalion Galatée[2] : c'était pour eux comme une amante de marbre, et ils attendaient qu'elle s'animât, que le sang colorât ses veines.

Il leur restait donc le présent, l'esprit du siècle, ange du crépuscule qui n'est ni la nuit ni le jour ; ils le trouvèrent assis sur un sac de chaux plein d'ossements, serré dans le manteau des égoïstes, et grelottant d'un froid terrible.

Alfred de Musset, *La Confession d'un enfant du siècle*, I, 1 et 2. (1836)

Portrait d'Alfred de Musset (1810-1857) par Charles Landelle, Musée national du château de Versailles.

1. au début du XIXe siècle
2. Tombé amoureux de la statue qu'il avait sculptée, Pygmalion pria Vénus d'en faire une femme vivante, et fut exaucé.

Questions

1. Quelles informations le titre du roman donne-t-il ? Quelles attentes éveille-t-il chez le lecteur ?
2. Pourquoi les deux premiers paragraphes semblent-ils justifier le titre ?
3. Quels sont les « trois éléments » analysés par le narrateur dans le troisième paragraphe ?
4. Étudiez les images qu'il emploie pour les évoquer. À quel champ lexical appartiennent-elles ?
5. Quelle peinture du présent apparaît au dernier paragraphe ? De quel mal souffrent les jeunes gens de cette époque ? Justifiez l'expression « enfant du siècle » qui apparaît dans le titre du roman.

L'essentiel

1. Le romantisme dans l'histoire

■ Le romantisme apparaît à la **fin du XVIIIe siècle en Allemagne et en Angleterre**; l'adjectif *romantique* vient d'ailleurs du terme anglais *romance* (« roman »).

■ Le mouvement s'affirme en France dans la **première moitié du XIXe siècle**, période de **grande instabilité** politique, d'évolution économique et sociale. Il associe des écrivains comme Victor Hugo, Lamartine, Alfred de Musset, des peintres (Delacroix), des musiciens (Chopin).

■ Le romantisme traduit l'**inquiétude**, la **déception** des artistes face à un monde dans lequel ils ne trouvent pas leur place. Ce malaise conduit certains d'entre eux au repli, d'autres à l'engagement social et politique.

L'extrait de *La Confession d'un enfant du siècle* de Musset évoque le « chaos » (l. 19) des années qui suivent la Révolution et le premier Empire.

2. Une volonté de rupture

■ **Le romantisme s'oppose à la tradition classique du XVIIe siècle** fondée sur la raison et la mesure. Il privilégie l'originalité et la **liberté du créateur**, quitte à provoquer de véritables scandales.

La représentation d'*Hernani*, drame romantique de Victor Hugo (1830), oppose dans une ambiance houleuse classiques et romantiques (voir p. 78).

■ Ces exigences conduisent à **rejeter les contraintes régissant certains genres littéraires** comme le théâtre et la poésie.

→ **Chapitre 41** Les formes poétiques, p. 166.

Victor Hugo, dans la préface de sa pièce *Cromwell* (1827), conteste la validité de la règle classique des trois unités; il affirme la nécessité du **mélange des registres** – le grotesque et le sublime, le souci d'authenticité dans la représentation du passé. Il donne ainsi naissance à un genre théâtral nouveau: le **drame romantique**.

En poésie, Hugo rejette l'emploi de l'alexandrin traditionnel dont il brise la régularité par différents moyens: dislocation rythmique, usage du rejet et du contre-rejet.

Caricature d'un classique par Victor Hugo: « Je vous répète que cette littérature moderne fait frémir! » (vers 1830-1832), Villequier, musée Victor-Hugo.

3. Les thèmes et personnages romantiques

■ Le romantisme accorde une place majeure au **lyrisme**, à l'**expression personnelle, souvent douloureuse**. La poésie romantique évoque ainsi la souffrance du poète, sa mélancolie, l'incertitude des sentiments, l'angoisse devant la fuite du temps... Face à un monde hostile, la **nature** est souvent présentée comme un **refuge** ou un abri protecteur.

■ Au théâtre ou dans les romans, le héros romantique apparaît comme **un révolté, un marginal** refusant l'ordre social, ou comme un être faible brisé par l'affrontement avec la réalité.

Dans le drame de Victor Hugo *Hernani*, le personnage-titre est un brigand qui a pris les armes contre son roi. Dans la pièce d'Alfred de Vigny *Chatterton*, le héros est un jeune poète incompris.

■ La poésie est aussi le lieu de l'**engagement politique et social** de certains auteurs, comme Hugo et Lamartine.

Le mal du siècle

1 **a. Comment se manifeste le « mal » dont souffre le narrateur ? Quelle explication le texte en suggère-t-il ?**

b. Comment le narrateur considère-t-il les autres hommes ?

Cette vie, qui m'avait d'abord enchanté, ne tarda pas à me devenir insupportable. Je me fatiguai de la répétition des mêmes scènes et des mêmes idées. Je me mis à sonder mon cœur, à me demander ce que je désirais. Je ne le savais pas ; mais je crus tout à coup que les bois me seraient délicieux. Me voilà soudain résolu d'achever, dans un exil champêtre, une carrière à peine commencée, et dans laquelle j'avais déjà dévoré des siècles.

J'embrassai ce projet avec l'ardeur que je mets à tous mes desseins ; je partis précipitamment pour m'ensevelir dans une chaumière, comme j'étais parti autrefois pour faire le tour du monde.

On m'accuse d'avoir des goûts inconstants, de ne pouvoir jouir longtemps de la même chimère[1], d'être la proie d'une imagination qui se hâte d'arriver au fond des plaisirs, comme si elle était accablée de leur durée ; on m'accuse de passer toujours le but que je puis atteindre : hélas ! je cherche seulement un bien inconnu, dont l'instinct me poursuit. Est-ce ma faute si je trouve partout des bornes, si ce qui est fini n'a pour moi aucune valeur ?

François René de Chateaubriand, *René* (1802).

1. fantasme, mirage

La fonction de l'artiste

2 **Quelle fonction de l'artiste se dégage de chacun de ces textes ? Justifiez votre réponse.**

Texte 1

La Muse

Quel que soit le souci que ta jeunesse endure,
Laisse-la s'élargir, cette sainte blessure
Que les noirs séraphins[1] t'ont faite au fond du cœur :
Rien ne nous rend si grands qu'une grande douleur.
Mais, pour en être atteint, ne crois pas, ô poète,
Que ta voix ici-bas doive rester muette.
Les plus désespérés sont les chants les plus beaux,
Et j'en sais d'immortels qui sont de purs sanglots.

Alfred de Musset, *Poésies*, « Nuit de Mai » (1835-1836).

1. anges

Texte 2

Le poète en des jours impies
Vient préparer des jours meilleurs.
Il est l'homme des utopies ;
Les pieds ici, les yeux ailleurs.
C'est lui qui sur toutes les têtes,
En tout temps, pareil aux prophètes,
Dans sa main, où tout peut tenir,
Doit, qu'on l'insulte ou qu'on le loue,
Comme une torche qu'il secoue,
Faire flamboyer l'avenir !

Victor Hugo, *Les Rayons et les Ombres* (1840).

Texte 3

Son langage est juste, net, franc, grand dans son allure et vigoureux dans ses coups. Il a surtout besoin d'ordre et de clarté, ayant toujours en vue le peuple auquel il parle et la voie où il conduit ceux qui croient en lui. L'ardeur d'un combat perpétuel enflamme sa vie et ses écrits. Son cœur a de grandes révoltes et des haines larges et sublimes qui le rongent en secret, mais que domine et dissimule son exacte raison. Après tout, il marche le pas qu'il veut, sait jeter des semences à une grande profondeur, et attendre qu'elles aient germé dans une immobilité effrayante. Il est maître de lui et de beaucoup d'âmes qu'il entraîne du nord au sud, selon son bon vouloir ; il tient un peuple dans sa main […] – C'est le véritable, LE GRAND ÉCRIVAIN.

Alfred de Vigny, *Chatterton*, Préface (1835).

Texte 4

Tant qu'il existera, par le fait des lois et des mœurs, une damnation sociale créant artificiellement, en pleine civilisation, des enfers, et compliquant d'une fatalité humaine la destinée qui est divine ; tant que les trois problèmes du siècle, la dégradation de l'homme par le prolétariat[1], la déchéance de la femme par la faim, l'atrophie de l'enfant par la nuit, ne seront pas résolus ; tant que, dans certaines régions, l'asphyxie sociale sera possible ; en d'autres termes, et à un point de vue plus étendu encore, tant qu'il y aura sur la terre ignorance et misère, des livres de la nature de celui-ci pourront ne pas être inutiles.

Victor Hugo, *Les Misérables*, Préface (1862).

1. condition sociale de celui qui ne possède rien

Le rejet des règles

3 **a. Quels sont les reproches adressés par Hugo à la règle classique de l'unité de temps au théâtre ?**

b. Quel usage Hugo fait-il du lexique et des figures de style ?

c. De quel registre ce texte relève-t-il ?

L'unité de temps n'est pas plus solide que l'unité de lieu. L'action, encadrée de force dans les vingt-quatre heures, est aussi ridicule qu'encadrée dans un vestibule[1]. Toute action a sa durée propre comme son lieu particulier. Verser la même dose de temps à tous les événements ! appliquer la même mesure sur tout ! On rirait d'un cordonnier qui voudrait mettre le même soulier à tous les pieds. Croiser l'unité de temps à l'unité de lieu comme les barreaux d'une cage, et y faire pédantesquement[2] entrer, de par Aristote[3], tous ces faits, tous ces peuples, toutes ces figures que la providence déroule à si grandes masses dans la réalité ! c'est mutiler hommes et choses, c'est faire grimacer l'histoire. Disons mieux: tout cela mourra dans l'opération; et c'est ainsi que les mutilateurs dogmatiques[4] arrivent à leur résultat ordinaire: ce qui était vivant dans la chronique[5] est mort dans la tragédie. Voilà pourquoi, bien souvent, la cage des unités ne renferme qu'un squelette.

Et puis si vingt-quatre heures peuvent être comprises dans deux, il sera logique que quatre heures puissent en contenir quarante-huit. L'unité de Shakespeare ne sera donc pas l'unité de Corneille. Pitié!

Ce sont pourtant là les pauvres chicanes[6] que depuis deux siècles la médiocrité, l'envie et la routine font au génie! C'est ainsi qu'on a borné l'essor de nos plus grands poètes.

Victor Hugo, Préface de *Cromwell* (1827).

1. référence à la règle de l'unité de lieu imposant que l'action d'une pièce de théâtre se déroule en un lieu unique 2. en faisant un étalage ridicule de son savoir 3. philosophe grec, auteur d'un célèbre ouvrage sur le théâtre; les classiques soutenaient la règle des trois unités au nom des principes d'Aristote. 4. persuadés de détenir la vérité 5. le récit historique 6. querelles mesquines

Thèmes et personnages romantiques

4 **a. À qui le poète s'adresse-t-il?**

b. Quels sentiments exprime-t-il? Justifiez votre réponse.

c. De quel registre le texte relève-t-il?

Ainsi, toujours poussés vers de nouveaux rivages,
Dans la nuit éternelle emportés sans retour,
Ne pourrons-nous jamais sur l'océan des âges
Jeter l'ancre un seul jour?

Ô lac! l'année à peine a fini sa carrière,
Et près des flots chéris qu'elle devait revoir,
Regarde! je viens seul m'asseoir sur cette pierre
Où tu la vis s'asseoir!

Tu mugissais ainsi sous ces roches profondes,
Ainsi, tu te brisais sur leurs flancs déchirés,
Ainsi le vent jetait l'écume de tes ondes
Sur ses pieds adorés.

Alphonse de Lamartine, *Méditations poétiques*, « Le lac » (1820).

5 **a. Quel portrait de lui-même Cœlio dresse-t-il dans son monologue?**

b. En quoi les deux personnages s'opposent-ils?

c. Quels registres se mêlent dans cet extrait?

Cœlio: Malheur à celui qui, au milieu de la jeunesse, s'abandonne à un amour sans espoir! Malheur à celui qui se livre à une douce rêverie, avant de savoir où sa chimère[1] le mène, et s'il peut être payé de retour! Mollement couché dans une barque, il s'éloigne peu à peu de la rive; il aperçoit au loin des plaines enchantées, de vertes prairies et le mirage léger de son Eldorado[2]. Les vents l'entraînent en silence, et quand la réalité le réveille, il est aussi loin du but où il aspire que du rivage qu'il a quitté; il ne peut plus ni poursuivre sa route ni revenir sur ses pas. *(On entend un bruit d'instruments.)* Quelle est cette mascarade[3]? N'est-ce pas Octave que j'aperçois? *(Entre Octave.)*

Octave: Comment se porte, mon bon monsieur, cette gracieuse mélancolie?

Cœlio: Octave! ô fou que tu es! tu as un pied de rouge sur les joues! – D'où te vient cet accoutrement! N'as-tu pas de honte en plein jour?

Octave: Ô Cœlio! fou que tu es! tu as un pied de blanc sur les joues! – D'où te vient ce large habit noir? N'as-tu pas de honte en plein carnaval?

Cœlio: Quelle vie que la tienne! Ou tu es gris[4], ou je le suis moi-même.

Octave: Ou tu es amoureux, ou je le suis moi-même.

Cœlio: Plus que jamais de la belle Marianne.

Octave: Plus que jamais de vin de Chypre.

Cœlio: J'allais chez toi quand je t'ai rencontré.

Octave: Et moi aussi j'allais chez moi. Comment se porte ma maison? Il y a huit jours que je ne l'ai vue.

Alfred de Musset, *Les Caprices de Marianne*, Acte I, sc. 1 (1833).

1. mirage 2. pays merveilleux, paradis 3. groupe de personnages déguisés et masqués pour le carnaval 4. ivre

6 **Selon vous, pourquoi peut-on affirmer que ce tableau appartient au mouvement romantique? Vous fonderez votre étude sur le sujet et son traitement (couleurs, formes…).**

Caspar David Friedrich (1774-1840), *La lune s'élève au dessus de la mer* (1822), Berlin, Nationalgalerie (SMPK).

Le réalisme

1 Quelle conception du travail du romancier s'affirme chez Balzac ?

Dans cet avant-propos, Balzac raconte comment il a été progressivement conduit à élaborer le projet de l'ensemble romanesque qui constitue La Comédie humaine.

En dressant l'inventaire des vices et des vertus, en rassemblant les principaux faits des passions, en peignant les caractères, en choisissant les événements principaux de la Société, en composant des types par la réunion des traits de plusieurs caractères homogènes, peut-être pouvais-je arriver à écrire l'histoire oubliée par tant d'historiens, celle des mœurs. Avec beaucoup de patience et de courage, je réaliserais, sur la France au dix-neuvième siècle, ce livre que nous regrettons tous, que Rome, Athènes, Tyr, Memphis, la Perse, l'Inde ne nous ont malheureusement pas laissé sur leurs civilisations, et qu'à l'instar de l'abbé Barthélémy, le courageux et patient Monteil avait essayé pour le Moyen Âge, mais sous une forme peu attrayante.

Ce travail n'était rien encore. S'en tenant à cette reproduction rigoureuse, un écrivain pouvait devenir un peintre plus ou moins fidèle, plus ou moins heureux, patient ou courageux des types humains, le conteur des drames de la vie intime, l'archéologue du mobilier social, le nomenclateur[1] des professions, l'enregistreur du bien et du mal; mais pour mériter les éloges que doit ambitionner tout artiste, ne devais-je pas étudier les raisons ou la raison de ces effets sociaux, surprendre le sens caché dans cet immense assemblage de figures, de passions et d'événements?

Honoré de Balzac, Avant-propos de *La Comédie humaine* (1842).

1. auteur d'une nomenclature, ou mode de classement scientifique

2 a. À quelle classe sociale le personnage décrit dans ce passage appartient-il ? Comment le narrateur marque-t-il la relation entre le personnage et le milieu dans lequel il vit ?

b. Quelle partie du corps est privilégiée dans ce portrait ? Pourquoi ?

c. Comment comprenez-vous la dernière phrase ? Quelle est la visée de cette description ?

Lors des comices agricoles, des récompenses sont distribuées pour des animaux et pour des services domestiques; Catherine-Nicaise-Elisabeth Leroux a été appelée afin d'être décorée et de recevoir un prix de vingt-cinq francs pour « cinquante-quatre ans de service dans la même ferme ».

Alors on vit s'avancer sur l'estrade une petite vieille femme de maintien craintif, et qui paraissait se ratatiner dans ses pauvres vêtements. Elle avait aux pieds de grosses galoches de bois, et le long des hanches, un grand tablier bleu. Son visage maigre, entouré d'un béguin[1] sans bordure, était plus plissé de rides qu'une pomme de reinette flétrie, et des manches de sa camisole rouge dépassaient deux longues mains, à articulations noueuses. La poussière des granges, la potasse des lessives et le suint des laines les avaient si bien encroûtées, éraillées, durcies, qu'elles semblaient sales quoiqu'elles fussent rincées d'eau claire; et à force d'avoir servi, elles restaient entrouvertes, comme pour présenter d'elles-mêmes l'humble témoignage de tant de souffrances subies. Quelque chose d'une rigidité monacale[2] relevait l'expression de sa figure. Rien de triste ou d'attendri n'amollissait ce regard pâle. Dans la fréquentation des animaux, elle avait pris leur mutisme et leur placidité. C'était la première fois qu'elle se voyait au milieu d'une compagnie si nombreuse; et, intérieurement effarouchée par les drapeaux, par les tambours, par les messieurs en habit noir et par la croix d'honneur du Conseiller, elle demeurait tout immobile, ne sachant s'il fallait s'avancer ou s'enfuir, ni pourquoi la foule la poussait et pourquoi les examinateurs lui souriaient. Ainsi se tenait, devant ces bourgeois épanouis, ce demi-siècle de servitude.

Gustave Flaubert, *Madame Bovary* (1857).

1. coiffe qui s'attache sous le menton par une bride 2. sévérité d'un visage de moine ou de religieuse

Le naturalisme

3 a. Quels sont les personnages représentés ? À quelle catégorie sociale appartiennent-ils ? Quelles sont leurs occupations ? Que peut-on deviner de leur existence ?

b. À quels aspects de la société de la fin du XIXe siècle Huysmans se réfère-t-il ?

c. Quel point de vue le narrateur a-t-il choisi ? Pourquoi ?

Cécile et Désirée Vatard, ouvrières dans un atelier, regardent passer les gens du peuple qui partent le dimanche en chemin de fer à la campagne.

Elles jalousaient le bonheur de ces gens, ne doutant pas qu'ils ne fussent plus heureux qu'elles. Elles n'avaient plus de courage à rien, ne répondaient plus aux bonjours et aux huées des voyageurs juchés sur les wagons, détournaient la tête quand les paires d'amoureux souriaient, ravis d'aller manger en une ripaille[1] l'argent gagné pendant la semaine. Par désœuvrement, elles observaient les moindres détails du chemin de fer, le miroitement des poignées de cuivre des voitures, les bouillons[2] de leurs vitres; écoutaient le tic-tac du télégraphe, le bruit doux que font les wagons qui glissent, poussés par des hommes; considéraient les couleurs différentes des fumées de machines, des fumées qui variaient du blanc au noir, du bleu au gris et se teintaient parfois de jaune, du jaune sale et pesant des bains de Barège[3]; elles reconnaissaient chaque locomotive, savaient son nom, lisaient sur son flanc l'usine où elle était née: chantiers et ateliers de l'Océan, Cail et Compagnie, usine de Graffenstaden, Koechlin à Mulhouse, Schneider au Creusot, Gouin aux Batignolles, Claparède à Saint-Denis, participation Cail, Parent, Schalken et Compagnie de Fives-Lille; et elles se montraient la différence des bêtes, les frêles et les fortes, les petiotes sans tenders[4] pour les trains de banlieue, les grosses pataudes pour les convois à marchandises.

Joris-Karl Huysmans, *Les Sœurs Vatard*, XV (1879).

1. festin 2. pièces d'étoffe bouffantes que l'on peut tirer pour se protéger du soleil 3. station thermale des Hautes-Pyrénées 4. wagonnet qui suit la locomotive et qui contient l'eau et le combustible nécessaires

4 Écriture d'invention

Transposez le texte de Huysmans (exercice 3) à l'époque contemporaine en conservant la situation et le point de vue adopté par le narrateur.

5

a. Quelle est l'impression produite par cette description ? Comment est-elle créée ?

b. Quel jugement le texte nous invite-t-il à porter sur les personnages représentés ?

c. Cherchez dans un dictionnaire le sens du mot *curée* : quelle relation pouvez-vous établir entre le titre du roman et cet épisode ?

Le personnage principal du roman, Saccard, s'est enrichi grâce à la spéculation immobilière. Il réunit pour un grand bal ses relations mondaines : hommes politiques, financiers, hauts fonctionnaires…

Quand on ouvrit la porte de la salle à manger, transformée en buffet[1], avec des dressoirs[2] contre les murs et une longue table au milieu, chargée de viandes froides, ce fut une poussée, un écrasement. Un grand bel homme, qui avait eu la timidité de garder son chapeau à la main, fut si violemment collé contre le mur, que le malheureux chapeau creva avec une plainte sourde. Cela fit rire. On se ruait sur les pâtisseries et les volailles truffées, en s'enfonçant les coudes dans les côtes, brutalement. C'était un pillage, les mains se rencontraient au milieu des viandes, et les laquais ne savaient à qui répondre, au milieu de cette bande d'hommes comme il faut, dont les bras tendus exprimaient la seule crainte d'arriver trop tard et de trouver les plats vides. Un vieux monsieur se fâcha parce qu'il n'y avait pas de bordeaux et que le champagne, assurait-il, l'empêchait de dormir.

– Doucement, messieurs, doucement, disait Baptiste[3] de sa voix grave. Il y en aura pour tout le monde.

Mais on ne l'écoutait pas. La salle à manger était pleine, et les habits noirs inquiets se haussaient à la porte. Devant les dressoirs, des groupes stationnaient, mangeant vite, se serrant. Beaucoup avalaient sans boire, n'ayant pu mettre la main sur un verre. D'autres, au contraire, buvaient, en courant inutilement après un morceau de pain.

Émile Zola, *La Curée*, chapitre 6 (1871).

1. salle où sont dressées des tables chargées de nourriture
2. meuble destiné à exposer de la vaisselle 3. maître d'hôtel de Saccard

6 Lecture d'images

a. Quels sont les espaces et les activités représentés par les deux peintres ? En quoi s'opposent-ils ?

b. Quelle classe sociale les deux artistes ont-ils dépeinte ? Quels objets, présents dans chacun des deux tableaux, sont associés à la représentation de cette classe sociale ?

c. Quels moyens picturaux chacun des deux peintres a-t-il choisis pour créer l'atmosphère qui baigne son tableau (ligne de force ou d'horizon, couleurs, lumière) ?

d. Comment les deux peintres donnent-ils l'impression de capter la réalité ? En quoi néanmoins se manifeste leur souci esthétique ?

1. Pierre-Auguste Renoir (1841-1919), *Le Bal du Moulin de la Galette* (1876), Paris, musée d'Orsay.

2. Gustave Caillebotte (1848-1894), *Les Raboteurs de parquet* (1875), Paris, musée d'Orsay.

Chapitre 33

Le surréalisme

2de/1re

Mots clés

- surréel (vs rationnel)
- inconscient
- hasard
- humour (noir)
- écriture automatique
- cadavre exquis

Observation

Document 1

C'est de très mauvaise foi qu'on nous contesterait le droit d'employer le mot SURRÉALISME dans le sens très particulier où nous l'entendons, car il est clair qu'avant nous ce mot n'avait pas fait fortune. Je le définis donc une fois pour toutes :

SURRÉALISME, n. m. Automatisme psychique pur par lequel on se propose d'exprimer, soit verbalement, soit par écrit, soit de toute autre manière, le fonctionnement réel de la pensée. Dictée de la pensée, en l'absence de tout contrôle exercé par la raison, en dehors de toute préoccupation esthétique ou morale.

« ENCYCL. *Philos.* Le surréalisme repose sur la croyance à la réalité supérieure de certaines formes d'associations négligées jusqu'à lui, à la toute-puissance du rêve, au jeu désintéressé de la pensée. Il tend à ruiner définitivement tous les autres mécanismes psychiques et à se substituer à eux dans la résolution des principaux problèmes de la vie. Ont fait acte de SURRÉALISME ABSOLU MM. Aragon, Baron, Boiffard, Breton, Carrive, Crevel, Delteil, Desnos, Eluard, Gérard, Limbour, Malkine, Morise, Naville, Noll, Péret, Picon, Soupault, Vitrac. »

André Breton, *Manifeste du surréalisme* (1924), © Pauvert (1962), © Pauvert département des éditions Fayard (2000).

Document 2

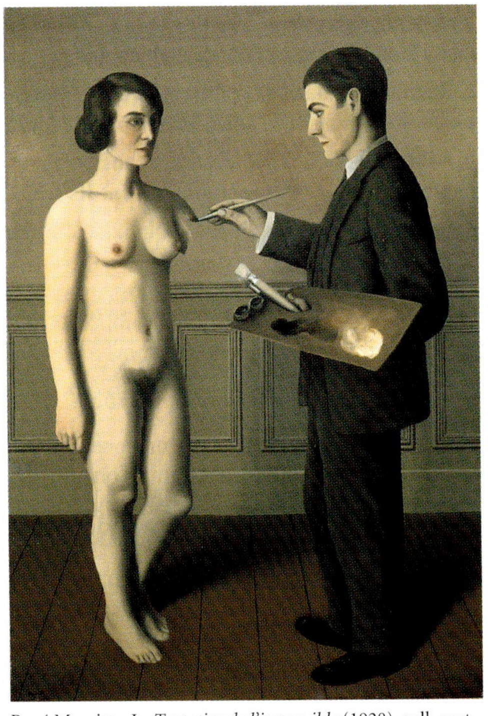

René Magritte, *La Tentative de l'impossible* (1928), coll. part.

Questions

Document 1

1. À quel genre de texte la définition proposée fait-elle penser ? Quels indices le prouvent ? Pourquoi l'auteur a-t-il choisi cette forme ?
2. Sur quels éléments cette définition insiste-t-elle particulièrement ? Fondez votre réponse sur les répétitions et les reprises.
3. Contre quoi le surréalisme se dresse-t-il, d'après ce texte ?
4. Cherchez le sens de l'expression *faire acte de*. Que déduisez-vous de son emploi dans la dernière phrase ?
5. En travaillant par groupes, cherchez quels artistes sont restés célèbres parmi ceux qui sont énumérés dans la dernière phrase, et citez quelques-unes de leurs œuvres.

Document 2

6. En quoi ce tableau est-il réaliste ? En quoi ne l'est-il pas ?
7. Quelles réflexions ce tableau et son titre peuvent-ils suggérer sur la création artistique ?

L'essentiel

1. La naissance du mouvement surréaliste

■ Le surréalisme naît **au lendemain de la Première Guerre mondiale**, et dure jusqu'aux années 60.

Il est influencé par les **théories psychanalytiques de Freud**, qui révèlent la richesse de l'inconscient ; par les **théories marxistes**, qui prônent la révolution contre la bourgeoisie capitaliste ; par le **mouvement artistique dada**, qui veut détruire toutes les formes d'ordre.

■ Le groupe surréaliste comprend surtout des poètes (Breton, Soupault, Aragon, Eluard, Desnos) et des peintres (Ernst, Dali, Magritte), mais aussi des hommes de théâtre (Artaud), des photographes (Man Ray), des cinéastes (Luis Buñuel).

Il est dirigé par **André Breton**, surnommé le « pape » du surréalisme. C'est lui qui rédige les deux ***Manifestes du surréalisme*** (1924 et 1929).

■ Le groupe a **une vie intense** : provocations contre des manifestations officielles, séances de créations collectives, publication de revues, organisation d'expositions.

2. Théories et pratiques surréalistes

■ Les surréalistes affirment qu'il existe, dans le monde réel, **une « sur-réalité » merveilleuse, qu'il faut découvrir**. La raison et la logique empêchent de l'atteindre et doivent être contournées.

Dans sa définition, Breton insiste sur l'importance d'une « absence de tout contrôle exercé par la raison ».

■ La quête du surréel implique un **mode de vie particulier** (Breton parle de « faire acte de surréalisme absolu »), qui fait une large place :

- aux **explorations de l'inconscient**, par l'écriture et le dessin automatiques, les sommeils hypnotiques, les récits de rêves ;
- au **hasard**, aux rapprochements insolites, aux coïncidences, aux rencontres ;
- à l'**érotisme** et à l'**amour fou** : la femme a des pouvoirs de médium et permet d'accéder au monde surréel ;
- à l'**humour** et aux **jeux**.

3. L'esthétique surréaliste

■ L'art est un moyen d'**accéder à la connaissance du surréel**. Il n'a pas à représenter le monde réel. Il ne vise ni à instruire ni à séduire.

André Breton précise que le surréalisme se place en dehors « de toute préoccupation morale ou esthétique ».

■ L'**image** surréaliste, verbale ou visuelle, est le moyen d'expression essentiel du surréel. Elle se définit comme le **rapprochement de réalités** apparemment très éloignées ou contradictoires. Elle doit provoquer la surprise et l'émerveillement.

Le tableau de Magritte, page 112, réalise, de façon visible, le désir logiquement irréalisable de créer de la vie par l'art.

■ Les genres privilégiés sont le **récit en prose** (*Nadja*, de Breton, *Le Paysan de Paris*, d'Aragon) et la **poésie** (*Capitale de la douleur*, d'Eluard, *Corps et biens*, de Desnos), le plus souvent lyriques ou humoristiques.

Contexte et influences

1 **a. Qu'est-ce qu'un tract ? À qui ce genre de texte est-il destiné ?**

b. Que rejettent les auteurs de ce tract ? Quelles valeurs veulent-ils promouvoir ? À quelles théories politiques vous font-elles penser ?

Nous sommes certainement des Barbares puisqu'une certaine forme de civilisation nous écœure.

Partout où règne la civilisation occidentale toutes attaches humaines ont cessé à l'exception de celles qui avaient pour raison d'être l'intérêt, « le dur paiement au comptant ». Depuis plus d'un siècle la dignité humaine est ravalée au rang de valeur d'échange. [...] Nous n'acceptons pas les lois de l'Économie et de l'Échange, nous n'acceptons pas l'esclavage du Travail, et dans un domaine encore plus large nous nous déclarons en insurrection contre l'Histoire. [...]

En définitive, nous avons besoin de la Liberté, mais d'une Liberté calquée sur nos nécessités spirituelles les plus profondes, sur les exigences les plus strictes et les plus humaines de nos chairs (en vérité ce sont toujours les autres qui auront peur). L'époque moderne a fait son temps.

Tract surréaliste « La révolution d'abord et toujours », extraits, (1925), cité dans *Il y aura une fois*, Folio Gallimard (2002).

L'écriture automatique

2 **Quelles conditions favorisent le jeu de l'écriture automatique décrit ci-dessous ? Quels sont les buts poursuivis ?**

Faites-vous apporter de quoi écrire, après vous être établi en un lieu aussi favorable que possible à la concentration de votre esprit sur lui-même. Placez-vous dans l'état le plus passif, ou réceptif, que vous pourrez. Faites abstraction de votre génie, de vos talents et de ceux de tous les autres. Dites-vous bien que la littérature est un des plus tristes chemins qui mènent à tout. Écrivez vite sans sujet préconçu, assez vite pour ne pas retenir et ne pas être tenté de vous relire. La première phrase viendra toute seule, tant il est vrai qu'à chaque seconde il est une phrase étrangère à notre pensée consciente qui ne demande qu'à s'extérioriser. [...] Continuez autant qu'il vous plaira. Fiez-vous au caractère inépuisable du murmure.

André Breton, *Manifeste du surréalisme* (1924), © Pauvert (1962), © Pauvert département des éditions Fayard (2000).

3 **Ce texte a été produit par le recours à l'écriture automatique (voir exercice 2). Quelles impressions produit-il sur vous ? Est-il grammaticalement incohérent ? Est-il totalement dépourvu de sens ?**

Prisonniers des gouttes d'eau, nous ne sommes que des animaux perpétuels. Nous courons dans les villes sans bruits et les affiches enchantées ne nous touchent plus. À quoi bon ces grands enthousiasmes fragiles, ces sauts de joie desséchés ? Nous ne savons plus rien que les astres morts ; nous regardons les visages ; et nous soupirons de plaisir. Notre bouche est plus sèche que les pages perdues ; nos yeux tournent sans but, sans espoir. Il n'y a plus que ces cafés où nous nous réunissons pour boire ces boissons fraîches, ces alcools délayés et les tables sont plus poisseuses que ces trottoirs où sont tombées nos ombres mortes de la veille.

André Breton et Philippe Soupault, « La glace sans tain », *Les Champs magnétiques*, © Gallimard (1919).

Amour et érotisme

4 **a. En quoi ce texte est-il à la fois simple et mystérieux ?**

b. Quels sont les pouvoirs de l'amoureuse ? Quels sont les effets de l'amour sur le poète ?

L'amoureuse

Elle est debout sur mes paupières
Et ses cheveux sont dans les miens,
Elle a la forme de mes mains,
Elle a la couleur de mes yeux,
Elle s'engloutit dans mon ombre
Comme une pierre sur le ciel.

Elle a toujours les yeux ouverts
Et ne me laisse pas dormir.
Ses rêves en pleine lumière
Font s'évaporer les soleils,
Me font rire, pleurer et rire,
Parler sans avoir rien à dire.

Paul Eluard, *Capitale de la douleur*, © Gallimard (1923).

5 **a. Quelles impressions ressentez-vous en regardant ce tableau ? Par quoi sont-elles provoquées ?**

b. Qu'apporte le titre à l'interprétation du tableau ?

Max Ernst, *L'Habillement de l'épousée* (1940), fondation Peggy Guggenheim, Venise.

L'humour et le jeu

6 **a. Examinez les phrases du document 1. Sont-elles grammaticalement correctes ? Pourquoi leur sens est-il obscur ?**

b. Lisez ensuite le document 2 et amusez-vous à produire des « cadavres exquis » en suivant la recette proposée.

Document 1

Le cadavre exquis boira le vin nouveau.
La colombe des branches contamine la pierre lamartinienne.
L'hippogriffe frisé poursuit la biche noire.
La grève des étoiles corrige la maison sans sucre.
Le mille-pattes amoureux et frêle rivalise de méchanceté avec le cortège languissant.

Document 2

« Vous vous asseyez à cinq autour d'une table. Chacun de vous note, en se cachant des autres, sur une feuille, le substantif devant servir de sujet à une phrase. Vous passez cette feuille pliée de manière à dissimuler l'écriture à votre voisin de gauche en même temps que vous recevez de votre voisin de droite la feuille qu'il a préparée de la même manière… Vous appliquez au substantif que vous ignorez un adjectif… Vous procédez ensuite de la même manière pour le verbe, puis pour le substantif devant lui servir de complément direct, etc. » L'exemple le plus connu, et qui a donné son nom au jeu, est la première phrase obtenue de cette manière : « Le cadavre exquis boira le vin nouveau. »

Georges Hugnet, *Petite Anthologie poétique du surréalisme*, © éditions Jeanne Bucher (1934).

L'image surréaliste

7 **Lisez la définition de l'image poétique donnée dans le texte 1. En quoi le poème d'Eluard l'illustre-t-il ?**

Texte 1

Comparer deux objets aussi éloignés que possible l'un de l'autre, ou, par toute autre méthode, les mettre en présence d'une manière brusque et saisissante, demeure la tâche la plus haute à laquelle la poésie puisse prétendre. En cela doit tendre de plus en plus à s'exercer son pouvoir inégalable, unique, qui est de faire apparaître l'unité concrète des deux termes mis en rapport et de communiquer à chacun d'eux, quel qu'il soit, une vigueur qui lui manquait tant qu'il était pris isolément.

André Breton, *Les Vases communicants* (1932), © Gallimard (1977).

Texte 2

[…] J'établis des rapports entre l'homme et la femme
Entre les fontes du soleil et le sac à bourdons
Entre les grottes enchantées et l'avalanche
Entre les yeux cernés et le rire aux abois
Entre la merlette héraldique et l'étoile de l'ail
Entre le fil à plomb et le bruit du vent
Entre la fontaine aux fourmis et la culture des framboises
Entre le fer à cheval et le bout des doigts
Entre la calcédoine et l'hiver en épingles
Entre l'arbre à prunelles et le mimétisme constaté
Entre la carotide et le spectre du sel […]

Paul Eluard, « La nécessité », *La Vie immédiate*, © Les Cahiers libres (1932).

8 **Écriture d'invention**

a. Dans le poème d'Eluard cité précédemment, étudiez les constructions syntaxiques. Sont-elles inhabituelles ? Comment la monotonie est-elle évitée ?

b. Continuez l'énumération en créant vos propres rapprochements. Évitez vous aussi la monotonie en variant les constructions des groupes nominaux. Vous pouvez travailler avec un dictionnaire.

9 **a. Choisissez les images de la nuit qui vous semblent les plus étonnantes. Nommez les figures de style utilisées, et dites quelles impressions elles vous suggèrent.**

b. Étudiez les reprises lexicales (voir chapitre 15) et les progressions thématiques (voir chapitre 17) dans ce passage : que remarquez-vous ?

c. Que mettent en valeur les jeux de sonorités ?

d. Rédigez quelques paragraphes pour démontrer que cet extrait de récit a les caractéristiques d'un poème en prose (voir chapitre 41).

Parmi les forces naturelles, il en est une, de laquelle le pouvoir reconnu de tout temps reste en tout temps mystérieux, et tout mêlé à l'homme : c'est la nuit. Cette grande illusion noire suit la mode, et les variations sensibles de ses esclaves. La nuit de nos villes ne ressemble plus à cette clameur des chiens des ténèbres latines, ni à la chauve-souris du Moyen Âge, ni à cette image des douleurs qui est la nuit de la Renaissance. C'est un monstre immense de tôle, percé mille fois de couteaux. Le sang de la nuit moderne est une lumière chantante. Des tatouages, elle porte des tatouages mobiles sur son sein, la nuit. Elle a des bigoudis d'étincelles, et là où les fumées finissent de mourir, des hommes sont montés sur des astres glissants. La nuit a des sifflets et des lac de lueurs. Elle pend comme un fruit au littoral terrestre, comme un quartier de boeuf au poing d'or des cités. Ce cadavre palpitant a dénoué sa chevelure sur le monde, et dans ce faisceau, le dernier, le fantôme incertain des libertés se réfugie, épuise au bord des rues éclairées par le sens social son désir insensé de plein air et de péril. Ainsi dans les jardins publics, le plus compact de l'ombre se confond avec une sorte de baiser désespéré de l'amour et de la révolte. Elle donne à ces lieux absurdes un sens qu'ils ne se connaissaient pas.

Louis Aragon, *Le Paysan de Paris* (1926), © Gallimard.

■ Certains écrivains associent dans leurs œuvres des préoccupations propres à des mouvements en apparence différents.

Les romans de Stendhal, généralement associés au réalisme, expriment également des aspirations relevant du romantisme.

3. Les cadres temporels d'un mouvement littéraire

Des limites temporelles difficiles à établir

■ Bien qu'un mouvement soit lié à un contexte historique, il est souvent difficile de déterminer avec précision ses limites temporelles. Il est d'ailleurs souvent le **fruit d'une longue maturation** et **ne s'achève pas brutalement**, à une date précise.

On a coutume d'identifier la période des Lumières avec le XVIIIe siècle. Pourtant, dès la fin du XVIIe siècle, apparaissent chez certains écrivains comme Bayle ou Fontenelle des préoccupations très proches de celles de la philosophie des Lumières.

■ Un mouvement littéraire est l'**héritier de mouvements antérieurs**, que cette filiation soit affirmée ou implicite.

Contre le classicisme, le romantisme se réfère à la poésie médiévale et au théâtre shakespearien.

Les philosophes des Lumières peuvent apparaître comme les héritiers des humanistes du XVIe siècle : Montaigne et Voltaire, à deux siècles d'intervalle, dénoncent la cruauté et l'absurdité de la pratique institutionnalisée de la torture.

Collage de Max Ernst (1891-1976), *Loplop présente les membres du groupe surréaliste*, New York, The Museum of Modern Art.

Des prolongements

■ Un mouvement littéraire trouve également des **prolongements dans le temps**. Certains écrivains peuvent se réclamer *a posteriori* d'un mouvement que l'on pouvait croire révolu.

Au XXe siècle, un romancier comme André Gide ou un poète comme Francis Ponge affirment leur attachement à l'écriture classique du XVIIe siècle.

■ Certains auteurs ou critiques considèrent que des notions comme « classicisme », « baroque », ou « romantisme » renvoient autant à des **catégories intellectuelles hors du temps** qu'à des périodes de l'histoire de la littérature. Un roman du XXe siècle pourra ainsi être dit « baroque » si ses thèmes et son écriture le rapprochent de certaines œuvres du XVIIe siècle.

L'unité d'un mouvement

1 **a. Pour quelles raisons ces deux textes peuvent-ils être rapprochés ?**

b. Quelles différences présentent-ils ?

Texte 1

Guerre

La famine, la peste et la guerre sont les trois ingrédients les plus fameux de ce bas monde. On peut ranger dans la classe de la famine toutes les mauvaises nourritures où la disette[1] nous force d'avoir recours pour abréger notre vie dans l'espérance de la soutenir.

On comprend dans la peste toutes les maladies contagieuses, qui sont au nombre de deux ou trois mille. Ces deux présents nous viennent de la Providence. Mais la guerre, qui réunit tous ces dons, nous vient de l'imagination de trois ou quatre cents personnes répandues sur la surface de ce globe sous le nom de princes ou de ministres [...].

Le plus déterminé des flatteurs conviendra sans peine que la guerre traîne toujours à sa suite la peste et la famine, pour peu qu'il ait vu les hôpitaux des armées d'Allemagne, et qu'il ait passé dans quelques villages où il se sera fait quelque grand exploit de la guerre[2].

Voltaire, *Dictionnaire philosophique*, article « Guerre » (1764).

1. la famine **2.** où quelque grand exploit de guerre se sera produit

Texte 2

Paix

La guerre est un fruit de la dépravation[1] des hommes ; c'est une maladie convulsive et violente du corps politique, il n'est en santé, c'est-à-dire dans son état naturel, que lorsqu'il jouit de la paix ; c'est elle qui donne de la vigueur aux empires ; elle maintient l'ordre parmi les citoyens ; elle laisse aux lois la force qui leur est nécessaire ; elle favorise la population[2], l'agriculture et le commerce ; en un mot elle procure aux peuples le bonheur qui est le but de toute société. La guerre au contraire dépeuple les États ; elle y fait régner le désordre ; les lois sont forcées de se taire à la vue de la licence qu'elle introduit ; elle rend incertaines la liberté et la propriété des citoyens ; elle trouble et fait négliger le commerce ; les terres deviennent incultes et abandonnées. Jamais les triomphes les plus éclatants ne peuvent dédommager une nation de la perte d'une multitude de ses membres que la guerre sacrifie ; ses victoires même lui font des plaies profondes que la paix seule peut guérir.

Damilaville, *Encyclopédie* (1751-1772).

1. la dégradation morale **2.** la natalité

Ruptures et conflits

2 **a. Quelle thèse Perrault soutient-il à propos des auteurs anciens et des auteurs modernes ?**

b. Par quels arguments justifie-t-il cette thèse ?

c. Boileau partage-t-il ce point de vue ? Quel registre adopte-t-il ?

La fin du XVII*e siècle est, sur le plan littéraire, agitée par un débat portant sur le mérite comparé des auteurs de l'Antiquité – les anciens – et de ceux du* XVII*e siècle – les modernes.*

Texte 1

Il y a deux choses dans tout artisan qui contribuent à la beauté de son ouvrage : la connaissance des règles de son art et la force de son génie ; de là il peut arriver, et souvent il arrive que l'ouvrage de celui qui est le moins savant, mais qui a le plus de génie, est meilleur que l'ouvrage de celui qui sait mieux les règles de son art et dont le génie a moins de force. Suivant ce précepte, Virgile a pu faire un poème épique plus excellent que tous les autres, parce qu'il a eu plus de génie que tous les poètes qui l'ont suivi, et il peut en même temps avoir moins su les règles du poème épique, ce qui me suffit, mon problème consistant uniquement en cette proposition que tous les arts ont été portés dans notre siècle à un plus haut degré de perfection que celui où ils étaient parmi les anciens, parce que le temps a découvert plusieurs secrets dans tous les arts, qui, joints à ceux que les anciens nous ont laissés, les ont rendus plus accomplis, l'art n'étant autre chose, selon Aristote même, qu'un amas de préceptes pour bien faire l'ouvrage qu'il a pour objet. Or quand j'ai fait voir qu'Homère et Virgile ont fait une infinité de fautes où les modernes ne tombent plus, je crois avoir prouvé qu'ils n'avaient pas toutes les règles que nous avons, puisque l'effet naturel des règles est d'empêcher qu'on ne fasse des fautes.

Perrault, *Parallèles des Anciens et des Modernes* (1692).

Texte 2

Lorsque des écrivains ont été admirés durant un fort grand nombre de siècles et n'ont été méprisés que par quelques gens de goût bizarre, car il se trouve toujours des goûts dépravés, alors non seulement il y a de la témérité, mais il y a de la folie à vouloir douter du mérite de ces écrivains. Que si vous ne voyez point les beautés de leurs écrits, il ne faut pas conclure qu'elles n'y sont point, mais que vous êtes aveugle et que vous n'avez point de goût. Le gros des hommes à la longue ne se trompe point sur les ouvrages d'esprit. Il n'est plus question, à l'heure qu'il est, de savoir si Homère, Platon, Cicéron, Virgile, sont des hommes merveilleux ; c'est une chose sans contestation, puisque vingt siècles en sont convenus ; il s'agit de savoir en quoi consiste ce merveilleux qui les a fait admirer de tant de siècles, et il faut trouver moyen de le voir, ou renoncer aux belles-lettres, auxquelles vous devez croire que vous n'avez ni goût ni génie, puisque vous ne sentez point ce qu'ont senti tous les hommes.

Quand je dis cela néanmoins, je suppose que vous sachiez la langue de ces auteurs ; car, si vous ne la savez point, et si vous ne vous l'êtes point familiarisée, je ne vous blâmerai pas de n'en point voir les beautés, je vous blâmerai seulement d'en parler. Et c'est en quoi on ne saurait trop condamner M. P..., qui, ne sachant point la langue d'Homère, vient hardiment lui faire son procès sur les bassesses de ses traducteurs, et dire au genre humain, qui a admiré les ouvrages de ce grand poète durant tant de siècles: «Vous avez admiré des sottises.»

Boileau, *Réflexions critiques sur quelques passages du rhéteur Longin* (1713).

3 **a. Quelle est la thèse de Rousseau? Comment cherche-t-il à la valider?**

b. Sur quels points cette thèse est-elle en opposition radicale à la pensée des Lumières (voir chapitre 29)?

c. Comment, dans le texte 2, se manifeste l'opposition au point de vue de Rousseau?

Texte 1

Nos âmes se sont corrompues à mesure que nos sciences et nos arts se sont avancés à la perfection[1]. Dira-t-on que c'est un malheur particulier à notre âge[2]? Non, messieurs; les maux causés par notre vaine curiosité sont aussi vieux que le monde. L'élévation et l'abaissement journaliers des eaux de l'Océan n'ont pas été plus régulièrement assujettis au cours de l'astre qui nous éclaire durant la nuit, que le sort des mœurs et de la probité au progrès des sciences et des arts. On a vu la vertu s'enfuir à mesure que leur lumière s'élevait sur notre horizon, et le même phénomène s'est observé dans tous les temps et dans tous les lieux. […]

Voyez la Grèce, jadis peuplée de héros qui vainquirent deux fois l'Asie, l'une devant Troie, et l'autre dans leurs propres foyers[3]. Les lettres[4] naissantes n'avaient point porté encore la corruption dans les mœurs de ses habitants; mais le progrès des arts, la dissolution des mœurs et le joug du Macédonien[5] se suivirent de près; et la Grèce, toujours savante, toujours voluptueuse et toujours esclave, n'éprouva plus dans ses révolutions que des changements de maîtres.

Jean-Jacques Rousseau, *Discours sur les sciences et les arts* (1750).

1. vers la perfection **2.** notre époque **3.** référence à la victoire des armées grecques sur les troupes perses **4.** connaissances tirées des livres **5.** Le roi Philippe de Macédoine, qui imposa son pouvoir à l'ensemble des cités grecques, les privant de leur indépendance.

Texte 2

Il n'y a point de peuple qui n'ait été longtemps dans la barbarie, ou plutôt dans l'ignorance, car il n'est pas bien décidé si ces deux mots sont synonymes. Notre nation, par une infinité de causes, aussi dangereuses à développer que faciles à connaître, est demeurée ensevelie pendant plusieurs siècles dans les ténèbres les plus profondes; elle n'en était pas même plus à plaindre, si nous en croyons quelques philosophes, qui prétendent que la nature humaine se déprave à force de lumières. Comme ce siècle corrompu[1] est en même temps éclairé, ces philosophes en concluent que la corruption est l'effet et la suite du progrès des connaissances. S'ils eussent vécu dans les siècles que nous appelons barbares, ils eussent alors regardé l'ignorance comme l'ennemie de la vertu: le sage qui voit de sang froid tous les siècles et même le sien, pense que les hommes y sont à peu près semblables.

D'Alembert, *Essai sur la société des gens de lettres* (1753).

1. le XVIIIe siècle

Singularité de l'écrivain

4 **a. De quelle «école» est-il question dans la lettre?**

b. À quelles caractéristiques de ce mouvement Flaubert s'oppose-t-il?

c. Pourquoi Flaubert se considère-t-il comme un écrivain original?

À propos de mes amis, vous ajoutez «mon école». Mais je m'abîme le tempérament à tâcher de n'avoir pas d'école! A priori, je les repousse toutes. Ceux que je vois souvent, et que vous désignez, recherchent tout ce que je méprise, et s'inquiètent médiocrement de ce qui me tourmente. Je regarde comme très secondaire le détail technique, le renseignement local, enfin le côté historique et exact des choses. Je recherche par-dessus tout la Beauté, dont mes compagnons sont médiocrement en quête. Je les vois insensibles, quand je suis ravagé d'admiration ou d'horreur. Des phrases me font pâmer qui leur paraissent fort ordinaires. Goncourt[1], par exemple, est très heureux quand il a saisi dans la rue un mot qu'il peut coller dans un livre. – Et moi très satisfait quand j'ai écrit une page sans assonance ni répétitions.

Gustave Flaubert, *Lettre à George Sand*, fin décembre 1875.

1. écrivain contemporain de Flaubert

Les mouvements littéraires à travers le temps

5 **a. À quel mouvement littéraire Diderot appartient-il?**

b. Quelles sont pour lui les caractéristiques majeures d'un poète?

c. Quel mouvement littéraire cette conception semble-t-elle annoncer? Justifiez votre réponse.

Qu'est-ce qu'il faut au poète? Est-ce une nature brute ou cultivée, paisible ou troublée? Préférera-t-il la beauté d'un jour pur à l'horreur d'une nuit obscure, où le sifflement ininterrompu des vents se mêle par intervalles au murmure sourd et continu d'un tonnerre éloigné, et où il voit l'éclair allumer le ciel sur sa tête? Préférera-t-il le spectacle d'une mer tranquille à celui des flots agités? le muet et froid aspect d'un palais à la promenade parmi les ruines? un édifice construit, un espace planté de la main des hommes, au touffu d'une antique forêt, au creux ignoré d'une roche déserte? Des nappes d'eau, des bassins, des cascades, à la vue d'une cataracte qui se brise en tombant à travers des rochers, et dont le bruit se fait entendre au loin du berger qui a conduit son troupeau dans la montagne et qui l'écoute avec effroi?

La poésie veut quelque chose d'énorme, de barbare, de sauvage. […]

Le génie est de tous les temps; mais les hommes qui le portent en eux demeurent engourdis, à moins que des événements extraordinaires n'échauffent la masse, et ne le fassent paraître. Alors les sentiments s'accumulent dans la poitrine, la travaillent; et ceux qui ont un organe, pressés de parler, le déploient et se soulagent.

J'ai bien peur que l'homme n'aille droit au malheur par la voie qui conduit l'imitateur de la nature[1] au sublime. Se jeter dans les extrêmes, voilà la règle du poète. Garder en tout un juste milieu, voilà la règle du bonheur. Il ne faut point faire de poésie dans la vie. Les héros, les amants romanesques, les grands patriotes, les magistrats inflexibles, les apôtres de religion, les philosophes à toute outrance, tous ces rares et divins insensés font de la poésie dans la vie: de là leur malheur… Il est d'expérience que la nature condamne au malheur celui à qui elle a départi le génie et celle qu'elle a douée de la beauté; c'est que ce sont des êtres poétiques.

Diderot, *De la poésie dramatique* (1758).

1. le poète

6 **a. En fonction de sa date d'écriture, ce texte appartient-il historiquement au mouvement baroque (voir chap. 28)?**

b. Pourquoi, néanmoins, peut-on parler de «baroque» à son propos?

Au début du XVIIe siècle, le roi d'Espagne a chargé une actrice de séduire Rodrigue, un vieux guerrier dont il veut utiliser les services.

L'Actrice sur le proscenium[1] devant le rideau baissé, sans corsage, la gorge et les bras nus. Elle est censée être dans sa loge, en train de se parer pour la scène qu'elle va jouer. Un grand miroir devant elle. Sur sa table, parmi les instruments de toilette, quelques feuilles de papier froissé. Tous les meubles et accessoires sont rattachés au rideau par des ficelles bien visibles.

La femme de chambre, *tendant à l'Actrice un petit pot de noir.*
Madame a oublié son rimmel.

L'Actrice
Tu as raison. Un peu de rimmel, mon œil n'en aura que plus de feu. Le trait de la personne jaillit avec plus de force de l'arc d'une paupière assombrie.

Elle se touche les paupières avec un petit pinceau, puis elle faut rouler lentement ses yeux de droite à gauche et ensuite de gauche à droite, ouvre, ferme, rouvre, referme.

La caméristе
Et tout cela pour obtenir d'un vieux marchand de cacahuètes à moitié crevé qu'il accepte de nos mains un royaume[2]!

L'Actrice
Ne dis pas cela, Mariette! Tu n'y entends rien, Mariette. C'est une situation superbe! Le plus beau rôle que j'aie jamais eu de ma vie! Un rôle en or. Quel dommage qu'il n'y ait personne pour nous voir! Mais je m'en servirai pour ma saison à Madrid. Cela fera un petit sketch à l'Alcazar, tu verras ça!

– Et pas un brin de rouge sur la figure. Rien qu'un peu de carmin sur le lobe de chaque oreille. Qu'en dis-tu?

La camériste, *frappant des mains.*
Ça suffit! tout est allumé!

L'Actrice
Dans la simplicité pour commencer, pour ménager la progression et toutes les nuances. Tout tranquille, tout doux, tout uni, avec un fond douloureux. Simplicité, simplicité! Une espèce de soumission et de résignation pleine de dignité. *(Posant sa voix)* La, la, la, la! Petit pot de beurre! petit pot de beurre[3]; les notes du milieu de la voix un peu mates.

De la simplicité mais de la grandeur aussi! Je commence dans la plus noble simplicité: «Je vous ai convié, Monsieur…»

Elle se reporte aux papiers.

La camériste
Madame veut-elle que j'aille lui chercher la brochure?

L'Actrice
Il n'y a pas de brochure, Mariette, c'est bien plus beau comme ça. C'est moi qui ai tout à créer, les paroles et la musique. Je lis ma réplique d'avance dans les yeux de mon partenaire. Il n'y a qu'à bien régler les mouvements, les paroles viennent dessus toutes seules.

Paul Claudel, *Le Soulier de satin*, quatrième journée, scène 6, © Gallimard (1929).

1. sur le devant de la scène 2. La camériste parle de Rodrigue, que l'Actrice doit séduire. 3. formule utilisée par les comédiens pour faire des exercices de diction

7 **a. André Gide vous paraît-il, dans ses déclarations, plutôt favorable au classicisme ou au romantisme? En quoi ces deux mouvements s'opposent-ils à ses yeux?**

b. Classicisme et romantisme sont-ils pour lui des mouvements littéraires liés à une période précise?

Le vrai classicisme n'est pas le résultat d'une contrainte extérieure; celle-ci demeure artificielle et ne produit que des œuvres académiques. Il me semble que les qualités que nous nous plaisons à appeler classiques sont surtout les qualités morales, et volontiers je considère le classicisme comme un harmonieux faisceau de vertus, dont la première est la modestie. Le romantisme est toujours accompagné d'orgueil, d'infatuation[1]. La perfection classique implique, non point certes une suppression de l'individu (peu s'en faut que je ne dise: au contraire), mais la soumission de l'individu, sa subordination, et celle du mot dans la phrase, de la phrase dans la page, de la page dans l'œuvre. C'est la mise en évidence d'une hiérarchie.

Il importe de considérer que la lutte entre classicisme et romantisme existe aussi bien à l'intérieur de chaque esprit. Et c'est de cette lutte même que doit naître l'œuvre; l'œuvre d'art classique raconte le triomphe de l'ordre et de la mesure sur le romantisme intérieur. L'œuvre est d'autant plus belle que la chose soumise était d'abord révoltée. Si la matière est soumise par avance, l'œuvre est froide et sans intérêt. Le véritable classicisme ne comporte rien de restrictif ni de suppressif; il n'est point tant conservateur que créateur; il se détourne de l'archaïsme et se refuse à croire que tout a déjà été dit.

J'ajoute que ne devient pas classique qui veut; et que les vrais classiques sont ceux qui le sont malgré eux, ceux qui le sont sans le savoir.

André Gide, «Réponse à l'enquête sur le romantisme et le classicisme» (1921), © Gallimard, *Essais critiques*, coll. «Pléiade».

1. de vanité

Edward Hopper (1882-1967),
Compartiment C, Voiture 293 (1938), coll.part.

IV

Les genres

Chapitre 35

Action et personnages

2de / 1re

Mots clés

- action
- étapes de l'action
- espace
- chronologie
- personnage de fiction
- fonction du personnage

Observation

Jean Giono (1885-1970) à Manosque (1962).

Texte

Pendant les hivers 1843 et 1844, dans un village de Haute-Provence enneigé, trois villageois disparaissent mystérieusement. Un matin de février 1844, un des habitants, Frédéric II, surprend un homme en train de descendre d'un grand hêtre. Il monte à son tour dans l'arbre.

Il s'approcha (il ne monta plus, il s'étira vers le rebord de cette sorte de nid énorme, large comme une cuve, que le chancre[1] avait creusé dans l'énorme branche). Il était, à ce moment-là, sans le savoir, tellement prévenu, tellement dédoublé, fendu en deux comme à la hache par l'appréhension que ses mains étaient verrouillées sur les clous[2] et que ses bras étaient raides comme des clefs de maçonnerie. Il n'y avait que sa curiosité terrible qui lui étirait le cou : il était tout dans ses yeux. C'est pourquoi il resta solidement arrimé quand son visage arriva, à travers le brouillard, à trois travers de doigt d'un autre visage, très blanc, très froid, très paisible et qui avait les yeux fermés.

Tout ce que je raconte, depuis le moment où Frédéric II empoigna le premier clou et quitta terre jusqu'à maintenant, n'avait pas duré en tout une minute. Il resta face à face avec le visage très blanc quelques secondes à peine. Le temps de cent mille ans. Il se croyait dans un rêve et face à face avec le visage émaillé de la bergère de l'horloge[3]. Cependant, il dit : « Dorothée ! Dorothée morte ! ».

Car, c'était bien le visage bien connu de Dorothée, le beau visage de Dorothée, Dorothée dont il avait vu, vingt minutes avant, la fenêtre éclairée. Dans ces quelques secondes, pêle-mêle avec son rêve et le visage émaillé de la bergère, il se rendit compte que la chose monstrueuse venait encore d'avoir lieu ; que Dorothée s'était levée la première pour faire le café, avait dû sortir pour prendre du bois et… Disparue ! Non, cette fois elle n'avait pas disparu ; elle était là, il la voyait. Il se hasarda même à la toucher. Elle était tellement familière, Dorothée ! Alors l'homme ? C'était l'homme !

Frédéric II se retrouva au pied du hêtre sans savoir et sur les traces de l'homme, derrière le buisson, puis, dans le pré qui montait ; des traces nettes, toutes seules, fraîches, dans le brouillard, avec l'espoir de ne pas le rattraper, oh ! non, non ! Et il suivait.

Jean Giono, *Un roi sans divertissement*, © Gallimard (1948).

1. maladie qui ronge l'écorce et le bois de certains arbres
2. De gros clous ont été plantés dans le tronc du hêtre pour permettre de monter facilement.
3. Frédéric II a retrouvé le matin même dans un tiroir un cadran d'horloge sur lequel figurent les visages d'un berger et d'une bergère.

Questions

1. Quelles sont les différentes étapes de l'action ?
2. Comment les sentiments successifs du personnage sont-ils exprimés ?
3. Quels effets le narrateur veut-il ménager chez son lecteur ?

L'essentiel

Un roman ou une nouvelle constituent des formes de récit, c'est-à-dire de **narration d'événements**, d'actions accomplies par des personnages.

1. Le récit

Les actions

- Le récit raconte une histoire : il rapporte **une suite d'actions** qui se déroulent selon un certain ordre.

Cet ordre peut être **chronologique** : le narrateur raconte les événements suivant l'ordre dans lequel ils sont supposés avoir eu lieu ; mais un récit peut également jouer avec la chronologie, par exemple en racontant d'abord la fin de l'histoire.

- Le récit peut être défini comme un **processus de transformation** qui conduit par étapes d'une situation initiale à une situation finale. Le plus souvent, le récit est formé d'un ensemble de **séquences narratives**, ou **d'épisodes**, dont les différentes phases s'enchaînent.

Phases de l'action	Exemples
Situation initiale	Frédéric II se lève de bon matin.
Élément déclencheur	Il surprend un inconnu descendant du hêtre.
Action	Il monte à l'arbre.
Dénouement	Il découvre Dorothée morte.
Situation finale et nouvelle situation initiale	Il se lance à la poursuite du meurtrier.

L'espace

Les lieux dans lesquels se déroule l'histoire ont **différentes fonctions** :

- ancrer le roman dans la **réalité** ou, à l'inverse, construire un univers non réaliste ; **créer une atmosphère** particulière : mélancolique, angoissante, apaisante, heureuse...
- entretenir des **correspondances avec les personnages** : un personnage peut ainsi être associé à un lieu particulier qui le caractérise ;
- permettre **rencontres et confrontations**. L'action a souvent lieu dans un espace propice à ces rencontres : ainsi le château, l'auberge, dans les romans du XVIIe et du XVIIIe siècle.

Les visées du récit

- **Amuser** le lecteur, le distraire en lui faisant oublier la réalité qui l'entoure, en le passionnant pour l'histoire.

  Le récit de Giono cherche à maintenir son lecteur en haleine.

- **Instruire** le lecteur en lui faisant découvrir une réalité qu'il ignore.
- **Expliquer** un événement ou un fait, le fonctionnement d'une société ou d'un système politique.
- **Faire réfléchir** le lecteur, le convaincre, le persuader.

  Le roman de Giono veut faire réfléchir le lecteur sur la nature mystérieuse du mal en soulignant sa monstruosité.

Souvent, **ces différentes visées se conjuguent** pour donner au récit sa richesse et sa complexité.

2. Le personnage

Sa constitution

Le personnage d'un récit de fiction est **un être de papier** qui n'a d'autre existence que celle que lui donne l'auteur du récit. Il est généralement déterminé par :

- son **nom**, son prénom, son surnom ;
- son **portrait** physique et moral ;
- sa **condition sociale** ;
- ses **actions**, qui peuvent traduire son caractère et sa vision du monde ;
  Frédéric II est un homme sensible et impulsif qui se lance dans l'action sans réfléchir.
- ses **paroles**, qui indiquent son milieu social, sa culture et ses relations avec les autres.
  Le niveau de langue familier qui exprime les pensées de Frédéric II indique qu'il s'agit d'un homme simple, appartenant au peuple des forestiers qui habitent la région.
- sa **fonction** dans le récit.

Sa fonction

Dans les récits - contes, romans, nouvelles - le personnage remplit une fonction qui le met en relation avec les autres personnages.

On appelle schéma actantiel la combinaison des différentes fonctions des personnages : le **destinateur** est celui qui passe un contrat avec le **sujet** pour que ce dernier rapporte au **destinataire** un **objet** valorisé ; dans sa quête, le sujet sera aidé par des **adjuvants** et se heurtera à des **opposants**.

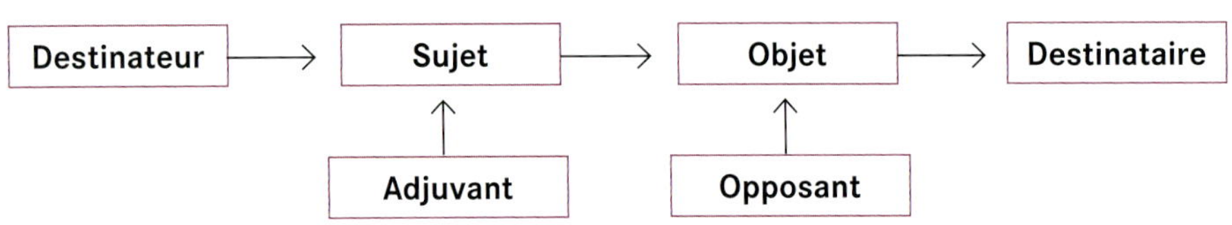

Dans le célèbre conte écrit par Mme Leprince de Beaumont *La Belle et la Bête*, voici comment peut être schématisée la fonction narrative des personnages : la Bête (destinateur) passe un contrat avec le père (sujet) pour que ce dernier lui ramène à elle (destinataire) sa fille, la Belle (objet valorisé), pour faire cesser la malédiction qui l'a métamorphosée. La Bête est aidée par des adjuvants (la fée, le miroir, la bague) mais se heurte à des opposants (les deux sœurs) qui empêchent par jalousie le retour de la Belle.

Ce qu'il représente

- une **classe sociale** : c'est en particulier le cas dans le roman réaliste (Balzac) ou naturaliste (Zola) ;
- un **stéréotype** : le justicier, le traître, la victime innocente…
- une **valeur morale** : un personnage peut incarner le Bien, la Justice, le Courage ; ou, à l'inverse : le Mal, le Déshonneur, la Lâcheté…
- un **mythe** : le personnage acquiert une dimension légendaire, devient une sorte de modèle.

En général, les différentes significations du personnage se combinent :

Le père Goriot, héros éponyme du roman de Balzac, représente la classe sociale des petits bourgeois du XIXe siècle, mais également une valeur morale : la générosité. À la fin du roman, il devient un véritable mythe : celui du « Christ de la Paternité ».

L'action

1 **a. Quelles sont les différentes étapes de l'action relatée par Mme Alphonse ? Comment s'enchaînent-elles ?**

b. Quels éléments, dans le déroulement de cette action, autorisent le procureur et le lecteur à mettre en doute le récit de Mme Alphonse ?

Invité chez M. de Peyrehorade à Ille, le narrateur découvre la statue de Vénus qui orne le jardin de son hôte et assiste au mariage du fils de celui-ci, Alphonse. Juste avant de se marier, ce dernier glisse son anneau au doigt de la Vénus et ne parvient pas à le récupérer, croyant que la statue a resserré sa main sur l'anneau. La nuit de noces, le mari est mystérieusement assassiné, comme en témoigne le récit que sa jeune épouse fait au procureur du roi :

– Cette malheureuse jeune personne est devenue folle, me dit-il en souriant tristement. Folle ! tout à fait folle. Voici ce qu'elle conte :

« Elle était couchée, dit-elle, depuis quelques minutes, les rideaux tirés, lorsque la porte de sa chambre s'ouvrit, et quelqu'un entra. Alors Mme Alphonse était dans la ruelle du lit[1], la figure tournée vers la muraille. Elle ne fit pas un mouvement, persuadée que c'était son mari. Au bout d'un instant, le lit cria comme s'il était chargé d'un poids énorme. Elle eut grand-peur, mais n'osa pas tourner la tête. Cinq minutes, dix minutes peut-être… elle ne peut se rendre compte du temps, se passèrent de la sorte. Puis elle fit un mouvement involontaire, ou bien la personne qui était dans le lit en fit un, et elle sentit le contact de quelque chose de froid comme la glace, ce sont ses expressions. Elle s'enfonça dans la ruelle, tremblant de tous ses membres. Peu après, la porte s'ouvrit une seconde fois, et quelqu'un entra qui dit : "Bonsoir, ma petite femme". Bientôt après, on tira les rideaux. Elle entendit un cri étouffé. La personne qui était dans le lit, à côté d'elle, se leva sur son séant et parut étendre les bras en avant. Elle tourna la tête alors… et vit, dit-elle, son mari à genoux auprès du lit, la tête à la hauteur de l'oreiller, entre les bras d'une espèce de géant verdâtre qui l'étreignait avec force. Elle dit, et m'a répété vingt fois, pauvre femme !…. elle dit qu'elle a reconnu… devinez-vous ? La Vénus de bronze, la statue de M. de Peyrehorade… Depuis qu'elle est dans le pays, tout le monde en rêve. Mais je reprends le récit de la malheureuse folle. À ce spectacle, elle perdit connaissance, et probablement depuis quelques instants elle avait perdu la raison. Elle ne peut en aucune façon dire combien de temps elle demeura évanouie. Revenue à elle, elle revit le fantôme, ou la statue, comme elle dit toujours, immobile, les jambes et le bas du corps dans le lit, le buste et les bras étendus en avant, et entre ses bras son mari, sans mouvement. Un coq chanta. Alors la statue sortit du lit, laissa tomber le cadavre et sortit. Mme Alphonse se pendit à la sonnette[2], et vous savez le reste. »

Prosper Mérimée, *La Vénus d'Ille* (1837).

1. espace laissé entre le lit et le mur de la chambre 2. sonnette permettant d'appeler les domestiques

L'espace

2 **Exercice guidé**

a. Quels sont les lieux représentés dans ces deux textes ? À quels types de romans correspondent-ils ?

b. Quelles atmosphères ces deux descriptions font-elles naître ?

Texte 1

Au bout de la rue Guénégaud, lorsque l'on vient des quais, on trouve le passage du Pont-Neuf, une sorte de corridor étroit et sombre qui va de la rue Mazarine à la rue de Seine. Ce passage a trente pas de long et deux de large, au plus ; il est pavé de dalles jaunâtres, usées, descellées, suant toujours une humidité âcre ; le vitrage qui le couvre, coupé à angle droit, est noir de crasse.

Par les beaux soirs d'été, quand un lourd soleil brûle les rues, une clarté blanchâtre tombe des vitres sales et traîne misérablement dans le passage. Par les vilains jours d'hiver, par les matinées de brouillard, les vitres ne jettent que de la nuit sur les dalles gluantes, de la nuit salie et ignoble.

Émile Zola, *Thérèse Raquin* (1867).

Texte 2

Ils suivent ainsi leur droit chemin jusqu'à l'heure où décline le jour et parviennent au Pont de l'Épée bien après none[1], à l'approche des vêpres[2]. Au pied du pont, si menaçant, ils sont descendus de cheval, et ils voient l'eau traîtresse, un rapide qui grondait, aux flots noirs et boueux, d'une laideur si effroyable qu'on eût dit le fleuve infernal[3], si périlleux et si profond que toute créature en ce monde, en y tombant s'y fût perdue comme dans la mer aux eaux salées. Et le pont jeté en travers ne ressemblait à aucun autre, on n'en vit, on n'en verra jamais de tel. Il n'y eut jamais, si vous voulez la vérité, de si funeste pont, de si funeste planche. Une épée fourbie, brillante de blancheur, servait de pont au-dessus de l'eau froide. Mais l'épée était solide et rigide, et elle avait la longueur de deux lances.

Chrétien de Troyes, *Le Chevalier de la charrette* (entre 1177 et 1181), trad. fr. moderne Charles Méla, © Librairie générale française.

1. la neuvième heure du jour 2. office religieux qu'on célèbre le soir 3. le fleuve qui, dans la mythologie grecque, marquait la frontière du royaume des morts : les Enfers.

→ Les questions à vous poser

- Le roman de Zola se déroule-t-il dans un lieu réel ?
- En est-il de même pour le roman de Chrétien de Troyes ?
- Par quel adjectif pourriez-vous caractériser chacun des deux romans ?
- Relevez dans chacun des textes les termes et les figures servant à décrire le lieu : que constatez-vous ?

Les visées du récit

3 **a. Quels objectifs le docteur Rieux assigne-t-il à la rédaction de la « chronique » qu'il se prépare à écrire ?**

b. D'après cet extrait, quelle vous semble être la visée du roman de Camus ?

À la fin de l'épidémie de peste qui a ravagé la ville d'Oran, en Algérie, un des personnages principaux du récit, le docteur Rieux, livre ses réflexions sur le comportement de ses semblables pendant cette épreuve.

Du port obscur montèrent les premières fusées des réjouissances officielles. La ville les salua par une longue et sourde exclamation. Cottard, Tarrou, ceux et celle que Rieux avait aimés et perdus, tous, morts ou coupables, étaient oubliés. Le vieux avait raison, les hommes étaient toujours les mêmes. Mais c'était leur force et leur innocence et c'est ici que, par-dessus toute douleur, Rieux sentait qu'il les rejoignait. Au milieu des cris qui redoublaient de force et de durée, qui se répercutaient longuement jusqu'au pied de la terrasse, à mesure que les gerbes multicolores s'élevaient plus nombreuses dans le ciel, le docteur Rieux décida alors de rédiger le récit qui s'achève ici, pour ne pas être de ceux qui se taisent, pour témoigner en faveur de ces pestiférés, pour laisser du moins un souvenir de l'injustice et de la violence qui leur avaient été faites, et pour dire simplement ce qu'on apprend au milieu des fléaux, qu'il y a dans les hommes plus de choses à admirer que de choses à mépriser.

Mais il savait cependant que cette chronique ne pouvait pas être celle de la victoire définitive. Elle ne pouvait être que le témoignage de ce qu'il avait fallu accomplir et que, sans doute, devraient accomplir encore, contre la terreur et son arme inlassable, malgré leurs déchirements personnels, tous les hommes qui, ne pouvant être des saints et refusant d'admettre les fléaux, s'efforcent cependant d'être des médecins.

Albert Camus, *La Peste*, © Gallimard (1947).

4 **a. Quelle représentation du monde du travail le texte offre-t-il ?**

b. Quelles vous semblent être, d'après ce passage, les visées du roman ?

Le narrateur du roman est informaticien ; il est invité à un « pot de départ » au ministère de l'Agriculture.

L'objet de ce moment convivial était de fêter le départ à la retraite d'un petit homme d'une soixantaine d'années, aux cheveux gris, avec de grosses lunettes. Le personnel s'était cotisé pour lui offrir une canne à pêche – un modèle japonais, très performant, avec triple vitesse de moulinet et amplification modifiable par simple pression du doigt – mais il l'ignorait encore. Il se tenait bien en vue près des bouteilles de champagne. Chacun venait lui donner une bourrade amicale, voire évoquer un souvenir commun.

Ensuite, le chef du service « Études informatiques » prit la parole. C'était une gageure redoutable, annonça-t-il d'emblée, que de résumer en quelques phrases trente années d'une carrière entièrement vouée à l'informatique agricole. Louis Lindon, rappela-t-il, avait connu les heures héroïques de l'informatisation : les cartes perforées ! les coupures de courant ! les tambours magnétiques ! À chaque exclamation il écartait vivement les bras, comme pour convier l'assistance à laisser s'élancer son imagination vers cette période révolue.

L'intéressé souriait en prenant l'air malin, il mordillait sa moustache de manière peu ragoûtante ; mais dans l'ensemble, il se tenait correctement.

Louis Lindon, conclut le chef de service avec chaleur, avait marqué l'informatique agricole de son empreinte. Sans lui, le système informatique du ministère de l'Agriculture ne serait pas tout à fait ce qu'il est. Et ça, aucun de ses collègues présents, et même futurs (sa voix se fit légèrement plus vibrante) ne pourrait tout à fait l'oublier.

Michel Houellebecq, *Extension du domaine de la lutte*, © Maurice Nadeau (1994).

La constitution du personnage

5 **a. Quelles sont les connotations associées au nom propre de Mme Ventradour ? Quels éléments de son portrait physique confirment ces connotations ?**

b. Quels autres éléments contribuent à constituer le personnage ?

c. De quel milieu social et de quel comportement ce récit fait-il la satire ?

Mme Antoinette Deume, son mari, son fils Adrien et sa belle-fille Ariane reçoivent Mme Ventradour.

Boulotte, lèvres poupines, nez de perruche et yeux morts, la vieille Ventradour, introduite dans le salon par Ariane qui était allée ouvrir la porte, se précipita vers chère Antoinette, l'embrassa, puis serra mollement la main de M. Deume et fortement celle du jeune Adrien auquel elle trouvait de la prestance. S'étant assise, elle rajusta son corsage à camée[1] et à guimpe[2] maintenue par des baleines[3], reprit son souffle, s'excusa de son retard et raconta les terribles aventures qui avaient bouleversé sa journée.

D'abord la montre qui s'était arrêtée tout à coup ce matin, juste à neuf heures dix, ce qui faisait qu'elle avait dû se rabattre sur sa montre de réserve à laquelle elle n'était pas habituée. Et puis chère Jeanne Replat qui venait donc tous les vendredis à onze heures précises parce que avant de se mettre à table elles avaient l'habitude de faire une méditation religieuse en commun d'au moins une demi-heure, voilà que pour la première fois de sa vie chère Jeanne était arrivée en retard, oh pas par sa faute, mais enfin affreusement en retard, à midi dix, ce qui faisait que la méditation n'avait pu commencer qu'à midi et quart et qu'elle n'avait duré que dix minutes, ce qui l'avait laissée sur sa faim, l'avait toute décontenancée. Et puis naturellement, au lieu de se mettre à table à midi comme d'habitude, on s'y était mis à midi trente, enfin vingt-huit exactement, ce qui n'avait pas fait de bien aux pommes de terre rôties au four, toutes dures et sèches.

Albert Cohen, *Belle du seigneur*, © Gallimard (1968).

1. pierre fine sculptée en relief **2.** volant de dentelles **3.** tiges dont on se sert pour tendre un tissu

VERS LE BAC

TEXTE : Honoré de Balzac, *Le Père Goriot* (1834).

Parmi les pensionnaires de la pension Vauquer – Bianchon, Rastignac, Poiret – se trouve un forçat évadé, Jacques Collin, plus connu sous le nom de Vautrin; l'une des pensionnaires, Mlle Michonneau, a été payée par la police pour lui tendre un piège.

– Ah ! ma foi ! dit Bianchon, mademoiselle Michonneau parlait avant-hier d'un monsieur surnommé Trompe-la-Mort; ce nom-là vous irait bien.

Ce mot produisit sur Vautrin l'effet de la foudre : il pâlit et chancela, son regard magnétique tomba comme un rayon de soleil sur mademoiselle Michonneau, à laquelle ce jet de volonté cassa les jarrets. La vieille fille se laissa couler sur une chaise. Poiret s'avança vivement entre elle et Vautrin, comprenant qu'elle était en danger, tant la figure du forçat devint férocement significative en déposant le masque bénin sous lequel se cachait sa vraie nature. Sans rien comprendre encore à ce drame, tous les pensionnaires restèrent ébahis. En ce moment, l'on entendit le pas de plusieurs hommes, et le bruit de quelques fusils que des soldats firent sonner sur le pavé de la rue. Au moment où Collin cherchait machinalement une issue en regardant les fenêtres et les murs, quatre hommes se montrèrent à la porte du salon. Le premier était le chef de la police de sûreté, les trois autres étaient des officiers de paix.

– Au nom de la loi et du roi, dit un des officiers dont le discours fut couvert par un murmure d'étonnement.

Bientôt le silence régna dans la salle à manger, les pensionnaires se séparèrent pour livrer passage à trois de ces hommes, qui tous avaient la main dans leur poche de côté et y tenaient un pistolet armé. Deux gendarmes qui suivaient les agents occupèrent la porte du salon, et deux autres se montrèrent à celle qui sortait par l'escalier. Le pas et les fusils de plusieurs soldats retentirent sur le pavé caillouteux qui longeait la façade. Tout espoir de fuite fut donc interdit à Trompe-la-Mort, sur qui tous les regards s'arrêtèrent irrésistiblement. Le chef alla droit à lui, commença par lui donner sur la tête une tape si violemment appliquée qu'il fit sauter la perruque et rendit à la tête de Collin toute son horreur. Accompagnées de cheveux rouge-brique et courts qui leur donnaient un épouvantable caractère de force mêlée de ruse, cette tête et cette face, en harmonie avec le buste, furent intelligemment illuminées comme si les feux de l'enfer les eussent éclairées. Chacun comprit tout Vautrin, son passé, son présent, son avenir, ses doctrines implacables, la religion de son bon plaisir, la royauté que lui donnaient le cynisme de ses pensées, de ses actes, et la force d'une organisation faite à tout.

« Vautrin », lithographie de René Kieffer (1922), Paris, Maison de Balzac.

Questions

1. Quels sont les trois noms du personnage central ? Justifiez leur emploi respectif dans la progression du récit.
2. Quels sont les liens entre les paroles et les actions dans le récit ?
3. Relevez le lexique et les métaphores du dévoilement. Qu'apprend-on sur le physique du personnage et sur son caractère ? À quel personnage mythique vous fait-il penser ?

Écriture d'invention

Transformez cette scène de roman en prenant pour narrateur Vautrin : vous rendrez les émotions éprouvées par ce personnage, ainsi que la manière dont il voit les autres personnages, et notamment Mlle Michonneau.

Chapitre 36

Le temps dans le récit

Mots clés

- ordre du récit
- anticipation
- retour en arrière
- rythme

2de/1re

Observation

Questions

1. Quelles indications de temps permettent de situer le moment où le narrateur raconte cette histoire ? Quel temps verbal est employé ?
2. De quels événements ponctuels le narrateur se souvient-il ? Quels faits s'inscrivent dans la durée ? Situez-les sur une ligne du temps.
3. Quelle signification symbolique peut-on donner à l'unique activité du narrateur ?

Texte

Aujourd'hui, après des années, je me souviens de mon arrivée ici avec Vanessa[1], quelques mois avant la disparition du docteur Sernin[2] dans un accident de voiture, et je me dis, détournant les yeux des pièces d'ivoire de mon puzzle, que depuis que je suis dans cette maison de Passy, je ne suis pas une seule fois sorti dans le jardin que je regarde à présent de la fenêtre de ma chambre. Le matin où Vanessa est venue s'asseoir sur mon lit et m'a dit, en me posant la main sur l'épaule, *maman est morte cette nuit*, j'ai fermé un instant les yeux, pensant aussitôt qu'il me faudrait quitter notre appartement où nous avions vécu tous les deux ces dernières années. Ma sœur venait toujours dîner une fois avec nous au cours de ses brefs séjours à Paris, et, à cette occasion, ma mère préparait elle-même le repas, et cherchait à faire de ces soirées une petite fête : elle sortait les nappes brodées, les verres anciens et l'argenterie que je n'avais jamais vus, réservés autrefois, du temps où mon père vivait encore, pour les réceptions auxquelles je n'avais jamais assisté. Vanessa parlait de Londres, de Munich, de Jérusalem où elle venait de donner des concerts. Ma mère disait *oui, je me souviens, avec ton père*… tandis que moi, regardant ma sœur assise en face de moi, de l'autre côté du candélabre en argent dont elle voulait toujours éteindre les bougies, pour m'éviter de transpirer, je pensais au puzzle qu'elle venait de me donner. *Tiens*, disait-elle en arrivant, *c'est pour toi*, et je me précipitais dans ma chambre où j'arrachais le papier d'emballage, lisant sur le couvercle le titre du sujet, le format et le nombre de pièces, seules indications offertes à l'amateur de puzzles sans modèles découpés artisanalement dans le bois, avant d'ouvrir la boîte pour en examiner le contenu.

Alain Spiess, « Pourquoi ? » *Nouvelles*, © L'Arpenteur, Gallimard (1997).

1. sœur du narrateur
2. directeur de la maison de repos de Passy

Hugh Shurley, *Souvenirs d'une enfance heureuse* (1998).

L'essentiel

Le récit rend compte du caractère temporel de toute expérience humaine. Pour étudier le temps du récit, il faut s'interroger sur le moment où se situe l'action, l'ordre des événements, leur durée.

1. La situation du récit dans le temps

Les repères temporels

- Dans une narration traditionnelle, les événements racontés se sont produits à une date et à une époque que le texte indique **explicitement** ou qu'il suggère par des **indices**: éléments descriptifs, référence à des événements historiques...
- Mais un romancier peut également choisir de ne pas donner de repères temporels ou de les **brouiller**.

Les temps de la narration

- Le narrateur raconte les événements qui se sont déroulés **dans un passé plus ou moins éloigné**: le récit est **au passé**.
- Le narrateur raconte des événements qui sont supposés se passer **au moment où il parle**: le récit est **au présent**.

Dans la nouvelle d'Alain Spiess, le narrateur commence son histoire au présent de l'indicatif. Puis il se remémore son passé en employant le passé composé puis l'imparfait.

Remarque: le récit au futur est possible, mais extrêmement rare.

2. L'ordre du récit

Le narrateur peut jouer sur l'ordre de son récit; plusieurs choix sont possibles:

- le **récit chronologique**: le narrateur raconte les événements dans l'ordre où ils sont censés avoir eu lieu;
- les **bouleversements de la chronologie**: le narrateur opère des **retours en arrière** plus ou moins importants ou des **anticipations**. Il mélange des époques différentes, jusqu'à perdre parfois les repères temporels.

Le narrateur de la nouvelle d'Alain Spiess joue sur l'ordre des événements: il évoque d'abord son présent puis se plonge dans le passé en rapportant des événements qui se sont produits à des moments divers.

3. Le rythme de la narration

Le narrateur peut faire varier la durée de la narration en **ralentissant** ou en **accélérant** le récit. On peut distinguer:

- la **scène**: la durée romanesque est à peu près analogue à celle qu'aurait l'événement dans la vie réelle;
- le **sommaire**: un événement est résumé en quelques lignes;
- la **pause**: le récit est suspendu, par exemple pour laisser place à une description;
- l'**ellipse**: le narrateur opère un saut dans le temps et ne raconte pas ce qui s'est passé pendant une durée plus ou moins importante.

Le narrateur raconte rapidement le fait ponctuel de la mort de la mère; il accélère le rythme du récit en omettant de mentionner les préparatifs de l'arrivée à Passy; il choisit de raconter tout aussi rapidement les années de son enfance, mais il s'arrête sur le souvenir des puzzles qu'on lui offrait.

Chapitre 37

Narration et point de vue

2de / 1re

Mots clés

- texte descriptif
- narrateur extérieur, témoin ou acteur
- point de vue ou focalisation

Observation

Le Colonel Chabert, gravure de Bertall pour une édition de 1844. Paris, Bibliothèque nationale de France.

Texte

Laissé pour mort à la bataille d'Eylau (1807) dont il avait été un des héros au service de Napoléon, le colonel Chabert réapparaît à Paris une dizaine d'années plus tard pour y trouver sa femme remariée. Il vient prendre conseil auprès de maître Derville, avoué.

Le jeune avoué demeura pendant un moment stupéfait en entrevoyant dans le clair-obscur le singulier client qui l'attendait. Le colonel Chabert était aussi parfaitement immobile que peut l'être une figure de cire de ce cabinet de Curtius[1] où Godeschal[2] avait voulu mener ses camarades. Cette immobilité n'aurait peut-être pas été un sujet d'étonnement, si elle n'eût complété le spectacle surnaturel que présentait l'ensemble du personnage. Le vieux soldat était sec et maigre. Son front, volontairement caché sous les cheveux de sa perruque lisse, lui donnait quelque chose de mystérieux. Ses yeux paraissaient couverts d'une taie transparente : vous eussiez dit de la nacre sale dont les reflets bleuâtres chatoyaient à la lueur des bougies. Le visage pâle, livide, et en lame de couteau, s'il est permis d'employer cette expression vulgaire, semblait mort. Le cou était serré par une mauvaise cravate de soie noire. L'ombre cachait si bien le corps à partir de la ligne brune que décrivait ce haillon, qu'un homme d'imagination aurait pu prendre cette vieille tête pour quelque silhouette due au hasard, ou pour un portrait de Rembrandt[3], sans cadre. Les bords du chapeau qui couvrait le front du vieillard projetaient un sillon noir sur le haut du visage. Cet effet bizarre, quoique naturel, faisait ressortir, par la brusquerie du contraste, les rides blanches, les sinuosités froides, le sentiment décoloré de cette physionomie cadavéreuse. Enfin l'absence de tout mouvement dans le corps, de toute chaleur dans le regard, s'accordait avec une certaine expression de démence triste, avec les dégradants symptômes par lesquels se caractérise l'idiotisme[4], pour faire de cette figure je ne sais quoi de funeste qu'aucune parole humaine ne pourrait exprimer. Mais un observateur, et surtout un avoué, aurait trouvé de plus en cet homme foudroyé les signes d'une douleur profonde, les indices d'une misère qui avait dégradé ce visage, comme les gouttes d'eau tombées du ciel sur un beau marbre l'ont à la longue défiguré. Un médecin, un auteur, un magistrat eussent pressenti tout un drame à l'aspect de cette sublime horreur dont le moindre mérite était de ressembler à ces fantaisies que les peintres s'amusent à dessiner au bas de leurs pierres lithographiques[5] en causant avec leurs amis.

Honoré de Balzac, *Le Colonel Chabert*, chapitre 1 (1835).

1. inventeur, en 1770, d'un salon de figures en cire
2. clerc employé à l'étude de maître Derville
3. peintre et graveur hollandais (1609-1669)
4. idiotie maladive
5. pierres qui servaient à la reproduction d'un dessin par impression

Questions

1. Le narrateur est-il extérieur à l'histoire racontée ou bien est-il acteur de cette histoire ?
2. Délimitez les passages où le colonel Chabert est vu par un autre personnage et ceux où il est décrit par le narrateur. Sur quels indices vous êtes-vous appuyé ?
3. Comment la description est-elle organisée ? À quoi sert-elle ?

L'essentiel

La richesse d'un récit repose sur la diversité des procédés qui fournissent des renseignements sur les événements, les personnages, les lieux, les objets.

1. La situation du narrateur

À la différence de l'auteur, personne réelle qui a écrit le roman, le narrateur est la voix qui raconte l'histoire. On peut distinguer plusieurs situations de narration :

Le narrateur personnage

Il est un des personnages du récit, héros ou personnage secondaire, témoin des événements ; l'histoire est racontée à la **1re personne** du singulier.

Remarque : dans certains romans, l'histoire est racontée par plusieurs personnages différents dont les récits se complètent ou se contredisent éventuellement.

Le narrateur extérieur à l'histoire

Le narrateur correspond à une **voix indéterminée** qui n'est pas celle d'un personnage ; l'histoire est racontée à la **3e personne** du singulier.

Dans *Le Colonel Chabert*, l'auteur a recours à la voix d'un narrateur extérieur à l'histoire ; le récit est à la 3e personne.

Remarque : L'usage de la narration à la 2e personne (*tu* ou *vous*) est exceptionnelle.

Les récits enchâssés

Dans certains romans, un **narrateur premier** laisse la parole à un **narrateur second** qui prend alors en charge le récit.

2. Les points de vue ou focalisations

Dans le cas d'un récit à la 3e personne, les informations sont fournies au lecteur de différentes manières.

Le point de vue interne (ou focalisation interne)

Le narrateur fait partager au lecteur le **point de vue d'un personnage** ; le lecteur voit et ressent ce que voit et ressent le personnage.

Le narrateur, au début du texte, décrit le colonel Chabert tel que le perçoit le jeune avoué.

Le point de vue externe (ou focalisation externe)

Le narrateur montre un personnage **de l'extérieur** ; le lecteur n'accède pas à ses pensées ou à ses sentiments. Il ne peut donc le connaître que par ses paroles, ses gestes et ses actes.

« Un dimanche soir, vers sept heures, un jeune homme sortit doucement de l'impasse Saint-Mittre, et, rasant les murs, s'engagea parmi les poutres du chantier. » (Émile Zola, *La Fortune des Rougon*)

Le point de vue omniscient (ou focalisation zéro)

Le narrateur délivre au lecteur des **informations dont ne disposent pas les personnages**. Le lecteur en sait donc plus que les personnages qui ont seulement une vision partielle du monde environnant et des faits qui s'y produisent.

Dans *Le Colonel Chabert*, le narrateur fournit au lecteur des informations sur la douleur secrète de son personnage ; il lui donne les moyens de déchiffrer les « signes » que celui-ci porte sur son visage et que le jeune avoué ne peut interpréter.

3. La description

La description **donne à voir** un lieu, un objet ou un personnage. Lorsqu'elle s'applique à un personnage, on parle de portrait.

L'organisation de la description

■ La description est traditionnellement écrite à l'**imparfait** et introduite par des **verbes de perception**.

■ Elle peut suivre :

– **une progression dans l'espace** : on trouve alors des indications de lieu (de la gauche vers la droite, du haut vers le bas, de l'avant vers l'arrière et vice versa) ;

– une **progression dans le temps** : on trouve alors des indications de temps telles que *d'abord*, *ensuite*, *enfin*, *à ce moment-là*. La description donne ainsi l'impression d'un mouvement, soit du regard d'un observateur, soit de l'observateur lui-même.

Dans l'extrait du *Colonel Chabert*, la description suit le mouvement du regard de l'avoué qui détaille le colonel de haut en bas (le front puis les yeux) puis dans son ensemble (le visage, le cou et le corps tout entier). Les indications de temps *(pendant un moment*, *enfin)* mettent en valeur l'immobilité des deux personnages et la pause de l'action pendant la description.

Les fonctions de la description

■ Elle permet au lecteur de **se représenter un monde fictif** et de croire à son existence.

La description du colonel Chabert permet de construire le personnage aux yeux du lecteur et de le présenter comme un être réel.

■ Elle transmet au lecteur des **informations**, un **savoir** sur le monde représenté et sur les personnages, par exemple leur passé, leurs traits de caractère.

■ Elle possède une **dimension symbolique** : la description met en valeur un ou plusieurs aspects de l'élément représenté, invite le lecteur à l'interprétation.

L'insertion de la description

La description **suspend l'action**. Pour éviter qu'elle apparaisse comme artificielle, les romanciers utilisent divers procédés d'insertion :

■ la description est justifiée par le déroulement de l'intrigue. Par exemple, l'**apparition d'un personnage inconnu** du lecteur implique sa description ;

■ elle est motivée par la présence d'un personnage dans un **cadre propice**. Par exemple, un personnage arrivant au sommet d'une colline découvre un paysage qui l'émerveille ;

■ la description est mêlée au récit sous la forme de **notations brèves** ;

■ la description est insérée dans un **dialogue**.

Le point de vue d'un peintre : *Enfant jouant au ballon*, représenté en plongée par Félix Vallotton (1865-1925), Paris, musée d'Orsay.

Exercices

La situation du narrateur

1 **À quelle personne ces récits sont-ils racontés ? Comment le narrateur marque-t-il sa présence ?**

Texte 1

Ainsi, à longueur de semaine, les prisonniers de la peste se débattirent comme ils le purent. Et quelques-uns d'entre eux, comme Rambert, arrivaient même à imaginer, on le voit, qu'ils agissaient encore en hommes libres, qu'ils pouvaient encore choisir. Mais, en fait, on pouvait dire à ce moment, au milieu du mois d'août, que la peste avait tout recouvert. Il n'y avait plus alors de destins individuels, mais une histoire collective qui était la peste et des sentiments partagés par tous. Le plus grand était la séparation et l'exil avec ce que cela comportait de peur et de révolte. Voilà pourquoi le narrateur croit qu'il convient, à ce sommet de la chaleur et de la maladie, de décrire la situation générale et, à titre d'exemple, les violences de nos concitoyens vivants, les enterrements des défunts et la souffrance des amants séparés.

Albert Camus, *La Peste*, © Gallimard (1947).

Texte 2

[...] en 1959 c'était à ces bâtiments que pour moi se résumait le monde, et avant tout à ces escaliers, passages et couloirs qui, des caves de la vieille maison aux greniers de Marie et de Jeanne, constituaient un labyrinthe dans lequel je me suis longtemps égaré et où je propose à Marina de se perdre aujourd'hui avec moi – tout récit qui n'inviterait pas à se perdre, à un moment ou à un autre, dans l'obscurité des êtres et des choses et dans l'épaisseur de l'écriture où il semble se chercher, reprendre souffle pour mieux plonger dans les abîmes où il trouve son origine, étant voué d'une certaine façon à l'échec.

Richard Millet, *Ma vie parmi les ombres*, © Gallimard (2003).

2 **Pourquoi le texte suivant peut-il surprendre le lecteur ?**

Il faut que tu parviennes à te souvenir. Remémore-toi ce que tu as vécu depuis ton arrivée à Logres. Allons, fais un effort. Ça vient. Ça commence.

D'abord tu dors profondément. Tu as oublié, dans ton sommeil, que tu as pris à la gare de l'Est le direct de 16 h 22, arrivée à 20 h 37. Plus de quatre heures pour couvrir les trois cents et quelques kilomètres depuis la capitale jusqu'à Logres. Tu es monté dans ce compartiment vide, tu t'es installé, presque immédiatement tu as sombré. Tu n'as pas dormi la nuit dernière : l'angoisse de ta première vraie rentrée scolaire dans une ville inconnue et lointaine, seulement desservie par de vieux trains s'arrêtant à toutes les gares.

Pierre Jourde, *Festins secrets*, © L'Esprit des péninsules (2005), Prix Renaudot des lycéens 2005.

Les points de vue

3 **a. Quels sont les points de vue adoptés dans les textes suivants ? Justifiez votre réponse. Quels sont les effets produits par ces choix ?**

b. Comment et pourquoi le narrateur du texte 2 intervient-il ?

Texte 1

Vers la fin de l'année 1612, par une froide matinée de décembre, un jeune homme dont le vêtement était de très mince apparence, se promenait devant la porte d'une maison située rue des Grands-Augustins, à Paris. Après avoir assez longtemps marché dans cette rue avec l'irrésolution d'un amant qui n'ose se présenter chez sa première maîtresse, quelque facile qu'elle soit, il finit par franchir le seuil de cette porte et demanda si maître François Porbus était en son logis.

Honoré de Balzac, *Le Chef-d'Œuvre inconnu* (1837).

Texte 2

Amoureux de Mme de Clèves qui refuse de le recevoir, le duc de Nemours se cache la nuit dans le jardin de sa propriété de Coulommiers pour solliciter un rendez-vous.

Sitôt qu'il fut dans ce jardin, il n'eut pas beaucoup de peine à démêler[1] où était Mme de Clèves. Il vit beaucoup de lumières dans le cabinet ; toutes les fenêtres en étaient ouvertes et, en se glissant le long des palissades, il s'en approcha avec un trouble et une émotion qu'il est aisé de se représenter. Il se rangea derrière une des fenêtres, qui servaient de porte, pour voir ce que faisait Mme de Clèves. Il vit qu'elle était seule ; mais il la vit d'une si admirable beauté qu'à peine fut-il maître du transport[2] que lui donna cette vue. Il faisait chaud, et elle n'avait rien, sur sa tête et sur sa gorge, que ses cheveux confusément rattachés. Elle était sur un lit de repos, avec une table devant elle, où il y avait plusieurs corbeilles pleines de rubans ; elle en choisit quelques-uns et M. de Nemours remarqua que c'étaient des mêmes couleurs qu'il avait portées au tournoi. Il vit qu'elle en faisait des nœuds à une canne des Indes, fort extraordinaire, qu'il avait portée quelque temps et qu'il avait donnée à sa sœur, à qui Mme de Clèves l'avait prise sans faire semblant de la reconnaître pour avoir été à M. de Nemours[3]. Après qu'elle eut achevé son ouvrage avec une grâce et une douceur que répandaient sur son visage les sentiments qu'elle avait dans le cœur, elle prit un flambeau et s'en alla, proche d'un grand tableau, vis-à-vis du tableau du siège de Metz, où était le portrait de M. de Nemours, elle s'assit et se mit à regarder ce portrait avec une attention et une rêverie que la passion seule peut donner.

On ne peut exprimer ce que sentit M. de Nemours dans ce moment. Voir au milieu de la nuit, dans le plus beau lieu du monde, une personne qu'il adorait, la voir sans qu'elle sût qu'il la voyait, et la voir tout occupée de choses qui avaient du rapport à lui et à la passion qu'elle lui cachait, c'est ce qui n'a jamais été goûté ni imaginé par nul autre amant.

Mme de La Fayette, *La Princesse de Clèves* (1678).

1. comprendre **2.** émotion violente **3.** en faisant comme si elle ne savait pas que cette canne avait appartenu à M. de Nemours

Chapitre 38 Voix et paroles dans le roman

2de / 1re

Mots clés

- discours direct, indirect, indirect libre
- interventions du narrateur
- roman épistolaire
- roman polyphonique

Observation

Camille Corot (1796-1875), *Jeune Femme à la robe rose* (détail), Paris, musée d'Orsay.

Texte

Mariée au médiocre Charles Bovary, officier de médecine, Emma rêve de luxe : elle se laisse manipuler par Lheureux, marchand de nouveautés, qui lui fait acheter à crédit ses marchandises. Les dettes d'Emma s'accumulent.

Enfin Lheureux expliqua qu'il avait un sien ami Vinçart, banquier à Rouen, lequel allait escompter ces quatre billets[1], puis il remettrait lui-même à Madame le surplus de la dette réelle.

Mais au lieu de deux mille francs, il n'en apporta que dix-huit cents, car l'ami Vinçart (comme *de juste*) en avait prélevé deux cents, pour frais de commission et d'escompte.

Puis il réclama négligemment une quittance.

– Vous comprenez… dans le commerce…, quelquefois…, Et avec la date, s'il vous plaît, la date.

Un horizon de fantaisies réalisables s'ouvrit alors devant Emma. Elle eut assez de prudence pour mettre en réserve mille écus, avec quoi furent payés, lorsqu'ils échurent, les trois premiers billets ; mais le quatrième, par hasard, tomba dans la maison un jeudi, et Charles, bouleversé, attendit patiemment le retour de sa femme pour avoir des explications.

Si elle ne l'avait point instruit de ce billet, c'était afin de lui épargner des tracas domestiques ; elle s'assit sur ses genoux, le caressa, roucoula, fit une longue énumération de toutes les choses indispensables prises à crédit.

– Enfin, tu conviendras que, vu la quantité, ce n'est pas trop cher.

Charles, à bout d'idées, bientôt eut recours à l'éternel Lheureux, qui jura de calmer les choses, si Monsieur lui signait deux billets, dont l'un de sept cents francs, payable dans trois mois. Pour se mettre en mesure, il écrivit à sa mère une lettre pathétique. Au lieu d'envoyer la réponse, elle vint elle-même ; et, quand Emma voulut savoir s'il en avait tiré quelque chose :

– Oui, répondit-il. Mais elle demande à connaître la facture.

Le lendemain, au point du jour, Emma courut chez M. Lheureux le prier de refaire une autre note, qui ne dépassât point mille francs ; car pour montrer celle de quatre mille, il eût fallu dire qu'elle en avait payé les deux tiers, avouer conséquemment[2] la vente de l'immeuble, négociation bien conduite par le marchand, et qui ne fut effectivement connue que plus tard.

Flaubert, *Madame Bovary* (1857), IIIe partie, chapitre 5.

1. Vinçart paie avant échéance les dettes d'Emma, mais en prélevant un peu d'argent pour lui (l'escompte). **2.** par conséquent

Questions

1. Relevez dans le passage les paroles des différents personnages. De quelles différentes manières sont-elles rapportées par le narrateur (voir chapitre 3) ? Quel est à chaque fois l'effet obtenu ?
2. Le narrateur intervient-il directement dans son récit ? Relevez les termes qui montrent un jugement critique de sa part sur les personnages d'Emma et de Lheureux.

L'essentiel

1. La parole des personnages

Chapitre 3
Les paroles rapportées, p. 16

Les discours rapportés

Pour rapporter les paroles et pensées des personnages, le romancier dispose de plusieurs moyens.

	Caractéristiques	Exemples
Discours direct	Les paroles des personnages sont insérées sous forme de dialogue ou de monologue. La parole des personnages se fait entendre comme dans la réalité.	*« Vous comprenez… dans le commerce…, quelquefois…, Et avec la date, s'il vous plaît, la date. »* Le lecteur peut imaginer entendre l'intonation des paroles de Lheureux.
Discours indirect	Il permet d'inclure les paroles des personnages dans le récit. Les paroles sont rapportées par l'intermédiaire du narrateur qui peut les adapter ou les reformuler. Une distance s'établit vis-à-vis des propos tenus.	*« Enfin Lheureux expliqua qu'il avait un sien ami Vinçart, banquier à Rouen, lequel allait escompter ces quatre billets. »*
Discours indirect libre	Le discours indirect libre intègre les paroles dans le cours du récit ; il permet de mêler la voix du narrateur avec celle du personnage pour les confondre, ou pour créer une distance ironique.	*« Charles, bouleversé, attendit patiemment le retour de sa femme pour avoir des explications. Si elle ne l'avait point instruit de ce billet, c'était afin de lui épargner des tracas domestiques. »* Le narrateur reprend les propos du personnage d'Emma tout en faisant comprendre l'hypocrisie de la jeune femme.
Récit de paroles	Le récit de paroles, en résumant les propos du personnage, permet au narrateur de les commenter.	*« Elle […] roucoula, fit une longue énumération de toutes les choses indispensables prises à crédit. »* Le narrateur est ironique : aucune des nombreuses choses achetées par Emma à crédit n'est indispensable.

Les fonctions du dialogue romanesque

Ces fonctions sont multiples :

- **informer le lecteur** : les paroles échangées permettent au lecteur de comprendre une situation, la nature des relations entre les personnages ;
- **faire progresser le récit** : une conversation ou un monologue intérieur peut conduire à une modification de la situation ;
- **faire connaître les sentiments**, les opinions des personnages qui s'expriment ;
- **caractériser les personnages** : le contenu et la forme des discours tenus permettent de définir le personnage sur le plan social, psychologique ;
- **argumenter** : les personnages peuvent chercher à faire triompher leur point de vue. Le roman peut également mettre en scène des conflits intérieurs : un personnage s'interroge sur ce qu'il doit faire, expose ses contradictions.

2. Les voix du narrateur

Le roman à la 1re personne

Le narrateur **raconte sa propre histoire**, qui est **fictive**. Le roman imite la forme du récit autobiographique. Il peut même tenter de faire oublier son caractère de fiction.

« Il y a quinze ans que je ne savais pas encore si le sang d'où je sortais était noble ou non, si j'étais bâtarde ou légitime. Ce début paraît annoncer un roman : ce n'en est pourtant pas un que je raconte ; je dis la vérité comme je l'ai apprise de ceux qui m'ont élevée. » (Marivaux, *La Vie de Marianne*, 1731)

▸ *La vie de Marianne* est un roman écrit par un homme : Marivaux ; mais la narratrice affirme raconter sa propre histoire et semble vouloir convaincre le lecteur qu'il n'est pas en train de lire un roman, mais une histoire vraie.

Le roman à la 3e personne

Le narrateur **intervient** dans le récit **de manière plus ou moins marquée**. Il donne une explication concernant la situation ou le comportement des personnages, il exprime son opinion personnelle. Le narrateur va parfois jusqu'à s'adresser au lecteur, prenant ainsi le risque de briser l'illusion de réalité que le roman cherche ordinairement à créer.

« Fabrice fut très fier de ce petit discours. Nous ne rendrons pas compte de la longue discussion sur sa destinée future, qui eut lieu entre le caporal et la cantinière. » (Stendhal, *La Chartreuse de Parme*, 1839)

▸ Le narrateur marque sa présence par l'emploi du *nous*, il indique au lecteur qu'il abrège la conversation et manifeste ainsi les pouvoirs dont il dispose dans le récit des événements.

■ Le narrateur peut aussi chercher la **neutralité** et masquer autant que possible sa présence. C'est fréquemment le cas dans le roman réaliste.

Le roman polyphonique

La narration y est assurée par des **voix multiples**.

■ Dans le **roman épistolaire**, l'action est racontée au moyen d'un **échange de lettres** entre les différents personnages. Le lecteur n'est donc pas guidé par la voix du narrateur et doit se construire sa propre opinion, même si le narrateur agence les lettres de façon suggestive.

■ Dans certains **romans contemporains**, le romancier joue sur la **confusion des voix**. Le lecteur peut s'interroger sur l'identité du narrateur ; le récit est parfois assuré par les voix mêlées de plusieurs personnages.

Dans *Tu ne t'aimes pas*, Nathalie Sarraute fait parler différentes voix qui sont les éléments constitutifs d'une même personne. Comme dans le roman épistolaire, aucun narrateur n'intervient pour juger ou expliquer.

Les Liaisons dangereuses, roman épistolaire de Choderlos de Laclos (1782), adapté à l'écran par Stephen Frears (1988), avec Glenn Close dans le rôle de la marquise de Merteuil.

Les paroles rapportées

1 **a. Quel type de discours rapporté le narrateur choisit-il pour transcrire les paroles des personnages ?**

b. Quelles sont les fonctions de ce dialogue ?

Le texte constitue l'ouverture (l'incipit) du roman.

« Pourquoi me soutenir que tu sais ta leçon ? Tu vois bien que tu ne la sais pas !.... Tu l'as apprise par cœur ? vraiment ? »

Une gifle claqua.

« Monte à ta chambre. Que je ne te voie plus jusqu'au dîner. »

L'enfant porta la main à sa joue, comme s'il avait eu la mâchoire brisée :

« Oh ! là ! là ! vous m'avez fait mal ! (Il marquait un point, il prenait son avantage.) Je le dirai à Mamie… »

Paule saisit avec rage le bras fluet de son fils et lui administra une seconde gifle.

« À Mamie ? et celle-là ? Est-ce à papa que tu vas aller t'en plaindre ? Eh bien, qu'est-ce que tu attends ? Allons.., va ! »

Elle le poussa dans le couloir, ferma la porte, la rouvrit pour jeter à Guillaume son livre et ses cahiers. Il s'accroupit et les ramassa, toujours pleurant. Puis d'un seul coup, le silence : à peine un reniflement dans l'ombre. Il détalait enfin !

François Mauriac, *Le Sagouin*, © Librairie Plon (1951).

2 **Quels sont les différents types de discours rapportés qui se mêlent dans ce dialogue ? Quelles sont les fonctions de ce dialogue ?**

Étienne, un jeune ouvrier, cherche en vain du travail et un abri ; arrivant près d'une mine de charbon, il discute avec un vieux mineur.

– Il y a des fabriques à Montsou ? demanda le jeune homme.

Le vieux cracha noir, puis répondit dans le vent :

– Oh ! ce ne sont pas les fabriques qui manquent. Fallait voir ça, il y a trois ou quatre ans ! Tout ronflait, on ne pouvait pas trouver des hommes, jamais on n'avait tant gagné… Et voilà qu'on se remet à se serrer le ventre. Une vraie pitié dans le pays, on renvoie le monde, les ateliers ferment les uns après les autres… Ce n'est peut-être pas la faute de l'empereur ; mais pourquoi va-t-il se battre en Amérique[1] ? Sans compter que les bêtes meurent du choléra, comme les gens.

Alors, en courtes phrases, l'haleine coupée, tous deux continuèrent à se plaindre. Étienne racontait ses courses inutiles depuis une semaine ; il fallait donc crever de faim ? Bientôt les routes seraient pleines de mendiants. Oui, disait le vieillard, ça finirait par mal tourner, car il n'était pas Dieu permis de jeter tant de chrétiens à la rue.

– On n'a pas de viande tous les jours.

– Encore si l'on avait du pain !

– C'est vrai, si l'on avait du pain seulement !

Leurs voix se perdaient, des bourrasques emportaient les mots dans un hurlement mélancolique.

Émile Zola, *Germinal* (1885).

1. L'action se déroule sous le second Empire ; Napoléon III a envoyé des troupes au Mexique pour y soutenir l'empereur Maximilien.

3 **a. Que découvre Bernard Profitendieu au début du roman ? Quels sentiments éprouve-t-il ?**

b. Quels types de discours rapportés le narrateur utilise-t-il ? Pourquoi les emploie-t-il dans le monologue intérieur de Bernard ?

c. Quelles sont les fonctions de ce monologue intérieur ?

« C'est le moment de croire que j'entends des pas dans le corridor », se dit Bernard. Il releva la tête et prêta l'oreille. Mais non : son père, et son frère aîné étaient retenus au Palais ; sa mère en visite, sa sœur à un concert ; et quant au puîné[1], le petit Caloub, une pension le bouclait au sortir du lycée chaque jour. Bernard Profitendieu était resté à la maison pour potasser son bachot ; il n'avait plus devant lui que trois semaines. La famille respectait sa solitude ; le démon pas. Bien que Bernard eût mis bas sa veste, il étouffait. Par la fenêtre ouverte sur la rue n'entrait rien que de la chaleur. Son front ruisselait. Une goutte de sueur coula le long de son nez, et s'en alla tomber sur une lettre qu'il tenait en main :

« Ça joue la larme, pensa-t-il. Mais mieux vaut suer que de pleurer. »

Oui, la date était péremptoire. Pas moyen de douter : c'est bien de lui, Bernard, qu'il s'agissait. La lettre était adressée à sa mère ; une lettre d'amour vieille de dix-sept ans ; non signée.

« Que signifie cette initiale ? Un V, qui peut aussi bien être un N… Sied-il d'interroger ma mère ?… Faisons crédit à son bon goût. Libre à moi d'imaginer que c'est un prince. La belle avance si j'apprends que je suis le fils d'un croquant[2]. Ne pas savoir qui est son père, c'est ça qui guérit de la peur de lui ressembler. Toute recherche oblige. Ne retenons de ceci que la délivrance. N'approfondissons pas. Aussi bien j'en ai mon suffisant pour aujourd'hui. »

André Gide, *Les Faux-Monnayeurs*, © Gallimard (1925).

1. le jeune frère **2.** paysan pauvre

Les voix du narrateur

4 **Qu'apprenons-nous sur le narrateur du roman ? Que cherche à nous faire croire l'auteur à propos de son œuvre ? Quels moyens utilise-t-il ?**

Le récit de mes aventures ne sera pas inutile à ceux qui aiment à s'instruire. Voilà en partie ce qui fait que je les donne ; je cherche ainsi à m'amuser moi-même.

Je vis dans une campagne où je me suis retiré, et où mon loisir m'inspire un esprit de réflexion que je vais exercer sur les événements de ma vie. Je les écrirai du mieux que je pourrai ; chacun a sa façon de s'exprimer, qui vient de sa façon de sentir.

Parmi les faits que j'ai à raconter, je crois qu'il y en aura de curieux : qu'on me passe mon style en leur faveur ; j'ose assurer qu'ils sont vrais. Ce n'est point ici une histoire forgée à plaisir, et je crois qu'on le verra bien.

Pour mon nom, je ne le dis point : on peut s'en passer ; si je le disais, cela me gênerait dans mes récits.

Quelques personnes pourront me reconnaître, mais je les

sais discrètes et elles n'en abuseront point. Commençons.

Je suis né dans un village de la Champagne, et soit dit en passant, c'est au vin de mon pays que je dois le commencement de ma fortune.

Marivaux, *Le Paysan parvenu* (1735).

5 En quoi les narrateurs des deux textes suivants se différencient-ils ? Quel est l'effet produit par chacun des modes de narration choisis ?

Texte 1

Vers le milieu du mois de juillet de l'année 1838, une de ces voitures nouvellement mises en circulation sur les places de Paris et nommées des milords cheminait, rue de l'Université, portant un gros homme de taille moyenne, en uniforme de capitaine de la garde nationale.

Dans le nombre de ces Parisiens accusés d'être si spirituels, il s'en trouve qui se croient infiniment mieux en uniforme que dans leurs habits ordinaires, et qui supposent chez les femmes des goûts assez dépravés pour imaginer qu'elles seront favorablement impressionnées à l'aspect d'un bonnet à poil et par le harnais militaire.

La physionomie de ce capitaine appartenant à la deuxième légion respirait un contentement de lui-même qui faisait resplendir son teint rougeaud et sa figure passablement joufflue. À cette auréole que la richesse acquise dans le commerce met au front des boutiquiers retirés, on devinait l'un des élus de Paris, au moins ancien adjoint de son arrondissement.

Honoré de Balzac, *incipit* de *La Cousine Bette* (1846).

Texte 2

Le salon de Madame de Beaumont est presque entièrement occupé par un grand piano de concert sur le pupitre duquel est posée la partition fermée d'une célèbre rengaine américaine, *Gertrude of Wyoming*, par Arthur Stanley Jefferson. Un vieil homme, la tête couverte d'un foulard de nylon orange, est assis devant le piano et s'apprête à l'accorder.

Dans le coin gauche de la pièce, il y a un grand fauteuil moderne, fait d'une gigantesque demi-sphère d'altuglas cerclée d'acier, posée sur un piétement de métal chromé. À côté, un bloc de marbre de section octogonale fait office de table basse ; un briquet d'acier est posé ainsi qu'un cache-pot cylindrique d'où émerge un chêne nain, un de ces *bonzaï* japonais dont la croissance a été à ce point contrôlée, ralentie, modifiée, qu'ils offrent tous les signes de la maturité, voire de la sénescence[1], en n'ayant pratiquement pas grandi.

Georges Perec, *La Vie mode d'emploi*, © Hachette (1978).

1. processus du vieillissement

6 Quelle est l'attitude adoptée par le narrateur de ce roman ? Pourquoi peut-elle surprendre le lecteur ?

Jacques est un valet qui accompagne son maître au cours d'un voyage ; il lui raconte l'histoire de ses amours.

Jacques commença l'histoire de ses amours. C'était l'après-dîner : il faisait un temps lourd ; son maître s'endormit. La nuit les surprit au milieu des champs ; les voilà fourvoyés[1]. Voilà le maître dans une colère terrible et tombant à grands coups de fouet sur son valet, et le pauvre diable disant à chaque coup : « Celui-là était apparemment encore écrit là-haut[2]... »

Vous voyez, lecteur, que je suis en beau chemin, et qu'il ne tiendrait qu'à moi de vous faire attendre un an, deux ans, trois ans, le récit des amours de Jacques, en le séparant de son maître et en leur faisant courir à chacun tous les hasards qu'il me plairait. Qu'est-ce qui m'empêcherait de marier le maître et de le faire cocu ? d'embarquer Jacques pour les îles ? d'y conduire son maître ? de les ramener tous les deux en France sur le même vaisseau ? Qu'il est facile de faire des contes ! Mais ils en seront quittes l'un et l'autre pour une mauvaise nuit, et vous pour ce délai.

L'aube du jour parut. Les voilà remontés sur leurs bêtes et poursuivant leur chemin. – Et où allaient-ils ? – Voilà la seconde fois que vous me faites cette question, et la seconde fois que je vous réponds : Qu'est-ce que cela vous fait ? Si j'entame le sujet de leur voyage, adieu les amours de Jacques...

Diderot, *Jacques le Fataliste et son maître* (1765-1773).

1. perdus 2. Jacques est persuadé que tout ce qui arrive aux hommes est écrit par avance et doit nécessairement se produire.

La multiplicité des voix

7 a. Pourquoi la lecture et la compréhension de ce passage peuvent-elles sembler difficiles ? Distinguez dans ce texte le monologue intérieur du dialogue.

b. Sur quels indices le lecteur peut-il s'appuyer pour identifier les personnages (prénom, milieu social, rapport entre eux) ?

c. Récrivez le texte de Claude Mauriac sous forme d'un dialogue romanesque traditionnel, en explicitant qui parle ou qui pense, et en faisant intervenir le narrateur.

Bertrand regarde notre philodendron. Ne pas trop l'arroser, surtout, le marchand a bien insisté sur ce point. Le consommé est déjà presque bu. Ils vont trop vite. Jamais le poisson ne sera prêt. Heureusement que le maître d'hôtel verse du champagne. Veiller à ce que les verres ne restent pas vides. Ce devrait être à Bertrand de s'occuper de cela. Mais ce n'est pas tout à fait ce que l'on appelle un bon maître de maison, et, moins encore un bon mari, le pauvre aimé. Dire quelque chose, remplir ce vide...

– ... Vous avez vu la pièce de Tristan Bernard que...

– Bien sûr !

– C'est d'un drôle !

– Aucun mot n'y vaut ceux qui ont fait sa célébrité, telle sa fameuse définition de l'entracte dans ses mots croisés !

... Vide les baignoires et remplit les lavabos. On connaît, mon gros père, on connaît. Ce n'est pas avec des citations éculées que vous allez m'arracher à la torpeur dont je suis sorti, le temps de vous dire certaine vérité qui a produit le plus mauvais effet, ce dont je ne suis pas mécontent....

Claude Mauriac, *Le Dîner en ville*, © Albin Michel (1959).

TEXTE : Montesquieu, *Lettres persanes* (1721).

Usbek, un noble Persan, décide de quitter sa patrie, ses femmes – car il possède un harem – et ses amis pour un grand voyage en Occident, en compagnie de son ami Rica.

Lettre 3 : Zachi à Usbek

Tu nous quittes, Usbek, pour aller errer dans des climats barbares. Quoi ! tu comptes pour rien l'avantage d'être aimé ? Hélas ! tu ne sais même pas ce que tu perds. Je pousse des soupirs qui ne sont point entendus ; mes larmes coulent, et tu n'en jouis pas ; il semble que l'amour respire dans le sérail, et ton insensibilité t'en éloigne sans cesse ! Ah ! mon cher Usbek, si tu savais être heureux !

Lettre 5 : Rustan à Usbek

Tu es le sujet de toutes les conversations d'Ispahan : on ne parle que de ton départ. Les uns l'attribuent à une légèreté d'esprit ; les autres à quelque chagrin. Tes amis seuls te défendent, et ils ne persuadent personne. On ne peut comprendre que tu puisses quitter tes femmes, tes parents, tes amis, ta patrie, pour aller dans des climats inconnus aux Persans.

Lettre 7 : Fatmé à Usbek

Il y a deux mois que tu es parti, mon cher Usbek, et, dans l'abattement où je suis, je ne puis pas me le persuader encore. Je cours tout le sérail, comme si tu y étais ; je ne suis point désabusée. Que veux-tu que devienne une femme qui t'aime ; qui était accoutumée à te tenir dans ses bras ; qui n'était occupée que du soin de te donner des preuves de sa tendresse ?

Lettre 8 : Usbek à son ami Rustan

Ta lettre m'a été rendue à Erzeron, où je suis. Je m'étais bien douté que mon départ ferait du bruit ; je ne m'en suis point mis en peine. Que veux-tu que je suive ? la prudence de mes ennemis, ou la mienne ?

Je parus à la cour dès ma plus tendre jeunesse. Je le puis dire, mon cœur ne s'y corrompit point : je formai même un grand dessein, j'osai y être vertueux. Dès que je connus le vice, je m'en éloignai ; mais je m'en approchai ensuite pour le démasquer. Je portai la vérité jusques aux pieds du trône, j'y parlai un langage jusqu'alors inconnu : je déconcertai la flatterie. […]

Mais quand je vis que ma sincérité m'avait attiré la jalousie des ministres sans avoir la faveur du prince ; que, dans une cour corrompue, je ne me soutenais plus que par une faible vertu, je résolus de la quitter.

Lettre 10 : Mirza à son ami Usbek

Tu étais le seul qui pût me dédommager de l'absence de Rica, et il n'y avait que Rica qui pût me consoler de la tienne. Tu nous manques, Usbek, tu étais l'âme de notre société. Qu'il faut de violence pour rompre les engagements que le cœur et l'esprit ont formés !

Détail d'une miniature persane du XVIe siècle, extraite des « Séances des amants de Kozingolhi », Paris, Bibliothèque nationale de France.

Questions

1. Classez les différents personnages en fonction de leurs relations avec Usbek.
2. Quel portrait d'Usbek se dégage de ces différentes lettres ?
3. Quels thèmes majeurs peut-on percevoir dans ce début de roman ?

Écriture d'invention

En fonction des éléments d'information contenus dans les extraits de lettres, imaginez l'ouverture d'un roman racontant l'histoire d'Usbek sans avoir recours à la forme épistolaire.

Vous utiliserez la narration à la troisième personne ; le narrateur interviendra dans le fil du récit pour expliquer la situation, les actions des personnages et, éventuellement, pour les juger.

Chapitre 39

Le roman et la nouvelle

Mots clés

- fiction
- illusion de réalité
- chute

2de

Observation

Texte 1

Exilé après bien des mésaventures dans une contrée sauvage du Nouveau Monde avec sa maîtresse Manon, le narrateur croit pouvoir commencer une nouvelle vie en épousant enfin celle qu'il aime ; mais c'est compter sans le neveu du gouverneur, Synnelet, qui est tombé amoureux de Manon et veut aussi l'épouser.

Je retournais chez moi en méditant sur ce projet, lorsque le sort qui voulait hâter ma ruine me fit rencontrer Synnelet. Il lut dans mes yeux une partie de mes pensées. J'ai dit qu'il était brave ; il vint à moi. Ne me cherchez-vous pas ? me dit-il. Je connais que mes desseins vous offensent, et j'ai bien prévu qu'il faudrait se couper la gorge avec vous. Allons voir qui sera le plus heureux. Je lui répondis qu'il avait raison, et qu'il n'y avait que ma mort qui pût finir nos différends. Nous nous écartâmes d'une centaine de pas hors de la ville. Nos épées se croisèrent ; je le blessai, et je le désarmai presque en même temps. Il fut si enragé de son malheur, qu'il refusa de me demander la vie, et de renoncer à Manon. J'avais peut-être le droit de lui ôter tout d'un coup l'un et l'autre ; mais un sang généreux[1] ne se dément jamais. Je lui jetai son épée. Recommençons, lui dis-je, et songez que c'est sans quartier[2]. Il m'attaqua avec une furie inexprimable. Je dois confesser que je n'étais pas fort dans les armes, n'ayant eu que trois mois de salle à Paris. L'Amour conduisait mon épée. Synnelet ne laissa pas de[3] me percer le bras d'outre en outre ; mais je le pris sur le temps[4], et je lui fournis un coup si vigoureux qu'il tomba à mes pieds sans mouvement.

Abbé Prévost, *Manon Lescaut* (1731).

1. bien né, de bonne race **2.** sans merci, sans autre issue que la mort
3. ne manqua pas de **4.** Je le pris au dépourvu en lui portant une botte.

Texte 2

Le roman de Diderot raconte les aventures de Jacques, le valet, et de son maître. À la fin du roman, tous deux, assoiffés, frappent à une porte pour demander à boire.

Un homme se montre ; le maître de Jacques pousse un cri et porte la main à son épée ; l'homme en question en fait autant. Les deux chevaux s'effraient du cliquetis des armes, celui de Jacques casse sa bride et s'échappe, et dans le même instant le cavalier contre lequel son maître se bat est étendu mort sur la place. Les paysans du village accourent. Le maître de Jacques se remet prestement en selle et s'éloigne à toutes jambes. On s'empare de Jacques, on lui lie les mains sur le dos, et on le conduit devant le juge du lieu, qui l'envoie en prison. L'homme tué était le chevalier de Saint-Ouen, que le hasard avait conduit précisément ce jour-là avec Agathe chez la nourrice de leurs enfants[1]. Agathe s'arrache les cheveux sur le cadavre de son amant. Le maître de Jacques est déjà si loin qu'on l'a perdu de vue. Jacques, en allant de la maison du juge à la prison, disait : « il fallait que cela fût, cela était écrit là-haut… »

Et moi je m'arrête, parce que je vous ai dit de ces deux personnages tout ce que j'en sais. – Et les amours de Jacques ? Jacques a dit cent fois qu'il était écrit là-haut qu'il n'en finirait pas l'histoire, et je vois que Jacques avait raison. Je vois, lecteur, que cela vous fâche ; eh bien, reprenez son récit où il l'a laissé, et continuez-le à votre fantaisie, ou bien faites une visite à Mlle Agathe, sachez le nom du village où Jacques est emprisonné, voyez Jacques, questionnez-le : il ne se fera pas tirer l'oreille pour vous satisfaire ; cela le désennuiera.

Diderot, *Jacques le Fataliste et son maître* (1765-1773).

1. Le maître de Jacques a été, quelques années plus tôt, la victime d'une ignoble tromperie de la part du chevalier de Saint-Ouen et de sa maîtresse Agathe.

Questions

1. Quel est le thème commun à ces textes ? Quel motif déclenche l'action ?
2. Qui est le narrateur du texte 1 ? Quel est l'effet de ce choix narratif ?
3. Pourquoi le lecteur peut-il être étonné à la lecture de l'extrait du roman de Diderot ?
4. Quels effets différents ces trois extraits produisent-ils sur le lecteur ?

Texte 3

Amoureux d'une jeune comédienne, Marietta, Fabrice, qui se destine à une carrière religieuse, se trouve en butte à la jalousie du protecteur et amant de celle-ci, Giletti. Par un fâcheux hasard, il rencontre Giletti alors qu'il est en train de diriger des fouilles archéologiques. Un combat s'engage.

Fabrice était tout essoufflé et ne pouvait parler ; le coup de pommeau d'épée dans la figure le faisait beaucoup souffrir, et son nez saignait abondamment ; il para plusieurs coups avec son couteau de chasse et porta plusieurs bottes sans trop savoir ce qu'il faisait ; il lui semblait vaguement être à un assaut public. […]

Le combat semblait se ralentir un peu ; les coups ne se suivaient plus avec la même rapidité, lorsque Fabrice se dit : à la douleur que je ressens au visage, il faut qu'il m'ait défiguré. Saisi de rage à cette idée, il sauta sur son ennemi la pointe du couteau de chasse en avant. Cette pointe entra dans le côté droit de la poitrine de Giletti et sortit vers l'épaule gauche ; au même instant l'épée de Giletti pénétrait dans toute sa longueur dans le haut du bras de Fabrice, mais l'épée glissa sous la peau, et ce fut une blessure insignifiante.

Giletti était tombé ; au moment où Fabrice s'avançait vers lui, regardant sa main gauche qui tenait un couteau, cette main s'ouvrait machinalement et laissait échapper son arme.

Stendhal, *La Chartreuse de Parme* (1839), I, 11.

Francisco Goya (1746-1828), *Le Duel*, Munich, Collection nationale de peinture bavaroise.

L'essentiel

1. Un genre aux frontières mal définies

Les origines du roman

Au Moyen Âge, on appelle roman tout texte écrit en langue **romane**, c'est-à-dire en ancien français. Le roman est l'héritier de l'**épopée** qui célèbre les exploits d'un héros aux qualités exceptionnelles.

Un récit de fiction

À partir du XVIIe siècle, le roman se définit comme un **récit en prose**, généralement assez long. Le roman relève de la **fiction** : les personnages représentés et les situations qu'ils vivent sont, pour une large part, inventés par l'auteur.

Des formes multiples

→ **Chapitres 36 et 38**
• Le temps dans le récit, p. 130
• Voix et paroles dans le roman, p. 140

■ Le roman peut revêtir les formes les plus diverses : récit à la 1re ou à la 3e personne ; récit chronologique ou non chronologique.

■ Il peut se donner ouvertement comme **œuvre de fiction**, mais il peut également se présenter comme le **récit d'événements authentiques**. C'est le cas du roman par lettres, ou de certains romans prenant l'aspect de Mémoires ou de journaux intimes.

Manon Lescaut (texte 1) est écrit à la première personne : le chevalier des Grieux raconte ses souvenirs à un premier narrateur qui va les inclure dans ses *Mémoires d'un homme de qualité*. L'abbé Prévost fait ainsi passer la fiction pour un récit authentique.

2. Les fonctions du roman

■ L'extrême diversité du genre conduit à distinguer les principaux objectifs qui correspondent aux différents sous-genres romanesques.

Objectifs	Sous-genres	Exemples
Représenter la vie intérieure des personnages	roman d'analyse	Madame de La Fayette, *La Princesse de Clèves* (1678)
Représenter l'évolution d'un personnage au contact de la réalité	roman de formation ou roman d'éducation	Stendhal, *La Chartreuse de Parme* (1839)
Représenter une société à un moment donné de son histoire, ou représenter une catégorie sociale particulière	roman réaliste ou naturaliste (voir chapitre 31)	Honoré de Balzac, *La Comédie humaine* (1829-1848)
Recréer une époque appartenant à un passé plus ou moins lointain	roman historique	Victor Hugo, *Notre-Dame de Paris* (1831)
Divertir le lecteur par le récit d'aventures de personnages hors du commun, par la représentation de situations étonnantes	roman policier – roman feuilleton – récit fantastique	Eugène Sue, *Les Mystères de Paris* (1843)
Conduire le lecteur à la réflexion sur un problème politique, social, philosophique	roman philosophique roman à thèse	Albert Camus, *La Peste* (1947)

Remarque : un même roman peut viser des objectifs différents : les **romans policiers** de Georges Simenon se livrent à l'exploration de différents **milieux sociaux** comme le font les romans réalistes.

■ Le mode de composition du roman est lié aux objectifs du romancier et aux thèmes qu'il aborde. Ainsi, le **roman d'aventures** privilégie l'**intérêt de l'histoire** ; il évite les pauses descriptives. À l'inverse, le **roman réaliste**, dans son projet de représentation d'un milieu social, fait largement appel à la **description**.

3. L'effet de réalité et sa contestation

L'illusion de réalité

Le roman vise souvent à donner l'impression que les événements qu'il raconte et les personnages qu'il représente pourraient appartenir à la réalité. Le romancier utilise différents procédés pour produire cette **illusion de réalité** :

- il mélange **personnages fictifs** et personnages empruntés à la **réalité historique** ;
- il dote les personnages d'une **identité** : nom, date de naissance, origines familiales…
- il **motive** leur comportement ;
- il utilise la **description** afin de construire un univers qui puisse paraître réel.

La mise en question du roman

Certains romanciers préfèrent contester l'illusion de réalité, souvent de manière moqueuse :

- **le narrateur intervient** ouvertement dans le récit, s'adresse à son lecteur pour lui rappeler qu'il est en train de lire une fiction ;
- les personnages relèvent de la **caricature** ;
- l'histoire affiche ses **invraisemblances**.

En interpellant le lecteur, le narrateur du roman de Diderot lui rappelle qu'il manipule les personnages à sa guise.

4. Les spécificités de la nouvelle

La nouvelle relève, comme le roman, de la fiction ; mais une nouvelle est un **récit court** ; il peut être **lu en une seule fois**.

Sa brièveté implique des différences avec le roman.

Le roman	La nouvelle
L'histoire peut être complexe, les intrigues multiples.	L'histoire est centrée sur une intrigue unique.
L'histoire peut développer et enchaîner les épisodes ; le dénouement peut être retardé.	L'histoire est orientée vers son dénouement ; la nouvelle s'achève souvent sur une fin surprenante ou choquante : la **chute**.
Les personnages peuvent être nombreux.	Le nombre de personnages est limité.
Le roman peut laisser une large place à la description et aux séquences explicatives.	La nouvelle limite la place des descriptions et des discours du narrateur.
Le roman multiplie les lieux, joue librement avec la temporalité.	La nouvelle utilise un nombre de lieux limités ; son cadre temporel est restreint.
Le roman traite de tous les sujets, utilise tous les registres.	La nouvelle privilégie le réalisme et le registre fantastique.

Un genre aux frontières mal définies

1 a. Quel est le thème commun à ces trois extraits de roman ? En quoi peuvent-ils être rapprochés ?

b. Par quels aspects se différencient-ils ?

Texte 1

Le narrateur, le jeune Jacob, vient d'entrer au service de deux dévotes, les sœurs Habert. C'est la cuisinière Catherine qui leur prépare leur repas.

Je fus de retour à la maison au moment qu'on allait se mettre à table. Malepeste[1], le succulent petit dîner ! Voilà ce qu'on appelle du potage, sans parler d'un petit plat de rôt[2] d'une finesse, d'une cuisson si parfaite… Il fallait avoir l'âme bien à l'épreuve du plaisir que peuvent donner les bons morceaux, pour ne pas donner dans le péché de friandise en mangeant de ce rôt-là, et puis de ce ragoût, car il y en avait un d'une délicatesse d'assaisonnement que je n'ai jamais rencontrée ailleurs. Si l'on mangeait au ciel, je ne voudrais pas y être mieux servi ; Mahomet, de ce repas-là, aurait pu faire une des joies de son paradis.

Nos dames ne mangeaient pas de bouilli, il ne faisait que paraître sur la table, et puis on l'ôtait pour le donner aux pauvres.

Catherine à son tour s'en passait, disait-elle, par charité pour eux et je consentis sur le champ à devenir aussi charitable qu'elle. Rien n'est tel que le bon exemple.

Marivaux, *Le Paysan parvenu* (1735).

1. juron 2. rôti

Texte 2

Gervaise a préparé un festin à rendre jaloux sa belle-sœur et son beau-frère, les Lorilleux, qui la détestent.

Ah ! tonnerre ! quel trou dans la blanquette ! Si l'on ne parlait guère, on mastiquait ferme. Le saladier se creusait, une cuiller plantée dans la sauce épaisse, une bonne sauce jaune qui tremblait comme une gelée. Là-dedans, on pêchait les morceaux de veau ; et il y en avait toujours, le saladier voyageait de main en main, les visages se penchaient et cherchaient des champignons. Les grands pains, posés contre le mur, derrière les convives, avaient l'air de fondre. Entre les bouchées, on entendait les culs des verres retomber sur la table. La sauce était un peu trop salée, il fallut quatre litres pour noyer cette bougresse de blanquette, qui s'avalait comme une crème et qui vous mettait un incendie dans le ventre. Et l'on n'eut pas le temps de souffler, l'épinée de cochon, montée sur un plat creux, flanquée de grosses pommes de terre rondes, arrivait au milieu d'un nuage. Il y eut un cri. Sacré nom ! c'était trouvé ! Tout le monde aimait ça !

Zola, *L'Assommoir* (1877).

Texte 3

Alain Guimier est invité chez sa belle-mère.

Mon gendre aime les carottes râpées. Monsieur Alain adore ça. Surtout n'oubliez pas de faire des carottes râpées pour Monsieur Alain. Bien tendres…. Des carottes nouvelles… les carottes sont-elles assez tendres pour Monsieur Alain ? Il est si gâté, vous savez, il est si délicat. Finement hachées… le plus finement possible… avec le nouveau petit instrument… Tiens… c'est tentant… Voyez, Mesdames, vous obtenez avec cela les plus exquises carottes râpées… il faut l'acheter. Alain sera content, il adore ça. Bien assaisonnées… de l'huile d'olive… « la Niçoise » pour lui, il n'aime que celle-là, je ne prends que ça… Les justes proportions, ah, pour ça il s'y connaît… un peu d'oignon, un peu d'ail, et persillées, salées, poivrées… les plus délicieuses carottes râpées… Elle tend le ravier… « Oh, Alain, on les a faites exprès pour vous, vous m'aviez dit que vous adoriez ça… »

Nathalie Sarraute, *Le Planétarium*, © Gallimard (1959).

Les fonctions du roman

2 D'après les titres de ces romans ou recueils de nouvelles, quelles hypothèses pouvez-vous formuler sur le sous-genre auquel ils appartiennent et sur les objectifs que leurs auteurs se sont fixés ?

- *La Reine Margot* (1847), Alexandre Dumas ;
- *La Morte amoureuse* (nouvelle, 1832), Théophile Gautier ;
- *Temps futurs* (1948), Aldous Huxley ;
- *Le Tour du monde en 80 jours* (1873), Jules Verne ;
- *Les Rougon-Macquart, histoire naturelle et sociale d'une famille sous le second Empire* (1871-1893), Émile Zola ;
- *Les Mémoires d'Hadrien* (1951), Marguerite Yourcenar ;
- *Les Lettres portugaises* (1679), Guilleragues.

3 Voici le début des résumés de deux célèbres romans : d'après ces résumés, quelles hypothèses pouvez-vous faire sur les objectifs du romancier ? De quels sous-genres romanesques s'agit-il ?

Texte 1

Le jeune Wilhelm Meister, fils de bourgeois, bien que déjà orienté vers le commerce paternel, a deux raisons qui le font se diriger vers le théâtre : poète lui-même, il a déjà écrit de nombreux ouvrages qu'il désirerait voir représentés ; en outre, il a une liaison avec une actrice, Marianne. Se croyant trompé par elle, il l'abandonne mais tombe aussitôt dans un tel désespoir que son ami Werner, qui est aussi son associé en affaires, lui conseille, pour se distraire, de faire un voyage afin de recouvrer quelques créances[1] pour leur maison. À peine parti, il fait la rencontre d'un jeune couple, prend part à ses malheurs et l'accompagne devant le juge. Il s'agit d'un enlèvement. Une jeune fille, lasse de la vie bourgeoise, s'est laissé séduire par Mélina, directeur d'une compagnie de théâtre ambulant. Voici notre Wilhelm tombé, par hasard, précisément dans le milieu qui avait toujours fasciné son esprit. […] Mélina réussit facilement à attacher Wilhelm à sa compagnie et à lui faire financer l'affaire. Ils voyagent ensemble, et le jeune homme se mêle à ce milieu douteux d'autant plus que celle qui joue les rôles légers de femme, Philine, vit aussi son rôle dans la réalité. […]

Laffont-Bompiani, *Le Nouveau Dictionnaire des œuvres*, © Éditions Robert Laffont, coll. « Bouquins » (1994) : Goethe, *Les Années d'apprentissage de Wilhelm Meister*, (1795-1796).

1. se faire rembourser de l'argent prêté

Texte 2

Wilfred d'Ivanhoé, fils du noble saxon Cédric, est épris de la pupille de son père, lady Rowena, qui descend du roi Alfred. Mais Cédric, qui est un ferme partisan du retour sur le trône d'Angleterre de la race saxonne, pense arriver à ses fins en donnant Rowena au Saxon de sang royal Athelstane. Fort irrité de l'amour des deux jeunes gens, il exile son fils. Ivanhoé part pour la croisade avec Richard Cœur de Lion[1] dont il gagne vite l'estime et l'affection. En l'absence de son frère Richard, le prince Jean cherche à s'emparer du trône. [...]

Laffont-Bompiani, *Le Nouveau Dictionnaire des œuvres*, © Éditions Robert Laffont, coll. « Bouquins » (1994) : Walter Scott, *Ivanhoé* (1819).

1. roi d'Angleterre.

4 **Dans les extraits suivants, quelles hypothèses pouvez-vous faire sur les objectifs du romancier ? À quel type de roman avez-vous affaire ?**

Texte 1

Cela rappelait le cinéma muet.

Derrière la glace transparente, les deux hommes en blouse grise exécutaient des mouvements silencieux. Leurs lèvres s'agitaient ; je n'entendais aucun son en sortir. Ils manœuvrèrent un lourd panneau à poignée d'acier et, toujours dans cette atmosphère ouatée, tirèrent d'une niche un cercueil de bois jaune qu'ils déposèrent devant moi, de l'autre côté de la vitre, sur un tréteau en contrebas, disposé à cet effet. Un des fonctionnaires municipaux ôta le couvercle et le tronc humain m'apparut.

Un séjour prolongé dans l'eau du fleuve ne l'avait pas arrangé. Les chairs offraient un aspect à la fois livide et verdâtre. Une cicatrice sombre était visible au niveau du cœur : celle de la plaie refermée par où s'était enfoncé le poignard. Sur un signe du docteur qui m'accompagnait, l'employé de la Morgue tira du cercueil deux mains sectionnées pour les besoins de la contre-autopsie.

Léo Malet, *Le Dernier Train d'Austerlitz*, © Clancier-Guénaud (1948).

Texte 2

Étienne Lantier, jeune ouvrier sans travail, cherche à se faire embaucher dans une mine.

Au milieu de la buée blanche, dans le sifflement des fuites, un chauffeur était occupé à charger un des foyers, dont l'ardente fournaise se faisait sentir jusque sur le seuil ; et le jeune homme, heureux d'avoir chaud, s'approchait, lorsqu'il rencontra une bande de charbonniers[1], qui arrivait à la fosse. C'étaient les Maheu et les Levaque. Quand il aperçut, en tête, Catherine, avec son air doux de garçon, l'idée superstitieuse lui vint de risquer une dernière demande.

– Dites donc, camarade, on n'a pas besoin d'un ouvrier, pour n'importe quel travail ?

Elle le regarda, surprise, un peu effrayée de cette voix brusque qui sortait de l'ombre.

Mais, derrière elle, Maheu avait entendu, et il répondit, il causa un instant. Non, on n'avait besoin de personne. Ce pauvre diable d'ouvrier, perdu sur les routes, l'intéressait. Lorsqu'il le quitta, il dit aux autres :

– Hein ! on pourrait être comme ça... Faut pas se plaindre, tous n'ont pas du travail à crever.

Émile Zola, *Germinal* (1885).

1. mineurs

5 **Écriture d'invention**

Sur le modèle du texte de Zola (exercice 4, texte 2), imaginez un jeune homme ou une jeune fille d'aujourd'hui découvrant un univers nouveau pour lui (entreprise, lycée...).

L'effet de réalité et sa contestation

6 **Exercice guidé**

Par quels moyens l'auteur cherche-t-il à créer l'illusion de réalité ?

Le 15 septembre 1840, vers six heures du matin, la *Ville-de-Montereau*, près de partir, fumait à gros tourbillons devant le quai Saint-Bernard.

Des gens arrivaient hors d'haleine ; des barriques, des câbles, des corbeilles de linge gênaient la circulation ; les matelots ne répondaient à personne ; on se heurtait ; les colis montaient entre les deux tambours, et le tapage s'absorbait dans le bruissement de la vapeur, qui, s'échappant par des plaques de tôle, enveloppait tout d'une nuée blanchâtre, tandis que la cloche, à l'avant, tintait sans discontinuer.

Enfin le navire partit ; et les deux berges, peuplées de magasins, de chantiers et d'usines, filèrent comme deux larges rubans que l'on déroule.

Un jeune homme de dix-huit ans, à longs cheveux et qui tenait un album sous son bras, restait auprès du gouvernail, immobile. À travers le brouillard, il contemplait des clochers, des édifices dont il ne savait pas les noms ; puis il embrassa, dans un dernier coup d'œil, l'île Saint-Louis, la Cité, Notre-Dame ; et bientôt, Paris disparaissant, il poussa un grand soupir.

M. Frédéric Moreau, nouvellement reçu bachelier, s'en retournait à Nogent-sur-Seine, où il devait languir pendant deux mois, avant d'aller *faire son droit*. Sa mère, avec la somme indispensable, l'avait envoyé au Havre voir un oncle, dont elle espérait, pour lui, l'héritage.

Flaubert, *L'Éducation sentimentale* (1869).

→ Les questions à vous poser

- Quelles sont les informations données dans la première phrase ? Sont-elles importantes pour le lecteur ?
- Relevez dans le texte les passages descriptifs. Quelles sont leurs fonctions dans le récit ?
- Comment le narrateur introduit-il son personnage dans l'histoire ?
- Pourquoi ce personnage semble-t-il réel ?

Chapitre 40

Le roman, vision du monde

Mots clés

- épopée
- réalisme
- crise du roman

1re

Observation

Alexandre Roslin (1718-1793), *Portrait d'homme*, Paris, musée du Louvre.

Ces trois textes constituent l'excipit, ou la dernière page, du roman dont ils sont extraits.

Texte 1

Chaque jour je vois ma famille prospérer et s'agrandir. Monsieur le comte de Dorsan, auteur de ma fortune, a la bonté de venir souvent nous visiter. L'aimable Dorville, qu'il a épousée, est intimement liée avec ma femme, et c'est dans cette société charmante que nous goûtons un bonheur que je n'ai jamais trouvé dans le tumulte du grand monde.

C'est ici que j'ai commencé mes Mémoires ; c'est ici que je les continue avec la même sincérité. Si j'avais été capable de manquer à la vérité, j'aurais tâché de dérober au public la connaissance de l'ingratitude de mes neveux, qui, sans respecter les lois de la nature ni celles de l'honneur, méconnaissent leur père et ont publié les bienfaits de leur oncle[1].

Cette épreuve, toute sensible qu'elle doive être, n'altère point mon repos. J'en gémis pour eux, sans en être plus agité.

On a dû le reconnaître : personne n'a poussé la fortune plus loin ; mais qu'étais-je alors ? Un cœur tyrannisé de désirs, qui ne sentait point son malheur, parce qu'il n'y faisait point attention ; mais ici les souhaits sont étouffés, et je suis heureux, parce que je vois plus clairement mon bonheur. C'est, je crois, la seule félicité qui puisse satisfaire l'homme véritablement raisonnable.

Marivaux, *Le Paysan parvenu* (1735).

1. Les neveux du narrateur méprisent leur père en raison de son humble condition ; ils respectent en revanche leur oncle qui s'est enrichi.

Texte 2

Le père Goriot, négociant enrichi, a tout sacrifié pour ses filles; l'une est l'épouse d'un riche banquier, l'autre d'un aristocrate. Goriot meurt pourtant dans le plus extrême dénuement. Son enterrement a été organisé et payé par Eugène de Rastignac, un jeune étudiant, qui s'est attaché au vieillard.

À six heures, le corps du père Goriot fut descendu dans sa fosse, autour de laquelle étaient les gens de ses filles[1], qui disparurent avec le clergé aussitôt que fut dite la courte prière due au bonhomme pour l'argent de l'étudiant. Quand les deux fossoyeurs eurent jeté quelques pelletées de terre sur la bière pour la cacher, ils se relevèrent, et l'un d'eux, s'adressant à Rastignac, lui demanda leur pourboire. Eugène se fouilla, il n'avait plus rien, et fut forcé d'emprunter vingt sous à Christophe[2]. Ce fait, si léger en lui-même, détermina chez Rastignac un accès d'horrible tristesse. Le jour tombait, il n'y avait plus qu'un crépuscule qui agaçait les nerfs; il regarda la tombe et y ensevelit sa dernière larme de jeune homme, cette larme arrachée par les saintes émotions d'un cœur pur, une de ces larmes qui, de la terre où elles tombent, rejaillissent jusque dans les cieux. Il se croisa les bras et contempla les nuages. Christophe le quitta. Rastignac, resté seul, fit quelques pas vers le haut du cimetière et vit Paris tortueusement couché le long des deux rives de la Seine, où commençaient à briller les lumières. Ses yeux s'attachèrent presque avidement entre la colonne de la place Vendôme et le dôme des Invalides, là où vivait ce beau monde dans lequel il avait voulu pénétrer. Il lança sur cette ruche bourdonnante un regard qui semblait par avance en pomper le miel, et dit ces mots grandioses: « À nous deux maintenant! »

Et pour premier acte du défi qu'il allait porter à la Société, Rastignac alla dîner chez madame de Nucingen[3].

Balzac, *Le Père Goriot* (1834).

1. les valets des filles du père Goriot, qu'elles ont envoyés pour assister aux obsèques à leur place
2. domestique employé à la pension Vauquer, où résidaient Eugène et le père Goriot
3. fille du père Goriot, dont Rastignac est devenu l'amant

Texte 3

[…] je ne sais pas, c'est un rêve, c'est peut-être un rêve, ça m'étonnerait, je vais me réveiller, dans le silence, ne plus m'endormir, ce sera moi, ou rêver encore, rêver un silence, un silence de rêve, plein de murmure, je ne sais pas, ce sont des mots, ne jamais me réveiller, ce sont des mots, il n'y a que ça, il faut continuer, c'est tout ce que je sais, ils vont s'arrêter, je connais ça, je les sens qui me lâchent, ce sera le silence, un petit moment, un bon moment, ou ce sera le mien, celui qui dure, qui n'a pas duré, qui dure toujours, ce sera moi, il faut continuer, je ne peux pas continuer, il faut continuer, je vais donc continuer, il faut dire des mots, tant qu'il y en a, il faut les dire, jusqu'à ce qu'ils me trouvent, jusqu'à ce qu'ils me disent, étrange peine, étrange faute, il faut continuer, c'est peut-être déjà fait, ils m'ont peut-être déjà dit, ils m'ont peut-être porté jusqu'au seuil de mon histoire, devant la porte qui s'ouvre sur mon histoire, ça m'étonnerait, si elle s'ouvre, ça va être moi, ça va être le silence, là où je suis, je ne sais pas, je ne le saurai jamais, dans le silence on ne sait pas, il faut continuer, je ne peux pas continuer, je vais continuer.

Samuel Beckett, *L'Innommable* (1949), © Éditions de Minuit (1953).

Questions

1. Est-il possible de déterminer les caractéristiques sociales et individuelles de chacun des trois personnages? Si oui, quelles sont-elles? Quel texte pose problème et pourquoi?
2. À la fin de ces trois romans, le personnage principal a-t-il évolué? Quels éléments l'indiquent? En quoi la fin du roman de Beckett est-elle paradoxale?
3. Quelles visions différentes de la société les narrateurs des deux premiers romans nous donnent-ils?

L'essentiel

Le **personnage** joue un rôle clé dans le roman, son statut est un **révélateur d'une vision de l'homme et du monde**. Les changements qui interviennent dans le traitement du personnage de roman au fil des siècles sont à mettre en relation avec l'évolution des conceptions du monde, de la société et de l'individu.

1. Le héros épique

→ **Chapitre 48** Le registre épique, p. 232

- Dans l'épopée ou dans le roman de chevalerie, le héros est **un être idéal symbolisant certaines valeurs** : le courage, la foi en Dieu, la fidélité à la parole donnée. Il est opposé à des personnages incarnant le Mal.
- Le héros épique est lié à **une société structurée autour de valeurs fortes** fondées sur la religion ; cette société se définit par sa stabilité ; elle a besoin de modèles que lui fournissent les personnages de roman.

Remarque : les héros du roman d'aventures sont les descendants des héros épiques, mais l'univers dans lequel ils évoluent est souvent proche de celui du roman réaliste par sa complexité.

2. Le personnage du roman réaliste

Une réalité en mutation

- Au XVIIIe et au XIXe siècle, les cadres de la société traditionnelle sont remis en cause ; la société apparaît comme **une réalité en mutation**, un système complexe dont le roman doit rendre compte. Ainsi, au XIXe siècle, le roman se définit comme **un instrument d'exploration et d'explication de la réalité**.

Dans l'avant-propos de *La Comédie humaine*, Balzac se réfère à Geoffroy Saint-Hilaire, célèbre zoologiste et naturaliste français. Il prétend étudier les « espèces humaines » comme Saint-Hilaire étudiait scientifiquement les espèces animales.

→ **Chapitre 39** Le roman et la nouvelle, p. 146

- Le roman cherche donc à donner une image fidèle de la réalité sociale afin de pouvoir l'expliquer ; c'est pourquoi il privilégie l'**illusion de réalité**, la description.

L'évolution du personnage

- À partir du XVIIe siècle, le personnage de roman s'individualise. Les héros peuvent appartenir à des classes sociales diverses ; le roman leur prête des **traits de caractère particuliers**, leur attribue des qualités mais aussi des faiblesses.

→ **Chapitre 31** Le réalisme et le naturalisme, p. 104

- Au XIXe siècle, le roman réaliste fait du personnage le **représentant d'une catégorie sociale** : on parle alors de **type romanesque**. Le héros est confronté à une réalité impitoyable face à laquelle il doit déployer son énergie pour survivre ou s'élever.

Eugène de Rastignac, le héros du *Père Goriot*, est un jeune homme noble et pur, sans fortune ; à la fin du roman, il a pris conscience de la corruption et de la férocité de la société.

3. La mise en question du personnage

La crise du personnage

Au XXe siècle, le personnage de roman connaît une crise majeure : romanciers et critiques lui reprochent son caractère artificiel et schématique. Ils dénoncent l'illusion de réalité à laquelle participe le personnage. **Celui-ci perd alors ses caractéristiques** :

- il est privé de nom, ou bien celui-ci se réduit à une initiale ;
- il n'est plus qu'un regard ou une voix ;

La voix qui dit « Je » dans le texte 3 n'est pas un personnage identifiable.

■ ses comportements échappent à l'explication ou constituent **une énigme pour le lecteur**; le personnage devient l'objet d'une interrogation.

La voix qui parle dans le texte de Samuel Beckett tient des propos contradictoires et énigmatiques pour le lecteur.

La méfiance à l'égard du roman

■ La méfiance à l'égard des pouvoirs du roman s'explique par plusieurs facteurs:

- l'apparition de nouveaux modes d'explication des comportements humains. Ainsi, la **psychanalyse** met au jour les **ressorts inconscients** de nos comportements; elle relativise la valeur des motivations psychologiques ou sociales auxquelles fait appel le roman réaliste;

- l'importance des **catastrophes historiques** frappant le monde: conflits mondiaux, révolutions, génocides. Les certitudes et l'optimisme dominant au XIXe siècle sont battus en brèche: le monde apparaît comme un **chaos incompréhensible** qu'il est vain de chercher à représenter et à expliquer.

→ **Chapitre 24**
Tableau des mouvements littéraires et culturels, p. 74

Le rejet du roman traditionnel s'incarne, par exemple, dans le mouvement du nouveau roman avec des auteurs comme Alain Robbe-Grillet ou Nathalie Sarraute.

■ Avec le personnage, **sont également remis en cause les fondements du roman traditionnel**:

- la **description** prend nettement le pas sur la narration d'événements;
- la **chronologie** est bouleversée ou disparaît totalement;
- le roman ne raconte plus une histoire, mais des lambeaux ou des **fragments d'histoire**;

Dans le texte de Beckett, la voix ne raconte plus d'événements se référant à une réalité; elle ne fait plus la différence entre le rêve et la réalité.

- le narrateur traditionnel est remplacé par des **voix multiples**.

Remarque: Malgré les mises en cause dont il fait l'objet, le personnage traditionnel de roman ne disparaît pas: dans les années 30, des romanciers comme Malraux, Mauriac ou Bernanos ont créé des personnages « vivants », incarnant des valeurs fortes. De même, la tradition réaliste se poursuit dans le roman du XXe et du XXIe siècle.

Erich Hartmann, *Autoportrait, reflété dans un site en construction*, New York, 1975.

Le héros épique

1 a. Comparez les personnages de Lancelot et de Méléagant. Que constatez-vous ?

b. Au nom de quelle valeur Lancelot combat-il ? Comment le texte le montre-t-il ?

La reine Guenièvre, épouse du roi Arthur, a été enlevée par Méléagant, fils du roi de Gorre. Lancelot, chevalier épris de la reine, rejoint Méléagant et l'affronte en combat singulier.

Amour, ainsi qu'une haine mortelle, dont on n'avait pas, à ce jour, vu d'aussi grande, le rendent si terrible, si ardent que l'affaire n'a plus rien d'un jeu pour Méléagant, qui maintenant a peur, car il n'a jamais approché ni connu un chevalier si indomptable, jamais il n'a été si maltraité par aucun chevalier comme par lui. Il voudrait bien se tenir à distance : il échappe et il recule, fuyant ses coups, qu'il n'apprécie pas. Lancelot ne se perd pas en menaces, mais à force de coups le chasse vers la tour où la reine[1] se tenait appuyée. Souvent, en la servant comme il le lui doit, il se rapprochait d'elle de si près qu'il lui fallait s'arrêter là, car il eût cessé de la voir en avançant d'un pas de plus. Ainsi Lancelot très souvent le refoulait puis le ramenait de toutes parts là où il le voulait, mais toujours il s'arrêtait devant sa dame, la reine, elle qui a mis en lui cette flamme d'où lui vient tant de constance à la regarder, cette flamme qui lui donnait si grande ardeur contre Méléagant qu'il le menait partout à sa guise, en le chassant devant lui. Il le promène malgré lui comme un aveugle ou un estropié d'une jambe.

Chrétien de Troyes, *Le Chevalier de la charrette* (entre 1177 et 1181), © Le Livre de Poche (1992 et 1996).

1. la reine Guenièvre

Le roman réaliste

2 a. En quoi les personnages de Tiberge et de des Grieux s'opposent-ils ? Au nom de quelles valeurs agissent-ils et parlent-ils ?

b. En quoi cette opposition traduit-elle une crise de la société au XVIIIe siècle ?

c. Écriture d'invention : imaginez la lettre que le chevalier des Grieux envoie à Tiberge pour se justifier et répondre à ses accusations.

Le narrateur, le chevalier des Grieux, a rencontré une jeune aventurière : Manon Lescaut. Par amour pour elle, il rompt avec sa famille et mène avec sa maîtresse une vie de plaisirs, sous l'œil inquiet de son ami Tiberge.

Tiberge n'avait pas manqué, pendant ce temps-là, de me rendre de fréquentes visites. Sa morale ne finissait point. Il recommençait sans cesse à me représenter le tort que je faisais à ma conscience, à mon honneur, à ma fortune. Je recevais ses avis avec amitié ; et quoique je n'eusse pas la moindre disposition à les suivre, je lui savais bon gré de son zèle, parce que j'en connaissais la source. Quelquefois je le raillais agréablement, dans la présence même de Manon, et je l'exhortais à n'être pas plus scrupuleux qu'un grand nombre d'évêques et d'autres prêtres, qui savent accorder fort bien une maîtresse avec un bénéfice[1]. Voyez, lui disais-je, en lui montrant les yeux de la mienne ; et dites-moi s'il y a des fautes qui ne soient pas justifiées par une si belle cause. Il prenait patience. Il la poussa même assez loin ; mais lorsqu'il vit que mes richesses augmentaient[2], et que non seulement je lui avais restitué ses cent pistoles, mais qu'ayant loué une nouvelle maison et doublé ma dépense, j'allais me replonger plus que jamais dans les plaisirs, il changea entièrement de ton et de manières. Il se plaignit de mon endurcissement ; il me menaça des châtiments du Ciel, et il me prédit une partie des malheurs qui ne tardèrent guère à m'arriver. Il est impossible, me dit-il, que les richesses qui servent à l'entretien de vos désordres vous soient venues par des voies légitimes. Vous les avez acquises injustement ; elles vous seront ravies de même. La plus terrible punition de Dieu serait de vous en laisser jouir tranquillement. Tous mes conseils, ajouta-t-il, vous ont été inutiles ; je ne prévois que trop qu'ils vous seraient bientôt importuns. Adieu, ingrat et faible ami. Puissent vos criminels plaisirs s'évanouir comme une ombre !

Abbé Prévost, *Histoire du chevalier des Grieux et de Manon Lescaut* (1731).

1. les revenus financiers d'une charge ecclésiastique 2. Des Grieux s'enrichit en trichant aux cartes.

3 Ces deux extraits constituent la première et la dernière page du roman *Bel-Ami*, de Maupassant.

a. Quelles différences pouvez-vous constater chez le personnage de Duroy entre le début et la fin du roman ? Quel parcours du personnage peut-on donc supposer ?

b. Quels sont, d'après le texte 1, les atouts du personnage ? Quel type romanesque Georges Duroy incarne-t-il ?

c. Quelles caractéristiques du réalisme le roman de Maupassant présente-t-il ?

Texte 1

Première page du roman

Quand la caissière lui eut rendu la monnaie de sa pièce de cent sous, Georges Duroy sortit du restaurant.

Comme il portait beau[1], par nature et par pose d'ancien sous-officier, il cambra sa taille, frisa sa moustache d'un geste militaire et familier, et jeta sur les dîneurs attardés un regard rapide et circulaire, un de ces regards de joli garçon, qui s'étendent comme des coups d'épervier[2].

Les femmes avaient levé la tête vers lui, trois petites ouvrières, une maîtresse de musique entre deux âges, mal peignée, négligée, coiffée d'un chapeau toujours poussiéreux et vêtue d'une robe toujours de travers, et deux bourgeoises avec leurs maris, habituées de cette gargote à prix fixe.

Lorsqu'il fut sur le trottoir, il demeura un instant immobile, se demandant ce qu'il allait faire. On était au 28 juin, et il lui restait juste en poche trois francs quarante pour finir le mois. Cela représentait deux dîners sans déjeuners, ou deux déjeuners sans dîners, au choix. Il réfléchit que les repas du matin étant de vingt-deux sous, au lieu de trente que coûtaient ceux du soir, il lui resterait, en se contentant des déjeuners, un franc vingt centimes de boni, ce qui représentait encore deux collations au pain et au saucisson, plus deux bocks[3] sur le boulevard. C'était là sa grande dépense et son grand plaisir des nuits ; et il se mit à descendre la rue Notre-Dame-de-Lorette.

1. Il avait fière allure. 2. filet qu'on lance pour prendre le poisson
3. verres de bière

Texte 2

Dernière page du roman

Georges reprit le bras de Suzanne pour retraverser l'église.

Elle était pleine de monde, car chacun avait regagné sa place, afin de les voir passer ensemble. Il allait lentement, d'un pas calme, la tête haute, les yeux fixés sur la grande baie ensoleillée de la porte. Il sentait sur sa peau courir de légers frissons, ces frissons froids que donnent les immenses bonheurs. Il ne voyait personne. Il ne pensait qu'à lui.

Lorsqu'il parvint sur le seuil, il aperçut la foule amassée, une foule noire, bruissante, venue là pour lui, pour lui Georges Du Roy. Le peuple de Paris le contemplait et l'enviait.

Puis, relevant les yeux, il découvrit là-bas, derrière la place de la Concorde, la Chambre des députés. Et il lui sembla qu'il allait faire un bond du portique de la Madeleine au portique du Palais-Bourbon.

Il descendit avec lenteur les marches du haut perron entre deux haies de spectateurs. Mais il ne les voyait point ; sa pensée maintenant revenait en arrière, et devant ses yeux éblouis par l'éclatant soleil flottait l'image de Mme de Marelle rajustant en face de la glace les petits cheveux frisés de ses tempes, toujours défaits au sortir du lit[1].

Guy de Maupassant, *Bel-Ami* (1885).

1. Mme de Marelle est l'une des maîtresses de Duroy ; elle l'a beaucoup aidé au début de sa carrière.

4 **a. Quels sont les points communs et les différences entre Tchen et Kyo ?**

b. Comment le texte explique-t-il ces différences ?

L'action du roman se passe en Chine, en 1921, au moment de la première tentative révolutionnaire du parti communiste chinois qui sera écrasée. Gisors, le père de Kyo, vient de recevoir le jeune Tchen, qu'il a formé à l'idéologie communiste. Il compare les deux communistes chinois que sont son fils et Tchen.

Tchen [...] s'était trouvé sans argent, nanti de diplômes sans valeurs, en face de ses vingt-quatre ans et de la Chine. Chauffeur de camion tant que les pistes du Nord avaient été dangereuses, puis aide-chimiste, puis rien. Tout le précipitait à l'action politique : l'espoir d'un monde différent, la possibilité de manger quoique misérablement (il était naturellement austère, peut-être par orgueil), la satisfaction de ses haines, de sa pensée, de son caractère. Elle donnait un sens à sa solitude. Mais chez Kyo, tout était plus simple. Le sens héroïque lui avait été donné comme une discipline, non comme une justification de la vie. Il n'était pas inquiet. Sa vie avait un sens et il le connaissait : donner à chacun de ces hommes que la famine, en ce moment même, faisait mourir comme une peste lente, la possession de sa propre dignité. Il était des leurs : ils avaient les mêmes ennemis. Métis, hors-caste, dédaigné des Blancs et plus encore des Blanches, Kyo n'avait pas tenté de les séduire : il avait cherché les siens et les avait trouvés. « Il n'y a pas de dignité possible, pas de vie réelle pour un homme qui travaille douze heures par jour sans savoir pour quoi il travaille. » Il fallait que ce travail prît un sens, devînt une patrie. Les questions individuelles ne se posaient pour Kyo que dans sa vie privée.

André Malraux, *La Condition humaine*, © Gallimard (1946).

La mise en cause du personnage

5 **Exercice guidé**

Pourquoi ce récit peut-il paraître inhabituel à un lecteur de romans traditionnels ? Quelles questions peut-il soulever ?

Le narrateur du roman, Meursault, vit à Alger ; il vient de perdre sa mère deux jours auparavant.

Quand je me suis réveillé, Marie[1] était partie. Elle m'avait expliqué qu'elle devait aller chez sa tante. J'ai pensé que c'était dimanche et cela m'a ennuyé : je n'aime pas le dimanche. Alors, je me suis retourné dans mon lit, j'ai cherché dans le traversin l'odeur que les cheveux de Marie y avaient laissée et j'ai dormi jusqu'à dix heures. J'ai fumé ensuite des cigarettes, toujours couché, jusqu'à midi. Je ne voulais pas déjeuner chez Céleste[2] comme d'habitude parce que, certainement, ils m'auraient posé des questions et je n'aime pas cela. Je me suis fait cuire des œufs et je les ai mangés à même le plat, sans pain parce que je n'en avais plus et que je ne voulais pas descendre en acheter.

Après le déjeuner, je me suis ennuyé un peu et j'ai erré dans l'appartement. Il était commode quand maman était là[3]. Maintenant il est trop grand pour moi et j'ai dû transporter dans ma chambre la table de la salle à manger. Je ne vis plus que dans cette pièce, entre les chaises de paille un peu creusées, l'armoire dont la glace est jaunie, la table de toilette et le lit de cuivre. Le reste est à l'abandon.

Albert Camus, *L'Étranger*, © Gallimard (1942).

1. Depuis la veille, Marie est devenue la maîtresse de Meursault.
2. patron d'un restaurant où Meursault déjeune régulièrement
3. La mère du narrateur a été placée dans un hospice pour vieillards.

→ Les questions à vous poser

- À quel temps le texte est-il rédigé ? Est-ce habituel dans un roman ?
- Quels éléments de la vie du personnage nous sont racontés ? Quel type de vie semble-t-il mener ?
- Quelles sont les caractéristiques du personnage de Meursault ? Peut-on le qualifier de « héros » de roman ? Certaines de ses réactions peuvent-elles nous étonner ?
- Ce récit comporte-t-il des événements, une évolution de l'action ?

6 a. Quels sont, pour Nathalie Sarraute, les principaux changements survenus chez le personnage de roman au XXe siècle ?

b. Le texte de Beckett vous semble-t-il confirmer les affirmations de Nathalie Sarraute ? Pourquoi ?

Texte 1

Et, selon toute apparence, non seulement le romancier ne croit plus guère à ses personnages, mais le lecteur, de son côté, n'arrive plus à y croire. Aussi voit-on le personnage de roman, privé de ce double soutien, la foi en lui du romancier et du lecteur, qui le faisait tenir debout, solidement d'aplomb, portant sur ses larges épaules tout le poids de l'histoire, vaciller et se défaire.

Depuis les temps heureux d'*Eugénie Grandet*[1] où, parvenu au faîte de sa puissance, il trônait entre le lecteur et le romancier, objet de leur ferveur commune, tels les Saints des tableaux primitifs entre les donateurs, il n'a cessé de perdre successivement tous ses attributs et prérogatives.

Il était très richement pourvu, comblé de biens de toute sorte, entouré de soins minutieux ; rien ne lui manquait depuis les boucles d'argent de sa culotte jusqu'à la loupe veinée au bout de son nez[2]. Il a, peu à peu, tout perdu : ses ancêtres, sa maison soigneusement bâtie, bourrée de la cave au grenier d'objets de toute espèce, jusqu'aux plus menus colifichets, ses propriétés et ses titres de rente, ses vêtements, son corps, son visage, et, surtout, ce bien précieux entre tous, son caractère qui n'appartenait qu'à lui, et souvent jusqu'à son nom.

Nathalie Sarraute, *L'Ère du soupçon*, © Gallimard, « Idées » (1956).

1. célèbre roman de Balzac 2. petite boule de graisse. Cette « loupe veinée » est un élément descriptif emprunté par Nathalie Sarraute au célèbre portrait que Balzac fait du père Grandet dans *Eugénie Grandet*.

Texte 2

Le texte constitue la première page (l'incipit) du roman de Beckett.

Je suis dans la chambre de ma mère. C'est moi qui y vis maintenant. Je ne sais pas comment j'y suis arrivé. Dans une ambulance peut-être, un véhicule certainement. On m'a aidé. Seul je n'y serais pas arrivé. Cet homme qui vient chaque semaine, c'est grâce à lui peut-être que je suis ici. Il dit que non. Il me donne un peu d'argent et enlève les feuilles. Tant de feuilles, tant d'argent. Oui, je travaille maintenant, un peu comme autrefois, seulement je ne sais plus travailler. Cela n'a pas d'importance, paraît-il. Moi je voudrais maintenant parler des choses qui me restent, faire mes adieux, finir de mourir. Ils ne veulent pas. Oui, ils sont plusieurs, paraît-il. Mais c'est toujours le même qui vient. Vous ferez ça plus tard, dit-il. Bon. Je n'ai plus beaucoup de volonté, voyez-vous. Quand il vient chercher les nouvelles feuilles il rapporte celles de la semaine précédente. Elles sont marquées de signes que je ne comprends pas. D'ailleurs je ne les relis pas. Quand je n'ai rien fait il ne me donne rien, il me gronde. Cependant je ne travaille pas pour de l'argent. Pourquoi alors ? Je ne sais pas. Je ne sais pas grand-chose, franchement.

Samuel Beckett, *Molloy*, © Les Éditions de Minuit (1951).

7 a. Qui est le narrateur du récit ? Que savons-nous de lui ? Quelles questions pouvons-nous nous poser à son sujet ?

b. Quelles informations sont données au lecteur concernant la situation et les personnages ?

c. Le lecteur peut-il construire une image précise du personnage de Lol V. Stein ?

Lol V. Stein s'est fiancée à dix-neuf ans à Michael Richardson ; à la suite d'un bal, Lol aurait été victime d'une « mystérieuse maladie ».

Lorsque le bruit avait couru des fiançailles de Lol V. Stein, Tatiana[1], elle, n'avait cru qu'à moitié à cette nouvelle : qui Lol aurait-elle bien pu découvrir qui aurait retenu son attention entière ?

Quant elle connut Michael Richardson et qu'elle fut témoin de la folle passion que Lol lui portait, elle en fut ébranlée mais il lui resta néanmoins encore un doute : Lol ne faisait-elle pas une fin de son cœur inachevé ?

Je lui ai demandé si la crise de Lol, plus tard, ne lui avait pas apporté la preuve qu'elle se trompait. Elle m'a répété que non, qu'elle, elle croyait toujours que cette crise et Lol ne faisaient qu'un depuis toujours.

Je ne crois plus à rien de ce que dit Tatiana, je ne suis convaincu de rien.

Voici, tout au long, mêlés, à la fois, ce faux semblant que raconte Tatiana Karl et ce que j'invente sur la nuit du Casino de T. Beach. À partir de quoi je raconterai mon histoire de Lol V. Stein.

Les dix-neuf ans qui ont précédé cette nuit, je ne veux pas les connaître plus que je ne le dis, ou à peine, ni autrement que dans leur chronologie même s'ils recèlent une minute magique à laquelle je dois d'avoir connu Lol V. Stein. Je ne le veux pas parce que la présence de son adolescence dans cette histoire risquerait d'atténuer un peu aux yeux du lecteur l'écrasante actualité de cette femme dans ma vie. Je vais donc la chercher, là où je crois devoir le faire, au moment où elle me paraît commencer à bouger pour venir à ma rencontre, au moment précis où les dernières venues, deux femmes, franchissent la porte de la salle de bal du Casino municipal de T. Beach.

Marguerite Duras, *Le Ravissement de Lol V. Stein*, © Gallimard (1964).

1. amie d'enfance de Lol

VERS LE BAC

TEXTE : Marcel Proust, *À l'ombre des jeunes filles en fleurs* (1919).

Le narrateur fait le portrait d'Albertine, la jeune fille dont il est amoureux.

Mais le plus souvent aussi elle était plus colorée, et alors plus animée ; quelquefois seul était rose, dans sa figure blanche, le bout de son nez, fin comme celui d'une petite chatte sournoise avec qui l'on aurait eu envie de jouer ; quelquefois ses joues étaient si lisses que le regard glissait comme sur celui d'une miniature sur leur émail rose, que faisait encore paraître plus délicat, plus intérieur, le couvercle entr'ouvert et superposé de ses cheveux noirs ; il arrivait que le teint de ses joues atteignît le rose violacé du cyclamen, et parfois même, quand elle était congestionnée ou fiévreuse, et donnant alors l'idée d'une complexion[1] maladive qui rabaissait mon désir à quelque chose de plus sensuel et faisait exprimer à son regard quelque chose de plus pervers et de plus malsain, la sombre pourpre de certaines roses d'un rouge presque noir ; et chacune de ces Albertine était différente, comme est différente chacune des apparitions de la danseuse dont sont transmutés les couleurs, la forme, le caractère, selon les jeux innombrablement variés d'un projecteur lumineux. C'est peut-être parce qu'étaient si divers les êtres que je contemplais en elle à cette époque que, plus tard, je pris l'habitude de devenir moi-même un personnage autre selon celle des Albertine à laquelle je pensais : un jaloux, un indifférent, un voluptueux, un mélancolique, un furieux, recréés, non seulement au hasard du souvenir qui renaissait, mais selon la force de la croyance interposée, pour un même souvenir par la façon différente dont je l'appréciais. Car c'est toujours à cela qu'il fallait revenir, à ces croyances qui la plupart du temps remplissent notre âme à notre insu, mais qui ont pourtant plus d'importance pour notre bonheur que tel être que nous voyons, car c'est à travers elles que nous le voyons, ce sont elles qui assignent sa grandeur passagère à l'être regardé.

1. constitution, tempérament.

Paul César Helleu (1859-1927), *Jeune Femme à l'ombrelle sur une jetée*, Paris, musée des Arts décoratifs.

Questions

1. Quels procédés (lexique, figures) sont utilisés pour décrire le personnage ?
2. Albertine offre-t-elle au narrateur un seul visage ? À quelle difficulté celui-ci se heurte-t-il pour faire son portrait ?
3. Commentez les expressions « devenir moi-même un personnage autre » (l. 21-22) et « croyance interposée » (l. 26) : quelle conception de la personnalité individuelle – ou de l'individu – suggèrent-elles ?

Vers le commentaire

Proposez pour ce texte un plan de commentaire.

Objet d'étude

Le roman

Corpus

1. STENDHAL, *Le Rouge et le Noir*, I, 10 (1830).
2. FLAUBERT, *Madame Bovary*, II-12 (1857).
3. ZOLA, *Germinal* (1885).
4. CÉLINE, *Voyage au bout de la nuit* (1932).
5. PEREC, *Les Choses* (1965).

TEXTE 1 : Stendhal, *Le Rouge et le Noir*, I, 10 (1830).

Stendhal en uniforme de consul, peinture de S. Valeri (1835), Grenoble, musée Stendhal.

Julien Sorel, issu d'une famille d'artisans, est employé comme précepteur par M. de Rênal, aristocrate et maire de la petite ville de Verrières. Après avoir été humilié par son employeur, Julien menace de quitter sa maison. M. de Rênal lui octroie alors une augmentation de ses gages. Julien part se promener dans la montagne proche.

L'air pur de ces montagnes élevées communiqua la sérénité et même la joie à son âme. Le maire de Verrières était bien toujours, à ses yeux, le représentant de tous les riches et de tous les insolents de la terre ; mais Julien sentait que la haine qui venait de l'agiter, malgré la violence de ses mouvements, n'avait rien de personnel. S'il eût cessé de voir M. de Rênal, en huit jours, il l'eût oublié, lui, son château, ses chiens, ses enfants et toute sa famille. Je l'ai forcé, je ne sais comment, à faire le plus grand sacrifice[1]. Quoi ! Plus de cinquante écus par an ! Un instant auparavant je m'étais tiré du plus grand danger[2]. Voilà deux victoires en un jour ; la seconde est sans mérite, il faudrait en deviner le comment. Mais à demain les pénibles recherches.

Julien, debout, sur son grand rocher, regardait le ciel, embrasé par un soleil d'août. Les cigales chantaient dans le champ au-dessous du rocher, quand elles se taisaient tout était silence autour de lui. Il voyait à ses pieds vingt lieues de pays. Quelque épervier parti des grandes roches au-dessus de sa tête était aperçu par lui, de temps à autre, décrivant en silence ses cercles immenses. L'œil de Julien suivait machinalement l'oiseau de proie. Ses mouvements tranquilles et puissants le frappaient, il enviait cette force, il enviait cet isolement.

C'était la destinée de Napoléon, serait-ce un jour la sienne ?

---

1. M. de Rênal redoute que Julien ne passe au service de M. Valenod, son grand rival à Verrières. C'est pourquoi il lui a accordé une augmentation assez considérable.
2. Julien a réussi à dissimuler à M. de Rênal un portrait de Napoléon, mort quelques années plus tôt. M. de Rênal voue une haine farouche à l'Empereur, alors que Julien le vénère.

TEXTE 2 : Flaubert, *Madame Bovary*, II, 12 (1857).

Gustave Flaubert en 1866, peinture de F.-E. Giraud, musée national des châteaux de Versailles et de Trianon.

Emma Bovary, épouse d'un modeste officier de médecine, est devenue la maîtresse d'un riche propriétaire des environs. Elle pense que celui-ci va bientôt l'arracher à sa vie médiocre.

Emma ne dormait pas, elle faisait semblant d'être endormie ; et, tandis qu'il[1] s'assoupissait à ses côtés, elle se réveillait en d'autres rêves.

Au galop de quatre chevaux, elle était emportée depuis huit jours vers un pays nouveau, d'où ils ne reviendraient plus. Ils allaient, ils allaient, les bras enlacés, sans parler. Souvent, du haut d'une montagne, ils apercevaient tout à coup quelque cité splendide avec des dômes, des ponts, des navires, des forêts de citronniers et des cathédrales de marbre blanc, dont les clochers aigus portaient des nids de cigognes. On marchait au pas, à cause des grandes dalles, et il y avait par terre des bouquets de fleurs que vous offraient des femmes habillées en corset rouge. On entendait sonner des clochers, hennir les mulets, avec le murmure des guitares et le bruit des fontaines, dont la vapeur s'envolant rafraîchissait des tas de fruits, disposés en pyramide au pied des statues pâles, qui souriaient sous les jets d'eau. Et puis ils arrivaient, un soir, dans un village de pêcheurs, où des filets bruns séchaient au vent le long de la falaise et des cabanes. C'est là qu'ils s'arrêteraient pour vivre : ils habiteraient une maison basse, à toit plat, ombragée d'un palmier, au fond d'un golfe, au bord de la mer. Ils se promèneraient en gondole, ils se balanceraient en hamac : et leur existence serait facile et large comme leurs vêtements de soie, toute chaude et étoilée comme les nuits douces qu'ils contempleraient. Cependant, sur l'immensité de cet avenir qu'elle faisait apparaître, rien de particulier ne surgissait ; les jours, tous magnifiques, se ressemblaient comme des flots ; et cela se balançait à l'horizon, infini, harmonieux, bleuâtre et couvert de soleil. Mais l'enfant[2] se mettait à tousser dans son berceau, ou bien Bovary ronflait plus fort, et Emma ne s'endormait que le matin, quand l'aube blanchissait les carreaux et que déjà le petit Justin, sur la place, ouvrait les auvents de la pharmacie.

1. Le pronom désigne Charles, le mari d'Emma.
2. Berthe, la fille de Charles et Emma

TEXTE 3 : Zola, *Germinal*, III, 3 (1885).

Portrait d'Émile Zola (1840-1902) par Nadar.

Étienne Lantier, jeune ouvrier récemment embauché à la mine, a pris pension chez les Maheu. Le soir, il évoque devant cette famille de mineurs ce que pourrait être un monde meilleur.

D'une voix ardente, il parlait sans fin. C'était, brusquement, l'horizon fermé qui éclatait, une trouée de lumière s'ouvrait dans la vie sombre de ces pauvres gens. L'éternel recommencement de la misère, le travail de brute, ce destin de bétail qui donne sa laine et qu'on égorge, tout le malheur disparaissait, comme balayé par un grand coup de soleil ; et, sous un éblouissement de féerie, la justice descendait du ciel. Puisque le bon Dieu était mort, la justice allait assurer le bonheur des hommes, en faisant régner l'égalité et la fraternité. Une société nouvelle poussait en un jour, ainsi que dans les songes, une ville immense, d'une splendeur de mirage où chaque citoyen vivait de sa tâche et prenait sa part des joies communes. Le vieux monde pourri était tombé en poudre, une humanité jeune, purgée de ses crimes, ne formait plus qu'un seul peuple de travailleurs, qui avait pour devise : à chacun suivant son mérite, et à chaque mérite suivant ses œuvres. Et, continuellement, ce rêve s'élargissait, s'embellissait, d'autant plus séducteur qu'il montait plus haut dans l'impossible.

D'abord la Maheude[1] refusait d'entendre, prise d'une sourde épouvante. Non, non, c'était trop beau, on ne devait pas s'embarquer dans ces idées, car elles rendaient la vie abominable ensuite, et l'on aurait tout massacré alors, pour être heureux. Quand elle voyait luire les yeux de Maheu[2], troublé, conquis, elle s'inquiétait, elle criait, en interrompant Étienne :

– N'écoute pas, mon homme ! Tu vois bien qu'il nous fait des contes… Est-ce que les bourgeois consentiront jamais à travailler comme nous ?

Mais, peu à peu, le charme agissait aussi sur elle. Elle finissait par sourire, l'imagination éveillée, entrant dans ce monde merveilleux de l'espoir.

1. la mère de famille
2. le père

SUJET BAC

TEXTE 4 : Louis-Ferdinand Céline, *Voyage au bout de la nuit* (1932).

Louis-Ferdinand Céline (1894-1961).

Le narrateur-personnage, Ferdinand Bardamu, est médecin dans une banlieue ouvrière proche de Paris.

On a le temps de penser pendant dix jours allongé. Dès que je me trouverais mieux je m'en irais de Rancy[1], c'était ce que j'avais décidé. Deux termes[2] en retard d'ailleurs... Adieu donc, mes quatre meubles ! Sans rien en dire à personne bien entendu, je filerais, tout doucement et on ne me reverrait plus jamais à la Garenne-Rancy. Je partirais sans laisser ni de traces ni d'adresse. Quand la bête à misère, puante, vous traque, pourquoi discuter ? C'est rien dire et puis foutre le camp qu'est malin.

Avec mon diplôme[3], je pouvais m'établir n'importe où, ça c'était vrai... Mais ce ne serait autre part ni plus agréable, ni pire... Un peu meilleur l'endroit dans les débuts, forcément, parce qu'il faut toujours un peu de temps pour que les gens arrivent à vous connaître, et pour qu'ils se mettent en train et trouvent le truc pour vous nuire. Tant qu'ils cherchent encore l'endroit par où c'est le plus facile de vous faire du mal, on a un peu de tranquillité, mais dès qu'ils ont trouvé le joint, alors ça redevient du pareil au même partout. En somme, c'est le petit délai où on est inconnu dans chaque endroit nouveau qu'est le plus agréable. Après, c'est la même vacherie qui recommence. C'est leur nature. Le tout c'est de ne pas attendre trop longtemps qu'ils aient bien appris votre faiblesse les copains. Il faut écraser les punaises avant qu'elles aient retrouvé leurs fentes. Pas vrai ?

1. ville de banlieue où exerce Bardamu
2. deux mois de loyer
3. diplôme de médecin

TEXTE 5 : Perec, *Les Choses*, I, 10 (1965).

Georges Perec en 1978.

Georges Perec évoque les rêves et aspirations d'un jeune couple parisien, Jérôme et Sylvie, dans les années 60.

Ils se laissaient aller de merveille en merveille, de surprise en surprise. Il leur suffisait de vivre, d'être là pour que s'offre le monde entier. Leurs navires, leurs trains, leurs fusées sillonnaient la planète entière. Le monde leur appartenait, avec ses provinces couvertes de blés, ses mers poissonneuses, ses sommets, ses déserts, ses campagnes fleuries, ses plages, ses îles, ses arbres, ses trésors, ses usines immenses, depuis longtemps abandonnées, enfouies sous terre où se tissaient pour eux les plus beaux lainages, les plus éclatantes soieries.

Ils connaissaient d'innombrables bonheurs. Ils se laissaient emporter au grand galop de chevaux sauvages, à travers de grandes plaines houleuses d'herbes hautes. Ils escaladaient les plus hauts sommets. Ils dévalaient, chaussés de skis, des pentes abruptes semées de sapins gigantesques. Ils nageaient dans des lacs immobiles. Ils marchaient sous la pluie battante, respiraient l'odeur des herbes mouillées. Ils s'allongeaient au soleil. Ils découvraient, d'une hauteur, des vallons couverts de fleurs des champs. Ils marchaient dans des forêts sans bornes. Ils s'aimaient dans des chambres pleines d'ombres, de tapis épais, de divans profonds.

Puis ils rêvaient de porcelaines précieuses, à décors d'oiseaux exotiques, de livres reliés de cuir, imprimés en elzévir[1] sur des feuilles de japon[2] à la cuve, avec de grandes marges blanches non rognées où ils se reposaient délicieusement, de tables d'acajou, de vêtements de soie et de lin, souples et confortables, pleins de couleurs, de chambres spacieuses et claires, de brassées de fleurs, de tapis de Boukhara[3], de dobermans bondissants.

1. caractères typographiques rappelant les livres anciens
2. papier très résistant qui était, à l'origine, fabriqué au Japon
3. ville d'Asie centrale célèbre pour ses soieries et ses étoffes précieuses

Questions

A. Séries générales (4 points)

Pourquoi ces textes peuvent-ils être rapprochés ? En quoi se différencient-ils ?

B. Séries technologiques (6 points)

1. Quelle vision de la société ou du monde chacun de ces rêves reflète-t-il ? Vous tiendrez compte dans votre réponse de la date de parution de chaque roman. **(4 points)**
2. Comment les choix narratifs permettent-ils au lecteur, dans les textes 2 et 5, de prendre une distance critique par rapport aux espoirs des personnages ? **(2 points)**

Travail d'écriture

A. Séries générales (16 points)

1. **Commentaire**

   Faites le commentaire du texte de Flaubert (texte 2).

2. **Dissertation**

   Dans son essai sur *Les Personnages*, Sylvie Germain, romancière contemporaine, écrit : « Tous les personnages sont des dormeurs clandestins nourris de nos rêves et de nos pensées. »
   Cette conception du personnage vous paraît-elle partagée par les romanciers que vous connaissez ? Vous appuierez votre réponse sur les textes du corpus et les œuvres romanesques que vous avez lues.

3. **Écriture d'invention**

   Récrivez le texte de Perec (texte 5) à la manière du texte de Stendhal (texte 1) (changement de personne, introduction d'un point de vue, monologue intérieur de Jérôme).

B. Séries technologiques (14 points)

1. **Commentaire**

   Faites le commentaire du texte de Stendhal, en fondant votre analyse sur le parcours de lecture suivant :
   a. Montrez quels éléments de cet extrait relèvent du roman réaliste.
   b. Que nous révèle ce passage sur la personnalité de Julien Sorel et sur ses désirs ?

2. **Dissertation**

   On a souvent reproché au roman d'entretenir les rêves et les illusions du lecteur. Ce reproche vous paraît-il pleinement fondé ?
   Vous construirez votre réponse sur l'analyse des textes du corpus et sur les œuvres romanesques que vous connaissez.

3. **Écriture d'invention**

   Récrivez le texte de Zola (texte 3) sous la forme d'une scène de théâtre. Votre devoir comportera une tirade d'Étienne exposant sa vision du monde futur.

Chapitre 41

Les formes poétiques

2de / 1re

Mots clés

- sonnet
- ballade
- poème en prose
- calligramme

Observation

Texte 1

Non, sur nos tristes bords[1], ô belle voyageuse !
Sœur auguste des rois, fille sainte de Dieu,
Liberté ! pur flambeau de la gloire orageuse,
Non, je ne t'ai point dit adieu !
Car mon luth est de ceux dont les voix importunes
Pleurent toutes les infortunes,
Bénissent toutes les vertus.
Mes hymnes dévoués ne traînent point la chaîne
Du vil gladiateur, mais ils vont dans l'arène,
Du linceul des martyrs vêtus.

Dans l'âge où le cœur porte un souffle magnanime,
Où l'homme à l'avenir jette un défi sublime
Et montre à sa menace un sourire hardi ;
Avant l'heure où périt la fleur de l'espérance,
Quand l'âme de souffrance,
Passe du matin frais à l'aride midi ;

Je disais : « Ô salut, vierge aimable et sévère !
Le monde, ô Liberté, suit tes nobles élans ;
Comme une jeune épouse il t'aime et te révère
Comme une aïeule en cheveux blancs ! [...]

Victor Hugo, « La liberté », *Odes et Ballades* (1828).

1. rivage

Texte 2

Ce cœur qui haïssait la guerre voilà qu'il bat pour le combat et la bataille !
Ce cœur qui ne battait qu'au rythme des marées, à celui des saisons,
à celui des heures du jour et de la nuit,
Voilà qu'il se gonfle et qu'il envoie dans les veines un sang brûlant de salpêtre
et de haine
Et qu'il mène un tel bruit dans la cervelle que les oreilles en sifflent
Et qu'il n'est pas possible que ce bruit ne se répande pas dans la ville
et la campagne
Comme le son d'une cloche appelant à l'émeute et au combat.
Écoutez, je l'entends qui me revient renvoyé par les échos.
Mais non, c'est le bruit d'autres cœurs, de millions d'autres cœurs battant
comme le mien à travers la France.
Ils battent au même rythme pour la même besogne tous ces cœurs,
Leur bruit est celui de la mer à l'assaut des falaises
Et tout ce sang porte dans des millions de cervelles un même mot d'ordre :
Révolte contre Hitler et mort à ses partisans !
Pourtant ce cœur haïssait la guerre et battait au rythme des saisons,
Mais un seul mot : Liberté a suffi à réveiller les vieilles colères
Et des millions de Français se préparent dans l'ombre à la besogne
que l'aube proche leur imposera.
Car ces cœurs qui haïssaient la guerre battaient pour la liberté au rythme
même des saisons et des marées, du jour et de la nuit.

Robert Desnos, *L'Honneur des poètes*, © Gallimard (1943).

Questions

1. Pouvez-vous relever un thème commun à ces deux textes ?
2. Quel est l'objectif de chacun des deux poètes ?
3. En quoi ces deux textes se différencient-ils sur le plan formel ?
4. Pourquoi peut-on parler de poèmes dans les deux cas ?

L'essentiel

Traditionnellement, la poésie est régie par un certain nombre de contraintes liées à l'usage du vers, de la rime, des strophes. Ces contraintes sont fortement remises en cause dans le courant du XIXe siècle ; les poètes se tournent alors vers des formes plus libres.

1. Une poésie nouvelle

→ **Chapitre 22** Éléments de versification, p. 64

Parmi les principales formes fixes, on peut distinguer :

■ **La ballade**, qui apparaît au XIVe siècle. Cette forme est composée de **trois strophes** dont le nombre de vers peut varier (sizains, huitains, dizains…), de même que le type de mètre utilisé (octosyllabe, décasyllabe…). Chaque strophe est suivie d'un **refrain** d'un ou deux vers ; le poème s'achève sur une demi-strophe appelée **envoi**.

■ **Le sonnet**, d'origine italienne, qui est introduit en France au XVIe siècle ; cette forme se compose de **deux quatrains** et de **deux tercets**. Le mètre utilisé est d'abord le décasyllabe, puis l'emploi de l'alexandrin se généralise.
Dans les quatrains, les rimes sont **embrassées** ; dans les tercets, leur organisation est plus libre ; néanmoins deux schémas dominent :
- **CCD/EED** ; on parle alors de sonnet « italien » ;
- **CCD/EDE** ; on parle alors de sonnet « français ».

2. Les formes régulières

Orphée, le visage dans sa lyre, encre de Jean Cocteau (1889-1963), collection privée.

Certaines formes poétiques n'obéissent pas à des contraintes rigides, mais se définissent par leurs **thèmes** et par leurs **visées**. D'origine antique, la plupart d'entre elles sont introduites en France au XVIe siècle.

■ L'**ode** est, à l'origine, destinée à être chantée ou accompagnée de musique. Elle se compose de plusieurs strophes.
L'ode peut être utilisée aussi bien pour vanter les mérites d'un héros, d'une personne admirée, que pour traiter de sujets légers, intimes.

Le poème de Hugo (p.166) est une ode ; le poète y chante son attachement à la liberté.

■ **L'élégie** désigne un poème lyrique au ton triste et mélancolique.

■ **L'hymne** célèbre les dieux, les héros ou les grands personnages.

■ **La fable** vise à éveiller la réflexion du lecteur au moyen d'une courte histoire illustrant une moralité.

3. La contestation des formes traditionnelles

Au XIXe siècle, la poésie tend à rejeter les cadres formels imposés. Cette contestation se manifeste de plusieurs façons :

■ **le recours à des formes poétiques oubliées ou négligées** ;

La poésie romantique remet à l'honneur le genre de la ballade, méprisé au XVIe et au XVIIe siècle ; en témoigne le titre *Odes et Ballades* du recueil de Hugo.

■ **la liberté prise avec les formes traditionnelles** ;

Certains poètes du XIXe siècle utilisent la forme du sonnet en modifiant le schéma traditionnel de l'organisation des rimes, en variant les mètres.

■ **l'invention de formes nouvelles** :

- le **poème en prose** est un texte qui, tout en se voulant poétique, refuse les contraintes de la versification. Assez bref, généralement rédigé en courts paragraphes, il fait appel aux ressources du langage poétique : usage des figures, du rythme, des sonorités.

Fleurs

« D'un gradin d'or – parmi les cordons de soie, les gazes grises, les velours verts et les disques de cristal qui noircissent comme du bronze au soleil, – je vois la digitale s'ouvrir sur un tapis de filigranes d'argent, d'yeux et de chevelures.

Des pièces d'or jaune semées sur l'agate, des piliers d'acajou supportant un dôme d'émeraudes, des bouquets de satin blanc et de fines verges de rubis entourant la rose d'eau.

Tels qu'un dieu aux énormes yeux bleus et aux formes de neige, la mer et le ciel attirent aux terrasses de marbre la foule des jeunes et fortes roses. »

Arthur Rimbaud, *Illuminations* (1874-1875).

Remarque : Le poème de Desnos (p. 166) pourrait faire songer à un poème en prose ; pourtant Desnos utilise une disposition typographique qui est celle de la poésie en vers.

→ **Chapitre 23**
Les sonorités, p. 68

– le **poème en vers libres** accueille différent types de vers et de strophes ; l'auteur emploie éventuellement la rime, de manière irrégulière, ou bien la refuse ; il peut avoir recours à l'assonance.

– le **calligramme** est un poème dont les lignes forment un dessin qui évoque le thème du poème.

Le terme a été créé en 1918 par Guillaume Apollinaire (néologisme associant *calligraphie* et *idéogramme*) ; on trouve cependant dès l'Antiquité des poèmes dessinés.

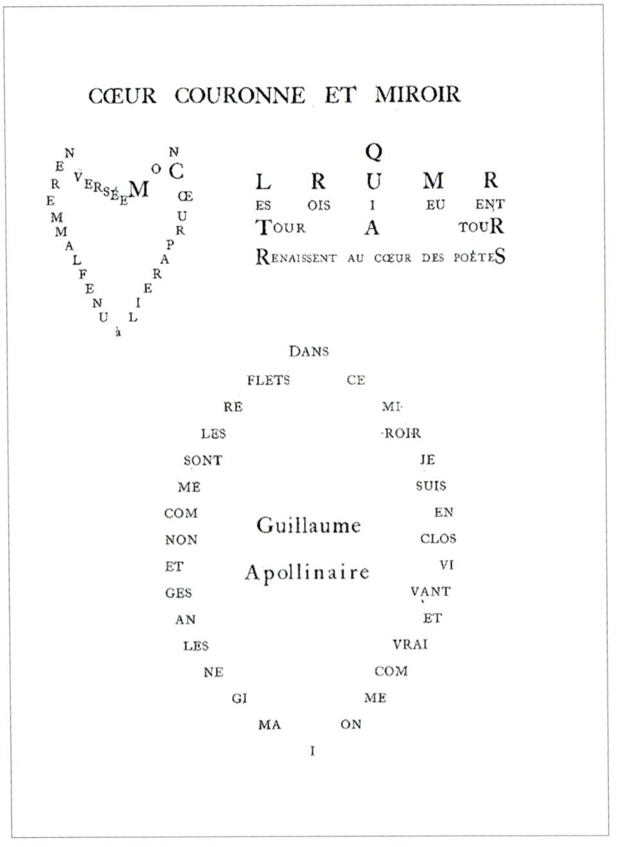

Guillaume Apollinaire, « Cœur, couronne et miroir », *Calligrammes*, © Gallimard (1914).

Exercices

Les formes fixes

1 **À l'aide d'un dictionnaire ou d'une encyclopédie, définissez les termes suivants en les resituant dans leur époque.**

1. le blason – **2.** la chanson – **3.** l'épigramme – **4.** l'épopée – **5.** le rondeau.

2 **Exercice guidé**

a. Quelle forme poétique reconnaissez-vous dans ces deux textes ? Quelle différence remarquez-vous cependant ?

b. À qui s'adressent les deux poètes ? Dans quel but ?

c. Comment, en fonction du sens, chacun des deux auteurs utilise-t-il le découpage en strophes ?

Texte 1

Je vous envoie un bouquet que ma main
Vient de trier de ces fleurs épanies[1] ;
Qui ne les eût à ce vêpre cueillies,
Chutes à terre elles fussent demain[2].

Cela vous soit un exemple certain
Que vos beautés, bien qu'elles soient fleuries,
En peu de temps cherront[3] toutes flétries,
Et, comme fleurs, périront tout soudain.

Le temps s'en va, le temps s'en va, ma dame ;
Las[4] ! le temps, non, mais nous nous en allons,
Et tôt serons étendus sous la lame[5] ;

Et des amours desquelles nous parlons,
Quand serons morts, n'en sera plus nouvelle.
Pour c'aimez-moi cependant qu'êtes belle[6].

Ronsard, *Second Livre des Amours* (1556).

1. épanouies 2. Si on ne les avait pas cueillies ce soir, demain elles seraient tombées à terre. 3. tomberont 4. hélas 5. la pierre du tombeau 6. Pour cette raison, aimez-moi pendant que vous êtes belle.

Texte 2

Remords posthume

Lorsque tu dormiras, ma belle ténébreuse,
Au fond d'un monument construit en marbre noir,
Et lorsque tu n'auras pour alcôve[1] et manoir
Qu'un caveau pluvieux et qu'une fosse creuse ;

Quand la pierre, opprimant ta poitrine peureuse
Et tes flancs qu'assouplit un charmant nonchaloir[2],
Empêchera ton cœur de battre et de vouloir,
Et tes pieds de courir leur course aventureuse,

Le tombeau, confident de mon rêve infini
(Car le tombeau toujours comprendra le poëte),
Durant ces grandes nuits d'où le somme est banni,

Te dira : « Que vous sert, courtisane imparfaite,
De n'avoir pas connu ce que pleurent les morts ? »
– Et le vers rongera ta peau comme un remords.

Charles Baudelaire, *Les Fleurs du mal* (1857).

1. chambre 2. indifférence, manque d'intérêt

→ Les questions à vous poser

- Combien de strophes chaque poème comporte-t-il ? De quel type de strophe s'agit-il ?
- Quel est le type de vers utilisé dans chacun des poèmes ?
- Comment les rimes sont-elles disposées dans chacun des poèmes ?
- Quels sont les termes désignant le ou la destinataire des poèmes ?
- Quels sont les temps verbaux dominants dans les deux poèmes ? Que peut-on en déduire ?
- Combien de phrases chacun des deux poèmes comporte-t-il ? Comparez le découpage en phrases et le découpage en strophes.
- Comparez le dernier vers de chaque poème.

Le jeu avec les formes traditionnelles

3 **a. Quelle forme poétique traditionnelle pouvez-vous reconnaître dans ce poème ?**

b. Quelles libertés le poète prend-il avec cette forme ?

c. Quels sont les effets produits ?

Rêvé pour l'hiver

L'hiver, nous irons dans un petit wagon rose
Avec des coussins bleus.
Nous serons bien. Un nid de baisers fous repose
Dans chaque coin moelleux.

Tu fermeras l'œil, pour ne point voir, par la glace,
Grimacer les ombres des soirs,
Ces monstruosités hargneuses, populace
De démons noirs et de loups noirs.

Puis tu te sentiras la joue égratignée…
Un petit baiser, comme une folle araignée,
Te courra par le cou…

Et tu me diras : « Cherche ! » en inclinant la tête,
– Et nous prendrons du temps à trouver cette bête
– Qui voyage beaucoup…

En wagon, le 7 octobre 70

Arthur Rimbaud, *Poésies*.

Les formes libres

4 **Quels éléments ce poème emprunte-t-il aux formes traditionnelles ? Quelles libertés prend-il avec elles ? Avec quels effets ?**

Leurs yeux toujours purs

Jours de lenteur, jours de pluie,
Jours de miroirs brisés et d'aiguilles perdues,
Jours de paupières closes à l'horizon des mers,
D'heures toutes semblables, jours de captivité,

Mon esprit, qui brillait encore sur les feuilles
Et les fleurs, mon esprit est nu comme l'amour,
L'aurore qu'il oublie lui fait baisser la tête
Et contempler son corps obéissant et vain.

Pourtant, j'ai vu les plus beaux yeux du monde,
Dieux d'argent qui tenaient les saphirs dans leurs mains,
De véritables dieux, des oiseaux dans la terre
Et dans l'eau, je les ai vus.

Leurs ailes sont les miennes, rien n'existe
Que leur vol qui secoue ma misère,
Leur vol d'étoile et de lumière
Leur vol de terre, leur vol de pierre
Sur les flots de leurs ailes,

Ma pensée soutenue par la vie et la mort.

Paul Eluard, *Capitale de la douleur*, © Gallimard (1926).

5 **a. Quels aspects de la poésie traditionnelle ce poème utilise-t-il ?**

b. Comment le poète utilise-t-il la disposition du texte dans la page ? Pouvez-vous la mettre en relation avec le sens ?

Je suis dur
Je suis tendre
Et j'ai perdu mon temps
À rêver sans dormir
À dormir en marchant
Partout où j'ai passé
J'ai trouvé mon absence
Je ne suis nulle part
Excepté le néant
Mais je porte caché au plus haut des entrailles
À la place où la foudre a frappé trop souvent
Un cœur où chaque mot a laissé son entaille
Et d'où ma vie s'égoutte au moindre mouvement

Pierre Reverdy, *La Liberté des mers* (1959), © Flammarion (1978).

6 **Le texte suivant est extrait de *La Prose du Transsibérien et de la petite Jehanne de France*, poème de Blaise Cendrars.**

a. Pourquoi l'utilisation du terme de *prose* peut-il paraître étonnant dans le cas de ce texte ?

b. Comment expliquez-vous ce choix du poète ?

En ce temps-là, j'étais en mon adolescence
J'avais à peine seize ans et je ne me souvenais déjà plus de
[mon enfance
J'étais à 16 000 lieues du lieu de ma naissance
J'étais à Moscou dans la ville des mille et trois clochers et
[des sept gares
Et je n'avais pas assez des sept gares et des mille et trois
[tours
Car mon adolescence était si ardente et si folle
Que mon cœur tour à tour brûlait comme le temple d'Ephèse[1]
ou comme la Place Rouge de Moscou quand le soleil
[se couche.
Et mes yeux éclairaient des voies anciennes.
Et j'étais déjà si mauvais poète
Que je ne savais pas aller jusqu'au bout.

Blaise Cendrars, *La Prose du Transsibérien*, extrait, © Denoël (1913).

1. Le temple de la déesse Artémis fut détruit par un incendie provoqué par un malade mental, Érostrate.

7 **Voici un calligramme de Guillaume Apollinaire, suivi de la transcription du texte selon une disposition traditionnelle.**

a. Pourquoi peut-on parler ici de calligramme ?

b. Expliquez le titre du poème : que peut représenter la « colombe poignardée » ?

c. En comparant les deux présentations du poème, montrez l'intérêt de celle qu'Apollinaire a choisie.

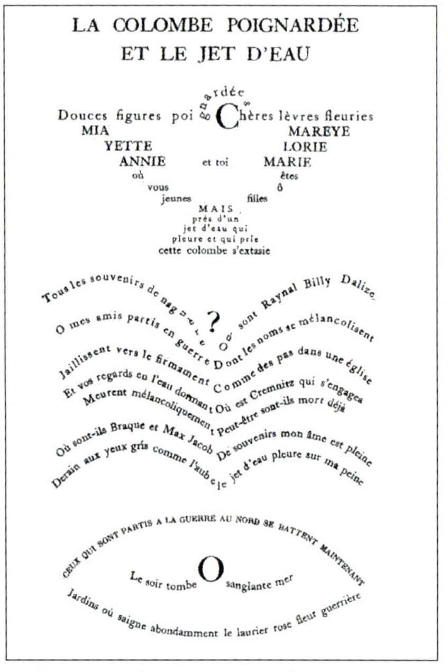

Guillaume Apollinaire, « La colombe poignardée et le jet d'eau », *Calligrammes*, © Gallimard (1914).

Douces figures poignardées, Chères lèvres fleuries
Mia Mareyette Lorie Annie et toi Marie
Où êtes-vous Ô jeunes filles !
Mais près d'un jet d'eau qui pleure et qui prie
Cette colombe s'extasie
Tous les souvenirs de naguère jaillissent vers le firmament
Et vos regards en l'eau dormant meurent
mélancoliquement
Ô mes amis partis en guerre
Où sont-ils Braque et Max Jacob Derain aux yeux gris
comme l'aube ?
Où sont Raynal Billy Dalise dont les noms se
mélancolisent
Comme des pas dans une église
Où est Cremnitz qui s'engagea
Peut-être sont-ils morts déjà
De souvenirs mon âme est pleine

Le jet d'eau pleure sur ma peine.
Ceux qui sont partis à la guerre au Nord se battent
maintenant
Le soir tombe Ô sanglante mer
Jardins où saigne abondamment
le laurier rose fleur guerrière.

8 Écriture d'invention

Voici un couplet d'une chanson de Charles Panard (1691-1765), intitulée « Les Losanges ». Essayez d'imiter l'auteur : composez, en vers libres ou en vers rimés, un losange, un carré ou un rectangle, en veillant à ce que la forme accueille le sens.

Si
J'ai fui
Jusqu'ici
La tendresse
C'est que sans cesse
L'on nous y redresse :
L'amant, dès qu'un doux sort
Paie son transport,
Prend la fuite,
Nous quitte,
Vite
Sort.

Cité par Claude Duneton, *Histoire de la chanson française*, © Le Seuil (1998).

9

a. Identifiez les procédés d'écriture soulignés dans l'extrait suivant.

b. Relevez les termes appartenant aux champs lexicaux de la couleur et du feu. Comment se réunissent-ils ?

c. Distinguez les aspects du texte qui vous semblent relever de la poésie et ceux qui relèvent de la prose. À quel genre appartient-il, selon vous ?

Rouler plus vite

Ils regardaient l'horizon, le ras du ciel, ils se taisaient, ils ne pouvaient plus détacher leur pensée de ce point où la route perçait la masse noire, indécise.

Et voici qu'une rougeur y parut, soudain, un peu à gauche de l'en-avant de la route, là où tout de même, depuis un moment déjà, le sol se gonflait, à n'en pas douter, se hérissait de bosses et, qui sait, de creux, avec peut-être de l'eau. La rougeur s'accrut, elle élargit sa prise sur l'horizon, des taches de clarté intense, comme d'un feu, s'y firent jour, et le ciel autour d'eux en était déjà presque rose – eux, ils purent se regarder les uns et les autres, dans la voiture, il y avait de ce rose sur leur visage.

Mais la crête enflammée du soleil tardait à paraître. Et au bout de longues minutes la rougeur, qui n'augmentait plus, commença à plutôt décroître puis le fit avec évidence, la flamme qui y bougeait redevenant cendre pourpre, qui s'éteignit. La clarté disparut au ras de ces collines enchevêtrées entre le ciel et le monde. Et ce fut à nouveau la grande nuit d'avant, sans étoiles.

Yves Bonnefoy, *Les Planches courbes*, © Mercure de France (2001).

VERS LE BAC

TEXTE : Robert Desnos, *Corps et Biens* (1930).

J'ai tant rêvé de toi que tu perds ta réalité.
Est-il encore temps d'atteindre ce corps vivant et de baiser sur cette bouche la naissance de la voix qui m'est chère ?
J'ai tant rêvé de toi que mes bras habitués,
en étreignant ton ombre, à se croiser sur ma poitrine
ne se plieraient pas au contour de ton corps, peut-être.
Et que, devant l'apparence réelle de ce qui me hante
et me gouverne depuis des jours et des années,
je deviendrais une ombre sans doute.
Ô balances sentimentales.
J'ai tant rêvé de toi qu'il n'est plus temps sans doute
que je m'éveille. Je dors debout, le corps exposé à toutes
les apparences de la vie et de l'amour et toi, la seule qui
compte aujourd'hui pour moi, je pourrais moins toucher
ton front et tes lèvres que les premières lèvres
et le premier front venus.
J'ai tant rêvé de toi, tant marché, parlé, couché avec
ton fantôme qu'il ne me reste plus peut-être, et pourtant,
qu'à être fantôme parmi les fantômes et plus ombre cent
fois que l'ombre qui se promène et se promènera
allégrement sur le cadran solaire de ta vie.

© Gallimard (1930).

Questions

1. À qui le poète s'adresse-t-il ? Quels sentiments exprime-t-il ?
2. Quelles figures de style pouvez-vous relever ? Pourquoi le poète les emploie-t-il ?
3. En quoi ce texte relève-t-il de la poésie ?

Vers le commentaire

Proposez pour ce poème un plan de commentaire.

Chapitre 42

Lire un poème

Mots clés

- usage du langage
- contraintes
- typographie

2de

Observation

Titien (1488-1576), *La Vénus au miroir*, Paris, musée du Louvre.

Texte 1

Doux cheveux, doux présent de ma douce maîtresse
Doux liens qui liez ma douce liberté,
Doux filets où je suis doucement arrêté,
Qui pourriez adoucir d'un Scythe[1] la rudesse;

Cheveux, vous ressemblez à ceux de la princesse,
Qui eurent pour leur grâce un astre mérité[2];
Cheveux dignes d'un Temple et d'immortalité,
Et d'être consacrés à Vénus la déesse[3].

Je ne cesse, cheveux, pour mon mal apaiser,
De vous voir, vous toucher, baiser et rebaiser,
Vous parfumer de musc, d'ambre gris et de bâme [4],

Et de vos nœuds crespés tout le col m'enserrer[5],
Afin que, prisonnier, je vous laisse assurer
Que les liens du col sont les liens de l'âme.

Ronsard, *Les Amours diverses* (1578).

1. peuple réputé dans l'Antiquité pour sa sauvagerie
2. Suite à un vœu, la reine Bérénice d'Égypte sacrifia sa chevelure blonde et l'offrit à Vénus. Cette chevelure fut alors transformée en astre par les dieux. **3.** déesse de la beauté et de l'amour
4. parfums **5.** encercler mon cou avec vos cheveux bouclés

Texte 2

Ma femme à la chevelure de feu de bois
Aux pensées d'éclairs de chaleur
À la taille de sablier
Ma femme à la taille de loutre entre les dents
du tigre
Ma femme à la bouche de cocarde et de bouquet
d'étoiles de dernière grandeur
Aux dents d'empreintes de souris blanche sur
la terre blanche
À la langue d'ambre et de verres frottés
Ma femme à la langue d'hostie poignardée
À la langue de poupée qui ouvre et ferme les yeux
À la langue de pierre incroyable
Ma femme aux cils de bâtons d'écriture d'enfant
Aux sourcils de bord de nid d'hirondelle
Ma femme aux tempes d'ardoise de toit de serre
Et de buée aux vitres
Ma femme aux épaules de champagne
Et de fontaine à têtes de dauphins sous la glace
Ma femme aux poignets d'allumettes
Ma femme aux doigts de hasard et d'as de cœur
Aux doigts de foin coupé [...]

André Breton, *L'Union libre*, © Gallimard (1931).

Questions

1. Quelles différences formelles remarquez-vous entre ces deux textes ?
2. Quels points communs leurs objectifs présentent-ils cependant ?
3. Suivant quel principe le texte 2 est-il construit ?
4. Pourquoi peut-on parler de poèmes dans les deux cas ?
5. En vous référant aux chapitres 24 à 33, indiquez le mouvement auquel chacun de ces poèmes peut être rattaché.

L'essentiel

Lire un poème, c'est lire un texte littéraire qui présente des points communs avec les textes en prose, mais qui fait du langage un usage particulier.

1. Aborder un poème

Tout comme pour un texte en prose, on doit aborder un poème en s'interrogeant sur les **objectifs** de l'auteur, sur les **registres** perceptibles, sur le **mouvement** dans lequel il s'inscrit.

■ Un poème peut viser des **objectifs différents** : raconter, décrire, convaincre ou persuader.

Les poèmes de Ronsard et d'André Breton sont tous deux adressés à une femme. Ils constituent l'un et l'autre un éloge de cette femme.

■ La poésie est, par tradition, le genre privilégié des **registres épique** et surtout **lyrique**. Mais elle peut également faire appel au comique, relever de la polémique ou de la satire.

Le poème d'André Breton relève du lyrisme : écrit à la première personne, il chante l'amour du poète pour la femme.

■ On pourra retrouver dans un poème les **traits caractéristiques d'un mouvement littéraire**, ou au contraire apprécier l'**originalité du poète** par rapport à un mouvement dominant.

Le sonnet de Ronsard présente certaines des caractéristiques des œuvres du groupe de la Pléiade : on peut ainsi relever l'emploi de la forme du sonnet, des références à la mythologie gréco-romaine, l'usage des métaphores et des comparaisons.

Cadavre exquis, dessin de Paul Eluard, Valentine Hugo, André Breton et Nusch Eluard, musée d'Art et d'Histoire de Saint-Denis.

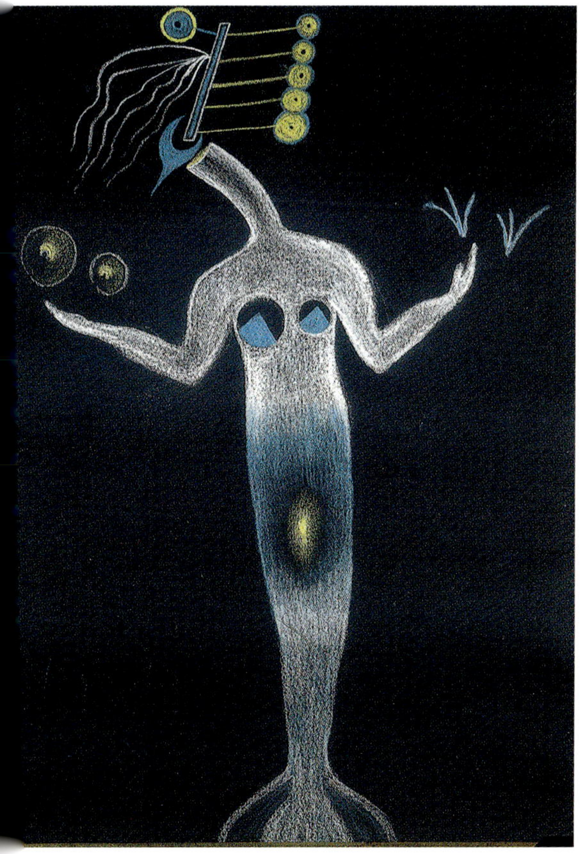

2. La poésie : un langage spécifique

Mais la poésie repose également sur un usage spécifique du langage que l'analyse doit prendre en compte. Lire un poème, c'est donc s'interroger sur :

■ les **contraintes formelles** : usage d'une forme fixe ou d'une forme libre ; contraintes que le poète s'impose.

Ronsard utilise la forme fixe du sonnet ; André Breton construit son poème sur l'anaphore de l'expression « ma femme ».

■ le **lexique** : niveau de langue employé ; jeu sur les connotations ; polysémie.

■ les **figures** : relevé des figures dominantes (métaphores, comparaisons, métonymies...) ; interrogation sur leurs effets.

Le poème d'André Breton procède par l'association métaphorique entre des éléments du corps de la femme et des objets ou des réalités matérielles.

■ la **syntaxe** : inscription de la phrase dans le cadre de la strophe et des vers ; rôle joué par la place des mots ; exploitation des possibilités rythmiques.

■ l'exploitation des **possibilités sonores et visuelles du langage** : rimes, assonances, allitérations ; recours à une typographie particulière, à une disposition particulière du poème dans la page.

Exercices

Les objectifs du poète

1 **a. Qu'est-ce qu'une épitaphe ? Qui parle dans le poème ?**

b. En quoi les quatrains s'opposent-ils aux tercets ? Quelle est la valeur de cette opposition ?

c. Quels sont les différents objectifs du poète ?

Épitaphe de feu Monseigneur d'Orléans[1]

Plus Mars que Mars de la Thrace[2]
Mon père victorieux,
Aux rois les plus glorieux
Ôta la première place.

Ma mère vient d'une race
Si fertile en demi-dieux,
Que son éclat radieux
Toutes lumières efface.

Je suis poudre toutefois.
Tant la Parque a fait ses lois[3]
Égales et nécessaires :

Rien ne m'en a su parer[4]
Apprenez, âmes vulgaires,
À mourir sans murmurer.

Malherbe, *Recueil* (1627).

1. fils du roi Henri IV et de la reine Marie de Médicis **2.** Mars était le dieu de la guerre chez les Romains, mais son culte venait à l'origine de Thrace, actuelle Bulgarie. **3.** divinité qui décide du moment où doit mourir un homme **4.** protéger

2 **a. Quels registres l'auteur emploie-t-il successivement dans ce poème ? Quels sont les différents procédés utilisés ?**

b. Quel est l'objectif de ce poème ?

Tu casses des cailloux, vieillard, sur le chemin ;
Ton feutre[1] humble et troué s'ouvre à l'air qui le mouille ;
Sous la pluie et le temps ton crâne nu se rouille ;
Le chaud est ton tyran, le froid est ton bourreau ;
Ton vieux corps grelottant tremble sous ton sarrau[2] ;
Ta cahute, au niveau du fossé de la route,
Offre son toit de mousse à la chèvre qui broute ;
Tu gagnes dans ton jour juste assez de pain noir
Pour manger le matin et pour jeûner le soir ;
Et, fantôme suspect devant qui l'on recule,
Regardé de travers quand vient le crépuscule,
Pauvre au point d'alarmer les allants et venants[3],
Frère sombre et pensif des arbres frissonnants,
Tu laisses choir tes ans ainsi qu'eux leur feuillage ;
Autrefois, homme alors dans la force de l'âge,
Quand tu vis que l'Europe implacable venait,
Et menaçait Paris et notre aube qui naît,
Et, mer d'hommes, roulait vers la France effarée,
Et le Russe et le Hun sur la terre sacrée[4]
Se ruer, et le nord revomir Attila[5],
Tu te levas, tu pris ta fourche ; en ces temps-là,
Tu fus, devant les rois qui tenaient la campagne,
Un des grands paysans de la grande Champagne[6].
C'est bien. Mais, vois, là-bas, le long du vert sillon,
Une calèche arrive, et, comme un tourbillon,
Dans la poudre du soir qu'à ton front tu secoues,
Mêle l'éclair du fouet au tonnerre des roues.
Un homme y dort. Vieillard, chapeau bas ! Ce passant
Fit sa fortune à l'heure où tu versais ton sang ;
Il jouait à la baisse, et montait à mesure
Que notre chute était plus profonde et plus sûre[7] ;
Il fallait un vautour à nos morts ; il le fut.

Victor Hugo, *Les Contemplations*, « Melancholia » (1856).

1. ton chapeau **2.** blouse de travail **3.** les passants **4.** Hugo fait ici référence à la fin des guerres napoléoniennes et à l'invasion de la France en 1814 par les troupes européennes. **5.** roi des Huns, peuple asiatique ayant envahi l'Europe au Ve siècle après J.-C.
6. De nombreux et violents combats eurent lieu en Champagne en 1814.
7. L'homme s'est enrichi en spéculant et en profitant de la défaite française.

3 **a. Quel semble être l'objectif du poète ? Qu'a-t-il de surprenant pour le lecteur ?**

b. Pourquoi peut-on parler de poésie à propos de ce texte ?

Le morceau de viande

Chaque morceau de viande est une sorte d'usine, moulins et pressoirs à sang.
Tubulures, hauts fourneaux, cuves y voisinent avec les marteaux-pilons, les coussins de graisse.
La vapeur y jaillit, bouillante. Des feux sombres ou clairs rougeoient.
Des ruisseaux à ciel ouvert charrient des scories avec le fiel.
Et tout cela refroidit lentement à la nuit, à la mort.
Aussitôt, sinon la rouille, du moins d'autres réactions chimiques se produisent, qui dégagent des odeurs pestilentielles.

Francis Ponge, *Le Parti pris des choses*, © Gallimard (1942).

Poésie et mouvements littéraires

4 **a. En étudiant les thèmes et les procédés d'écriture, dites à quel mouvement littéraire vous pouvez rattacher ce poème.**

b. Quelles régularités (dans le lexique, la syntaxe, les figures, les rythmes) pouvez-vous percevoir dans ce texte ? Quel est leur effet ?

c. De quel registre ce poème relève-t-il ?

Tu te lèves l'eau se déplie
Tu te couches l'eau s'épanouit

Tu es l'eau détournée de ses abîmes
Tu es la terre qui prend racine
Et sur laquelle tout s'établit

Tu fais des bulles de silence dans le désert des bruits
Tu chantes des hymnes nocturnes sur les cordes de l'arc-en-ciel

Tu es partout tu abolis toutes les routes

Tu sacrifies le temps
À l'éternelle jeunesse de la flamme exacte
Qui voile la nature en la reproduisant

Femme tu mets au monde un corps toujours pareil
Le tien

Tu es la ressemblance.

Paul Eluard, *Les Yeux fertiles*, © Gallimard (1936).

5 Exercice guidé

a. Sur quels procédés la musicalité de ce poème repose-t-elle ?

b. Quel sentiment le poète cherche-t-il à suggérer ?

c. À quel mouvement littéraire ce poème appartient-il ?

Soleils couchants

Une aube affaiblie
Verse par les champs
La mélancolie
Des soleils couchants.
La mélancolie
Berce de doux chants
Mon cœur qui s'oublie
Aux soleils couchants.
Et d'étranges rêves,
Comme des soleils
Couchants sur les grèves,
Fantômes vermeils,
Défilent sans trêve,
Défilent pareils
À des grands soleils
Couchants sur les grèves.

Paul Verlaine, *Poèmes saturniens* (1866).

→ Les questions à vous poser

• Quel type de vers Verlaine utilise-t-il ?

• Quelle est la disposition des rimes ? Quels sont les effets produits par cette disposition et par le choix des sonorités à la rime ?

• Que remarquez-vous sur l'emploi des mots ?

• Quel type de paysage Verlaine évoque-t-il ? Quelle atmosphère cherche-t-il à créer ?

6

a. Donnez quelques exemples de la manière dont sont utilisées la polysémie et les connotations des mots.

b. De quels registres ce poème relève-t-il ? Justifiez votre réponse.

c. Quels sont les objectifs de ce poème ?

d. Proposez un plan de commentaire.

En ce temps-là, pour ne pas châtier
les coupables, on maltraitait des filles.
On allait même jusqu'à les tondre[1].

Comprenne qui voudra
Moi mon remords ce fut
La malheureuse qui resta
Sur le pavé
La victime raisonnable
À la robe déchirée
Au regard d'enfant perdue
Découronnée défigurée
Celle qui ressemble aux morts
Qui sont morts pour être aimés

Une fille faite pour un bouquet
Et couverte
Du noir crachat des ténèbres

Une fille galante
Comme une aurore de premier mai
La plus aimable bête

Souillée et qui n'a pas compris
Qu'elle est souillée
Une bête prise au piège
Des amateurs de beauté

Et ma mère la femme
Voudrait bien dorloter
Cette image idéale
De son malheur sur terre.

Paul Eluard, *Au Rendez-vous allemand*, © Gallimard (1944).

1. Le poète fait référence à des scènes qui se sont déroulées lors de la libération de la France, à la fin de la Seconde Guerre mondiale. Des femmes, accusées d'avoir eu des relations amoureuses avec des soldats allemands, furent tondues, puis obligées de défiler sous les injures de la foule.

Chapitre 43

Problématiques de la poésie

1re

Mots clés

- fonctions du langage
- évolution du langage poétique
- rôles de la poésie
- statut du poète

Observation

Paysage de Corrèze, aquarelle de Delacroix (vers 1855), Paris, musée du Louvre.

Texte 1

Le poète et la foule

La plaine un jour disait à la montagne oisive :
« Rien ne vient sur ton front des vents toujours [battu ! »
Au poète, courbé sur sa lyre pensive,
La foule aussi disait : « Rêveur, à quoi sers-tu ? »

La montagne en courroux répondit à la plaine :
« C'est moi qui fais germer les moissons sur ton sol ;
Du midi dévorant je tempère l'haleine ;
J'arrête dans les cieux les nuages au vol !

Je pétris de mes doigts la neige en avalanches ;
Dans mon creuset je fonds les cristaux des glaciers,
Et je verse, du bout de mes mamelles blanches,
En longs filets d'argent, les fleuves nourriciers. »

Le poète, à son tour, répondit à la foule :
« Laissez mon pâle front s'appuyer sur ma main.
N'ai-je pas de mon flanc, d'où mon âme s'écoule,
Fait jaillir une source où boit le genre humain ? »

Théophile Gautier, *España* (1845).

Texte 2

Il faut que le poète

Il faut que le poète, épris d'ombre et d'azur,
Esprit doux et splendide, au rayonnement pur,
Qui marche devant tous, éclairant ceux qui [doutent,
Chanteur mystérieux qu'en tressaillant écoutent
Les femmes, les songeurs, les sages, les amants,
Devienne formidable[1] à de certains moments.
Parfois, lorsqu'on se met à rêver sur son livre,
Où tout berce, éblouit, calme, caresse, enivre,
Où l'âme à chaque pas trouve à faire son miel,
Où les coins les plus noirs ont des lueurs du ciel,
Au milieu de cette humble et haute poésie,
Dans cette paix sacrée où croît la fleur choisie,
Où l'on entend couler les sources et les pleurs,
Où les strophes, oiseaux peints de mille couleurs,
Volent chantant l'amour, l'espérance et la joie,
Il faut que par instants on frissonne, et qu'on voie
Tout à coup, sombre, grave et terrible au passant,
Un vers fauve sortir de l'ombre en rugissant !
Il faut que le poète aux semences fécondes
Soit comme ces forêts vertes, fraîches, profondes,
Pleines de chants, amour du vent et du rayon,
Charmantes, où soudain l'on rencontre un lion.

Hugo, *Les Contemplations* (1856).

1. redoutable, effrayant

Texte 3

Prière des tirailleurs sénégalais

Poète sénégalais, Leopold Sédar Senghor a servi dans l'armée française en 1940 dans un bataillon de soldats venus d'Afrique.

I

Seigneur ! si je te parle, Toi qui es l'obscure Présence
Ce n'est pas que la République m'ait nommé bon roi
de mon peuple ou député des Quatre Communes.
J'ai poussé en plein pays d'Afrique, au carrefour des
castes des races et des routes
Et je suis présentement soldat de deuxième classe
parmi les humbles des soldats.
Toi qui es l'oreille des souffles minimes, qui entends
les chuchotements nocturnes au-dedans des cases
Que l'on a lancé la Sourde, la machine à recruter
dans la moisson des hautes têtes
Tu le sais – et la plaine docile se fait jusqu'au non
abrupt des volontaires libres
Qui offraient leurs corps de dieux, gloire des stades,
pour l'honneur catholique[1] de l'homme.

II

« Sur cette terre d'Europe débarqués, désarmés en
armes laissés pour solde à la mort »
– Écoute leur voix, Seigneur ! –
« Verrons-nous seulement mûrir les enfants de nos
cadets dont nous sommes les pères initiateurs ?
« Nous ne participerons plus à la joie sponsorale[2] des
moissons !
« Nous n'entendrons plus les enfants, oublieux du
silence alentour et de pleurer les vivants
« Les cris d'enfants parmi les sifflements joyeux des
frondes et les ailes et la poussière d'or ! » [...]
Paris, avril 1940

Leopold Sédar Senghor, *Hosties noires* (1948), © Le Seuil (1990).

1. universel **2.** Terme forgé par Senghor à partir du latin *sponsor* désignant l'homme qui s'engage à faire quelque chose, le parrain. L'expression pourrait désigner une « joie pleine de promesses ».

Photo du film d'animation de Rachid Bouchareb, *L'Ami y'a bon* (2004).

Texte 4

On ne peut pas commencer un poème sans une parcelle d'erreur sur soi et sur le monde, sans une paille d'innocence aux premiers mots.

Dans le poème, chaque mot ou presque doit être employé dans son sens originel. Certains, se détachant, deviennent plurivalents. Il en est d'amnésiques. La constellation du Solitaire est tendue.

La poésie me volera ma mort.

Pourquoi poème pulvérisé ? Parce qu'au terme de son voyage vers le Pays, après l'obscurité pré-natale et la dureté terrestre, la finitude du poème est lumière, apport de l'être à la vie.

Le poète ne retient pas ce qu'il découvre ; l'ayant transcrit, le perd bientôt. En cela réside sa nouveauté, son infini et son péril.

Mon métier est un métier de pointe.

René Char, « La bibliothèque est en feu et autres poèmes », *La Parole en archipel*, © Gallimard (1962).

Questions

1. Quelles images du poète apparaissent dans ces textes ?
2. Quelles conceptions du rôle du poète et de la poésie s'en dégagent ?
3. Quelles évolutions du langage poétique pouvez-vous constater dans ces différents textes ?

L'essentiel

S'il n'est guère concevable de donner une définition simple du genre poétique, il est néanmoins possible de dégager certains aspects majeurs du langage poétique et de ses usages.

1. Un langage spécifique

Prose et poésie

■ Par tradition, on oppose la prose, langue courante utilisée au quotidien, à la poésie, qui se distingue par des traits caractéristiques comme : l'usage du vers, de la rime, de la strophe. De même, la poésie évite les mots du langage le plus courant, recourt à des figures visant à frapper l'imagination.

■ La poésie apparaît ainsi comme un **genre noble** : dans l'Antiquité, on l'utilise pour chanter les exploits des héros et des dieux ; les personnages de tragédie – rois ou princes – s'expriment toujours en vers.

Une distinction contestée

→ **Chapitre 41** Les formes poétiques, p. 166

■ Au XIXe siècle, cette distinction tend à se relativiser : **les poètes rejettent**, partiellement ou totalement, **les règles traditionnelles de la poésie** ; certains écrivent même des poèmes en prose ; le lexique populaire fait son entrée dans la poésie.

■ Pourtant, prose et poésie ne sauraient être confondues, car elles font du langage un usage différent.

La fonction poétique du langage

→ **Chapitre 42** Lire un poème, p. 172

■ Le langage poétique donne certes de l'importance au message transmis, mais aussi et surtout à la **forme utilisée**. Le poète attire l'attention non seulement sur ce qu'il dit, mais sur la façon dont il le dit.

■ Le **choix des mots**, leurs **formes**, leurs **sonorités**, leurs **connotations** ont autant de valeur pour le poète que leurs sens. De même, le langage poétique accorde une importance particulière au **matériau sonore et graphique**.

Le rôle de la contrainte

■ La poésie, du XVIe au XIXe siècle, obéit à des contraintes formelles considérées comme impératives. Au XIXe et au XXe siècle, ces contraintes font l'objet de débats : elles sont largement rejetées ou contestées.

■ Pourtant, certains poètes ou théoriciens ne cessent d'en affirmer la nécessité. Vantée ou rejetée, la contrainte joue **un rôle majeur dans l'écriture poétique**.

2. Les fonctions de la poésie

Selon les types de poèmes et les époques, le rôle attribué à la poésie a évolué. On peut cependant repérer certaines fonctions majeures.

L'expression de sentiments personnels

La poésie est étroitement associée au **lyrisme**, lorsqu'elle s'attache à exprimer des sensations, des sentiments personnels et à les faire partager aux lecteurs.

→ **Chapitre 30** Le romantisme, p. 100

La poésie romantique fait du « moi » du poète l'objet principal de l'écriture poétique. Par opposition, les partisans de « l'art pour l'art », au XIXe siècle, cherchent à gommer le plus possible toute subjectivité.

La poésie comme révélation

Certains poètes font de la poésie une sorte de religion. Le poète est, pour eux, **inspiré par une instance divine**, il est un « élu », un génie capable de **déchiffrer l'invisible** (l'avenir, les correspondances entre le monde matériel et le monde spirituel, le surréel) ; le poète vise à la création d'**œuvres immortelles**.

La dénonciation

La poésie peut avoir pour visée de dénoncer une situation politique, sociale ou religieuse intolérable. Le langage poétique a dans ce cas une fonction argumentive. On parle alors **de poésie engagée**.

Senghor parle au nom des soldats africains enrôlés dans l'armée française pendant la Seconde Guerre mondiale.

La poésie comme exploration du langage

Cette tendance se caractérise par le rêve d'une **poésie pure**, résolument coupée du monde extérieur. La poésie n'a plus alors pour tâche de représenter ou d'exprimer ; **elle se prend elle-même pour sujet** en réfléchissant sur le langage et sur le travail du poète.

La poésie comme jeu

Le jeu poétique est une tradition qui remonte au Moyen Âge ; au XVIIe siècle, les jeux poétiques se pratiquent dans les salons aristocratiques. Néanmoins, la fin du XIXe siècle et le XXe siècle ont vu s'amplifier cette veine. La poésie privilégie alors le jeu avec les mots, les formes, les textes déjà connus.

Le Mage, caricature de Victor Hugo par André Gill (1840-1885), Paris, maison de Victor Hugo.

3. Le statut et le rôle du poète

Du poète honoré au poète maudit

- Suivant les époques, on rencontre ces deux images du poète. Au XVIe et au XVIIe siècle, le poète peut être **célébré** comme poète de cour, favori du roi ; il peut devenir une **gloire nationale**, comme Victor Hugo au XIXe siècle.
- Mais le poète est aussi un **marginal**, un déclassé que l'on méprise. Au XIXe siècle, le poète se dépeint volontiers comme un **être d'exception**, **rejeté** par une société incapable de le comprendre.

Poète engagé, poète isolé

- Le poète peut chercher à **toucher les autres hommes**, à les convaincre, à les avertir. C'est le cas du poète engagé ; c'est également le cas quand, à l'image de Victor Hugo, il se représente lui-même comme un **être inspiré** ou un **prophète**.
- Mais le poète peut également adopter une posture plus aristocratique : la poésie cherche surtout à **explorer les possibilités du langage** et à se différencier de la production littéraire destinée à un large public. Elle marque son éloignement par rapport à la réalité extérieure.

Exercices

Le langage poétique

1 **a. Contre quelles conceptions de la poésie Paul Eluard s'élève-t-il ?**

b. Comment caractériser sa propre conception (thèmes, langage) ?

Rien de plus affreux que le langage poétisé, que des mots trop polis gracieusement liés à d'autres perles. La poésie véritable s'accommode de nudités crues, de planches qui ne sont pas de salut, de larmes qui ne sont pas irisées. Elle sait qu'il y a des déserts de sable, et des déserts de boue, des parquets cirés, des chevelures décoiffées, des mains rugueuses, des victimes puantes, des héros misérables, des idiots superbes, toutes les sortes de chiens, de balais, des fleurs dans l'herbe, des fleurs sur les tombes. Car la poésie est dans la vie.

Paul Eluard, *Les Sentiers et les routes de la poésie*, © Gallimard (1954).

2 **a. Par quels moyens l'auteur crée-t-il une ambiance surnaturelle ?**

b. Lisez attentivement le second verset : quels rythmes peut-on y retrouver ?

c. Pourquoi peut-on dire que ce texte est un poème ?

La ronde sous la cloche

Douze magiciens dansaient une ronde sous la grosse cloche de Saint-Jean. Ils évoquèrent[1] l'orage l'un après l'autre, et du fond de mon lit je comptai avec épouvante douze voix qui traversèrent processionnellement les ténèbres.

[…]

Mais soudain gronda la foudre au haut de Saint-Jean. Les enchanteurs s'évanouirent frappés à mort, et je vis de loin leurs livres de magie brûler comme une torche dans le noir clocher.

Cette effrayante lueur peignait des rouges flammes du purgatoire et de l'enfer les murailles de la gothique église, et prolongeait sur les maisons voisines l'ombre de la statue gigantesque de Saint-Jean.

Les girouettes se rouillèrent ; la lune fondit les nuées gris de perle ; la pluie ne tomba plus que goutte à goutte des bords du toit, et la brise, ouvrant ma fenêtre mal close, jeta sur mon oreiller les fleurs de mon jasmin secoué par l'orage.

Aloysius Bertrand, *Gaspard de la nuit* (1842).

1. appelèrent

3 **Justifiez l'usage des blancs typographiques dans le poème suivant, en mettant en relation sens et forme.**

J'ai bien le temps

J'ai peu de souffle   et peu de force   et moins d'élan
Mais je ne me presse plus   J'ai bien le temps d'attendre
Depuis qu'il se fait tard   j'ai du temps devant moi

Je suis comme celui qui a fait sa journée
et réfléchit   assis   les mains à plat sur les genoux
aux choses qu'il veut faire   et fera   en leur temps

si la source du temps lui compte encore des jours

Claude Roy, *À la lisière du temps*, © Gallimard (1984).

Liberté et contraintes

4 **a. Sur quels aspects de l'écriture poétique les conseils de Boileau portent-ils ? Reformulez-en le contenu.**

b. Quelles conceptions de l'écriture poétique ces conseils traduisent-ils ?

Quelque sujet qu'on traite, ou plaisant, ou sublime,
Que toujours le bon sens s'accorde avec la rime :
L'un l'autre vainement ils semblent se haïr ;
La rime est une esclave et ne doit qu'obéir.
Lorsqu'à la bien chercher d'abord on s'évertue[1],
L'esprit à la trouver aisément s'habitue ;
Au joug de la raison sans peine elle fléchit
Et, loin de la gêner, la sert et l'enrichit. […]

N'offrez rien au lecteur que ce qui peut lui plaire.
Ayez pour la cadence une oreille sévère :
Que toujours dans vos vers le sens, coupant les mots,
Suspende l'hémistiche, en marque le repos.
Gardez qu'une voyelle à courir trop hâtée
Ne soit d'une voyelle en son chemin heurtée.
Il est un heureux choix de mots harmonieux.
Fuyez des mauvais sons le concours odieux :
Le vers le mieux rempli, la plus noble pensée
Ne peut plaire à l'esprit, quand l'oreille est blessée. […]

Enfin Malherbe[2] vint, et le premier en France,
Fit sentir dans ses vers une juste cadence,
D'un mot mis en sa place enseigna le pouvoir,
Et réduisit la muse aux règles du devoir.
Par ce sage écrivain la langue réparée
N'offrit plus rien de rude à l'oreille épurée.
Les stances avec grâce apprirent à tomber,
Et le vers sur le vers n'osa plus enjamber.

Boileau, *Art poétique* (1674).

1. s'évertuer = faire tous ses efforts 2. poète du XVIIe siècle qui s'attacha à fixer des règles strictes à l'écriture de la poésie

5 **a. Quelles contraintes formelles René-Guy Cadou s'est-il imposé dans le poème suivant ?**

b. À quelles images est associé(e) son ou sa destinataire ?

Toujours

Tu peux bien m'enfermer
Dans la neige et les fleurs
Me défendre d'aimer
Une saison nouvelle
Je regarde le ciel
Et je te porte en moi

Tu sauves les vergers
Ton rire mieux qu'une aile
Apprivoise en passant
Une étoile égarée
Les lièvres les oiseaux
Boivent dans tes prunelles

Tu es toute la vie
La glaise et le feuillage
Si j'écarte le vent

Je trouve ton visage
Dormant comme un ruisseau
Plein de frai[1] lumineux

Ta main va se poser
Sur ma plus haute branche
Tu plantes tes bleuets
Tout autour de mes yeux
L'océan accompagne
Au loin ta robe blanche.

René-Guy Cadou, « La vie rêvée » , *Poésie la vie entière*, © Seghers (1944).

1. très jeunes poissons

Les fonctions de la poésie

6 **a. Relevez les pronoms personnels dans les poèmes suivants : qui désignent-ils ?**

b. De quel thème commun les deux poètes parlent-ils ?

c. Leurs objectifs sont-ils identiques ?

Texte 1

Il me semblait que tout n'était qu'un affreux rêve,
Qu'elle ne pouvait pas m'avoir ainsi quitté,
Que je l'entendais rire en la chambre à côté,
Que c'était impossible enfin qu'elle fût morte[1],
Et que j'allais la voir entrer par cette porte.

Victor Hugo, *Les Contemplations* (1856).

1. Il s'agit de Léopoldine, fille du poète, décédée accidentellement en 1843.

Texte 2

Avis

La nuit qui précéda sa mort
Fut la plus courte de sa vie
L'idée qu'il existait encore
Lui brûlait le sang aux poignets
Le poids de son corps l'écœurait
Sa force le faisait gémir
C'est tout au fond de cette horreur
Qu'il a commencé à sourire
Il n'avait pas UN camarade
Mais des millions et des millions
Pour le venger il le savait
Et le jour se leva pour lui.

Paul Eluard, *Au rendez-vous allemand*, © Éditions de Minuit (1945).

7 **a. Sur quel procédé de construction le poème est-il organisé ? Pourquoi ?**

b. Peut-on parler d'un poème lyrique ? D'un poème engagé ? Justifiez votre réponse.

Elsa au miroir

C'était au beau milieu de notre tragédie
Et pendant un long jour assise à son miroir
Elle peignait ses cheveux d'or je croyais voir
Ses patientes mains calmer un incendie
C'était au beau milieu de notre tragédie

Et pendant un long jour assise à son miroir
Elle peignait ses cheveux d'or et j'aurais dit
C'était au beau milieu de notre tragédie
Qu'elle jouait un air de harpe sans y croire
Pendant tout ce long jour assise à son miroir

Elle peignait ses cheveux d'or et j'aurais dit
Qu'elle martyrisait à plaisir sa mémoire
Pendant tout ce long jour assise à son miroir
À ranimer les fleurs sans fin de l'incendie
Sans dire ce qu'une autre à sa place aurait dit

Elle martyrisait à plaisir sa mémoire
C'était au beau milieu de notre tragédie
Le monde ressemblait à ce miroir maudit
Le peigne partageait les feux de cette moire
Et ces feux éclairaient des coins de ma mémoire

C'était au beau milieu de notre tragédie
Comme dans la semaine est assis le jeudi

Et pendant un long jour assise à sa mémoire
Elle voyait au loin mourir dans son miroir

Un à un les acteurs de notre tragédie
Et qui sont les meilleurs de ce monde maudit

Et vous savez leurs noms sans que je les aie dits
Et ce que signifient les flammes des longs soirs

Et ses cheveux dorés quand elle vient s'asseoir
Et peigner sans rien dire un reflet d'incendie

Louis Aragon, *La Diane française*, © Seghers (1946).

8 **Quelle conception de la poésie et du travail poétique ce texte fait-il apparaître ?**

L'Art

Tout passe. – L'art robuste[1]
Seul a l'éternité
Le buste
Survit à la cité.

Et la médaille austère[2]
Que trouve un laboureur
Sous terre
Révèle un empereur.

Les dieux eux-mêmes meurent,
Mais les vers souverains
Demeurent
Plus forts que les airains[3].

Sculpte, lime, cisèle[4] ;
Que ton rêve flottant
Se scelle
Dans un bloc résistant !

Théophile Gautier, *Émaux et camées* (1852).

1. solide, vigoureux 2. sévère, rigoureuse 3. les objets de bronze 4. sculpter avec un ciseau

Objet d'étude

La poésie

Corpus

1. RONSARD, *Derniers Vers* (1586).
2. HUGO, *Les Contemplations*, VI, 22, (1856).
3. GERMAIN NOUVEAU, *Valentines et autres vers* (1885-1887).
4. QUENEAU, *L'Instant fatal* (1946).

TEXTE 1 : Ronsard, *Derniers Vers* (1586).

Je n'ai plus que les os, un squelette je semble,
Décharné, dénervé, démusclé, dépulpé[1],
Que le trait[2] de la mort sans pardon a frappé,
Je n'ose voir mes bras que de peur je ne tremble.

Apollon et son fils, deux grands maîtres ensemble[3],
Ne me sauraient guérir, leur métier m'a trompé ;
Adieu, plaisant Soleil, mon œil est étoupé[4],
Mon corps s'en va descendre où tout se désassemble.

Quel ami, me voyant en ce point dépouillé,
Ne remporte au logis un œil triste et mouillé,
Me consolant au lit et me baisant la face,

En essuyant mes yeux par la mort endormis ?
Adieu, chers compagnons, adieu, mes chers amis,
Je m'en vais le premier vous préparer la place.

1. privé de sa chair, de ses nerfs, de ses muscles, de sa pulpe
2. la flèche
3. Apollon et son fils Esculape étaient, dans la mythologie grecque, les dieux de la médecine.
4. voilé, bouché

TEXTE 2 : Hugo, *Les Contemplations,* VI, 22 (1856).

Ce que c'est que la mort

Ne dites pas : mourir ; dites : naître. Croyez.
On voit ce que je vois et ce que vous voyez ;
On est l'homme mauvais que je suis, que vous êtes ;
On se rue aux plaisirs, aux tourbillons, aux fêtes :
On tâche d'oublier le bas, la fin, l'écueil,
La sombre égalité du mal et du cercueil :
Quoique le plus petit vaille le plus prospère :
Car tous les hommes sont les fils du même père :
Ils sont la même larme et sortent du même œil.
On vit, usant ses jours à se remplir d'orgueil :
On marche, on court, on rêve, on souffre, on penche, on tombe,
On monte. Quelle est donc cette aube ? C'est la tombe.
Où suis-je ? Dans la mort. Viens ! Un vent inconnu
Vous jette au seuil des cieux. On tremble : on se voit nu,

Impur, hideux, noué des mille nœuds funèbres
De ses torts, de ses maux honteux, de ses ténèbres :
Et soudain on entend quelqu'un dans l'infini
Qui chante, et par quelqu'un on sent qu'on est béni,
Sans voir la main d'où tombe à notre âme méchante
L'amour, et sans savoir quelle est la voix qui chante.
On arrive homme, deuil, glaçon, neige ; on se sent
Fondre et vivre ; et, d'extase et d'azur s'emplissant,
Tout notre être frémit de la défaite étrange
Du monstre qui devient dans la lumière un ange.

Au dolmen de la tour Blanche, jour des Morts, novembre 1854

SUJET BAC

TEXTE 3 : Germain Nouveau, *Valentines et autres vers* (1885-1887).

Germain Nouveau est né et mort à Pourrières, dans le Var. Le recueil des Valentines *lui a été inspiré par une femme énigmatique nommée Valentine Renault.*

Dernier madrigal

Quand je mourrai, ce soir, peut-être,
Je n'ai pas de jour préféré,
Si je voulais, je suis le maître,
Mais... ce serait mal me connaître,
N'importe, enfin, quand je mourrai,

Mes chers amis, qu'on me promette
De laisser le bois... au lapin,
Et, s'il vous plaît, qu'on ne me mette
Pas, comme une simple allumette,
Dans une boîte de sapin ;

Ni, comme un hareng, dans sa tonne[1] ;
Ne me couchez pas tout du long,
Pour le coup de fusil qui tonne,
Dans la bière qu'on capitonne
Sous sa couverture de plomb.

Car je ne veux rien, je vous jure ;
Pas de cercueil ; quant au tombeau,
J'y ferais mauvaise figure,
Je suis peu fait pour la sculpture,
Je le refuse, fût-il beau.

Mon vœu jusque-là ne se hausse ;
Ça me laisserait des remords,
Je vous dis (ma voix n'est pas fausse) :
Je ne veux pas même la fosse,
Où sont les lions et les morts.

Je ne suis ni puissant ni riche,
Je ne suis rien, que le toutou,
Que le toutou de ma Niniche ;
Je ne suis que le vieux caniche
De tous les gens de n'importe où.

Je ne veux pas que l'on m'enferre
Ni qu'on m'enmarbre, non, je veux
Tout simplement que l'on m'enterre,
En faisant un trou... dans ma Mère,
C'est le plus ardent de mes vœux.

Moi, l'enterrement qui m'enlève,
C'est un enterrement d'un sou,
Je trouve ça chic ! Oui, mon rêve,
C'est de pourrir, comme une fève,
Et maintenant, je vais dire où.

Eh ! pardieu ! c'est au cimetière
Près d'un ruisseau (prononcez l'Ar),
Du beau village de Pourrières
De qui j'implore une prière,
Oui, c'est bien à Pourrières, Var.

Croisez-moi les mains sous la tête,
Qu'on laisse mon œil gauche ouvert ;
Alors ma paix sera complète,
Vraiment je me fais une fête
D'être enfoui comme un pois vert.

Creusez-moi mon trou dans la terre,
Sous la bière, au fond du caveau,
Où tout à côté de son père,
Dort déjà ma petite mère,
Madame Augustine Nouveau.

Puis… comblez-moi de terre… fine,
Sur moi, replacez le cercueil ;
Que comme avant dorme Augustine !
Nous dormirons bien, j'imagine,
Fût-ce en ne dormant… que d'un œil. […]

Paix au caveau ! Murez la porte !
Je ressuscite, au dernier jour.
Entre mes bras je prends la Morte,
Je m'élève d'une aile forte,
Nous montons au ciel dans l'Amour.

Un point… important… qui m'importe,
Pour vous ça doit vous être égal,
Je ne veux pas que l'on m'emporte
Dans des habits d'aucune sorte,
Fût-ce un habit de carnaval.

Pas de suaire[2] en toile bise…
Tiens ! c'est presque un vers de Gautier ;
Pas de linceul, pas de chemise ;
Puisqu'il faut que je vous le dise,
Nu, tout nu, mais nu tout entier.

Comme sans fourreau la rapière[3],
Comme sans gant du tout la main,
Nu comme un ver sous ma paupière,
Et qu'on ne grave sur leur pierre,
Qu'un nom, un mot, un seul, GERMAIN.

Fou de corps, fou d'esprit, fou d'âme,
De cœur, si l'on veut de cerveau,
J'ai fait mon testament, Madame ;
Qu'il reste entre vos mains de femme,
Dûment signé : GERMAIN NOUVEAU.

(composé en 1885-1887, publié en 1922).

1. grand tonneau
2. linceul, pièce de toile dans laquelle on enveloppe le corps d'un mort
3. longue épée effilée

TEXTE 4 : Queneau, *L'Instant fatal* (1946).

Je crains pas ça tellment la mort de mes entrailles
et la mort de mon nez et celle de mes os
Je crains pas ça tellment moi cette moustiquaille
qu'on baptisa Raymond d'un père dit Queneau

Je crains pas ça tellment où va la bouquinaille
les quais les cabinets la poussière et l'ennui
Je crains pas ça tellment moi qui tant écrivaille
et distille la mort en quelques poésies

Je crains pas ça tellment La nuit se coule douce
entre les bords teigneux des paupières des morts
Elle est douce la nuit caresse d'une rousse
le miel des méridiens des pôles sud et nord

Je crains pas cette nuit Je crains pas le sommeil
absolu Ça doit être aussi lourd que le plomb
aussi sec que la lave aussi noir que le ciel
aussi sourd qu'un mendiant bêlant au coin d'un pont

Je crains bien le malheur le deuil et la souffrance
et l'angoisse et la guigne et l'excès de l'absence
Je crains l'abîme obèse où gît la maladie
et le temps et l'espace et les torts de l'esprit

Mais je crains pas tellment ce lugubre imbécile
qui viendra me cueillir au bout de son curdent
lorsque vaincu j'aurai d'un œil vague et placide
cédé tout mon courage aux rongeurs du présent

Un jour je chanterai Ulysse ou bien Achille[1]
Énée[2] ou bien Didon[3] Quichotte[4] ou bien Pansa[5]
Un jour je chanterai le bonheur des tranquilles
les plaisirs de la pêche ou la paix des villas

Aujourd'hui bien lassé par l'heure qui s'enroule
tournant comme un bourrin tout autour du cadran
permettez mille excuz à ce crâne – une boule –
de susurrer plaintif la chanson du néant

1. Ulysse et Achille : héros grecs de l'*Iliade* d'Homère **2.** héros troyen, célébré par l'*Énéide* du poète latin Virgile, et fondateur mythique de Rome **3.** reine de Carthage, éprise d'Énée qui l'abandonne **4.** Héros du roman de Cervantès, ce vieux gentilhomme idéaliste et nourri d'illusions romanesques se fait chevalier errant. **5.** Sancho Pança, écuyer de Don Quichotte

Questions

A. Séries générales (4 points)

Quel(s) registre(s) chacun des poètes a-t-il choisi(s) pour évoquer la mort ? Quels effets ces choix produisent-ils sur les lecteurs ?

B. Séries technologiques (6 points)

1. Les quatre poètes envisagent-ils la mort de la même façon ? Répondez de façon organisée en vous référant précisément aux textes. **(4 points)**
2. Comparez la manière dont les poètes s'adressent à leurs destinataires. Quels sont les effets produits ? **(2 points)**

Travail d'écriture

A. Séries générales (16 points)

1 Commentaire

Vous commenterez le poème de Raymond Queneau (texte 4).

2 Dissertation

Les ressources de l'écriture lyrique moderne vous paraissent-elles plus ou moins efficaces que celles du lyrisme traditionnel pour émouvoir les lecteurs ? Vous répondrez à cette question en vous fondant sur l'analyse des textes du corpus et sur les textes poétiques que vous avez étudiés ou lus.

3 Écriture d'invention

En vous inspirant du texte de Victor Hugo (texte 2), vous rédigerez un texte poétique, en vers ou en prose, sur un thème lyrique de votre choix. Vous l'intitulerez « Ce que c'est que … », et vous vous adresserez directement à vos lecteurs.

B. Séries technologiques (14 points)

1 Commentaire

Vous commenterez les strophes 1 à 12 du poème de Germain Nouveau (texte 3), en fondant votre analyse sur le parcours de lecture suivant :

a. Montrez que ce poème relève de l'humour noir.

b. Quel portrait peut-on tracer du poète à partir de ces quelques strophes ?

2 Dissertation

Les poèmes lyriques traitent souvent les mêmes thèmes au fil des siècles. Vous paraissent-ils cependant révélateurs de la personnalité de leurs auteurs ? Vous répondrez à cette question en vous fondant sur l'analyse des textes du corpus et sur les textes poétiques que vous avez étudiés ou lus.

3 Écriture d'invention

Faites dialoguer deux amateurs de poésie et de chanson (lecteurs, auditeurs, ou auteurs), qui mettent en débat la thèse selon laquelle les thèmes lyriques sont usés et n'intéressent plus le public d'aujourd'hui. Vous veillerez à ce que les deux interlocuteurs se répondent, et fondent leur argumentation sur des exemples très précis.

2. L'intrigue

Une pièce de théâtre met en scène une histoire au cours de laquelle s'affrontent des personnages, à l'occasion d'un ou de plusieurs **conflits.**

L'action

Traditionnellement, l'action théâtrale se déroule en trois phases :

- **L'exposition** (ouverture de la pièce) livre les éléments indispensables à la compréhension de l'histoire : temps et lieu de l'action, identité et condition sociale des personnages, relations entre eux, mise en place du conflit qui va les opposer.

  La première scène de *Ruy Blas* permet au spectateur de savoir qui est le personnage de Salluste ; sa colère contre la reine laisse deviner que le conflit opposera ces deux personnages. Le spectateur apprend également que le personnage-titre est le valet de Don Salluste.

- Le **nœud** (partie centrale de la pièce) précise les obstacles que les personnages ont à surmonter pour atteindre leurs objectifs ; il met en œuvre l'enchaînement des événements, les **retournements de situation** (ou **péripéties**).
- Le **dénouement** (fin de la pièce) présente l'aboutissement de l'action, résout le conflit et fixe le sort des différents personnages.

Remarque : ce modèle de construction de l'histoire est dominant jusqu'au XXe siècle. Depuis lors, le théâtre tend à renoncer à l'intrigue traditionnelle.

Actes et scènes

- L'action de la pièce est traditionnellement découpée en grandes unités : **les actes**.
- Un acte est lui-même découpé en **scènes** ; un changement de scène se produit quand un personnage quitte l'espace scénique ou y fait son entrée.

Ce mode de découpage est souvent rejeté dans le théâtre contemporain.

William Mesguich et Laurent Prevost dans *Ruy Blas*, mise en scène William Mesguich, théâtre de Nogent-sur-Marne, octobre 2006.

Temps et espace

Selon les époques et les choix de l'auteur, l'action peut avoir une durée fictive plus ou moins longue ; l'auteur peut jouer sur l'unité ou la multiplicité des lieux.

- Dans le théâtre français du XVIIe siècle, la durée fictive est généralement limitée à **vingt-quatre heures** (unité de temps) ; l'histoire se déroule en **un lieu unique** (unité de lieu).
- À l'inverse, dans le drame romantique du XIXe siècle ou dans le théâtre du XXe siècle, l'action peut s'étendre sur **plusieurs mois**, voire sur plusieurs années et se dérouler dans des **lieux multiples**.

Dans *Ruy Blas*, l'histoire dure plusieurs mois et se déroule dans quatre lieux différents.

3. Le personnage de théâtre

Il se définit par plusieurs éléments :

Sa condition sociale

- Elle est souvent rendue perceptible par le costume du personnage, son niveau de langue, ses préoccupations ; elle peut être indiquée par son nom.

Le costume de Don Salluste est celui d'un noble espagnol du XVIIe siècle ; ce costume l'oppose à Ruy Blas, vêtu d'une livrée de valet. La particule « Don » indique la noblesse de Salluste, alors que le nom « Blas » est d'origine populaire.

Ses traits de caractère

■ Si l'auteur souhaite que le personnage ressemble à une personne réelle, il doit le doter de **caractéristiques psychologiques**, de qualités ou de défauts qui le rendent sympathique ou antipathique. Le personnage peut incarner certaines **valeurs** que l'auteur entend défendre ou attaquer.

Don Salluste apparaît comme un personnage obsédé par le pouvoir ; il semble prendre un plaisir particulier à inspirer la crainte ; il affirme également son mépris des femmes et de l'amour.

■ Dans le théâtre traditionnel, ces traits de caractère sont souvent liés à **des types fixés** : le valet rusé, le vieillard ridicule, la jeune fille innocente, le jeune homme insouciant...

Son importance dans l'action

Elle se manifeste par la présence scénique du personnage, le nombre et la longueur des répliques qui lui sont attribuées.

Sa fonction dans l'action

→ **Chapitre 35**
Le roman : action et personnages, p. 124

Le personnage est une force agissante ou un actant. Comme dans un roman, il peut être :

- le **sujet** qui poursuit un objectif ;
- l'**opposant** qui fait obstacle au projet du sujet ;
- l'**objet** de son désir ;
- l'**adjuvant** qui vient en aide au sujet ;
- le **destinateur** qui le pousse à agir ;
- le **destinataire** qui est le bénéficiaire de l'action entreprise.

Dans la pièce de Beaumarchais *Le Barbier de Séville* (1775), le comte Almaviva (sujet) est épris de la jeune Rosine (objet). Mais Rosine est prisonnière de son tuteur, le vieux Bartholo (opposant), qui souhaite l'épouser. Pour parvenir à ses fins, le comte fait appel à son ancien valet Figaro (adjuvant), qui, par son astuce, permet au comte d'épouser Rosine. Le destinateur est ici le sentiment amoureux poussant le comte à conquérir Rosine, le destinataire est le comte Almaviva lui-même.

La compagnie Sébastien Azzopardi dans le *Barbier de Séville*, mise en scène Sébastien Azzopardi, Paris, théâtre du Lucernaire, janvier 2005.

Exercices

Les didascalies

1 **Voici un décor adopté pour une mise en scène du *Tartuffe* de Molière. Après avoir lu le résumé de la pièce proposé dans l'exercice 7, rédigez de façon précise les didascalies permettant de le décrire.**

Le Tartuffe, mise en scène Édouard Pretet, avec Philippe Rondest (Tartuffe), Raymond Aquaviva (Orgon), Alexandre Brik (Damis) ; Nouveau Théâtre Mouffetard, Paris, janvier 2003.

2 **Distinguez les différentes fonctions des didascalies dans l'extrait suivant. Ont-elles un rôle important ?**

Claire et Solange sont deux bonnes : Claire joue à être Madame, leur maîtresse.

La chambre de Madame. Meubles Louis XV. Au fond, une fenêtre ouverte sur la façade de l'immeuble en face. À droite, le lit. À gauche, une porte et une commode. Des fleurs à profusion. C'est le soir. L'actrice qui joue Solange est vêtue d'une petite robe noire de domestique. Sur une chaise, une autre petite robe noire, des bas de fil noirs, une paire de souliers noirs à talons plats.

Claire, *debout, en combinaison, tournant le dos à la coiffeuse. Son geste – le bras tendu – et le ton, seront d'un tragique exaspéré.* Et ces gants ! Ces éternels gants ! Je t'ai dit souvent de les laisser à la cuisine. C'est avec ça, sans doute, que tu espères séduire le laitier. Non, non, ne mens pas, c'est inutile. Pends-les au-dessus de l'évier. Quand comprendras-tu que cette chambre ne doit pas être souillée ? Tout, mais tout ! ce qui vient de la cuisine est crachat. Sors. Et remporte tes crachats ! Mais cesse !

Pendant cette tirade, Solange jouait avec une paire de gants de caoutchouc, observant ses mains gantées, tantôt en bouquet, tantôt en éventail.

Ne te gêne pas, fais ta biche. Et surtout ne te presse pas, nous avons le temps. Sors !

Solange change soudain d'attitude et sort humblement, tenant du bout des doigts les gants de caoutchouc. Claire s'assied à la coiffeuse. Elle respire les fleurs, caresse les objets de toilette, brosse ses cheveux, arrange son visage.

Préparez ma robe. Vite, le temps presse. Vous n'êtes pas là ? (*Elle se retourne.*) Claire ! Claire !

Entre Solange.

Solange : Que Madame m'excuse, je préparais le tilleul (*Elle prononce tillol.*) de Madame.

Jean Genet, *Les Bonnes* (1947), © L'Arbalète.

Les paroles des personnages

3 **a. Quels sentiments Antiochus exprime-t-il dans ce monologue ?**

b. À quels destinataires différents s'adresse-t-il successivement ? Pourquoi ?

c. Quelles sont les fonctions de ce monologue, situé à l'ouverture de la pièce ?

Antiochus, roi de Comagène, est épris de Bérénice, reine de Palestine ; mais Bérénice est amoureuse de Titus, nouvel empereur de Rome, qu'elle doit bientôt épouser. Antiochus se prépare à rencontrer Bérénice.

Antiochus

Eh bien ! Antiochus, es-tu toujours le même ?
Pourrai-je, sans trembler, lui dire : je vous aime ?
Mais quoi ! déjà je tremble ; et mon cœur agité
Craint autant ce moment que je l'ai souhaité.
Bérénice autrefois m'ôta toute espérance ;
Elle m'imposa même un éternel silence.
Je me suis tu cinq ans ; et, jusques à ce jour,
D'un voile d'amitié j'ai couvert mon amour.
Dois-je croire qu'au rang où Titus la destine
Elle m'écoute mieux que dans la Palestine ?
Il l'épouse. Ai-je donc attendu ce moment
Pour me venir encor déclarer son amant ?
Quel fruit me reviendra d'un aveu téméraire ?
Ah ! Puisqu'il faut partir, partons sans lui déplaire.
Retirons-nous, sortons ; et, sans nous découvrir[1],
Allons loin de ses yeux l'oublier, ou mourir.
Eh quoi ! souffrir toujours un tourment qu'elle ignore !
Toujours verser des pleurs qu'il faut que je dévore[2] !
Quoi ! Même en la perdant redouter son courroux !
Belle reine, et pourquoi vous offenseriez-vous ?
Viens-je vous demander que vous quittiez l'empire ?
Que vous m'aimiez ? hélas ! Je ne viens que vous dire
Qu'après m'être longtemps flatté que mon rival
Trouverait à ses vœux quelque obstacle fatal,
Aujourd'hui qu'il peut tout, que votre hymen s'avance[3],
Exemple infortuné d'une longue constance,
Après cinq ans d'amour et d'espoir superflus,
Je pars, fidèle encor, quand je n'espère plus.

Racine, *Bérénice*, Acte I, scène 2 (1670).

1. sans avouer mes sentiments **2.** des pleurs que je dois dissimuler **3.** Votre mariage est proche.

4 **a. À quels destinataires différents Trébuchard s'adresse-t-il dans cette scène ? Relevez les marques indiquant ces changements de destinataires.**

b. Comment sont-ils justifiés ? Quel est l'effet produit ?

Trébuchard, âgé de 29 ans, a épousé par intérêt une riche veuve. Celle-ci est morte peu après le mariage, lui laissant une fille, Blanche, née d'un précédent mariage; Blanche est âgée de 48 ans.

Blanche, *sortant de sa chambre et mettant ses gants*: Bonjour, papa !
Trébuchard, *à part, agacé*: !... papa !... *(Haut.)* Bonjour mademoiselle.
Blanche, *avec aigreur*: « Mademoiselle ! »... est-ce que vous êtes fâché contre moi ?
Trébuchard : Non, *(avec effort)* ma fille... non, ma chère enfant... *(à part.)* Comme c'est agréable !
Blanche : À la bonne heure !... *(Avec hésitation.)* C'est que je voulais vous demander...
Trébuchard : Quoi ?
Blanche, *timidement*: La permission de sortir...
Trébuchard : Voilà tout !... Allez... sortez... tant que vous voudrez !...
Blanche : Comment ! vous ne me demandez même pas où je vais ?...
Trébuchard : Moi ?... je m'en fiche !... *(Se reprenant.)* Non. *(Se posant.)* Et où allez-vous, mademoiselle, s'il vous plaît ?
Blanche : Au marché aux fleurs... chercher des tulipes pour mes vases.
Trébuchard : Ah ! très bien !... allez chercher des tulipes... *(Tirant sa montre.)* Je vous donne cinq heures !
Blanche : Vous ne m'accompagnez pas ?
Trébuchard : Impossible !... une affaire de la plus haute importance !... J'attends mon tailleur.
Blanche : Et c'est pour cela ?... *(Avec dépit.)* Je comprends... je vous importune... je vous suis à charge...
Trébuchard : Je ne dis pas cela...
Blanche, *aigrement*: Si je vous gêne... vous avez un moyen bien simple de vous débarrasser de moi...
Trébuchard, *s'approchant d'elle très vivement*: Lequel ?
Blanche : C'est de me marier...
Trébuchard, *tristement*: Ah oui ! *(à part.)* Comme c'est facile ! Allez donc offrir ça ! après ça, je ne peux pas lui dire... *(Haut.)* Eh bien, plus tard... nous verrons... nous chercherons...

Eugène Labiche, *Les Suites d'un premier lit* (1852).

5 **a. Quel type de réplique Corneille utilise-t-il dans cette scène ? Que traduit l'emploi de ce procédé ?**

b. Quels procédés en renforcent l'effet ?

Le vieux Don Diègue vient d'être choisi par le Roi comme précepteur du prince héritier. Le Comte, persuadé que le poste devait lui revenir, s'en offusque...

Le Comte
Ce que je méritais, vous l'avez emporté.
Don Diègue
Qui l'a gagné sur vous l'avait mieux mérité.
Le Comte
Qui peut mieux l'exercer en est bien le plus digne.
Don Diègue
En être refusé n'en est pas un bon signe.
Le Comte
Vous l'avez eu par brigue, étant vieux courtisan.
Don Diègue
L'éclat de mes hauts faits fut mon seul partisan.
Le Comte
Parlons-en mieux, le Roi fait honneur à votre âge.
Don Diègue
Le Roi, quand il en fait, le mesure au courage.
Le Comte
Et par là cet honneur n'était dû qu'à mon bras.
Don Diègue
Qui n'a pu l'obtenir ne le méritait pas.
Le Comte
Ne le méritait pas ! moi ?
Don Diègue
Vous.
Le Comte
Ton impudence,
Téméraire vieillard, aura sa récompense.
(Il lui donne un soufflet.)
Don Diègue, *mettant l'épée à la main.*
Achève et prends ma vie après un tel affront,
Le premier dont ma race ait vu rougir son front.

Corneille, *Le Cid*, Acte I, scène 3 (1637).

Lieux et temps

6 **Voici des extraits des indications figurant à l'ouverture de chacun des actes des deux pièces.**

a. Comparez le nombre et la variété des lieux dans les deux pièces; comparez le découpage en actes et la variation des lieux.

b. Quelles hypothèses pouvez-vous faire sur le traitement du temps dans les deux pièces ?

1. *Hernani*, de Victor Hugo (1830)

• Acte premier – Le roi
Saragosse. Une chambre à coucher. La nuit, Une lampe sur une table.

• Acte deuxième – Le bandit
Saragosse. Un patio du palais de Silva. À gauche, les grands murs du palais, avec une fenêtre à balcon. Au-dessous de la fenêtre, une petite porte. À droite et au fond, des maisons et des rues. – Il est nuit. On voit briller çà et là, aux façades des édifices, quelques fenêtres encore éclairées.

• Acte troisième – Le vieillard
Le château de Silva, dans les montagnes d'Aragon. La galerie des portraits de la famille de Silva [...]. Au fond, une haute porte gothique [...].

• Acte quatrième – Le tombeau
Aix-la-Chapelle. Les caveaux qui renferment le tombeau de Charlemagne à Aix-la-Chapelle. De grandes voûtes

d'architecture lombarde. Gros piliers bas, pleins cintres, chapiteaux d'oiseaux et de fleurs. – À droite, le tombeau de Charlemagne, avec une petite porte de bronze, basse et cintrée. […]

• Acte cinquième – La noce
Saragosse. Une terrasse du palais d'Aragon. Au fond, la rampe d'un escalier qui s'enfonce dans le jardin. À droite et à gauche, deux portes donnant sur une terrasse, que ferme une balustrade surmontée de deux rangs d'arcades moresques, au-dessus et à travers desquels on voit les jardins du palais, les jets d'eau dans l'ombre, les bosquets avec les lumières qui s'y promènent, et au fond les faîtes gothiques et arabes du palais illuminé. […]

2. *En attendant Godot*, de Samuel Beckett (1952)
• Acte premier
Route à la campagne, avec arbre.
Soir.
Estragon, assis sur une pierre, essaie d'enlever sa chaussure.

• Acte deuxième
Lendemain. Même heure. Même endroit.
Chaussures d'Estragon près de la rampe, talons joints, bouts écartés. Chapeau de Lucky à la même place.
L'arbre porte quelques feuilles.

Action et personnages

7 **Voici le résumé, acte par acte, de la comédie de Molière *Tartuffe ou l'Imposteur* (1669).**

a. Dégagez de ce résumé les éléments constituant l'exposition, le nœud, le dénouement. Relevez un exemple de retournement de situation.

b. Quelle est la fonction de chacun des actes dans la progression de l'action ?

Acte I. Orgon, riche bourgeois, est de retour de voyage. Depuis quelques mois il a recueilli chez lui, par charité chrétienne, Tartuffe. Celui-ci apparaît aux yeux d'Orgon comme un modèle de vertu. Mais les deux enfants d'Orgon et sa seconde épouse, Elmire, s'opposent à la présence de Tartuffe et à l'influence qu'il exerce sur Orgon.

Acte II. Orgon annonce à sa fille Marianne sa décision de la marier à Tartuffe. Marianne, éprise du jeune Valère, qu'elle devait épouser, s'épouvante de cette décision. Avec l'assistance de Valère et de Dorine, la servante de la maison, la jeune fille cherche les moyens d'échapper au mariage que son père lui impose.

Acte III. Elmire décide de venir en aide à sa belle-fille ; elle tente de persuader Tartuffe de renoncer au mariage ; à la grande surprise d'Elmire, Tartuffe, dévoilant son hypocrisie, lui fait une véritable déclaration d'amour. Damis, le fils d'Orgon, a assisté, dissimulé, à l'entretien ; il décide de révéler la vérité à son père, mais Tartuffe dément habilement l'accusation, et c'est le jeune homme qui est chassé de la maison paternelle. Orgon déshérite son fils et fait don à Tartuffe de tous ses biens.

Acte IV. Pour détromper Orgon, Elmire tend un piège à Tartuffe. Elle l'invite à un tête-à-tête au cours duquel elle feint de céder à ses avances. Tartuffe tombe dans le piège. Orgon, caché sous une table, assiste à l'entretien. Eclairé sur la véritable nature de Tartuffe, il le chasse de chez lui, mais Tartuffe quitte la scène en rappelant qu'il est désormais le légitime propriétaire des biens d'Orgon.

Acte V. Tartuffe envoie un huissier à Orgon pour lui faire savoir qu'il doit quitter la maison. De plus, Valère apprend à Orgon que Tartuffe l'a dénoncé auprès des autorités. En effet, Orgon avait accepté de venir en aide à un ami, pourchassé par le pouvoir pour raisons politiques. Tartuffe surgit, entouré de soldats venus, dit-il, pour arrêter Orgon. Mais, à la grande surprise de l'imposteur, c'est lui qui est conduit en prison. Le prince du pays a, en effet, démasqué sa fourberie ; clément, il fait grâce à Orgon et lui rend ses biens. Marianne peut épouser Valère.

8 **a. Quelles informations peuvent nous délivrer les noms des personnages de *George Dandin*, de Molière ? Quelles connotations sont attachées à ces noms ?**

b. Quelles hypothèses pouvez-vous faire sur l'action de la pièce à partir de cette liste de personnages et des indications qu'elle fournit ? Quels conflits semblent prévisibles ?

c. Rédigez, en fonction de vos hypothèses, une scène d'exposition. Celle-ci prendra la forme d'un dialogue entre deux des personnages de la pièce.

Personnages
George Dandin, *riche paysan, mari d'Angélique*
Angélique, *femme de George Dandin et fille de M. de Sotenville*
Monsieur de Sotenville, *gentilhomme campagnard, père d'Angélique*
Madame de Sotenville, *sa femme*
Clitandre, *amoureux d'Angélique*
Claudine, *suivante d'Angélique*
Lubin, *paysan, servant Clitandre*
Colin, *valet de George Dandin*

Molière, *George Dandin ou le Mari confondu*[1] (1668).

1. le mari humilié

9 **Les titres et la liste des personnages des deux pièces suivantes vous permettent-ils de construire des hypothèses concernant l'action ?**

Comparez les indications concernant les personnages à celles qui sont données pour *George Dandin* (exercice 8).

1. *Les Chaises*, d'Eugène Ionesco (1954)
Personnages
Le vieux, *95 ans*
La vieille, *94 ans*
L'orateur, *40 à 45 ans*
Et beaucoup d'autres personnages

2. *Pour un oui, pour un non*, de Nathalie Sarraute (1982)
Personnages
H. 1 – H. 2 – H. 3 – F

TEXTE : Michel Vinaver, *Les Travaux et les Jours* (1979)

Personnages
Anne, *40 ans,*
Nicole, *30 ans,*
Yvette, *20 ans,*
employées au service Après-Vente de la société Cosson.
Guillermo, *42 ans, anciennement ouvrier réparateur, actuellement préposé au contrôle d'arrivée des révisions au Service Après-Vente.*
Jaudouard, *45 ans, chef de service.*

Lieu
Un espace de bureau ouvert, équipé de cloisons métalliques basses qui donnent leur configuration aux postes de travail, et auxquelles sont accrochés les éléments de classement et de rangement.
Mobilier métallique en équerre pour les trois employées, avec machine à écrire et téléphone. Un accessoire permet de caler l'écouteur sur l'épaule.
Un établi métallique avec petit outillage pour Guillermo.
Mobilier métallique standard pour le chef de service.

UN

Nicole : On lui a déjà changé le moteur trois fois
Yvette : J'ai cru mourir
Nicole : Un moulin neuf modèle Aristocrat au prix du Standard c'est l'offre exclusive Cosson à ses fidèles clientes chaque fois qu'il s'agit d'un cas irréparable
Yvette : Oui au fond du couloir c'est moche d'être belle c'est pareil si je me défends
Anne : Ça lui arrache les entrailles il faudra qu'elle s'y fasse
Nicole : Profitez-en la vitesse n'est pas plus grande c'est même le contraire mais pour la préservation de l'arôme Aristocrat est plus performant vous serez émerveillée du silence de cet appareil votre carrosserie toute cabossée j'ai votre fiche sous les yeux trois fois qu'on lui a changé le moteur la première fois il y a sept ans
Yvette : Amoureuse ?
Anne : De Guillermo
Yvette : Oui
Anne : A quitté son mari pour lui

Jaudouard se penche sur le travail d'Yvette.

Jaudouard : Chez Beaumoulin peut-être on répond comme ça chez Mixwell peut-être qu'on répond comme ça
Anne : Mais pourquoi qu'elle s'achète pas un chien ?
Jaudouard : Il faut pas avoir peur quand je m'approche de vous
Yvette : une étape
Anne : Je croyais
Yvette : Elle qui habite toute seule et c'est en pleine campagne
Anne : Faut aimer les bêtes
Nicole : Ça vous reviendra moins cher que je lui ai dit c'est pas une question d'argent qu'elle a dit j'y suis attachée mon mari qui est mort qui me l'a donné à l'époque on gagnait pas des masses c'était une folie
Yvette : Déjà oui une page qu'on tourne
Nicole : Complètement amoureuse des chuchotis des machins
Anne : T'y crois ?
Jaudouard : Chez Beaumoulin chez Mixwell pas chez Cosson
Anne : Mais c'est pas vivable ça
Nicole : Pourtant je te jure
Jaudouard : Il faudra que vous l'acquériez ça s'acquiert le style de la maison
Yvette : Mais où c'est que vous voyez des excuses dans ma lettre ?
Jaudouard : Je ne suis pas un méchant loup chez Cosson on ne s'excuse pas on explique

Questions

1. Pourquoi cette scène d'ouverture peut-elle surprendre le lecteur ?
2. Qu'apprend-on au cours de cette scène sur la situation, sur les personnages, sur leurs relations ? Quels conflits peut-on deviner ?
3. Le lecteur peut-il avoir le sentiment que cette scène est proche de la réalité ? Pourquoi ?

Travail d'écriture

1. **Vers le commentaire**
À partir des réponses aux questions précédentes, élaborez un plan de commentaire.

2. **Écriture d'invention**
Transposez cette scène d'ouverture en un début de roman. Le récit sera rédigé à la troisième personne et reprendra les informations données par le texte théâtral. Vous pouvez inventer les éléments qui vous paraîtront nécessaires, à condition qu'ils ne soient pas en contradiction avec le contenu du texte.

Chapitre 45

Les genres dramatiques

2de

Mots clés

- codification
- vraisemblance
- farce
- vaudeville
- drame

Observation

Phèdre, mise en scène Jacques Weber, avec Carole Bouquet (Phèdre) et Farida Rahouadj (Œnone), théâtre de Nice, février 2002.

Texte 1

Phèdre, épouse du roi Thésée, souffre d'une mystérieuse mélancolie.

SCÈNE 3, Phèdre, Œnone

Phèdre

N'allons point plus avant. Demeurons, chère Œnone.
Je ne me soutiens plus ; ma force m'abandonne.
Mes yeux sont éblouis du jour que je revois
Et mes genoux tremblants se dérobent sous moi.
Hélas ! *(Elle s'assied.)*

Œnone

Dieux tout-puissants, que nos pleurs vous [apaisent !

Phèdre

Que ces vains ornements, que ces voiles me pèsent !
Quelle importune main, en formant tous ces nœuds,
A pris soin sur mon front d'assembler mes cheveux ?
Tout m'afflige et me nuit, et conspire à me nuire.

Œnone

Comme on voit tous ses vœux l'un l'autre se détruire !
Vous-même, condamnant vos injustes desseins,
Tantôt à vous parer vous excitiez nos mains ;
Vous-même rappelant votre force première,
Vous vouliez vous montrer et revoir la lumière,
Vous la voyez, Madame, et prête à vous cacher,
Vous haïssiez le jour que vous veniez chercher.

Phèdre

Noble et brillant auteur d'une triste famille,
Toi, dont ma mère osait se vanter d'être fille,
Qui peut-être rougis du trouble où tu me vois,
Soleil[1], je te viens voir pour la dernière fois !

Racine, *Phèdre*, Acte I, scène 3 (1677).

1. Pasiphaé, mère de Phèdre, est, dans la mythologie grecque, fille du Soleil.

Texte 2

Persuadé qu'il est malade, Argan, un riche bourgeois, veut marier sa fille Angélique au médecin Thomas Diafoirus. La servante Toinette intervient en faveur d'Angélique.

SCÈNE 5, Toinette, Argan

Toinette : Ma foi ! Monsieur, voulez-vous qu'en amie je vous donne un conseil ?

Argan : Quel est-il ce conseil ?

Toinette : De ne point songer à ce mariage-là.

Argan : Et la raison ?

Toinette : La raison, c'est que votre fille n'y consentira point.

Argan : Elle n'y consentira point ?

Toinette : Non.

Argan : Ma fille ?

Toinette : Votre fille. Elle vous dira qu'elle n'a que faire de Monsieur Diafoirus, ni de son fils Thomas Diafoirus, ni de tous les Diafoirus du monde.

Argan : J'en ai affaire, moi, outre que le parti est plus avantageux qu'on ne pense. Monsieur Diafoirus n'a que ce fils-là pour tout héritier ; et, de plus, Monsieur Purgon[1], qui n'a ni femme, ni enfants, lui donne tout son bien, en faveur de ce mariage-là ; et monsieur Purgon est un homme qui a huit mille bonnes livres de rente.

Toinette : Il faut qu'il ait tué bien des gens, pour s'être fait si riche.

Molière, *Le Malade imaginaire*, Acte I, scène 5 (1673).

1. médecin d'Argan

Le Malade imaginaire, mise en scène Gildas Bourdet, avec Marianne Epin (Toinette), et Philippe Séjourné (Argan), Théâtre de l'Ouest parisien, Boulogne-Billancourt, février 2003.

Questions

1. Situez ces deux extraits dans l'histoire littéraire : à quelle époque appartiennent-ils ?
2. Quelles analogies peut-on relever entre les deux extraits ? En quoi s'opposent-ils : situation, relation des personnages entre eux ?
3. Les deux extraits produisent-ils les mêmes effets sur les spectateurs ? Quels sentiments font-ils naître envers les personnages ?
4. Comment les deux photographies de mises en scène illustrent-elles la différence entre les deux genres dramatiques ?

L'essentiel

Depuis l'Antiquité grecque, les genres théâtraux de la comédie et de la tragédie se distinguent nettement. Cette distinction, codifiée en France au XVIIe siècle, fera l'objet de vives critiques au XIXe siècle.

1. La tragédie classique

Le sujet

Il est inspiré de l'**histoire antique**, de la **mythologie** ou de la **Bible**.

Racine emprunte le sujet de *Phèdre* à la mythologie grecque.

Les personnages

■ Ce sont des **êtres exceptionnels**: rois, princes, héros. Ils s'expriment dans un **style soutenu**, en alexandrins.

■ Le spectateur est invité à **les admirer** pour leurs vertus (courage, sens du devoir...) ou à **les plaindre** pour les malheurs qu'ils subissent.

■ Ces personnages sont le plus souvent **victimes du destin** (la volonté des dieux, une malédiction) ou d'une situation dont ils sont prisonniers.

Phèdre est fille de roi, épouse du roi Thésée. La pièce nous apprend qu'elle est secrètement éprise d'Hippolyte, fils que Thésée a eu d'une précédente union, et qu'elle ne peut résister à cette passion.

L'action

Elle obéit à des règles strictes:

■ elle se fonde sur un **conflit** qui fait intervenir à la fois le sentiment amoureux et des enjeux politiques (pouvoir du roi, salut de l'État...);

■ elle se déroule en un lieu unique, la durée fictive de l'action ne dépasse pas une journée, la pièce ne peut mêler plusieurs intrigues de natures différentes. Cette triple obligation porte le nom de **règle des trois unités** (lieu, temps, action);

■ l'intrigue doit être **vraisemblable**;

■ le dénouement est le plus souvent **malheureux**, voire sanglant (assassinat, suicide...).

L'effet sur le spectateur

La tragédie éveille un sentiment de **terreur** et de **pitié** pour les personnages. Les spectateurs sont invités à la réflexion sur des problèmes métaphysiques (la condition humaine, la liberté...).

2. La comédie classique

Le sujet

Il est emprunté à la **vie quotidienne**: relations entre parents et enfants, mariage, problèmes d'argent.

Les personnages

■ Ils sont de **condition modeste ou moyenne**: bourgeois, paysans, valets. Le spectateur peut ainsi reconnaître une réalité sociale qui lui est familière. Ils correspondent également à des **types traditionnels**: le vieillard jaloux, le valet rusé, la jeune fille innocente. Ils suscitent le **rire** des spectateurs en raison de leurs **ridicules** ou de leurs **défauts**.

Argan est un riche bourgeois de Paris qui se croit malade, alors qu'il ne l'est pas.

■ Leur langage est proche de celui de la **conversation courante** ; chaque personnage s'exprime de façon simple, familière, voire grossière, selon son rang social.

L'action

■ Elle est marquée de **péripéties multiples** et animée par des **jeux de scènes**.

■ Le dénouement en est toujours **heureux**.

Remarque : au XVIIe siècle, la règle des trois unités s'applique à la comédie.

L'effet sur le spectateur

→ **Chapitre 51**
Le registre comique, p. 148

■ La comédie vise à **divertir** le spectateur. Pour cela, elle emploie divers procédés : comique de mots, de gestes, de situation, de caractère.

■ Mais la comédie invite aussi les spectateurs à **une réflexion morale ou sociale**.

Le spectateur est invité à condamner l'égoïsme d'Argan, qui le pousse à vouloir marier sa fille dans son seul intérêt.

Les autres formes de la comédie

■ La comédie classique a été précédée par d'autres formes comiques comme la **farce** et la **commedia dell'arte** : fondées sur des procédés simples, voire grossiers, elles favorisent le **comique de gestes**.

■ Au XIXe siècle, la comédie prend la forme du **vaudeville** : ce genre exploite le **comique de situation** et fait rire aux dépens de personnages ridicules, qui sont souvent des **bourgeois**.

Affiche d'Alphonse Mucha pour *Médée*, drame de Catulle Mendès (1898), avec Sarah Bernhardt dans le rôle-titre. Paris, Bibliothèque des Arts décoratifs.

3. La contestation du modèle classique

La tragi-comédie

Élaborée à l'époque baroque (XVIe et XVIIe siècles), la tragi-comédie recourt au **mélange des intrigues et des genres**. On y remarque un goût prononcé pour les coups de théâtre. Même si l'action relève de la tragédie, le dénouement est souvent heureux. C'est le cas, par exemple, du *Cid* de Corneille.

Le drame

Du grec *drama* signifiant « action de théâtre », le mot *drame* désigne un genre qui refuse de dissocier le comique et le tragique. On distingue historiquement :

■ **le drame bourgeois** : né au XVIIIe siècle, théorisé par Diderot, il a une **visée morale** ; il joue volontiers sur le registre **pathétique** ;

■ **le drame romantique** : il apparaît au XIXe siècle avec les œuvres théâtrales de Hugo, Musset ou Vigny. Le drame romantique prône le **mélange des registres**, mêle les personnages de milieux sociaux très éloignés. Il tire ses sujets de l'**Histoire** (Moyen Âge, Renaissance). Le drame romantique rejette, au nom de la vraisemblance, la règle des trois unités.

Le nouveau théâtre

Apparu dans les années 1950, il remet en cause la fonction du théâtre traditionnel, s'interroge sur le **sens du langage** et de la **communication**. Les pièces d'auteurs comme **Beckett** ou **Ionesco** invitent à des interrogations analogues à celles de la tragédie (la condition humaine, la mort), même si les situations et les personnages mis en scène relèvent de l'univers de la comédie.

Exercices

Distinguer tragédie et comédie

1 **Comparez les deux didascalies suivantes.**

a. Quelles différences pouvez-vous relever concernant les personnages ?

b. Quelles hypothèses pouvez-vous faire sur l'histoire mise en scène par ces deux pièces ?

• **Racine, *Britannicus***

Néron, *empereur, fils d'Agrippine*
Britannicus, *fils de l'empereur Claudius*
Agrippine, *veuve de Domitius Enobarbus, père de Néron, et en secondes noces, veuve de l'empereur Claudius*
Junie, *amante de Britannicus*
Burrhus, *gouverneur de Néron*
Narcisse, *gouverneur de Britannicus*
Albine, *confidente d'Agrippine*
Gardes

La scène est à Rome, dans une chambre du palais de Néron.

• **Molière, *Le Bourgeois gentilhomme***

Monsieur Jourdain, *bourgeois*
Madame Jourdain, *sa femme*
Lucile, *fille de M. Jourdain*
Nicole, *sa servante*
Cléonte, *amoureux de Lucile*
Covielle, *valet de Cléonte*
Dorante, *comte, amant de Dorimène*
Dorimène, *marquise*
Maître de musique, Maître à danser, Maître d'armes, Maître de philosophie, Maître tailleur, Garçon tailleur, deux Laquais
La scène est à Paris.

2 **Comparez les titres des comédies de Molière et de Racine figurant dans les listes suivantes. En vous aidant éventuellement d'un dictionnaire, relevez les indications données par ces titres. Que pouvez-vous en déduire sur l'opposition entre comédie et tragédie ?**

• **Comédies de Molière :**

– *George Dandin ou le Mari confondu*
– *Les Fourberies de Scapin*
– *Le Bourgeois gentilhomme*
– *Le Malade imaginaire*

• **Tragédies de Racine :**

– *Alexandre le Grand*
– *Britannicus*
– *Iphigénie*
– *Andromaque*

Les caractéristiques de la tragédie

3 **a. En quoi la situation est-elle tragique ?**

b. Comment se traduit l'émotion éprouvée par les deux personnages ?

c. Quels sentiments peut-on éprouver envers eux ?

Eurydice, fille du roi d'Arménie, doit, pour des raisons politiques, épouser Orode, roi des Parthes. Mais Eurydice est éprise de Suréna, général en chef de l'armée des Parthes. Son devoir l'oblige néanmoins à se soumettre au mariage annoncé. La venue de Suréna provoque donc en elle une violente émotion.

Eurydice
Je vous ai fait prier de ne plus me revoir,
Seigneur : votre présence étonne[1] mon devoir ;
Et ce qui de mon cœur fit toutes les délices,
Ne saurait plus m'offrir que de nouveaux supplices.
Osez-vous l'ignorer ? et lorsque je vous vois,
S'il me faut trop souffrir, souffrez-vous moins que moi ?
Souffrons-nous moins tous deux pour[2] soupirer ensemble ?
Allez, contentez-vous d'avoir vu que j'en tremble !
Et du moins, par pitié d'un triomphe douteux,
Ne me hasardez plus à des soupirs honteux.

Suréna
Je sais ce qu'à mon cœur coûtera votre vue ;
Mais qui cherche à mourir doit chercher ce qui tue.
Madame, l'heure approche, et demain votre foi[3]
Vous fait de m'oublier une éternelle loi ;
Je n'ai plus que ce jour, que ce moment de vie :
Pardonnez à l'amour qui vous la sacrifie,
Et souffrez qu'un soupir exhale à vos genoux,
Pour ma dernière joie, une âme toute à vous.

Eurydice
Et la mienne, seigneur, la jugez-vous si forte,
Que vous ne craigniez point que ce moment l'emporte,
Que ce même soupir qui tranchera vos jours
Ne tranche aussi des miens le déplorable cours ?

Corneille, *Suréna*, Acte I, scène 3 (1674).

1. fait trembler, ébranle **2.** parce que nous soupirons **3.** la promesse que vous avez faite

Les caractéristiques de la comédie

4 **Exercice guidé**

a. En quoi ces deux scènes relèvent-elles de la comédie ? Quels sont les procédés employés pour susciter le rire ?

b. Ces deux scènes sont-elles seulement comiques ? Quelles autres réactions que le rire peuvent-elles susciter ?

c. Écriture d'invention : imaginez le monologue que Dorante, seul sur la terrasse où il s'est retiré, pourrait prononcer.

Dorante est épris d'Araminte, une riche veuve, mais il est dépourvu de fortune. Pour faire la conquête d'Araminte, il parvient à se faire engager chez elle comme intendant grâce à son oncle, M. Remy, notaire d'Araminte. M. Remy ignore tout des projets de Dorante et pense que son neveu pourrait bien, dans son intérêt, épouser Marton, suivante d'Araminte.

• **Scène 4 : Monsieur Remy, Marton, Dorante**

Marton : Je suis fâchée, Monsieur, de vous avoir fait attendre ; mais j'avais des affaires[1] chez Madame.
Monsieur Remy : Il n'y a pas grand mal, Mademoiselle, j'arrive. Que pensez-vous de ce grand garçon-là ? *(Montrant Dorante.)*
Marton, *riant* **:** Eh ! par quelle raison, Monsieur Remy, faut-il que je vous le dise ?
Monsieur Remy : C'est qu'il est mon neveu.
Marton : Eh bien ! ce neveu-là est bon à montrer ; il ne dépare point la famille.
Monsieur Remy : Tout de bon ? C'est de lui dont j'ai parlé à Madame pour intendant, et je suis charmé qu'il vous revienne[2] : il vous a déjà vue plus d'une fois chez moi quand vous y êtes venue ; vous en souvenez-vous ?
Marton : Non, je n'en ai point d'idée.
Monsieur Remy : On ne prend pas garde à tout. Savez-vous ce qu'il me dit la première fois qu'il vous vit ? « Quelle est cette jolie fille-là ? » *(Marton sourit.)* Approchez, mon neveu. Mademoiselle, votre père et le sien s'aimaient beaucoup ; pourquoi les enfants ne s'aimeraient-ils pas ? En voilà un qui ne demande pas mieux ; c'est un cœur qui se présente bien.
Dorante, *embarrassé* **:** Il n'y a rien là de difficile à croire.
Monsieur Remy : Voyez comme il vous regarde ! Vous ne feriez pas une si mauvaise emplette.
Marton : J'en suis persuadée ; Monsieur prévient en sa faveur, et il faudra voir.
Monsieur Remy : Bon ! bon ! il faudra ! Je ne m'en irai point que cela ne soit vu.
Marton, *riant* **:** Je craindrais d'aller trop vite.
Dorante : Vous importunez Mademoiselle, Monsieur.
Marton : Je n'ai pourtant pas l'air si indocile.
Monsieur Remy, *joyeux* **:** Ah ! je suis content, vous voilà d'accord. Oh çà, mes enfants *(Il leur prend la main à tous deux.)*, je vous fiance, en attendant mieux. Je ne saurais rester ; je reviendrai tantôt. Je vous laisse le soin de présenter votre futur[3] à Madame. Adieu, ma nièce.
Il sort.
Marton, *riant* **:** Adieu donc, mon oncle.

• **Scène 5 : Marton, Dorante**

Marton : En vérité, tout ceci a l'air d'un songe. Comme Monsieur Remy expédie ! votre amour me paraît bien prompt, sera-t-il aussi durable ?
Dorante : Autant l'un que l'autre, Mademoiselle.
Marton : Il s'est trop hâté de partir. J'entends Madame qui vient et comme, grâce aux arrangements de Monsieur Remy, vos intérêts sont presque les miens, ayez la bonté d'aller un moment sur la terrasse, afin que je la prévienne.
Dorante : Volontiers, Mademoiselle.
Marton, *en le voyant sortir* **:** J'admire ce penchant dont on se prend tout d'un coup l'un pour l'autre.

Marivaux, *Les Fausses Confidences*, Acte I, scènes 4 et 5 (1738).

1. J'étais occupée.
2. qu'il vous convienne, qu'il vous plaise
3. votre futur époux

→ Les questions à vous poser

- Les personnages : quelles sont leurs origines et leurs préoccupations ?
- Pourquoi le spectateur peut-il rire de la situation dans laquelle se trouve Dorante ?
- Pourquoi le comportement de Monsieur Remy peut-il sembler surprenant ?
- Quelles modifications peut-on observer dans le comportement de Marton ? Quel sentiment semble-t-elle finalement éprouver ?
- Quels sentiments le spectateur peut-il alors ressentir à son égard ?

5 **a. Quelles sont les différentes formes de comique représentées dans l'extrait suivant ?**

b. De quels comportements Molière se moque-t-il ?

c. Sur quels sujets le spectateur est-il également invité à réfléchir ?

George Dandin, riche paysan, a épousé une jeune fille noble : Angélique de Sotenville. Mais Dandin soupçonne Angélique de lui être infidèle ; il décide de se plaindre de sa conduite à ses parents.

Monsieur de Sotenville : Qu'est-ce, mon gendre ? vous me paraissez tout troublé.
George Dandin : Aussi en ai-je du sujet, et…
Madame de Sotenville : Mon Dieu ! notre gendre, que vous avez peu de civilité de ne pas saluer les gens quand vous les approchez !
George Dandin : Ma foi ! ma belle-mère, c'est que j'ai d'autres choses en tête, et…
Madame de Sotenville : Encore ! Est-il possible, notre gendre, que vous sachiez si peu votre monde[1], et qu'il n'y ait pas moyen de vous instruire de la manière qu'il faut vivre parmi les personnes de qualité[2] ?
George Dandin : Comment ?
Madame de Sotenville : Ne vous déferez-vous jamais avec moi de la familiarité de ce mot de « ma belle-mère », et ne sauriez-vous vous accoutumer à dire « Madame » ?
George Dandin : Parbleu ! si vous m'appelez votre gendre, il me semble que je puis vous appeler ma belle-mère.
Madame de Sotenville : Il y a fort à dire, et les choses ne sont pas égales. Apprenez, s'il vous plaît, que ce n'est pas à vous à vous servir de ce mot-là avec une personne de ma condition ; que tout notre gendre que vous soyez, il y a une grande différence de vous à nous, et que vous devez vous connaître[3].
Monsieur de Sotenville : C'en est assez, mamour, laissons cela.
Madame de Sotenville : Mon Dieu ! Monsieur de Sotenville, vous avez des indulgences qui n'appartiennent qu'à vous, et vous ne savez pas vous faire rendre par les gens ce qui vous est dû.
Monsieur de Sotenville : Corbleu ! pardonnez-moi, on ne peut

point me faire de leçons là-dessus, et j'ai su montrer en ma vie, par vingt actions de vigueur, que je ne suis point homme à démordre jamais d'une partie de mes prétentions. Mais il suffit de lui avoir donné un petit avertissement. Sachons un peu, mon gendre, ce que vous avez dans l'esprit.

Molière, *George Dandin ou le Mari confondu*, Acte I, scène 4 (1668).

1. que vous connaissiez si mal les distinctions sociales **2.** les nobles **3.** Vous devez savoir ce que vous êtes.

Le drame romantique

6 **a. Quels éléments de cette scène pourraient relever de la tragédie ?**

b. Quels éléments pourraient, au contraire, relever de la comédie ?

c. Écriture d'invention : transposez cette scène sous la forme d'un récit romanesque à la 3e personne. Votre récit prendra en compte le contenu du dialogue et des didascalies.

La scène se passe dans la chambre à coucher de Doña Sol, la nuit.
Le roi d'Espagne, Don Carlos, est amoureux de Doña Sol. Mais Doña Sol est éprise du bandit Hernani qu'elle se prépare à recevoir. Sa duègne – sa dame de compagnie – croyant faire entrer Hernani, a, malgré elle, permis à Don Carlos, déguisé, de s'introduire chez sa maîtresse.

Don Carlos, *lui saisissant le bras.*
Deux mots de plus, duègne, vous êtes morte !
Il la regarde fixement. Elle se tait, effrayée.
Suis-je chez Doña Sol ? fiancée au vieux duc
De Pastrana, son oncle, un bon seigneur, caduc[1],
Vénérable et jaloux ? dites ! La belle adore
Un cavalier sans barbe et sans moustache encore,
Et reçoit tous les soirs, malgré les envieux,
Le jeune amant sans barbe à la barbe du vieux.
Suis-je bien informé ?
Elle se tait. Il la secoue par le bras.
Vous répondrez peut-être ?

Doña Josefa
Vous m'avez défendu de dire deux mots, maître.

Don Carlos
Aussi n'en veux-je qu'un. – Oui, – Non. Ta dame est bien
Doña Sol de Silva ? Parle.

Doña Josefa
Oui. Pourquoi ?

Don Carlos
Pour rien.
Le duc, son vieux futur[2], est absent à cette heure ?

Doña Josefa
Oui.

Don Carlos
Sans doute elle attend son jeune ?

Doña Josefa
Oui.

Don Carlos
Que je meure !

Doña Josefa
Oui.

Don Carlos
Duègne, c'est ici qu'aura lieu l'entretien ?

Doña Josefa
Oui.

Don Carlos
Cache-moi céans[3].

Doña Josefa
Vous !

Don Carlos
Moi.

Doña Josefa
Pourquoi ?

Don Carlos
Pour rien.

Doña Josefa
Moi, vous cacher !

Don Carlos
Ici.

Doña Josefa
Jamais !

Don Carlos, *tirant de sa ceinture un poignard et une bourse.*
Daignez, madame,
Choisir de cette bourse ou bien de cette lame.

Doña Josefa, *prenant la bourse.*
Vous êtes donc le diable ?

Don Carlos
Oui, duègne.

Doña Josefa, *ouvrant une armoire étroite dans le mur.*
Entrez ici.

Victor Hugo, *Hernani*, Acte I, scène 1 (1830).

1. proche de la mort **2.** futur = futur époux **3.** en ce lieu

Mélange et confusion des genres

7 **a. Quels sentiments le Roi laisse-t-il apparaître dans cette scène ?**

b. En quoi cette scène est-elle proche de la tragédie ?

c. Quels éléments pourraient relever de la comédie ?

Le roi Bérenger 1er vient d'apprendre qu'il doit mourir ; il ne peut s'y résoudre. Il est entouré de ses deux épouses, Marguerite et Marie, de son médecin et de Juliette, qui est à la fois femme de ménage et infirmière.

Le Roi : [...] *(À Marie.)* Je veux être un bébé, tu seras ma mère. Alors, on ne viendra pas me chercher. Je ne sais pas lire, je ne sais pas écrire, je ne sais pas compter. Qu'on me mène à l'école avec des petits camarades. Combien font deux et deux ?
Juliette : Deux et deux font quatre.
Marguerite, *au Roi* : Tu le sais.
Le Roi : C'est elle qui a soufflé... Hélas, on ne peut pas tricher. Hélas, hélas, tant de gens naissent en ce moment, des naissances innombrables dans le monde entier.
Marguerite : Pas dans notre pays.

Le médecin : La natalité est réduite à zéro.
Juliette : Pas une salade ne pousse, pas une herbe.
Marguerite, *au Roi* : La stérilité absolue, à cause de toi.
Marie : Je ne veux pas qu'on l'accable.
Juliette : Tout repoussera peut-être.
Marguerite : Quand il aura accepté. Sans lui.
Le Roi : Sans moi, sans moi. Ils vont rire, ils vont bouffer, ils vont danser sur ma tombe. Je n'aurai jamais existé. Ah qu'on se souvienne de moi. Que l'on pleure, que l'on désespère. Que l'on perpétue ma mémoire dans tous les manuels d'histoire. Que tout le monde connaisse ma vie par cœur. Que tous la revivent. Que les écoliers et les savants n'aient pas d'autre sujet d'étude que moi, mon royaume, mes exploits. Qu'on brûle tous les autres livres, qu'on détruise toutes les statues, qu'on mette la mienne sur toutes les places publiques. Mon image dans tous les ministères, dans les bureaux de toutes les sous-préfectures, chez les contrôleurs fiscaux, dans les hôpitaux. Qu'on donne mon nom à tous les avions, à tous les vaisseaux, aux voitures à bras et à vapeur. Que tous les autres rois, les guerriers, les poètes, les ténors, les philosophes soient oubliés et qu'il n'y ait plus que moi dans toutes les consciences. Un seul nom de baptême, un seul nom de famille pour tout le monde : B-é-Bé, Bérenger. Que je sois sur les icônes, que je sois sur les millions de croix dans toutes les églises. Que l'on dise des messes pour moi, que je sois l'hostie. Que toutes les fenêtres soient éclairées, aient la couleur et la forme de mes yeux, que les fleuves dessinent dans les plaines le profil de mon visage ! Que l'on m'appelle éternellement, qu'on me supplie, que l'on m'implore.

Eugène Ionesco, *Le roi se meurt*, © Gallimard (1963).

8 **a. La situation, le comportement et les discours des personnages pourraient-ils relever de la comédie ?**

b. Diriez-vous de cette pièce qu'il s'agit d'une comédie ?

L'action de la pièce se déroule dans une ville de province, au début des années 60, pendant la guerre d'Algérie.
Adrien, riche industriel, s'oppose aux projets de départ de son fils Mathieu.

Mathieu : Je veux voyager.
Adrien : Voyage de ta chambre au salon, du salon au grenier, du grenier au jardin. Mathieu, mon fils, tu as la tête dérangée ce matin.
Mathieu : Je veux faire mon service militaire.
Adrien : On ne te prendra pas : tu as les pieds plats[1].
Mathieu : Je n'ai pas les pieds plats.
Adrien : Qui t'a dit que tu ne les avais pas ? J'ai les pieds plats, tu les as donc aussi. Ce sont des choses qu'un père sait mieux que son fils.
Mathieu : Même avec les pieds plats, je veux être militaire, être parachuté au-dessus de l'Algérie et faire la guerre à l'ennemi. Je veux être parachutiste, papa, je veux avoir le cheveu très court, l'uniforme de camouflage, le couteau attaché à la jambe, l'arme à la ceinture ; je veux me jeter par la porte grande ouverte de l'avion, je veux flotter en l'air, planer au-dessus du sol, chanter entre le ciel et la terre.
Adrien : Je vais renvoyer Aziz et corriger Édouard[2].
Mathieu : Je veux être admiré par les enfants, je veux que les garçons me regardent avec envie, je veux que les femmes me draguent, je veux que l'ennemi ait peur de moi. Je veux être un héros, risquer ma vie, échapper à des attentats, être blessé, souffrir sans me plaindre, saigner.
Adrien : Sois un héros, ici, sous mon regard. N'en suis-je pas un, moi, depuis l'arrivée de ta tante[3] ? N'en ai-je pas toujours été un, à t'élever et à te préparer un héritage comme je l'ai fait ?
Mathieu : Je ne veux pas hériter. Je veux mourir en disant de belles phrases.

Bernard-Marie Koltès, *Le Retour au désert*,
© Les Éditions de Minuit (1988).

1. déformation de la voûte plantaire du pied
2. Aziz est le domestique de la maison, Édouard est le cousin de Mathieu ; Adrien le soupçonne d'avoir une mauvaise influence sur son fils. **3.** La sœur d'Adrien est revenue après des années d'absence ; elle s'est installée dans la maison avec ses deux enfants et ne cesse de se quereller avec son frère.

Dissertation

VERS LE BAC

Le metteur en scène contemporain Jacques Lassalle propose de faire graver au fronton de tous les théâtres la formule : « C'est ce qui est le plus drôle qui est le plus profond. »

Dans quelle mesure cette formule, appliquée au théâtre, vous semble-t-elle justifiée ? Vous pourrez utiliser pour traiter ce sujet les textes de ce chapitre et les œuvres théâtrales que vous connaissez.

→ *Pour traiter le sujet*

1. Analyse : quel est le domaine concerné ? À quelle opinion couramment soutenue s'oppose cette déclaration ? Sur quelle opposition repose-t-elle ? Quel problème pose-t-elle ?
2. Quels textes, dans ce chapitre, pourraient être utilisés pour traiter le sujet ?
3. Proposez un plan de dissertation comportant des exemples précis.

Chapitre 46

Texte et représentation

Mots clés

- espace scénique
- décor
- mise en scène
- jeu théâtral

1re

Observation

1. *L'Illusion comique*, mise en scène Jean-Marie Villégier, avec François Frapier et Bruno Broyer, Théâtre de l'Athénée, 1997.

Texte

Clindor, fils de Pridamant, est entré, après bien des aventures, au service de Matamore, un soldat qui se vante d'exploits exceptionnels, mais totalement imaginaires.

SCÈNE 2, Matamore, Clindor

Clindor

Quoi ! Monsieur, vous rêvez[1] ! Et cette âme hautaine,
Après tant de beaux faits, semble être encore en peine !
N'êtes-vous point lassé d'abattre des guerriers,
Et vous faut-il encor quelques nouveaux lauriers[2] ?

Matamore

Il est vrai que je rêve, et ne saurais résoudre
Lequel je dois des deux le premier mettre en poudre,
Du grand Sophi[3] de Perse, ou bien du grand Mogor[4].

Clindor

Eh ! De grâce, Monsieur, laissez-les vivre encor :
Qu'ajouterait leur perte à votre renommée ?
D'ailleurs quand auriez-vous rassemblé votre armée ?

Matamore

Mon armée ? Ah, poltron ! Ah, traître ! Pour leur mort
Tu crois donc que ce bras ne soit pas assez fort ?
Le seul bruit de mon nom renverse les murailles,
Défait les escadrons, et gagne les batailles,
Mon courage invaincu contre les empereurs
N'arme que la moitié de ses moindres fureurs ;
D'un seul commandement que je fais aux trois Parques[5],
Je dépeuple l'État des plus heureux monarques ;
La foudre est mon canon, les Destins mes soldats :
Je couche d'un revers mille ennemis à bas.
D'un souffle je réduis leurs projets en fumée,
Et tu m'oses parler cependant d'une armée !
Tu n'auras plus l'honneur de voir un second Mars[6] :
Je vais t'assassiner d'un seul de mes regards,
Veillaque[7]. Toutefois je songe à ma maîtresse :
Ce penser m'adoucit : va, ma colère cesse,
Et ce petit archer[8] qui dompte tous les Dieux
Vient de chasser la mort qui logeait dans mes yeux.
Regarde, j'ai quitté cette effroyable mine
Qui massacre, détruit, brise, brûle, extermine ;
Et, pensant au bel œil qui tient ma liberté,
Je ne suis plus qu'amour, que grâce, que beauté.

Corneille, *L'Illusion comique*, Acte II, scène 2 (1635).

---

1. Vous songez, vous méditez. **2.** symbole de la gloire militaire **3.** roi de Perse **4.** ou « Mogol », nom du souverain d'un État du nord de l'Inde **5.** divinités qui, pour les Grecs, présidaient à la destinée humaine de la naissance à la mort **6.** dieu de la guerre **7.** lâche, coquin **8.** Cupidon, dieu de l'amour, représenté traditionnellement comme un jeune enfant portant un arc et des flèches

2. *L'Illusion comique*, mise en scène Brigitte Jacques Wajeman, avec François Nadin dans le rôle de *Matamore*, Théâtre de Genevilliers, 2005.

Questions

1. Quelles informations sur le personnage de Matamore la scène délivre-t-elle aux spectateurs ?
2. Quelles relations le valet semble-t-il entretenir avec son maître ? Pourquoi peut-on penser qu'il se moque de Matamore ?
3. Quel registre Matamore veut-il utiliser ? Quels procédés le mettent en évidence ? Pourquoi peut-on parler de parodie ?
4. Quelles caractéristiques du personnage sont mises en évidence dans les deux photographies ? Observez le choix des costumes, le maquillage, les accessoires.
5. D'après l'attitude des deux comédiens, quels liens semblent unir Matamore et Clindor dans la mise en scène de Villégier ?

L'essentiel

1. Les éléments de la représentation théâtrale

Le lieu théâtral

▪ Selon les époques, les représentations théâtrales ont été données dans **des espaces très différents** : théâtre de plein air, place publique, salles de spectacles aux architectures variées.

▪ Ces différents lieux imposent des **contraintes** : dimension de l'espace scénique, possibilité de procéder à des changements de décor, à des effets d'éclairage, de recourir à des bruitages, à de la musique.

Le décor

▪ Le décor peut avoir une **fonction réaliste** : il imite ou reproduit un lieu réel ou supposé réel ; il indique la condition sociale des personnages, leur mode de vie.

▪ Mais le décor prend aussi parfois une **valeur abstraite ou symbolique** ; il se limite alors à quelques éléments visant à évoquer un lieu plutôt qu'à le représenter.

Les costumes et le maquillage

▪ Ils permettent de **caractériser les personnages** en rendant sensibles aux yeux des spectateurs leur condition sociale et leur caractère.

▪ Ils peuvent également souligner le côté ridicule d'un personnage (dans la comédie ou la farce) ou, au contraire, mettre en valeur sa noblesse et sa puissance.

Remarque : Le metteur en scène ne choisit pas forcément d'adopter le costume de l'époque à laquelle est censée se dérouler l'action : par exemple, jouer les tragédies classiques du XVIIe siècle en costumes contemporains rapproche le spectateur des personnages.

Les objets

Sur la scène, la présence d'un objet peut avoir plusieurs fonctions :

▪ **rendre concret** un élément explicitement nommé dans les paroles des personnages ;

▪ **représenter de façon symbolique** une réalité abstraite : par exemple, une épée pourra représenter le pouvoir militaire ;

▪ **jouer un rôle dramatique**, en intervenant dans le jeu des comédiens et dans le déroulement de l'action.

Dans *Tartuffe*, Elmire invite son mari Orgon à se cacher sous une table. Elle veut lui faire découvrir ainsi l'hypocrisie de Tartuffe, qu'Orgon admire éperdument alors qu'il fait la cour à sa femme.

Le jeu des comédiens

Il comprend :

▪ **les déplacements** sur la scène, les entrées et les sorties ;

▪ **la gestuelle**, plus ou moins soulignée ;

▪ **les expressions du visage** : mimiques, regards, etc.

▪ **le débit**, **le rythme de la parole**, l'accentuation de certains éléments du texte.

Ces différents éléments du jeu théâtral sont suggérés par les didascalies ou le dialogue, mais le comédien dispose en ce domaine d'une grande part de liberté.

Les éclairages et les éléments sonores

▪ Ils contribuent à la création d'une **ambiance** : par exemple, un accompagnement musical ou un bruitage peuvent contribuer à créer une atmosphère inquiétante, mélancolique ou gaie.

▪ Ils permettent aussi de **mettre en valeur** un élément de la représentation.

2. Du texte à la scène

La mise en scène comme interprétation du texte

Depuis la fin du XIXe siècle, la responsabilité de la représentation scénique incombe généralement au **metteur en scène**, avec la collaboration éventuelle de l'auteur. L'interprétation de la pièce proposée par le metteur en scène traduit un certain nombre de choix :

- le **choix des comédiens** : il implique une conception particulière des personnages, de leurs caractéristiques physiques et psychologiques et de leurs relations. Un même personnage de théâtre peut ainsi être incarné par des comédiens d'âge et d'apparence extrêmement différents ;
- les **indications de jeu** : le metteur en scène dirige le travail des comédiens pour lui donner efficacité et cohérence. Le jeu des comédiens permet de privilégier chez les personnages certains traits particuliers, de susciter divers types d'émotion chez le spectateur. Selon le jeu adopté, une même scène pourra ainsi tendre vers le comique ou le sérieux ;
- le **choix du décor**, des **costumes**, des **éclairages**, des **effets sonores** : il permet de donner au spectacle une tonalité particulière, de créer une illusion de réalité ou, au contraire, de s'en éloigner, voire de la contester.

L'illusion de la réalité

- Traditionnellement, la représentation théâtrale vise à donner au spectateur l'illusion de la réalité, à lui faire oublier qu'il assiste à un spectacle. Le théâtre se veut alors **imitation de la réalité**. La représentation scénique utilise les moyens dont elle dispose pour créer cet effet : décor et jeu réaliste des comédiens permettent au spectateur d'oublier qu'il est face à des personnages de théâtre.
- Mais le théâtre peut aussi chercher à **rompre cet effet de réalité** ou à s'en éloigner. Ainsi les comédiens peuvent s'adresser directement aux spectateurs, leur rappelant qu'ils assistent à une représentation ; ils peuvent adopter un jeu caricatural, voire outré ; le décor souligne son caractère artificiel.

Philippe Adrien, metteur en scène, dirige les comédiens lors des répétitions du *Procès* de Franz Kafka. Paris, Cartoucherie, Théâtre de la Tempête, décembre 2004.

Exercices

Décor, costumes, objets

1 Comparez les didascalies suivantes. Quelles fonctions semblent-elles accorder au décor ?

Texte 1

L'abbaye des moines cisterciens[1] de Coûfontaine achetée par Sygne. Au premier étage la bibliothèque : c'est une grande et haute pièce éclairée par quatre fenêtres sans rideaux, aux petits carreaux verdâtres. Au fond, entre deux hautes portes, sur le mur blanchi à la chaux, une grande croix de bois avec un crucifix en bronze d'aspect farouche et mutilé. À l'autre bout, au-dessus de la tête de Sygne, un lambeau d'une fraîche tapisserie de soie, où l'on voit, dans un rinceau[2], au milieu d'une pastorale[3], l'écu[4] de Coûfontaine divisé. [...] Le plancher, extrêmement propre, est de larges planches inégales clouées de gros clous brillants. Sygne est assise dans un coin à un joli petit bureau tout couvert de registres et de liasses de papier bien rangées. Plus loin une petite table sur laquelle il y a du pain, du vin et les restes. Des grands meubles rigides, chaises et fauteuils sont alignés d'un bout à l'autre de la salle qui a un air austère et abandonné. Par terre une claie[5] où sèchent des pruneaux.

Paul Claudel, *L'Otage*, © Gallimard (1911).

1. moines appartenant à l'ordre de l'abbaye de Citeaux, prêchant le retour à la pauvreté 2. ornement représentant des végétaux enroulés 3. œuvre picturale évoquant les plaisirs de la vie à la campagne 4. figure en forme de bouclier représentant les emblèmes symboliques attachés à une famille noble 5. treillis d'osier

Texte 2

Intérieur sans meubles.

Lumière grisâtre.

Aux murs de droite et de gauche, vers le fond, deux petites fenêtres haut perchées, rideaux fermés.

Porte à l'avant-scène, à droite. Accroché au mur, près de la porte, un tableau retourné.

À l'avant-scène à gauche, recouvertes d'un vieux drap, deux poubelles l'une contre l'autre.

Au centre, recouvert d'un vieux drap, assis dans un fauteuil à roulettes, Hamm.

Samuel Beckett, *Fin de partie*, © Éditions de Minuit (1957).

2 a. Que révèlent les paroles et les gestes de Tartuffe ?

b. Quelle fonction ont les chaises et la robe d'Elmire ?

Orgon, riche bourgeois, a recueilli chez lui Tartuffe. Celui-ci affiche la conduite d'un croyant sincère, très attaché à ses devoirs de chrétien. Contre l'avis de son épouse, Elmire, et des enfants qu'il a eus d'un premier mariage, Orgon accorde à Tartuffe toute sa confiance. Il décide même de lui donner sa fille en mariage contre l'avis de celle-ci. Elmire tente de s'opposer à ce projet ; elle demande à Tartuffe un entretien.

Elmire

J'ai voulu vous parler en secret d'une affaire,
Et suis bien aise ici qu'aucun ne nous éclaire[1].

Tartuffe

J'en suis ravi de même, et sans doute il m'est doux,
Madame, de me voir seul à seul avec vous :
C'est une occasion qu'au Ciel j'ai demandée,
Sans que jusqu'à cette heure, il me l'ait accordée.

Elmire

Pour moi, ce que je veux, c'est un mot d'entretien,
Où tout votre cœur s'ouvre et ne me cache rien.

Tartuffe

Et je ne veux aussi pour grâce singulière
Que montrer à vos yeux mon âme tout entière,
Et vous faire serment que les bruits[2] que j'ai faits
Des visites qu'ici reçoivent vos attraits
Ne sont pas envers vous l'effet d'aucune haine,
Mais plutôt d'un transport de zèle qui m'entraîne,
Et d'un pur mouvement...

Elmire

Je le prends bien aussi,
Et crois que mon salut vous donne ce souci.

Tartuffe *(Il lui serre le bout des doigts.)*

Oui, Madame, sans doute, et ma ferveur est telle...

Elmire

Ouf ! Vous me serrez trop.

Tartuffe

C'est par excès de zèle.
De vous faire autre mal je n'eus jamais dessein,
Et j'aurais bien plutôt...
(Il lui met la main sur le genou.)

Elmire

Que fait là votre main ?

Tartuffe

Je tâte votre habit : l'étoffe en est moelleuse.

Elmire

Ah ! de grâce, laissez, je suis fort chatouilleuse.
Elle recule sa chaise, et Tartuffe rapproche la sienne.

Tartuffe

Mon Dieu ! que de ce point[3] l'ouvrage est merveilleux !
On travaille aujourd'hui d'un air miraculeux ;
Jamais, en toute chose, on n'a vu si bien faire.

Elmire

Il est vrai. Mais parlons un peu de notre affaire.

Molière, *Tartuffe*, Acte III, scène 3 (1669).

1. que personne ne nous surveille 2. critiques 3. dentelle de fil faite à la main

Le jeu des acteurs

3 Quelles qualités Diderot prête-t-il à un bon comédien ? Contre quelle conception du comédien s'élève-t-il ?

Si le comédien était sensible, de bonne foi, lui serait-il permis de jouer deux fois de suite un même rôle avec la même chaleur et le même succès ? Très chaud à la première représentation, il serait épuisé et froid comme un marbre à la troisième. Au lieu qu'imitateur attentif et disciple réfléchi de la nature, la première fois qu'il se présentera sur la scène sous le nom d'Auguste, de Cinna, d'Orosmane, d'Agamemnon, de Mahomet[1], copiste rigoureux de lui-même ou de ses études, et observateur continu de nos sensations, son jeu, loin de s'affaiblir, se fortifiera des réflexions nouvelles qu'il aura recueillies ; il s'exaltera ou se tempérera, et vous en serez de plus en plus satisfait. S'il est lui quand il joue, comment cessera-t-il d'être lui ? S'il veut cesser d'être lui, comment saisira-t-il le point juste auquel il faut qu'il se place et s'arrête ? Ce qui me confirme dans mon opinion, c'est l'inégalité des acteurs qui jouent d'âme[2]. Ne vous attendez de leur part à aucune unité ; leur jeu est alternativement fort et faible, chaud et froid, plat et sublime. Ils manqueront demain l'endroit où ils auront excellé aujourd'hui ; en revanche, ils excelleront dans celui qu'ils auront manqué la veille. Au lieu que le comédien qui jouera de réflexion, d'étude de la nature humaine, d'imitation constante d'après quelque modèle idéal, d'imagination, de mémoire, sera un, le même à toutes les représentations, toujours également parfait : tout a été mesuré, combiné, appris, ordonné dans sa tête ; il n'y a dans sa déclamation ni monotonie, ni dissonance.

Diderot, *Paradoxe sur le comédien* (1777).

1. personnages de tragédies de Corneille, Racine et Voltaire
2. d'instinct et avec passion

La mise en scène

4 **Après avoir lu attentivement la scène 3 de l'acte III de *Tartuffe* (exercice 2), observez les photographies suivantes, extraites de trois mises en scène de Tartuffe. Comparez les décors, les costumes, l'apparence physique des personnages, les gestes des acteurs. Quels choix de mise en scène les différences traduisent-elles ?**

1. Louis Jouvet (Tartuffe) et Monique Mélinand (Elmire), mise en scène Louis Jouvet, Théâtre de l'Athénée, Paris, janvier 1950.

2. Valérie Blanchon (Elmire) et Richard Sammut (Tartuffe), mise en scène Jean-Pierre Vincent, Théâtre des Amandiers, Nanterre, mars 1998.

3. Jean-Louis Cassarino (Tartuffe) et Dominique Charpentier (Elmire), mise en scène Jean-Marie Villégier, Théâtre de l'Athénée, Paris, septembre 1999.

Objet d'étude

Le théâtre : texte et représentation

Corpus

1. MOLIÈRE, *Le Bourgeois gentilhomme* (1670).
Document. Photo de mise en scène du *Bourgeois gentilhomme* (2000).
3. BEAUMARCHAIS, *Le Mariage de Figaro* (1783).
4. DUMAS fils, *La Question d'argent* (1857).
5. GIRAUDOUX, *Intermezzo* (1933).

TEXTE 1 : Molière, *Le Bourgeois gentilhomme*, Acte II, scène 5 (1670).

Monsieur Jourdain, riche bourgeois fasciné par la noblesse, veut à tout prix se conduire comme un gentilhomme. Dans le passage suivant, il est face à son tailleur venu lui apporter un habit neuf.

Maître tailleur, Garçon tailleur, *portant l'habit de Monsieur Jourdain,*
Monsieur Jourdain, Laquais

Maître tailleur : Tenez, voilà le plus bel habit de la cour, et le mieux assorti. C'est un chef-d'œuvre que d'avoir inventé un habit sérieux qui ne fût pas noir ; et je le donne en six coups[1] aux tailleurs les plus éclairés.

Monsieur Jourdain : Qu'est-ce que c'est que ceci ? vous avez mis les fleurs en enbas[2].

Maître tailleur : Vous ne m'aviez pas dit que vous les vouliez en enhaut.

Monsieur Jourdain : Est-ce qu'il faut dire cela ?

Maître tailleur : Oui, vraiment. Toutes les personnes de qualité[3] les portent de la sorte.

Monsieur Jourdain : Les personnes de qualité portent les fleurs en enbas ?

Maître tailleur : Oui, Monsieur.

Monsieur Jourdain : Oh ! voilà qui est donc bien.

Maître tailleur : Si vous voulez, je les mettrai en enhaut.

Monsieur Jourdain : Non, non.

Maître tailleur : Vous n'avez qu'à dire.

Monsieur Jourdain : Non, vous dis-je ; vous avez bien fait. Croyez-vous que l'habit m'aille bien ?

Maître tailleur : Belle demande ! Je défie un peintre, avec son pinceau, de vous faire rien de plus juste. J'ai chez moi un garçon qui, pour monter une rhingrave[4], est le plus grand génie du monde ; et un autre qui, pour assembler un pourpoint[5], est le héros de notre temps.

Monsieur Jourdain : La perruque et les plumes sont-elles comme il faut ?

Maître tailleur : Tout est bien.

Monsieur Jourdain, *en regardant l'habit du tailleur* : Ah ! ah ! Monsieur le tailleur, voilà de mon étoffe du dernier habit que vous m'avez fait. Je la reconnais bien.

Maître tailleur : C'est que l'étoffe me sembla si belle que j'en ai voulu lever un habit pour moi.

Monsieur Jourdain : Oui, mais il ne fallait pas le lever avec le mien[6].

Maître tailleur : Voulez-vous mettre votre habit ?

Monsieur Jourdain : Oui ! donnez-le-moi.

Maître tailleur : Attendez. Cela ne va pas comme cela. J'ai amené des gens pour vous habiller en cadence, et ces sortes d'habits se mettent avec cérémonie. Holà ! entrez, vous autres. Mettez cet habit à Monsieur, de la manière que vous faites aux personnes de qualité.

---

1. Je défie de faire en six coups ce que j'ai fait du premier.
2. la queue vers le bas
3. les nobles
4. culotte très ample
5. partie du vêtement qui couvre le torse
6. Le tailleur a sans doute utilisé une étoffe payée par Monsieur Jourdain pour se faire son propre habit.

DOCUMENT

Monsieur Jourdain (personnage central du *Bourgeois gentilhomme*, de Molière) interprété par Hacid Bouabaya, compagnie Joker, mise en scène Serge Bagdassarian (2000).

SUJET BAC

TEXTE 2 : Beaumarchais, *Le Mariage de Figaro*, Acte V, scène 3 (1783).

Figaro, valet du comte Almaviva, fait le récit de sa vie au cours d'un long monologue. Dans le passage suivant, il évoque les difficultés qu'il a rencontrées en voulant se faire écrivain.

Figaro : Il s'élève une question sur la nature des richesses ; et comme il n'est pas nécessaire de tenir les choses pour en raisonner, n'ayant pas un sol[1], j'écris sur la valeur de l'argent et sur son produit net ; sitôt je vois, du fond d'un fiacre, baisser pour moi le pont d'un château fort, à l'entrée duquel je laissai l'espérance et la liberté[2]. *(Il se lève.)* Que je voudrais bien tenir un de ces puissants de quatre jours, si légers sur le mal qu'ils ordonnent, quand une bonne disgrâce a cuvé son orgueil ! Je lui dirais… que les sottises imprimées n'ont d'importance qu'au lieu où on en gêne le cours ; que, sans la liberté de blâmer, il n'est point d'éloge flatteur ; et qu'il n'y a que les petits hommes qui redoutent les petits écrits. *(Il se rassied.)* Las de nourrir un obscur pensionnaire, on me met un jour dans la rue ; et comme il faut dîner, quoiqu'on ne soit plus en prison, je taille encore ma plume et demande à chacun de quoi il est question ; on me dit que, pendant ma retraite économique, il s'est établi dans Madrid un système de liberté sur la vente des productions, qui s'étend même à celles de la presse ; et que, pourvu que je ne parle en mes écrits ni de l'autorité, ni du culte, ni de la politique, ni de la morale, ni des gens en place, ni des corps en crédit[3], ni de l'Opéra, ni des autres spectacles, ni de personne qui tienne à quelque chose, je puis tout imprimer librement, sous l'inspection de deux ou trois censeurs. Pour profiter de cette douce liberté, j'annonce un écrit périodique et, croyant n'aller sur les brisées d'aucun autre, je le nomme *Journal inutile*. Pou-ou ! Je vois s'élever contre moi mille pauvres diables à la feuille[4] ; on me supprime, et me voilà derechef[5] sans emploi !

1. pas un sou
2. Figaro fait allusion à son emprisonnement.
3. Il s'agit des autorités politiques, religieuses.
4. journalistes payés à la feuille
5. de nouveau

TEXTE 3 : Dumas fils, *La Question d'argent*, Acte I, scène 4 (1857).

Jean Giraud, fils d'un jardinier, a fait fortune. Dans le salon de Madame Durieu, il rencontre le jeune René, un aristocrate qui a autrefois employé son père…

Jean : Il y a bien longtemps que j'avais envie de vous voir ; mais je ne savais pas comment vous me recevriez.
René : Je vous aurais reçu avec plaisir, comme mon oncle vous reçoit. On ne peut reprocher à un homme qui a fait sa fortune que de l'avoir faite par des moyens déshonnêtes ; mais celui qui la doit à son intelligence et à sa probité, qui en use noblement, tout le monde est prêt à l'accueillir comme on vous accueille ici.
Jean : Il n'est pas même bien nécessaire qu'il en use noblement ; pourvu qu'il l'ait gagnée, voilà l'important.
Madame Durieu : Oh ! Monsieur Giraud, vous gâtez là tout ce que vous avez dit de bien.
Jean : Je ne dis pas cela pour moi, Madame, mais je sais ce que je dis ; l'argent est l'argent, quelles que soient les mains où il se trouve. C'est la seule puissance que l'on ne discute jamais. On discute la vertu, la beauté, le courage, le génie ; on ne discute jamais l'argent. Il n'y a pas un être civilisé qui, en se levant le matin, ne reconnaisse la souveraineté de l'argent, sans lequel il n'aurait ni le toit qui l'abrite, ni le lit où il se couche, ni le pain qu'il mange. Où va cette population qui se presse dans les rues, depuis le commissionnaire qui sue sous son fardeau trop lourd, jusqu'au millionnaire qui se rend à la Bourse au trot de ses deux chevaux ? L'un court après quinze sous, l'autre après cent mille francs. Pourquoi ces boutiques, ces vaisseaux, ces chemins de fer, ces usines, ces théâtres, ces musées, ces procès entre frères et sœurs, entre fils et pères, ces découvertes, ces divisions, ces assassinats ? Pour quelques pièces plus ou moins nombreuses de ce métal blanc ou jaune qu'on appelle l'argent ou l'or. Et qui sera le plus considéré à la suite de cette grande course aux écus ? Celui qui en rapportera davantage. Aujourd'hui un homme ne doit plus avoir qu'un but, c'est de devenir très riche. Quant à moi, ç'a toujours été mon idée, j'y suis arrivé et je m'en félicite.

TEXTE 4 : Giraudoux, *Intermezzo*, Acte I, scène 6 (1933).

Un inspecteur interroge Isabelle, une jeune institutrice qui a emmené ses élèves en pleine nature…

Isabelle : Vous m'avez demandée, monsieur l'Inspecteur ?
L'Inspecteur : Mademoiselle, les bruits les plus fâcheux courent sur votre enseignement. Je vais voir immédiatement s'ils sont fondés et envisager la sanction.
Isabelle : Je ne vous comprends pas, Monsieur l'Inspecteur.
L'Inspecteur : Il suffit ! Que l'examen commence… Entrez, les élèves… *(Elles rient.)* Pourquoi rient-elles ainsi ?
Isabelle : C'est que vous dites : entrez, et qu'il n'y a pas de porte, Monsieur l'Inspecteur.
L'Inspecteur : Cette pédagogie de grand air est stupide… Le vocabulaire des Inspecteurs y perd la moitié de sa force… *(Chuchotements.)* Silence, là-bas… la première qui bavarde balayera la classe, le champ, veux-je dire, la campagne… *(Rires.)*… mademoiselle, vos élèves sont insupportables !
Isabelle : Elles sont très gentilles, Monsieur l'Inspecteur, regardez-les.
L'Inspecteur : Elles n'ont pas à être gentilles. Avec leur gentillesse, il n'en est pas une qui ne prétende avoir sa manière spéciale de sourire ou de cligner. J'entends que l'ensemble des élèves montre au maître le même visage sévère et uniforme qu'un jeu de dominos.
Le droguiste : Vous n'y arriverez pas, Monsieur l'Inspecteur.
L'Inspecteur : Et pourquoi ?

Le droguiste : Parce qu'elles sont gaies.

L'Inspecteur : Elles n'ont pas à être gaies. Vous avez au programme le certificat d'études et non de fou rire. Elles sont gaies parce que leur maîtresse ne les punit pas assez.

Isabelle : Comment les punirais-je ? Avec ces écoles de plein ciel, il ne subsiste presque aucun motif de punir. Tout ce qui est faute dans une classe devient une initiative et une intelligence au milieu de la nature. Punir une élève qui regarde au plafond ! Regardez-le ce plafond !

Le contrôleur : En effet. Regardons-le.

L'Inspecteur : Le plafond, dans l'enseignement, doit être compris de façon à faire ressortir la taille de l'adulte vis-à-vis de la taille de l'enfant. Un maître qui adopte le plein air avoue qu'il est plus petit que l'arbre, moins corpulent que le bœuf, moins mobile que l'abeille, et sacrifie la meilleure preuve de sa dignité.

Questions

A. Séries générales (4 points)

Comment les quatre documents remplissent-ils la fonction critique attribuée au théâtre ? Quelles en sont les cibles ?

B. Séries technologiques (6 points)

1. Pourquoi peut-on dire que ces différents documents ont une fonction de dénonciation ? Quelles sont les cibles de cette dénonciation ? **(4 points)**
2. Quels sont les principaux procédés comiques employés dans les textes 1 et 4 ? **(2 points)**

Travail d'écriture

A. Séries générales (16 points)

1 Commentaire

Vous ferez le commentaire de l'extrait du *Mariage de Figaro* (texte 2).

2 Dissertation

Le genre théâtral, dans sa diversité (comédie, tragédie, drame, etc.), vous paraît-il propre à dénoncer les préjugés et les travers d'une société ou d'un individu ?
Vous appuierez votre réflexion sur le corpus proposé, les textes et les œuvres que vous avez étudiés et vos lectures personnelles.

3 Écriture d'invention

L'extrait de la pièce de Dumas (texte 3) ne présente pas de didascalies ni d'indications de décor. En tant que metteur en scène, vous vous adressez aux acteurs qui incarnent chacun des trois personnages et vous formulez toutes les remarques et tous les commentaires nécessaires pour leur permettre d'entrer dans le jeu de la scène.

B. Séries technologiques (14 points)

1 Commentaire

Vous ferez le commentaire de l'extrait d'*Intermezzo* de Jean Giraudoux (texte 4). Vous fonderez votre analyse sur le parcours de lecture suivant :

a. Montrez que deux conceptions de l'École s'affrontent dans cette scène.
b. Quels personnages sont valorisés ? Quels personnages sont rendus ridicules ? Par quels moyens ?

2 Dissertation

Le théâtre peut-il être considéré comme une tribune d'expression et de revendication sociales, ou doit-il plutôt, au contraire, viser avant tout à distraire le spectateur ?
Vous appuierez votre réflexion sur le corpus proposé, les textes et les œuvres que vous avez étudiés et vos lectures personnelles.

3 Écriture d'invention

Dans un dialogue théâtral qui oppose des personnages (dont vous choisirez l'identité), vous mettrez en scène la dénonciation d'un travers de la société moderne (le goût pour les émissions de téléréalité, le manque de conscience écologique, la soumission à la mode ou à la publicité, etc.). Vous ferez apparaître des didascalies qui révéleront le caractère des personnages, leur comportement et leurs réactions. Les registres comique, polémique et satirique, l'ironie permettront de faire réagir les spectateurs aux dépens de l'un – au moins – des personnages.

Chapitre 47

Les formes de l'écriture de soi

Mots clés

- autobiographie
- autofiction
- confession
- introspection
- pacte de vérité

1re L

Observation

Texte

J'ai résolu de faire faire à mes lecteurs un pas de plus dans la connaissance des hommes, en les tirant s'il est possible de cette règle unique et fautive de juger toujours du cœur d'autrui par le sien ; tandis qu'au contraire il faudrait souvent pour connaître le sien même, commencer par lire dans celui d'autrui. Je veux tâcher que pour apprendre à s'apprécier, on puisse avoir du moins une pièce de comparaison ; que chacun puisse connaître soi et un autre, et cet autre ce sera moi.

Oui, moi, moi seul, car je ne connais jusqu'ici nul autre homme qui ait osé faire ce que je me propose. [...]

Nul ne peut écrire la vie d'un homme que lui-même. Sa manière d'être intérieure, sa véritable vie n'est connue que de lui ; mais en l'écrivant il la déguise ; sous le nom de sa vie, il fait son apologie ; il se montre comme il veut être vu, mais point du tout comme il est. Les plus sincères sont vrais tout au plus dans ce qu'ils disent, mais ils mentent par leurs réticences, et ce qu'ils taisent change tellement ce qu'ils feignent d'avouer, qu'en ne disant qu'une partie de la vérité ils ne disent rien. Je mets Montaigne à la tête de ces faux sincères qui veulent tromper en disant vrai. Il se montre avec des défauts, mais il ne s'en donne que d'aimables ; il n'y a point d'homme qui n'en ait d'odieux. Montaigne se peint ressemblant, mais de profil. Qui sait si quelque balafre à la joue ou un œil crevé du côté qu'il nous a caché, n'eût pas totalement changé sa physionomie. [...]

Il est donc sûr que si je remplis bien mes engagements, j'aurai fait une chose unique et utile. Et qu'on ne m'objecte pas que n'étant qu'un homme du peuple, je n'ai rien à dire qui mérite l'attention des lecteurs. Cela peut être vrai des événements de ma vie : mais j'écris moins l'histoire de ces événements en eux-mêmes que celle de l'état de mon âme, à mesure qu'ils sont arrivés. Or les âmes ne sont plus ou moins illustres que selon qu'elles ont des sentiments plus ou moins grands et nobles, des idées plus ou moins vives et nombreuses. Les faits ne sont ici que des causes occasionnelles. Dans quelque obscurité que j'aie pu vivre, si j'ai pensé plus et mieux que les Rois, l'histoire de mon âme est plus intéressante que celle des leurs. [...]

Je serai vrai ; je le serai sans réserve ; je dirai tout ; le bien, le mal, tout enfin. Je remplirai rigoureusement mon titre, et jamais la dévote[1] la plus craintive ne fit un meilleur examen de conscience que celui auquel je me prépare ; jamais elle ne déploya plus scrupuleusement à son confesseur tous les replis de son âme que je vais déployer tous ceux de la mienne au public. Qu'on commence seulement à me lire sur ma parole ; on n'ira pas loin sans voir que je veux la tenir.

Il faudrait pour ce que j'ai à dire inventer un langage aussi nouveau que mon projet : car quel ton, quel style prendre pour débrouiller ce chaos immense de sentiments si divers, si contradictoires, souvent si vils et quelquefois si sublimes dont je fus sans cesse agité ?

Jean-Jacques Rousseau, ébauche des *Confessions* (1764), manuscrit de Neuchâtel.

1. personne très attachée aux pratiques religieuses, par exemple à l'aveu sincère de ses péchés au prêtre pendant la confession, dans la religion catholique

Ingres, *Autoportrait* (1804), Chantilly, musée Condé.

Marc Chagall (1887-1985), *Autoportrait aux sept doigts*, Amsterdam, Stedelijk Museum.

Questions

Sur le texte

1. Quel est le projet de Rousseau d'après ce texte ?
2. Reformulez, dans l'ordre du texte, les raisons qu'il donne à son entreprise.
3. Cherchez qui est Montaigne et quelle œuvre il a composée. De quoi Rousseau l'accuse-t-il, dans les lignes 14 à 18 ?
4. Commentez la formule de la ligne 26 (« Si j'ai pensé plus et mieux que les Rois… »).
5. Quelles indications donne-t-il au lecteur sur la manière de lire son œuvre ?
6. Quelle difficulté Rousseau soulève-t-il dans le dernier paragraphe cité ?

Sur les autoportraits

7. Dans quel but, selon vous, ces autoportraits ont-ils été conçus ?
8. Vous semblent-ils révélateurs de la personnalité des peintres ? Justifiez vos réponses.

L'essentiel

Il existe plusieurs façons de raconter sa vie et de décrire sa personnalité. Chacune a ses exigences et ses limites. Les écrivains modernes essaient de s'en affranchir en inventant des formes nouvelles.

1. L'autobiographie

Définition

■ Le mot *autobiographie* est composé de trois éléments grecs : *autos*, « soi-même », *bios*, « la vie », *graphein*, « écrire ».

■ Une autobiographie est un **récit qu'une personne fait elle-même de sa vie passée**. L'**auteur**, le **narrateur** et le **protagoniste** (le personnage principal) ne font qu'un et portent le même nom.

■ L'auteur d'une autobiographie s'engage à **dire sincèrement la vérité**. Il peut se tromper, mais il ne doit pas mentir à son lecteur. On appelle cet engagement le « **pacte autobiographique** ».

Le texte autobiographique

■ Il suit traditionnellement le modèle des *Confessions* de Jean-Jacques Rousseau. C'est un **récit en prose**, à la **première personne**, **continu** et **chronologique**, qui recourt aux temps du passé pour raconter la vie écoulée, au présent pour en faire le commentaire.

■ Il met l'accent sur des **éléments clés de l'existence du protagoniste**, en particulier le début de sa vie : enfance, adolescence, liens familiaux, premières lectures, études, amitiés et amours de jeunesse, voyages.

Le projet de l'auteur

Un auteur d'autobiographie peut avoir des objectifs divers :

■ **ressusciter et fixer son passé**, qui lui échappe ;

■ **faire le bilan** de sa vie écoulée, en chercher la logique, le sens ;

■ **comprendre** quelle est **sa vraie personnalité**, pourquoi et comment elle a évolué ;

■ **faire son examen de conscience**, avouer ses fautes ;

■ **se défendre contre des attaques**, s'expliquer, se justifier ;

■ **permettre au lecteur de s'analyser** à son tour ;

■ **faire avancer la connaissance de l'homme** en général ;

■ **faire une œuvre littéraire** intéressante à lire.

Rousseau écrit *Les Confessions* pour répondre à ceux qui l'accusent d'avoir abandonné ses enfants.
Il souhaite *« que chacun puisse connaître soi et un autre »*.
Il s'interroge sur la façon d'écrire son œuvre : *« quel ton, quel style prendre... ? »*

2. Les difficultés de l'autobiographie

L'entreprise autobiographique rencontre plusieurs obstacles :

■ La **mémoire peut être trompeuse ou défaillante** ; elle est souvent brouillée par les expériences successives, par les témoignages des proches.

■ **Le moi est une donnée instable**, qui change avec le temps, les circonstances, les influences ; la psychanalyse a montré qu'une grande part de nous-mêmes reste inconsciente et inaccessible à l'analyse de soi (ou introspection).

■ **La vérité est impossible à dire complètement** : l'écriture du récit autobiographique impose des précautions pour parler d'autrui, des sélections dans la masse des faits vécus.

■ **Le langage est impuissant** à restituer exactement le réel. La vérité et la transparence sont donc un idéal jamais atteint.

■ Les auteurs modernes expriment souvent ces difficultés dans leurs œuvres, et cherchent des moyens de les surmonter par **des formes nouvelles**.

Dans *Enfance* (1983), Nathalie Sarraute fait dialoguer des voix pour traduire ses scrupules ; dans *W ou le Souvenir d'enfance* (1975), George Perec imbrique un récit de sa vie et une fiction.

3. Les autres genres autobiographiques

D'autres œuvres reposent sur un **pacte de vérité**, sans pour autant constituer un récit complet de la vie passée de l'auteur.

Genres	Caractéristiques	Exemples
Les Mémoires	Ils racontent les événements historiques dont l'auteur a été le témoin ou l'acteur.	Les *Mémoires de guerre*, du général de Gaulle (1890-1970), évoquent la Seconde Guerre mondiale.
Les autoportraits	Ils s'attachent surtout à décrire la personnalité de l'auteur, dont la vie n'est pas racontée en continu.	Les *Essais* de Montaigne (1533-1592)
Les journaux intimes	Écrits au jour le jour le jour, ils se présentent comme des textes discontinus. Ils peuvent être tenus seulement à certaines périodes. En principe, ils ne sont pas destinés à être publiés.	Le *Journal* d'André Gide (1869-1951)
Les correspondances	Elles rassemblent des lettres authentiques, qui racontent des événements vécus et les commentent.	Les lettres de Madame de Sévigné (1626-1696), ou de George Sand (1804-1876)
Les poèmes lyriques	Ils peuvent être liés à des moments ou à des événements de la vie de l'auteur.	Victor Hugo, dans *Les Contemplations* (1856), évoque la mort de sa fille Léopoldine.

4. Écriture de soi et fiction

L'écriture autobiographique exclut en principe toute invention. En réalité, pourtant, **vérité et fiction sont souvent mêlées**.

L'autobiographie et la fiction

■ Le récit autobiographique ressemble au roman par ses **techniques de composition** : alternance de descriptions et de narrations, introduction de dialogues, rythme de l'intrigue (scènes, ellipses), etc.

→ **Chapitre 36**
Le temps dans le récit, p. 130

■ Tout comme le roman, l'autobiographie suppose des **choix d'écriture** (énonciation, lexique, figures) visant à faire de l'œuvre un objet esthétique, susceptible d'être admiré par le lecteur. Ce souci l'emporte parfois sur la préoccupation de vérité.

4 **a. Cherchez l'étymologie du mot *introspection*.**

b. Commentez les métaphores successivement employées par l'auteur : sur quoi mettent-elles l'accent ?

c. Comparez les propos de Modiano avec ceux de Chateaubriand dans le texte de l'exercice précédent. Comparez également les titres des deux œuvres : quelle image donnent-ils de l'auteur ?

À part mon frère Rudy, sa mort, je crois que rien de tout ce que je rapporterai ici ne me concerne en profondeur. J'écris ces pages comme on rédige un constat ou un curriculum vitae, à titre documentaire et sans doute pour en finir avec une vie qui n'était pas la mienne. Il ne s'agit que d'une simple pellicule de faits et gestes. Je n'ai rien à confesser ni à élucider et je n'éprouve aucun goût pour l'introspection et les examens de conscience. Au contraire, plus les choses demeuraient obscures et mystérieuses, plus je leur portais d'intérêt. Et même, j'essayais de trouver du mystère à ce qui n'en avait aucun. Les événements que j'évoquerai jusqu'à ma vingt et unième année, je les ai vécus en transparence – ce procédé qui consiste à faire défiler en arrière-plan des paysages, alors que les acteurs restent immobiles sur un plateau de studio. Je voudrais traduire cette impression que beaucoup d'autres ont ressentie avant moi : tout défilait en transparence et je ne pouvais pas encore vivre ma vie.

Patrick Modiano, *Un pedigree*, © Gallimard (2005).

Les difficultés de l'autobiographie

5 **a. Quelles difficultés de l'écriture de soi les auteurs des extraits ci-dessous rencontrent-ils ?**

b. Envisagent-ils les mêmes solutions pour y remédier ? Comparez précisément les deux références au genre du roman.

Texte 1

Je ne fais point ici un ouvrage d'art, je m'en défends même, car ces choses ne valent que par la spontanéité et l'abandon, et je ne voudrais pas raconter ma vie comme un roman. La forme emporterait le fond.

Je pourrai donc parler sans ordre et sans suite, tomber même dans beaucoup de contradictions. La nature humaine n'est qu'un tissu d'inconséquences, et je ne crois point du tout (mais du tout) à ceux qui prétendent s'être toujours trouvés d'accord avec le moi de la veille.

Mon ouvrage se ressentira donc par la forme de ce laisser-aller de mon esprit.

George Sand, *Histoire de ma vie* (1854).

Texte 2

Mon intention a toujours été de tout dire. Mais il est un degré dans la confidence que l'on ne peut dépasser sans artifice, sans se forcer ; et je cherche surtout le naturel. Sans doute un besoin de mon esprit m'amène, pour tracer plus purement chaque trait, à simplifier tout à l'excès ; on ne dessine pas sans choisir ; mais le plus gênant c'est de devoir présenter comme successifs des états de simultanéité confuse. Je suis un être de dialogue ; tout en moi combat et se contredit. Les Mémoires ne sont jamais qu'à demi sincères, si grand que soit le souci de vérité : tout est toujours plus compliqué qu'on ne le dit. Peut-être même approche-t-on de plus près la vérité dans le roman.

André Gide, *Si le grain ne meurt* (1919), © Gallimard (1955).

6 **a. Cherchez l'étymologie et le sens du mot *narcissisme*.**

b. Étudiez dans le passage ci-dessous le rôle accordé au travail du style dans le projet autobiographique. Comment les conceptions de l'auteur ont-elles évolué ?

c. Commentez le parallèle final entre l'artiste et le torero.

L'auteur revient, en 1945-1946, sur la rédaction de son autobiographie L'Âge d'homme, *publiée en 1939. Il estimait alors que les révélations qu'il faisait allaient le mettre en danger, et comparait son activité autobiographique à un combat de torero.*

Faire le portrait le mieux exécuté et le plus ressemblant du personnage que j'étais (comme certains peignent avec éclat paysages ingrats ou ustensiles quotidiens), ne laisser un souci d'art intervenir que pour ce qui touchait au style et à la composition : voilà ce que je me proposais [...]

Ce que je méconnaissais, c'est qu'à la base de toute introspection il y a goût de se contempler et qu'au fond de toute confession, il y a désir d'être absous. Me regarder sans complaisance, c'est encore me regarder, maintenir mes yeux fixés sur moi au lieu de les porter au-delà pour me dépasser vers quelque chose de plus largement humain. Me dévoiler devant les autres mais le faire dans un écrit dont je souhaitais qu'il fût bien rédigé et architecturé, riche d'aperçus et émouvant, c'était tenter de les séduire pour qu'ils me soient indulgents, limiter – de toute façon – le scandale en lui donnant une forme esthétique. Je crois donc que, si enjeu il y a eu et corne de taureau, ce n'est pas sans un peu de duplicité que je m'y suis aventuré : cédant, d'une part, encore une fois à ma tendance narcissique ; essayant, d'autre part, de trouver en autrui moins un juge qu'un complice. De même, le matador qui semble risquer le tout pour le tout soigne sa ligne, et fait confiance, pour triompher du danger, à sa sagacité technique.

Toutefois, il y a pour le torero menace réelle de mort, ce qui n'existera jamais pour l'artiste.

Michel Leiris, « De la littérature considérée comme une tauromachie », *L'Âge d'homme*, © Gallimard (1945-1946).

Les autres genres autobiographiques

7 **a. Comparez cet extrait de roman autobiographique avec l'extrait de *Vie de Henri Brulard*, de Stendhal (exercice 1, texte 2). Comparez aussi les noms propres des titres.**

b. Sur quels éléments peut-on décider du genre auquel appartiennent ces deux œuvres ?

C'est au coin d'un feu de fagots, sous le manteau d'une vieille cheminée ; ma mère tricote dans un coin ; une cousine à moi, qui sert de bonne dans la maison pauvre, range, sur des planches rongées, quelques assiettes de grosse faïence avec des coqs à crête rouge, et à queue bleue.

Mon père a un couteau à la main et taille un morceau de sapin ; les copeaux tombent jaunes et soyeux comme des brins de rubans. Il me fait un chariot avec des languettes de bois frais. Les roues sont déjà taillées ; ce sont des ronds de pommes de terre avec leur cercle de peau brune qui imite le fer… Le chariot va être fini ; j'attends tout ému et les yeux grands ouverts, quand mon père pousse un cri et lève sa main pleine de sang. Il s'est enfoncé le couteau dans le doigt. Je deviens tout pâle et je m'avance vers lui ; un coup violent m'arrête ; c'est ma mère qui me l'a donné, l'écume aux lèvres, les poings crispés.

« C'est ta faute si ton père s'est fait mal ! »

Et elle me chasse sur l'escalier noir, en me cognant encore le front contre la porte.

Je crie, je demande grâce, et j'appelle mon père : je vois, avec ma terreur d'enfant, sa main qui pend toute hachée ; c'est moi qui en suis cause ! Pourquoi ne me laisse-t-on pas entrer pour savoir ? On me battra après si l'on veut. Je crie, on ne me répond pas. J'entends qu'on remue des carafes, qu'on ouvre un tiroir ; on met des compresses.

« Ce n'est rien », vient me dire ma cousine, en pliant une bande de linge tachée de rouge.

Je sanglote, j'étouffe : ma mère reparaît et me pousse dans le cabinet où je couche, où j'ai peur tous les soirs.

Je puis avoir cinq ans et me crois un parricide.

Ce n'est pas ma faute, pourtant !

Est-ce que j'ai forcé mon père à faire ce chariot ? Est-ce que je n'aurais pas mieux aimé saigner, moi, et qu'il n'eût point mal ?

Oui – et je m'égratigne les mains pour avoir mal aussi.

C'est que maman aime tant mon père ! Voilà pourquoi elle s'est emportée.

On me fait apprendre à lire dans un livre où il y a écrit, en grosses lettres, qu'il faut obéir à ses père et mère : ma mère a bien fait de me battre.

Jules Vallès, *Jacques Vingtras*, I. *L'Enfant* (1879).

8 **L'extrait des Mémoires ci-dessous se borne-t-il à livrer des informations sur la reine Marie-Antoinette ? Vous semble-t-il impartial ? Justifiez vos réponses.**

La comtesse de Boigne écrit qu'elle a été « littéralement élevée sur les genoux de la famille royale », à la cour de Louis XVI et de Marie-Antoinette, dont elle brosse un long portrait.

Qui aurait osé accuser la reine de France de se vendre pour un collier[1], si on l'avait pas vue autour d'une table chargée d'or et aspirant à en gagner à ses sujets ? Sans doute, elle y attachait au fond peu de prix ; mais quand on joue, on veut gagner et il est impossible d'éviter l'extérieur de l'âpreté. D'ailleurs, les princes, accoutumés à ce que tout leur cède, sont presque toujours mauvais joueurs, et c'est une raison de plus pour eux d'éviter le gros jeu. Mais, si la Reine n'aimait pas le jeu, pourquoi jouait-elle ? Ah ! c'est qu'elle avait une autre passion, celle de la mode. Elle se parait pour être à la mode, elle faisait des dettes pour être à la mode, elle jouait pour être à la mode, elle était esprit fort[2] pour être à la mode, elle était coquette pour être à la mode. Être la jolie femme la plus à la mode lui paraissait être le titre le plus désirable ; et ce travers, indigne d'une grande reine, a été la seule cause des torts qu'on a si cruellement exagérés.

Comtesse de Boigne (1781-1866), *Mémoires*, Mercure de France (1971).

1. Allusion probable à « l'affaire du collier » (1785) : des escrocs avaient réussi à convaincre le cardinal de Rohan qu'il pourrait « acheter » les faveurs de la Reine en lui offrant un collier extraordinairement coûteux. **2.** *esprit fort* : « qui affecte de se mettre au-dessus des opinions communes, surtout en matière de religion » (définition du *Petit Littré* de 1874)

9 **a. Comparez les conceptions du journal intime que révèlent les extraits ci-dessous. Par quels choix d'écriture se traduisent-elles ?**

b. Si vous décidiez de tenir votre journal, quels objectifs vous fixeriez-vous, vis-à-vis de vous-même et vis-à-vis d'autrui ? Répondez en quelques paragraphes argumentés.

Vous pouvez également, si vous le préférez, expliquer pour quelles raisons vous refusez de vous livrer à cette pratique.

Texte 1

Âgée de 18 ans, la jeune fille a décidé de partir pour Paris et de se consacrer à la peinture. Sa famille contrarie ce projet.

Mardi 19 juin 1877. […] On m'a mise aujourd'hui dans un état à mordre du fer ! Juste au moment de partir, les mêmes prétextes que toujours furent avancés avec un sang-froid et une impudence !

Depuis trois jours je suis un peu folle et comme dans une vapeur… je me mis à pleurer, on persista ; je criai, pas plus de succès, alors j'ai cassé ce que j'ai pu, j'ai dit des malédictions horribles et j'ai poussé, battu ma tante !

Pardonnez-moi cette monstruosité en faveur de ce que je la dis aussi crûment.

Si vous étiez à ma place, vous ne me condamneriez peut-être pas à un tel point.

Marie Bashkirtseff, *Journal*, cité dans *Les Plus Beaux Manuscrits et Journaux intimes de la langue française*, Robert Laffont (1995).

Texte 2

21 septembre 1898. […] Un Journal, selon moi, n'a d'intérêt que s'il est rédigé uniquement pour soi avec une implacable franchise vis-à-vis de soi-même. C'est encore une gymnastique moralisatrice et durant la journée j'écarterai de moi certaines pensées, certains désirs, certaines envies impulsives, si je me fais le serment de tout inscrire en ces pages – Il y a des haines que j'éprouve, des actes que je commets dont je n'oserai plus faire l'aveu au papier – Or plutôt que de trahir ma parole de tout consigner ici scrupuleusement, je préférerai raisonner mes pensées méchantes et m'abstenir d'actes sans doute coupables puisque ma conscience me les reprocherait. Ceci est donc le miroir de ma conscience et tous les soirs avant de me coucher je m'y regarderai.

Jehan Rictus, *Journal*, cité dans *Les Plus Beaux Manuscrits et Journaux intimes de la langue française*, Robert Laffont (1995).

Écriture de soi et fiction

10 **a. Cherchez au CDI des indications précises sur la famille de Marguerite Duras, puis comparez les deux textes ci-dessous (le premier ouvrage est un roman, le second ne comporte aucune indication de genre).**

b. Quelles différences d'écriture percevez-vous entre les deux extraits ? Les effets produits sont-ils les mêmes ?

c. L'un vous paraît-il plus « vrai » que l'autre ? Pourquoi ?

Texte 1

Suzanne a reçu d'un homme qui la courtise une bague en diamant. Sa mère la suspecte d'avoir couché avec cet homme. La scène se passe en présence du frère de Suzanne, Joseph.

Ç'avait éclaté lorsque Suzanne était sortie de table. Elle s'était enfin levée. Elle s'était jetée sur elle et elle l'avait frappée avec les poings de tout ce qui lui restait de force. De toute la force de son droit, de toute celle, égale, de son doute. En la battant, elle lui avait parlé des barrages, de la banque, de sa maladie, de la toiture, des leçons de piano, de sa vieillesse, de sa fatigue, de sa mort. Joseph n'avait pas protesté et l'avait laissé battre Suzanne.

Il y avait bien deux heures que ça durait. […]

Au moindre mouvement de Suzanne ou simplement lorsqu'elle ouvrait les yeux, réveillée par le chavirement de sa tête, et qu'elle l'apercevait à ses pieds, elle se levait et frappait encore.

Joseph feuilletait *Hollywood-Cinéma*, le seul livre, vieux de six ans, qu'il y ait eu dans la famille et dont il ne s'était jamais lassé. Quand la mère frappait, il s'arrêtait de feuilleter l'album. À un moment donné, tout d'un coup, il dit :

– Merde, tu le sais bien qu'elle a pas couché avec lui, je comprends pas pourquoi tu insistes.

– Et si je veux la tuer ? si ça me plaît de la tuer ?

Joseph restait parce qu'il ne voulait pas la laisser seule avec la mère dans cet état, c'était sûr.

Marguerite Duras, *Un barrage contre le Pacifique*, © Gallimard (1950).

Texte 2

Dans des crises, ma mère se jette sur moi, elle m'enferme dans la chambre, elle me bat à coup de poings, elle me gifle, elle me déshabille, elle s'approche de moi, elle sent mon corps, mon linge, elle dit qu'elle trouve le parfum de l'homme chinois, elle va plus avant, elle regarde s'il y a des taches suspectes sur le linge, et elle hurle, la ville à l'entendre, que sa fille est une prostituée, qu'elle va la jeter dehors, qu'elle désire la voir crever et que personne ne voudra plus d'elle, qu'elle est déshonorée, une chienne vaut davantage. Et elle pleure en demandant ce qu'elle peut faire avec ça, sinon la sortir de la maison pour qu'elle n'empuantisse plus les lieux.

Derrière les murs de la chambre fermée, le frère.

Le frère répond à la mère, il lui dit qu'elle a raison de battre l'enfant, sa voix est feutrée, intime, caressante, il lui dit qu'il leur faut savoir la vérité, à n'importe quel prix, il leur faut savoir pour empêcher que cette petite fille ne se perde, pour empêcher que la mère en soit désespérée. La mère frappe de toutes ses forces. Le petit frère crie à la mère de la laisser tranquille. Il va dans le jardin, il se cache, il a peur que je sois tuée, il a peur, il a toujours peur de cet inconnu, de notre frère aîné. La peur du petit frère calme ma mère.

Marguerite Duras, *L'Amant*, © Éditions de Minuit (1984).

11 **a. Parmi les raisons invoquées par Annie Ernaux pour choisir le roman autobiographique, laquelle vous paraît la plus forte ? Justifiez votre réponse.**

b. L'auteur est-elle toujours d'accord avec le choix qu'elle a fait à l'époque des *Armoires vides* ? Sur quels indices fondez-vous votre réponse ?

[Pour *Les Armoires vides*], la forme romanesque s'était imposée comme une évidence. J'écrirais l'histoire de Denise Lesur, vingt ans, qui, en train d'avorter dans sa chambre de la cité universitaire, dans les années soixante, se rappelle son enfance et son adolescence, jusqu'à cet événement. Structure très traditionnelle. C'est ainsi que j'analyse maintenant ce choix spontané, inconscient :

– maintenir le doute sur l'identité du *je* avec moi, l'auteur (même si je n'étais pas du tout sûre d'être publiée, il fallait tout prévoir). La fiction protège, c'est une position ambiguë mais inexpugnable[1]. Nul n'aurait le droit de dire « Denise Lesur, c'est vous ». Je découvrirai en effet qu'il est plus facile de déclarer dans une interview « Denise méprise ses parents » que « je méprisais mes parents » ;

– jouir de la plus grande liberté d'écriture. Le masque romanesque levait les censures intérieures de tous ordres, me permettait d'aller le plus loin possible dans l'exposition du non-dit familial, sexuel, scolaire, sur un mode de violence et de dérision[2] ;

– « faire » de la littérature. À cette époque, pour moi, la littérature, c'était le roman. J'avais besoin que ma réalité personnelle devienne de la littérature : c'est seulement en devenant de la littérature qu'elle deviendrait « vraie » et autre chose qu'une expérience individuelle.

Spontanément j'utilisais la forme qui incarnait alors à mes yeux la littérature.

J'ai écrit trois livres dans cette croyance.

Annie Ernaux, « Vers un "je" transpersonnel » (1992), *Autofiction et Cie*, © Publidix (1996).

1. qui résiste à toutes les attaques 2. ironie, moquerie

12 **Écriture d'invention**

Après avoir lu le texte d'Annie Ernaux (exercice 11), rédigez l'incipit (première page) d'un roman qui s'inspire de votre vie passée. Vous mettez en place l'époque, les lieux, le personnage principal et sa situation. Vous avez le choix entre un récit à la première ou à la troisième personne.

VERS LE BAC

TEXTES :
1. Montaigne, *Essais*, Livre I (1560-1595).
2. Georges Perros, *Une vie ordinaire*, incipit (1967).

Texte 1

Au lecteur

C'est ici un livre de bonne foi, lecteur. Il t'avertit dès l'entrée que je ne m'y suis proposé aucune fin, que[1] domestique et privée. Je n'y ai eu aucune préoccupation de ton service, ni de ma gloire. Mes forces ne sont pas capables d'un tel dessein. Je l'ai consacré à la commodité particulière de mes parents et amis, afin que, lorsqu'ils m'auront perdu (ce qu'ils vont faire bientôt) ils puissent y retrouver certains traits de mes façons naturelles d'être et de mon caractère et que, par ce moyen, ils développent plus entièrement et plus vivement la connaissance qu'ils ont eue de moi. Si c'eût été pour rechercher la faveur du monde, je me serais mieux paré et je me présenterais avec une démarche étudiée. Je veux qu'on m'y voie dans ma façon d'être simple, naturelle et ordinaire, sans recherche ni artifice : car c'est moi que je peins. Mes défauts s'y liront sur le vif, ainsi que ma manière d'être naturelle, autant que le respect humain me l'a permis. Si j'avais été parmi ces peuples qui vivent encore, dit-on, sous la douce liberté des premières lois de la nature, je t'assure que je me serais peint tout entier dans mon livre et tout nu. Ainsi, lecteur, je suis moi-même la matière de mon livre : il n'est pas raisonnable que tu emploies ton loisir en un sujet si frivole et si vain. Adieu donc ; de Montaigne, ce premier mars mil cinq cent quatre-vingt.

trad. fr. moderne par André Lanly, © Éditions Champion (1989).

1. sinon

Texte 2

On m'a bien dit que j'étais né
mais de si drôle de façon
je me méfie des gens qui m'aiment
sans trop pouvoir faire autrement
bref j'attends confirmation
de cet événement suspect
rien ne m'ayant encor donné
l'enviable sensation
d'être tout à fait là sur terre
plutôt que dépendant d'un ciel
qui change souvent de chemise
bien plus que moi.
N'importe allons
Je suis pour le discours humain
Je suis pour la moitié de pain
Le désespoir c'est de se taire
Et si mon langage vous pèse
quoique si léger si fuyant
rien de plus facile à votre aise
que de jeter ce livre au vent.

© Gallimard, 1967.

Questions

Comparez les deux textes ci-dessus en répondant aux questions suivantes :

1. Pour quelles raisons les deux auteurs disent-ils avoir écrit leur livre ?
2. Quels éléments d'autoportrait les deux passages offrent-ils ?
3. Quelles relations les deux auteurs instaurent-ils avec leur lecteur éventuel ? Sur quel(s) registre(s) s'adressent-ils à lui ?

4

SUJET BAC

Objets d'étude

L'autobiographie
Le roman

Corpus

1. ROUSSEAU, *Les Confessions* (1781-1788).
2. STENDHAL, *Le Rouge et le Noir* (1830).

TEXTE 1 : Rousseau, *Les Confessions*, Livre second (1781-1788).

Le jeune Rousseau, élevé dans la tradition protestante, a été recommandé par M. de Pontverre aux bons soins de madame de Warens, qui a l'habitude d'accueillir des jeunes gens pour les convertir à la religion catholique.

J'arrive enfin ; je vois madame de Warens. Cette époque de ma vie a décidé de mon caractère ; je ne puis me résoudre à la passer légèrement. J'étais au milieu de ma seizième année. Sans être ce qu'on appelle un beau garçon, j'étais bien pris dans ma petite taille ; j'avais un joli pied, la jambe fine, l'air dégagé, la physionomie animée, la bouche mignonne, les sourcils et les cheveux noirs, les yeux petits et même enfoncés, mais qui lançaient avec force le feu dont mon sang était embrasé. Malheureusement je ne savais rien de tout cela, et de ma vie il ne m'est arrivé de songer à ma figure, que lorsqu'il n'était plus temps d'en tirer parti. Ainsi j'avais avec la timidité de mon âge celle d'un naturel très aimant, toujours troublé par la crainte de déplaire. D'ailleurs, quoique j'eusse l'esprit assez orné, n'ayant jamais vu le monde je manquais totalement de manières, et mes connaissances, loin d'y suppléer, ne servaient qu'à m'intimider davantage, en me faisant sentir combien j'en manquais.

Craignant donc que mon abord ne prévînt pas en ma faveur, je pris autrement mes avantages, et je fis une belle lettre en style d'Orateur, où, cousant des phrases des livres avec des locutions d'apprenti, je déployais toute mon éloquence pour capter la bienveillance de madame de Warens. J'enfermai la lettre de M. de Pontverre[1] dans la mienne, et je partis pour cette terrible audience. Je ne trouvai point madame de Warens ; on me dit qu'elle venait de sortir pour aller à l'église. C'était le jour des Rameaux de l'année 1728. Je cours pour la suivre : je la vois, je l'atteins, je lui parle… je dois me souvenir du lieu ; je l'ai souvent depuis mouillé de mes larmes et couvert de mes baisers. Que ne puis-je entourer d'un balustre[2] d'or cette heureuse place ! que n'y puis-je attirer les hommages de toute la terre ! Quiconque aime à honorer les monuments du salut des hommes n'en devrait approcher qu'à genoux. […]

Madame de Warens se retourne à ma voix. Que devins-je à cette vue ! Je m'étais figuré une vieille dévote bien rechignée[3] : la bonne dame de M. de Pontverre ne pouvait être autre chose à mon avis. Je vois un visage pétri de grâces, de beaux yeux bleus pleins de douceur, un teint éblouissant, le contour d'une gorge enchanteresse. Rien n'échappa au rapide coup d'œil du jeune prosélyte[4], car je devins à l'instant le sien, sûr qu'une religion prêchée par de tels missionnaires ne pouvait manquer de mener en paradis. Elle prend en souriant la lettre que je lui présente d'une main tremblante, l'ouvre, jette un coup d'œil sur celle de M. de Pontverre, revient à la mienne qu'elle lit tout entière, et qu'elle eût relue encore si son laquais ne l'eût avertie qu'il était temps d'entrer. Eh ! mon enfant, me dit-elle d'un ton qui me fit tressaillir, vous voilà courant le pays bien jeune ; c'est dommage en vérité. Puis, sans attendre ma réponse, elle ajouta : Allez chez moi m'attendre ; dites qu'on vous donne à déjeuner ; après la messe j'irai causer avec vous.

1. la lettre de recommandation du curé de Pontverre
2. balustrade
3. renfrognée, revêche
4. personne récemment convertie à une religion.

SUJET BAC

TEXTE 2 : Stendhal, *Le Rouge et le Noir*, Première partie, chapitre 6 (1830).

Monsieur de Rênal, maire de Verrières, a décidé de confier l'éducation de ses enfants à un précepteur, malgré les craintes de son épouse. Par économie, il a choisi pour occuper cette fonction le fils d'un artisan de la ville, Julien Sorel, auquel le curé Chélan a donné de l'instruction.

Avec la vivacité et la grâce qui lui étaient naturelles quand elle était loin des regards des hommes, Mme de Rênal sortait par la porte-fenêtre du salon qui donnait sur le jardin, quand elle aperçut près de la porte d'entrée la figure d'un jeune paysan presque encore enfant, extrêmement pâle et qui venait de pleurer. Il était en chemise bien blanche, et avait sous le bras une veste fort propre de ratine violette.

Le teint de ce petit paysan était si blanc, ses yeux si doux, que l'esprit un peu romanesque de Mme de Rênal eut d'abord l'idée que ce pouvait être une jeune fille déguisée, qui venait demander quelque grâce à M. le maire. Elle eut pitié de cette pauvre créature, arrêtée à la porte d'entrée, et qui évidemment n'osait pas lever la main jusqu'à la sonnette. Mme de Rênal s'approcha, distraite un instant de l'amer chagrin que lui donnait l'arrivée du précepteur.

Julien, tourné vers la porte, ne la voyait pas s'avancer. Il tressaillit quand une voix douce dit tout près de son oreille :

– Que voulez-vous ici, mon enfant ?

Julien se tourna vivement, et, frappé du regard si rempli de grâce de Mme de Rênal, il oublia une partie de sa timidité. Bientôt, étonné de sa beauté, il oublia tout, même ce qu'il venait faire. Mme de Rênal avait répété sa question.

– Je viens pour être précepteur, madame, lui dit-il enfin, tout honteux de ses larmes qu'il essuyait de son mieux.

Mme de Rênal resta interdite, ils étaient fort près l'un de l'autre à se regarder. Julien n'avait jamais vu un être aussi bien vêtu et surtout une femme avec un teint si éblouissant, lui parler d'un air doux. Mme de Rênal regardait les grosses larmes qui s'étaient arrêtées sur les joues si pâles d'abord et maintenant si roses de ce jeune paysan. Bientôt elle se mit à rire, avec toute la gaieté folle d'une jeune fille, elle se moquait d'elle-même et ne pouvait se figurer tout son bonheur. Quoi, c'était là ce précepteur qu'elle s'était figuré comme un prêtre sale et mal vêtu, qui viendrait gronder et fouetter ses enfants !

– Quoi, monsieur, lui dit-elle enfin, vous savez le latin ? Ce mot de « monsieur » étonna si fort Julien qu'il réfléchit un instant.

– Oui, madame, dit-il timidement.

Mme de Rênal était si heureuse, qu'elle osa dire à Julien :

– Vous ne gronderez pas trop ces pauvres enfants ?

– Moi, les gronder, dit Julien étonné, et pourquoi ?

– N'est-ce pas, monsieur, ajouta-t-elle après un petit silence et d'une voix dont chaque instant augmentait l'émotion, vous serez bon pour eux, vous me le promettez ?

S'entendre appeler de nouveau « monsieur », bien sérieusement, et par une dame si bien vêtue, était au-dessus de toutes les prévisions de Julien : dans tous les châteaux d'Espagne[1] de sa jeunesse, il s'était dit qu'aucune dame comme il faut ne daignerait lui parler que quand il aurait un bel uniforme. Mme de Rênal, de son côté, était complètement trompée par la beauté du teint, les grands yeux noirs de Julien et ses jolis cheveux qui frisaient plus qu'à l'ordinaire, parce que pour se rafraîchir il venait de plonger la tête dans le bassin de la fontaine publique. À sa grande joie, elle trouvait l'air timide d'une jeune fille à ce fatal précepteur, dont elle avait tant redouté pour ses enfants la dureté et l'air rébarbatif. Pour l'âme si paisible de Mme de Rênal, le contraste de ses craintes et de ce qu'elle voyait fut un grand événement. [...]

– Quel est votre nom, monsieur ? lui dit-elle avec un accent et une grâce dont Julien sentit tout le charme, sans pouvoir s'en rendre compte.

– On m'appelle Julien Sorel, madame ; je tremble en entrant pour la première fois de ma vie dans une maison étrangère, j'ai besoin de votre protection et que vous me pardonniez bien des choses les premiers jours. Je n'ai jamais été au collège, j'étais trop pauvre ; je n'ai jamais parlé à d'autres hommes que mon cousin le chirurgien-major, membre de la Légion d'honneur, et M. le curé Chélan. Il vous rendra bon témoignage de moi. Mes frères m'ont toujours battu, ne les croyez pas s'ils vous disent du mal de moi, pardonnez mes fautes, madame, je n'aurai jamais mauvaise intention.

Julien se rassurait pendant ce long discours, il examinait Mme de Rênal. Tel est l'effet de la grâce parfaite, quand elle est naturelle au caractère, et que surtout la personne qu'elle décore ne songe pas à avoir de la grâce, Julien, qui se connaissait fort bien en beauté féminine, eût juré dans cet instant qu'elle n'avait que vingt ans. Il eut sur-le-champ l'idée hardie de lui baiser la main. Bientôt il eut peur de son idée ; un instant après il se dit : « Il y aurait de la lâcheté à moi de ne pas exécuter une action qui peut m'être utile, et diminuer le mépris que cette belle dame a probablement pour un pauvre ouvrier à peine arraché à la scie. » Peut-être Julien fut-il un peu encouragé par ce mot de « joli garçon », que depuis six mois il entendait répéter le dimanche par quelques jeunes filles. Pendant ces débats intérieurs, Mme de Rênal lui adressait deux ou trois mots d'instruction sur la façon de débuter avec les enfants. La violence que se faisait Julien le rendit de nouveau fort pâle ; il dit, d'un air contraint :

– Jamais, madame, je ne battrai vos enfants ; je le jure devant Dieu.

Et en disant ces mots, il osa prendre la main de Mme de Rênal et la porter à ses lèvres. Elle fut étonnée de ce geste, et par réflexion choquée. Comme il faisait très chaud, son bras était tout à fait nu sous son châle, et le mouvement de Julien, en portant la main à ses lèvres, l'avait entièrement découvert. Au bout de quelques instants, elle se gronda elle-même, il lui sembla qu'elle n'avait pas été assez rapidement indignée.

---

1. les rêves chimériques

Questions 4 points

1. Comment justifieriez-vous le rapprochement de ces deux extraits ? **(2 points)**
2. Pourquoi peut-on dire que le texte de Rousseau présente des aspects romanesques ? **(2 points)**

Travail d'écriture 16 points

1. **Dissertation**

Appréciez-vous que l'auteur d'une autobiographie parle de lui-même et de l'être qu'il fut jadis en recourant à l'ironie ou à l'humour ? Préférez-vous au contraire qu'il essaie de retrouver et de faire partager ses émotions passées en les évoquant sérieusement ?

Vous traiterez ce sujet en vous fondant sur le texte autobiographique du corpus (texte 1) et sur les autobiographies que vous avez lues ou étudiées.

➔ *Autre sujet possible :*

Pourquoi soupçonne-t-on souvent les récits d'adolescence des autobiographies d'être entachés de « romanesque » ?

Vous répondrez à cette question en vous fondant sur les textes du corpus et sur les autobiographies que vous avez lues ou étudiées.

2. **Commentaire**

- **Série L :** Vous commenterez le texte de Rousseau (texte 1).
- **Série ES** et **S :** Vous commenterez le texte de Stendhal (texte 2, l. 1 à 44).
- **Séries technologiques :** Vous commenterez le texte de Stendhal des lignes 1 à 44. Vous vous appuierez sur le parcours de lecture suivant :

1. Pourquoi les deux personnages éprouvent-ils des sentiments agréables pendant cette scène de première rencontre ?

2. Quels éléments nous éclairent sur ce que le narrateur pense de ses personnages ?

3. **Écriture d'invention**

Toutes séries : Madame de Rênal écrit à sa meilleure amie pour lui raconter l'arrivée dans sa famille du jeune précepteur de ses enfants. Vous rédigerez cette lettre en tenant compte des indications fournies par le texte de Stendhal sur les personnages, leur situation et leur psychologie.

➔ *Autres sujets possibles :*

- Imaginez les deux lettres que le jeune Rousseau donne à lire à madame de Warens : celle de M. de Pontverre, et celle du « jeune apprenti » qu'il était. Vous tiendrez compte des indications données par le texte sur la lettre elle-même et sur les personnes concernées.
- **Série L :** Vous racontez deux fois une rencontre intéressante ou marquante que vous avez personnellement vécue. Votre premier récit sera un fragment de journal intime ; le second sera un extrait de roman d'inspiration autobiographique.

■ Une situation est pathétique lorsqu'elle éveille chez le lecteur une **émotion intense**, voire insupportable. Cette émotion est le plus souvent due au **spectacle du malheur frappant une victime**. Mais, à la différence du tragique, une situation pathétique n'est pas nécessairement liée à la présence du destin; le malheur peut être le résultat d'un **simple hasard** ou d'une **volonté humaine**.

Une scène de séparation amoureuse est pathétique, et non tragique, dans la mesure où la séparation résulte de la volonté de l'un des deux amants.

Compassion et attendrissement

■ Le lecteur ou le spectateur plaint des personnages qui, souvent, lui ressemblent, jusque dans leurs faiblesses. Plus que l'admiration, ils suscitent l'**attendrissement**.

→ **Chapitre 55** Démontrer, convaincre, persuader, p. 268

■ Le pathétique peut avoir des fonctions différentes: dans le cas d'une œuvre relevant de la littérature personnelle (autobiographie, poésie à la première personne), l'auteur cherche à **faire partager sa douleur** au lecteur. Dans le cas d'un texte à visée argumentative, le pathétique devient un moyen de **persuader**: ainsi, la pitié qu'éprouve le lecteur pour les victimes d'une injustice le conduit à s'élever contre cette injustice.

3. L'expression du tragique et du pathétique

L'expression de la douleur

Pour exprimer la douleur et éveiller la pitié, les registres tragique et pathétique ont recours à des procédés analogues:

Procédés stylistiques		Exemples
Lexique	champs lexicaux de la souffrance, du malheur, de la plainte	*Larmes, regret, saigner, triste*
Syntaxe	• usage de phrases exclamatives ou interrogatives manifestant l'émotion de celui qui parle. • phrases interrompues sous le coup de l'émotion • apostrophes	*Je vais, Paulin... Ô Ciel! Puis-je le déclarer?*
Figures	• métaphores et comparaisons exprimant le déchirement, l'accablement, la souffrance • personnifications • antithèses • parallélismes • hyperboles	*Crois qu'il m'en a coûté, pour vaincre tant d'amour,/Des combats dont mon cœur saignera plus d'un jour.* *Je sentis le fardeau qui m'était imposé*

Les spécificités du tragique

Dans le cas du tragique, les personnages expriment de façon récurrente:

■ leur **déchirement intérieur** face à un choix douloureux, mais **inéluctable**;

■ leur sentiment d'être écrasés par une **force supérieure**;

■ leur impression de devoir mener un **combat voué à l'échec**;

■ l'**interrogation sur la responsabilité** de celui qui éprouve le malheur ou sur la raison d'être de ce malheur.

Distinguer les registres tragique et pathétique

1 Exercice guidé

À quel registre chacun de ces deux textes appartient-il ?

Texte 1

Dans ce roman par lettres, une jeune religieuse portugaise écrit à son amant, un gentilhomme français, qui l'a abandonnée.

Quoi ? cette absence à laquelle ma douleur, tout ingénieuse qu'elle est, ne peut donner un nom assez funeste, me privera donc pour toujours de regarder ces yeux dans lesquels je voyais tant d'amour, et qui me faisaient connaître des mouvements qui me comblaient de joie, qui me tenaient lieu de toutes choses, et qui enfin me suffisaient ? Hélas ! les miens sont privés de la seule lumière qui les animait, il ne leur reste que des larmes, et je ne les ai employés à aucun usage qu'à pleurer sans cesse, depuis que j'ai appris que vous étiez enfin résolu à un éloignement qui m'est si insupportable qu'il me fera mourir en peu de temps. Cependant il me semble que j'ai quelque attachement pour des malheurs dont vous êtes la seule cause : je vous ai destiné ma vie aussitôt que je vous ai vu, et je sens quelque plaisir en vous la sacrifiant.

Guilleragues, *Lettres portugaises* (1668).

Texte 2

Les cités d'Albe et de Rome sont en guerre. Sabine, originaire d'Albe, a épousé le Romain Horace. Or, elle vient d'apprendre que le lendemain son propre frère doit combattre contre Horace. Du résultat du combat dépend le sort de la guerre.

Sabine : Je sens mon triste cœur percé de tous les coups
Qui m'ôtent maintenant mon frère et mon époux.
Quand je songe à leur mort, quoi que je me propose,
Je songe par quels bras, et non pour quelle cause,
Et ne vois les vainqueurs en leur illustre rang
Que pour considérer aux dépens de quel sang.
La maison des vaincus[1] touche seule mon âme ;
En l'une je suis fille, en l'autre je suis femme,
Et tiens à toutes deux par de si forts liens,
Qu'on ne peut triompher que par la mort des miens.
C'est donc là cette paix que j'ai tant souhaitée !
Trop favorables dieux, vous m'avez écoutée !
Quels foudres[2] lancez-vous quand vous vous irritez,
Si même vos faveurs ont tant de cruauté ?
Et de quelles façons punissez-vous l'offense,
Si vous traitez ainsi les vœux de l'innocence ?

Corneille, *Horace*, acte III, scène 1 (1641).

1. la famille 2. Le terme est masculin au XVIIe siècle.

→ Les questions à vous poser

- Dans quelle situation se trouvent les deux personnages ? Quels sont leurs points communs ?
- Quels sentiments expriment les deux femmes ? Par quels moyens ?
- À qui s'adressent-elles ? Quelle importance ces destinataires prennent-ils ?
- Les deux femmes sont-elles responsables de leur sort ?
- Leur situation est-elle sans issue ?

Le registre tragique

2 **a. Quelle action le narrateur commet-il ? La commet-il en toute lucidité ? Justifiez votre réponse.**

b. Quelles métaphores sont employées à propos des éléments naturels ? Quel pouvoir le narrateur donne-t-il à ceux-ci ?

c. En quoi ce texte appartient-il au registre tragique ?

Meursault, le narrateur, a assisté à une bagarre sur une plage d'Alger. Alors qu'il a gardé sur lui le revolver d'un ami, il aperçoit l'un des hommes qui se sont battus. La lumière du jour, intense, rejaillit sur une lame de couteau…

La lumière a giclé sur l'acier et c'était comme une longue lame étincelante qui m'atteignait au front. Au même instant, la sueur amassée dans mes sourcils a coulé d'un coup sur les paupières et les a recouvertes d'un voile tiède et épais. Mes yeux étaient aveuglés derrière ce rideau de larmes et de sel. Je ne sentais plus que les cymbales du soleil sur mon front et, indistinctement, le glaive éclatant jailli du couteau en face de moi. Cette épée brûlante rongeait mes cils et fouillait mes yeux douloureux. C'est alors que tout a vacillé. La mer a charrié un souffle épais et ardent. Il m'a semblé que le ciel s'ouvrait sur toute son étendue pour laisser pleuvoir du feu. Tout mon être s'est tendu et j'ai crispé ma main sur le revolver. La gâchette a cédé, j'ai touché le ventre poli de la crosse et c'est là, dans le bruit à la fois sec et assourdissant, que tout a commencé. J'ai secoué la sueur et le soleil. J'ai compris que j'avais détruit l'équilibre du jour, le silence exceptionnel d'une plage où j'avais été heureux. Alors, j'ai tiré encore quatre fois sur un corps inerte où les balles s'enfonçaient sans qu'il y parût. Et c'était comme quatre coups brefs que je frappais sur la porte du malheur.

Albert Camus, *L'Étranger*, © Gallimard (1957).

3 **a. Quelles métaphores et quelles comparaisons décrivent l'angoisse du poète ?**

b. Relevez et expliquez les hyperboles, les antithèses qui suggèrent son accablement.

c. Pourquoi ce poème appartient-il au registre tragique ?

Quand le ciel bas et lourd pèse comme un couvercle
Sur l'esprit gémissant en proie aux longs ennuis,
Et que de l'horizon embrassant tout le cercle
Il nous verse un jour noir plus triste que les nuits ;

Quand la terre est changée en un cachot humide,
Où l'Espérance, comme une chauve-souris,
S'en va battant les murs de son aile timide
Et se cognant la tête à des plafonds pourris ;

Quand la pluie, étalant ses immenses traînées,
D'une vaste prison imite les barreaux,
Et qu'un peuple muet d'infâmes araignées
Vient tendre ses filets au fond de nos cerveaux,

Des cloches tout à coup sautent avec furie
Et lancent vers le ciel un affreux hurlement,
Ainsi que des esprits errants et sans patrie
Qui se mettent à geindre opiniâtrement.

– Et de longs corbillards, sans tambours ni musique,
Défilent lentement dans mon âme ; l'Espoir,
Vaincu, pleure et l'Angoisse atroce, despotique,
Sur mon crâne incliné plante son drapeau noir.

Charles Baudelaire, *Les Fleurs du mal*, « Spleen et idéal », LXXVIII (1857).

L'usage du pathétique

4 Exercice guidé

Quels sentiments l'auteur veut-il éveiller chez le lecteur dans son évocation du personnage de Calas ? Pourquoi utilise-t-il le registre pathétique ?

En 1762, Jean Calas, accusé du meurtre de son fils, est condamné à mort et exécuté malgré l'absence de preuves de sa culpabilité. Voltaire, convaincu d'être face à une erreur judiciaire monstrueuse, met tout en œuvre pour que Calas soit innocenté.

Ce malheureux père de famille, qui n'avait jamais eu de querelle avec personne, qui n'avait jamais battu un seul de ses enfants, ce faible vieillard de soixante-huit ans fut donc condamné au plus horrible des supplices, pour avoir étranglé et pendu de ses débiles[1] mains, en haine de la religion catholique[2], un fils robuste et vigoureux, qui n'avait pas plus d'inclination pour cette religion catholique que le père lui-même.

Interrogé sur ses complices au milieu des horreurs de la question[3], il répondit par ces propres mots : « Hélas ! où il n'y a point de crime peut-il y avoir des complices ? »

Conduit de la chambre de la question au lieu du supplice, la même tranquillité d'âme l'y accompagna. Tous ses concitoyens qui le virent passer sur le chariot fatal, en furent attendris ; le peuple même, qui depuis quelque temps était revenu de son fanatisme[4], versait sur son malheur des larmes sincères. Le commissaire qui présidait à l'exécution prit de lui le dernier interrogatoire ; il n'eut de lui que les mêmes réponses. Le Père Bourges, religieux jacobin et professeur en théologie, qui, avec le Père Caldaguès, religieux du même ordre, avait été chargé de l'assister dans ses derniers moments, et surtout de l'engager à ne rien celer de la vérité, le trouva tout disposé à offrir à Dieu le sacrifice de sa vie pour l'expiation de ses péchés ; mais autant qu'il marquait de résignation aux décrets de la Providence, autant il fut ferme à défendre son innocence et celle des autres prévenus.

Un seul cri fort modéré lui échappa au premier coup qu'il reçut, les autres ne lui arrachèrent aucune plainte. Placé ensuite sur la roue pour y attendre le moment qui devait finir son supplice et sa vie, il ne tint que des discours remplis de sentiments de christianisme ; il ne s'emporta point contre ses juges ; sa charité lui fit dire qu'il ne leur imputait pas sa mort, et qu'il fallait qu'ils eussent été trompés par de faux témoins. Enfin lorsqu'il vit le moment où l'exécuteur se disposait à le délivrer de ses peines, ses dernières paroles au Père Bourges furent celles-ci : « Je meurs innocent ; Jésus-Christ, qui était l'innocence même, a bien voulu mourir par un supplice plus cruel encore. Je n'ai point de regret à une vie dont la fin va, je l'espère, me conduire à un bonheur éternel. »

Voltaire, *Histoire des Calas* (1762).

1. faibles **2.** Calas était protestant ; il était accusé d'avoir tué son fils pour l'empêcher de se convertir au catholicisme. **3.** torture destinée à faire avouer le présumé coupable **4.** Le peuple de Toulouse, très majoritairement catholique, avait réclamé la condamnation de Calas.

→ Les questions à vous poser

- Relevez les adjectifs et les noms caractérisant Calas : que constatez-vous ?
- Que révèlent les paroles prononcées par Calas sur son caractère et sur ses sentiments ?
- Quelle représentation est ainsi donnée du personnage ?
- Pourquoi Voltaire mentionne-t-il les réactions des témoins ?
- Quel est l'objectif de ce récit : informer ? argumenter ?

5

a. Après avoir lu attentivement le texte de l'exercice 4, identifiez les personnages figurant sur la gravure. Quel moment de l'histoire de Calas représente-t-elle ?

b. Dégagez les procédés utilisés par l'illustrateur pour exprimer le pathétique de la situation.

Gravure de Daniel Chodowiecki (1726-1801) *Les Adieux de Calas à sa famille*, Paris, Bibliothèque nationale de France.

Le mélange du tragique et du pathétique

6 Écriture d'invention

Vous êtes invité à rédiger, dans un magazine sur l'art, un article qui présente la sculpture reproduite ci-contre : il s'agit de montrer comment le sculpteur éveille chez le spectateur à la fois la crainte propre au registre tragique et l'émotion propre au registre pathétique.

Pour pouvoir enfin détruire la cité de Troie, les Grecs ont recours à la ruse : ils quittent le rivage troyen, abandonnant un gigantesque cheval de bois. Le prêtre Laocoon et ses deux fils savent que ce cheval de bois est un piège. Mais, avant même de pouvoir avertir leurs concitoyens, ils sont attaqués par un monstrueux serpent envoyé par le dieu Apollon.

Laocoon et ses fils, statue hellénistique en marbre, vers 50 av. J.-C., Rome, Musées du Vatican.

VERS LE BAC

TEXTE : Victor Hugo, « Melancholia », *Les Contemplations*, Livre III (1856)

Cette fille au doux front, a cru peut-être, un jour,
Avoir droit au bonheur, à la joie, à l'amour.
Mais elle est seule, elle est sans parents, pauvre fille !
Seule ! – n'importe ! elle a du courage, une aiguille,
Elle travaille, et peut gagner dans son réduit,
En travaillant le jour, en travaillant la nuit,
Un peu de pain, un gîte, une jupe de toile.
Le soir, elle regarde en rêvant quelque étoile,
Et chante au bord du toit tant que dure l'été.
Mais l'hiver vient. Il fait bien froid, en vérité,
Dans ce logis mal clos tout en haut de la rampe ;
Les jours sont courts, il faut allumer une lampe ;
L'huile est chère, le bois est cher, le pain est cher.
Ô jeunesse ! printemps ! aube ! en proie à l'hiver !
La faim passe bientôt sa griffe sous la porte,
Décroche un vieux manteau, saisit la montre, emporte
Les meubles, prend enfin quelque humble bague d'or ;
Tout est vendu ! L'enfant travaille et lutte encor ;
Elle est honnête ; mais elle a quand elle veille,
La misère, démon, qui lui parle à l'oreille.
L'ouvrage manque, hélas, cela se voit souvent.
Que devenir ? Un jour, ô jour sombre ! elle vend
La pauvre croix d'honneur de son vieux père, et pleure ;
Elle tousse, elle a froid. Il faut donc qu'elle meure !
À dix-sept ans ! grand Dieu ! mais que faire ?… – Voilà
Ce qui fait qu'au matin la douce fille alla
Droit au gouffre, et qu'enfin, à présent, ce qui monte
À son front, ce n'est plus la pudeur, c'est la honte.
Hélas ! et maintenant, deuil et pleurs éternels !
C'est fini. Les enfants, ces innocents cruels,
La suivent dans la rue avec des cris de joie.
Malheureuse ! elle traîne une robe de soie,
Elle chante, elle rit… ah ! pauvre âme aux abois !
Et le peuple sévère, avec sa grande voix,
Souffle qui courbe un homme et qui brise une femme,
Lui dit quand elle vient : « C'est toi ? Va-t'en, infâme ! »

Questions

1. Pourquoi Hugo raconte-t-il l'histoire de cette jeune fille contrainte à la prostitution ? Que veut-il montrer ?
2. Quels sentiments cherche-t-il à inspirer au lecteur à l'égard de la jeune fille ? Par quels moyens ? Quel registre est alors employé ?
3. Ce texte relève-t-il du registre tragique ?

Vers le commentaire

Sous forme de plan détaillé, faites le commentaire de ce poème.

Chapitre 50

Le registre lyrique

2de / 1re

Mots clés

- lyrisme, lyrique
- élégie, élégiaque
- subjectif, subjectivité
- lyre, luth
- Orphée

Observation

Helmer Osslund, *Jour d'automne près de Torne Träsk* (1909), Stockholm, Nordiska Museet.

Texte

L'automne

Salut ! bois couronnés d'un reste de verdure !
Feuillages jaunissants sur les gazons épars !
Salut, derniers beaux jours ! Le deuil de la nature
Convient à la douleur et plaît à mes regards !

Je suis d'un pas rêveur le sentier solitaire,
J'aime à revoir encor, pour la dernière fois,
Ce soleil pâlissant, dont la faible lumière
Perce à peine à mes pieds l'obscurité des bois !

Oui, dans ces jours d'automne où la nature expire,
À ses regards voilés je trouve plus d'attraits,
C'est l'adieu d'un ami, c'est le dernier sourire
Des lèvres que la mort va fermer pour jamais !

Ainsi, prêt à quitter l'horizon de la vie,
Pleurant de mes longs jours l'espoir évanoui,
Je me retourne encore, et d'un regard d'envie
Je contemple ses biens dont je n'ai pas joui !

Terre, soleil, vallons, belle et douce nature,
Je vous dois une larme aux bords de mon tombeau ;
L'air est si parfumé ! la lumière est si pure !
Aux regards d'un mourant le soleil est si beau !

Je voudrais maintenant vider jusqu'à la lie
Ce calice mêlé de nectar et de fiel !
Au fond de cette coupe où je buvais la vie,
Peut-être restait-il une goutte de miel ?

Peut-être l'avenir me gardait-il encore
Un retour de bonheur dont l'espoir est perdu ?
Peut-être dans la foule, une âme que j'ignore
Aurait compris mon âme, et m'aurait répondu ?…

La fleur tombe en livrant ses parfums au zéphire ;
À la vie, au soleil, ce sont là ses adieux ;
Moi, je meurs ; et mon âme, au moment qu'elle expire,
S'exhale comme un son triste et mélodieux.

Lamartine (1790-1869), *Méditations poétiques* (1820).

Questions

1. Dans les strophes 1 et 5, à qui le poète s'adresse-t-il ? Quels sentiments exprime-t-il ?
2. Quelle relation s'établit entre la nature et le poète dans la strophe 3 ? Par quelle figure de style est-elle traduite ?
3. Quels sentiments et quelles réflexions les strophes 4, 6 et 7 expriment-elles ? Commentez l'usage de la ponctuation.
4. Comment comprenez-vous les deux derniers vers du poème ?

L'essentiel

1. Qu'est-ce qu'un texte lyrique ?

Étymologie

Le nom *lyrisme* et l'adjectif *lyrique* sont formés sur le mot *lyre*, nom de l'instrument de musique à cordes avec lequel s'accompagnaient les poètes de l'Antiquité. La **lyre**, comme le **luth** plus tard, est devenue le symbole de la poésie.

Les caractéristiques du texte lyrique

Le texte lyrique se reconnaît :

- à ses **thèmes** : il exprime des **émotions** ou des **sentiments heureux ou malheureux**, suscités par l'amour, la nature, la beauté, la poésie, la foi dans un idéal, la douleur, la solitude, l'angoisse, le désespoir, la mort ;
- à son **énonciation**, le plus souvent à la **première** et à la **deuxième personne** ;
- à ses **procédés d'expression** de la sensibilité : lexique affectif, apostrophes (éventuellement précédées de l'interjection *ô*), exclamations, interrogations, figures de style ;
- à sa **recherche de la musicalité** : travail sur les répétitions, les sonorités et les rythmes.

→ **Chapitre 2**
L'expression de la subjectivité, p. 14

→ **Chapitres 18 à 21**
Figures :
• d'analogie et de substitution, p. 54
• de répétition, p. 58
• de construction, p. 60
• de pensée, p. 62

Lamartine, dans « L'automne », évoque l'harmonie entre la nature sur son déclin et le poète prêt à mourir ; il s'adresse aux éléments naturels, les personnifie, se confie à eux ; il exprime par des exclamations et des interrogations son admiration et sa peine ; il cherche à rendre ses états d'âme par un *« son triste et mélodieux »* (vers 32).

Toutes ces caractéristiques font du texte lyrique **un texte subjectif** : il exprime les états d'âme d'un sujet, c'est-à-dire d'une **sensibilité individuelle**.

Le lyrisme et les genres

- Le registre lyrique est avant tout présent dans le **genre poétique**, qui se prête particulièrement à l'expression du « moi ». Quand le poème exprime une plainte, on parle de **poésie élégiaque**.
- Mais on trouve aussi des passages lyriques en vers ou en prose dans le théâtre, l'autobiographie, la lettre, le roman, lorsqu'il s'agit pour l'auteur, le narrateur ou un personnage d'exprimer des émotions ou des sentiments sur des thèmes lyriques.

2. Lyrisme et vérité autobiographique

Les sources autobiographiques

Le lecteur peut supposer que la voix qui se fait entendre dans un texte lyrique est celle de l'auteur, et que celui-ci évoque des émotions qu'il a réellement ressenties lors d'un épisode de sa vie. Certains poèmes trouvent en effet leur origine dans des **événements biographiques identifiables**.

Lamartine écrit « L'automne » deux ans après la mort de la femme qu'il aimait, ce qui peut expliquer le sentiment *« d'espoir évanoui »*. Hugo évoque la mort de sa fille dans *Les Contemplations*, Verlaine son emprisonnement dans *Sagesse*.

Les transformations poétiques

Les expériences existentielles évoquées par la poésie lyrique ne sont cependant pas de nature autobiographique : le poète les transforme et leur donne une **portée universelle**. Le lecteur peut ainsi y reconnaître l'**écho de sa propre vie**.

Quand il écrit « L'automne », Lamartine n'a que vingt-neuf ans et s'apprête à se marier. Le *« moi, je meurs »* du vers 31 n'est donc pas une réalité biographique, mais l'expression poétique d'une profonde souffrance, rendue universelle par le recours à une énonciation au présent, et l'absence de référence à une cause précise.

3. Le lyrisme dans l'histoire littéraire

Les origines du lyrisme

Dans l'Antiquité, la poésie lyrique s'opposait à la poésie épique. Elle était destinée à exprimer les sentiments personnels des poètes, qui chantaient leurs textes en s'accompagnant de la lyre. **Orphée** est la figure mythologique qui symbolise le poète lyrique : il réussit à émouvoir les puissances infernales par ses poèmes chantés, pour obtenir le retour sur terre de sa jeune épouse Eurydice, morte prématurément.

L'épanouissement du lyrisme

→ **Chapitres 27 et 31**
La Pléiade, p. 88
Le romantisme, p. 100

Au XVIe siècle, le lyrisme est très présent chez les poètes de **la Pléiade** et, au XIXe siècle, dans la **poésie romantique**. On le trouve aussi fréquemment chez des prosateurs comme Rousseau (XVIIIe siècle) et Chateaubriand, et dans des romans comme ceux de Victor Hugo ou d'Émile Zola (XIXe siècle).

Le lyrisme contesté

Cependant, dès le XIXe siècle, le lyrisme est contesté. On lui reproche un **excès de sentimentalisme**, une **centration excessive sur le moi et sur l'émotion**, au détriment des qualités de la forme littéraire. La fin du XIXe siècle voit le registre lyrique évoluer dans le sens de la discrétion, de la pudeur ou de l'autodérision (chez Jules Laforgue, par exemple).

Lyrisme et modernité

Le XXe siècle est un grand siècle lyrique : **Apollinaire** invente un lyrisme du quotidien urbain et moderne, les **poètes surréalistes** comme Aragon, Eluard, Breton, renouvellent les images poétiques de l'amour, **les poètes de la Résistance** exaltent le combat pour la patrie en mêlant traditions et audaces d'écriture. Beaucoup de poètes de la fin du siècle (Jacques Réda, Guy Gofette, etc.) tentent de **renouveler les thèmes et les formes lyriques**.

Une des premières œuvres représentatives de l'abstraction lyrique : *Paysage romantique*, de Wassily Kandinsky (1911), Munich.

Exercices

Thèmes et procédés d'écriture lyriques

1 Exercice guidé

Pourquoi peut-on dire de ce début de poème qu'il est lyrique ?

Ma douce jouvence est passée,
Ma première force est cassée ;
J'ai la dent noire et le chef[1] blanc ;
Mes nerfs sont dissous, et mes veines,
Tant j'ai le corps froid, ne sont pleines
Que d'une eau rousse en lieu de sang.
Adieu ma lyre, adieu fillettes,
Jadis mes douces amourettes !
Adieu, je sens venir ma fin ;
Nul passe-temps de ma jeunesse
Ne m'accompagne en ma vieillesse
Que le feu, le lit et le vin.

Ronsard, *Odes* (1555).

1. les cheveux

Les questions à vous poser

- Quels critères permettent d'identifier un texte lyrique ?
- Quels sont dans le poème les principaux champs lexicaux ? Quels thèmes abordent-ils ?
- Quelles sont les marques de personne ? Quelle énonciation a été choisie ?
- Quels procédés d'écriture peut-on repérer : figures de style ? syntaxe ? ponctuation ? mètre ? place des mots ? Quels effets de sens produisent-ils ?
- Y a-t-il des recherches de musicalité : allitérations ou assonances, reprises de mots, parallélismes ?

2 Quels sentiments l'épistolière exprime-t-elle dans ce début de lettre ? À quels procédés d'écriture a-t-elle recours ?

La marquise de Sévigné vient d'arriver dans sa propriété des Rochers, en Bretagne. Sa fille, madame de Grignan, s'est installée définitivement en Provence avec son mari.

Aux Rochers, dimanche 31 mai [1671]

Enfin, ma fille, nous voici dans ces pauvres Rochers. Quel moyen de revoir ces allées, ces devises[1], ce petit cabinet, ces livres, cette chambre, sans mourir de tristesse ? Il y a des souvenirs agréables ; mais il y en a de si vifs et de si tendres, qu'on a peine à les supporter : ceux que j'ai de vous sont de ce nombre. Ne comprenez-vous point l'effet que cela peut faire dans un cœur comme le mien ?

[…] Quelles pensées tristes de ne voir point de fin à votre séjour ! J'admire et je loue de plus en plus votre sagesse. Quoique, à vous dire le vrai, je sois fortement touchée de cette impossibilité, j'espère [qu'avec le temps] nous verrons les choses d'une autre manière ; il faut bien l'espérer ; car sans cette consolation, il n'y aurait qu'à mourir. J'ai quelquefois des rêveries dans ces bois, d'une telle noirceur, que j'en reviens plus changée que d'un accès de fièvre.

Madame de Sévigné (1626-1696), *Lettres* (posth., 1726).

1. emblèmes d'une maison noble, qui figurent sur son blason

3 Écriture d'invention

Choisissez entre les deux sujets suivants.

- **Sujet 1 : Imaginez, en composant un paragraphe ou quelques vers sur le registre lyrique, les pensées de la jeune femme représentée sur ce tableau.**
- **Sujet 2 : Vous admirez vivement ce tableau. Vous écrivez une lettre enthousiaste à un ami pour le lui décrire et lui faire part des sentiments qu'il vous inspire.**

Dante Gabriel Rossetti (1828-1882), *Rêverie* (1880), Londres, Victoria and Albert Museum.

4 Ce début de poème est écrit à la troisième personne. En quoi est-il cependant lyrique ? Comparez-le avec « L'automne » de Lamartine (p. 242).

Tristesse d'Olympio

Les champs n'étaient points noirs, les cieux n'étaient pas [mornes ;
Non, le jour rayonnait dans un azur sans bornes
Sur la terre étendu,
L'air était plein d'encens et les prés de verdures

Quand il revit ces lieux où par tant de blessures
Son cœur s'est répandu !

L'automne souriait ; les coteaux vers la plaine
Penchaient leurs bois charmants qui jaunissaient à peine ;
Le ciel était doré ;
Et les oiseaux, tournés vers celui que tout nomme,
Disant peut-être à Dieu quelque chose des hommes
Chantaient leur chant sacré !

Il voulut tout revoir, l'étang près de la source,
La masure où l'aumône avait vidé leur bourse,
Le vieux frêne plié,
Les retraites d'amour au fond des bois perdues,
L'arbre où dans les baisers leurs âmes confondues
Avaient tout oublié !

Il chercha le jardin, la maison isolée,
La grille d'où l'œil plonge en une oblique allée,
Les vergers en talus.
Pâle, il marchait. – Au bruit de son pas grave et sombre
Il voyait à chaque arbre, hélas ! se dresser l'ombre
Des jours qui ne sont plus ! [...]

Victor Hugo, *Les Rayons et les Ombres* (1840).

Vérité biographique et lyrisme universel

5 a. Quelle image de la France se dégage du poème ci-dessous ?

b. Quels sentiments le poète éprouve-t-il à son égard ?

c. Quels liens apparaissent entre ce poème et les données biographiques ? Pourquoi cependant tous les exilés peuvent-ils y trouver un écho de leur expérience ?

Alors qu'il était déjà un poète reconnu, lié au groupe qui allait former la Pléiade et reçu à la Cour, Du Bellay a suivi à Rome son oncle le cardinal Jean Du Bellay. Cantonné à des tâches subalternes, il est déçu par les Romains, et craint d'être oublié en France.

France, mère des arts, des armes et des lois,
Tu m'as nourri longtemps du lait de ta mamelle :
Ores[1], comme un agneau qui sa nourrice appelle,
Je remplis de ton nom les antres et les bois.

Si tu m'as pour enfant avoué[2] quelquefois,
Que ne me réponds-tu maintenant, ô cruelle ?
France, France, réponds à ma triste querelle[3].
Mais nul, sinon Écho[4], ne répond à ma voix.

Entre les loups cruels j'erre parmi la plaine,
Je sens venir l'hiver, de qui la froide haleine
D'une tremblante horreur[5] fait hérisser ma peau.

Las, tes autres agneaux n'ont faute[6] de pâture,
Ils ne craignent le loup, le vent ni la froidure :
Si[7] ne suis-je pourtant le pire du troupeau.

Joachim du Bellay, *Les Regrets*, IX (1558).

1. maintenant **2.** reconnu **3.** plainte (sens étymologique) **4.** nymphe de la mythologie grecque **5.** effroi qui donne la chair de poule (sens étymologique) **6.** ne manquent pas **7.** pourtant

6 Par quelle métaphore l'auteur exprime-t-il les liens entre sa vie et son œuvre ? Que suggère-t-il au lecteur de chercher dans son livre ?

L'auteur a laissé, pour ainsi dire, ce livre se faire en lui. La vie, en filtrant goutte à goutte à travers les événements et les souffrances, l'a déposé dans son cœur. Ceux qui s'y pencheront retrouveront leur propre image dans cette eau profonde et triste, qui s'est lentement amassée là, au fond d'une âme.

Est-ce donc la vie d'un homme ? Oui, et la vie de tous les hommes aussi. Nul de nous n'a l'honneur d'avoir une vie qui soit à lui. Ma vie est la vôtre, votre vie est la mienne, vous vivez ce que je vis ; la destinée est une. Prenez donc ce miroir, et regardez-vous-y. On se plaint quelquefois des écrivains qui disent moi. Parlez-nous de nous, leur crie-t-on. Hélas ! quand je vous parle de moi, je vous parle de vous. Comment ne le sentez-vous pas ? Ah ! insensé, qui crois que je ne suis pas toi !

Victor Hugo, *Les Contemplations* (1856), Préface.

7 Sujet de dissertation : « Chacun trouve son moi dans le moi d'un poète. » (vers isolé de Hugo)

Vous est-il arrivé d'avoir l'impression, en lisant des poèmes, d'y trouver ou d'y retrouver votre « moi » ? Avez-vous au contraire l'impression que la poésie ne vous parle jamais de vous-même ? Vous répondrez à ces questions en vous référant avec précision à quelques poèmes que vous connaissez bien.

Lyrisme et modernité

8 a. Comment interprétez-vous l'utilisation des pronoms personnels dans cet extrait de « Zone » ?

b. Nommez les différents sentiments évoqués au fil du texte.

c. En quoi ce texte peut-il être considéré comme « moderne » ?

Tu as fait de douloureux et de joyeux voyages
Avant de t'apercevoir du mensonge et de l'âge
Tu as souffert de l'amour à vingt et à trente ans
J'ai vécu comme un fou et j'ai perdu mon temps
Tu n'oses plus regarder tes mains et à tous moments
je voudrais sangloter
Sur toi sur celle que j'aime sur tout ce qui t'a épouvanté [...]

Guillaume Apollinaire, « Zone », *Alcools*, © Gallimard (1913).

9 Pourquoi pourrait-on parler, à propos du texte ci-dessous, de « lyrisme du quotidien » ? Essayez de nommer les sentiments du poète : par quoi sont-ils provoqués ?

Intérieur

Il y a longtemps que je cherche à vivre ici,
dans cette chambre que je fais semblant d'aimer,
la table, les objets sans soucis, la fenêtre

ouvrant au bout de chaque nuit d'autres verdures,
et le cœur du merle bat dans le lierre sombre,
partout des lueurs achèvent l'ombre vieillie.

J'accepte moi aussi de croire qu'il fait doux,
que je suis chez moi, que la journée sera bonne.
Il y a juste, au pied du lit, cette araignée
(à cause du jardin), je ne l'ai pas assez
piétinée, on dirait qu'elle travaille encore
au piège qui attend mon fragile fantôme...

Philippe Jaccottet, *L'Effraie*, © Gallimard (1953).

10 **a. Comparez l'évocation du couple amoureux dans ces deux extraits de romans. En quoi peut-on parler de lyrisme ?**

b. Quel autre registre est perceptible dans le texte 2 ? Comment peut-on l'expliquer ?

Texte 1

Ce fut ainsi qu'Albine et Serge marchèrent dans le soleil, pour la première fois. Le couple laissait une bonne odeur derrière lui. Il donnait un frisson au sentier, tandis que le soleil déroulait un tapis d'or sous ses pas. Il avançait, pareil à un ravissement, entre les grands buissons fleuris, si désirable, que les allées écartées, au loin, l'appelaient, le saluaient d'un murmure d'admiration, comme les foules saluent les rois longtemps attendus. Ce n'était qu'un être, souverainement beau. [...]. Ils passaient lentement, vêtus de soleil ; ils étaient le soleil lui-même. Les fleurs, penchées, les adoraient.

Émile Zola, *La Faute de l'Abbé Mouret*, Livre deuxième, 6 (1875).

Texte 2

Amour, amour, fleurs et fruits qu'elle lui envoyait tous les jours, amour, amour, jeune idiotie de manger le même raisin ensemble, grain après grain ensemble, amour, amour, à demain, bien-aimée, amour, amour, baisers et départs, et elle le raccompagnait jusque chez lui, et il la raccompagnait jusque chez elle, et elle le raccompagnait, et à la fin était le grand lit odorant d'amour, ô amour, nuits et rossignols, aurores et sempiternelles alouettes, baisers tatoués sur leurs lèvres, Dieu entre leurs lèvres jointes, pleurs de joie, je t'aime et je t'aime, dis que tu m'aimes, ô les téléphones de l'aimée, ses dorées inflexions tendres ou plaintives, amour, amour, fleurs, lettres, attentes, amour, amour, tant de taxis vers elle, amour, amour, télégrammes, départs ivres vers la mer, amour, amour, ses génialités, inouïes tendresses, ton cœur, mon cœur, notre cœur, importantes sottises.

Albert Cohen, *Belle du seigneur*, © Gallimard (1968).

VERS LE BAC

TEXTE : Louis Aragon, *Le Musée Grévin* (1943).

Je vous salue ma France arrachée aux fantômes
Ô rendue à la paix Vaisseau sauvé des eaux
Pays qui chante Orléans Beaugency Vendôme
Cloches cloches sonnez l'angélus des oiseaux

Je vous salue ma France aux yeux de tourterelle
Jamais trop mon tourment mon amour jamais trop
Ma France mon ancienne et nouvelle querelle[1]
Sol semé de héros ciel plein de passereaux [...]

Patrie également à la colombe ou l'aigle
De l'audace et du chant doublement habitée
Je vous salue ma France où les blés et les seigles
Mûrissent au soleil de la diversité

Je vous salue ma France où le peuple est habile
À ces travaux qui font les jours émerveillés
Et que l'on vient de loin saluer dans sa ville
Paris mon cœur trois ans vainement fusillé

Heureuse et forte enfin qui portez pour écharpe
Cet arc-en-ciel témoin qu'il ne tonnera plus
Liberté dont frémit le silence des harpes
Ma France d'au-delà le déluge salut

© Éditions Stock.

1. Au sens étymologique, *querelle* signifie à la fois « plainte », et « cause » qu'on soutient dans un procès.

Questions

1 Quelle image de la France se dégage de ce texte ? Quels sentiments le poète exprime-t-il à son égard ? Par quels procédés ? Comparez avec le texte de Du Bellay (exercice 5).

2 Quels liens pouvez-vous établir entre le texte et sa date de publication ? Garde-t-il encore sa force pour un lecteur d'aujourd'hui ? Pourquoi ?

Vers le commentaire

Rédigez une partie de commentaire à partir des réponses à l'une des questions précédentes, à votre choix.

Chapitre 51

Le registre comique

2de / 1re

Mots clés

- humour (noir)
- ironie
- parodie
- quiproquo
- burlesque
- farce

Observation

Un autre vaudeville de Labiche : *La Cagnotte*, mise en scène Laurent Serrano, Théâtre de l'Ouest parisien, mai 2005.

Texte

Vancouver, riche bourgeois habitant Châteauroux, veut à tout prix garder auprès de lui sa fille Isménie. C'est pourquoi il refuse obstinément tous les jeunes gens qui demandent sa main. La sœur de Vancouver, Galathée, veut pourtant marier Isménie et lui présente un nouveau prétendant que Vancouver est contraint de recevoir : Galathée menace en effet de déshériter Isménie si elle ne se marie pas.

Vancouver, Isménie, Galathée, Dardenbœuf

Galathée, *présentant Dardenbœuf* : Mon frère… permettez-moi de vous présenter M. Eusèbe Dardenbœuf.

Dardenbœuf, *saluant* : Bachelier ès lettres… et principal clerc de maître Carotin, avoué[1].

Vancouver, *saluant froidement* : Monsieur… *(À part.)* J'avais raison… Il a l'air d'un charcutier appauvri par les veilles.

Galathée, *présentant Isménie* : C'est ma nièce, monsieur.

Dardenbœuf, *saluant* : Tant de grâce, de fraîcheur !

À Isménie, avec galanterie.

Quel est donc ce pays charmant ?
Mon cœur est dans le doute !
Le conducteur assurément
M'a fourvoyé de route !
En voyant des attraits si doux,
Je devine la chose :
J'étais parti pour Châteauroux…
Je suis à Château-Rose !

Isménie : Ah ! monsieur !

Galathée, *s'extasiant* : Charmant ! ravissant ! *(À part.)* Il a le sourire d'une jeune fille !…

Vancouver, *à part* : Attends ! je vais t'apprendre à faire des mots[2] ! *(Haut.)* Château-Rose !… très joli ! mais il est vieux… je l'ai lu dans l'almanach[3] de 1828.

Dardenbœuf, *à part* : Tiens ! je croyais l'avoir fait dans le chemin de fer !

Galathée : J'espère, monsieur, que vous nous ferez le plaisir de passer quelques jours avec nous ?

Dardenbœuf, *regardant Isménie avec passion* : Pour que je m'en aille, je sens déjà… qu'il faudra employer la force armée !

Vancouver, *à part* : Ma botte me démange !

Eugène Labiche, *Mon Isménie !*, scène 5 (1852).

---

1. homme de loi dont les fonctions sont proches de celles d'un avocat
2. des traits d'esprit, des plaisanteries galantes
3. publication contenant des plaisanteries, des traits d'esprit, des calembours

Questions

1. En vous aidant éventuellement d'un dictionnaire, étudiez le choix des noms donnés aux personnages. Que révèle-t-il ?
2. Quel rôle les apartés jouent-ils ?
3. Pour quelles raisons les différents personnages peuvent-ils sembler ridicules ?

L'essentiel

Un texte relève du registre comique lorsqu'il **vise à faire rire son destinataire**. Le registre comique est évidemment lié au genre théâtral de la **comédie**, comme l'indique l'étymologie du terme (l'adjectif latin *comicus* signifie : « qui est relatif au théâtre, à la comédie »), mais il peut se rencontrer dans **tous les genres littéraires**.

1. Les mécanismes du comique

On distingue plusieurs mécanisme (ou ressorts) du comique.

■ **Le comique de situation** consiste à placer les personnages dans une **situation surprenante**, **inattendue**, embarrassante.

Vancouver doit recevoir Dardenbœuf et se montrer aimable avec lui, alors qu'il souhaite le chasser.

Ce ressort comique repose souvent sur le **quiproquo** : erreur sur l'identité d'un personnage, mauvaise interprétation d'un geste, d'une parole.

■ **Le comique de mots** provient d'un emploi surprenant du langage :

- **jeux sur les mots** : calembours, déformations, sonorités, associations de termes…

Les noms des personnages de la pièce de Labiche relèvent du comique verbal. Le nom de *Carotin* fait évidemment penser à une carotte mais il évoque aussi le verbe *carotter,* signifiant familièrement : « voler, escroquer ». Il suggère que l'avoué, employeur de Dardenbœuf, pourrait bien être un personnage malhonnête.

- **mélange de divers niveaux de langue** ;
- **usage des figures de style** : hyperboles, métaphores, comparaisons, antithèses…

Vancouver compare Dardenbœuf à un *« charcutier appauvri par les veilles »*.

■ **Le comique de caractère** prend pour cible les travers d'un personnage dont le comportement est excessif et ridicule : il procède par **schématisation** et **grossissement de certains traits**.

Vancouver, dans un souci purement égoïste, cherche par tous les moyens à empêcher le mariage de sa fille.

■ Propre au théâtre, le **comique de gestes** repose sur la **représentation scénique** : affrontements physiques, gifles, coups de bâton, chutes… Les gestes des personnages sont souvent en décalage avec ce que l'on attend ordinairement d'eux.

Dans *Les Fourberies de Scapin*, de Molière, un valet frappe son maître à grands coups de bâton.

2. Les formes du comique

Le comique prend des formes et des degrés différents selon les intentions de l'auteur.

■ L'**humour** traite de manière plaisante un sujet, éventuellement sérieux, de manière à faire sourire le destinataire. La gravité est alors mise en relief par l'apparente légèreté du ton employé.

L'**humour noir** s'attaque aux sujets les plus graves (la maladie, la mort, la guerre…).

■ Par l'**ironie**, le locuteur se moque **indirectement** d'un discours, d'une situation, d'un comportement dont il veut montrer le ridicule ou l'absurdité.

→ **Chapitre 53**
L'ironie, p. 260.

Le locuteur fait, en apparence, l'éloge d'un comportement qu'il blâme en réalité.

■ La **parodie** est constituée par la reprise ou l'**imitation moqueuse** d'une œuvre, d'un comportement humain.

■ Le **burlesque** naît du décalage entre un sujet noble ou héroïque et une forme vulgaire ou triviale. La transformation inverse est appelée **héroï-comique**.

3. Les fonctions du comique

- **Une fonction libératrice** : ainsi, rire de la maladie ou de la mort permet au lecteur ou au spectateur d'en avoir moins peur.

- **Une fonction critique et moralisatrice** : le comique permet de dénoncer une attitude, un comportement individuel ou collectif en les présentant sous un jour ridicule.

  Molière, dans ses comédies, fait rire de comportements ou de défauts jugés condamnables : l'avarice, la vanité, la jalousie, la naïveté…

- **Une fonction de séduction** : aborder un sujet sérieux ou grave sur le mode comique constitue souvent un moyen de séduire le destinataire et de le conduire à la réflexion sans éveiller chez lui l'ennui.

  Les *Fables* de La Fontaine visent à faire réfléchir le lecteur par le moyen d'un récit réjouissant.

4. Les conditions du comique

- Pour qu'un texte ou une représentation théâtrale fasse rire, il faut que le destinataire **ne se sente pas émotionnellement impliqué** par la situation, mais conserve une certaine **distance** par rapport à elle.

- Le comique se réfère à des **valeurs** - morales, sociales - plus ou moins **partagées** par le public. Ces valeurs **changent avec le temps** et l'histoire littéraire témoigne de cette évolution.

  Dans le domaine théâtral, les farces du Moyen Âge se fondent sur la représentation de réalités triviales : le corps, le vin, le cocuage ; le langage est parfois grossier. À l'inverse, au XVIIe siècle, la comédie vise à instruire ; elle met donc en scène des personnages de condition moyenne qui incarnent des défauts moraux ou sociaux qu'il faut corriger.

- Le comique est souvent fondé sur la **référence à des réalités culturelles** que l'on suppose partagées par le public auquel on s'adresse.

  Dans la littérature du XIXe siècle, le bourgeois de province est souvent ridiculisé ; il s'agit même d'un véritable type comique. En apprenant que Vancouver est un bourgeois de Châteauroux, le spectateur de *Mon Isménie !* est immédiatement invité à comprendre que l'auteur tourne son personnage en dérision.

Un air de famille, film de Cédric Klapisch, avec Jean-Pierre Bacri (1996) : le ridicule de ce personnage, patron d'un café, est rendu perceptible par ses vêtements démodés et décalés par rapport à son milieu.

Les mécanismes du comique

1 Exercice guidé

Quels sont, dans ce texte, les mécanismes du comique ?

Zazie a été confiée par sa mère aux soins de son oncle Gabriel et de sa tante Marceline, durant un week-end.

« Moi, déclara Zazie, je veux aller à l'école, jusqu'à soixante-cinq ans.

– Jusqu'à soixante-cinq ans ? répéta Gabriel un chouïa surpris.

– Oui, dit Zazie, je veux être institutrice.

– Ce n'est pas un mauvais métier, dit doucement Marceline. Y a la retraite. »

Elle ajouta ça automatiquement parce qu'elle connaissait bien la langue française.

– « Retraite, mon cul, dit Zazie. Moi c'est pas pour la retraite que je veux être institutrice.

– Non bien sûr, dit Gabriel, on s'en doute.

– Alors c'est pourquoi ? demanda Zazie.

– Tu vas nous expliquer ça.

– Tu trouveras pas tout seul, hein ?

– Elle est quand même fortiche la jeunesse d'aujourd'hui », dit Gabriel à Marceline.

Et à Zazie :

– « Alors ? pourquoi tu veux l'être, institutrice ?

– Pour faire chier les mômes, répondit Zazie. Ceux qu'auront mon âge dans dix ans, dans vingt ans, dans cinquante ans, dans cent ans, dans mille ans, toujours des gosses à emmerder. »

Raymond Queneau, *Zazie dans le métro*, © Gallimard (1959).

→ Les questions à vous poser

- Quel est le sujet de la conversation ? Est-il, en lui-même, comique ?
- Quels éléments provoquent le rire (situation, mots, caractères) ?

2 Par quels procédés Molière provoque-t-il le rire ? Quels mécanismes du comique sont ici mis en jeu ?

Argan, malade imaginaire, se met en colère contre sa servante Toinette qui ne répond pas à ses appels.

Argan : Tu m'as fait égosiller, carogne.
Toinette : Et vous m'avez fait, vous, casser la tête : l'un vaut bien l'autre ; quitte à quitte, si vous voulez.
Argan : Quoi ? coquine…
Toinette : Si vous querellez, je pleurerai.
Argan : Me laisser, traîtresse…
Toinette *(toujours pour l'interrompre)* : Ha !
Argan : Chienne ! tu veux…
Toinette : Ha !
Argan : Quoi ? il faudra encore que je n'aie pas le plaisir de la quereller.
Toinette : Querellez tout votre soûl, je le veux bien.
Argan : Tu m'en empêches, chienne, en m'interrompant à tous coups.
Toinette : Si vous avez le plaisir de quereller, il faut bien que, de mon côté, j'aie le plaisir de pleurer : chacun le sien, ce n'est pas trop. Ha !

Molière, *Le Malade imaginaire*, I, 2 (1673).

3 Écriture d'invention

Zazie (exercice 1) aurait pu avoir envie d'être vétérinaire, sportive de haut niveau, mannequin, médecin… Vous imaginerez un dialogue comique qui reposera, comme celui de l'exercice précédent, sur le décalage entre les attentes des adultes et la réponse de l'enfant. Vous veillerez à utiliser des procédés d'écriture comique variés.

Les formes du comique

4 De quelle forme de comique chacun de ces textes relève-t-il ? Justifiez votre réponse.

Texte 1

Mme de Sévigné, dans une lettre à sa fille, évoque l'exécution de la marquise de Brinvilliers, condamnée à mort pour avoir empoisonné son père et ses frères.

Enfin c'en est fait, la Brinvilliers est en l'air : son pauvre petit corps a été jeté, après l'exécution, dans un fort grand feu, et les cendres au vent ; de sorte que nous la respirons, et par la communication des petits esprits[1], il nous prendra quelque humeur empoisonnante, dont nous serons tous étonnés. […]

Mme de Sévigné, lettre du 17 juillet, *Lettres*, 1676 (posth. 1726).

1. petits corps, atomes

Texte 2

Rica à Rhédi, à Venise.

Je trouve les caprices de la mode, chez les Français, étonnants. Ils ont oublié comment ils étaient habillés cet été ; ils ignorent encore plus comment ils le seront cet hiver. Mais, surtout, on ne saurait croire combien il en coûte à un mari pour mettre sa femme à la mode.

Que me servirait de te faire une description exacte de leur habillement et de leurs parures ? une mode nouvelle viendrait détruire tout mon ouvrage, comme celui de leurs ouvriers, et, avant que tu eusses reçu ma lettre, tout serait changé. […]

De Paris, le 8 de la lune de Séphar, 1717

Montesquieu, *Lettres persanes*, lettre 99 (1721).

Texte 3

Maximes

Dieu a sagement agi en plaçant la naissance avant la mort ; sans cela, que saurait-on de la vie ?

La misère a cela de bon, qu'elle supprime la crainte des voleurs.

On dit que le génie était une longue patience. Et le mariage donc !

La statistique a démontré que la mortalité dans l'armée augmente sensiblement en temps de guerre.

Alphonse Allais, *Le Chat Noir*, 11 janvier 1890, in *Œuvres posthumes*, Robert Laffont, « Bouquins ».

5 **Comparez les extraits ci-dessous, en vous intéressant au lexique et aux figures de style employés pour décrire les actions des personnages. Caractérisez le registre dominant de chacun de ces textes. Justifiez votre réponse.**

Texte 1

Trôs, de ses mains, touche les genoux d'Achille ; il veut à tout prix le supplier. L'autre le frappe de son épée au foie. Le foie jaillit hors du corps ; un sang noir en découle, qui remplit son giron[1] ; l'ombre couvre ses yeux, le souffle à jamais lui échappe. Achille va alors à Moulios et le frappe de sa lance à l'oreille ; la pointe de bronze ressort aussitôt par l'autre oreille. C'est ensuite Echèle, le fils d'Agénor, qu'il frappe en pleine tête, de son épée à la bonne poignée. L'épée devient toute chaude de sang, et dans les yeux de l'homme entrent en maîtres la mort rouge et l'impérieux destin. [...]

Tel un prodigieux incendie fait rage à travers les vallées profondes d'une montagne desséchée ; la forêt profonde brûle, et le vent, qui la pousse en tous sens, fait tournoyer la flamme. Tel, en tous sens, bondit Achille, lance au poing, se ruant sur ses victimes. La terre noire est inondée de sang.

Homère, *Iliade*, Chant XX (VIIIe siècle av. J.-C.), trad. Paul Mazon, © Les Belles Lettres, Paris.

1. giron : partie du corps allant de la ceinture aux genoux

Texte 2

Frère Jean, moine grand amateur de vin, repousse une attaque menée par une bande de soldats pour sauver la vendange de son abbaye.

Il mit bas son grand habit et se saisit du bâton de la croix, qui était en cœur de cormier[1], aussi long qu'une lance, remplissant bien la main et quelque peu semé de fleurs de lys, presque toutes effacées. Il sortit de la sorte, dans son beau sarrau[2], avec son bâton de croix, mit son froc[3] en écharpe et frappa brutalement sur les ennemis qui vendangeaient à travers le clos. [...]

Aux uns, ils écrabouillait la cervelle, à d'autres il brisait bras et jambes, à d'autres, il démettait les vertèbres du cou, à d'autres il disloquait les reins, effondrait le nez, pochait les yeux, fendait les mâchoires, enfonçait les dents dans la gueule, défonçait les omoplates, meurtrissait les jambes, déboîtait les fémurs, émiettait les os des membres.

Rabelais, *Gargantua*, I, 27 (1534), translation fr. moderne G. Demerson, © Éditions du Seuil.

1. bois dur 2. blouse de travail portée par-dessus les vêtements 3. habit de moine

Les fonctions du comique

6 **Quelle fonction du comique pouvez-vous reconnaître dans chacun de ces textes ? Justifiez votre réponse (destinataire du discours, sujet traité, procédés employés).**

Texte 1

Iphis voit à l'église un soulier d'une nouvelle mode ; il regarde le sien et en rougit ; il ne se croit plus habillé. Il était venu à la messe pour s'y montrer, et il se cache ; le voilà retenu par le pied dans sa chambre tout le reste du jour. Il a la main douce, et il l'entretient avec une pâte de senteur ; il a soin de rire pour montrer ses dents ; il fait la petite bouche, et il n'y a guère de moments où il ne veuille sourire ; il regarde ses jambes, et se voit au miroir : l'on ne peut être plus content de personne qu'il l'est de lui-même.

La Bruyère, *Les Caractères*, « De la mode » (1694).

Texte 2

Dieu a dit : « Il faut partager. » Les riches auront de la nourriture, les pauvres de l'appétit.

*

Les jeunes, on n'arrête pas de les embêter dans la rue. On leur demande toujours leurs papiers comme si les jeunes, ils avaient moins de papiers que les autres.

*

Très souvent, le médecin guérit la maladie et finit pourtant par tuer le malade.

*

Mettons que les sportifs arrêtent le doping. On aura l'air malin, nous, devant nos téléviseurs à attendre qu'ils battent les records, hein ! Et puis le Tour de France, pour arriver le 14 juillet, il faudra qu'il parte à Noël.

Coluche, *Pensées et anecdotes*, © Le Cherche Midi éditeur (1995).

Texte 3

Solal, qui est un séducteur, livre sa vision des relations amoureuses à Ariane.

« Comme [les femmes] ont pu me faire souffrir depuis vingt ans avec leurs babouineries ! Babouineries », répéta-t-il [...] « Regardez le babouin dans sa cage, regardez-le qui fait de la virilité pour plaire à sa babouine, regardez-le qui se tape de grands coups sur la poitrine, qui fait des bruits de tam-tam et marche la tête haute, en colonel parachutiste. (Il arpenta le salon, martela sa poitrine pour faire babouin. Tête haute, il était élégant et naïf, jeune et gai.) Ensuite, il secoue les barreaux de sa cage et la babouine fondue et charmée trouve que c'est un fort, un affirmatif, qu'il a du caractère, qu'on peut compter sur lui. Et plus il secoue les barreaux et plus elle sent qu'il a une belle âme, qu'il est propre moralement, chevaleresque, loyal, un babouin d'honneur. Bref, l'intuition féminine. Alors, la babouine émerveillée s'approche en remuant le derrière, elles tiennent toutes, même les vertueuses, à beaucoup le montrer, d'où jupes étroites, et elle demande timidement au babouin, les yeux chastement baissés : "Aimez-vous Bach ?" »

Albert Cohen, *Belle du seigneur*, © Gallimard (1968).

TEXTE : Molière, *Les Femmes savantes*, Acte II, scène 6 (1672).

Philaminte, épouse d'un bourgeois aisé, Chrysale, veut obtenir de son époux le renvoi de leur servante, Martine. Philaminte et Bélise, sa belle-sœur, sont ces « femmes savantes » moquées par Molière.

Chrysale
A-t-elle, pour donner matière à votre haine,
Cassé quelque miroir ou quelque porcelaine ?

Philaminte
Voudrais-je la chasser, et vous figurez-vous
Que pour si peu de chose on se mette en courroux ?

Chrysale
Qu'est-ce à dire ? l'affaire est donc considérable ?

Philaminte
Sans doute. Me voit-on femme déraisonnable ?

Chrysale
Est-ce qu'elle a laissé, d'un esprit négligent,
Dérober quelque aiguière ou quelque plat d'argent ?

Philaminte
Cela ne serait rien.

Chrysale
Oh ! oh ! peste, la belle !
Quoi ? l'avez-vous surprise à n'être pas fidèle ?

Philaminte
C'est pis que tout cela.

Chrysale
Pis que tout cela ?

Philaminte
Pis.

Chrysale
Comment diantre, friponne ! Euh ? a-t-elle commis…

Philaminte
Elle a, d'une insolence à nulle autre pareille
Après trente leçons, insulté mon oreille
Par l'impropriété d'un mot sauvage et bas
Qu'en termes décisifs condamne Vaugelas[1].

Chrysale
Est-ce là…

Philaminte
Quoi ? toujours, malgré nos remontrances,
Heurter le fondement de toutes les sciences,
La grammaire, qui sait régenter jusqu'aux rois,
Et les fait la main haute obéir à ses lois ?

Chrysale
Du plus grand des forfaits je la croyais coupable.

Philaminte
Quoi ? vous ne trouvez pas le crime impardonnable ?

Chrysale
Si fait.

Philaminte
Je voudrais bien que vous l'excusassiez.

Chrysale
Je n'ai garde.

Bélise
Il est vrai que ce sont des pitiés[2] :
Toute construction est par elle détruite,
Et des lois du langage on l'a cent fois instruite.

Martine
Tout ce que vous prêchez est, je crois, bel et bon ;
Mais je ne saurais, moi, parler votre jargon.

Philaminte
L'impudente ! Appeler un jargon le langage
Fondé sur la raison et sur le bel usage !

[…]

Martine
Mon Dieu ! je n'avons pas étugué comme vous,
Et je parlons tout droit comme on parle cheux nous.

Philaminte
Ah ! peut-on y tenir ?

Bélise
Quel solécisme[3] horrible !

Philaminte
En voilà pour tuer une oreille sensible !

---

1. Vaugelas est un grammairien français du XVIIe siècle ; il condamnait sévèrement l'emploi de certains termes qu'il jugeait familiers ou grossiers. **2.** Cela provoque la pitié. **3.** faute de syntaxe

Questions

1. À quel moment le « crime » de Martine est-il révélé ? Pourquoi cette révélation est-elle comique ?
2. En quoi les personnages s'opposent-ils dans leurs discours et leurs comportements ?
3. Quels éléments donnent à ce texte une portée satirique ?

Vers le commentaire

À partir des vos réponses, proposez deux ou trois axes de lecture pour le commentaire du texte.

Chapitre 52

Le polémique et le satirique

2de / 1re

Mots clés

- critique
- argumentation
- indignation
- ironie, moquerie
- caricature

Observation

Texte 1

La guerre a pour elle l'antiquité ; elle a été dans tous les siècles : on l'a toujours vue remplir le monde de veuves et d'orphelins, épuiser les familles d'héritiers, et faire périr les frères à une même bataille. Jeune Soyecour[1] ! je regrette ta vertu, ta pudeur, ton esprit déjà mûr, pénétrant, sociable ; je plains cette mort prématurée qui te joint à ton intrépide frère, et t'enlève à une cour où tu n'as fait que te montrer : malheur déplorable, mais ordinaire ! De tout temps les hommes, pour quelque morceau de terre de plus ou de moins, sont convenus entre eux de se dépouiller, se brûler, se tuer, s'égorger les uns les autres ; et pour le faire plus ingénieusement et avec plus de sûreté, ils ont inventé de belles règles qu'on appelle l'art militaire ; ils ont attaché à la pratique de ces règles la gloire ou la plus solide réputation ; et ils ont depuis renchéri de siècle en siècle sur la manière de se détruire réciproquement. De l'injustice des premiers hommes, comme de son unique source, est venue la guerre, ainsi que la nécessité où ils se sont trouvés de se donner des maîtres qui fixassent leurs droits et leurs prétentions. Si, content du sien, on eût pu s'abstenir du bien de ses voisins, on avait pour toujours la paix et la liberté.

La Bruyère, *Les Caractères*, « Du souverain ou de la république » (1688).

1. nom d'un jeune ami de La Bruyère, mort, ainsi que son frère, à la bataille de Fleurus

Honoré Daumier (1808-1879), buste en terre crue du député Jean-Marie Fruchard, Paris, musée d'Orsay.

Texte 2

Cliton n'a jamais eu en toute sa vie que deux affaires[1], qui est de dîner le matin et de souper le soir ; il ne semble né que pour la digestion. Il n'a de même qu'un entretien[2] : il dit les entrées qui ont été servies au dernier repas où il s'est trouvé ; il dit combien il y a eu de potages, et quels potages ; il place ensuite le rôt[3] et les entremets ; il se souvient exactement de quels plats on a relevé le premier service[4] ; il n'oublie pas les hors d'œuvre, le fruit et les assiettes ; il nomme tous les vins et toutes les liqueurs dont il a bu ; il possède le langage des cuisines autant qu'il peut s'étendre, et il me fait envie de manger à une bonne table où il ne soit point.

La Bruyère, *Les Caractères*, « De l'homme » (1688).

1. deux occupations **2.** Il n'a qu'un seul sujet de conversation. **3.** le rôti **4.** avec quels plats on a donné du relief au premier service

Questions

1. Quelle est la visée de La Bruyère dans chacun des deux textes ? Pourquoi peuvent-ils être rapprochés ?
2. Quels sentiments La Bruyère cherche-t-il à éveiller chez le lecteur à propos de la guerre ? Par quels moyens ?
3. Quels sentiments cherche-t-il à éveiller à propos du personnage de Cliton ? Par quels moyens ?

L'essentiel

Chapitres 57 et 58

- La fiction argumentative, p. 282
- L'essai, p. 288

Le registre polémique et le registre satirique impliquent un **jugement** de la part de l'auteur, jugement par lequel il condamne quelque chose ou quelqu'un. Très présents dans la **littérature d'idées**, ces deux registres peuvent se rencontrer dans tous les genres littéraires.

1. Les caractéristiques des deux registres

Le registre polémique

Le mot *polémique* vient du grec *polémos* qui signifie « guerre ». Le registre polémique caractérise un texte qui **attaque vivement** quelqu'un ou quelque chose.

Le texte 1 dénonce la pratique de la guerre.

Le registre satirique

Il caractérise un texte qui **dénonce** quelque chose ou quelqu'un en utilisant la **moquerie** ; la satire constitue la **critique**, **souvent humoristique**, d'un milieu, d'une institution ou d'une catégorie sociale dont on dénonce un aspect ridicule.

Par le portrait de Cliton, La Bruyère dénonce un trait de caractère qu'il cherche à ridiculiser : la gourmandise et l'obsession de la nourriture.

2. Les armes de la polémique

La mise en cause d'une thèse

Pour combattre une thèse à laquelle il s'oppose, un texte polémique est conduit à rappeler les **arguments** en faveur de cette thèse afin d'en montrer les **faiblesses**, les **contradictions**.

La Bruyère rappelle, dans son texte, certains des arguments que l'on peut invoquer en faveur de la guerre : son ancienneté, qui semble prouver que la guerre est liée à la nature humaine ; son utilité : la guerre permet à un État de s'agrandir ; son prestige : la participation au combat confère la *« gloire »*.

Mais il souligne aussitôt la vanité de ces arguments : la guerre, au cours des siècles, n'a fait que multiplier les massacres absolument inutiles ; la gloire que l'on tire de la guerre est une fausse gloire.

Le dénigrement de l'adversaire

Un texte polémique peut **s'en prendre explicitement à des personnes**, le plus souvent celles qui s'opposent à la thèse soutenue par le locuteur. Il peut alors être amené à mettre en cause leur honnêteté, leur intelligence, leur compétence…

La Bruyère, en s'en prenant à la gloire militaire, s'attaque implicitement à ceux qui profitent de la guerre pour leur seul prestige personnel.

Les procédés rhétoriques

- **Les figures d'insistance** : hyperboles, répétitions, anaphores, énumérations

  « On l'a toujours vue remplir le monde de veuves et d'orphelins, épuiser les familles d'héritiers, et faire périr les frères à une même bataille. »

- L'emploi d'un **lexique dévalorisant**, de comparaisons ou de métaphores dévalorisantes

  La guerre trouve sa cause première dans *« l'injustice »* des hommes.

- L'emploi de **figures d'opposition** : antithèse, oxymore

■ Le recours à une **syntaxe expressive**.

La Bruyère emploie des phrases exclamatives pour regretter la mort du jeune Soyecour.

3. Les armes de la satire

L'usage du ridicule

En utilisant la **moquerie**, le registre satirique permet de présenter l'adversaire sous un aspect ridicule; la satire est donc liée au **comique**. Le recours à la moquerie entraîne plusieurs effets:

■ **dévaloriser l'adversaire**;

■ **ménager une complicité** avec le lecteur: en se moquant du comportement de son adversaire, le locuteur met les rieurs de son côté;

■ **proposer un regard neuf** sur la réalité représentée, par exemple par la fiction du regard étranger ou naïf; ce procédé permet également de déjouer une éventuelle censure.

Les procédés satiriques

■ L'**exagération** avec l'usage de l'hyperbole

« Cliton n'a jamais eu en toute sa vie que deux affaires, qui est de dîner le matin et de souper le soir; il ne semble né que pour la digestion. »

■ Les **métaphores** et **comparaisons dévalorisantes**

■ La réduction d'un personnage à quelques **traits caricaturaux**

Cliton est défini par sa seule passion de la nourriture; cette obsession se traduit par les répétitions: *« Il dit les entrées qui ont été servies […] il dit combien il y a eu de potages […] il se souvient exactement […] il n'oublie pas. »*

→ **Chapitre 53**
L'ironie, p. 260

■ La **reprise parodique**, ou **imitation moqueuse**, d'un discours dont on veut souligner les incohérences.

Remarque: le registre polémique et la satire ont tous deux fréquemment recours à l'**ironie**.

Après avoir énuméré les ravages dus à la guerre (*« se dépouiller »*, *« se brûler »*, *« se tuer »*, *« s'égorger les uns les autres »*), La Bruyère parle de l'invention des *« belles règles »* de l'art militaire. La connotation valorisante de l'expression est en contradiction avec les effets désastreux de l'usage de ces règles.

Touristes, sculpture de Duane Hanson (1923-1996), Édimbourg, Scottish National Gallery of Modern Art.

Les caractéristiques d'un registre

1 a. À quels genres littéraires les deux textes suivants appartiennent-ils ?

b. Quelles personnes, quelles catégories sociales ou quelles institutions sont visées ?

c. À quel registre chacun des deux textes appartient-il ? Justifiez votre réponse.

Texte 1

Serviteur du comte Almaviva, Figaro s'apprête à épouser Suzanne ; mais celle-ci est également convoitée par le comte, qui veut par tous les moyens faire d'elle sa maîtresse. Suzanne et Figaro ont résisté à toutes ses entreprises, mais, suite à un quiproquo, Figaro se laisse persuader que Suzanne est finalement prête à céder aux avances du comte.

Figaro *seul, se promenant dans l'obscurité, dit du ton le plus sombre.*

Ô Femme ! femme ! femme ! créature faible et décevante !... nul animal créé ne peut manquer à son instinct ; le tien est-il donc de tromper ?... Après m'avoir obstinément refusé quand je l'en pressais devant sa maîtresse ; à l'instant qu'elle me donne sa parole ; au milieu même de la cérémonie... Il riait en lisant, le perfide ! et moi comme un benêt[1] !... Non, Monsieur le Comte, vous ne l'aurez pas... vous ne l'aurez pas. Parce que vous êtes un grand seigneur, vous vous croyez un grand génie !... noblesse, fortune, un rang, des places ; tout cela rend si fier ! Qu'avez-vous fait pour tant de biens ? vous vous êtes donné la peine de naître, et rien de plus ; du reste, homme assez ordinaire ! tandis que moi, morbleu ! perdu dans la foule obscure, il m'a fallu déployer plus de science et de calculs pour subsister seulement, qu'on n'en a mis depuis cent ans à gouverner toutes les Espagnes ; et vous voulez jouter[2]... On vient... c'est elle... ce n'est personne. La nuit est noire en diable, et me voilà faisant le sot métier de mari, quoique je ne le sois qu'à moitié ! *(Il s'assied sur un banc.)*

Beaumarchais, *Le Mariage de Figaro*, V, 3 (1784).

1. un homme niais, que l'on peut facilement tromper **2.** vous voulez rivaliser avec moi

Texte 2

La scène se passe dans un salon de la Société des Nations, ancienne Organisation des Nations unies, lors d'un cocktail, juste avant la Seconde Guerre mondiale. Le narrateur observe le manège des invités.

Cependant, ayant échappé au danger de dévalorisation sociale, le surimportant s'approchait adroitement d'un encore plus important, un sursurimportant, hélas entouré d'une cour approbatrice. Les yeux déjà humides d'obéissance, le visage déjà passionnément modeste et tendre, il se disposait à son tour à harponner dès que possible mais dignement, non par fierté d'âme mais parce qu'il est préjudiciable de se déprécier. Il attendait l'occasion de capture, le moment où le sursurimportant se serait enfin débarrassé du cercle des adorateurs épanouis, et il détestait ces concurrents qui s'éternisaient, réchauffés par le soleil de puissance. Doux et patient comme le phoque devant le trou creusé dans la glace et où va peut-être apparaître le poisson, il attendait et préparait en sa sociale caboche un sujet de conversation vif et amusant, susceptible d'intéresser le sursurimportant et de lui en valoir la sympathie.

Albert Cohen, *Belle du seigneur*, © Gallimard (1968).

Les procédés de la polémique

2 a. Pourquoi peut-on dire de ce texte qu'il est polémique ? Quelles sont les cibles du discours du vieillard ?

b. Quels sont les procédés utilisés pour donner au discours sa force ?

c. Au nom de quelles valeurs le vieillard s'exprime-t-il ?

Diderot réécrit la relation de voyage du navigateur Bougainville (1729-1811) qui a découvert l'île paradisiaque de Tahiti en 1768 : au moment où Bougainville s'apprête à la quitter avec son équipage, Diderot imagine qu'un vieillard tahitien s'adresse à lui en ses termes :

« Et toi, chef des brigands qui t'obéissent, écarte promptement ton vaisseau de notre rive : nous sommes innocents, nous sommes heureux ; et tu ne peux que nuire à notre bonheur. Nous suivons le pur instinct de la nature ; et tu as tenté d'effacer de nos âmes son caractère. Ici tout est à tous ; et tu nous as prêché je ne sais quelle distinction du tien et du mien. Nos filles et nos femmes nous sont communes ; tu as partagé ce privilège avec nous ; et tu es venu allumer en elles des fureurs inconnues. Elles sont devenues folles dans tes bras ; tu es devenu féroce entre les leurs. Elles ont commencé à se haïr ; vous vous êtes égorgés pour elles ; et elles nous sont revenues teintes de votre sang. Nous sommes libres ; et voilà que tu as enfoui dans notre terre le titre de notre futur esclavage. Tu n'es ni un dieu, ni un démon : qui es-tu donc, pour faire des esclaves ? [...] Tu n'es pas esclave : tu souffrirais la mort plutôt que de l'être, et tu veux nous asservir ! Tu crois donc que le Tahitien ne sait pas défendre sa liberté et mourir ? Celui dont tu veux t'emparer comme de la brute, le Tahitien, est ton frère. Vous êtes deux enfants de la nature ; quel droit as-tu sur lui qu'il n'ait pas sur toi ? Tu es venu ; nous sommes-nous jetés sur ta personne ? avons-nous pillé ton vaisseau ? t'avons-nous saisi et exposé aux flèches de nos ennemis ? t'avons-nous associé dans nos champs au travail de nos animaux ? Nous avons respecté notre image en toi. Laisse-nous nos mœurs ; elles sont plus sages et plus honnêtes que les tiennes ; nous ne voulons point troquer ce que tu appelles notre ignorance contre tes inutiles lumières. »

Diderot, *Supplément au Voyage de Bougainville* (1772).

3 a. En quoi ce texte est-il polémique ?

b. Au nom de quelles valeurs ses auteurs s'expriment-ils ?

c. Quels procédés utilisent-ils afin de rendre leur critique efficace ?

Chapitre 53

L'ironie

Mots clés

- moquerie
- antiphrase
- citation
- exagération

2de / 1re

Observation

Texte

En 1796, les troupes françaises menées par le général Bonaparte libèrent Milan et l'Italie du nord de l'occupation autrichienne. Hostiles aux idéaux révolutionnaires qui accompagnent cette libération, les aristocrates milanais s'enfuient. Mais, deux ans plus tard, les Français sont vaincus par les Autrichiens; ils doivent quitter Milan.

Alors commença cette époque de réaction et de retour aux idées anciennes, que les Milanais appellent *i tredici mesi (les treize mois)* parce qu'en effet leur bonheur voulut que ce retour à la sottise ne durât que treize mois, jusqu'à Marengo[1]. Tout ce qui était vieux, dévot, morose, reparut à la tête des affaires, et reprit la direction de la société: bientôt les gens restés fidèles aux bonnes doctrines publièrent dans les villages que Napoléon avait été pendu par les Mameluks en Égypte[2], comme il le méritait à tant de titres.

Parmi ces hommes qui étaient allés bouder dans leurs terres et qui revenaient altérés de vengeance, le marquis del Dongo se distinguait par sa fureur; son exagération le porta naturellement à la tête du parti. Ces messieurs, fort honnêtes gens quand ils n'avaient pas peur, mais qui tremblaient toujours, parvinrent à circonvenir le général autrichien: assez bon homme, il se laissa persuader que la sévérité était de la haute politique, et fit arrêter cent cinquante patriotes: c'était ce qu'il y avait de mieux en Italie.

Bientôt on les déporta aux *bouches de Cattaro*, et, jetés dans des grottes souterraines, l'humidité et surtout le manque de pain firent bonne et prompte justice de tous ces coquins.

Le marquis del Dongo eut une grande place, et, comme il joignait une avarice sordide à une foule d'autres belles qualités, il se vanta publiquement de ne pas envoyer un écu à sa sœur, la comtesse Pietranera: toujours folle d'amour, elle ne voulait pas quitter son mari[3], et mourait de faim en France avec lui.

Stendhal, *La Chartreuse de Parme* (1839).

1. victoire de Napoléon sur les troupes autrichiennes **2.** Napoléon était alors parti combattre en Égypte; les Mameluks étaient des guerriers turcs qui jouaient un rôle important dans l'armée du sultan d'Égypte. **3.** La sœur du marquis a épousé par amour le comte Pietranera, partisan des Français; après leur défaite, le comte a dû se réfugier en France.

Questions

1. Quel jugement le narrateur porte-t-il sur le marquis del Dongo et sur les hommes de son parti?
2. Quel jugement le narrateur porte-t-il sur les patriotes italiens déportés?
3. Comment pouvez-vous, en fonction du contexte, interpréter les expressions soulignées?.

L'essentiel

L'ironie vise à dénoncer le caractère révoltant ou ridicule d'une situation, d'un discours, d'une conception du monde, d'un comportement.

Le Gai Château, dessin de Victor Hugo (1802-1885) dont le titre est un exemple d'antiphrase. Paris, maison de Victor Hugo.

1. Les formes de l'ironie

L'ironie implique une **intention moqueuse**, un jugement **critique**. Mais ce jugement s'exprime sous une forme **indirecte ou détournée**.

L'inversion du sens

L'ironie prend souvent la forme d'une déclaration par laquelle le locuteur procède à une **inversion** : il semble dire le contraire de ce qu'il veut que le lecteur comprenne en réalité. Ainsi, l'ironie peut se présenter comme un éloge apparent dissimulant une critique.

À une plaisanterie de mauvais goût, on répondra : « C'est malin ! » Le terme *malin*, ordinairement valorisant, prend alors une valeur moqueuse. Le locuteur utilise la figure de l'**antiphrase**.

L'ironie comme citation

Le discours ironique se **réfère à un autre discours** dont il veut marquer les faiblesses. L'ironiste reprend – explicitement ou implicitement – les propos de son adversaire afin d'en dégager le caractère contestable ou révoltant.

Dans le texte de Stendhal, l'expression faire *« bonne et prompte justice de tous ces coquins »* renvoie aux paroles des aristocrates milanais.

2. Les indices de l'ironie

Marques typographiques dans le texte	• guillemets ou italiques montrant que le locuteur cite un discours • points d'exclamation pour souligner le caractère révoltant d'une affirmation
Expressions marquant la position adoptée par le locuteur	expressions du type : *comme chacun sait*, *évidemment*, marquant la distance prise par rapport à l'énoncé rapporté
Figures de style	• antiphrase • litote, hyperbole : l'atténuation ou l'exagération renforce la valeur critique du propos. • paradoxe, oxymore
Incohérence volontaire du discours	• énoncés ouvertement scandaleux ou absurdes • raisonnements illogiques • exagérations

3. La complicité entre l'auteur et le destinataire

■ Le destinataire, pour apprécier l'ironie, doit **partager avec l'auteur certaines connaissances** lui permettant de comprendre les allusions auxquelles il se livre. La connaissance de l'auteur, de ses prises de position, peut aider à percevoir l'ironie.

Voltaire a fait de l'intolérance une de ses cibles privilégiées. Un éloge voltairien de l'intolérance sera donc très probablement ironique.

■ L'ironiste **parie** toujours plus ou moins **sur l'intelligence du lecteur**. Ce pari comporte des risques : l'ironie n'est pas forcément perçue par tous les lecteurs.

Les indices de l'ironie

1 Pourquoi peut-on parler d'ironie à propos de la dernière réplique de Dom Juan ? De qui et de quoi se moque-t-il ?

Dom Juan et son valet Sganarelle dialoguent au sujet de la médecine. Dom Juan refuse de croire à l'efficacité du savoir des médecins.

Sganarelle : Quoi ? vous ne croyez pas au séné, ni à la casse, ni au vin émétique[1] ?
Dom Juan : Et pourquoi veux-tu que j'y croie ?
Sganarelle : Vous avez l'âme bien mécréante[2]. Cependant, vous voyez, depuis un temps, que le vin émétique fait bruire ses fuseaux[3]. Ses miracles ont converti les plus incrédules esprits, et il n'y a pas trois semaines que j'en ai vu, moi qui vous parle, un effet merveilleux.
Dom Juan : Et quel ?
Sganarelle : Il y avait un homme qui, depuis six jours, était à l'agonie ; on ne savait plus que lui ordonner, et tous les remèdes ne faisaient rien ; on s'avisa à la fin de lui donner de l'émétique.
Dom Juan : Il en réchappa, n'est-ce pas ?
Sganarelle : Non, il mourut.
Dom Juan : L'effet est admirable.

Molière, *Dom Juan*, Acte III, scène 1 (1665).

1. remèdes fréquemment utilisés au XVIIe siècle 2. qui ne croit en rien 3. fait du bruit

2 a. Quels défauts l'auteur attribue-t-il aux Parisiens et à la vie parisienne ?

b. Quels procédés ironiques utilise-t-il pour se moquer de ces défauts ?

c. En vous inspirant des procédés utilisés par Alain Schifres, livrez-vous à la critique de défauts qui vous paraissent particulièrement insupportables.

Les caniveaux de Paris sont les plus propres du monde car les chiens les respectent ; ce sont à leurs yeux des cours d'eau sacrés. [...]

La mauvaise humeur de ses habitants est l'une des attractions de la capitale. Les touristes rentrent chez eux bourrés d'anecdotes à ce sujet. Aussi est-elle soigneusement entretenue, essayée tous les jours. Les restaurants ne servent plus ou pas encore, les marchands de journaux ne sont pas des bureaux de renseignements et les taxis rentrent au dépôt : il s'agit à tout prix d'éviter que les Parisiens s'adonnent à la relaxation. [...]

Le patron du Vrai Bistrot Parisien, lui aussi, « a ses têtes ». Ainsi, il y a une catégorie de clients qu'il exècre : les Parisiens. Ceux-là, c'est simple, il ne les supporte pas. Comme il tolère encore moins les touristes, autant dire que son métier est un sacerdoce[1].

Alain Schifres, *Les Parisiens*, © Jean-Claude Lattès (1990).

1. fonction exercée par un prêtre ; ici, fonction qui demande dévouement et sacrifice de soi

Ironie et figures

3 a. En quoi les énoncés suivants sont-ils ironiques ?

b. Parmi les figures suivantes, lesquelles pouvez-vous retrouver : paradoxe, antiphrase, oxymore ?

1. Le règne de Louis VIII débutait triomphalement par un bain de sang qui étendit le domaine royal jusqu'à la Méditerranée. Malheureusement, ce règne prometteur tourne court.

Cavanna, *Le Temps des égorgeurs* (2000).

2. Quant au palais de la Bourse, qui est grec par sa colonnade, romain par le plein cintre de ses portes et fenêtres, de la Renaissance par sa grande voûte surbaissée, c'est indubitablement un monument très correct et très pur.

Victor Hugo, *Notre-Dame de Paris* (1832).

3. Ce fut un dimanche de février, une après-midi qu'il neigeait.

Ils étaient tous, M. et Mme Bovary, Homais et M. Léon, partis voir, à une demi-lieue, d'Yonville, dans la vallée, une filature de lin que l'on établissait. [...] Rien pourtant n'était moins curieux que cette curiosité.

Gustave Flaubert, *Madame Bovary* (1857).

4 Exercice guidé

Pourquoi les expressions soulignées sont-elles ironiques ? Quelle figure Rousseau emploie-t-il ici ?

Que contiennent les écrits des philosophes les plus connus ? quelles sont les leçons de ces <u>amis de la sagesse</u> ? À les entendre, ne les prendrait-on pas plutôt pour une troupe de charlatans[1] criant chacun de son côté sur une place publique : « Venez à moi, c'est moi seul qui ne me trompe point » ? L'un prétend qu'il n'y a point de corps, et que tout n'est que représentation ; l'autre qu'il n'y a d'autre substance que la matière, ni d'autre dieu que le monde. [...]. <u>Ô grands philosophes</u> ! que ne réservez-vous pour vos amis et pour vos enfants <u>ces leçons profitables</u> ? [...]

Voilà donc les <u>hommes merveilleux</u> à qui l'estime de leurs contemporains a été prodiguée pendant leur vie, et l'immortalité réservée après leur trépas ! Voilà <u>les sages maximes</u> que nous avons reçues d'eux et que nous transmettons d'âge en âge à nos descendants !

Jean-Jacques Rousseau, *Discours sur les sciences et les arts* (1750).

1. personnes exploitant la crédulité du public

→ Les questions à vous poser

- De qui et de quoi les expressions soulignées semblent-elles faire l'éloge ?
- Tous les éléments du texte confirment-ils ce jugement apparemment valorisant ?
- Quelle est finalement l'opinion de Rousseau sur les « philosophes les plus connus » ?
- À quel procédé ironique a-t-il recours ?

Ironie et citation

5 **a. Le narrateur pense-t-il que Bourladou est un véritable héros ? Cherche-t-il à nous faire admirer ce personnage ?**

b. Quel usage le narrateur fait-il des propos de Bourladou dans le dernier paragraphe ?

Le narrateur du roman de Georges Hyvernaud a été, durant la Seconde Guerre mondiale, prisonnier de guerre dans un camp allemand. À son retour, il retrouve la petite ville de province où il vivait avant la guerre.

Il y a encore que Bourladou[1] est un héros. Tel que je le vois, il a caché pendant deux jours, aux temps de l'Occupation, un soldat anglais. Le soldat lui a même offert son briquet, en partant, comme souvenir. Chaque fois que Bourladou allume une cigarette, il me raconte le soldat et le briquet. « Je risquais gros », murmure-t-il, comme effaré de sa propre grandeur. « On a vu des gens fusillés pour moins que ça. »

Moi, en somme, je ne risquais rien. Des coups de botte aux fesses, tout au plus, ou un coup de crosse dans la figure.

– La Résistance, me dit Bourladou, tu ne peux pas te faire une idée, toi, de ce que ça a été.

Entendant par là que j'étais peinard et planqué, à l'époque. Bien tranquille à me les rouler dans mon coin de Poméranie[2]. C'est vrai que c'était commode : rien à faire qu'à se laisser faire – se laisser aller, se laisser pousser. On ne résistait pas, nous autres. Quand un type se couchait dans la neige, parce qu'il en avait marre et qu'il aimait autant crever, une grande brute rauque surgissait qui se mettait à cogner. C'était tout simple : le type se redressait aussitôt, repartait.

Sans résister.

Georges Hyvernaud, *Le Wagon à vaches* (1953),

1. homme riche et considéré chez qui le narrateur est parfois invité
2. région située à l'est de l'Allemagne, en bordure de la Baltique

Ironie et argumentation

6 **Voici deux textes sur l'esclavage.**

a. Dans le texte 1, l'auteur vous semble-t-il favorable ou défavorable à l'esclavage ? Justifiez votre réponse.

b. Dans le texte 2, quelle thèse l'auteur semble-t-il soutenir ? L'argumentation proposée à l'appui de cette thèse est-elle réellement cohérente ?

c. Pourquoi peut-on parler d'ironie à propos du texte 2 ? En quoi la connaissance du texte 1 permet-elle de déceler cette ironie ?

Texte 1

L'esclavage proprement dit, est l'établissement d'un droit qui rend un homme tellement propre à[1] un autre homme qu'il est le maître absolu de sa vie et de ses biens. Il n'est pas bon par sa nature : il n'est utile ni au maître ni à l'esclave : à celui-ci parce qu'il ne peut rien faire par vertu ; à celui-là parce qu'il contracte avec ses esclaves toutes sortes de mauvaises habitudes, qu'il s'accoutume insensiblement à manquer de toutes les vertus morales, qu'il devient fier, prompt, dur, colère[2], voluptueux, cruel. […]

Dans le gouvernement monarchique, où il est souverainement important de ne point abattre ou avilir la nature humaine, il ne faut point d'esclaves. Dans la démocratie, où tout le monde est égal, et dans l'aristocratie, où les lois doivent faire leurs efforts pour que tout le monde soit aussi égal que la nature du gouvernement peut le permettre, des esclaves sont contre l'esprit de la constitution.

Montesquieu, *De l'esprit des lois*, XV, 1 (1748).

1. attaché à **2.** coléreux

Texte 2

Si j'avais à soutenir le droit que nous avons eu de rendre les nègres esclaves, voici ce que je dirais :

Les peuples d'Europe ayant exterminé ceux de l'Amérique, ils ont dû mettre en esclavage ceux de l'Afrique, pour s'en servir à défricher tant de terres.

Le sucre serait trop cher, si l'on ne faisait travailler la plante qui le produit par des esclaves.

Ceux dont il s'agit sont noirs depuis les pieds jusqu'à la tête ; et ils ont le nez si écrasé qu'il est presque impossible de les plaindre.

On ne peut pas se mettre dans l'idée que Dieu, qui est un être très sage, ait mis une âme, surtout une âme bonne, dans un corps tout noir.

Montesquieu, *De l'esprit des lois*, XV, 5 (1748).

Ironie et image

7 **Sur quoi repose l'ironie dans ce tableau de Magritte ? Quel rôle le texte joue-t-il à cet égard ?**

René Magritte (1898-1967), *La Trahison des images* (1929), Los Angeles, County Museum of Art.

Chapitre 54

L'explication et l'argumentation

2de / 1re

Mots clés

- explication et argumentation
- convaincre
- thèse
- arguments

L'essentiel

1. Le discours explicatif

Sa visée et ses caractéristiques

■ Le discours explicatif a pour objectif de **délivrer des connaissances** dans un domaine donné, de **faire comprendre** un phénomène.

■ Il se caractérise par :
- l'**absence de marques de jugement** de la part de celui qui parle ; le discours explicatif est le plus souvent écrit à la **troisième personne** ;
- l'emploi d'un **lexique technique** ou **spécialisé** ;
- une **organisation du texte** visant à la **clarté de l'information**.

Son usage

■ On rencontre le discours explicatif dans les **ouvrages à caractère didactique**, c'est-à-dire visant à délivrer un enseignement : dictionnaires, encyclopédies, manuels scolaires… Il est également très présent dans la **presse** écrite ou audiovisuelle.

■ On le rencontre aussi dans la **fiction littéraire** : un roman peut comporter des séquences explicatives, c'est-à-dire des passages plus ou moins longs, visant à délivrer au lecteur un enseignement.

Les romans de Balzac ou de Zola comportent des passages dont le but est d'expliquer une situation historique, un processus économique ou politique.

2. Le discours argumentatif

Sa visée et ses caractéristiques

■ Le discours argumentatif vise à **convaincre** ses destinataires, c'est-à-dire les faire adhérer au jugement de celui qui parle.

■ Ce jugement constitue la **thèse soutenue** par celui qui parle. Elle peut être explicitement formulée ou bien demeurer implicite ; dans ce cas, le destinataire doit la reconstruire à partir des éléments fournis par le texte.

■ La thèse est validée par des **arguments**, c'est-à-dire des raisons avancées par le locuteur pour appuyer son jugement.

■ Le discours argumentatif se caractérise par :
- la présence éventuelle de **marques de la première personne** désignant le locuteur ;
- des **éléments manifestant un jugement** : emploi de termes valorisants ou dévalorisants, verbes exprimant une opinion, adverbes ou locutions adverbiales introduisant une nuance (*sans doute, évidemment, à mon avis*…).

Son usage

■ On rencontre le discours argumentatif dans des **œuvres affichant une volonté de convaincre** : essais, pamphlets, articles de presse…

■ Mais l'argumentation est également présente dans les **œuvres de fiction**, ou dans la **poésie**.

Visée explicative, visée argumentative

1 **Comparez les deux textes suivants. En quoi se rapprochent-ils ? Ont-ils la même visée ?**

Texte 1

Jean-Baptiste Poquelin, dit Molière, est d'abord un acteur avant d'être un auteur dramatique. Il fonde, en 1643, L'Illustre Théâtre. La troupe joue en province de 1645 à 1658 avant de pouvoir conquérir le public parisien – et surtout la faveur du roi Louis XIV – avec *Les Précieuses ridicules*, en 1659. Suit alors une série de grandes comédies. Mais l'aspect satirique de son œuvre vaut à Molière de nombreux ennemis, en particulier dans le camp religieux : *Tartuffe* est interdit en 1664 (remaniée, la pièce sera jouée en 1669). Les créations se poursuivent cependant. Épuisé par les luttes qu'il doit mener contre ses adversaires et par les tâches qu'il doit affronter, Molière s'affaiblit et tombe malade ; il meurt à l'issue d'une représentation du *Malade imaginaire*.

Extrait d'un manuel scolaire (1990).

Texte 2

Molière (Jean-Baptiste Poquelin), né à Paris en 1620, le meilleur des poètes comiques de toutes les nations. Cet article a engagé à relire les poètes comiques de l'Antiquité. Il faut avouer que si l'on compare l'art et la régularité de notre théâtre avec ces scènes décousues des anciens[1], ces intrigues faibles, cet usage grossier de faire annoncer par des acteurs, dans des monologues froids et sans vraisemblance, ce qu'ils ont fait et ce qu'ils veulent faire ; il faut avouer, dis-je, que Molière a tiré la comédie du chaos, ainsi que Corneille en a tiré la tragédie, et que les Français ont été supérieurs en ce point à tous les peuples de la terre. Molière avait d'ailleurs une autre sorte de mérite, que ni Corneille, ni Racine, ni Boileau, ni La Fontaine n'avaient pas : il était philosophe, et il l'était dans la théorie et dans la pratique.

Voltaire, *Le Siècle de Louis XIV*, « Catalogue de la plupart des écrivains français » (1751).

1. *anciens* : le terme désigne les auteurs de l'Antiquité grecque et latine.

2 **Montrez que la visée de ce texte est à la fois explicative et argumentative.**

Une histoire immortelle,
court métrage d'Orson Welles (France, 1967)

Milliardaire obèse et proche de la mort, M. Clay est marié à Virginie Ducrot, jeune fille ambiguë qui porte aussi bien son nom que son prénom. Pour donner chair à une légende, le vieil homme offre cinq guinées à un marin de passage, s'il accepte de passer une nuit avec sa jeune épouse. Adapté d'une nouvelle de Karen Blixen qu'Orson Welles aimait par-dessus tout, ce somptueux conte a vu le jour grâce à la télévision française, qui commanda le projet au cinéaste, alors qu'il pataugeait dans l'adaptation de *Don Quichotte*.

Concis, dépouillé, le film ose assurer que la beauté peut naître d'un mauvais sentiment : le potentat ne met en scène ce simulacre amoureux que pour vérifier l'étendue de son pouvoir. [...] L'ogre prodige de Hollywood[1] a signé un chef-d'œuvre, où l'on trouve une des plus belles scènes d'amour jamais filmées : découpage implacable et haletant, interprétation féerique et sacrée.

Marine Landrot, © *Télérama* n° 2933, avril 2006.

1. L'expression désigne le cinéaste Orson Welles, réalisateur et acteur du film.

Explication et argumentation dans les genres littéraires

3 **Dans le texte ci-dessous, quels éléments relèvent de l'explication ? Comment l'insertion d'une séquence explicative dans le récit peut-elle se justifier ?**

Michel Strogoff, officier du czar (tsar) de Russie, doit traverser le plus rapidement possible le territoire russe d'ouest en est afin de porter un message au frère du czar.

La distance que Michel Strogoff allait franchir entre Moscou et Irkoutsk était de cinq mille deux cents verstes (5 523 km). Lorsque le fil télégraphique n'était pas encore tendu entre les monts Oural et la frontière orientale de la Sibérie, le service des dépêches se faisait par des courriers dont les plus rapides employaient dix-huit jours à se rendre de Moscou à Irkoutsk. Mais c'était là l'exception, et cette traversée de la Russie asiatique durait ordinairement de quatre à cinq semaines, bien que tous les moyens de transport fussent mis à la disposition des envoyés du czar.

En homme qui ne craint ni le froid ni la neige, Michel Strogoff eût préféré voyager par la rude saison d'hiver, qui permet d'organiser le traînage[1] sur toute la durée du parcours. Alors les difficultés inhérentes aux divers genres de locomotion sont en partie diminuées sur ces immenses steppes nivelées par la neige. Plus de cours d'eau à franchir. Partout la nappe glacée sur laquelle le traîneau glisse facilement et rapidement.

Jules Verne, *Michel Strogoff* (1876).

1. le voyage en traîneau

4 **Pourquoi peut-on parler d'argumentation à propos de ce dialogue théâtral ?**

Argan : Mais, raisonnons un peu, mon frère. Vous ne croyez donc point à la médecine ?
Béralde : Non, mon frère, et je ne vois pas que, pour son salut, il soit nécessaire d'y croire.
Argan : Quoi ? Vous ne tenez pas pour véritable une chose établie par tout le monde, et que tous les siècles ont révérée ?
Béralde : Bien loin de la tenir pour véritable, je la trouve, entre nous, une des plus grandes folies qui soit parmi les hommes, et à regarder les choses en philosophe, je ne vois point de plus plaisante momerie[1], je ne vois rien de plus ridicule qu'un homme qui se veut mêler d'en guérir un autre.

Molière, *Le Malade imaginaire*, Acte III, scène 3 (1673).

1. tromperie

Chapitre 55

Convaincre et persuader

2de

Mots clés

- démontrer
- convaincre
- persuader
- arguments et exemples
- raisonnement

Observation

Jean-Baptiste Greuze (1725-1825), *Jeune Enfant jouant avec un chien*, Londres, coll. part.

Texte

Que faut-il donc penser de cette éducation barbare qui sacrifie le présent à un avenir incertain, qui charge un enfant de chaînes de toute espèce, et commence par le rendre misérable, pour lui préparer au loin je ne sais quel prétendu bonheur dont il est à croire qu'il ne jouira jamais ? Quand je supposerais cette éducation raisonnable dans son objet, comment voir sans indignation de pauvres infortunés soumis à un joug insupportable et condamnés à des travaux continuels comme des galériens, sans être assuré que tant de soins leur seront jamais utiles ! L'âge de la gaieté se passe au milieu des pleurs, des châtiments, des menaces, de l'esclavage. On tourmente[1] le malheureux pour son bien ; et l'on ne voit pas la mort qu'on appelle, et qui va le saisir au milieu de ce triste appareil. Qui sait combien d'enfants périssent victimes de l'extravagante sagesse d'un père ou d'un maître ? [...]

Hommes, soyez humains, c'est votre premier devoir ; soyez-le pour tous les états[2], pour tous les âges, pour tout ce qui n'est pas étranger à l'homme. Quelle sagesse y a-t-il pour vous hors de l'humanité ? Aimez l'enfance ; favorisez ses jeux, ses plaisirs, son aimable instinct. Qui de vous n'a pas regretté quelquefois cet âge où le rire est toujours sur les lèvres, et où l'âme est toujours en paix ? Pourquoi voulez-vous ôter à ces petits innocents la jouissance d'un temps si court qui leur échappe, et d'un bien si précieux dont ils ne sauraient abuser ? Pourquoi voulez-vous remplir d'amertume et de douleur ces premiers ans si rapides, qui ne reviendront pas plus pour eux qu'ils ne peuvent revenir pour vous ? Pères, savez-vous le moment où la mort attend vos enfants ? Ne vous préparez pas des regrets en leur ôtant le peu d'instants que la nature leur donne : aussitôt qu'ils peuvent sentir le plaisir d'être, faites qu'ils en jouissent ; faites qu'à quelque heure que Dieu les appelle, ils ne meurent point sans avoir goûté la vie.

C'est, me répondez-vous, le temps de corriger les mauvaises inclinations de l'homme ; c'est dans l'âge de l'enfance, où les peines sont le moins sensibles, qu'il faut les multiplier, pour les épargner dans l'âge de raison. Mais qui vous dit que tout cet arrangement est à votre disposition, et que toutes ces belles instructions dont vous accablez le faible esprit d'un enfant ne lui seront pas un jour plus pernicieuses qu'utiles ? Qui vous assure que vous épargnez quelque chose par les chagrins que vous lui prodiguez ?

Jean-Jacques Rousseau, *Émile ou De l'éducation*, Livre II (1762).

1. au XVIIIe siècle, synonyme de *torturer* **2.** toutes les conditions sociales

Questions

1. Quelle position Rousseau défend-il à propos de l'éducation des enfants ?
2. Énoncez brièvement les principales raisons qu'il avance pour justifier cette position.
3. Quels sentiments Rousseau cherche-t-il à éveiller chez ses lecteurs quand il parle des enfants ? Pour quelles raisons ?
4. Par quels moyens cherche-t-il à prendre à parti ses destinataires ?
5. À quel moment Rousseau donne-t-il la parole à d'éventuels contradicteurs ? Dans quel but ?

L'essentiel

Le discours argumentatif vise à gagner l'adhésion du destinataire par des stratégies diverses. On peut distinguer trois types de démarches : démontrer, convaincre, persuader.

1. La démonstration

■ La démonstration vise à **établir une vérité**. Si elle est bien menée, elle doit être **incontestable**.

■ La démonstration prend la forme d'un **discours rationnel** : elle s'appuie sur des **faits**, des **lois établies**, des **enchaînements** dont la cohérence ne peut être mise en doute.

■ La démonstration utilise ainsi fréquemment le **syllogisme** : de deux propositions initiales (prémisses), le syllogisme en déduit une troisième (conclusion).

Tous les hommes sont mortels. (prémisse) / *Socrate est un homme.* (prémisse) / *Donc Socrate est mortel.* (conclusion)

2. L'art de convaincre

Une argumentation cherche à **convaincre de la validité d'une opinion** quand elle fait appel, avant tout, à la capacité de **réflexion** et de **raisonnement** du destinataire.

Thèse, arguments, exemples

■ Le locuteur soutient un jugement : sa **thèse**. Celle-ci, aussi bien défendue soit-elle, est toujours sujette à contestation de la part de contradicteurs éventuels.

■ À l'appui de sa thèse, le locuteur utilise des **arguments**, c'est-à-dire des raisons d'adhérer à la position qu'il défend.

Rousseau attaque l'éducation imposée aux jeunes enfants en déclarant qu'elle leur sera peut-être *« inutile »*.

■ Pour soutenir son argumentation, il peut faire référence à des **exemples**, c'est-à-dire à des **faits concrets** (témoignages, faits historiques, statistiques…).

■ Le locuteur peut également se référer au jugement d'une personne ou d'une institution dont la compétence est généralement reconnue (philosophe, romancier, homme de science…). On parle alors d'**argument d'autorité**.

Les formes du raisonnement

Le raisonnement argumentatif peut prendre trois formes :

■ la **déduction** s'appuie sur une loi générale pour établir la validité d'un cas particulier ;

■ l'**induction** part d'un fait particulier pour établir une règle à valeur générale ;

■ le **raisonnement par analogie** rapproche le phénomène dont on parle d'une autre réalité, généralement plus familière au destinataire ; il procède par comparaison.

La prise en compte de l'adversaire

■ Le locuteur peut faire apparaître dans son texte le point de vue de ses adversaires : on parle alors de **thèse rejetée**, de **thèse réfutée** ou de **thèse adverse**. Les arguments soutenant la thèse adverse peuvent également figurer dans le texte ou être résumés.

Rousseau, dans le dernier paragraphe du texte, donne la parole à ses adversaires en faisant figurer un argument que ceux-ci pourraient lui opposer : *« C'est, me répondez-vous, le temps de corriger les mauvaises inclinations de l'homme. »*

Au début du texte, il écrit que l'éducation a pour but de *« lui préparer au loin je ne sais quel prétendu bonheur »*. L'expression renvoie à une motivation qui pourrait être invoquée par ses adversaires.

■ En rapportant les discours de ses adversaires, le locuteur prend soin de marquer qu'**il ne les reprend pas à son compte**, voire qu'il s'y oppose. Cette **mise à distance** se marque par certains indices :

- les expressions du type : *certains pensent que, ont prétendu que*… ; l'emploi du conditionnel indiquant la mise en doute de la validité des propos rapportés ;

- l'usage de connecteurs logiques indiquant l'opposition ou la concession.

■ La référence à la thèse adverse permet de la **réfuter**, c'est-à-dire d'en montrer les faiblesses ou les incohérences :

→ **Chapitre 16** Les connecteurs, p. 48

- le locuteur peut manifester une **opposition radicale** à cette thèse ;

- mais il peut aussi lui reconnaître une validité partielle. On parle alors de **raisonnement par concession**.

3. L'art de persuader

Une argumentation use de la persuasion quand le locuteur cherche à entraîner l'adhésion du destinataire en faisant appel à ses **sentiments**. Une même argumentation peut évidemment jouer à la fois sur la raison et sur les sentiments.

L'appel à l'émotion

■ Afin de persuader le destinataire, le locuteur peut éveiller des émotions comme la **pitié** à l'égard des victimes, ou bien l'**indignation** face à une situation révoltante. Il utilise donc fréquemment le **registre pathétique**.

Rousseau cherche à inspirer la pitié pour les enfants qui seraient d'après lui victimes d'une éducation «*barbare*» ; il les représente métaphoriquement comme des prisonniers chargés de «*chaînes*», et les assimile à des «*galériens*».

■ On rencontre donc l'usage de procédés récurrents :

- l'emploi du champ lexical de la **douleur** ou de la **plainte** ;

- la présence des **figures d'insistance** (répétition, anaphore, gradation) ou des **figures d'opposition** (antithèse, oxymore) ;

- le recours à une **ponctuation expressive** (exclamations, interrogations) ;

- l'utilisation d'**effets syntaxiques** (phrases construites selon un rythme fortement marqué, ruptures rythmiques, chutes) ;

- le recours à des tableaux ou à des **anecdotes touchantes**.

La prise en compte du destinataire

■ Le locuteur fait en sorte que le destinataire se sente **concerné** par le discours :

- il **s'adresse directement à lui** par l'usage du *tu* et du *vous* ;

- il **le prend à témoin** au moyen d'interrogations ou de questions oratoires, c'est-à-dire de fausses questions dissimulant, en fait, une affirmation.

Rousseau emploie constamment le «*Vous*» ; il s'adresse à ses destinataires («*Hommes*», «*pères*») ; il leur pose de nombreuses questions comme s'il les invitait à y répondre.

■ En fonction du **statut du destinataire**, le locuteur utilise un **ton particulier** : respectueux, neutre, familier. Il adapte son niveau de langue selon qu'il veut manifester sa déférence, marquer son autorité ou créer une relation de confiance.

■ Pour persuader, le locuteur prend en compte les valeurs auxquelles le destinataire est attaché. Une argumentation s'appuiera donc sur **ces valeurs que l'on suppose partagées** (la vérité, l'honnêteté, le droit, l'efficacité…).

■ En s'adressant à son public, le locuteur peut faire intervenir, de manière explicite ou implicite, des savoirs, des **références culturelles qu'il partage avec lui**, contribuant ainsi à créer un **rapport de complicité**.

■ Il tente de **soutenir l'intérêt** de son propos en utilisant des anecdotes ou exemples frappants. Suivant le contexte, il amuse le destinataire par des plaisanteries ou des traits d'esprit ; ou bien il le choque par des formules volontairement provocatrices.

Rousseau, pour ridiculiser le comportement de certains parents auxquels il s'adresse, utilise des alliances de termes frappantes : *« on tourmente le malheureux pour son bien »*.

La valorisation du locuteur

■ Le locuteur cherche fréquemment à **inspirer confiance au destinataire** en lui offrant une image favorable de lui-même :

– dans le **domaine moral**, il garantira son honnêteté, sa sincérité, son désintéressement...

Rousseau, en se présentant comme l'avocat des enfants maltraités, apparaît au lecteur comme un homme bon, sensible, soucieux avant tout du bonheur et de l'intérêt de ceux dont il parle.

– dans le **domaine intellectuel**, il affirmera sa compétence à traiter du sujet : il utilisera, par exemple, un lexique spécialisé ; il invoquera sa bonne connaissance du problème traité.

■ Le souci de persuader peut conduire le locuteur à employer des procédés tendant à faire perdre au destinataire son objectivité : la **flatterie** ou la **démagogie** (compliments exagérés, usage de fausses promesses) ; appel à ses **préjugés** ou à ses **instincts** les plus dangereux (haine, peur).

« Émile vainqueur à la course », ill. de Louis-Marin Bonnet (1736-1793) pour *Émile ou De l'éducation*, Genève, Bibliothèque publique et universitaire.

Exercices

Thèse, arguments, exemples

1 **a. Imaginez deux arguments pour valider chacun des jugements suivants. Chaque argument prendra la forme d'une phrase brève.**

b. Vous donnerez ensuite pour chaque argument un exemple permettant de l'illustrer.

1. La télévision est un facteur d'abêtissement du public.
2. Le sport participe utilement à la formation de la personne.
3. La littérature est un excellent instrument de divertissement.
4. L'enseignement de l'histoire est indispensable dans le système scolaire.

2 **a. Quelle est la thèse soutenue par Diderot à propos de la religion?**

b. Relevez les phrases qui constituent des arguments et celles qui constituent des exemples.

Diderot: Pour moi, je ne doute point [...] que de temps en temps la religion n'empêche bon nombre de petits maux et ne produise nombre de petits biens.
La Maréchale: Petit à petit, cela fait somme.
Diderot: Mais croyez-vous que les terribles ravages qu'elle a causés dans les temps passés, et qu'elle causera dans les temps à venir soient suffisamment compensés par ces guenilleux[1] avantages-là? Songez qu'elle a créé et qu'elle perpétue la plus violente antipathie entre les nations. Il n'y a pas un musulman qui n'imaginât faire une action agréable à Dieu et à son Prophète, en exterminant tous les chrétiens qui, de leur côté, ne sont pas plus tolérants. Songez qu'elle a créé et qu'elle perpétue dans une même contrée des divisions qui se sont rarement éteintes sans effusion de sang. Notre histoire ne nous en offre que trop de récents et funestes exemples. Songez qu'elle a créé et qu'elle perpétue dans la société entre les citoyens, et dans les familles entre les proches, les haines les plus fortes et les plus constantes.

Denis Diderot, *Entretien d'un philosophe avec la Maréchale de**** (1777).

1. misérables, dérisoires

3 **Quels reproches Maupassant adresse-t-il aux critiques? Quel rôle jouent dans son argumentation les titres d'œuvres cités dans le deuxième paragraphe? Vous pouvez aller chercher des informations sur certaines de ces œuvres.**

Il faut que, sans parti pris, sans opinions préconçues, sans idées d'école, sans attaches avec aucune famille d'artistes, il [le critique] comprenne distinctement et explique toutes les tendances les plus opposées, les tempéraments les plus contraires, et admette les critiques d'art les plus diverses.

Or, le critique qui, après *Manon Lescaut*, *Paul et Virginie*, *Don Quichotte*, *Les Liaisons dangereuses*, *Werther*, *Les Affinités électives*, *Clarisse Harlowe*, *Émile*, *Candide*, *Cinq-Mars*, *René*, *Les Trois Mousquetaires*, *Mauprat*, *Le Père Goriot*, *La Cousine Bette*, *Colomba*, *Le Rouge et le Noir*, *Mademoiselle de Maupin*, *Notre-Dame de Paris*, *Salammbô*, *Madame Bovary*, *Adolphe*, *M. de Camors*, *L'Assommoir*, *Sapho*, etc., ose encore écrire: « Ceci est un roman et cela n'en est pas un », me paraît doué d'une perspicacité qui ressemble fort à de l'incompétence.

Généralement ce critique entend par roman une aventure plus ou moins vraisemblable, arrangée à la façon d'une pièce de théâtre en trois actes dont le premier contient l'exposition, le second l'action et le troisième le dénouement.

Cette manière de composer est absolument admissible à la condition qu'on acceptera également toutes les autres.

Guy de Maupassant, préface de *Pierre et Jean* (1888).

4 **Écriture d'invention**

Rédigez une argumentation – comportant au moins deux arguments – pour défendre la nécessité de la critique littéraire.

La réfutation

5 **Relevez dans le premier paragraphe un raisonnement utilisant la concession. Pourquoi peut-on parler de réfutation dans le deuxième paragraphe?**

Si la télévision se révèle trop souvent un distributeur aveugle ou trop généreux d'informations un peu floues, elle est aussi parfois un remarquable éveilleur d'intérêt, quand, en plus d'un embryon de connaissances, elle donne le goût de le développer. Il en est ainsi par exemple de la lecture, dont elle est la plupart du temps un incomparable promoteur.

Contrairement à trop d'idées reçues, la concurrence est très rare entre le petit écran et le livre, ne serait-ce que parce que leurs clientèles respectives sont différentes. Ceux qui aiment lire ne sacrifient pas ce vice impuni[1] à l'uniformité des habituels spectacles télévisés. Au contraire, après chaque émission littéraire, ou à la suite de la mise au programme d'une œuvre tirée d'un texte imprimé, la vente des livres évoqués, ou ayant inspiré le spectacle, comble toujours d'aise les éditeurs.

Jean Rousselet, *La Jeunesse malade du savoir*, © Grasset (1980).

1. formule du poète Valéry Larbaud pour désigner la lecture

6 **À quel moment l'auteur rapporte-t-il une thèse à laquelle il s'oppose? Justifiez votre réponse. Par quels moyens dévalorise-t-il cette thèse et la réfute-t-il?**

Tous les hommes qu'on a découverts dans les pays les plus incultes et les plus affreux vivent en sociétés comme les castors, les fourmis, les abeilles, et plusieurs autres espèces d'animaux. On n'a jamais vu de pays où ils vécussent séparés, où le mâle ne se joignît à la femelle que par hasard, et l'abandonnât le moment d'après par dégoût; où la mère méconnût ses enfants après les avoir élevés; où l'on vécût sans famille et sans aucune société. Quelques mauvais plaisants[1] ont abusé de leur esprit jusqu'au point de hasarder le paradoxe étonnant que l'homme est originairement fait pour vivre seul comme un loup cervier, et que c'est la société qui a dépravé la nature. Autant vaudrait-il dire que, dans la mer, les harengs sont originairement faits pour nager isolés, et que c'est par un excès de corruption qu'ils passent en troupes de la mer Glaciale sur nos côtes ; qu'anciennement les grues volaient en l'air chacune à part, et que par une violation du droit naturel elles ont pris le parti de voyager de compagnie[2].

Voltaire, *Dictionnaire philosophique*, article « Homme » (1764).

1. Voltaire désigne par cette formule le philosophe Jean-Jacques Rousseau. Pour Rousseau, l'homme, dans l'état de nature, vit seul sans ressentir le besoin de la compagnie de ses semblables.
2. ensemble

7 **a. Camus vous semble-t-il un adversaire ou un partisan de la peine de mort ? Justifiez votre réponse. b. Quelle est la fonction du premier paragraphe dans l'argumentation ? Pourquoi peut-on parler ensuite de réfutation ? c. Cette réfutation vous paraît-elle efficace ? Justifiez votre réponse.**

On sait que le grand argument des partisans de la peine de mort est l'exemplarité du châtiment. On ne coupe pas seulement les têtes pour punir leurs porteurs, mais pour intimider, par un exemple effrayant, ceux qui seraient tentés de les imiter. La société ne se venge pas, elle veut seulement prévenir. Elle brandit la tête pour que les candidats au meurtre y lisent leur avenir et reculent.

Cet argument serait impressionnant si l'on n'était obligé de constater :

1. que la société ne croit pas elle-même à l'exemplarité dont elle parle ;
2. qu'il n'est pas prouvé que la peine de mort ait fait reculer un seul meurtrier, décidé à l'être, alors qu'il est évident qu'elle n'a eu aucun effet, sinon de fascination, sur des milliers de criminels ;
3. qu'elle constitue, à d'autres égards, un exemple repoussant dont les conséquences sont imprévisibles.

La société, d'abord, ne croit pas ce qu'elle dit. Si elle le croyait vraiment, elle montrerait les têtes. Elle ferait bénéficier les exécutions du lancement publicitaire qu'elle réserve d'ordinaire aux emprunts nationaux ou aux nouvelles marques d'apéritifs. On sait, au contraire, que les exécutions, chez nous, n'ont plus lieu en public et se perpètrent dans la cour des prisons devant un nombre restreint de spécialistes. [...] Comment l'assassinat furtif qu'on commet la nuit dans une cour de prison peut-il être exemplaire ? Tout au plus sert-il à informer périodiquement les citoyens qu'ils mourront s'il leur arrive de tuer ; avenir qu'on peut promettre aussi à ceux qui ne tuent pas. Pour que la peine soit vraiment exemplaire, il faut qu'elle soit effrayante. Tuaut de La Bouverie, représentant du peuple en 1791, et partisan des exécutions publiques, était plus logique lorsqu'il déclarait à l'Assemblée nationale : « Il faut un spectacle terrible pour contenir le peuple. »

Albert Camus, *Réflexions sur la guillotine* (1957), in *Essais*, © Gallimard.

Convaincre et persuader

8 **Exercice guidé**

Quelle est la position de Giono sur la guerre ? Par quels moyens met-il en valeur ses arguments ?

Ce qui me dégoûte dans la guerre, c'est son imbécillité. J'aime la vie. Je n'aime que la vie. C'est beaucoup, mais je comprends qu'on la sacrifie à une cause juste et belle. J'ai soigné des maladies contagieuses et mortelles sans jamais ménager mon don total. À la guerre j'ai peur, j'ai toujours peur, je tremble, je fais dans ma culotte. Parce que c'est bête, parce que c'est inutile. Inutile pour moi. Inutile pour le camarade qui est avec moi sur la ligne de tirailleurs. Inutile pour le camarade en face. Inutile pour le camarade qui est à côté du camarade en face dans la ligne de tirailleurs qui s'avance vers moi. Inutile pour le fantassin, pour le cavalier, pour l'aviateur, pour le soldat, le sergent, le lieutenant, le capitaine, le commandant. Attention, j'allais dire : le colonel ! Oui peut-être le colonel, mais arrêtons-nous. Inutile pour tous ceux qui sont sous la meule, pour la farine humaine. Utile pour qui alors ?

Jean Giono, *Refus d'obéissance*, © Gallimard (1937).

→ Les questions à vous poser

- Quel type de lexique Giono utilise-t-il pour parler de la guerre ?
- Quelles figures de style sont particulièrement frappantes dans le texte ?
- Pourquoi le texte peut-il surprendre ou choquer le lecteur ?

9 **a. Quel est l'objectif du discours de Victor Hugo ? b. Pourquoi peut-on dire que le texte vise à persuader ? Quels sont les moyens employés pour y parvenir ?**

Ce discours a été prononcé par Victor Hugo, alors député, devant l'Assemblée législative.

Il y a dans Paris, dans ces faubourgs de Paris que le vent de l'émeute soulevait naguère si aisément, il y a des rues, des maisons, des cloaques[1], où des familles, des familles entières, vivent pêle-mêle, hommes, femmes, jeunes filles, enfants, n'ayant pour couvertures, j'ai presque dit pour vêtements, que des monceaux infects de chiffons en fermentation, ramassés dans la fange[2] du coin des bornes, espèce de fumier des villes, où des créatures humaines s'enfouissent toutes vivantes pour échapper au froid de l'hiver. *(Mouvement[3].)*

Voilà un fait. En voulez-vous d'autres ? ces jours-ci, un homme, mon Dieu, un malheureux homme de lettres, car la misère n'épargne pas plus les professions libérales que les professions manuelles, un malheureux homme est mort de faim à la lettre, et l'on a constaté, après sa mort, qu'il n'avait pas mangé depuis six jours. *(Longue interruption.)*

Voulez-vous quelque chose de plus douloureux encore ? Le mois passé, pendant la recrudescence du choléra, on a trouvé une mère et ses quatre enfants qui cherchaient leur nourriture dans les débris immondes et pestilentiels des charniers de Montfaucon[4] ! *(Sensation.)*

Eh bien, Messieurs, je dis que ce sont là des choses qui ne doivent pas être ; je dis que la société doit dépenser toute sa force, toute sa sollicitude, toute son intelligence, toute sa volonté, pour que de telles choses ne soient pas ! Je dis que de tels faits, dans un pays civilisé, engagent la conscience de la société tout entière ; que je m'en sens, moi qui parle, complice et solidaire. *(Mouvement.)*

Victor Hugo, *Actes et Paroles*, « Discours sur la misère » (9 juillet 1849).

1. lieux destinés à recevoir des déchets **2.** boue liquide **3.** Les parenthèses indiquent les réactions de l'auditoire. **4.** ancien lieu-dit où s'élevait un gibet utilisé du XIIe au XVIIe siècle

10 **a. Quel est l'objectif du discours de Chimène ? Justifiez votre réponse.**

b. Comment prend-elle en compte le roi, à qui le discours s'adresse ?

c. L'argumentation joue-t-elle plutôt sur l'émotion ou sur le raisonnement ?

À la cour du roi de Castille, Don Diègue a été gravement offensé par le comte de Gormas. Trop âgé pour se venger lui-même, Don Diègue fait appel à son fils Rodrigue. Celui-ci, bien qu'épris de Chimène, la fille du comte, le défie en duel et le tue. Chimène se jette alors aux pieds du roi.

Chimène

Sire, mon père est mort ; mes yeux ont vu son sang
Couler à gros bouillons de son généreux flanc ;
Ce sang qui tant de fois garantit vos murailles,
Ce sang qui tant de fois vous gagna des batailles,
Ce sang qui tout sorti fume encor de courroux
De se voir répandu pour autre que pour vous,
Qu'au milieu des hasards n'osait verser la guerre,
Rodrigue en votre cour vient d'en couvrir la terre.
J'ai couru sur le lieu, sans force et sans couleur :
Je l'ai trouvé sans vie…
(L'émotion l'empêche un instant de continuer.)
Excusez ma douleur,
Sire, la voix me manque à ce récit funeste ;
Mes pleurs et mes soupirs vous diront mieux le reste.

Don Fernand

Prends courage ma fille, et sache qu'aujourd'hui
Ton roi veut te servir de père au lieu de lui.

Chimène

Sire, de trop d'honneur ma misère est suivie.
Je vous l'ai déjà dit, je l'ai trouvé sans vie ;
Son flanc était ouvert ; et pour mieux m'émouvoir,
Son sang sur la poussière écrivait mon devoir ;
Ou plutôt sa valeur en cet état réduite
Me parlait par sa plaie, et hâtait ma poursuite ;
Et pour se faire entendre au plus juste des rois,
Par cette triste bouche elle empruntait ma voix.
Sire, ne souffrez pas que sous votre puissance
Règne devant vos yeux une telle licence ;
Que les plus valeureux, avec impunité,
Soient exposés aux coups de la témérité ;
Qu'un jeune audacieux triomphe de leur gloire,
Se baigne dans leur sang, et brave leur mémoire.

Corneille, *Le Cid*, Acte II, scène 8 (1637).

11 **Que représente cette image ? Pourquoi peut-elle avoir une valeur argumentative ?**

Sebastiano Salgado, *La Mine d'or de la Serra Pelada. Porteurs*, État de Para, Brésil, 1986.

TEXTES : Marivaux, *La Double Inconstance* (1723) : Acte I, scène 1 et Acte II, scène 1.

Texte 1

Silvia, une jeune paysanne, est amoureuse d'Arlequin, lui-même paysan. Mais le prince du pays, épris de Silvia, la fait enlever et conduire à sa cour. Trivelin, serviteur du prince, puis Flaminia, dame de la Cour, interviennent successivement dans la pièce.

Trivelin : Je vous prierai seulement de considérer [...] que c'est votre souverain qui vous aime.

Silvia : Je ne l'empêche pas, il est le maître ; mais faut-il que je l'aime moi ? Non, et il ne le faut pas, parce que je ne le puis pas : cela va tout seul : un enfant le verrait, et vous ne le voyez pas.

Trivelin : Songez que c'est sur vous qu'il fait tomber le choix qu'il doit faire d'une épouse entre ses sujettes.

Silvia : Qui est-ce qui lui a dit de me choisir ? M'a-t-il demandé mon avis ? S'il m'avait dit : « Me voulez-vous, Silvia ? », je lui aurais répondu : « Non, seigneur ; il faut qu'une honnête femme aime son mari, et je ne pourrai pas vous aimer. » Voilà la pure raison, cela ; mais point du tout, il m'aime, crac, il m'enlève, sans me demander si je le trouverai bon[1].

Trivelin : Il ne vous enlève que pour vous donner la main[2].

Silvia : Eh ! que veut-il que je fasse de cette main, si je n'ai pas envie d'avancer la mienne pour la prendre ? Force-t-on les gens à recevoir des présents malgré eux ?

1. si je serai d'accord **2.** pour vous épouser

Texte 2

Flaminia : Eh ! ma chère enfant, avons-nous ici[1] rien qui vous vaille[2], rien qui approche de vous ?

Silvia, *d'un air modeste* : Oh ! que si ; il y en a de plus jolies que moi ; et quand elles seraient la moitié moins jolies, cela leur fait plus de profit qu'à moi d'être tout à fait belle. J'en vois ici de plus laides qui font si bien aller leur visage, qu'on y est trompé.

Flaminia : Oui, mais le vôtre va tout seul, et cela est charmant.

Silvia : Bon ! moi, je ne parais rien, je suis toute d'une pièce auprès d'elles ; je demeure là, je ne vais ni ne viens ; au lieu qu'elles, elles sont d'une humeur joyeuse ; elles ont des yeux qui caressent tout le monde ; elles ont une mine hardie, une beauté libre qui ne se gêne point, qui est sans façon ; cela plaît davantage que non pas une honteuse comme moi[3], qui n'ose regarder les gens et qui est confuse qu'on la trouve belle.

Flaminia : Eh ! voilà justement ce qui touche le Prince, voilà ce qu'il estime, c'est cette ingénuité, cette beauté simple, ce sont ces grâces naturelles. Eh ! croyez-moi, ne louez[4] pas tant les femmes d'ici ; car elles ne vous louent guère.

Silvia : Qu'est-ce donc qu'elles disent ?

Flaminia : Des impertinences ; elles se moquent de vous, raillent le Prince, lui demandent comment se porte sa beauté rustique[5]. « Y a-t-il de visage plus commun ? disaient l'autre jour ces jalouses entre elles ; de taille plus gauche ? » Là-dessus l'une vous prenait par les yeux, l'autre par la bouche ; il n'y avait pas jusqu'aux hommes qui ne vous trouvaient pas trop jolie. J'étais dans une colère...

Silvia, *fâchée* : Pardi ! voilà de vilains hommes, de trahir comme cela leur pensée, pour plaire à ces sottes-là.

Flaminia : Sans difficulté.

Silvia : Que je hais ces femmes-là ! Mais puisque je suis si peu agréable à leur compte, pourquoi donc est-ce que le Prince m'aime et qu'il les laisse là ?

Flaminia : Oh ! elles sont persuadées qu'il ne vous aimera pas longtemps, que c'est un caprice qui lui passera, et qu'il en rira tout le premier.

Silvia, *piquée et après avoir regardé Flaminia* : Hum ! elles sont bien heureuses que j'aime Arlequin ; sans cela j'aurais grand plaisir à les faire mentir, ces babillardes-là.

1. à la cour **2.** aucune femme qui vous vaille **3.** une jeune fille honteuse comme moi **4.** ne vantez pas tant les qualités **5.** campagnarde

Questions

1. Quels moyens Trivelin utilise-t-il pour persuader Silvia ?
2. Quelle est la stratégie mise en œuvre par Flaminia dans le même but ?
3. Comparez le comportement de Silvia face à ses deux interlocuteurs. Quelle conclusion en tirez-vous sur l'efficacité des deux stratégies argumentatives utilisées ?

Vers le commentaire

Proposez pour le texte 2 plusieurs axes de lecture permettant de construire un commentaire composé.

L'éloge et le blâme

2de

Mots clés

- jugement
- valeurs
- valoriser/dévaloriser
- destinataire

Observation

Caricature de « Napoléon le Petit » (Louis-Napoléon Bonaparte) par Charles Frondat (1870), musée d'Art et d'Histoire de Saint-Denis.

Texte

Louis Napoléon Bonaparte, neveu de Napoléon Ier, a été élu président de la République en 1848. En décembre 1851, par un coup d'État, il établit un régime dictatorial. Victor Hugo, pour s'être opposé à ce coup d'État, doit s'exiler. Louis Napoléon Bonaparte se fait proclamer empereur et prend le nom de Napoléon III. Hugo publie en 1853 un recueil de poèmes, Les Châtiments, *dans lequel il attaque violemment le nouvel empereur.*

Chanson

Sa grandeur éblouit l'histoire.
Quinze ans, il fut
Le dieu que traînait la victoire
Sur un affût[1] ;
L'Europe sous sa loi guerrière
Se débattit. –
Toi, son singe, marche derrière,
Petit, petit.

Napoléon dans la bataille,
Grave et serein,
Guidait à travers la mitraille
L'aigle d'airain[2].
Il entra sur le pont d'Arcole[3],
Il en sortit. –
Voici de l'or, viens, pille et vole,
Petit, petit.

Berlin, Vienne, étaient ses maîtresses.
Il les forçait,
Leste, et prenant les forteresses
Par le corset ;
Il triompha de cent bastilles
Qu'il investit. –
Voici pour toi, voici des filles,
Petit, petit.

Il passait les monts et les plaines,
Tenant en main
La palme, la foudre et les rênes
Du genre humain ;
Il était ivre de sa gloire
Qui retentit. –
Voici du sang, accours, viens boire,
Petit, petit.

Quand il tomba, lâchant le monde,
L'immense mer
Ouvrit à sa chute profonde
Le gouffre amer ;
Il y plongea, sinistre archange,
Et s'engloutit. –
Toi, tu te noieras dans la fange,
Petit, petit.

Jersey, septembre 1853.

Victor Hugo, *Les Châtiments*, VII, 6 (1853).

1. support d'un canon **2.** airain = bronze ; l'aigle était l'emblème de Napoléon Ier. **3.** La bataille d'Arcole, en 1796, s'acheva par une victoire de l'armée française menée par Napoléon Ier. Celui-ci se rendit célèbre par sa conduite héroïque lors de la prise du pont d'Arcole.

Questions

1. Relevez les procédés (lexique, figures de style) utilisés pour évoquer Napoléon Ier. Quel est l'effet produit ? Quel registre est utilisé par le poète ?
2. Par quel pronom et par quel adjectif le destinataire du poème est-il désigné ? Pourquoi ?
3. Étudiez le vocabulaire choisi par le poète pour s'adresser à Napoléon III : qu'en déduisez-vous ?
4. Étudiez la répartition des vers dans chaque strophe : quelle place est accordée à Napoléon Ier ? À Napoléon III ? Pourquoi ?
5. Dans quel but le poète a-t-il développé ces deux portraits opposés ?

L'essentiel

L'éloge est un discours visant à faire partager au destinataire une opinion positive sur une personne, une institution, une œuvre... Inversement, le blâme formule une critique, une condamnation.

1. Les caractéristiques de l'éloge et du blâme

Un discours à visée argumentative

- Le locuteur cherche à **convaincre ou à persuader** le destinataire de la validité de son opinion sur l'objet dont il parle, que le jugement soit valorisant, dans le cas de l'éloge, ou dévalorisant, dans le cas du blâme.
- On parle, dans le cas de l'éloge et du blâme, de **discours épidictique**.

Victor Hugo fait admirer par le lecteur l'empereur Napoléon Ier en le présentant comme un héros conquérant. À l'inverse, il souligne la bassesse morale et politique de Napoléon III par la répétition de l'adjectif «*petit*». Cette répétition fait sourire le lecteur, surtout si elle lui évoque l'appel des fermières d'autrefois pour rassembler leurs volailles.

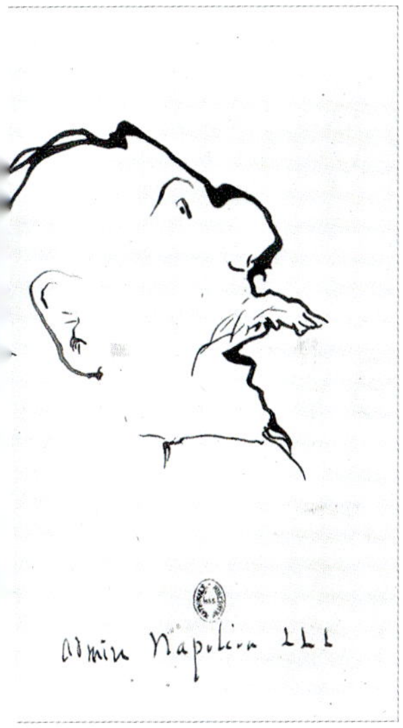

Caricature de Napoléon III par Victor Hugo (vers 1864), Paris, Bibliothèque nationale de France.

Les procédés utilisés

Éloge	Blâme
• **Lexique valorisant** *«éblouit», «histoire», «victoire»...* ▸ champ lexical de la grandeur	• **Lexique dévalorisant** *«or», «pille», «vole»* ▸ champ lexical du vol
• **Figures de style**: hyperboles, métaphores, allégories, personnifications, comparaisons **valorisantes** *«il fut/Le dieu»*: hyperbole qui grandit Napoléon Ier.	• **Figures de style**: hyperboles, métaphores, allégories, personnifications, comparaisons **dévalorisantes** *«son singe»*: métaphore qui ridiculise Napoléon III
• **Syntaxe expressive** (interrogation, exclamation, tournures emphatiques)	• **Syntaxe expressive** (exclamations, interrogations, tournures emphatiques)
• **Emploi du registre épique ou lyrique** Dans la strophe 2, le registre épique montre en Napoléon Ier un héros guerrier qui se bat pour la puissance de son pays.	• **Emploi du registre polémique ou satirique, de l'ironie** *«Voici de l'or, viens, pille et vole»*: le registre polémique présente Napoléon III comme le voleur des biens du pays.

Remarque: l'éloge et le blâme figurent parfois ensemble dans un même texte.

Dans le poème de Victor Hugo, la valorisation de Napoléon Ier permet de mettre en relief la condamnation de Napoléon III. L'éloge, par opposition, donne encore plus de virulence au blâme.

2. Les critères de jugement

Les valeurs de référence

Les louanges ou les critiques apparaissant dans l'éloge et dans le blâme se fondent sur des **critères** ou des **valeurs** que les destinataires sont supposés partager avec le locuteur:

- valeurs **matérielles**: robustesse≠fragilité, utilité≠inutilité...
- valeurs **intellectuelles**: vrai≠faux, logique≠illogique, rationnel≠irrationnel...
- valeurs **affectives et sociales**: plaisir≠déplaisir, générosité≠avarice, solidarité≠égoïsme...

■ valeurs **morales** : bien ≠ mal, courage ≠ lâcheté, sincérité ≠ hypocrisie, honnêteté ≠ malhonnêteté…

■ valeurs **esthétiques** : beauté ≠ laideur, originalité ≠ banalité…

■ valeurs **philosophiques ou idéologiques** : justice ≠ injustice, progrès ≠ régression, liberté ≠ servitude…

Victor Hugo se fonde sur des valeurs morales en opposant le courage de Napoléon Ier à la lâcheté de Napoléon III.

La relativité des valeurs

■ Les **valeurs ou critères de jugement** sont **variables** selon les époques, les sociétés, ou selon le contexte historique.

Les critères esthétiques (beau ≠ laid) sont extrêmement changeants d'une époque à une autre.

■ Dans une volonté de provocation, un locuteur peut construire un éloge (ou un blâme) en s'opposant aux valeurs dominantes de son époque ou en défendant des conceptions inacceptables pour son époque : on parle alors d'éloge **paradoxal**.

Dans *Dom Juan* de Molière, le personnage de Dom Juan fait l'éloge de l'inconstance amoureuse alors que la fidélité est une valeur révérée au XVIIe siècle.

3. Les usages de l'éloge et du blâme

Dans la vie sociale

Le recours à l'éloge ou au blâme est fréquent :

■ dans la **publicité** : pour persuader le consommateur d'acheter un produit ;

■ dans la **presse** : pour prendre position vis-à-vis d'une personne, d'une idée ;

■ dans le **discours politique** : pour valoriser sa position ou attaquer l'adversaire ;

■ dans des **discours à caractère officiel** ritualisés : éloge du nouveau membre d'une assemblée, éloge funèbre…

En littérature

L'éloge et le blâme sont présents dans des genres multiples :

■ Le **roman** ou le **théâtre** : portrait, description, dialogue peuvent relever de l'éloge ou du blâme. L'auteur manifeste ainsi son jugement sur les personnages, leurs comportements, les valeurs qu'ils représentent.

■ La **poésie** : l'éloge se pratique dans des genres particuliers, comme **le blason**, poème court valorisant la beauté physique du corps féminin ; **l'hymne**, chant célébrant, depuis l'Antiquité, les dieux, les héros, les rois, les puissants.

■ **Les moralistes du XVIIe siècle** ont repris des formes antiques pour critiquer les mœurs de leur siècle.

▸ La Fontaine écrit des *Fables*, La Bruyère ses *Caractères*. Ils y blâment des défauts sociaux ou moraux.

Discours prononcé par l'académicien Alain Decaux le 30 novembre 2002 lors du transfert des cendres de l'écrivain Alexandre Dumas au Panthéon.

Exercices

Les procédés de l'éloge et du blâme

1 Quel est le point de vue de Jaucourt sur la superstition ? Par quels procédés manifeste-t-il son jugement ?

SUPERSTITION : tout excès de la religion en général, suivant l'ancien mot du paganisme[1] : il faut être pieux et se bien garder de tomber dans la superstition. [...]

En effet, la superstition est un culte de religion, faux, mal dirigé, plein de vaines terreurs, contraire à la raison et aux saines idées qu'on doit avoir de l'être suprême. Ou si vous l'aimez mieux, la superstition est cette espèce d'enchantement ou de pouvoir magique, que la crainte exerce sur notre âme ; fille malheureuse de l'imagination, elle emploie pour la frapper, les spectres, les songes et les visions [...] Dès qu'elle a jeté de profondes racines dans quelque religion que ce soit, bonne ou mauvaise, elle est capable d'éteindre les lumières naturelles et de troubler les têtes les plus saines. Enfin, c'est le plus terrible fléau de l'humanité.

L'Encyclopédie, article « Superstition », Jaucourt (1766).

1. religion polythéiste (qui vénère plusieurs dieux)

2 Quelle image de Racine chacun des deux textes ci-dessous construit-il ? Par quels procédés ?

Texte 1

Ô Racine ! Il y a longtemps que ton éloge était dans mon cœur. C'est une admiration vraie et sentie qui m'amène après tant d'autres, non pas aux pieds de ta statue (car tu n'en as pas encore), mais sur ta tombe où j'ose apporter à tes cendres des hommages qu'une autre main peut-être devrait te présenter. Je ne me flatte pas d'avoir embrassé toute l'étendue de tes talents : l'homme de génie n'est bien jugé que par ses égaux. [...]

Ô Racine ! Un homme tel que toi ne pouvait être formé que par la nature ; ton excellente organisation fut entièrement son ouvrage, et portait un caractère original, indépendant de toute imitation.

Jean-François de La Harpe, *Éloge de Racine* (1772).

Texte 2

Racine a fini sa carrière comme « historiographe » du roi : il s'est consacré à la rédaction de l'histoire du règne de Louis XIV.

En ce siècle, pour un écrivain, devenir historiographe du roi était la suprême consécration, la façon de devenir un « professionnel », justement, de la plume sans devoir courir le contrat, mais en ayant en charge l'image pour la postérité de celui qui incarnait la nation et l'État. Devant pareille occasion, l'arriviste ne pinaille pas. Évident. [...]

C'est clair, c'est ce qu'on appelle aboutir.

Il afficha donc une attitude plus conformiste que jamais. Adieu théâtre et adieu Champmeslé[1] sans hésiter ; et sans un mot. Le théâtreux se mua en écrivain officiel.

Alain Viala, *Racine. La Stratégie du caméléon*, © Seghers (1990).

1. actrice célèbre et maîtresse de Racine

Les valeurs dans l'éloge et le blâme

3 Sur quelles qualités de George Sand Victor Hugo insiste-t-il dans son éloge funèbre ?

Extrait du discours écrit par Victor Hugo et lu par M. Paul Meurice le 10 juin 1876 à Nohant, lors des obsèques de George Sand.

George Sand a dans notre temps une place unique. D'autres sont les grands hommes ; elle est la grande femme. Dans ce siècle qui a pour loi d'achever la Révolution française et de commencer la révolution humaine, l'égalité des sexes faisant partie de l'égalité des hommes, une grande femme était nécessaire. Il fallait que la femme prouvât qu'elle peut avoir tous les dons virils sans rien perdre de ses dons angéliques ; être forte sans cesser d'être douce. George Sand est cette preuve. Il faut bien qu'il y ait quelqu'un qui honore la France, puisque tant d'autres la déshonorent. George Sand sera un des orgueils de notre siècle et de notre pays. Rien n'a manqué à cette femme pleine de gloire. Elle a été un grand cœur comme Barbès[1], un grand esprit comme Balzac, une grande âme comme Lamartine. Elle avait en elle la lyre.

Victor Hugo (1876).

1. Armand Barbès, révolutionnaire républicain, s'exposa à la prison pour ses idées en faveur du peuple.

4 a. Quelle thèse le personnage de Dom Juan défend-il dans sa tirade ?

b. Par quels procédés lexicaux et stylistiques soutient-il son opinion ?

c. Pourquoi ce texte peut-il sembler provocateur ?

Dom Juan est un séducteur sans morale. Face à la colère de son père, il feint de se repentir et de se plier aux exigences de la religion. Il révèle ses véritables intentions à son valet.

Dom Juan : L'hypocrisie est un vice à la mode, et tous les vices à la mode passent pour vertus. Le personnage d'homme de bien est le meilleur de tous les personnages qu'on puisse jouer aujourd'hui, et la profession d'hypocrite a de merveilleux avantages. C'est un art de qui l'imposture est toujours respectée ; et quoiqu'on la découvre, on n'ose rien dire contre elle. Tous les autres vices des hommes sont exposés à la censure, et chacun a la liberté de les attaquer hautement ; mais l'hypocrisie est un vice privilégié qui, de sa main, ferme la bouche à tout le monde, et jouit en repos d'une impunité souveraine. [...] C'est sous cet abri favorable que je veux me sauver, et mettre en sûreté mes affaires. Je ne quitterai point mes douces habitudes ; mais j'aurai soin de me cacher et me divertirai à petit bruit.

Molière, *Dom Juan*, Acte V, scène 2 (1665).

5 **Quelle(s) qualité(s) Vénus représente-t-elle généralement ? En étudiant les choix des deux peintres (couleurs, lignes, objets…), vous réfléchirez à la relativité des valeurs selon les époques.**

1. Pierre Paul Rubens (1577-1640), *Vénus à son miroir* (1615), collection princière, Vaduz, Liechtenstein.

2. Paul Jacques Aimé Baudry, *La Toilette de Vénus* (1859), musée des Beaux-Arts, Bordeaux,.

L'éloge et le blâme dans les genres littéraires

6 **Exercice guidé**

Pourquoi peut-on dire que le discours de Silvia trace deux portraits d'Ergaste ? En quoi sont-ils opposés ? Quels comportements sont ainsi critiqués ?

Silvia : […] n'ai-je pas vu, moi, [des hommes] qui paraissaient, avec leurs amis, les meilleures gens du monde ? C'est la douceur, la raison, l'enjouement même, il n'y a pas jusqu'à leur physionomie qui ne soit garante de toutes les bonnes qualités qu'on leur trouve. Monsieur Untel a l'air d'un galant homme, d'un homme bien raisonnable, disait-on tous les jours d'Ergaste : aussi l'est-il, répondait-on, je l'ai répondu moi-même ; sa physionomie ne vous ment pas d'un mot. Oui, fiez-vous à cette physionomie si douce, si prévenante, qui disparaît un quart d'heure après pour faire place à un visage sombre, brutal, farouche, qui devient l'effroi de toute une maison. Ergaste s'est marié : sa femme, ses enfants, son domestique, ne lui connaissent encore que ce visage-là, pendant qu'il promène partout ailleurs cette physionomie si aimable que nous lui voyons, et qui n'est qu'un masque qu'il prend au sortir de chez lui.

Marivaux, *Le Jeu de l'amour et du hasard*, Acte I, scène 1 (1730).

→ Les questions à vous poser

- Quels sont les termes qui valorisent le personnage d'Ergaste ? Quels sont ceux qui le dévalorisent ?
- Quelles figures de style sont utilisées pour construire le portrait du personnage ?
- À qui le portrait valorisant d'Ergaste est-il attribué ? Qui connaît son « visage sombre » ? Qu'en déduisez-vous ?
- Sur quelles valeurs le portrait valorisant repose-t-il ? Quels sont les défauts qui apparaissent aux yeux de la famille ?
- Que nous apprend ce double portrait sur le personnage d'Ergaste ?
- Qu'en déduisez-vous sur la condition des femmes au siècle de Marivaux ? À quel jugement l'auteur veut-il nous conduire ?

7 **Comment l'ensemble de l'extrait justifie-t-il la formule initiale : « Je te dois tout » ? Quels procédés d'écriture poétiques soulignent cet éloge ?**

[…]
Je te dois tout je ne suis rien que ta poussière
Chaque mot de mon chant c'est de toi qu'il venait
Quand ton pied s'y posa je n'étais qu'une pierre
Ma gloire et ma grandeur seront d'être ton lierre
Le fidèle miroir où tu te reconnais
Je ne suis que ton ombre et ta menue monnaie

J'ai tout appris de toi sur les choses humaines
Et j'ai vu désormais le monde à ta façon
J'ai tout appris de toi comme on boit aux fontaines
Comme on lit dans le ciel les étoiles lointaines

Comme au passant qui chante on reprend sa chanson
J'ai tout appris de toi jusqu'au sens du frisson

J'ai tout appris de toi pour ce qui me concerne
Qu'il fait jour à midi qu'un ciel peut être bleu
Que le bonheur n'est pas un quinquet[1] de taverne
Tu m'as pris par la main dans cet enfer moderne
Où l'homme ne sait plus ce que c'est qu'être deux
Tu m'as pris par la main comme un amant heureux [...]

Louis Aragon, « Prose du bonheur et d'Elsa », *Le Roman inachevé*, © Gallimard (1956).

1. ancienne lampe

8 **a. Quel trait de caractère du personnage le texte met-il en relief ?**

b. Quels procédés sont utilisés ?

c. Quel effet le narrateur cherche-t-il à obtenir chez le lecteur ?

Après ce couple vint monsieur Du Bartas, nommé Adrien ; l'homme qui chantait les airs de basse-taille[1] et qui avait d'énormes prétentions en musique. L'amour-propre l'avait assis sur le solfège : il avait commencé par s'admirer lui-même en chantant, puis s'était mis à parler musique, et avait fini par s'en occuper exclusivement. L'art musical était devenu chez lui comme une monomanie[2] ; il ne s'animait qu'en parlant de musique ; il souffrait pendant une soirée jusqu'à ce qu'on le priât de chanter. Une fois qu'il avait beuglé un de ses airs, sa vie commençait : il paradait, il se haussait sur ses talons en recevant des compliments, il faisait le modeste ; mais il allait néanmoins de groupe en groupe pour y recueillir des éloges ; puis, quand tout était dit, il revenait à la musique en entamant une discussion à propos des difficultés de son air ou en vantant le compositeur.

Honoré de Balzac, *Illusions perdues* (1843).

1. air qui doit se chanter avec une voix relativement grave ; on parlerait aujourd'hui d'une voix de baryton 2. passion poussée jusqu'à la folie

9 **Écriture d'invention**

Imaginez un portrait de monsieur Du Bartas (exercice 8) fait par un narrateur admiratif. Vous adapterez les procédés (lexique, registres, figures de style) à cette visée élogieuse.

VERS LE BAC

TEXTE : La Bruyère, *Les Caractères*, « Du mérite personnel », 27 (1688).

L'or éclate, dites-vous, sur les habits de Philémon. – Il éclate de même chez les marchands. – Il est habillé des plus belles étoffes. – Le sont-elles moins toutes déployées dans les boutiques et à la pièce ? mais la broderie et les ornements y ajoutent encore la magnificence. – Je loue donc le travail de l'ouvrier. – Si on lui demande quelle heure il est, il tire une montre qui est un chef-d'œuvre ; la garde de son épée est un onyx[1] ; il a au doigt un gros diamant qu'il fait briller aux yeux et qui est parfait ; il ne lui manque aucune de ces curieuses bagatelles que l'on porte sur soi autant pour la vanité que pour l'usage, et il ne se plaint non plus toute sorte de parure qu'un jeune homme qui a épousé une riche vieille[2]. – Vous m'inspirez enfin de la curiosité ; il faut voir du moins ces choses si précieuses : envoyez-moi cet habit et ces bijoux de Philémon ; je vous quitte[3] de la personne.

Tu te trompes, Philémon, si avec ce carrosse brillant, ce grand nombre de coquins qui te suivent, et ces six bêtes qui te traînent, tu penses que l'on t'en estime davantage : l'on écarte cet attirail qui t'est étranger, pour pénétrer jusques à toi qui n'est qu'un fat[4].

Ce n'est pas qu'il faut quelquefois pardonner à celui qui, avec un grand cortège, un habit riche et un magnifique équipage, s'en croit plus de naissance et plus d'esprit : il lit cela dans la contenance et dans les yeux de ceux qui lui parlent.

1. pierre précieuse 2. Comme un jeune homme qui a épousé une riche vieille, il ne se refuse aucune sorte de parure. 3. je vous tiens quitte, je vous dispense de 4. sot et prétentieux, qui croit avoir de l'esprit

Questions

1. Quels défauts le moraliste veut-il blâmer à travers le personnage de Philémon ?
2. Par quels procédés y parvient-il ?
3. Sur quelles valeurs ce blâme se fonde-t-il ?

Écriture d'invention

Rédigez un texte évoquant un comportement social contemporain (l'importance accordée aux marques, l'utilisation des téléphones portables...) de manière à faire comprendre aux lecteurs son caractère superficiel et trompeur. Vous pourrez utiliser, si vous le souhaitez, les procédés rencontrés dans le texte de La Bruyère.

Chapitre 57

La fiction argumentative

1re

Mots clés

- délibération
- conte philosophique
- vraisemblance
- fable
- apologue
- utopie

Observation

Indien Nepisingue du Canada, gravure coloriée (1717). Paris, Bibliothèque nationale de France.

Texte

CHAPITRE PREMIER

Comment le prieur de Notre-Dame de la Montagne et mademoiselle sa sœur rencontrèrent un Huron[1].

Un jour St. Dunstan, Irlandais de nation et saint de profession, partit d'Irlande sur une petite montagne qui vogua vers les côtes de France, et arriva par cette voiture à la baie de Saint-Malo. Quand il fut à bord, il donna la bénédiction à sa montagne, qui lui fit de profondes révérences et s'en retourna en Irlande par le même chemin qu'elle était venue.

Dunstan fonda un petit prieuré dans ces quartiers-là et lui donna le nom de prieuré de la Montagne, qu'il porte encore, comme un chacun sait.

En l'année 1689, le 15 juillet au soir, l'abbé de Kerkabon, prieur de Notre-Dame de la Montagne, se promenait sur le bord de la mer avec mademoiselle de Kerkabon, sa sœur, pour prendre le frais. Le prieur, déjà un peu sur l'âge, était un très bon ecclésiastique, aimé de ses voisins après l'avoir été autrefois de ses voisines. Ce qui lui avait donné surtout une grande considération, c'est qu'il était le seul bénéficier[2] du pays qu'on ne fût pas obligé de porter dans son lit quand il avait soupé avec ses confrères. Il savait assez honnêtement de théologie[3] ; et, quand il était las de lire St. Augustin[4], il s'amusait avec Rabelais : aussi tout le monde disait du bien de lui.

Mademoiselle de Kerkabon, qui n'avait jamais été mariée quoiqu'elle eût grande envie de l'être, conservait de la fraîcheur à l'âge de quarante-cinq ans ; son caractère était bon et sensible ; elle aimait le plaisir et était dévote[5].

Le prieur disait à sa sœur, en regardant la mer : « Hélas ! c'est ici que s'embarqua notre pauvre frère avec notre chère belle-sœur madame de Kerkabon, sa femme, sur la frégate l'Hirondelle, en 1669, pour aller servir en Canada. S'il n'avait pas été tué, nous pourrions espérer de le revoir encore. »

Voltaire, *L'Ingénu* (1767).

1. peuple indien vivant au Canada **2.** homme d'église bénéficiant d'un revenu, par exemple des produits d'une terre **3.** étude de Dieu et de la religion **4.** théologien, philosophe, ayant exercé une influence capitale dans l'histoire du christianisme ; saint Augustin insiste en particulier sur la nécessité pour l'homme de se défier du péché. **5.** personne attachée à la pratique de la religion

Questions

1. Quelles informations (époque, lieu, personnages, narrateur, thèmes) ce début de récit nous délivre-t-il ?
2. Le lecteur peut-il prendre au sérieux l'histoire racontée dans les deux premiers paragraphes ? Pourquoi ? Quelle est la fonction de cette ouverture ?
3. Quels sont les éléments comiques dans la présentation de l'abbé de Kerkabon et de sa sœur ?

L'essentiel

Afin d'exprimer ses idées, un auteur peut user de l'**argumentation directe** en présentant explicitement au lecteur les thèses qu'il défend. Mais il peut également argumenter de manière **indirecte**, en ayant recours à la fiction.

1. Convaincre, persuader, délibérer

→ **Chapitre 55**
Convaincre et persuader, p. 268

- Un texte argumentatif peut chercher à convaincre ou à persuader son destinataire. Dans ce cas, l'auteur défend une thèse qu'il veut faire partager. Mais il peut aussi proposer au lecteur des **thèses différentes** et l'inviter ainsi à la réflexion. Dans ce cas, on parle de **délibération**.
- L'usage de la **fiction** permet ce travail de réflexion du lecteur :

– la fiction permet en effet de **confronter des positions** différentes entre lesquelles le lecteur pourra effectuer ses propres choix ;

– cette confrontation apparaît dans les discours des personnages par le moyen du **monologue** ou des **dialogues**.

Dans une tragédie, le monologue délibératif montre les hésitations d'un personnage confronté à une situation embarrassante.

- **Les personnages incarnent les diverses positions en présence** ; aux personnages incarnant les valeurs rejetées par l'auteur sont généralement associés des traits dévalorisants ou caricaturaux. À l'inverse, le texte valorise les personnages incarnant les valeurs défendues par l'auteur.

Voltaire, dessin de Jean-Pierre Saint-Ours (1769), Genève, institut et musée Voltaire.

2. Le conte philosophique

Définition

- Le conte philosophique prend la forme d'un **récit de fiction en prose**, généralement assez bref. Au travers des aventures des personnages, il vise à **susciter la réflexion** sur les thèmes les plus divers : politique, religion, science, art, mœurs, etc.

La vraisemblance

- Héritier du conte merveilleux, le conte philosophique est assez peu soucieux de vraisemblance ou de réalisme ; il n'hésite pas à multiplier les péripéties ou les situations peu crédibles. Ces **invraisemblances** permettent au lecteur de ne pas accorder trop d'importance à la fiction et de percevoir la dimension réflexive du texte.

Les personnages

→ **Chapitre 53**
L'ironie, p. 260

- Ils sont généralement déterminés par **un nombre de traits limité**.

Mademoiselle de Kerkabon est décrite en une seule phrase. Jamais, au cours du conte, Voltaire ne cherche à enrichir ou à nuancer la psychologie du personnage.

Le plaisir de la lecture

- Le conte philosophique propose au lecteur une réflexion sérieuse tout en lui offrant un récit divertissant. Il privilégie donc le **recours au comique**, par exemple en soulignant le **ridicule** d'un comportement ou d'un système de pensée. Il suscite la **complicité du lecteur** par l'utilisation de **l'allusion** ou de **l'ironie**.

Dans l'incipit de *L'Ingénu*, Voltaire suggère que l'abbé de Kerkabon, bien qu'homme d'Église, a connu jadis des succès amoureux auprès de ses *« voisines »*.

3. La fable

Définition

▪ La fable est un **récit bref**, en prose ou en vers, à **visée argumentative**. Le récit s'accompagne souvent d'une **moralité** qui figure au début ou à la fin du texte et qui indique la leçon que le lecteur peut en tirer. Dans ce cas, l'histoire racontée joue le rôle d'un **exemple** destiné à illustrer la validité de la moralité.

▪ Un court récit à visée réflexive ou morale est également nommé **apologue**.

L'ambiguïté de la fable

Certaines fables, en particulier chez La Fontaine, ne comportent **pas de moralité** ; en ce cas, le lecteur est invité à tirer lui-même du récit une conclusion. La fable peut également être **ambiguë** ; la moralité prête alors à débat.

Une fable comme « La Cigale et la Fourmi » ne comporte pas de moralité. Le lecteur peut se demander si La Fontaine invite le lecteur à approuver la fourmi, son sens du travail et de l'économie, ou à plaindre la cigale.

L'art du récit

▪ Pour être efficace, la fable doit présenter un **récit plaisant** au lecteur, d'où le recours à différents procédés : représentation des humains sous des figures animales, caractérisation rapide des personnages, effets comiques.

▪ Dans le cas des fables versifiées, en particulier les *Fables* de La Fontaine, la **forme poétique** joue un rôle majeur dans ce plaisir du lecteur : le poète utilise les rimes, le rythme, les variations entre divers types de vers.

4. Les mondes imaginaires

Le voyage extraordinaire

▪ Ce type de récit raconte les aventures de héros découvrant des pays aux caractéristiques étranges, voire merveilleuses. Le lecteur peut ainsi percevoir des oppositions ou des ressemblances entre ces mondes et le monde dans lequel il vit.

▪ Le voyage extraordinaire permet à l'auteur de se livrer implicitement à la **critique des mœurs, des institutions politiques ou sociales, de la religion**. Le conte philosophique prend d'ailleurs souvent la forme d'un récit de voyage.

Candide, conte philosophique de Voltaire, raconte l'errance du héros à travers le monde.

L'utopie

▪ Le mot *utopie* signifie en grec à la fois « lieu de nulle part » et « lieu du bien » : dans une utopie, l'auteur représente un **pays imaginaire** dans lequel les hommes sont parvenus à créer un **système politique et social proche de l'idéal** ou parvenant à supprimer les injustices et les défauts majeurs de la société dans laquelle ils vivent. L'utopie est donc par là-même la **critique indirecte d'une société réelle**.

Vue de l'île d'Utopie d'après l'ouvrage de Thomas More (1478-1535), gravure de Johann Froben (1518).

La délibération

1 **a. Pourquoi peut-on parler de délibération à propos de ce monologue ?**

b. Par quels moyens (structure du texte, lexique, procédés rhétoriques, ponctuation) se manifeste l'hésitation du personnage ?

Lyse, servante d'Isabelle, a été courtisée par Clindor ; mais Clindor fait aussi la cour à Isabelle qu'il espère épouser : Isabelle, en effet, est riche. Pourtant, le jeune homme affirme qu'il aime Lyse. Celle-ci semble décidée à se venger.

Lyse

Va, traître, aime en tous lieux et partage ton âme,
Choisis qui tu voudras pour maîtresse et pour femme,
Donne à l'une ton cœur, donne à l'autre ta foi[1],
Mais ne crois plus tromper Isabelle ni moi.
Ce long calme bientôt va tourner en tempête,
Et l'orage est tout prêt à fondre sur ta tête. [...]
Toutefois qu'as-tu fait qui te rende coupable ?
Pour chercher sa fortune est-on si punissable ?
Tu m'aimes, mais le bien te fait être inconstant[2] :
Au siècle où nous vivons, qui n'en ferait autant ?
Oublions les projets de sa flamme maudite,
Et laissons-le jouir du bonheur qu'il mérite.
Que de pensers divers en mon cœur amoureux,
Et que je sens dans l'âme un combat rigoureux !
Perdre qui me chérit ! épargner qui m'affronte !
Ruiner ce que j'aime ! aimer qui veut ma honte !
L'amour produira-t-il un si cruel effet ?
L'impudent rira-t-il de l'affront qu'il m'a fait ?

Corneille, *L'Illusion comique*, Acte III, scène 6 (1639).

1. épouse l'autre **2.** La recherche de la fortune te conduit à être infidèle.

Le conte philosophique

2 **a. Pourquoi le début du *Taureau blanc* peut-il faire songer à un conte merveilleux ?**

b. Comment Voltaire éveille-t-il l'intérêt de son lecteur pour l'histoire qu'il commence à raconter ?

La jeune princesse Amaside, fille d'Amasis, roi de Tanis en Égypte, se promenait sur le chemin de Péluse avec les dames de sa suite. Elle était plongée dans une tristesse profonde ; les larmes coulaient de ses beaux yeux. On sait quel était le sujet de sa douleur et combien elle craignait de déplaire au roi son père par sa douleur même. Le vieillard Mambrès, ancien mage et eunuque des pharaons, était auprès d'elle, et ne la quittait presque jamais. Il la vit naître, il l'éleva, il lui enseigna tout ce qu'il était permis à une belle princesse de savoir des sciences de l'Égypte. L'esprit d'Amaside égalait sa beauté ; elle était aussi sensible, aussi tendre que charmante ; et c'était bien cette sensibilité qui lui coûtait tant de pleurs.

La princesse était âgée de vingt-quatre ans ; le mage Mambrès en avait treize cents. C'était lui, comme on sait, qui avait eu avec le grand Moïse cette dispute fameuse dans laquelle la victoire fut longtemps balancée entre ces deux profonds philosophes. Si Mambrès succomba, ce ne fut que par la protection visible des puissances célestes, qui favorisèrent son rival ; il fallut des dieux pour vaincre Mambrès.

Voltaire, *Le Taureau blanc* (1774).

3 **a. Comparez le portrait et le comportement de Zadig à celui de ses accusateurs. Que constatez-vous ?**

b. Quelles sont les cibles visées par Voltaire dans ce récit ?

Il [Zadig] avait, dans un faubourg de Babylone, une maison ornée avec goût, où il rassemblait tous les arts et tous les plaisirs dignes d'un honnête homme. Le matin, sa bibliothèque était ouverte à tous les savants ; le soir, sa table l'était à la bonne compagnie ; mais il connut bientôt combien les savants sont dangereux. Il s'éleva une grande dispute sur une loi de Zoroastre[1] qui défendait de manger du griffon[2]. « Comment défendre le griffon, disaient les uns, si cet animal n'existe pas ? – Il faut bien qu'il existe, disaient les autres, puisque Zoroastre ne veut pas qu'on en mange. » Zadig voulut les accorder, en leur disant : « S'il y a des griffons, n'en mangeons point ; s'il n'y en a point, nous en mangerons encore moins, et par là nous obéirons tous à Zoroastre. »

Un savant qui avait composé treize volumes sur les propriétés du griffon, et qui de plus était grand théurgite[3], se hâta d'aller accuser Zadig devant un archimage[4] nommé Yébor, le plus sot des Chaldéens, et partant[5] le plus fanatique. Cet homme aurait fait empaler Zadig pour la plus grande gloire du soleil, et en aurait récité le bréviaire de Zoroastre d'un ton plus satisfait. L'ami Cador (un ami vaut mieux que cent prêtres) alla trouver le vieux Yébor et lui dit : « Vivent le soleil et les griffons ! gardez-vous bien de punir Zadig : c'est un saint ; il a des griffons dans sa basse-cour, et il n'en mange point ; et son accusateur est un hérétique[6] qui ose soutenir que les lapins ont le pied fendu et ne sont point immondes[7]. – Eh bien ! dit Yébor en branlant sa tête chauve, il faut empaler Zadig pour avoir mal pensé des griffons, et l'autre pour avoir mal parlé des lapins. »

Voltaire, *Zadig ou la destinée* (1748).

1. réformateur religieux iranien du VIIIe siècle avant J.-C. **2.** animal fabuleux doté d'un corps de lion, de la tête et des ailes d'un aigle **3.** prêtre d'une religion fondée sur la magie **4.** chef des mages **5.** par conséquent **6.** personne qui soutient des opinions différentes de celles de la religion dominante **7.** Dans la Bible, le lapin est considéré comme un animal impur en raison de son pied fendu, ou fourchu.

Exercices

La fable et l'apologue

4 Invention – Exercice guidé

Dans cette fable, la moralité a été supprimée. Imaginez, en fonction de l'histoire racontée, le quatrain final qui pourrait l'exprimer ; vous conserverez le mètre utilisé par La Fontaine.

Un Fanfaron, amateur de la chasse,
Venant de perdre un chien de bonne race,
Qu'il soupçonnait dans le corps d'un Lion,
Vit un berger. « Enseigne-moi, de grâce,
De mon voleur, lui dit-il, la maison,
Que de ce pas je me fasse raison[1]. »
Le berger dit : « C'est vers cette montagne.
En lui payant de tribut un Mouton
Pour chaque mois, j'erre dans la campagne
Comme il me plaît, et je suis en repos. »
Dans le moment qu'il tenait ces propos,
Le Lion sort, et vient d'un pas agile.
Le Fanfaron aussitôt d'esquiver.
« Ô Jupiter, montre-moi quelque asile,
S'écria-t-il, qui me puisse sauver. »

La Fontaine, *Fables* (1668).

1. que je me venge

→ Les questions à vous poser

- Quel type de vers La Fontaine utilise-t-il dans sa fable ?
- Quelles sont les différentes étapes de ce récit ?
- De quel défaut le fabuliste veut-il se moquer ?
- À quelles conclusions La Fontaine veut-il amener son lecteur ?

5 Comparez la fable d'Ésope à sa réécriture par La Fontaine. Quelles sont les principales transformations opérées ? Quels sont les effets produits par ces transformations ?

Texte 1

Un jour un vieillard, portant du bois qu'il avait coupé, faisait une longue route. Succombant à la fatigue, il déposa quelque part son fardeau, et il appelait la mort. La mort arriva et lui demanda pourquoi il l'appelait. Alors le vieillard épouvanté lui dit : « Pour que tu soulèves mon fardeau. » Cette fable montre que tout homme aime la vie, même s'il est malheureux et pauvre.

Ésope (VIe siècle av. J.-C.).

Texte 2

La Mort et le Bûcheron

Un pauvre Bûcheron, tout couvert de ramée,
Sous le faix[1] du fagot aussi bien que des ans
Gémissant et courbé, marchait à pas pesants,
Et tâchait de gagner sa chaumine[2] enfumée.
Enfin, n'en pouvant plus d'effort et de douleur,
Il met bas son fagot, il songe à son malheur.
Quel plaisir a-t-il eu depuis qu'il est au monde ?
En est-il un plus pauvre en la machine ronde[3] ?
Point de pain quelquefois, et jamais de repos :
Sa femme, ses enfants, les soldats, les impôts,
Le créancier[4] et la corvée[5]
Lui font d'un malheureux la peinture achevée.
Il appelle la Mort. Elle vient sans tarder,
Lui demande ce qu'il faut faire.
« C'est, dit-il, afin de m'aider
À recharger ce bois ; tu ne tarderas guère[6]. »
Le trépas vient tout guérir ;
Mais ne bougeons d'où nous sommes :
Plutôt souffrir que mourir,
C'est la devise des hommes.

La Fontaine, *Fables*, Livre I (1668).

1. le poids 2. sa chaumière 3. Y a-t-il un homme plus malheureux que lui sur la terre ? 4. personne à qui l'on doit de l'argent 5. travail gratuit, dû par le paysan à son seigneur 6. Cela ne te retardera guère.

6 Pourquoi ce poème peut-il être rapproché d'un apologue ?

L'albatros

Souvent, pour s'amuser, les hommes d'équipage
Prennent des albatros, vastes oiseaux des mers,
Qui suivent, indolents compagnons de voyage,
Le navire glissant sur les gouffres amers.

À peine les ont-ils déposés sur les planches,
Que ces rois de l'azur, maladroits et honteux,
Laissent piteusement leurs grandes ailes blanches
Comme des avirons traîner à côté d'eux.

Ce voyageur ailé, comme il est gauche et veule[1] !
Lui, naguère si beau, qu'il est comique et laid !
L'un agace son bec avec un brûle-gueule[2],
L'autre mime, en boitant, l'infirme qui volait !

Le Poëte est semblable au prince des nuées
Qui hante la tempête et se rit de l'archer ;
Exilé sur le sol au milieu des huées,
Ses ailes de géant l'empêchent de marcher.

Charles Baudelaire, *Les Fleurs du mal* (1857).

1. faible, sans énergie 2. courte pipe

Les mondes imaginaires

7 a. Sur quels principes la société des Mégapatagons se fonde-t-elle ?

b. En quoi cette société se différencie-t-elle de la société française du XVIIIe siècle ?

c. Comment se manifeste dans le texte la visée critique à l'égard de la société française ?

Le héros du récit vient de découvrir le pays imaginaire des Mégapatagons. Un vieillard lui présente les principes de cette société.

La base de toute notre morale c'est l'ordre. Il faut, disons-nous, que l'ordre moral ressemble à l'ordre physique[1]. Personne chez nous ne s'en écarte, ni ne peut s'en écarter. Nous sommes tous égaux. Il y a une loi simple, courte, claire qui parle seule et jamais l'Homme ne la remplace. Cette loi est rédigée en peu de mots :

1. Sois juste envers ton Frère ; c'est-à-dire n'en exige rien, ne lui fais rien que tu ne veuilles donner toi-même, ou que tu ne veuilles qu'on te fasse.
2. Sois juste envers les animaux, et tel que tu voudrais que fût à ton égard un animal supérieur à l'Homme.
3. Que tout soit commun entre égaux.
4. Que chacun travaille au bien général.
5. Que chacun y participe également.

C'est avec cette seule loi que tout est réglé : nous ne croyons pas qu'il y ait aucun peuple qui ait besoin d'en avoir davantage, à moins que ce ne soit un peuple d'oppresseurs et d'esclaves, car alors je sens, quoique je n'aie jamais vu de pareil peuple, qu'il y aura une multitude de lois et d'entraves, telles qu'il en faut pour légitimer l'injustice, l'inégalité, la tyrannie de quelques membres envers tout le corps. Ces peuples infortunés croient par là faire au moins le bonheur de ceux d'entre eux qui dominent. Ils se trompent ; il n'y a de bonheur que dans la fraternité, dans ce doux sentiment : personne ne m'envie, mon bonheur ne coûte rien à personne, tous mes frères en jouissent également… Ah ! comment les prétendus heureux d'une nation inégale, s'ils sont hommes, peuvent-ils se gorger[2], tandis que d'autres hommes manquent du nécessaire ! se divertir tandis que d'autres souffrent ! se délecter, tandis que d'autres sont accablés de travaux ! S'ils peuvent braver tout cela, ils ont le cœur trop dur pour goûter le plaisir ; ils ne le connaissent pas ; ils ne peuvent pas avoir d'humanité ; le sentiment de la compassion est éteint chez eux.

Rétif de La Bretonne, *La Découverte australe* (1781).

1. l'ordre naturel 2. manger avec excès

VERS LE BAC

TEXTE : Fontenelle, « La dent d'or », *Histoire des oracles* (1686).

Assurons-nous bien du fait, avant que de nous inquiéter de la cause. Il est vrai que cette méthode est bien lente pour la plupart des gens qui courent naturellement à la cause, et passent par-dessus la vérité du fait ; mais enfin nous éviterons le ridicule d'avoir trouvé la cause de ce qui n'est point.

Ce malheur arriva si plaisamment sur la fin du siècle passé à quelques savants d'Allemagne, que je ne puis m'empêcher d'en parler ici.

En 1593, le bruit courut que les dents étant tombées à un enfant de Silésie[1], âgé de sept ans, il lui en était venue une d'or à la place d'une de ses grosses dents. Horstius, professeur de médecine à l'université de Helmstad, écrivit en 1595 l'histoire de cette dent, et prétendit qu'elle était en partie naturelle, en partie miraculeuse, et qu'elle avait été envoyée de Dieu à cet enfant, pour consoler les chrétiens affligés par les Turcs[2]. Figurez-vous quelle consolation, et quel rapport de cette dent aux chrétiens ni aux Turcs. En la même année, afin que cette dent d'or ne manquât pas d'historiens, Rullandus en écrit encore l'histoire. Deux ans après, Ingolsteterus, autre savant, écrit contre le sentiment que Rullandus avait de la dent d'or, et Rullandus fait aussitôt une belle et docte réplique. Un autre grand homme, nommé Libavius, ramasse tout ce qui avait été dit de la dent, et y ajoute son sentiment particulier. Il ne manquait autre chose à tant de beaux ouvrages, sinon qu'il fût vrai que la dent était d'or. Quand un orfèvre l'eut examinée, il se trouva que c'était une feuille d'or appliquée à la dent, avec beaucoup d'adresse ; mais on commença par faire des livres, et puis on consulta l'orfèvre.

Rien n'est si naturel que d'en faire autant sur toutes sortes de matières. Je ne suis pas si convaincu de notre ignorance par les choses qui sont, et dont la raison nous est inconnue, que par celles qui ne sont point, et dont nous trouvons la raison.

1. province rattachée à l'Autriche à l'époque dont parle Fontenelle ; la Silésie se situe aujourd'hui en Pologne.
2. Les Turcs, de religion musulmane, avaient conquis Byzance en 1453 et l'île de Chypre en 1571.

Questions

1. Comment le texte est-il composé ?
2. Quel rôle l'anecdote racontée joue-t-elle dans l'argumentation ?
3. Quels éléments, dans la narration de l'anecdote, laissent apparaître le jugement du narrateur ?
4. Contre quelles cibles les attaques formulées par le texte sont-elles dirigées ?
5. Quels éléments relèvent du comique ?

Vers le commentaire

Proposez, pour le commentaire du texte, deux ou trois axes de lecture.

Chapitre 58

L'essai

Mots clés

- littérature d'idées
- délibération
- polémique
- démonstration
- traité

1re

Observation

Gaston Kelman, le 10 octobre 2005 à Évry.

Texte

Le texte suivant est un extrait de la préface de l'ouvrage.

On peut tout à fait être noir, bourguignon, cadre. Je n'accepte pas que mon fils et ma fille, nés en France, soient enfermés dans des schémas préétablis et à jamais pétrifiés, qui les associeraient viscéralement au Zambèze et non à la Corrèze[1] ; qui leur feraient préférer la chenille de Ngoulemekon à la valse viennoise. [...]

Alors aujourd'hui, je vous le dis tout net : je suis noir et je n'aime pas le manioc en tubercule, mais je ne dis pas non au manioc en *ntumba* ; je n'aime pas le plantain vert, mais *aloko frit* ; je n'aime pas les chenilles mais les huîtres ; j'aime la viande en sauce graine de mon amie Sylvie Nguessan autant que le steak tartare et la pièce du boucher bien saignante de *Chez Ginette* ou faite par mon amie Mireille Moulin. Ce sont mes choix, pas le régime alimentaire des Noirs. Ce sont les acquis culturels récoltés dans les différents espaces de vie qui ont fait de moi l'homme que je suis. Parce que pour moi aussi, l'existence précède l'essence[2], je suis né bébé et noir ; je suis devenu homme et français.

Ce livre est un recueil d'anecdotes, d'histoires vécues. L'objectif est de montrer à quel point nous sommes marqués par des atavismes[3] qui nous empêchent de vivre normalement, de juger l'homme par ce qu'il est et non par ce qu'il paraît ou est supposé être de toute éternité. Il nous invite sans fausse pudeur, ni fausse modestie, mais avec la conviction d'être dans le vrai, à faire tomber les œillères et les boules auditives qui nous empêchent de voir la place de la multiracialité française et d'entendre la misère assourdissante des enfants black-blanc-beur qui ne veulent pas que nous les enfermions dans des catégories qui ont nourri des générations d'adultes. Il voudrait que la fraternité recouvre la nouvelle France dont la diversité n'englobe plus seulement l'Auvergne, la Normandie ou la Corse, mais aussi le Négro-Africain, l'Indo-Tamoul ou l'Arabo-Berbère.

Gaston Kelman[4], *Je suis noir et je n'aime pas le manioc*, © Éditions Max Milo (2004).

---

1. Le Zambèze est un fleuve de l'Afrique australe, la Corrèze une rivière et un département français. Dans les années 50, un journaliste célèbre demandait que la France fasse passer « la Corrèze avant le Zambèze », c'est-à-dire le territoire métropolitain avant les territoires coloniaux.

2. La formule « L'existence précède l'essence » est empruntée au philosophe Jean-Paul Sartre ; elle signifie que l'existence de l'homme n'est pas déterminée par avance.

3. idées et comportements reçus de nos ancêtres par l'hérédité

4. Gaston Kelman a également publié aux éditions Max Milo *Au-delà du Noir et du Blanc*.

Questions

1. Quel effet le titre de l'ouvrage cherche-t-il à produire sur le lecteur ? Comment peut-on expliquer ce titre ?
2. Quels sont les objectifs visés par l'auteur dans l'écriture de son livre ?
3. L'auteur s'implique-t-il à titre personnel dans son ouvrage ?
4. Cet extrait semble-t-il annoncer un ouvrage grave ? amusant ?

L'essentiel

On parle d'**essai** quand un auteur, au moyen d'une argumentation, expose, développe, défend une position. L'essai relève de ce que l'on nomme la « **littérature d'idées** ».

1. Le genre de l'essai

- L'essai est une **œuvre en prose ne relevant pas de la fiction**. L'auteur y formule ses réflexions sur les problèmes dont il traite.
- L'essayiste (l'auteur d'un essai) cherche généralement à **convaincre** ses lecteurs; il s'autorise éventuellement à manifester ses sentiments personnels: indignation, mépris, chagrin, enthousiasme... L'essai peut prendre une **dimension polémique** quand l'auteur attaque plus ou moins violemment ses adversaires et les positions qu'ils défendent.

→ **Chapitre 52**
Le polémique et le satirique, p. 254

- Pour certains auteurs, l'essai constitue un moyen de **mettre leurs pensées à l'épreuve**, d'en vérifier la validité. Le terme d'*essai* vient d'ailleurs du latin *exagium* signifiant « pesée », « examen »: c'est le sens que lui donne Montaigne quand il publie ses célèbres *Essais* à la fin du XVIe siècle (1580-1592).

L'essai apparaît ainsi comme une **démarche de recherche intellectuelle** qui manifeste ses doutes. Il relève de la **délibération**: l'auteur examine les divers aspects d'un problème, propose des solutions, s'interroge sur leur validité.

Portrait de Michel Eyquem de Montaigne (1533-1592), XVIe siècle. Chantilly, musée Condé.

- L'essai prend la forme du **traité** quand il adopte l'apparence d'un travail de **démonstration** privilégiant rigueur et logique. Les marques de la présence de l'auteur sont discrètes, voire absentes.

2. Les genres apparentés à l'essai

- **L'article de presse**: de longueur plus ou moins importante, il s'inscrit généralement dans un débat politique, culturel, social, philosophique lié à l'actualité.
- **La préface**: placée en tête d'un ouvrage, elle permet à l'auteur de défendre son œuvre, d'exposer ses choix esthétiques, politiques.
- **Le manifeste**: il constitue une déclaration dans laquelle une personne ou un groupe présente ses conceptions, ses objectifs.
- **Le pamphlet**: ouvrage généralement bref, il s'en prend avec violence à un système, à des institutions ou à des personnes. Le pamphlétaire dénonce une situation qui lui paraît révoltante. Dans le pamphlet, l'argumentation rationnelle cède souvent la place à la violence verbale, à l'insulte, à la caricature.
- **Le dialogue philosophique**: l'auteur y présente un face-à-face entre plusieurs interlocuteurs discutant sur un même sujet et exposant, sur le mode de la conversation, des arguments opposés ou divergents.
- **La lettre**: adressée à un destinataire, elle se prête au débat puisqu'elle présuppose un échange. Elle peut prendre la forme d'une **lettre ouverte** quand elle s'adresse à un groupe de personnes ou même à tout lecteur potentiel.
- **Le sermon**: discours religieux, il incite l'auditoire au respect de la parole divine et de la religion.

Le genre de l'essai

1 Exercice guidé

Les deux textes suivants constituent l'ouverture de l'ouvrage dont ils sont extraits.

a. Quels points communs pouvez-vous relever entre eux ?

b. En quoi annoncent-ils, de la part de leurs auteurs, des visées et des démarches différentes ?

Texte 1

Jusqu'à présent, le système capitaliste avait trouvé en lui-même les réponses à ses propres interrogations et avait su se fabriquer de nouvelles valeurs, même provisoires et artificielles. Le défi semble aujourd'hui hors de sa portée. Partout, les dirigeants des États capitalistes considèrent avec impuissance, cynisme ou résignation, la montée du chômage, les gaspillages, l'inégalité, la misère du tiers-monde, l'accumulation des moyens de destruction de l'environnement.

Je voudrais montrer ici que leur impuissance est réelle et définitive. Nous entrons dans une société de plus en plus envahie et déréglée par une information multiforme utilisée pour renforcer la structure des machines consommatrices d'énergie, et non pour la libération des hommes. Aujourd'hui, la mondialisation des outils dégradant l'énergie et l'information fait surgir de nouveaux futurs. Dans la logique actuelle, il ne faut pas espérer l'abondance. Si l'outil devient libérateur de la parole, il y a une voie vers l'abondance, dans un sens radicalement neuf, avec une économie politique complètement différente.

Pour démontrer cela, j'aurai besoin d'un long détour, car aujourd'hui l'absence de vision théorique et l'incertitude sont générales.

Jacques Attali, *La Parole et l'Outil*,
© Presses universitaires de France (3e éd. 1979).

Texte 2

Ce petit recueil se dédie de préférence aux personnes qui n'ont point de système et sont absentes des partis ; qui par là sont libres encore de douter de ce qui est douteux et de ne point rejeter ce qui ne l'est pas.

D'ailleurs, ce ne sont ici que des études de circonstance. Il en est de 1895, il en est d'hier, il en est d'aujourd'hui. Elles ont ce caractère commun d'être des essais, au sens le plus véritable du terme. On n'y trouvera que le dessein de préciser quelques idées qu'il faudrait bien nommer politiques, si ce beau mot de politique, très séduisant et excitant pour l'esprit, n'éveillait de grands scrupules et de grandes répugnances dans l'esprit de l'auteur. Il n'a voulu que se rendre un peu plus nettes les notions qu'il avait reçues de tout le monde, ou qu'il s'était formées comme tout le monde, et qui servent à tout le monde à penser aux groupes humains, à leurs relations réciproques et à leurs gênes mutuelles.

Essayer de préciser en ces matières n'est assurément pas le fait des hommes qui s'y entendent ou qui s'en mêlent, il s'agit donc d'un amateur.

Paul Valéry, *Regards sur le monde actuel*, © Gallimard (1931).

→ Les questions à vous poser

- Quels indices montrent que les deux textes constituent l'annonce du projet de l'auteur ?
- Quel est ce projet dans chacun des deux textes ?
- Comment Valéry a-t-il constitué son ouvrage ? En va-t-il de même pour Jacques Attali ?
- Quelle méthode chacun des deux auteurs semble-t-il adopter ?
- Relevez dans le texte 2 les marques de la modestie apparente de l'auteur. Les retrouvez-vous chez Jacques Attali ?

2 **Quels points communs pouvez-vous relever entre les deux anecdotes racontées par Montaigne ? À quelle conclusion veut-il conduire son lecteur ?**

Une femme, qui croyait avoir avalé une épingle avec son pain, criait et se tourmentait comme si elle avait ressenti une douleur insupportable au gosier où elle croyait sentir l'épingle arrêtée ; mais comme il n'y avait ni enflure, ni altération au dehors, un habile homme jugea qu'il n'y avait là qu'une croyance imaginaire due au fait que quelque morceau de pain avait piqué la femme en passant ; il la fit donc vomir et jeta à la dérobée dans ce qu'elle avait rendu, une épingle tordue. La femme, croyant l'avoir rendue, se sentit soudain déchargée de sa douleur. Je sais qu'un gentilhomme qui avait reçu chez lui une bonne compagnie, se vanta trois ou quatre jours plus tard, par jeu (car il n'en était rien) de leur avoir fait manger un chat en pâté ; une demoiselle, qui faisait partie des convives, prit de cela une telle horreur qu'elle fut saisie de violents vomissements et de fièvre et qu'il fut impossible de la sauver. Les bêtes mêmes se voient comme nous soumises à la force de l'imagination. En témoignent les chiens qui se laissent mourir par deuil lors de la perte de leur maître. Nous les voyons aussi japper et se trémousser en rêve.

Montaigne, *Essais*, Livre I, chap. 21, « De la force de l'imagination » (1580), transposé en français moderne.

Les formes de la littérature d'idées

3 **a. Quel est le thème de la conversation ? Quelles sont les positions en présence ?**

b. L'auteur valorise-t-il l'un des deux interlocuteurs ? Par quels moyens ?

Un gouverneur de la Cayenne amena un jour un « sauvage » de la Guyane qui était né avec beaucoup de bon sens, et qui parlait assez bien le français. Un bachelier[1] de Paris eut l'honneur d'avoir avec lui cette conversation.

Le bachelier : Monsieur le sauvage, vous avez vu sans doute beaucoup de vos camarades qui passent leur vie tout seuls : car on dit que c'est là la véritable vie de l'homme, et que la société n'est qu'une dépravation artificielle ?

Le sauvage : Jamais je n'ai vu ces gens-là : l'homme me paraît né pour la société, comme plusieurs espèces d'animaux ; chaque espèce suit son instinct ; nous vivons tous en société chez nous.
Le bachelier : Comment ! en société ! vous avez donc de belles villes murées, des rois qui tiennent une cour, des spectacles, des couvents, des universités, des bibliothèques et des cabarets ?
Le sauvage : Non ; est-ce que je n'ai pas ouï dire que dans votre continent vous avez des Arabes, des Scythes[2], qui n'ont jamais rien eu de tout cela, et qui forment cependant des nations considérables ? Nous vivons comme ces gens-là. Les familles voisines se prêtent du secours. Nous habitons un pays chaud, où nous avons peu de besoins ; nous nous procurons aisément la nourriture ; nous nous marions, nous faisons des enfants, nous les élevons, nous mourons. C'est tout comme chez vous, à quelques cérémonies près.
Le bachelier : Mais, Monsieur, vous n'êtes donc pas sauvage ?
Le sauvage : Je ne sais pas ce que vous entendez par ce mot.
Le bachelier : En vérité, ni moi non plus ; il faut que j'y rêve. Nous appelons sauvage un homme de mauvaise humeur, qui fuit la compagnie.
Le sauvage : Je vous ai déjà dit que nous vivons ensemble dans nos familles.

Voltaire, *Entretiens d'un sauvage et d'un bachelier* (1761).

1. celui qui, dans une faculté, est promu au premier des grades universitaires **2.** peuple de la Russie méridionale (l'actuelle Ukraine)

4 **a. Quels reproches l'auteur de l'article adresse-t-il à la fête de la musique ?**

b. Par quels procédés met-il en valeur ces reproches ?

Défaite de la musique

Avec l'été ce fut la Fête de la musique. Déjà passée et même doublement passée. Après sa vingt-cinquième édition, elle est devenue une parodie, ou l'exact reflet, des travers du temps. La fête, c'est bien connu, doit faire du bruit, et plus elle en fait, plus elle paraît réussie. Les supporters du football en savent quelque chose et nous le font savoir. La Fête de la musique n'échappe pas à la loi commune : elle produit désormais un maximum de bruit, acoustique et médiatique. Elle déploie des scènes à grand spectacle, elle œuvre en puissance. Hier, c'était en joyeuse humilité. Les timides donnaient de la voix et la musique dans son vaste giron accueillait tous les styles, avec et sans micro. L'étalage tonitruant de la grande fête les a rendus muets. On dira qu'il y a sûrement plein de petits endroits où la musique, ce premier soir de l'été, se partage encore sans artifice et que ces regrets sont un détail devant l'élan populaire qui se manifeste. On aura sans doute raison, mais également tort de ne pas écouter tout ce qui est masqué : les mots et les musiques qui roulent depuis l'enfance dans la tête de chacun et disent la joie et la plainte quotidiennes. Mais c'est plus difficile à exprimer, à mettre en scène, et c'est médiatiquement et politiquement tellement moins valorisant.

Télérama n° 2946, éditorial, 1er juillet 2006.

5 **En quoi ce texte vous paraît-il caractéristique du genre du pamphlet ?**

Je vois bien ce que la décolonisation a détruit : les admirables civilisations indiennes et que ni Deterding, ni Royal Dutch, ni Standard Oil[1] ne me consoleront jamais des Aztèques ni des Incas.

Je vois bien celles – condamnées à terme – dans lesquelles elle a introduit un principe de ruine : Océanie, Nigeria, Nyassaland. Je vois moins bien ce qu'elle a apporté.

Sécurité ? Culture ? Juridisme ? En attendant, je regarde et je vois, partout où il y a face à face, colonisateurs et colonisés, la force, la brutalité, la cruauté, le sadisme, le heurt et, en parodie de la formation culturelle, la fabrication hâtive de quelques milliers de fonctionnaires subalternes, de boys, d'artisans, d'employés de commerce et d'interprètes nécessaires à la bonne marche des affaires.

J'ai parlé de contact.

Entre colonisateur et colonisé, il n'y a de place que pour la corvée[2], l'intimidation, la pression, la police, l'impôt, le vol, le viol, les cultures obligatoires, le mépris, la méfiance, la morgue, la suffisance, la muflerie, des élites décérébrées, des masses avilies.

Aimé Césaire, *Discours sur le colonialisme*,
© Présence africaine (1955).

1. compagnies pétrolières **2.** sous l'Ancien Régime, travail obligatoire dû par le paysan à son seigneur

6 **a. Pourquoi Aragon écrit-il cette préface ?**

b. Quelle conception du roman y défend-il ?

En 1966, Aragon rédige une préface pour son roman Aurélien, *paru en 1944.*

Au contraire de ces écrivains pour qui l'art consiste à grossir, à accuser les traits, à mettre dans son jeu (à des fins de démonstration) des cartes irrécusables, à présenter les êtres fictifs sous un jour qui en aggrave les traits, j'estime pour ma part que le roman exige qu'on rende vraisemblables les individus et les faits en les ramenant à des proportions plus tolérables que celles de notre vie, des proportions qui ne soient pas celles des traîtres du mélodrame[1], mais qui correspondent à l'âme du lecteur plus qu'à une psychologie supposée du méchant. D'aucune façon, il ne s'agissait pour moi de condamner, voire de dénoncer Aurélien. Je voulais montrer en Aurélien, par Aurélien comment l'homme d'hier, l'homme de l'autre guerre[2], arrivé à l'âge de la responsabilité, n'a pas reconnu le destin auquel il était de nouveau entraîné. Et pourquoi il ne pouvait pas le reconnaître, pour quelles raisons anciennes, que cachait la jeunesse, et comment il était à nouveau à la merci des raisons qu'on lui donnerait d'accepter le malheur français ainsi qu'il avait par deux fois accepté la guerre.

Louis Aragon, « Voici le temps enfin qu'il faut que je m'explique »,
© Aragon (1966).

1. genre théâtral populaire au XIXe siècle ; le mélodrame met en scène des personnages aux caractères très tranchés : le héros courageux, l'ignoble traître, la jeune fille innocente… **2.** la Première Guerre mondiale ; le personnage d'Aurélien a combattu durant ce conflit.

5

SUJET BAC

Objet d'étude

L'argumentation : convaincre, persuader, délibérer

Corpus

1. LA FONTAINE, *Fables*, Livre VII (1678).
2. VOLTAIRE, *Candide ou l'Optimisme*, ch. XVIII (1759).
3. HUGO, *Les Châtiments*, Livre III (1853).
4. JARRY, *Ubu Roi*, Acte III (1896).

TEXTE 1 : La Fontaine, *Fables*, Livre VII (1678).

La cour du Lion

Sa Majesté Lionne un jour voulut connaître
De quelles nations le Ciel l'avait fait maître.
Il manda donc par députés
Ses vassaux de toute nature
Envoyant de tous les côtés
Une circulaire écriture[1],
Avec son sceau. L'écrit portait
Qu'un mois durant le Roi tiendrait
Cour plénière dont l'ouverture
Devait être un fort grand festin,
Suivi des tours de Fagotin[2].
Par ce trait de magnificence
Le Prince à ses sujets étalait sa puissance.
En son Louvre il les invita.
Quel Louvre! un vrai charnier, dont l'odeur se porta
D'abord au nez des gens. L'Ours boucha sa narine:
Il se fût bien passé de faire cette mine[3],
Sa grimace déplut. Le Monarque irrité
L'envoya chez Pluton[4] faire le dégoûté.
Le Singe approuva fort cette sévérité,
Et flatteur excessif il loua la colère
Et la griffe du Prince, et l'antre, et cette odeur:
Il n'était ambre, il n'était fleur,
Qui ne fût ail au prix[5]. Sa sotte flatterie
Eut un mauvais succès, et fut encor punie.
Ce Monseigneur du Lion-là
Fut parent de Caligula[6].
Le Renard étant proche: Or çà, lui dit le Sire,
Que sens-tu? dis-le moi: parle sans déguiser.
L'autre aussitôt de s'excuser,
Alléguant un grand rhume: il ne pouvait que dire
Sans odorat; bref, il s'en tire.

Ceci vous sert d'enseignement:
Ne soyez à la cour, si vous voulez y plaire,
Ni fade adulateur, ni parleur trop sincère,
Et tâchez quelquefois de répondre en Normand[7].

1. un message envoyé à tous ses vassaux
2. singe savant qui se produisait avec grand succès à Paris au moment où La Fontaine écrivait ses fables
3. Il aurait mieux fait de ne pas faire cette mine.
4. dieu des morts chez les Romains
5. qui, en comparaison, n'eût l'odeur de l'ail
6. empereur romain célèbre pour sa cruauté
7. Les Normands avaient la réputation d'être des gens prudents, ne s'engageant jamais dans leurs réponses.

TEXTE 2 : Voltaire, *Candide ou l'Optimisme*, chapitre XVIII (1759).

Candide, jeune Européen innocent, cherche à retrouver la jeune femme dont il est amoureux. Ses voyages le conduisent en Amérique en compagnie de son valet Cacambo. Ils y découvrent le merveilleux pays d'Eldorado ; fort bien accueillis, ils sont invités au palais du roi.

Candide et Cacambo montent en carrosse ; les six moutons volaient, et en moins de quatre heures on arriva au palais du roi, situé à un bout de la capitale. Le portail était de deux cent vingt pieds de haut, et de cent de large ; il est impossible d'exprimer quelle en était la matière. On voit assez quelle supériorité prodigieuse elle devait avoir sur ces cailloux et sur ce sable que nous nommons or et pierreries.

Vingt belles filles de la garde reçurent Candide et Cacambo à la descente du carrosse, les conduisirent aux bains, les vêtirent de robes d'un tissu de colibri ; après quoi les grands officiers et les grandes officières de la couronne les menèrent à l'appartement de Sa Majesté au milieu de deux files, chacune de mille musiciens, selon l'usage ordinaire. Quand ils approchèrent de la salle du trône, Cacambo demanda à un grand officier comment il fallait s'y prendre pour saluer Sa Majesté : si l'on se jetait à genoux ou ventre à terre ; si on mettait les mains sur la tête ou sur le derrière ; si on léchait la poussière de la salle ; en un mot quelle était la cérémonie. « L'usage, dit le grand officier, est d'embrasser[1] le roi et de le baiser des deux cotés. » Candide et Cacambo sautèrent au cou de Sa Majesté, qui les reçut avec toute la grâce imaginable, et qui les pria poliment à souper.

En attendant, on leur fit voir la ville, les édifices publics élevés jusqu'aux nues, les marchés ornés de mille colonnes, les fontaines d'eau rose, celles de liqueurs de canne de sucre qui coulaient continuellement dans de grandes places pavées d'une espèce de pierreries qui répandaient une odeur semblable à celle du gérofle[2] et de la cannelle. Candide demanda à voir la cour de justice, le parlement[3] ; on lui dit qu'il n'y en avait point, et qu'on ne plaidait jamais. Il s'informa s'il y avait des prisons, et on lui dit que non. Ce qui le surprit davantage, et qui lui fit le plus de plaisir, ce fut le palais des sciences, dans lequel il vit une galerie de deux mille pas, toute pleine d'instruments de mathématique et de physique.

1. serrer dans ses bras
2. terme ancien pour *girofle* ou *clou de girofle*
3. au XVIIIe siècle, assemblée chargée de rendre la justice

TEXTE 3 : Hugo, *Les Châtiments*, Livre III (1853).

À la suite d'un coup d'État, Louis-Napoléon Bonaparte, neveu de Napoléon 1er, se fait proclamer empereur sous le nom de Napoléon III. Victor Hugo, qui s'est opposé au nouveau régime, doit s'exiler. Il publie en 1853 un recueil de poèmes, Les Châtiments, *dans lequel il attaque violemment l'empereur.*

Fable ou histoire

Un jour, maigre et sentant un royal appétit,
Un singe d'une peau de tigre se vêtit.
Le tigre avait été méchant ; lui, fut atroce.
Il avait endossé le droit d'être féroce.
Il se mit à grincer des dents, criant : je suis
Le vainqueur des halliers[1], le roi sombre des nuits !
Il s'embusqua, brigand des bois, dans les épines :

Il entassa l'horreur, le meurtre, les rapines,
Égorgea les passants, dévasta la forêt,
Fit tout ce qu'avait fait la peau qui le couvrait.
Il vivait dans un antre, entouré de carnage.
Chacun, voyant la peau, croyait au personnage.
Il s'écriait, poussant d'affreux rugissements:
Regardez, ma caverne est pleine d'ossements:
Devant moi, tout recule, tout frémit, tout émigre,
Tout tremble; admirez-moi, voyez, je suis un tigre!
Les bêtes l'admiraient, et fuyaient à grands pas.
Un belluaire[2] vint, le saisit dans ses bras,
Déchira cette peau comme on déchire un linge,
Mit à nu ce vainqueur, et dit: tu n'es qu'un singe.

1. groupe de buissons
2. gladiateur qui combattait contre des bêtes féroces lors des jeux du cirque

TEXTE 4: Jarry, *Ubu Roi*, Acte III (1896).

Père Ubu, officier du roi de Pologne, a tué son souverain pour s'emparer du trône. Devenu roi, il décide de réformer son royaume.

La grande salle du palais.
Père Ubu, Mère Ubu, officiers et soldats; Giron, Pile, Cotice, nobles enchaînés, financiers, magistrats, greffiers.

Père Ubu: Je vais d'abord réformer la justice, après quoi nous procéderons aux finances.
Plusieurs magistrats: Nous nous opposerons à tout changement.
Père Ubu: Merdre. D'abord, les magistrats ne seront plus payés.
Magistrats: Et de quoi vivrons-nous? Nous sommes pauvres.
Père Ubu: Vous aurez les amendes que vous prononcerez et les biens des condamnés à mort.
Un magistrat: Horreur.
Deuxième: Infamie.
Troisième: Scandale.
Quatrième: Indignité.
Tous: Nous nous refusons à juger dans des conditions pareilles.
Père Ubu: À la trappe les magistrats! *(Ils se débattent en vain.)*
Mère Ubu: Eh! Que fais-tu, Père Ubu? Qui rendra maintenant la justice?
Père Ubu: Tiens! moi. Tu verras comme ça marchera bien.
Mère Ubu: Oui, ce sera du propre.
Père Ubu: Allons, tais-toi, bouffresque. Nous allons maintenant, messieurs, procéder aux finances.
Financiers: Il n'y a rien à changer.
Père Ubu: Comment, je veux tout changer, moi. D'abord je veux garder pour moi la moitié des impôts.
Financiers: Pas gêné.
Père Ubu: Messieurs, nous établirons un impôt de dix pour cent sur la propriété, un autre sur le commerce et l'industrie, et un troisième sur les mariages et un quatrième sur les décès, de quinze francs chacun.

Questions

A. Séries générales (4 points)

1. Pour quelles raisons le texte de Victor Hugo (texte 3) peut-il vous paraître proche de la fable de La Fontaine (texte 1) ? **(2 points)**
2. Pour quelles raisons l'extrait de la pièce de Jarry (texte 4) peut-il être rapproché du récit de la découverte de l'Eldorado par Candide (texte 2) ? En quoi les deux textes s'opposent-ils ? **(2 points)**

B. Séries technologiques (6 points)

1. À quel genre littéraire chacun des quatre textes du corpus appartient-il ? Utilisent-ils les mêmes registres ? Justifiez vos réponses. **(4 points)**
2. Comparez l'image du souverain qui se dégage des textes 1, 2 et 4. **(2 points)**

Travail d'écriture

A. Séries générales (16 points)

1 Commentaire

Vous ferez le commentaire du texte de Victor Hugo (texte 3)

→ *Pour le commentaire, voir, au chapitre 57, la fable.*

2 Dissertation

Un critique écrit : « La littérature n'a pas pour vocation de se mêler des débats politiques ou sociaux. À vouloir jouer ce rôle, elle se pervertit et ne parvient même pas à être efficace. »
Ce jugement vous paraît-il fondé ?
Vous appuierez votre réflexion sur le corpus proposé, les textes et œuvres que vous avez étudiés et sur vos lectures personnelles.

3 Écriture d'invention

Comme dans le conte de Voltaire, deux voyageurs d'aujourd'hui découvrent un monde inconnu, qui pourrait apparaître comme un monde idéal. Imaginez le récit en vous inspirant de l'extrait de *Candide*.

B. Séries technologiques (14 points)

1 Commentaire

Vous ferez le commentaire du texte de Voltaire (texte 2).
Vous fonderez votre analyse sur le parcours de lecture suivant :
a. Montrez quels éléments suscitent plus particulièrement l'étonnement et l'admiration des voyageurs. Pourquoi ?
b. Le texte de Voltaire est-il seulement destiné à divertir le lecteur ?

2 Dissertation

Vous paraît-il acceptable d'aborder par le moyen du comique des sujets graves ou douloureux ?
Vous appuierez votre réflexion sur le corpus proposé, les textes et œuvres que vous avez étudiés et sur vos lectures personnelles.

3 Écriture d'invention

Composez, en vous inspirant du texte de La Fontaine ou de celui de Victor Hugo, une fable visant à dénoncer sur le mode satirique un type de comportement, une situation contemporaine ou un abus qui vous semblent révoltants. Vous pourrez utiliser la prose ou les vers.

Chapitre 59

Analyser l'image

2de / 1re

Mots clés

- figuratif
- abstrait
- perspective
- relief
- clair-obscur

Observation

Document 1

Photographie nocturne de la tour Eiffel, le 1er janvier 2000.

Document 2

Robert Delaunay, *La Tour Eiffel*, huile sur toile (1926), Paris, musée d'Art moderne.

Document 3

Raoul Dufy, *La Tour Eiffel*, aquarelle (vers 1935), coll. particulière.

Document 4

Paris en poésie, première de couverture illustrée par Henri Galeron (1981), © Gallimard Folio Junior.

Questions

1. Pour chacune de ces quatre images, précisez l'auteur et la technique utilisée.
2. Quelles relations unissent ces images ?
3. Ont-elles les mêmes destinataires, les mêmes fonctions, les mêmes effets ? Justifiez vos réponses.
4. Sur quel procédé la représentation de la tour Eiffel est-elle fondée dans le document 4 ?
5. Quelles différences observez-vous dans la représentation de la tour Eiffel entre le document 2 et le document 3 (couleurs, paysage, angle de vue, cadrage, géométrie de l'image) ?

L'essentiel

1. L'image comme objet

Une image a une consistance matérielle ; elle permet de traduire les trois dimensions du réel sur une surface à deux dimensions.

Les matériaux

Les supports sont variés : papier, toile, bois, pierre, plâtre humide (pour les fresques), tissu, plastique, pellicule d'un appareil photographique ou d'un film, etc.

Les types d'images

- On peut distinguer **différentes techniques de fabrication** de l'image : dessin, pastel, peinture, croquis, collage, mosaïque, gravure (sur bois, métal, pierre), eau-forte, estampe, vitrail, icône, enluminure, miniature.
- On peut également distinguer **différents procédés de reproduction** : copie, gravure, offset (sur caoutchouc), image digitalisée ou numérisée, photocopie, image imprimée.

La composition

→ Lexique de l'image, p. 424-425

La « composition » de l'image désigne la manière particulière dont celle-ci organise l'espace qui la constitue.

- Le **cadre** : rectangulaire, carré, rond ou ovale dans la majorité des cas, il peut aussi avoir une forme inédite.
- Le **cadrage** délimite les parties du sujet qui sont dans l'image et celles qui sont en-dehors.
- **La géométrie de l'image** est fondée sur l'utilisation des diagonales, des médianes, des figures inscrites les unes dans les autres.
- L'**angle de vue** ou de **visée** dépend du point de vue adopté pour représenter le sujet : en plongée, en contre-plongée, de biais ou de face.
- Les **plans** et l'**échelle** placent le spectateur à une distance plus ou moins grande du sujet à voir.

Le graphisme et les couleurs

- Le graphisme a recours au point, à la ligne et à leurs combinaisons.
- Les couleurs jouent sur les **effets d'harmonie**, de **contrastes** (jeu d'ombres et de lumière, jeu entre couleurs froides et couleurs chaudes…), de **camaïeu** (on utilise une même couleur avec des intensités différentes).

2. L'image comme représentation

L'image est très souvent une représentation soit du **monde réel**, soit de **scènes imaginaires**. Des questions précises peuvent permettre d'explorer cet univers représenté :

- **Le sujet** : renvoie-t-il au réel (portrait, photo d'actualité, dessin politique), ou à l'imaginaire (scène mythologique, animal fantastique, objet inventé, image non figurative) ?
- **Les personnages** : quel est leur nombre, leur âge, leur sexe ? Comment sont-ils vêtus, à quel milieu appartiennent-ils ? Comment sont-ils disposés les uns par rapport aux autres ? Que font-ils, que regardent-ils ?
- **Les objets** : quelle est leur nature, leur taille, leur place, leur nombre, leur fonction ?
- **Le décor** : est-il occupé ou vide, flou ou net ? S'agit-il d'un intérieur ou d'un paysage ? Est-il daté ou intemporel, exotique ou familier, réaliste ou fantastique ? Comporte-t-il des éléments symboliques ? Comment les personnages y sont-ils insérés ?

■ **Les textes éventuels** : à quel genre appartiennent-ils (signature, inscription, slogan, légende, citation, titre, etc.) ? Quelle est leur typographie (caractères d'imprimerie, disposition) ? Quelle place occupent-ils ? Quelles sont leurs fonctions ?

3. L'image comme discours

L'image est considérée comme un énoncé qui s'inscrit dans une situation ; en ce sens, elle est - tout comme un texte - un discours.

L'image comme énoncé

■ Les **émetteurs** sont à la fois **ceux qui l'ont commandée** (commanditaire d'un tableau, directeur d'agence de presse ou de publicité), **ceux qui l'ont réalisée** (peintre, photographe, dessinateur), **ceux qui la diffusent** (directeur de journal, publiciste, directeur d'une galerie d'art).

■ Les **destinataires** sont **ceux auxquels les créateurs ont pensé** en fabriquant l'image : les pratiquants pour un vitrail d'église, les collectionneurs d'art pour un tableau, les consommateurs pour une publicité...

■ Les **récepteurs** constituent un **public plus vaste** que les destinataires : les passants dans la rue, les visiteurs d'une église ou d'un musée, les lecteurs de livres d'art...

Les fonctions et les visées de l'image

Ces fonctions sont analogues à celles d'un texte écrit.

■ Une image peut **raconter** une histoire ou évoquer un moment particulier à l'intérieur d'une histoire.

■ Elle peut **décrire** une personne, une paysage, un objet.

■ Elle peut chercher à **convaincre** ou à **persuader**. C'est le cas de l'image publicitaire, de l'affiche politique et de l'art religieux.

■ Elle a, le plus souvent, une **visée esthétique**, même dans le cas où sa fonction est essentiellement utilitaire.

Les registres de l'image

Une image peut appartenir à un ou plusieurs registres.

■ Elle peut ainsi relever du registre **épique**, par exemple lorsqu'elle vise à glorifier un héros.

■ Elle peut être dite **lyrique** quand elle vise à exprimer une émotion.

■ Une image peut être **comique**, ou **pathétique** quand elle cherche à susciter une émotion.

■ Une image peut avoir une dimension **polémique** ou **satirique** ; c'est le cas, en particulier, de la caricature.

Les différents usages de l'image

Les images sont employées dans des contextes différents, avec des finalités diverses. Elles n'ont pas toutes le même usage social. On distingue ainsi :

■ les **usages essentiellement pratiques** (panneaux, affiches, logos, timbres, cartes postales, cartes de vœux, faire-part...) ;

■ les **usages culturels, qui valorisent surtout la fonction esthétique de l'image** : ils sont illustrés par l'art, profane ou religieux (tableaux, fresques, miniatures ; vitraux, icônes...), la presse (photos, dessins d'humour, posters...), l'édition (bandes dessinées, albums, livres d'art, jaquettes de livres de poche, de disques...).

L'essentiel

L'image dans la peinture et la photographie

■ Les tableaux ont très tôt été classés en genres picturaux, en fonction du sujet traité. Il existait, jusqu'au XIXe siècle, une **hiérarchie entre ces genres** : ainsi, la peinture d'histoire était considérée comme plus difficile et plus noble que la nature morte.

Genres	Sujets
Peinture d'histoire	mythologie, religion, batailles, événements historiques
Portrait et autoportrait	monarques, personnages célèbres, commanditaires, entourage du peintre, le peintre lui-même
Paysage	montagnes, campagnes, rivages, jardins, villes, maisons
Nature morte	tables servies, bouquets, livres, instruments de musique, objets
Scène de genre	scènes d'intérieur (repas, musique) ou scènes de rue (mendiants, diseuses de bonne aventure)

■ Dès son apparition, au début du XIXe siècle, la photographie a concurrencé la peinture, sans pour autant prendre sa place. On distingue des genres photographiques, moins nettement déterminés néanmoins que les genres picturaux, quand le photographe considère sa technique comme un art (portrait, autoportrait, paysage, scènes de genre).

L'image dans son contexte esthétique et culturel

■ L'interprétation de l'image doit tenir compte du **contexte** social, économique, culturel, esthétique dans lequel elle est produite.

■ On doit d'autre part la situer par **rapport aux autres images** de l'époque de sa création, en se demandant s'il s'agit d'une image **conventionnelle** (qui correspond aux attentes du public) ou d'une image **subversive** (qui cherche à surprendre, voire à choquer).

Claude Monet, *Impression, soleil levant* (1872), Paris, musée Marmottan. Cette toile, qui suscita de vives réactions lors de l'exposition de 1874, a donné son nom au mouvement « impressionniste », considéré comme subversif par le public conservateur de cette époque.

L'image comme objet

1 **a. Définissez ce qu'on appelle un logo et cherchez l'origine de ce terme.**

b. Décrivez la construction des deux logos : sont-ils figuratifs ?

c. Quels buts les organismes de l'Unesco et de l'Unicef affichent-ils en choisissant ces logos ?

2 **Quels sont les effets des choix de cadrage et d'échelle (voir lexique de l'image p. 424-425) sur la perception et l'interprétation des deux images ?**

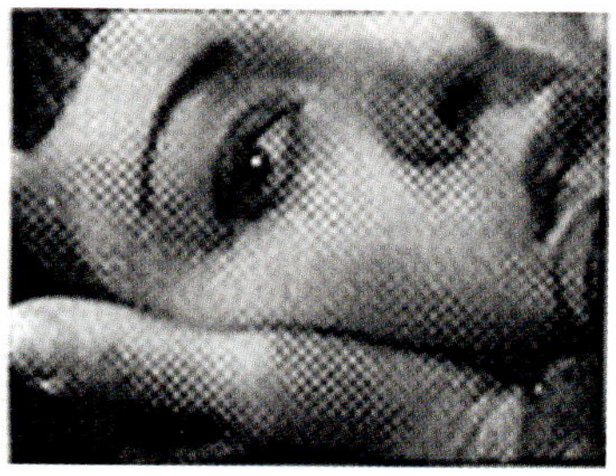

1. Image du film *Une partie de campagne*, de Pierre Renoir (1936).

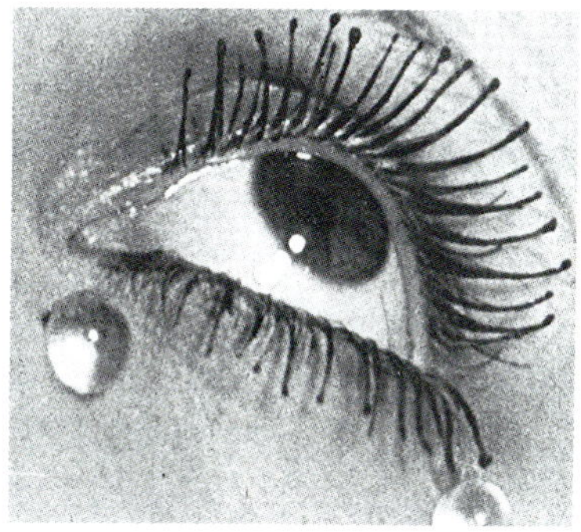

2. Photographie de Man Ray, *Larmes* (1930). Paris, Bibliothèque nationale de France.

3 **Observez le tableau ci-dessous, puis lisez le commentaire qui l'accompagne.**

a. Quels conseils le peintre David donne-t-il à ses élèves pour leur permettre de comprendre la composition (cadrage, géométrie), le choix des couleurs, le choix du sujet, la portée et la visée de l'œuvre peinte ?

b. Appliquez ces éléments à l'analyse de ce tableau de David, *Le Serment des Horaces*.

Jacques-Louis David, *Le Serment des Horaces*, huile sur toile, 330 × 420 cm (1784), Paris, musée du Louvre.

Commentaire

Il [David] recommandait à ses élèves d'utiliser de préférence une large composition, dans laquelle les figures grandeur nature seraient modelées en relief et groupées sur un même plan ; ces compositions simplifiées ne devaient conserver que les éléments essentiels ; chaque objet doit être défini par un domaine coloré qui lui soit propre (souvent une couleur primaire ou une teinte étroitement apparentée à cette couleur), ses contours étant respectés dans leur intégralité. La recherche de l'exactitude historique était aussi tenue pour une nécessité primordiale. Il rappelait enfin aux élèves que l'intérêt dramatique centré sur un point unique suffit à créer l'unité de la composition et qu'une présence émotionnelle intense donnera vie à l'œuvre d'art.

Fredrick Cummings,
catalogue *De David à Delacroix*, Paris, 1974.

Chapitre 60

Texte et image

Mots clés

- accroche
- bulles
- légende
- slogan
- critique d'art

2de / 1re

Observation

Gravure de Gustave Doré (1832-1883) illustrant la fable de La Fontaine « Le Lièvre et les Grenouilles », Paris, Bibliothèque nationale de France.

Texte 1

Le Lièvre et les Grenouilles

Un Lièvre en son gîte songeait
(Car que faire en un gîte, à moins que l'on ne songe ?) ;
Dans un profond ennui ce Lièvre se plongeait :
Cet animal est triste, et la crainte le ronge.
« Les gens de naturel peureux
Sont, disait-il, bien malheureux.
Ils ne sauraient manger morceau qui leur profite ;
Jamais un plaisir pur, toujours assauts divers.
Voilà comme je vis : cette crainte maudite
M'empêche de dormir, sinon les yeux ouverts.
Corrigez-vous, dira quelque sage cervelle.
Et la peur se corrige-t-elle ?
Je crois même qu'en bonne foi
Les hommes ont peur comme moi. »
Ainsi raisonnait notre Lièvre,
Et cependant[1] faisait le guet.
Il était douteux[2], inquiet :
Un souffle, une ombre, un rien, tout lui donnait la fièvre.
Le mélancolique animal,
En rêvant à cette matière,
Entend un léger bruit : ce lui fut un signal
Pour s'enfuir devers sa tanière[3].
Il s'en alla passer sur le bord d'un étang.
Grenouilles aussitôt de sauter dans les ondes ;
Grenouilles de rentrer en leurs grottes profondes.
« Oh ! dit-il, j'en fais faire autant
Qu'on m'en fait faire ! Ma présence
Effraie aussi les gens ! Je mets l'alarme au camp !
Et d'où me vient cette vaillance ?
Comment ! des animaux qui tremblent devant moi !
Je suis donc un foudre de guerre !
Il n'est, je le vois bien, si poltron sur la terre
Qui ne puisse trouver un plus poltron que soi. »

La Fontaine, *Fables*, Livre II (1668).

1. pendant ce temps
2. craintif
3. vers sa tanière

Gravure de Gustave Doré illustrant la fable de La Fontaine « La Cigale et la Fourmi » (vers 1868-1869).

Texte 2

La Cigale et la Fourmi

La Cigale ayant chanté
Tout l'été,
Se trouva fort dépourvue
Quand la bise fut venue.
Pas un seul petit morceau
De mouche ou de vermisseau.
Elle alla crier famine
Chez la Fourmi sa voisine,
La priant de lui prêter
Quelque grain pour subsister
Jusqu'à la saison nouvelle.
« Je vous paierai, lui dit-elle,
Avant l'oût[1], foi d'animal,
Intérêt et principal[2]. »
La Fourmi n'est pas prêteuse ;
C'est là son moindre défaut.
« Que faisiez-vous au temps chaud ?
Dit-elle à cette emprunteuse.
– Nuit et jour à tout venant[3]
Je chantais, ne vous déplaise.
– Vous chantiez ? j'en suis fort aise,
Eh bien dansez maintenant. »

La Fontaine, *Fables*, Livre I (1668).

1. le mois d'août, saison des récoltes
2. Je vous rembourserai et verserai des intérêts.
3. pour le premier venu

Questions

1. Décrivez chacune des deux illustrations.
2. Quels choix différents Gustave Doré a-t-il faits pour illustrer chacune des deux fables ?
3. Quelle interprétation l'illustrateur propose-t-il pour la fable « La Cigale et la Fourmi » ? Vous semble-t-elle justifiée ?

L'essentiel

Avant l'invention de l'écriture, les images ont été un moyen d'expression et de communication essentiels ; après l'apparition de l'écriture, textes et images se côtoient dans des rapports souvent complémentaires, parfois conflictuels. Ils sont aujourd'hui tous deux des facteurs majeurs de la communication humaine.

Moines bûcherons, lettrine du manuscrit des *Moralia in Job* de Cîteaux (1110). Dijon, bibliothèque municipale : la lettre Q constitue l'initiale du mot latin *quia* « parce que ».

1. Langage de l'image et langage du texte

■ On a longtemps considéré les images comme inférieures aux textes : concrètes, elles étaient **facilement accessibles aux analphabètes**, alors que la maîtrise de l'écriture était le privilège des lettrés. Ainsi, par une représentation très détaillée de scènes bibliques, les vitraux des églises enseignaient la religion aux fidèles qui ne savaient pas lire.

■ L'invention de l'écriture s'est faite par la **transformation de certaines images** :

- les **pictogrammes** reproduisent la réalité par imitation (comme les logos, les signalisations routières) ;
- les **idéogrammes**, plus abstraits, correspondent à des sons, des mots entiers (comme en chinois, en japonais).

Panneau de départ de l'aéroport international de Hong Kong.

Calligramme en latin, ill. du manuscrit *Poesis ludens* de S. Lepsenyi, Budapest, 1551.

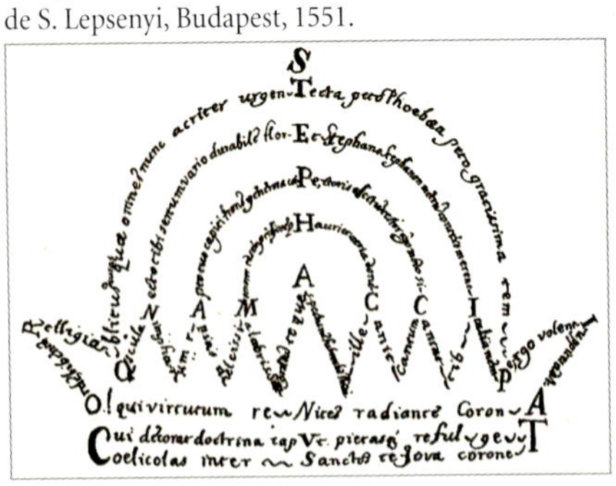

■ La **lettre** des écritures alphabétiques est un **signe codé renvoyant à un son**. Elle n'a pas de lien avec la réalité visuelle, mais faite de traits, de courbes, de points, **elle peut se transformer en image**, comme dans les enluminures médiévales, ou les abécédaires pour enfants.

■ **Les mots**, **les phrases** peuvent aussi devenir des images, comme dans les **calligrammes**.

■ **Les textes ont une réalité visuelle** qui influe sur leur lecture. Leur apparence peut varier selon la typographie, la disposition sur la page, les rapports entre la surface écrite et les blancs : la poésie, la prose jouent parfois sur ces moyens pour créer des effets.

→
Chapitre 41
Les formes poétiques,
p. 166

2. L'interaction du texte et de l'image

Les textes inclus dans les images

■ **Le texte peut être un élément représenté parmi d'autres** : de nombreux tableaux représentent des livres ouverts, des lettres, des pages de journaux, des affiches, des inscriptions. Ces textes, déchiffrables ou non, doivent être interprétés, car ils apportent du sens à l'image.

- Le texte peut véhiculer **un message particulier qui s'ajoute à celui de l'image,** comme dans les bulles des bandes dessinées. Il peut s'agir aussi d'un message de l'auteur au spectateur.

Les textes accompagnant les images

- Les **légendes** servent à rendre explicite le sens d'une image ; elles le limitent aussi ou en orientent l'interprétation, quand elles accompagnent un schéma, une photographie de presse.
- Les **titres des tableaux ou des photographies** informent les spectateurs et les guident, en indiquant ce qui est représenté. Ils sollicitent aussi l'imagination du spectateur en créant des effets de surprise.
- L'**accroche**, le **slogan** servent à la publicité pour vanter un produit et attirer l'attention du spectateur.

Les textes illustrés

- Certaines images sont **inspirées par des textes** : récits mythologiques, religieux, historiques, sont à l'origine de nombreux tableaux.
- Des textes sont **accompagnés d'images qui les illustrent et les complètent** : les magazines, les albums pour la jeunesse, certaines œuvres littéraires.

Gustave Doré a illustré les *Contes* de Perrault et les *Fables* de La Fontaine.

Parfois les illustrateurs projettent dans les images qu'ils créent leur propre interprétation du texte. La confrontation de plusieurs illustrations d'un même texte fait apparaître l'originalité de ces lectures d'œuvres par l'image.

Fernand Léger, composition pour le poème de Paul Eluard « Liberté » extrait de *Poésie et Vérité* (1942), Paris, Bibliothèque nationale de France.

Les textes qui commentent l'image

Les **catalogues** des musées et des expositions, les articles de **critique d'art** publiés dans la presse, mais aussi certaines **œuvres d'écrivains** donnent des commentaires sur les peintres, les photographes et leurs productions artistiques.

3. Peinture, photographie et littérature

« Ut pictura, poesis » (La poésie est comme la peinture), disait le poète latin Horace pour traduire les liens entre le texte littéraire et l'image. Ces deux langages ont en effet la même visée : représenter la réalité.

La collaboration des écrivains et des peintres

Au XIXe et au XXe siècles, de véritables amitiés sont nées entre écrivains et peintres.

Au début du XXe siècle est créé à Montmartre le Bateau-Lavoir, nom donné à une vaste bâtisse dans laquelle se réunissent des peintres comme Picasso, Modigliani, et des poètes comme Apollinaire ou Max Jacob.

L'essentiel

La description littéraire

La **littérature réaliste et naturaliste** a développé cette forme d'écriture qui se rapproche de la peinture, en voulant **donner à voir un tableau** : le narrateur guide le lecteur dans la vision de ce qui est décrit (portrait, paysage, scène de vie, etc.) par l'emploi d'indications spatiales, de champs lexicaux (de la couleur, de la forme), de figures d'analogie. Le tableau littéraire recourt souvent **au point de vue interne d'un personnage** qui regarde, contemple, et donne son jugement, son sentiment.

→ **Chapitre 37** Narration et point de vue, p. 134

L'écriture littéraire

L'écrivain a recours à la **comparaison** pour faire naître des représentations dans l'imaginaire des lecteurs. Il cite des noms de peintres ou se réfère à des toiles connues. Il imite aussi les **techniques de la peinture** en recourant aux contrastes de lumières (le clair-obscur) ou de couleurs, en jouant sur les effets de flou, de superpositions d'images, de suggestions par touches.

Les mouvements culturels et esthétiques

Ces mouvements contribuent à rapprocher littérature et peinture ; il existe par exemple une littérature et une peinture de la Renaissance, du baroque, du classicisme, du romantisme, du réalisme, du symbolisme, du surréalisme. Les **choix des thèmes et des techniques de représentation du monde** convergent : pour le classicisme, sujets historiques et mythologiques représentés avec un souci de symétrie, milieux populaires pour le réalisme, métamorphoses et rêves pour le surréalisme.

Exercices

La relation texte-image

1 **a. Décrivez la construction de cette publicité. Quel est le produit à vendre ? Quelle place lui est faite dans l'image ?**

b. Expliquez et commentez les allusions, les jeux de mots que contiennent les textes. Comment l'image les traduit-elle ?

c. Quel est le public visé par cette publicité ? Justifiez votre réponse.

Publicité pour 10/18.

2 **a. Si on dispose de la seule image, sans le texte qui l'accompagne, peut-on comprendre ce que représente ce dessin? À quel registre le rattachez-vous? Justifiez votre réponse.**

b. Étudiez la composition de l'image, puis le dessin des personnages et du décor: que remarquez-vous? Interrogez-vous notamment sur l'absence de cadrage et sur les effets de simplification du dessin.

Le 12 décembre 1999, le pétrolier maltais Érika *a sombré au large de Penmarc'h (Finistère), déversant sur le littoral sa cargaison de fuel. Plus de 400 km de côtes, du sud Finistère à la Charente-Maritime, ont été souillés par cette marée noire. Depuis lors, les victimes réclament réparation. Le procès de l'*Érika *a commencé le 12 février 2007.*

QUATRE MOIS DE PROCÈS POUR L'« ERIKA »: ON N'EST PAS LÀ POUR SE FAIRE ENGLUER !

Dessin de Wozniak paru dans *Le Canard enchaîné*, n° 4503, 14 février 2007.

3 **a. Cette photographie est construite sur de nombreux jeux de regards, que vous analyserez en vous posant les questions suivantes: que regardent les trois personnes vues de dos? Que semble regarder le personnage peint dans le tableau de gauche? Que regardons-nous, nous-mêmes? Quel(s) effet(s) cela produit-il?**

b. La photographie porte le titre *Versailles*: justifiez-le, puis proposez d'autres titres que vous justifierez aussi.

Elliott Erwitt, *Versailles*, 1975.

4 **a. Quelles sont, pour Baudelaire, les qualités essentielles de Delacroix ?**

b. Appliquez le commentaire critique de Baudelaire au tableau de Delacroix, *La Barque de Dante*, représenté ci-dessous.

Texte

Par le premier et rapide coup d'œil jeté sur l'ensemble de ces tableaux, et par leur examen minutieux et attentif, sont constatées plusieurs vérités irréfutables. D'abord il faut remarquer, et c'est très important, que, vu à une distance trop grande pour analyser ou même comprendre le sujet, un tableau de Delacroix a déjà produit sur l'âme une impression riche, heureuse ou mélancolique. On dirait que cette peinture, comme les sorciers et les magnétiseurs, projette sa pensée à distance. Ce singulier phénomène tient à la puissance du coloriste, à l'accord parfait des tons, et à l'harmonie (préétablie dans le cerveau du peintre) entre la couleur et le sujet. Il semble que cette couleur [...] pense par elle-même, indépendamment des objets qu'elle habille. Puis ces admirables accords de sa couleur font souvent rêver d'harmonie et de mélodie, et l'impression qu'on emporte de ses tableaux est souvent quasi musicale. Un poète a essayé d'exprimer ces sensations subtiles dans des vers dont la sincérité peut faire passer la bizarrerie :

Delacroix, lac de sang, hanté des mauvais anges,
Ombragé par un bois de sapins toujours vert,
Où, sous un ciel chagrin, des fanfares étranges
Passent comme un soupir étouffé de Weber[1].

Lac de sang : le rouge ; – hanté de mauvais anges : surnaturalisme[2] ; – un bois toujours vert : le vert, complémentaire du rouge ; – un ciel chagrin : les fonds tumultueux et orageux de ses tableaux ; – les fanfares et Weber : idées de musique romantique que réveillent les harmonies de sa couleur.

Charles Baudelaire, *Curiosités esthétiques*, IV, 1868.

1. Baudelaire se cite lui-même : il s'agit d'un quatrain de son poème « Les Phares » in *Les Fleurs du mal* (1857) ; Carl Maria von Weber, compositeur allemand du XIXe siècle, est considéré comme un des principaux représentants du romantisme musical. 2. Baudelaire fait un commentaire de son propre poème : le surnaturalisme est une esthétique fondée sur la conjonction de l'imaginaire et du bizarre, du « spirituel » et de la modernité.

5 **a. En prenant comme modèle le texte de Baudelaire extrait de *Curiosités esthétiques* (exercice 4), rédigez un commentaire critique de l'un des deux autoportraits que vous aurez choisis dans l'exercice 9.**

b. Vous pouvez également, après vous être documenté sur l'œuvre du Caravage ou de Francis Bacon, rédiger une critique portant, au choix, sur l'un de ces deux peintres.

Eugène Delacroix, *La Barque de Dante* ou *Dante et Virgile aux enfers*, huile sur toile, 189 × 241,5 cm, (1822). Paris, musée du Louvre.

6 **Voici un poème inspiré à l'écrivain Claude Roy par le tableau du peintre chinois Zao Wou-Ki représenté ci-dessous.**

a. Quelle(s) signification(s) donnez-vous à l'emploi du conditionnel dans les deux premières strophes et de l'indicatif dans la troisième ?

b. En vous fondant sur les champs lexicaux, les images et les adjectifs qualificatifs employés dans le texte, définissez les liens qui s'établissent entre le poème et le tableau.

Texte

Il y aurait un soleil levant
sa clarté rose pensive et pâle
un matin de gel de brume et de clartés

Il y aurait les buissons les broussailles
et les arbres très nus dans le froid
leurs branches ourlées de neige

Il y a un grand silence calme
la buée de l'haleine paroles du silence
Si tu entres dans ce tableau
tu iras loin.

Claude Roy, *Zao Wou-Ki*, © Éditions du Cercle d'Art, Paris, 1992.

Zao Wou-Ki, *sans titre*, huile sur toile, 10 février 1976, Copenhague, galerie Birch.

7 **Écriture d'invention**

« Si tu entres dans ce tableau, tu iras loin », dit le poète.

En imitant l'écriture de Claude Roy (exercice 6), rédigez un poème qui décrive, de façon imagée, l'entrée dans le tableau et la découverte du monde qui y est représenté.

Littérature et peinture

8 **En vous appuyant à la fois sur le texte et sur le tableau, dites quels éléments font de ce portrait de Mme du Châtelet un modèle de la femme cultivée et intellectuelle du XVIIIe siècle.**

Texte

L'auteur de ce portrait, Mme de Graffigny, est une amie de Mme du Châtelet.

[Mme du Châtelet] passe toutes les nuits, presque sans exception jusqu'à cinq et sept heures du matin, à travailler… Vous croyez, vous autres, qu'elle doit dormir jusqu'à trois heures de l'après-midi, point du tout ; elle se lève à neuf ou dix heures du matin ; et à six heures quand elle s'est couchée à quatre heures. Bref elle ne dort que deux heures par jour, et ne quitte son secrétaire dans les vingt-quatre heures que le temps du café, qui dure une heure, et le temps du souper et une heure après. Quelquefois elle mange un morceau à cinq heures du soir, mais sur son secrétaire et encore bien rarement.

Mme de Graffigny, *Lettres* (posth., 1820, 1879).

Mme Du Châtelet à sa table de travail, école française du XVIIIe siècle, huile sur toile, 120 × 100 cm, Choisel, Château de Breteuil.

Chapitre 61

L'adaptation filmique

2de/1re

Mots clés

- transposition
- interprétation
- scénario
- récit

Observation

Texte

Décembre 1843, la neige tombe sur un petit village perdu de Haute-Provence.

Un jour, deux jours, trois jours, vingt jours de neige, jusqu'aux environs du 16 décembre. On ne sait pas exactement la date, mais enfin, 15, 16 ou 17, c'est un de ces trois jours-là, le soir, qu'on ne trouva plus Marie Chazottes.

– Comment, on ne la trouve plus ?

– Non, disparue.

– Qu'est-ce que vous me dites là ?

– Disparue depuis trois heures de l'après-midi. On a cru d'abord qu'elle était allée chez sa commère[1], non ; chez une telle, non. On ne l'a vue nulle part.

Le lendemain, à travers la neige qui continue à tomber dru, on voit passer Bergues avec ses raquettes et il descend du côté du cimetière des protestants, vers les Adrets. On en voit un autre qui monte vers la Plainie par le chemin des chèvres ; et un troisième qui file à Saint-Maurice pour, de là, après avoir cherché dans les vallons, aller prévenir les gendarmes.

Car Marie Chazottes a bel et bien disparu. Elle est sortie de chez elle vers les trois heures de l'après-midi, juste avec un fichu, et sa mère a même dû la rappeler pour qu'elle mette ses sabots ; elle sortait en chaussons, n'allant, dit-elle, que jusqu'au hangar de l'autre côté de la grange. Elle a tourné l'angle du mur et, depuis, plus rien.

Les uns disent… cinquante histoires naturellement, pendant que la neige continue à tomber, tout décembre.

Cette Marie Chazottes avait vingt ans, vingt-deux ans. Difficile aussi de savoir comment elle était, car ici on vous dit : « c'est une belle femme » pour « une grosse femme ». Belle ? Il faut de gros mollets, de grosses cuisses, une grosse poitrine et se bouger assez vite ; alors c'est beau. Sinon, on considère que c'est du temps perdu. On ira jusqu'à dire : « Elle est pas mal », ou « Elle est jolie », mais on ne dira jamais : « Elle est belle. »

La belle-mère de Raoul, tenez, c'est une Chazottes ; c'est même la fille de la tante de cette Marie de 43 ; une tante qui était plus jeune que sa nièce ; ce qui arrive très souvent par ici. Eh bien, voilà, celle-là, et par conséquent la femme de Raoul, est une Chazottes.

Jean Giono, *Un roi sans divertissement* (1948), © Gallimard.

1. voisine

Questions

1. Par quels moyens différents les informations sur la situation nous sont-elles données dans le roman et dans le film ? Ces informations sont-elles strictement les mêmes dans les deux cas ?
2. Quel est le mode de narration choisi dans le roman ? Quels effets ce choix produit-il sur le lecteur ? Le film les transpose-t-il ?
3. Comment le roman et le film créent-ils une atmosphère mystérieuse ?

Film

1. (2')
Chanson
Pourtant les auberges sont douces/
Où le vin fait tourner manège/
Pourquoi faut-il que les hommes s'ennuient ?

2. (3')
Sifflement du vent ; bruit des sabots du cheval.

3. (3')
L'enfant : Entrez capitaine.

4. (3′)
Le procureur : Déjà là ?
Langlois : Le piéton avait l'air de dire que ça pressait.
Le procureur : C'est évidemment pressé, asseyez-vous.

5. (5′)
Le procureur : Je voudrais… mettre les choses au point. Je ne suis pas qualifié pour vous charger d'une mission quelconque, enfin je ne suis plus qualifié… retraite professionnelle et retraite du monde.

6. (5′)
Le procureur : Je voulais dire que je ne pourrai pas vous couvrir, je ne suis plus qu'un simple particulier.
Langlois : Je ne demande pas à être couvert.
Le procureur : Je le savais.

7. (6′)
Le procureur : Entrons dans le vif du sujet. Nous sommes le 17 décembre, il y a donc cinq jours et ne me demandez pas pourquoi j'ai tant attendu, je vous ai parlé tout à l'heure de mon égoïsme.

8. (6′)
Le procureur : Une jeune femme, une jeune fille plutôt, a disparu du village.
Langlois : Partie ?
Le procureur : Tsst, disparue, ce n'est pas la même chose ; escamotée : elle est là, elle n'y est plus.

9. (7′)
Le procureur : Trois heures de l'après-midi, la neige tombe lourdement, sans vent, cette fille sort de la maison pour aller chercher du bois dans le hangar à dix mètres. […] Elle tourne l'angle du mur. Terminé.

10. (7′)
Langlois : Des traces ?
Le procureur : Aucune ! la neige tombe.
Langlois : On cherche ?
Le procureur : Partout.
Langlois : C'était qui, la fille ?

11. (7′)
Le procureur : Personne, mais, mais de la chair vive. N'importe quelle chair vive aurait fait l'affaire. Je vous dis mon point de vue.

Un roi sans divertissement, film écrit et dialogué par Jean Giono d'après son roman, réalisé par François Leterrier (1963), avec Charles Vanel (le procureur), Claude Giraud (le capitaine Langlois).

L'essentiel

Le genre littéraire le plus utilisé comme support d'adaptation cinématographique est le **roman**, mais on relève également de nombreux exemples d'adaptation d'**œuvres théâtrales**.

1. Les types d'adaptation

Différentes démarches

Une adaptation filmique peut obéir à des mobiles divers :

- L'**admiration du cinéaste** pour l'œuvre littéraire.
- La volonté de tirer parti du **succès rencontré par l'œuvre originale** auprès des lecteurs.
- Le recours à l'œuvre littéraire comme **simple base de scénario** ; l'histoire racontée est alors un matériau de départ avec lequel le film peut prendre des distances importantes.

Le film comme transposition de l'œuvre littéraire

- Une adaptation filmique est toujours une transposition de l'œuvre originale dans la mesure où le film utilise des matériaux d'expression différents de ceux de la littérature : l'image, le montage, le son. Toute adaptation implique également une **interprétation de l'œuvre** par les auteurs du film.
- On peut distinguer deux types majeurs de transposition :

– le film tend à **effacer les spécificités littéraires** de l'œuvre originale ;

– le film **revendique son origine littéraire** et tente de la rendre manifeste pour le spectateur.

L'adaptation filmique d'une œuvre théâtrale peut effacer les spécificités du genre (importance du texte, jeu outré des comédiens, artifice des décors) ou au contraire les conserver.

2. La transposition du récit

Un film, tout comme un roman ou une pièce de théâtre, raconte une histoire ; l'adaptation travaille donc sur les diverses composantes du récit.

Les personnages

On pourra observer, dans une analyse comparant l'œuvre littéraire et son adaptation, les éléments suivants :

- Le **nombre des personnages** : suppression ou ajout.
- Les **caractéristiques** physiques, psychologiques, langagières, sociales des personnages ;
- Leur **fonction dans l'histoire** ainsi que leur importance relative.

Remarque : le choix des comédiens joue un rôle considérable dans le traitement du personnage au cinéma ; par exemple, faire interpréter un rôle secondaire par une vedette a pour effet de mettre en relief le personnage.

L'histoire

Pour transposer une intrigue à l'écran, certains procédés sont couramment employés :

- La **simplification par suppression** d'épisodes jugés secondaires.

L'adaptation du roman de Flaubert *Madame Bovary*, réalisée par Claude Chabrol en 1991, supprime le récit de la jeunesse du personnage de Charles Bovary.

- La **mise en relief de certains épisodes**

  Les adaptations filmiques des pièces de Shakespeare, comme *Falstaff* d'Orson Welles (1966), donnent fréquemment aux scènes de bataille une importance que ne leur accordent pas les versions scéniques.

- La **modification d'épisodes essentiels** : ces changements affectent profondément la signification du récit ; c'est en particulier le cas lorsque le dénouement de l'œuvre originale est modifié.

La temporalité

- La **transposition historique** de l'action : elle consiste le plus souvent en une modernisation plus ou moins marquée.

  L'action du roman de Zola *La Bête humaine* (1890) se situe durant la seconde moitié du XIXe siècle. L'adaptation réalisée par Jean Renoir la déplace dans les années 1930.

- L'organisation temporelle s'opère souvent dans le sens d'une **simplification** ; un récit littéraire jouant sur des temporalités multiples peut ainsi devenir un récit linéaire et chronologique.

Les lieux

- La **multiplication des lieux** est fréquente dans l'adaptation d'une œuvre théâtrale, ceci afin d'éviter que l'action ne soit trop statique.
- La fonction des lieux peut se trouver modifiée ou conservée : le film soulignera éventuellement la **fonction symbolique** d'un lieu par des effets d'éclairage, par l'utilisation de la bande son.

3. Le traitement des spécificités littéraires

Le mode de narration

La transposition du récit romanesque pose certains problèmes : comment rendre compte d'une narration à la 1re personne ? des interventions du narrateur dans un récit à la 3e personne ? du discours intérieur des personnages ? Face à ces difficultés, le cinéma use traditionnellement de certains procédés :

- L'**usage de la voix-off** permettant de faire intervenir la voix d'un narrateur.
- Le **recours au dialogue** : une information délivrée par le narrateur interviendra dans les paroles prononcées par les personnages.
- Le **jeu sur le point de vue** : dans le cas de l'adaptation d'un récit à la 1re personne, le film pourra privilégier le point de vue du personnage principal.
- Le **jeu des comédiens** ainsi que l'usage de l'**échelle des plans** permettent de suggérer une émotion intérieure.

  Un gros plan brutal peut suggérer une émotion violente qui s'empare d'un personnage, émotion que le narrateur d'un récit pourrait expliquer.

Le style

Le metteur en scène peut chercher des **équivalents visuels** au style du romancier ; ainsi, l'usage de plans longs ou de plans-séquences vise à restituer l'effet produit par des phrases amples. Il peut tenter de restituer certaines **figures de style** : le rapprochement de deux plans peut ainsi avoir la valeur d'une métaphore.

1 **a. Quelles sont les principales informations que le roman nous délivre sur le personnage ? Quels moyens littéraires Balzac choisit-il pour présenter Rastignac ?**

b. Ces informations sont-elles reprises dans l'adaptation filmique ? La séquence présentée donne-t-elle des informations qui ne figurent pas dans l'extrait du roman ?

c. Quels moyens l'adaptation filmique choisit-elle pour délivrer au spectateur les informations sur Eugène de Rastignac ? Pour quelles raisons ?

L'action du roman de Balzac commence dans une pension de famille du Quartier latin tenue par Mme Vauquer. Le narrateur présente les différents pensionnaires.

En ce moment, l'une de ces deux chambres[1] appartenait à un jeune homme venu des environs d'Angoulême à Paris pour y faire son Droit, et dont la nombreuse famille se soumettait aux plus dures privations afin de lui envoyer douze cents francs par an. Eugène de Rastignac, ainsi se nommait-il, était un de ces jeunes gens façonnés au travail par le malheur, qui comprennent dès le jeune âge les espérances que leurs parents placent en eux, et qui se préparent une belle destinée en calculant déjà la portée de leurs études, et les adaptant par avance au mouvement futur de la société, pour être les premiers à la pressurer. [...]

Eugène de Rastignac avait un visage tout méridional, le teint blanc, des cheveux noirs, des yeux bleus. Sa tournure, ses manières, sa pose habituelle dénotaient le fils d'une famille noble, où l'éducation première n'avait comporté que des traditions de bon goût. S'il était ménager[2] de ses habits, si les jours ordinaires il achevait d'user les vêtements de l'an passé, néanmoins il pouvait sortir quelquefois mis comme l'est un jeune homme élégant. Ordinairement, il portait une vieille redingote, un mauvais gilet, la méchante cravate noire, flétrie, mal nouée de l'Étudiant, un pantalon à l'avenant et des bottes ressemelées.

Honoré de Balzac, *Le Père Goriot* (1835).

1. Il s'agit des chambres de la pension Vauquer. **2.** économe

Film

1.
Madame Vauquer : Une chaise, vite ! Monsieur Eugène de Rastignac...

2.
Eugène : Je suis étudiant, je viens à Paris, y étudier le droit.
Un étudiant : Le droit à Paris ? la ville la plus tordue du monde ?

3.
Vautrin : Allons goûtez-moi ça, un bon p'tit vin d'soif.

4.
Mme Couture : Les Rastignac ne sont pas alliés aux Beauséant ?

5.
Eugène : Si, madame, par les Marcillac : la vicomtesse de Beauséant est ma cousine.

6.
Goriot : La vicomtesse de Beauséant ?

7.
Vautrin : Et comment se fait-il, cousin d'une aussi grande dame, que vous soyez descendu dans notre modeste pension ?

8.
Eugène : Ma famille s'est appauvrie, il ne nous reste presque rien.

Le Père Goriot, adaptation et dialogues de Jean-Claude Carrière, réalisation Jean-Daniel Verhaeghe (2004).
Avec : Charles Aznavour (Goriot), Malik Zidi (Rastignac), Tchéky Karyo (Vautrin), Nadia Barentin (Mme Vauquer).

2 **a. Quelles difficultés le mode de narration adopté par Laclos peut-il présenter pour l'adaptation filmique ? Quels choix le film opère-t-il pour transposer les deux lettres ?**

b. Quelles caractéristiques majeures des différents personnages le roman fait-il apparaître ? Les retrouve-t-on dans l'adaptation ?

c. Par quels moyens le film fait-il comprendre au spectateur les sentiments éprouvés par le deux jeunes gens ?

La jeune Cécile Volanges vient de sortir du couvent où elle a été élevée : sa mère compte en effet lui faire épouser M. de Gercourt. Celui-ci a, autrefois, été l'amant de la marquise de Merteuil, mais il l'a abandonnée. Madame de Merteuil, blessée dans son orgueil, souhaite se venger de Gercourt. Elle décide d'utiliser le projet de mariage avec Cécile ; sachant que Gercourt tient avant tout à la virginité de celle qu'il doit épouser, la marquise décide de pousser Cécile à prendre un amant avant son mariage. Elle propose à son ami et confident Valmont de séduire Cécile, mais celui-ci refuse.

Lettre 5

La marquise de Merteuil au vicomte de Valmont

[…] Sachez pourtant que la petite Volanges a déjà fait tourner une tête. Le jeune Danceny en raffole. Il a chanté avec elle ; et en effet elle chante mieux qu'à une pensionnaire n'appartient[1]. Ils doivent répéter beaucoup de duos, et je crois qu'elle se mettrait volontiers à l'unisson : mais ce Danceny est un enfant qui perdra son temps à faire l'amour[2] et ne finira rien. La petite personne de son côté est assez farouche ; et, à tout événement, cela sera toujours beaucoup moins plaisant que vous n'auriez pu le rendre : aussi j'ai de l'humeur, et sûrement je querellerai le chevalier[3] à son arrivée. Je lui conseille d'être doux ; car, en ce moment, il ne m'en coûterait rien de rompre avec lui. Je suis sûre que si j'avais le bon esprit de le quitter à présent, il en serait au désespoir ; et rien ne m'amuse comme un désespoir amoureux. Il m'appellerait perfide, et ce mot de perfide m'a toujours fait plaisir ; c'est, après celui de cruelle, le plus doux à l'oreille d'une femme, et il est moins pénible à mériter. Sérieusement, je vais m'occuper de cette rupture. Voilà pourtant de quoi vous êtes cause ! aussi je le mets sur votre conscience.

Paris, ce 7 août 17**

1. mieux que ce qu'on attendrait de la part d'une pensionnaire 2. courtiser 3. amant de Mme de Merteuil, dont Valmont lui a conseillé de se séparer.

Lettre 7

Cécile Volanges à Sophie Carnay[1]

Si je ne t'ai rien dit de mon mariage, c'est que je ne suis pas plus instruite que le premier jour. Je m'accoutume à ne plus y penser et je me trouve assez bien de mon genre de vie. J'étudie beaucoup mon chant et ma harpe ; il me semble que je les aime mieux depuis que je n'ai plus de maître[2], ou plutôt que j'en ai un meilleur. M. le chevalier Danceny, ce monsieur dont je t'ai parlé, est avec qui j'ai chanté chez Madame de Merteuil, a la complaisance de venir ici tous les jours, et de chanter avec moi des heures entières. Il est extrêmement aimable. Il chante comme un ange, et compose de très jolis airs dont il fait aussi les paroles. C'est bien dommage qu'il soit chevalier de Malte[3] ! Il me semble que s'il se mariait sa femme serait bien heureuse… Il a une douceur charmante. Il n'a jamais l'air de faire un compliment, et pourtant ce qu'il dit flatte. Il me reprend sans cesse, tant sur la musique que sur autre chose ; mais il mêle à ses critiques tant d'intérêt et de gaieté, qu'il est impossible de ne pas lui en savoir gré. Seulement, quand il vous regarde, il a l'air de vous dire quelque chose d'obligeant. Il joint à tout cela d'être très complaisant. Par exemple, hier, il était prié d'un grand concert ; il a préféré de rester toute la soirée chez maman. Cela m'a fait bien plaisir ; car quand il n'y est pas, personne ne me parle, et je m'ennuie : au lieu que quand il y est, nous chantons et nous causons ensemble. Il a toujours quelque chose à me dire. Lui et Madame de Merteuil sont les deux seules personnes que je trouve aimables. Mais adieu, ma chère amie : j'ai promis que je saurais pour aujourd'hui une ariette[4] dont l'accompagnement est très difficile, et je ne veux pas manquer de parole. Je vais me remettre à l'étude jusqu'à ce qu'il vienne.

De…, ce 7 août 17**

Choderlos de Laclos, *Les Liaisons dangereuses* (1782).

1. amie et confidente de Cécile, restée au couvent 2. maître de musique 3. En tant que membre de l'ordre militaire et religieux des chevaliers de Malte, Danceny ne peut se marier. 4. courte mélodie légère et gracieuse

Film

1. *Musique et chants.*

2.

3.

4.

5.

6.

7. **Mme de Merteuil :** Chevalier, je ne crois pas que vous connaissiez ma cousine, Mme de Volanges, voici le chevalier Danceny.

8. Et Mlle sa fille, Cécile. Dites-nous ce qu'il faut penser de cet opéra.
Danceny : Oh ! Il est sublime…

9. … Vous ne trouvez pas ?

10. **Mme de Merteuil :** M. Danceny est l'un de ces rares excentriques qui viennent pour écouter la musique.

11. **Danceny :** Je serai enchanté de vous revoir à l'opéra.

12.

13. **Mme de Merteuil :** Charmant ce chevalier. Pas de fortune, hélas, mais… il est le meilleur professeur de solfège qui soit. Pourquoi ne pas l'employer, ma chère ?

Les Liaisons dangereuses, film réalisé par Stephen Frears ; scénario de Christopher Hampton d'après son adaptation théâtrale du roman de Choderlos de Laclos (1988), avec Glenn Close : Mme de Merteuil ; Uma Thurman : Cécile ; Keanu Reeves : Danceny ; Swoosie Kurtz : Mme de Volanges.

3 **a. Quels sont les différents lieux que vous pouvez identifier dans cette adaptation ?**

b. Pourquoi l'adaptation filmique ajoute-t-elle un prologue à la pièce ?

c. Comparez la didascalie indiquant le lieu de l'action et le décor choisi par l'adaptation filmique. Comment peut-on interpréter le choix du metteur en scène ?

d. Observez la lumière, le cadrage et l'expression des comédiens. Le spectateur a-t-il le sentiment de se trouver dans un univers de comédie ?

La scène se passe devant le château de la comtesse.

Acte premier
Scène 1 : Frontin, Trivelin

Frontin : Je pense que voilà le seigneur Trivelin ; c'est lui-même. Eh ! comment te portes-tu, mon cher ami ?
Trivelin : À merveille, mon cher Frontin, à merveille. Je n'ai rien perdu de ces vrais biens que tu me connaissais, santé admirable et grand appétit. Mais toi, que fais-tu à présent ? Je t'ai vu dans un petit négoce qui t'allait bientôt rendre citoyen de Paris ; l'as-tu quitté ?
Frontin : Je suis culbuté, mon enfant ; mais toi-même, comment la fortune t'a-t-elle traité depuis que je ne t'ai vu ?
Trivelin : Comme tu sais qu'elle traite tous les gens de mérite.
Frontin : Cela veut dire très mal ?
Trivelin : Oui. Je lui ai pourtant une obligation, c'est qu'elle m'a mis dans l'habitude de me passer d'elle. Je ne sens plus

ses disgrâces, je n'envie point ses faveurs, et cela me suffit ; un homme raisonnable n'en doit point demander davantage. Je ne suis pas heureux, mais je ne me soucie pas de l'être. Voilà ma façon de penser.

Marivaux, *La Fausse Suivante ou le Fourbe puni* (1724).

Film

1. Voix-off : Vous m'impatientez avec votre demoiselle, ne sauriez-vous pas m'appeler Monsieur ?

2.
L'actrice : Vous m'impatientez avec votre demoiselle, ne sauriez-vous pas m'appeler Monsieur ?

3.
Voix-off : Vous m'impatientez avec votre demoiselle, ne sauriez-vous pas m'appeler Monsieur ?

4.
Bruit de pas.

5.

6.

7.
Frontin : Mais je pense que voilà le seigneur Trivelin.

8.

9.
Frontin : C'est lui-même, et, comment te portes-tu, mon cher ami ?
Trivelin : À merveille mon cher Frontin, à merveille…

10. Je n'ai rien perdu de ces vrais biens que tu me connaissais, santé admirable et grand appétit. Mais toi, que fais-tu à présent ? Je t'ai vu dans un petit négoce qui t'allait bientôt rendre citoyen de Paris ; l'as-tu quitté ? »
Frontin : Je suis culbuté, mon enfant ; mais toi-même, comment la fortune t'a-t-elle traité depuis que je ne t'ai vu ?
Trivelin : Comme tu sais qu'elle traite tous les gens de mérite.
Frontin : Cela veut dire très mal ?
Trivelin : Oui. Je lui ai pourtant une obligation, c'est qu'elle m'a mis dans l'habitude de me passer d'elle. Je ne sens plus ses disgrâces, je n'envie point ses faveurs, et cela me suffit.

11.
Un homme raisonnable n'en doit point demander davantage. Je ne suis pas heureux, mais je ne me soucie pas de l'être. Voilà ma façon de penser.

La Fausse suivante, film réalisé par Benoit Jacquot (2000). Avec Isabelle Huppert : la comtesse ; Sandrine Kiberlain : le chevalier ; Pierre Arditi : Trivelin ; Philippe Vieux : Frontin.

Chapitre 62

Écrire, publier, lire

2de

Mots clés

- statut de l'auteur
- édition
- diffusion
- critique
- réception
- prix littéraire

Observation

Texte 1

À la veille de la parution de son roman Salammbô, *Flaubert en envoie un exemplaire au célèbre critique Sainte-Beuve.*

Paris, 24-25 novembre 1862

Mon cher Maître,

Voici enfin ma Carthaginoise[1]. Je vous l'envoie avec *tremblement*. Je n'ai plus maintenant rien à faire d'autre qu'à découvrir les fautes d'impression, les fautes de style, les fautes de grammaire, etc. – bref, qu'à m'humilier.

Je suis impatient de savoir ce que vous en pensez. Quand vous aurez fini la lecture de ce gros paquet, écrivez-moi un mot pour me dire le jour et l'heure où vous pourrez me recevoir. – Et je me précipiterai chez vous.

Mille poignées de main, cher Maître.

Tout à vous.

Gustave Flaubert, *Correspondance*.

1. Salammbô, héroïne du roman de Flaubert, est une princesse carthaginoise.

Texte 2

Le 9 avril 1921

Mon cher Marcel,

J'ai bien regretté de n'avoir pu aller chez vous hier soir. Mais je ne suis rentré chez moi que vers minuit et je n'ai appris que ce matin que vous m'aviez fait téléphoner.

La mise en pages de « GUERMANTES[1] » s'achève, mais il ne sera pas possible de faire la coupure entre les deux tomes à l'endroit que vous m'avez indiqué, sous peine d'avoir deux volumes d'une épaisseur très différente : l'un serait la moitié de l'autre. Il faudrait au contraire arriver à avoir deux volumes égaux. J'ai consulté à ce sujet Jacques Rivière ; nous vous proposons de placer la coupure :

Au placard 40 au moment où vous reprenez le récit du dîner Guermantes, après le passage sur M. et Mme de Guermantes au music-hall et sur les maîtresses du duc, la phrase :

« Et croyant par cette pitié qu'elle montrait à l'infortunée, [avoir] le droit d'être taquine avec elle, en sa présence même, quoi que celle-ci dît, pourvu que cela pût rentrer dans le cadre du caractère ridicule que le duc et la duchesse lui avaient récemment fabriqué, Mme de Guermantes ne se gênait pas d'échanger avec son mari des regards d'ironique intelligence. »

finirait le tome Ier [...]

Si cette coupure ne vous convenait pas, voulez-vous m'en indiquer une autre dans les mêmes parages, plutôt un peu avant. Naturellement j'aimerais avoir votre réponse le plus vite possible.

Bien affectueusement,

Gaston Gallimard

Marcel Proust/Gaston Gallimard, *Correspondance* (1912-1921),
© Gallimard, coll « NRF » (1989).

1. roman de Marcel Proust intitulé *Le Côté de Guermantes* et appartenant à l'ensemble romanesque *À la recherche du temps perdu*

Questions

1. Quels sentiments à l'égard de Sainte-Beuve la lettre de Flaubert semble-t-elle manifester ?
2. Dans quelle situation l'écrivain se trouve-t-il par rapport au critique ?
3. Quelles relations Marcel Proust et son éditeur Gaston Gallimard entretiennent-ils ?

L'essentiel

Une œuvre littéraire est le fruit d'un long processus de fabrication, de diffusion et de réception par les lecteurs.

Colporteur de livres à l'époque de François Ier, gravure sur bois extraite des *Cris de Paris* (XVIe siècle), Paris, Bibliothèque nationale de France.

1. L'édition du livre

Le statut de l'auteur

■ Jusqu'à la fin du XVIIIe siècle, l'écrivain vit souvent grâce au **système du mécénat** : un protecteur puissant entretient l'artiste et lui commande parfois des œuvres.

Louis XIV, protecteur de Molière, lui commande des comédies pour les fêtes données à Versailles.

■ À partir du XIXe siècle, le nombre des lecteurs s'accroît, l'édition se développe ; le **droit d'auteur** permet à l'écrivain d'être rémunéré en fonction de la vente de ses ouvrages. Le livre devient un objet de commerce ; l'auteur doit désormais composer avec les exigences des éditeurs et les attentes des lecteurs.

■ Aujourd'hui, l'image de l'écrivain comporte plusieurs facettes. Il est à la fois un **créateur artistique** et un **personnage public** qui doit participer à la promotion de son œuvre.

L'éditeur

■ Pour exister aux yeux du lecteur, **un manuscrit doit être édité**. Une maison d'édition peut être une **entreprise multinationale**, publiant des ouvrages très divers (livres de cuisine, manuels scolaires, romans…), une **petite entreprise**, voire une **association**, aux méthodes artisanales.

■ Les grands éditeurs ont recours à la publicité, ils **diffusent** largement leur production par l'intermédiaire des librairies, des marchands de journaux ou des hypermarchés. Ils font inviter leurs écrivains dans des **émissions télévisées** ou créent des **événements** pour la sortie d'un ouvrage. Les petites maisons d'édition, au contraire, ont peu accès aux médias et ne peuvent compter que sur un nombre restreint de points de vente.

■ L'éditeur peut intervenir à plusieurs stades de l'écriture de l'œuvre :

– en passant une **commande** auprès d'un écrivain ;

– en lui imposant d'**opérer des modifications**, des coupes, ou en lui demandant de récrire partiellement l'œuvre.

L'objet livre

■ Le livre est un objet destiné à la vente ; l'éditeur est donc particulièrement attentif à certains éléments de présentation :

– le **titre de l'œuvre**. Il a une fonction informative, car il suggère un contenu, mais il a aussi une fonction incitative : il crée chez le lecteur un désir ou une attente ;

Le titre *Hygiène de l'assassin,* d'Amélie Nothomb, est provocant car il associe deux termes dont les connotations sont opposées.

– la **première de couverture** donne au lecteur une impression initiale sur le livre : aussi est-elle parfois illustrée afin d'attirer le regard ;

– la **quatrième de couverture** offre souvent un résumé ou une présentation rapide de l'œuvre.

La diffusion du livre

■ Elle se fait par l'intermédiaire :

– des **librairies indépendantes** ou **organisées en réseaux**, appartenant à de grandes maisons d'édition ;

Chapitre 63

Du brouillon au texte publié

2de / 1re

Mots clés

- projet
- documentation
- brouillon
- correction

Observation

Victor Hugo, « Dolor »

Brouillon de mise au net du début du poème*

Création ! figure en deuil ! Isis austère
< trouble >
Peut-être l'homme est-il son spleen et son mystère ?
Peut-être qu'elle nous craint tous
Et qu'à l'heure où, ployés sous notre loi mortelle,
Effarés et pensifs, nous tremblons devant elle,
Elle frissonne devant nous !

[Pour qui luis-tu Vénus ? où roules-tu, Saturne ?
Ils vont : rien ne répond dans l'ombre taciturne
< grelotte >
L'homme tressaille seul et nu.
< est sur l'écueil >]

L'obscurité [immortelle] sans fond déborde, d'horreur pleine ;
L'énigme a peur du mot. L'infini semble à peine ;
Pouvoir contenir l'inconnu

< simplement >
Ne riez point. Souffrez gravement soyons dignes
Corbeaux, hiboux, vautours, de redevenir cygnes !
Courbons-nous sous l'obscure loi.
Ne jetons pas le doute aux flots comme une sonde.
Marchons sans savoir où, parlons sans qu'on réponde
Et pleurons sans savoir pourquoi.

Le signe [] désigne un passage barré sur le manuscrit.
Le signe < > signale un ajout entre deux lignes.

* Voir la reproduction du manuscrit autographe page 336.

Chat-huant devant les ruines du château de Vianden, dessin de Victor Hugo (1863), Paris, Bibliothèque nationale de France.

Début du poème publié

CRÉATION ! figure en deuil ! Isis austère !
Peut-être l'homme est-il son trouble et son mystère ?
Peut-être qu'elle nous craint tous,
Et qu'à l'heure où, ployés sous notre loi mortelle,
Hagards et stupéfaits, nous tremblons devant elle,
Elle frissonne devant nous !

Ne riez point. Souffrez gravement. Soyons dignes,
Corbeaux, hiboux, vautours, de redevenir cygnes !
Courbons-nous sous l'obscure loi.
Ne jetons pas le doute aux flots comme une sonde.
Marchons sans savoir où, parlons sans qu'on réponde,
Et pleurons sans savoir pourquoi.

Homme, n'exige pas qu'on trompe le silence ;
Dis-toi : Je suis puni. Baisse la tête et pense.
C'est assez de ce que tu vois.
Une parole peut sortir du puits farouche ;
Ne la demande pas. Si l'abîme est la bouche,
Ô Dieu, qu'est-ce donc que la voix ? […]

Nuit du 31 mars 1854

Contemplations, Livre VI, 17 (1856).

Questions

1. Quelle suppression le poète a-t-il opérée entre le brouillon et la version finale ? Cette suppression modifie-t-elle profondément le sens du poème ?
2. Quelles modifications lexicales pouvez-vous relever ? Quels peuvent en être les motifs ?

L'essentiel

Contrairement à un mythe répandu, l'écriture littéraire n'est pas seulement le fruit de l'inspiration de l'auteur ; l'œuvre est, le plus souvent, le résultat d'un long travail d'élaboration impliquant tâtonnements, réécritures, corrections.

1. L'élaboration de l'œuvre

L'origine de l'œuvre

L'écriture d'une œuvre littéraire correspond à un projet plus ou moins précis de la part de l'auteur ; ce projet peut être **longuement mûri**, ou, à l'inverse, naître de **circonstances ponctuelles** conduisant au désir d'écrire.

Le processus d'élaboration

Il est très variable en fonction des écrivains et des genres littéraires pratiqués.

- Certains écrivains se livrent à un **long travail de préparation** avant de rédiger l'œuvre ; c'est les cas des romanciers réalistes ou naturalistes. On parle alors d'**écriture programmée**.

  Pour Flaubert, l'élaboration d'une œuvre passe par un travail de lecture et de documentation sur le sujet dont il compte traiter ; il rédige des notes puis construit un plan très précis comportant les éléments essentiels de l'histoire racontée ; il se livre enfin au travail de rédaction à partir du plan.

- D'autres romanciers préfèrent rédiger à partir d'un **canevas succinct** ou se lancer dans l'écriture **sans projet véritablement fixé** ; l'œuvre s'élabore progressivement au fil des rédactions.

- La composition peut également obéir à des **contraintes fixées par l'usage ou par l'auteur lui-même**.

  Georges Perec, dans *La Disparition*, s'astreint à composer un roman dans lequel ne figure jamais la lettre « e ».

La rédaction

Suivant les auteurs, le processus de rédaction est plus ou moins long, plus ou moins complexe. La rédaction progresse suivant des **rythmes variables** en fonction du genre littéraire choisi, du projet poursuivi, des conditions matérielles dans lesquelles se trouve l'écrivain et de sa manière de travailler.

Stendhal a rédigé son roman *La Chartreuse de Parme* en cinquante-trois jours ; Flaubert a mis cinq années pour écrire *Madame Bovary*.

La publication

- L'éditeur, après avoir accepté le manuscrit, demande souvent à l'auteur de le **retravailler**. L'écrivain est également amené à se **relire** au moment où il reçoit les **jeux d'épreuves**, c'est-à-dire le texte composé en caractères d'imprimerie à partir du manuscrit. Certains écrivains profitent de cette étape pour opérer des modifications considérables.

  C'est le cas de Balzac, qui corrige, remanie et augmente ses manuscrits non seulement sur épreuves, mais aussi d'une édition à l'autre.

- Après une première publication, l'œuvre peut encore être remaniée par l'auteur, par exemple à l'occasion d'une réédition. Il existe alors pour le lecteur plusieurs versions différentes d'une même œuvre.

L'essentiel

2. Les brouillons

Les brouillons permettent d'étudier les cheminements de la pensée de l'auteur, ses hésitations.

Les interventions de l'auteur

On peut distinguer trois types d'intervention :

- **l'ajout** : l'auteur ajoute un mot, une phrase, un paragraphe, des chapitres entiers ;
- **l'élimination** : l'auteur supprime un passage plus ou moins long de son texte ;

  Hugo, en écrivant son poème « Dolor », supprime toute une strophe figurant sur le brouillon.

- **la substitution** : l'auteur supprime un élément du texte pour le remplacer par un autre. Il est alors possible de comparer les deux états du texte.

  Hugo, dans « Dolor », remplace au deuxième vers le mot anglais *spleen*, très utilisé par Baudelaire, par le mot *trouble* ; dans la deuxième strophe, il semble avoir hésité entre l'emploi de l'adverbe *simplement* et celui de l'adverbe *gravement*.

Ces interventions peuvent être motivées par des raisons très diverses : modifications ou précisions de la signification du texte, souci de rythme, d'harmonie sonore, volonté d'éviter la surcharge…

L'analyse des brouillons

- Elle se heurte à plusieurs difficultés :

– **la lisibilité** des brouillons : la calligraphie, les ajouts entre les lignes ou en marge sont parfois difficiles à déchiffrer ;

« Dolor », manuscrit autographe des *Contemplations* de Victor Hugo (1854), folio 417, Paris, Bibliothèque nationale de France.

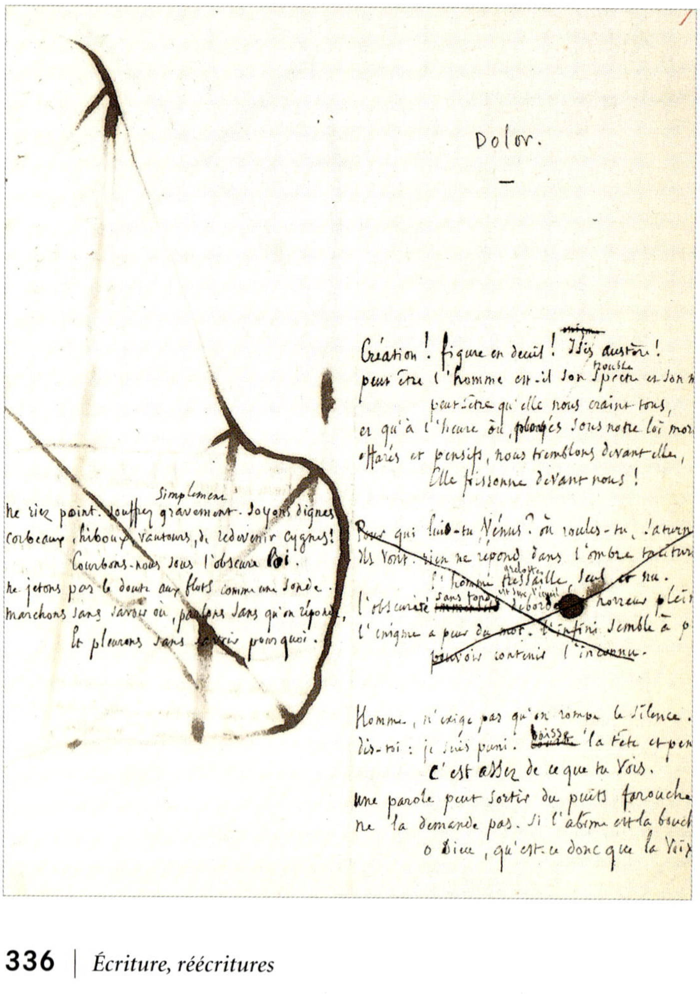

– **le caractère lacunaire** des brouillons : ceux-ci ne permettent pas de rendre compte de l'ensemble de la démarche de l'écrivain : de nombreuses étapes ne laissent pas nécessairement de traces, notamment les moments où l'écrivain réfléchit intérieurement à son texte.

- Elle permet néanmoins de mieux comprendre la démarche de création :

– elle met en évidence **les moments et le rythme de l'écriture** : on peut voir si le texte a été écrit d'un seul jet ou à plusieurs reprises ;

– elle permet de comprendre les difficultés auxquelles l'auteur a pu se heurter : l'introduction d'un dialogue ou d'une description, l'élimination d'une scène jugée trop longue ou inutile constituent des indications sur **les différentes étapes de la pensée de l'auteur**.

Remarque : au XXIe siècle, la rédaction au moyen de **logiciels de traitement de textes** modifie considérablement le statut du brouillon : l'écrivain dispose d'une grande liberté pour modifier ses ébauches successives ; en même temps, les traces concrètes du travail d'écriture disparaissent.

L'élaboration de l'œuvre

1 **a. Quel est, pour Zola, l'objectif de cette ébauche ?**

b. Quelles préoccupations s'y manifestent ?

Le texte suivant est constitué par un fragment de l'ébauche du roman d'Emile Zola, L'Assommoir.

Le roman doit être ceci : Montrer le milieu peuple, et expliquer par ce milieu les mœurs du peuple ; comme quoi, à Paris, la soûlerie, la débandade de la famille, les coups, l'acceptation de toutes les hontes et de toutes les misères viennent des conditions mêmes de l'existence ouvrière, des travaux durs, des promiscuités, des laisser-aller, etc. En un mot, le tableau très exact de la vie du peuple avec ses ordures, sa vie bâclée, son langage grossier ; et ce tableau ayant comme dessous – sans thèse cependant – le sol particulier dans lequel poussent toutes ces choses. Ne pas flatter l'ouvrier, ne pas le noircir. Une réalité absolument exacte. Au bout, la morale se dégageant elle-même. Un bon ouvrier fera l'opposition ; ou plutôt non, ne pas tomber dans le *Manuel*. Un effroyable tableau qui portera sa morale en soi.

Ma Gervaise Macquart doit être l'héroïne. Je fais donc la femme du peuple, la femme de l'ouvrier. C'est son histoire que je conte.

Son histoire est celle-ci. Elle s'est sauvée de Plassans à Paris avec son amant Lantier, dont elle a eu deux enfants, Claude et Étienne. Elle se sauve en 50. Elle a alors 22 ans. Claude a 8 ans et Etienne 4 ans. Lantier, un ouvrier tourneur, l'abandonne trois mois après son arrivée à Paris où elle a repris son état de blanchisseuse ; il se marie de son côté, sans doute. Elle se met avec Coupeau, un ouvrier zingueur qui l'épouse. Elle en a tout de suite une fille Anna en 51. Je la débarrasse de Claude dès que celui-ci a dix ou douze ans. Je ne lui laisse qu'Étienne et Anna. Au moment du récit, il faut qu'Anna ait au moins 14 ans et Étienne 18 ans. Mon drame aura donc lieu vers 1865. Je raconterai auparavant la vie de Gervaise.

Émile Zola, ébauche de *L'Assommoir* (1877).

2 **a. Quelle image du romancier Aragon refuse-t-il ?**

b. Comparez ce texte à celui de Zola (exercice 1) ; que constatez-vous ?

c. Pourquoi Aragon compare-t-il l'écrivain à un lecteur ?

Le romancier, tel qu'on se l'imagine, est une espèce d'ingénieur, qui sait fort bien où il en veut venir, résout des problèmes dont il connaît le but, combine une machine ou un pont, s'étant dit : « Je vais construire un pont comme-ci ou une machine comme-ça. » Voilà soixante-cinq ans que je me paye la tête de ceux qui ne doutent point que j'en agisse ainsi, puisque je devais avoir six ans quand j'ai commencé ce manège. C'est-à-dire à la fin de 1903 ou au début de 1904. Jamais je n'ai écrit une histoire dont je connaissais le déroulement, j'ai toujours été, écrivant, comme un lecteur qui fait la connaissance d'un paysage ou de personnages dont il découvre le caractère, la biographie, la destinée. D'emblée, me semble-t-il, cela se voit dans le « roman » daté 1903-1904, *Quelle âme divine !* qui est tout ce qui m'est resté de cette époque, et c'est peut-être pourquoi je l'ai mis en tête, vingt ans plus tard, du recueil de contes et nouvelles intitulé *Le Libertinage*.

L'incipit de ce texte montre assez bien le mécanisme que je décris :

« Venez vite ! Victor ! Marie ! Alfred ! René ! criait Norbert de Noissent. – Qu'est-ce qu'il y a ? dit Victor. – Il y a que nous partons de la rue Montorgueil, dit Robert. – Pour où ? dit Marie. – Pour où ? oui, pour où ? dit René – Pour le 33 de la rue Pierre-le-Grand, à Saint-Pétersbourg, dit Robert. – Ah, dit Alfred. – En effet, dit Monsieur de Noissent. – Oui, dit Madame de Noissent. »

C'est à partir de ce paragraphe qui porte le titre *Au 3ᵉ du 2 rue de Montorgueil* que toute l'histoire s'invente en commençant par abandonner l'appartement situé si précisément, avec les sept personnages posés comme les pions de la partie.

Louis Aragon, *Je n'ai jamais appris à écrire, ou Les Incipits*, © Skira, « Les sentiers de la création » (1969).

« Gustave Flaubert faisant l'autopsie d'Emma Bovary », caricature d'A. Lemot parue dans *La Parodie* (déc. 1869), Paris, Bibliothèque nationale de France.

3 **a. À quel rythme Flaubert semble-t-il travailler ?**

b. Quels problèmes d'écriture a-t-il rencontrés en écrivant son roman ?

c. Quelles informations cette lettre nous donne-t-elle sur la méthode de travail d'un écrivain ?

De 1851 à 1856, Gustave Flaubert travaille à l'élaboration et à l'écriture de son roman Madame Bovary.

À Louise Colet

[Croisset,] vendredi soir, minuit. [7 avril 1854.]

Je viens de recopier au net tout ce que j'ai fait depuis le jour de l'an, ou pour mieux dire depuis le milieu de février, puisqu'à mon retour de Paris j'ai tout brûlé. Cela fait treize pages, ni plus ni moins, treize pages en sept semaines. Enfin, elles sont faites, je crois, et aussi parfaites qu'il m'est possible. Je n'ai plus que deux ou trois répétitions du même mot à enlever et deux coupes trop pareilles à casser. Voilà enfin quelque chose de fini. C'était un dur passage : il fallait amener insensiblement le lecteur de la psychologie à l'action, sans qu'il s'en aperçoive. Je vais entrer maintenant dans la partie dramatique et mouvementée. Encore deux ou trois grands mouvements et j'apercevrai la fin. Au mois de juillet ou d'août, j'espère entamer le dénouement. Que de mal j'aurai eu, mon Dieu ! Que de mal ! Que d'échignements et de découragements ! J'ai passé hier toute ma soirée à me livrer à une chirurgie furieuse. J'étudie la théorie des pieds bots[1]. J'ai dévoré en trois heures tout un volume de cette intéressante littérature et pris des notes.

Gustave Flaubert, *Correspondance* (1851-1858), © Gallimard (2001).

1. Dans *Madame Bovary*, Charles Bovary, officier de santé, se livre à l'opération d'un pied-bot.

4 Exercice guidé

a. Quel usage Zola fait-il des notes de ses carnets d'enquête dans l'écriture de son roman ?

b. Quelles différences majeures pouvez-vous observer entre les notes et l'extrait du roman ?

Texte 1

Le texte suivant est constitué par des notes que prit Zola lors de l'enquête effectuée dans le nord de la France, avant l'écriture de son roman Germinal.

Concours de pinsons. Ce sont des cloutiers[1] qui s'y livrent, tous wallons[2]. Les cloutiers sont agglomérés autour des clouteries. Des affiches à la main sont apposées dans le débit[3], le concours est fixé à tel jour telle heure. Les cloutiers ont aveuglé les pinsons avec un fer rouge. Il y a deux sortes de pinsons, appelés, d'après leur chant : les *chicouïeux* et les *bastisecouic*, qui concourent en même temps. Les cloutiers arrivent donc au cabaret fixé avec une douzaine de cages sous les bras : ces cages sont des boîtes avec quelques barreaux, très obscures. On les pend à une muraille, à une palissade, et le concours commence. Le gagnant est celui qui, dans un temps fixé, une heure, aura répété sa phrase le plus de fois. Chaque cloutier est devant ses cages à compter les phrases sur une ardoise, et les voisins le surveillent, comme il les surveille. Chacun excite ses pinsons : chante encore un coup mon petit (en patois wallon). Il y a là parfois trente ou quarante personnes. Quelquefois deux cents pinsons, leur tapage. Cela amuse beaucoup. Les enjeux sont des cafetières en fer battu, des moulins à café, des foulards, etc.

Émile Zola, *Carnets d'enquête*.

1. ouvriers fabriquant des clous 2. originaires de la Wallonie, région constituant le sud de la Belgique 3. le débit de boisson, l'auberge

Texte 2

Un dimanche, Chaval, un mineur, se promène avec sa compagne.

Alors, en arrivant devant le débit de la *Tête-Coupée*, Chaval eut l'idée d'y faire entrer son amoureuse, pour assister à un concours de pinsons, affiché sur la porte depuis huit jours. Quinze cloutiers, des clouteries de Marchiennes, s'étaient rendus à l'appel, chacun avec une douzaine de cages ; et les petites cages obscures, où les pinsons aveuglés restaient immobiles, se trouvaient déjà accrochées à une palissade, dans la cour du cabaret. Il s'agissait de compter celui qui, pendant une heure, répéterait le plus de fois la phrase de son chant. Chaque cloutier, avec une ardoise, se tenait près de ses cages, marquant, surveillant ses voisins, surveillé lui-même. Et les pinsons étaient partis, les « chicouïeux » au chant plus gras, les « batisecouics » d'une sonorité aiguë, tout d'abord timides, ne risquant que de rares phrases, puis s'excitant les uns les autres, pressant le rythme, puis emportés enfin d'une telle rage d'émulation, qu'on en voyait tomber et mourir. Violemment, les cloutiers les fouettaient de la voix, leur criaient en wallon de chanter encore, encore, encore un petit coup ; tandis que les spectateurs, une centaine de personnes, demeuraient muets, passionnés, au milieu de cette musique infernale de cent quatre-vingts pinsons répétant tous la même cadence, à contre-temps. Ce fut un « batisecouic » qui gagna le premier prix, une cafetière en fer battu.

Émile Zola, *Germinal*, III, 2 (1885).

→ Les questions à vous poser

- Quels éléments concrets Zola conserve-t-il dans l'extrait du roman ?
- Quels éléments concrets modifie-t-il ? Pourquoi ?
- Quel est l'intérêt de ce passage pour le lecteur ? Pourquoi Zola a-t-il eu besoin d'un carnet d'enquête ?
- Comparez le temps des verbes dans les deux textes.
- Comparez, à partir de quelques exemples, la composition des phrases.
- Le texte des carnets d'enquête produit-il sur le lecteur le même effet que le texte du roman ?

5

Voici deux version successives d'un poème de Paul Verlaine, « Croquis parisiens ».

a. En quoi ces deux versions diffèrent-elles ?

b. Quels sont les effets produits par ce choix du poète ?

• Version initiale

La lune plaquait ses teintes de zinc
Par angles obtus.
Des bouts de fumée en forme de cinq
Sortaient drus et noirs des hauts toits pointus.

Le ciel était gris. La bise pleurait
Ainsi qu'un basson.
Au loin un matou frileux et discret
Miaulait d'étrange et grêle façon.

Le long des maisons, escarpe[1] et putain
Se coulaient sans bruit,
Guettant le joueur au pas argentin
Et l'adolescent qui mord à tout fruit.

Moi j'allais rêvant du divin Platon[2]
Et de Phidias[3]
Et de Salamine et de Marathon[4],
Sous l'œil clignotant des bleus becs de gaz.

1. bandit, voyou 2. philosophe grec 3. sculpteur grec 4. victoires remportées par les Grecs sur les Perses en 490 et 480 av. J-C.

• **Version finale**

La lune plaquait ses teintes de zinc
Par angles obtus.
Des bouts de fumée en forme de cinq
Sortaient drus et noirs des hauts toits pointus.

Le ciel était gris. La bise pleurait
Ainsi qu'un basson.
Au loin un matou frileux et discret
Miaulait d'étrange et grêle façon.

Moi j'allais, rêvant du divin Platon
Et de Phidias,
Et de Salamine et de Marathon,
Sous l'œil clignotant des bleus becs de gaz.

Paul Verlaine, « Croquis parisiens », *Poèmes saturniens* (1866).

L'analyse des brouillons et variantes

6 **a. Quelles modifications majeures pouvez-vous relever entre le manuscrit et la version publiée de cette scène d'exposition ?**

b. Qu'apportent ces modifications à la scène ?

• **Manuscrit**

ACTE I
Désespoir de Caligula
Scène 1

Premier Sénateur : Il n'est pas encore revenu ?
Deuxième Sénateur : Non.
Troisième Sénateur : On l'a recherché dans toute la campagne. Des courriers sont partis.
Deuxième Sénateur : Voilà déjà trois jours qu'il s'est enfui.
Premier Sénateur : Oui, je l'ai vu passer. Il avait le regard d'une bête blessée.
Deuxième Sénateur : C'est inquiétant.
Premier Sénateur : Non, tous les jeunes gens se ressemblent.
Troisième Sénateur : Bien entendu. L'âge efface tout.
Deuxième Sénateur : Vous croyez ?
Troisième Sénateur : Mais oui. Les peines d'amour ne durent pas.
Premier Sénateur : Il oubliera.
Deuxième Sénateur : C'est vrai, une de perdue, dix de retrouvées.
Troisième Sénateur : Êtes-vous capable de souffrir plus d'un an ?
Premier Sénateur : Moi, non.
Troisième Sénateur : Personne n'a ce pouvoir.
Deuxième Sénateur : Heureusement, la vie serait impossible.
Troisième Sénateur : Vous voyez bien. Tenez, moi, j'ai perdu ma femme l'an passé. J'ai beaucoup pleuré. Et puis j'ai oublié. De temps en temps, j'ai de la peine. Mais surtout quand je pense qu'elle m'a laissé seul.
Premier Sénateur : C'est naturel.
Entrent Cherea et Hélicon.

Albert Camus, *Caligula* (1944), « Notes et variantes », © Gallimard, coll. « Pléiade » (1974).

• **Version publiée**

ACTE I
Scène première

Des patriciens, dont un très âgé, sont groupés dans une salle du palais et donnent des signes de nervosité.

Premier Praticien : Toujours rien.
Le Vieux Praticien : Rien le matin, rien le soir.
Deuxième Praticien : Rien depuis trois jours.
Le Vieux Praticien : Les courriers partent, les courriers reviennent. Ils secouent la tête et disent : « Rien. »
Deuxième Praticien : Toute la campagne est battue, il n'y a rien à faire.
Premier Praticien : Pourquoi s'inquiéter à l'avance ? Attendons. Il reviendra peut-être comme il est parti.
Le Vieux Praticien : Je l'ai vu sortir du palais. Il avait un regard étrange.
Premier Praticien : J'étais là aussi et je lui ai demandé ce qu'il avait.
Deuxième Praticien : A-t-il répondu ?
Premier Praticien: Un seul mot : « Rien. »
Un temps. Entre Hélicon, mangeant des oignons.
Deuxième Praticien *(toujours nerveux)* : C'est inquiétant.
Premier Praticien : Allons, tous les jeunes gens sont ainsi.
Le Vieux Praticien : Bien entendu, l'âge efface tout.
Deuxième Praticien: Vous croyez ?
Premier Praticien : Souhaitons qu'il oublie.
Le Vieux Praticien : Bien sûr ! Une de perdue, dix de retrouvées.
Hélicon : Où prenez-vous qu'il s'agisse d'amour ?
Premier Praticien : Et de quoi d'autre ?
Hélicon : Le foie peut-être. Ou le simple dégoût de vous voir tous les jours. On supporterait tellement mieux nos contemporains s'ils pouvaient de temps en temps changer de museau. Mais non, le menu ne change pas. Toujours la même fricassée.
Le vieux Praticien : Je préfère penser qu'il s'agit d'amour. C'est plus attendrissant.
Hélicon : Et rassurant, surtout, tellement plus rassurant. C'est le genre de maladies qui n'épargnent ni les intelligents ni les imbéciles.

Albert Camus, *Caligula* (1944), © Gallimard, coll. « Pléiade » (1974).

L'essentiel

• La nouvelle de Marcel Aymé *Le Passe-muraille* commence ainsi :

« Il y avait à Montmartre, au troisième étage du 75 bis de la rue d'Orchampt, un excellent homme nommé Dutilleul qui possédait le don singulier de passer à travers les murs sans en être incommodé. » (Le Passe-muraille, 1943*)*

• G-A Masson en propose le pastiche suivant :

« Il y avait à Montmartre, au cinquième étage du 122 ter de la rue Norvins, un quadragénaire appelé Mouton qui possédait l'étrange don de faire tourner sa femme en bourrique. Ainsi parlait l'intéressée elle-même, dans ses confidences à la crémière. Mais la locution devait être prise au figuré. » (« Le don », À la façon de, 1949*)*

→ **Chapitre 48**
Le registre épique,
p. 232

■ **La parodie** détourne une œuvre initiale en modifiant ses constituants afin de **faire rire** le lecteur. Elle implique souvent une dévalorisation comique de cette œuvre : la parodie vise ainsi à en faire apparaître les aspects jugés ridicules. Elle peut avoir recours à l'exagération, transformer un texte grave en texte comique, faire passer d'un style noble à un style grossier.

4. Mythe et réécriture

■ Un mythe **répond aux grandes interrogations de l'être humain** :

– interrogations **métaphysiques** : c'est le cas des mythes expliquant la création du monde ;

– interrogations **psychologiques et morales** : le combat du bien et du mal, la nature de la justice, les dangers que font courir certaines attitudes ;

La chute d'Icare, mort pour avoir voulu voler trop près du soleil, illustre les dangers liés à l'orgueil de l'homme.

– interrogations **esthétiques**.

Le mythe grec d'Orphée illustre les mystères de la création artistique.

■ Suivant les époques, un mythe est sujet à de **nombreuses réécritures et transpositions**. Les réécritures d'un mythe conservent le plus souvent les noms et les apparences des personnages, la trame générale du récit, mais elles peuvent modifier les lieux, l'époque, les genres, les registres…

Pieter Brueghel (1525-1569), *La Chute d'Icare* (1555), Bruxelles, musée des Beaux-Arts.

■ Le **sens d'un mythe** peut se voir modifié notamment par le contexte historique. Ainsi, la mythologie grecque a permis à certains auteurs, lors de conflits ou de guerres, de développer leur pensée tout en se protégeant de la censure. Le mythe prend une nouvelle signification politique.

Dans son *Antigone*, pièce écrite en 1942, Jean Anouilh reprend les éléments majeurs du mythe grec tels qu'il apparaissent dans la tragédie de Sophocle : mais l'héroïne est alors perçue comme l'incarnation de la Résistance face à l'oppresseur nazi ou vichyste.

La référence

1 **a. Quel vers de Lamartine est repris dans le texte de Giraudoux ? Avec quelle transformation ?**

b. Quel est le thème commun aux deux extraits ? En quoi diffèrent-ils ? Quel sens peut-on donner à la transformation du vers de Lamartine ?

Texte 1

De colline en colline en vain portant ma vue,
Du sud à l'aquilon[1], de l'aurore au couchant,
Je parcours tous les points de l'immense étendue,
Et je dis : « Nulle part le bonheur ne m'attend. »

Que me font ces vallons, ces palais, ces chaumières,
Vains objets dont pour moi le charme est envolé ?
Fleuves, rochers, forêts, solitudes si chères,
Un seul être vous manque et tout est dépeuplé !

Lamartine, *Méditations poétiques*, « L'Isolement » (1820).

1. au nord

Texte 2

Pâris, fils du roi de Troie, a enlevé la belle Hélène, épouse du roi grec Ménélas : les Grecs envoient des ambassadeurs à Troie : Hector, frère de Pâris, lui demande de renoncer à Hélène afin d'éviter le guerre.

Hector : […] Nous te connaissons. Ce n'est pas la première séparation que tu acceptes.

Pâris : Mon cher Hector, c'est vrai. Jusqu'ici, jusqu'ici j'ai toujours accepté d'assez bon cœur les séparations. La séparation d'avec une femme, fût-ce la plus aimée, comporte un agrément que je sais goûter mieux que personne. La première promenade solitaire dans les rues de la ville au sortir de la dernière étreinte, la vue du premier petit visage de couturière, tout indifférent et tout frais, après le départ de l'amante adorée au nez rougi par les pleurs, le son du premier rire de blanchisseuse ou de fruitière, après les adieux enroués par le désespoir, constituent une jouissance à laquelle je sacrifie bien volontiers les autres. Un seul être vous manque et tout est repeuplé… Toutes les femmes sont créées à nouveau pour vous, toutes sont à vous, et cela dans la liberté, la dignité, la paix de votre conscience…

Jean Giraudoux, *La guerre de Troie n'aura pas lieu*,
Acte I, sc. 4 (1935), © Bernard Grasset.

2 **Voici deux séries de titres d'œuvres littéraires. Mettez en relation ceux de la première liste avec ceux de la seconde liste, en précisant, dans chaque cas, le procédé utilisé pour la réécriture de ces différents titres.**

• Liste 1 (titres transformés)

Vendredi ou La Vie sauvage (Michel Tournier, 1972) – *Ubu roi* (Alfred Jarry, 1986) – *La Franciade* (Ronsard, 1572) – *Virginie Q.* (Patrick Rambaud, 1988) – *Docteur Faustus* (Thomas Mann, 1947) – *Le Chat Beauté* (Paul Guth, 1977) – *Guère épais* (G. Million, 1995) – *Le Sabotage amoureux* (Amélie Nothomb, 1993).

• Liste 2 (titres originaux)

L'Iliade (Homère, VIIIe siècle avant J.-C.) – *Le Chat botté* (Charles Perrault, 1697) – *Emily L.* (Marguerite Duras, 1988) – *Robinson Crusoé* (Daniel Defoe, 1719) – *Le Dépit amoureux* (Molière, 1656) – *Œdipe roi* (Sophocle, Ve siècle avant J.-C.) – *Faust* (Goethe, 1808) – *Guerre et paix* (Léon Tolstoï, 1865).

Pastiche et parodie

3 **a. En quoi les deux textes se ressemblent-ils ?**

b. Le texte 2 vous paraît-il relever du pastiche ? de la parodie ?

Texte 1

Charles Swann, riche mondain, s'est épris d'Odette de Crécy : il la retrouve régulièrement dans les soirées données par M. et Mme Verdurin.

Comme tout ce qui environnait Odette et n'était en quelque sorte que le mode selon lequel il pouvait la voir, causer avec elle, il aimait la société des Verdurin. Là, comme au fond de tous les divertissements, repas, musique, jeux, soupers costumés, parties de campagne, parties de théâtre, même les rares « grandes soirées » données pour les « ennuyeux »[1], il y avait la présence d'Odette, la vue d'Odette, la conversation avec Odette, dont les Verdurin faisaient à Swann, en l'invitant, le don inestimable, il se plaisait mieux que partout ailleurs dans le « petit noyau »[2], et cherchait à lui attribuer des mérites réels, car il s'imaginait ainsi que par goût, il le fréquenterait toute sa vie. Or, n'osant pas se dire, par peur de ne pas le croire, qu'il aimerait toujours Odette, du moins en supposant qu'il fréquenterait toujours les Verdurin (proposition qui, a priori, soulevait moins d'objection de principe de la part de son intelligence), il se voyait dans l'avenir continuant à rencontrer chaque soir Odette : cela ne revenait peut-être pas tout à fait au même que l'aimer toujours, mais, pour le moment, pendant qu'il aimait, croire qu'il ne cesserait pas un jour de la voir, c'est tout ce qu'il demandait.

Marcel Proust, *Un amour de Swann* (1913).

1. Mme Verdurin appelle « ennuyeux » ceux qui ne fréquentent pas régulièrement son salon. 2. petit groupe des habitués du salon Verdurin

Texte 2

Je me souviens que Swan devait dîner ce soir-là chez les Verdurin, quand, vers six heures, un billet d'Odette de Crécy l'informa qu'elle souhaitait passer la soirée avec lui, pour qu'ils entendissent ensemble le ténor varsovien Skotchviski dans son interprétation du rôle de Tristan, car, assurait-on, nul autant que ce Polonais n'en avait mieux rendu, selon la tradition wagnérienne, les nuances passionnées. Malgré l'agrément qu'il pouvait espérer d'un tête-à-tête souhaité avec Odette, dont il posait l'excellence a priori, et tenait la suprahumanité pour séraphique[1], l'idée de bouleverser ses prévisions n'était pas agréable à Swan, bien que [...] il n'attendît pas grande délectation de cette soirée passée chez les Verdurin où chacun lui était connu et où les noms et les visages, en s'ordonnant et en se composant les uns relativement aux autres, en nouant des rapports de plus en plus nombreux, imitent ces œuvres d'art, où il n'y a pas une touche qui ne soit isolée, où chaque partie, tour à tour, reçoit des autres sa raison d'être et leur impose la sienne.

Paul Reboux et Charles Muller, « Un mot à la hâte », *À la manière de...* (1925), © Bernard Grasset.

1. angélique, céleste

4 **a. Pourquoi peut-on parler de parodie à propos des toiles de Fernand Léger et de Jean-Michel Basquiat ?**

b. En observant les transformations opérées, dégagez les différentes significations que l'on peut donner à ces parodies.

1. Léonard de Vinci, *La Joconde* (1503-1507), Paris, musée du Louvre.

2. Fernand Léger, *La Joconde aux clés* (1930), Biot, musée national Fernand-Léger.

3. Jean-Michel Basquiat, *Mona Lisa (1983)*, acrylique crayon gras sur toile, coll.part.

Mythe et réécriture

5 **a. Reconstituez la trame narrative de l'histoire.**

b. Cherchez dans un dictionnaire ou dans une encyclopédie qui sont les Atrides.

c. À quels personnages de la mythologie correspondent le jeune meurtrier Goulven, sa sœur aînée, leur mère Irène et leur père décédé ?

d. Comment l'auteur du roman utilise-t-il le mythe grec ?

Le commissaire Laviolette vient de trouver le responsable de plusieurs meurtres dans Digne : c'est un jeune garçon de douze ans, nommé Goulven. Sa sœur aînée, infirme, explique les actes de l'enfant en évoquant la première scène d'amour à laquelle ils ont assisté fortuitement, entre leur mère et un inconnu.

« Ma mère… Maman… a été inconsolable de la mort de mon père… Pendant six mois… Alors, elle a acheté ce magasin pour se distraire. Et puis un soir, elle est revenue radieuse, mais elle essayait de le cacher. Seulement, moi, de ma fenêtre, je la voyais arriver, sauter joyeusement de voiture, claquer la portière, grimper légèrement les marches du perron… Comme… Comme si elle avait des ailes. Dès qu'elle était avec nous, pourtant, elle essayait de se faire triste, de se forcer pour être gaie avec nous. […]

J'avais eu le temps de voir, moi aussi, reprit-elle. En un éclair. Ma mère… attentive comme si elle priait, longuement, les yeux fermés, avec cet air adorable qui la rendait pareille à un enfant de dix ans… Ma mère… Et l'autre… Avec une barbe noire… Tout bouclé… Tout noir… Tout… […] J'ai dit à Goulven que j'allais m'évanouir, qu'il fallait me ramener chez moi. Il était épuisé lui-même. Bouleversé. Il tremblait. D'habitude, quand il avait un gros chagrin, il courait vers maman, pour qu'elle le console, à n'importe quelle heure. Il lui arrivait de courir d'une traite d'ici jusqu'au magasin. Il pleurait. Il avait un chagrin comme jamais il n'en avait eu et cette fois, il lui fallait le subir seul ! Ils m'ont couchée tous les deux, Marie-Aimée et lui. Il n'a pas voulu aller dans sa chambre. On n'a pas dormi. Il s'est allongé contre moi. J'étais son dernier refuge. Toutes les demi-heures, il répétait : « Je le tuerai ! » Il s'est assoupi une heure. Quand il s'est réveillé, il m'a affirmé : « Je te jure que je le tuerai ! […] »

Pierre Magnan, *Le Sang des Atrides*,

VERS LE BAC

TEXTES : 1. Théophraste, *Caractères* (vers 320 av. J.-C.).
2. La Bruyère, *Les Caractères* (1688-1696).

Texte 1

Le nouvelliste

Voici quelle sorte d'homme est le nouvelliste. Rencontre-t-il un ami, aussitôt, l'air épanoui et avec un sourire entendu, il l'interroge : « D'où viens-tu ? Que racontes-tu ? Quoi, tu ne sais rien de l'événement du jour ? » Et, insistant : « On ne raconte aucune nouvelle ? Il y en a pourtant d'excellentes. » Puis, sans laisser à l'autre le temps de répondre : « Comment ? tu n'as rien appris ? Eh bien je vais te régaler, je crois, de grandes nouveautés. » Et alors, ou bien c'est d'un tel, soldat, qu'il tient la chose, ou bien d'un esclave d'Astéios, le joueur de flûte, ou bien de Lycon, l'entrepreneur, tous gens qui ne font qu'arriver de la bataille. Dans ses histoires, il a toujours ainsi des garants qu'on ne saurait attaquer. Il raconte donc, d'après leur témoignage, que Polyperchon et le roi ont été vainqueurs et que Cassandre est prisonnier. Et, si on lui objecte : « Mais tu crois à ces nouvelles ? » il vous répondra que la chose est sûre, et que ce n'est qu'un cri par toute la ville, que le bruit prend de plus en plus de consistance, qu'il n'y a pas même une voix discordante, qu'on donne partout les mêmes détails et que la bataille a été une véritable boucherie.

Trad. Octave Navarre,

Texte 2

Portrait d'Arrias

Arrias a tout lu, a tout vu, il veut le persuader ainsi, c'est un homme universel, et il se donne pour tel : il aime mieux mentir que de se taire ou de paraître ignorer quelque chose : on parle à la table d'un Grand d'une cour du Nord, il prend la parole et l'ôte à ceux qui allaient dire ce qu'ils en savent : il s'oriente dans cette région lointaine comme s'il en était originaire : il discourt des mœurs de cette cour, des femmes du pays, de ses lois, de ses coutumes : il récite des historiettes qui y sont arrivées, il les trouve plaisantes et il en rit le premier jusqu'à éclater : quelqu'un se hasarde de le contredire et lui prouve nettement qu'il dit des choses qui ne sont pas vraies : Arrias ne se trouble point, prend feu au contraire contre l'interrupteur : je n'avance, lui dit-il, je ne raconte rien que je ne sache d'original : je l'ai appris de Sethon, ambassadeur de France en cette cour, revenu à Paris depuis quelques jours, que je connais familièrement, que j'ai fort interrogé, et qui ne m'a caché aucune circonstance : il reprenait le fil de sa narration avec plus de confiance qu'il ne l'avait commencée, lorsqu'un des convives lui dit : « c'est Sethon à qui vous parlez, lui-même, et qui arrive de son ambassade. »

Questions

1. Pourquoi peut-on parler de réécriture à propos du texte de La Bruyère ?
2. Quelles modifications apporte-t-il au texte initial de Théophraste ?

Travail d'écriture

Proposez un plan de commentaire pour le texte de La Bruyère.

Objet d'étude

Les réécritures

Corpus

1. SOPHOCLE, *Antigone* (vers 442 avant J.-C.)
2. ROTROU, *Antigone*, Acte IV, scène 3 (1638).
3. COCTEAU, *Antigone* (1922).
4. ANOUILH, *Antigone* (1944).

TEXTE 1 : Sophocle, *Antigone* (vers 442 avant J.-C.)

Les deux fils d'Œdipe, roi de Thèbes, se disputent sa succession. Pour vaincre son frère Etéocle, qui s'est emparé du trône, Polynice fait appel au soutien de rois étrangers et, avec l'aide de leurs troupes, assiège sa propre cité. Mais l'armée de Polynice est vaincue; au cours de la bataille, les deux frères sont tués. Un nouveau roi est désigné: il s'agit de Créon, oncle d'Étéocle et de Polynice. Créon ordonne que les honneurs funèbres soient rendus à Étéocle, qui a combattu pour sa patrie, mais il les refuse à Polynice, qui a trahi la cité. Créon annonce que tout citoyen de Thèbes qui tentera d'ensevelir le corps de Polynice sera condamné à mort. Antigone, sœur de Polynice et fiancée d'Hémon, fils de Créon, désobéit.

Créon *(à Antigone)*: Et toi, maintenant réponds en peu de mots. Connaissais-tu l'interdiction que j'avais fait proclamer?

Antigone: Comment ne l'aurais-je pas connue? Elle était publique.

Créon: Et tu as osé passer outre à mon ordonnance?

Antigone: Oui, car ce n'est pas Zeus qui l'a promulguée, et la Justice qui siège auprès des dieux de sous terre n'en a point tracé de telles parmi les hommes. Je ne croyais pas, certes, que tes édits eussent tant de pouvoir qu'ils permissent à un mortel de violer les lois divines: lois non écrites, celles-là, mais intangibles. Ce n'est pas d'aujourd'hui ni d'hier, c'est depuis l'origine qu'elles sont en vigueur, et personne ne les a vues naître. Leur désobéir, n'était-ce point, par un lâche respect pour l'autorité d'un homme, encourir la rigueur des dieux? Je savais bien que je mourrais; c'était inévitable – et même sans ton édit! Si je péris avant le temps, je regarde la mort comme un bienfait. Quand on vit au milieu des maux, comment n'aurait-on pas avantage à mourir? Non, le sort qui m'attend n'a rien qui me tourmente. Si j'avais dû laisser sans sépulture un corps que ma mère a mis au monde, je ne m'en serais jamais consolée; maintenant, je ne me tourmente plus de rien. Si tu estimes que je me conduis comme une folle, peut-être n'as-tu rien à m'envier sur l'article de la folie!

Le Coryphée[1] **:** Comme on retrouve dans la fille le caractère intraitable du père! Elle ne sait pas fléchir devant l'autorité.

Créon: Apprends que les volontés trop rigides se brisent le plus facilement. Le fer massif, si tu le durcis au feu, tu le vois presque toujours éclater et se rompre. Mais je sais aussi qu'un léger frein a bientôt raison des chevaux rétifs. Oui, l'orgueil sied mal à qui dépend du bon plaisir d'autrui. Celle-ci savait parfaitement ce qu'elle faisait quand elle s'est mise au-dessus de la loi. Son forfait accompli, elle pèche une seconde fois par outrecuidance[2] lorsqu'elle s'en fait gloire et sourit à son œuvre. En vérité, de nous deux, c'est elle qui serait l'homme si je la laissais triompher impunément. Elle est ma nièce, mais me touchât-elle par le sang de plus près que tous ceux qui dépendent du Zeus de notre maison, ni elle ni sa sœur n'échapperont à une mort infâme. Car j'accuse également Ismène d'avoir comploté avec elle cette inhumation. Qu'on l'appelle: je l'ai rencontrée tout à l'heure dans le palais, l'air égaré, hors d'elle. Or ceux qui trament dans l'ombre quelque mauvais dessein se trahissent toujours par leur agitation… Mais ce que je déteste, c'est qu'un coupable, quand il se voit pris sur le fait, cherche à peindre son crime en beau.

Antigone: Je suis ta prisonnière; tu vas me mettre à mort: que te faut-il de plus?

Créon: Rien. Ce châtiment me satisfait.

trad. R. Pignarre, © Garnier-Flammarion (2000).

1. Le coryphée est le chef du chœur dans les tragédies grecques antiques.
2. prétention, arrogance

TEXTE 2 : Rotrou, *Antigone*, Acte IV, scène 3 (1638).

Scène 3
Créon, Cléodamas, Éphise[1], un capitaine, Antigone, Argie[2], Ménette[3]

Créon
Voyez quelle assurance en cet œil effronté !
Quel superbe maintien et quelle égalité !
D'un seul signe d'effroi ce front est-il capable ?
Qui de nous semble mieux le juge ou le [coupable ?
Parle, t'a-t-on surprise en ce fatal devoir
Qui si visiblement contredit mon pouvoir ?

Antigone
Non ; l'on m'a prise, Sire, on ne m'a pas [surprise.
On ne saurait surprendre en si juste entreprise.

Argie
J'ai seule transgressé cet arrêt inhumain :
Sire, elle n'a rien fait que me prêter la main.

Ménette
C'est à moi, sire, à moi qu'en est dû le supplice ;
Je suis auteur de tout, elle n'est que complice.

Créon
Et ne saviez-vous pas que cet acte, en effet,
Était contrevenant à l'arrêt que j'ai fait ?

Antigone
Je n'en pouvais douter, puisqu'aucun ne [l'ignore.

Argie
Oui, je le savais bien.

Ménette
Et moi mieux qu'elle encore.

Créon
Vous faisiez donc vertu de transgresser mes [lois ?

Antigone
Oui, pour servir les dieux qui sont plus que des [rois.

Argie
Pour faire honneur au ciel au mépris de la [terre.

Ménette
Et pour donner aux morts la paix après la [guerre.

Créon
Et tous pour mériter un rigoureux trépas.

Antigone
Qu'il vienne.

Argie
Il tarde trop.

Ménette
Je n'y recule pas.

Créon
Ô folle piété ! qui d'une même audace
Fit la rébellion et reçoit la menace !

Antigone
Je mets le plus haut trône au-dessous des [autels,
Et révère les dieux sans égard des mortels :
Ils sont maîtres des rois ; ils sont pieux, [augustes ;
Tous leurs arrêts sont saints, toutes leurs lois [sont justes ;
Ces esprits, dépouillés de toutes passions,
Ne mêlent rien d'impur à leurs intentions ;
Au lieu que l'intérêt, la colère, la haine,
Président bien souvent à la justice humaine,
Et, n'observant amour, devoir, ni piété,
N'y laissent qu'injustice et qu'inhumanité.
Quoi ! vous osez aux morts nier la sépulture ?
Eh ! cette loi naquit avecque la nature.
Votre règne commence et détruit à la fois,
Par sa première loi, la première des lois.
Ici la faute est juste et la loi criminelle ;
Le prince pèche ici bien plus que le rebelle.
J'offense justement un injuste pouvoir,
Et ne crains point la mort qui punit le devoir :
La plus cruelle mort me sera trop humaine,
Je me résous sans peine à la fin de ma peine ;
Elle m'affranchira de votre autorité,
Et ma punition sera ma liberté.

---

1. Cléodamas et Éphise sont deux seigneurs thébains.
2. Épouse de Polynice, Argie a aidé Antigone à lui rendre les honneurs funèbres.
3. gentilhomme au service d'Argie ; il l'a accompagnée pour ensevelir le corps de Polynice.

SUJET BAC

TEXTE 3 : Jean Cocteau, *Antigone* (1922).

Créon, *au garde* : File. Va te faire pendre ailleurs. Tu es libre. *(À Antigone)* Tu connaissais ma défense ?

Antigone : Oui, elle était publique.

Créon : Et tu as eu l'audace de passer outre.

Antigone : Jupiter n'avait pas promulgué cette défense. La justice non plus n'impose pas des lois de ce genre ; et je ne croyais pas que ton décret pût faire prévaloir le caprice d'un homme sur la règle des immortels, sur ces lois qui ne sont pas écrites, et que rien n'efface. Elles n'existent ni d'aujourd'hui, ni d'hier. Elles sont de toujours. Personne ne sait d'où elles datent. Devrais-je donc, par crainte de la pensée d'un homme, désobéir à mes dieux ? Je savais la mort au bout de mon acte. Je mourrai jeune ; tant mieux. Le malheur était de laisser mon frère sans tombe. Le reste m'est égal. Maintenant, si tu me traites de folle, tu pourrais bien être fou.

Le Chœur : À ce naturel inflexible on reconnaît la fille d'Œdipe. Elle tient tête au malheur.

Créon : Mais sache que ces âmes si dures sont les moins solides. C'est le fer le plus dur qui éclate. Un petit mors calme un cheval qui fait des siennes. Voilà beaucoup d'orgueil pour une esclave... une esclave du devoir. Elle m'outrage exprès. Elle me nargue et elle s'en vante. C'est elle qui serait l'homme si je la laissais faire. Quoique je sois frère de Jocaste, ni elle, ni sa sœur n'éviteront leur sort. Car Ismène doit être complice, je suppose. Qu'on me la cherche. Je l'ai aperçue tout à l'heure dans le palais, affolée comme une chauve-souris. Les âmes nocturnes se trahissent vite. Mais là, ce que je déteste surtout, c'est le criminel, qui, pris sur le fait, se mêle d'embellir son crime.

Antigone : Exiges-tu quelque chose de plus que ma mort ?

Créon : Non.

TEXTE 4 : Anouilh, *Antigone* (1944).

Créon et Antigone sont seuls l'un en face de l'autre.

Créon : Avais-tu parlé de ton projet à quelqu'un ?

Antigone : Non.

Créon : As-tu rencontré quelqu'un sur ta route ?

Antigone : Non, personne.

Créon : Tu en es bien sûre ?

Antigone : Oui.

Créon : Alors, écoute : tu vas rentrer chez toi, te coucher, dire que tu es malade, que tu n'es pas sortie depuis hier. Ta nourrice dira comme toi. Je ferai disparaître ces trois hommes[1].

Antigone : Pourquoi ? Puisque vous savez bien que je recommencerai.

Un silence. Ils se regardent.

Créon : Pourquoi as-tu tenté d'enterrer ton frère ?

Antigone : Je le devais.

Créon : Je l'avais interdit.

Antigone, *doucement* : Je le devais tout de même. Ceux qu'on n'enterre pas errent éternellement sans jamais trouver de repos. Si mon frère vivant était rentré harassé d'une longue chasse, je lui aurais enlevé ses chaussures, je lui aurais fait à manger, je lui aurais préparé son lit... Polynice aujourd'hui a achevé sa chasse. Il rentre à la maison où mon père et ma mère, et Étéocle aussi, l'attendent. Il a droit au repos.

Créon : C'était un révolté et un traître, tu le savais.

Antigone : C'était mon frère.

Créon : Tu avais entendu proclamer l'édit aux carrefours, tu avais lu l'affiche sur tous les murs de la ville ?

Antigone : Oui.

Créon : Tu savais le sort qui y était promis à celui, quel qu'il soit, qui oserait lui rendre les honneurs funèbres ?

Antigone : Oui, je le savais.

Créon : Tu as peut-être cru que d'être la fille d'Œdipe, la fille de l'orgueil d'Œdipe, c'était assez pour être au-dessus de la loi.

Antigone : Non. Je n'ai pas cru cela.

Créon : La loi est d'abord faite pour toi, Antigone, la loi est d'abord faite pour les filles des rois !

Antigone : Si j'avais été une servante en train de faire sa vaisselle, quand j'ai entendu lire l'édit, j'aurais essuyé l'eau grasse de mes bras et je serais sortie avec mon tablier pour aller enterrer mon frère.

Créon : Ce n'est pas vrai. Si tu avais été une servante, tu n'aurais pas douté que tu allais mourir et tu serais restée à pleurer ton frère chez toi. Seulement tu as pensé que tu étais de race royale, ma nièce et la fiancée de mon fils, et que, quoi qu'il arrive, je n'oserais pas te faire mourir.

Antigone : Vous vous trompez. J'étais certaine que vous me feriez mourir au contraire.

Créon, *la regarde et murmure soudain* : L'orgueil d'Œdipe. Tu es l'orgueil d'Œdipe. Oui, maintenant que je l'ai retrouvé au fond de tes yeux, je te crois. Tu as dû penser que je te ferais mourir. Et cela te paraissait un dénouement tout naturel pour toi, orgueilleuse ! Pour ton père non plus – je ne dis pas le bonheur, il n'en était pas question – le malheur humain, c'était trop peu. L'humain vous gêne aux entournures dans la famille. Il vous faut un tête-à-tête avec le destin et la mort.

1. Il s'agit des trois gardes qui ont surpris Antigone.

SUJET BAC

Question 4 points

Quels parti pris différents Rotrou, Cocteau et Anouilh adoptent-ils dans leur réécriture de la pièce de Sophocle ?

Travail d'écriture 16 points

1 Commentaire

Vous ferez le commentaire littéraire du texte d'Anouilh (texte 4).

2 Dissertation

Récrire une œuvre connue en termes modernes, est-ce *« un moyen de faire vivre les vieux chefs-d'œuvre »* ou est-ce un simple plagiat ? Vous répondrez à cette question en utilisant les œuvres du corpus, celles que vous avez étudiées et vos lectures personnelles.

→ *Autre sujet possible :*

Julien Gracq écrit dans un ouvrage critique de 1960 que « tout livre pousse sur d'autres livres ». En quoi les textes du corpus, ceux que vous avez étudiés et ceux que vous avez lus, vous permettent-ils de justifier ou de contester cette affirmation ?

3 Écriture d'invention

Un metteur en scène a choisi de récrire une pièce célèbre en la transposant dans le monde moderne et en utilisant pour les personnages un langage familier. Un comédien s'oppose à cette réécriture. Rédigez ce dialogue en vous référant de manière précise à une œuvre théâtrale que vous connaissez.

L'essentiel

On appelle « corpus » un ensemble de textes et de documents rassemblés autour d'un même objet d'étude, et qui servent de support aux travaux d'écriture de l'épreuve anticipée de français.

1. Qu'est-ce qu'un corpus ?

- Un corpus comprend **plusieurs textes**, littéraires ou documentaires, **parfois accompagnés d'une image**. Il peut aussi être constitué d'un seul texte de deux ou trois pages.
- Ces documents ont tous des liens avec **un ou deux objets d'étude**, clairement annoncés.
- Ils ont en commun soit des **thèmes**, soit des **formes d'écriture**, soit les deux.
- Ils peuvent **se ressembler** ou **s'opposer**, **se compléter**, **s'éclairer** les uns les autres.

Le corpus des pages 352-353 rassemble des documents qui abordent tous le motif du mendiant ; mais le poème en donne une vision réconfortante, la nouvelle et le tableau une vision tragique.

2. Méthode d'analyse d'un corpus

- Il faut d'abord **identifier la nature des documents**, en particulier grâce au **paratexte**, en étant attentif à leur date et à leur statut : textes littéraires ou documentaires, préfaces, *incipit* ou *excipit*, reproduction de tableau ou illustration, etc.
- Une première lecture établit le sens littéral et les **liens des textes avec les objets d'étude**.
- La seconde lecture met les textes **en relation les uns avec les autres**. Ce travail est guidé par les questions posées, qui portent sur des effets de sens et sur des choix d'écriture. Il peut être présenté sous forme de tableau.

→ **Chapitre 66**
Rédiger une réponse, p. 358

	Hugo	Maupassant	Picasso
Thème	• le mendiant	• un mendiant	• un (des) mendiant(s)
Formes de discours	• narration • description • paroles rapportées	• narration • description • paroles rapportées	• description
Genre	• poésie	• nouvelle	• tableau de chevalet
Registre(s)	• lyrique	• pathétique et tragique	• pathétique
Procédés d'expression dominants	• 1re personne • dialogue • contrastes froid/chaleur, lumière • rejets (mise en valeur de *« le pauvre »*) • lexique de la religion • métaphore et symbole des constellations • le pauvre, figure religieuse de la charité (connotation)	• 3e personne, narrateur omniscient, qui intervient aux lignes 28-31 • description réaliste • insistance sur les lieux, la durée, le froid • paroles rapportées, absence de dialogue • le gueux, figure de la misère *« insondable »* et de la solitude tragique	• dominante gris-bleu, froide • cadrage serré • position de la tête • vêtement déchiré • composition : place centrale de la guitare
Contextes biographiques, historiques, culturels	• romantisme • christianisme	• réalisme • pessimisme (influence du philosophe Schopenhauer)	• « période bleue » • pessimisme (suicide d'un ami proche du peintre)

1 **Justifiez le rapprochement des deux extraits ci-dessous. Quel objet d'étude permettrait de les réunir ?**

Texte 1

Je définis la cour un pays où les gens,
Tristes, gais, prêts à tout, à tout indifférents,
Sont ce qu'il plaît au prince, ou, s'ils ne peuvent l'être,
Tâchent au moins de le paraître :
Peuple caméléon, peuple singe du maître ;
On dirait qu'un esprit anime mille corps :
C'est bien là que les gens sont de simples ressorts.

Jean de La Fontaine, *Fables*, VIII, 14 (1678).

Texte 2

Il en est des manières et de la façon de vivre comme des modes : les Français changent de mœurs selon l'âge de leur roi. Le monarque pourrait même parvenir à rendre la nation grave, s'il l'avait entrepris. Le Prince imprime le caractère de son esprit à la Cour ; la Cour, à la Ville ; la Ville, aux provinces. L'âme du souverain est un moule qui donne la forme à toutes les autres.

De Paris, le 8 de la lune de Saphar, 1717.

Montesquieu, *Lettres persanes*, 99 (1721).

2 **a. En quoi les deux textes ci-dessous se rapprochent-ils ? En quoi diffèrent-ils ? Justifiez vos réponses.**

b. Rattachez-les à un objet d'étude. Imaginez une question permettant de les confronter.

Texte 1

Mes chers amis, quand je mourrai,
Plantez un saule au cimetière.
J'aime son feuillage éploré ;
La pâleur m'en est douce et chère,
Et son ombre sera légère
À la terre où je dormirai.

Alfred de Musset, « Lucie », élégie (1835).

Texte 2

Supplique pour être enterré à la plage de Sète

[...] Juste au bord de la mer à deux pas des flots bleus,
Creusez, si c'est possible, un petit trou moelleux,
Une bonne petite niche,
Auprès de mes amis d'enfance, les dauphins,
Le long de cette grève où le sable est si fin,
Sur la plage de la Corniche.

Est-ce trop demander... ! Sur mon petit lopin,
Plantez, je vous en prie, une espèce de pin,
Pin parasol, de préférence,
Qui saura prémunir contre l'insolation
Les bons amis venus fair' sur ma concession
D'affectueuses révérences. [...]

Paroles et musique de Georges Brassens,

3 **a. Justifiez le rapprochement de ces quatre extraits. À quel objet d'étude les rattacheriez-vous ?**

b. En quoi chacun de ces textes se distingue-t-il des autres ?

Texte 1

Montaigne évoque l'amitié qui l'a lié au poète et philosophe La Boétie.

Au demeurant, ce que nous appelons ordinairement amis et amitiés, ce ne sont que des relations familières nouées par quelque circonstance ou quelque utilité, par le moyen de laquelle nos âmes se tiennent unies. Dans l'amitié dont je parle, elles s'unissent et se fondent l'une en l'autre, dans une union si totale qu'elles effacent la couture qui les a jointes et ne la retrouvent plus. Si on me demande avec insistance de dire pourquoi je l'aimais, je sens que cela ne se peut exprimer qu'en répondant : « Parce que c'était lui, parce que c'était moi. »

Montaigne, *Essais*, I, XXVIII (1560-1595) trad. fr. moderne André Lanly,

Texte 2

Alceste reproche à Philinte d'être aimable avec tout le monde.

Moi, votre ami ? Rayez cela de vos papiers. [...]
Sur quelque préférence une estime se fonde,
Et c'est n'estimer rien qu'estimer tout le monde.
Puisque vous y donnez, dans ces vices du temps
Morbleu ! vous n'êtes pas pour être de mes gens[1] ;
Je refuse d'un cœur la vaste complaisance
Qui ne fait de mérite aucune différence ;
Je veux qu'on me distingue ; et pour le trancher net,
L'ami du genre humain n'est point du tout mon fait.

Molière, *Le Misanthrope*, Acte I, scène 1 (1666).

1. Vous n'êtes pas fait pour vous entendre avec moi.

Texte 3

Qu'un ami véritable est une douce chose !
Il cherche vos besoins au fond de votre cœur ;
Il vous épargne la pudeur
De les lui découvrir vous-même.
Un songe, un rien, tout lui fait peur
Quand il s'agit de ce qu'il aime.

Jean de La Fontaine, *Fables*, VIII, 11 (1678).

Texte 4

N'ayez pas peur de ressentir pleinement les élans de la bienveillance et de la sympathie, et de subir les émotions douces ou pénibles de nombreuses sollicitudes qui réclament les esprits généreux ; mais n'en vouez pas moins un culte à l'amitié particulière, et ne vous croyez pas dispensé d'avoir un ami, un ami parfait, c'est-à-dire une personne que vous aimiez assez pour vouloir être parfait vous-même envers elle, une personne qui vous soit sacrée et pour qui vous soyez également sacré. Le grand but que nous devons tous poursuivre, c'est de tuer en nous le grand mal qui nous ronge, la personnalité[1]. Vous verrez bientôt que quand on a réussi à devenir excellent pour quelqu'un, on ne tarde pas à être meilleur pour tout le monde, et si vous cherchez l'amour idéal, vous sentirez que l'amitié idéale prépare admirablement le cœur à en recevoir le bienfait.

George Sand, *Histoire de ma vie*, IV, 13 (1854).

1. sens péjoratif : attachement excessif à sa propre personne

4 **a. À quel objet d'étude ce corpus peut-il être rattaché ? Justifiez votre réponse.**

b. Quels sont les points communs et les différences entre les divers documents ?

Texte 1

Toute une nation s'accoutume à regarder comme les nécessités de la vie les choses les plus superflues : ce sont tous les jours de nouvelles nécessités qu'on invente, et on ne peut plus se passer des choses qu'on ne connaissait point trente ans auparavant. Ce luxe s'appelle bon goût, perfection des arts et politesse de la nation. Ce vice, qui en attire une infinité d'autres, est loué comme une vertu ; il répand sa contagion depuis le roi jusqu'aux derniers de la lie du peuple. [...] Toute une nation se ruine, toutes les conditions se confondent. La passion d'acquérir du bien pour soutenir une vaine dépense corrompt les âmes les plus pures : il n'est plus question que d'être riche ; la pauvreté est une infamie. Soyez savant, habile, vertueux ; instruisez les hommes ; gagnez des batailles ; sauvez la patrie ; sacrifiez tous vos intérêts : vous êtes méprisé, si vos talents ne sont relevés par le faste. Ceux mêmes qui n'ont pas de bien veulent paraître en avoir ; ils en dépensent comme s'ils en avaient ; on emprunte, on trompe, on use de mille artifices indignes pour parvenir. Mais qui remédiera à ces maux ? Il faut changer le goût et les habitudes de toute une nation ; il faut lui donner de nouvelles lois. Qui le pourra entreprendre, si ce n'est un roi philosophe, qui sache, par l'exemple de sa propre modération, faire honte à tous ceux qui aiment une dépense fastueuse et encourager les sages, qui seront bien aises d'être autorisés dans une honnête frugalité ?

Fénelon, *Les Aventures de Télémaque*, livre XVII (1699).

Texte 2

Je suppose, Rhédi, qu'on ne souffrît dans un royaume que les arts absolument nécessaires à la culture des terres, qui sont pourtant en grand nombre, et qu'on en bannît tous ceux qui ne servent qu'à la volupté ou à la fantaisie, je le soutiens, cet État serait le plus misérable qu'il y eût au monde.

Quand les habitants auraient assez de courage pour se passer de tant de choses qu'ils doivent à leurs besoins, le peuple dépérirait tous les jours ; et l'État deviendrait si faible, qu'il n'y aurait si petite puissance qui ne fût en état de le conquérir. [...]

Fais bien attention jusqu'où vont les revenus de l'industrie. Un fonds[1] ne produit annuellement à son maître que la vingtième partie de sa valeur ; mais, avec une pistole[2] de couleur, un peintre fera un tableau qui lui en vaudra cinquante. On en peut dire de même des orfèvres, des ouvriers en laine, en soie, et de toutes sortes d'artisans.

De tout ceci il faut conclure, Rhédi, que pour qu'un prince soit puissant, il faut que ses sujets vivent dans les délices ; il faut qu'il travaille à leur procurer toutes sortes de superfluités avec autant d'attention que les nécessités de la vie.

Montesquieu, *Lettres persanes*, lettre 106 (1721).

1. une terre cultivée
2. nom de monnaie

Texte 3

Notre philosophie[1], toujours féconde en maximes singulières, prétend, contre l'expérience de tous les siècles, que le luxe fait la splendeur des États ; mais après avoir oublié la nécessité des lois somptuaires[2], osera-t-elle nier encore que les bonnes mœurs ne soient essentielles à la durée des empires, et que le luxe ne soit diamétralement opposé aux bonnes mœurs ? Que le luxe soit un signe certain des richesses ; qu'il serve même si l'on veut à les multiplier : que faudra-t-il conclure de ce paradoxe si digne d'être né de nos jours ; et que deviendra la vertu, quand il faudra s'enrichir à quelque prix que ce soit ? Les anciens politiques parlaient sans cesse de mœurs et de vertu ; les nôtres ne parlent que de commerce et d'argent. [...] Ils évaluent les hommes comme des troupeaux de bétail. Selon eux, un homme ne vaut à l'État que la consommation qu'il y fait. Ainsi un Sybarite[3] aurait bien valu trente Lacédémoniens[4]. Qu'on devine donc laquelle de ces deux Républiques, de Sparte ou de Sybaris, fut subjuguée par une poignée de paysans, et laquelle fit trembler l'Asie.

Jean-Jacques Rousseau, *Discours sur les sciences et les arts*, deuxième partie (1750).

1. Il s'agit des idées des Lumières, que Rousseau a d'abord soutenues, puis qu'il a ensuite combattues.
2. lois destinées à limiter le recours au luxe
3. habitant de Sybaris, riche cité antique au luxe proverbial
4. habitants de Lacédémone, autre nom de Sparte, cité célèbre pour son austérité, sa rigueur morale et sa valeur militaire

Texte 4

Puisque le désir de s'enrichir et celui de jouir de ses richesses sont dans la nature humaine dès qu'elle est en société ; puisque ces désirs soutiennent, enrichissent, vivifient toutes les grandes sociétés ; puisque le *luxe* est un bien, et que par lui-même il ne fait aucun mal, il ne faut donc ni comme philosophe, ni comme souverain, attaquer le *luxe* en lui-même. [...]

Avec un commerce aussi étendu, une multitudes d'arts perfectionnés, n'espérez pas aujourd'hui ramener l'Europe à l'ancienne simplicité ; ce serait la ramener à la faiblesse et à la barbarie. Je prouverai d'ailleurs combien le luxe ajoute au bonheur de l'humanité ; je me flatte qu'il résulte de cet article que le luxe contribue à la grandeur et à la force des États et qu'il faut l'encourager, l'éclairer et le diriger.

Saint-Lambert, *Encyclopédie*, article « Luxe » (1764).

Document 5

Simon Vouet, *Allégorie de la Richesse* (1640), Paris, musée du Louvre.

5 **a. À quels objets d'étude pouvez-vous rattacher le corpus ci-dessous ?**

b. Quelles questions pourriez-vous poser pour exploiter de façon pertinente le rapprochement de ces trois textes ?

Texte 1

L'action se passe en Extrême-Orient, dans une colonie française.

Le soir, un petit grésillement sec se faisait entendre sur la route de Ramé. Ma mère disait : « C'est Paul qui rentre », et peu après on le voyait apparaître dans sa carriole, sur la route plate de Ramé. Nous manquions tellement d'argent qu'il avait imaginé faire du transport en commun. À cet effet, il avait acheté un vieux cheval et une carriole et tout l'après-midi il faisait le trajet Bantai-Ramé, ce qui lui rapportait tout au plus de quoi s'acheter des cigarettes. Ma mère avait acquiescé.

De loin, on vit trois indigènes descendre de la voiture, payer à Paul leur dû, et Paul s'engager sur notre route, et arriver à la maison.

– Métier de chien, dit Paul. [...]

Lorsque j'entendis le roulement de la charrette, je sortis de la soupente et j'allai vers mon frère. Il était en nage, il dételait rapidement. Le cheval avait encore maigri.

– Je ne sais pas ce qu'il a, disait mon frère, il va crever. Il doit être tuberculeux.

Marguerite Duras, *Cahiers de la guerre et autres textes*, cahier rose marbré (rédigé à partir de 1943), © P.O.L. (2006).

Texte 2

– Merde ! dit Paul, il avance plus.

Paul et Marie regardaient le cheval. C'était un vieux cheval tuberculeux gris, il l'avait acheté cent francs. Il baissait la tête, ses flancs étaient si maigres qu'on aurait dit qu'il avait avalé une cage d'osier qui le faisait ressembler à un cheval. [...]

Il baissait tristement la tête et fermait à moitié les yeux. Sa respiration était sifflante et courte. C'était vraiment la fin.

– Merde, dit le garçon.

La mère vint voir le cheval et le considéra. [...] Elle commença à engueuler son garçon.

– Je t'avais dit de ne pas l'acheter, cent francs pour un cheval à moitié mort, vous n'en ferez jamais d'autre, feignant, t'es qu'un feignant.

– Merde, dit le garçon. Merde et merde, il y a encore la carriole, je m'en fous, je laisse tout tomber, pour ce que ça rapporte. D'abord je fous le camp, tu feras ce que tu voudras.

La fille arriva à son tour et considéra le cheval. C'était une fille de dix-sept ans. [...]

– Si tu fous le camp, tu auras raison, dit la fille.

Marguerite Duras, *Cahiers de la guerre et autres textes*, cahier rose marbré (rédigé à partir de 1943), © P.O.L. (2006).

Texte 3

Il leur avait semblé à tous les trois que c'était une bonne idée d'acheter ce cheval. Même si ça ne devait servir qu'à payer les cigarettes de Joseph. D'abord, c'était une idée, ça prouvait qu'ils pouvaient encore avoir des idées. Puis ils se sentaient moins seuls, reliés par ce cheval au monde extérieur, tout de même capables d'en extraire quelque chose, de ce monde, même si ce n'était pas grand-chose, même si c'était misérable, d'en extraire quelque chose qui n'avait pas été à eux jusque-là, et de l'amener jusqu'à leur coin de plaine saturé de sel, jusqu'à eux trois saturés d'ennui et d'amertume. C'était ça les transports : même d'un désert, où rien ne pousse, on pouvait encore faire sortir quelque chose, en le faisant traverser à ceux qui vivent ailleurs, à ceux qui sont du monde.

Cela dura huit jours. Le cheval était trop vieux, bien plus vieux que la mère pour un cheval, un vieillard centenaire. Il essaya honnêtement de faire le travail qu'on lui demandait et qui était bien au-dessus de ses forces depuis longtemps, puis il creva.

Ils en furent dégoûtés, si dégoûtés, en se retrouvant sans cheval sur leur coin de plaine, dans la solitude et la stérilité de toujours, qu'ils décidèrent le soir même qu'ils iraient tous les trois à Ram, pour essayer de se consoler en voyant du monde.

Et c'est le lendemain à Ram qu'ils devaient faire la rencontre qui allait changer leur vie à tous.

Comme quoi une idée est toujours une bonne idée, du moment qu'elle fait faire quelque chose, même si tout est entrepris de travers, par exemple avec des chevaux moribonds. Comme quoi une idée de ce genre est toujours une bonne idée, même si tout échoue lamentablement. [...]

Marguerite Duras, *Un barrage contre le Pacifique*, incipit (1950), © Gallimard.

Chapitre 66

Rédiger une réponse

2de/1re

Mots clés
- confrontation
- visée
- effets

Observation

Question sur le corpus des pages 352-353

- **Quel est le thème commun à ces trois documents ?**
- **Visent-ils à produire les mêmes effets ?**

Réponse rédigée

Les documents proposés par le corpus : l'extrait du poème de Victor Hugo « Le mendiant », celui de la nouvelle de Maupassant *Le Gueux*, et le tableau de Picasso *Le Vieux Guitariste aveugle* présentent un thème commun : ils montrent trois figures de la misère humaine. Les trois personnages souffrent physiquement : le mendiant de Victor Hugo « grelotte de froid », celui de Picasso est aveugle, le gueux de Maupassant « estropié ». Le romancier insiste de façon réaliste sur cette infirmité (il a une « jambe tordue », un « pied bot ») et sur l'épuisement qui en résulte : le mendiant est « las à ne plus se traîner ». Tous ont faim, l'aveugle a le visage émacié, Cloche est « torturé par la faim ».

Cependant, leurs rapports avec les autres hommes sont bien différents. Le pauvre de Victor Hugo est accueilli chaleureusement chez le poète, qui parle avec lui, lui offre « une jatte de lait ». L'aveugle de Picasso, lui, semble seul sur un trottoir. Il occupe toute la surface du tableau. Dans la nouvelle de Maupassant, Cloche est dans un paysage hostile, qui n'a rien à lui offrir (les branches sont « nues »), et il ne fait que des rencontres brutales : « on le rudoya », « on le chassa de partout ».

Les registres sont donc nettement différents. Maupassant souligne la souffrance pathétique du gueux, avec des termes forts : « détresse », « exténué », « insondable misère ». L'absence totale de compassion rend le destin de Cloche tragique : ni la terre ni les hommes ne lui offrent la moindre issue pour échapper à la mort.

Le musicien de Picasso suscite lui aussi la compassion : la tonalité gris-bleu du tableau est triste et froide, la position affaissée de la tête traduit l'accablement. Mais la guitare offre une lueur d'espoir ; elle est un moyen d'exprimer la misère, de l'adoucir en créant de la beauté.

La scène évoquée par Hugo invite à la sérénité et à l'effusion religieuse. Le mendiant prend une dimension symbolique que souligne la mise en rejet du vers 12. « Le pauvre », « plein de prières », offre au chrétien l'occasion d'exercer la vertu de charité, dont Hugo dit ailleurs qu'elle est « sœur de la prière ». La scène se clôt sur une métaphore qui transfigure le manteau du pauvre en ciel étoilé, symbole de la lumière divine.

Les trois œuvres débouchent ainsi sur des réflexions différentes, voire opposées. Les trois auteurs ne voient pas l'humanité du même regard, et ne placent pas leurs espoirs, quand ils en ont, dans les mêmes valeurs.

L'essentiel

La réponse à la question posée sur le corpus doit être **composée**. Elle ne passe pas successivement en revue chacun des documents, mais elle les **confronte** sur différents points.

1. Organiser une confrontation des textes et documents

Kawanabe Kyôsai (1831-1889), *L'immortel Tekkai-Sennin apparaissant sous les traits d'un mendiant boiteux*, encre sur papier, Paris, musée Guimet.

→ **Chapitre 68** Rédiger le commentaire, p. 370

Le plan de la réponse peut s'organiser autour :

- **du thème et de son traitement**, qu'on fera apparaître en comparant les formes de discours et les genres littéraires ou picturaux.

  Le mendiant des trois documents est le centre tantôt d'un récit, tantôt d'une description, tantôt d'une méditation. Il est seul ou immergé dans un contexte. L'écriture poétique accentue certains traits (voir dans le texte de Victor Hugo l'expression « *le pauvre* », mise en rejet au vers 12).

- **des effets produits**, qu'on identifiera en étudiant soit les stratégies adoptées dans une argumentation, soit les registres et les procédés qui les créent dans un récit ou un poème.

  • Picasso crée une émotion triste en utilisant une palette réduite, sombre, froide.

  • Hugo restitue une scène chaleureuse et lumineuse (feu, étoiles).

- **des visées et de la portée des œuvres**. Celles-ci découlent de la mise en relation du texte ou de l'image avec les contextes littéraires, culturels, idéologiques, ainsi qu'avec les grandes problématiques liées aux objets d'étude – par exemple la question des valeurs pour une argumentation, celle des choix esthétiques pour une image.

  • Hugo se situe dans la perspective de la charité chrétienne, qui est à la fois une source de bien-être pour l'assisté, de sérénité pour le donateur, et d'hommage rendu à Dieu.

  • Maupassant donne de l'humanité une vision très sombre, et de la condition du mendiant une vision tragique.

  • Picasso conduit à la compassion pour son modèle, tout en accordant une place centrale à l'art (beauté de la musique, beauté du tableau).

2. Rédiger en respectant les règles d'écriture

- La réponse doit être **rédigée en phrases complètes**, correctes du point de vue de la grammaire et de l'orthographe, sans abréviations. Les titres d'œuvres sont soulignés.
- Elle se compose **d'explications et de commentaires** fondés sur des **citations brèves**, entre guillemets, et bien insérées grammaticalement.
- Elle s'ouvre sur une **phrase de présentation** du corpus et de la question à traiter.
- Elle comporte plusieurs **paragraphes**, marqués par des alinéas, qui indiquent le plan suivi.
- Elle se clôt par une **phrase de bilan**.

  « Les trois œuvres débouchent ainsi sur des réflexions différentes, voire opposées. Les trois auteurs ne voient pas l'humanité du même regard, et ne placent pas leurs espoirs, quand ils en ont, dans les mêmes valeurs. »

- Elle respecte les **indications de longueur**, si elles sont explicites, et en tout cas ne dépasse pas une page de copie d'examen.

1 **a. À quels objets d'étude pouvez-vous rattacher le corpus ci-dessous ?**

b. Rédigez une réponse d'une page à l'une des deux questions suivantes :

- **Question 1 : comment se justifie le rapprochement de ces trois extraits ?**
- **Question 2 : ces textes sont-ils comiques ? Justifiez vos réponses.**

Texte 1

Élise, fille de l'avare Harpagon, aime en secret Valère, serviteur de son père. Mais Harpagon voudrait marier sa fille au seigneur Anselme, un riche vieillard.

Harpagon : C'est une occasion qu'il faut prendre vite aux cheveux[1]. Je trouve ici un avantage qu'ailleurs je ne trouverais pas ; [le seigneur Anselme] s'engage à la prendre sans dot[2].
Valère : Sans dot ?
Harpagon : Oui.
Valère : Ah ! je ne dis plus rien. Voyez-vous ? voilà une raison tout à fait convaincante ; il se faut rendre à cela.
Harpagon : C'est pour moi une épargne considérable.
Valère : Assurément. Cela ne reçoit point de contradiction. Il est vrai que votre fille peut vous représenter que le mariage est une plus grande affaire qu'on ne peut croire ; qu'il y va d'être heureux ou malheureux toute sa vie ; et qu'un engagement qui doit durer jusqu'à la mort ne se doit jamais faire qu'avec de grandes précautions.
Harpagon : Sans dot !
Valère : Vous avez raison ; voilà qui décide de tout, cela s'entend. Il y a des gens qui pourraient vous dire qu'en de telles occasions l'inclination[3] d'une fille est une chose, sans doute, où l'on doit avoir de l'égard ; et que cette grande inégalité d'âge, d'humeur et de sentiments, rend un mariage sujet à des accidents très fâcheux.
Harpagon : Sans dot.
Valère : Ah ! il n'y a pas de réplique à cela ; on le sait bien. Qui diantre peut aller là contre ? Ce n'est pas qu'il n'y ait quantité de pères qui aimeraient mieux ménager la satisfaction de leurs filles que l'argent qu'ils pourraient donner ; qui ne les voudraient point sacrifier à l'intérêt, et chercheraient, plus que toute autre chose, à mettre dans un mariage cette douce conformité qui sans cesse y maintient l'honneur, la tranquillité et la joie ; et que…
Harpagon : Sans dot !
Valère : Il est vrai ; cela ferme la bouche à tout. Sans dot ! Le moyen de résister à une raison comme celle-là ?

Molière, *L'Avare*, Acte I, scène 5 (1668).

1. qu'il faut saisir immédiatement **2.** La *dot* désigne l'argent ou les biens donnés par ses parents à une jeune fille à marier. **3.** l'attirance, l'amour

Texte 2

M. Jourdain, riche bourgeois, rêve d'être considéré comme un gentilhomme. Un jeune homme, Cléonte, lui demande sa fille en mariage, mais Cléonte n'est pas noble.

M. Jourdain : Touchez-la, monsieur : ma fille n'est pas pour vous.
Cléonte : Comment ?
M. Jourdain : Vous n'êtes point gentilhomme : vous n'aurez pas ma fille.
Mme Jourdain : Que voulez-vous donc dire avec votre gentilhomme ? est-ce que nous sommes, nous autres, de la côte de Saint-Louis[1] ?
M. Jourdain : Taisez-vous, ma femme ; je vous vois venir.
Mme Jourdain : Descendons-nous tous deux que de bonne bourgeoisie ?
M. Jourdain : Voilà pas le coup de langue[2] !
Mme Jourdain : Et votre père n'était-il pas marchand aussi bien que le mien ?
M. Jourdain : Peste soit de la femme, elle n'y a jamais manqué. Si votre père a été marchand, tant pis pour lui ; mais pour le mien, ce sont des malavisés qui disent cela. Tout ce que j'ai à vous dire, moi, c'est que je veux avoir un gendre gentilhomme.
Mme Jourdain : Il faut à votre fille un mari qui lui soit propre[3] ; et il vaut mieux, pour elle, un honnête homme riche et bien fait, qu'un gentilhomme gueux[4] et mal bâti.
Nicole : Cela est vrai : nous avons le fils du gentilhomme de notre village, qui est le plus grand malitorne[5] et le plus sot dadais que j'aie jamais vu.
M. Jourdain, *à Nicole* **:** Taisez-vous, impertinente ; vous vous fourrez toujours dans la conversation. J'ai du bien assez pour ma fille ; je n'ai besoin que d'honneur, et je la veux faire marquise.
Mme Jourdain : Marquise ?
M. Jourdain : Oui, marquise.
Mme Jourdain : Hélas ! Dieu m'en garde !
M. Jourdain : C'est une chose que j'ai résolue. […] Ne me répliquez pas davantage : ma fille sera marquise, en dépit de tout le monde ; et si vous me mettez en colère, je la ferai duchesse.

Molière, *Le Bourgeois gentilhomme*, Acte III, scène 12 (1670).

1. descendants du roi saint Louis **2.** la médisance **3.** qui lui convienne **4.** pauvre **5.** homme d'apparence ridicule

Texte 3

Argan se croit malade alors qu'il ne l'est pas ; il décide de marier sa fille avec un médecin. Sa servante Toinette combat ce projet.

Toinette : Quoi ! monsieur, vous auriez fait ce dessein burlesque[1] ? Et, avec tout le bien que vous avez, vous voudriez marier votre fille avec un médecin ?
Argan : Oui. De quoi te mêles-tu, coquine, impudente que tu es ?
Toinette : Mon Dieu ! tout doux. Vous allez d'abord aux invectives[2]. Est-ce que nous ne pouvons pas raisonner ensemble sans nous emporter ? Là ; parlons de sang froid. Quelle est votre raison, s'il vous plaît, pour un tel mariage ?
Argan : Ma raison est que, me voyant infirme et malade comme je suis, je veux me faire un gendre et des alliés médecins, afin de m'appuyer de bons secours contre ma maladie, d'avoir dans ma famille la source des remèdes qui me sont nécessaires et d'être à même des consultations et des ordonnances.

Toinette : Hé bien ! voilà dire une raison, et il y a plaisir à se répondre doucement les uns aux autres. Mais, monsieur, mettez la main à la conscience : est-ce que vous êtes malade ?
Argan : Comment, coquine ! si je suis malade ! Si je suis malade, impudente !
Toinette : Hé bien ! oui, monsieur, vous êtes malade ; n'ayons point de querelle là-dessus. Oui, vous êtes fort malade, j'en demeure d'accord, et plus malade que vous ne pensez : voilà qui est fait. Mais votre fille doit épouser un mari pour elle ; et, n'étant point malade, il n'est pas nécessaire de lui donner un médecin.
Argan : C'est pour moi que je lui donne ce médecin ; et une fille de bon naturel doit être ravie d'épouser ce qui est utile à la santé de son père.

Molière, *Le Malade imaginaire*, Acte I, scène 5 (1673).

1. ce projet ridicule **2.** Vous commencez par les insultes.

2 **Voici un corpus de textes autobiographiques. Rédigez des réponses aux deux questions suivantes :**

- **Question 1 : quel thème commun ces textes traitent-ils ? Le font-ils de la même façon ?**
- **Question 2 : ces récits reposent-ils sur des souvenirs ? Pourquoi les auteurs s'y attardent-ils ? Quels problèmes posent-ils au lecteur ?**

Texte 1

Je naquis infirme et malade ; je coûtai la vie à ma mère, et ma naissance fut le premier de mes malheurs.

Je n'ai pas su comment mon père supporta cette peine, mais je sais qu'il ne s'en consola jamais. Il croyait la revoir en moi, sans pouvoir oublier que je la lui avais ôtée. [...]

J'étais né presque mourant ; on espérait peu de me conserver. J'apportai le germe d'une incommodité que les ans ont renforcée, et qui maintenant ne me donne quelquefois des relâches que pour me laisser souffrir plus cruellement[1]. Une sœur de mon père, fille aimable et sage, prit si grand soin de moi qu'elle me sauva. Au moment où j'écris ceci, elle est encore en vie, soignant, à l'âge de quatre-vingts ans, un mari plus jeune qu'elle, mais usé par la boisson. Chère tante, je vous pardonne de m'avoir fait vivre, et je m'afflige de ne pouvoir vous rendre à la fin de vos jours les tendres soins que vous m'avez prodigués au commencement des miens. J'ai aussi ma mie[2] Jacqueline encore vivante, saine et robuste. Les mains qui m'ouvrirent les yeux à ma naissance pourront me les fermer à ma mort.

Jean-Jacques Rousseau, *Les Confessions* (publiées en 1782).

1. allusion à une maladie dont souffre Rousseau.
2. mon amie

Texte 2

[Mon père] fit la connaissance d'Anne-Marie Schweitzer, s'empara de cette grande fille délaissée, l'épousa, lui fit un enfant au galop, moi, et tenta de se réfugier dans la mort. [...] Les veilles et les soucis épuisèrent Anne-Marie, son lait tarit, on me mit en nourrice non loin de là et je m'appliquai, moi aussi, à mourir : d'entérite et peut-être de ressentiment. À vingt ans, sans expérience ni conseils, ma mère se déchirait entre deux moribonds inconnus ; son mariage de raison trouvait sa vérité dans la maladie et le deuil. Moi, je profitais de la situation : à l'époque, les mères nourrissaient elles-mêmes et longtemps ; sans la chance de cette double agonie, j'eusse été exposé aux difficultés d'un sevrage tardif. Malade, sevré par force à neuf mois, la fièvre et l'abrutissement m'empêchèrent de sentir le dernier coup de ciseaux qui tranche les liens de la mère et de l'enfant. [...] À la mort de mon père, Anne-Marie et moi, nous nous réveillâmes d'un cauchemar commun ; je guéris. Mais nous étions victimes d'un malentendu : elle retrouvait avec amour un fils qu'elle n'avait jamais quitté vraiment ; je reprenais connaissance sur les genoux d'une étrangère.

Jean-Paul Sartre, *Les Mots*, © Gallimard (1964).

Texte 3

On m'a bien dit que j'étais né
mais de si drôle de façon
je me méfie des gens qui m'aiment
sans trop pouvoir faire autrement
bref j'attends confirmation
de cet événement suspect [...]

De cet étonné d'être là
il avait sept mois et demi

(Ah ce mois et demi me manque
Je suis l'homme d'un courant d'air
qui aurait trouvé sa fenêtre
un peu trop vite se lâchant
dans la nature sans avoir
pris nécessaire rendez-vous
Ne cherchez donc pas trop ailleurs
ce qui mutile ma parole
elle est dans le vent et ne tire
qu'un pauvre diable par la queue)

qui se noyait dans la cuvette
il pesait moins de trois kilos
il était condamné à mort
au reste l'est-il pas toujours
comme mort son frère jumeau
avant même d'avoir vécu [...]

il m'étonne encore d'éprouver
le taciturne goût de vivre
Je l'entends qui se parle en moi
comme dans un habit trop grand
se débattent la chair et l'os
d'un qui aurait poussé trop vite.

Georges Perros, *Une vie ordinaire*, © Gallimard (1967).

→
Chapitres 3 et 38
• Les paroles rapportées, p. 16
• Voix et paroles dans le roman, p. 140

Chacune de ces indications conduit à poser des questions spécifiques.

- Le **genre littéraire** :

  L'extrait est tiré du chapitre III d'un roman ou d'une nouvelle longue ; la situation et les personnages sont fictifs, mais l'univers évoqué est celui de la réalité ordinaire.

- Les **formes de discours** :

  Le texte comporte des passages narratifs, descriptifs, des paroles rapportées, dont on cherchera les fonctions et les effets.

- Les **registres** :

  Le premier paragraphe évoque de façon lyrique les rêveries du personnage masculin contemplant Paris en compagnie d'une jeune fille ; la suite est « réaliste », voire didactique : la conversation rapportée informe le personnage et le lecteur sur la situation de fortune de la vieille fille ; les interventions du narrateur comportent des indices ironiques vis-à-vis des personnages.

- Les **contextes** :

  Maupassant a été employé de bureau et se livre souvent à une satire de ce milieu. La scène évoque la période des grands travaux à Paris et des spéculations immobilières, décrites notamment par Zola dans *La Curée* (1872). Le réalisme et le naturalisme visent en effet à décrire et parfois à dénoncer le fonctionnement de la société contemporaine, en particulier la puissance de l'argent.

Repérer les procédés d'écriture

→
Chapitres 1 et 2
• La situation d'énonciation, p. 12
• L'expression de la subjectivité, p. 14

Il convient d'observer, phrase à phrase, les marques de l'énonciation, le plan du texte, le lexique, les figures de style, la syntaxe et de **les mettre en relation avec le sens du texte**.

On repère dans le texte de Maupassant : deux **champs lexicaux** opposés (la rêverie amoureuse et l'argent) ; des **anaphores**, des **gradations** et des phrases longues, dans le passage lyrique ; des **paroles rapportées** de manières variées (discours direct, récit de paroles) ; des **comparaisons**, des **interventions du narrateur** ou des **marques de jugement** qui signalent son ironie ; un mouvement qui fait passer du *« haut »* au *« bas »*, du *« ciel étoilé »* à *« l'argent bien placé »*.

Établir les liens avec l'objet d'étude, le corpus et la question

- Le texte à analyser est rattaché à un **objet d'étude** dont la connaissance permet d'approfondir l'analyse.

  Le texte de Maupassant pourrait être lié :
  - à l'objet d'étude de 2de : Le roman et la nouvelle aux XIXe et XXe siècles ;
  - à l'objet d'étude de 1re : Le roman et ses personnages : visions de l'homme et du monde.

- Le texte à commenter est inclus dans un **corpus** sur lequel une **question « transversale »** est posée : il faut en tenir compte pour commenter le texte.

  Une question pourrait ici concerner la **position du narrateur** vis-à-vis des personnages : effacement ? implication ? distance ? recours à l'ironie ?

Remarque : Pour les séries technologiques, le **parcours de lecture** oriente l'analyse vers les points essentiels et peut suggérer des possibilités de plan.

La question **a** du parcours proposé pour l'extrait de *L'Héritage* permet de mettre au jour les contrastes entre le début et la fin du passage ; la question **b** conduit à repérer les marques de la présence du narrateur et son ironie.

2. Élaborer un plan

Les règles à respecter

- Le commentaire est une argumentation : il défend des thèses (une pour chaque partie), à l'aide d'arguments (un argument dans chaque paragraphe) et d'exemples (c'est-à-dire de citations commentées).

■ Le plan ne doit jamais séparer **les remarques sur le sens et les remarques sur la forme**, qui **sont toujours liées**.

■ Les **parties du devoir** (deux ou trois, de longueur équilibrée) ne doivent pas être confondues avec les parties du texte : chaque partie doit permettre de commenter plusieurs passages distincts. On les classe par ordre croissant de complexité ou d'intérêt.

La formulation des thèses et des arguments

■ Les **remarques récurrentes** dans l'analyse permettent de dégager des **axes d'étude**. Ceux-ci constituent des **thèses**, c'est-à-dire des affirmations qui dégagent les centres d'intérêt majeurs du texte.

■ Les **arguments** justifient les thèses par des observations sur le sens et la forme.

■ Les **exemples** sont des **citations brèves et commentées**.

→ **Chapitre 68** Rédiger le commentaire, p. 370

Proposition de plan pour l'extrait de *L'Héritage*

1. Le passage présente tous les caractères d'un récit réaliste.

a. Le lieu et l'époque sont réels : Paris, sous le second Empire.

b. Les personnages et la situation sont habituels dans les romans réalistes.

c. La scène de méditation au-dessus de Paris est un lieu commun (on parle aussi de *topos*) du roman réaliste.

2. La scène permet de caractériser les personnages.

a. La famille Cachelin est dessinée en quelques traits significatifs : petit bourgeois avec sa pipe, vieille tante bavarde, conversation centrée sur l'argent, jeune fille muette.

b. La personnalité de Lesable est plus complexe : sensualité et exaltation, velléités d'élévation, intérêt marqué pour l'argent.

3. L'ensemble de l'extrait donne une vision ironique d'un monde dégradé.

a. Le narrateur intervient explicitement pour ironiser sur des personnages dont les noms mêmes sont peu valorisants.

b. Le plan du passage et l'effet de « chute » ironique de la dernière phrase soulignent le contraste entre les rêveries de Lesable et ses actes, sa déchéance symbolique.

c. Le texte décrit un monde où le désir d'argent vient corrompre les aspirations à l'amour, à la beauté, à l'idéal.

Une autre scène célèbre de méditation au-dessus de Paris : le défi de Rastignac : « À nous deux, maintenant », gravure de Laisné pour *Le Père Goriot* de Balzac (1832). Voir texte p. 155.

Un cas particulier : le commentaire comparé de deux textes

L'analyse initiale peut mettre en évidence les points communs et les différences entre les deux textes. Mais le devoir ne peut adopter un plan du type : 1. Les points communs entre les deux textes. 2. Les différences. Le plan doit plutôt permettre une **confrontation constante** des deux textes, en fonction des centres d'intérêt majeurs dégagés au cours de l'analyse.

Exercices

Observer le texte et sa périphérie

1 **a. Quels mots, quelles expressions vous posent des problèmes de compréhension ? Les notes permettent-elles de les résoudre tous ? Résumez en quelques phrases les propos d'Andromaque ; vous conserverez l'ordre du texte.**

b. À quel genre littéraire ce texte appartient-il ? À quel mouvement culturel peut-on le rattacher ? Précisez quels éléments vous permettent de répondre.

Après la mort d'Hector, son époux, et la chute de Troie, Andromaque a été emmenée en captivité en Grèce par Pyrrhus, le fils d'Achille. Elle est accompagnée de son jeune fils Astyanax, que les Grecs veulent mettre à mort. Pyrrhus, amoureux d'Andromaque, la menace de livrer l'enfant si elle ne lui cède pas.

Andromaque, *à Céphise*
Et que veux-tu que je lui dise encore ?
Auteur de tous mes maux, crois-tu qu'il les ignore ?
(*À Pyrrhus.*)
Seigneur, voyez l'état où vous me réduisez.
J'ai vu mon père mort et nos murs embrasés ;
J'ai vu trancher les jours de ma famille entière,
Et mon époux sanglant traîné sur la poussière[1],
Son fils, seul avec moi, réservé pour les fers[2].
Mais que ne peut un fils ? Je respire, je sers[3].
J'ai fait plus : je me suis quelquefois consolée
Qu'ici, plutôt qu'ailleurs, le sort m'eût exilée ;
Qu'heureux dans son malheur, le fils de tant de rois,
Puisqu'il devait servir, fût tombé sous vos lois.
J'ai cru que sa prison deviendrait son asile.
Jadis Priam soumis fut respecté d'Achille[4] :
J'attendais de son fils encor plus de bonté.
Pardonne, cher Hector, à ma crédulité.
Je n'ai pu soupçonner ton ennemi d'un crime ;
Malgré lui-même enfin je l'ai cru magnanime.
Ah ! S'il l'était assez pour nous laisser du moins
Au tombeau qu'à ta cendre ont élevé mes soins,
Et que, finissant là sa haine et nos misères,
Il ne séparât point des dépouilles si chères !

Racine, *Andromaque*, III, 6, vers 925-946 (1667).

1. Achille traîna le corps d'Hector derrière son char autour des remparts de Troie. **2.** réservé pour les fers : condamné à la captivité **3.** Je respire : je reste en vie ; je sers : je suis esclave. **4.** Priam était le père d'Hector. Achille accepta de lui rendre le corps de son fils.

Identifier les caractéristiques littéraires du texte

2 **a. Selon quel ordre le portrait ci-dessous est-il organisé ?**

b. Quels effets le texte produit-il sur le lecteur ? À quels procédés le romancier a-t-il recours pour les créer ?

c. À quelle sorte d'histoire vous attendez-vous après cette présentation du personnage ?

Selon un système assez populaire, chaque face humaine a de la ressemblance avec un animal. L'animal de Marcas était un lion. Ses cheveux ressemblaient à une crinière, son nez était court, écrasé, large et fendu au bout comme celui d'un lion, il avait le front partagé comme celui d'un lion par un sillon puissant, divisé en deux lobes vigoureux. Enfin, ses pommettes velues que la maigreur des joues rendait d'autant plus saillantes, sa bouche énorme et ses joues creuses étaient remuées par des plis d'un dessin fier, et étaient relevées par un coloris plein de tons jaunâtres. Ce visage presque terrible semblait éclairé par deux lumières, deux yeux noirs, mais d'une douceur infinie, calmes, profonds, pleins de pensées. S'il est permis de s'exprimer ainsi, ces yeux étaient humiliés. Marcas avait peur de regarder, moins pour lui que pour ceux sur lesquels il allait arrêter son regard fascinateur ; il possédait une puissance, et ne voulait pas l'exercer ; il ménageait les passants, il tremblait d'être remarqué. Ce n'était pas modestie, mais résignation, non pas la résignation chrétienne qui implique la charité, mais la résignation conseillée par la raison qui a démontré l'inutilité momentanée des talents, l'impossibilité de pénétrer et de vivre dans le milieu qui nous est propre. Ce regard en certains moments pouvait lancer la foudre.

Honoré de Balzac, *Z. Marcas* (1840).

Établir des liens avec les objets d'étude

3 **a. Sur quelles valeurs les lois de l'île habitée par Trivelin sont-elles fondées ?**

b. Repérez les figures de rhétorique qui vous semblent les plus significatives, et expliquez-les.

c. À quels objets d'étude ce texte pourrait-il être rattaché ? Justifiez vos réponses.

Deux maîtres et leurs deux esclaves ont fait naufrage et se retrouvent sur une île organisée en République. Trivelin, représentant les habitants de l'île, libère d'abord les esclaves, puis explique aux maîtres ce qui les attend.

Quand nos pères, irrités de la cruauté de leurs maîtres, quittèrent la Grèce et vinrent s'établir ici, dans le ressentiment[1] des outrages qu'ils avaient reçus de leurs patrons, la première loi qu'ils y firent fut d'ôter la vie à tous les maîtres que le hasard ou le naufrage conduirait dans leur île, et conséquemment de rendre la liberté à tous les esclaves ; la vengeance avait dicté cette loi ; vingt ans après la raison l'abolit, et en dicta une plus douce. Nous ne nous vengeons plus de vous, nous vous corrigeons ; ce n'est plus votre vie que nous poursuivons, c'est la barbarie de vos cœurs que nous voulons détruire ; nous vous jetons dans l'esclavage pour vous rendre sensibles aux maux qu'on y éprouve ; nous vous humilions, afin que, nous trouvant superbes[2], vous vous reprochiez de l'avoir été. Votre esclavage, ou plutôt votre cours d'humanité, dure trois ans, au bout desquels on vous renvoie si vos maîtres sont contents de vos progrès ; et, si vous ne devenez pas meilleurs, nous vous retenons par charité pour les nouveaux malheureux que vous iriez faire encore ailleurs, et par bonté pour vous, nous vous marions avec une de nos citoyennes. Ce sont là nos lois à cet égard ; mettez à profit leur rigueur salutaire, remerciez le sort qui vous conduit ici ; il vous remet en nos mains durs, injustes et superbes ; vous voilà en mauvais état, nous entreprenons de vous guérir ; vous êtes moins nos esclaves que nos malades, et nous ne prenons que trois ans pour vous rendre sains, c'est-à-dire humains, raisonnables et généreux pour toute votre vie.

Marivaux, *L'Île des esclaves*, scène 2 (1725).

1. le souvenir et la rancune 2. arrogants, orgueilleux

4 Exercice guidé

a. Quels genres de textes l'auteur imite-t-il dans le poème ci-dessous ? À votre avis, pourquoi ?

b. À quels objets d'étude le texte peut-il être rattaché ? Justifiez votre réponse.

Prenez un mot prenez-en deux
Faites-les cuir' comme des œufs
prenez un petit bout de sens
puis un grand morceau d'innocence
faites chauffer à petit feu
au petit feu de la technique
versez la sauce énigmatique
saupoudrez de quelques étoiles
poivrez et puis mettez les voiles

où voulez-vous en venir ?
À écrire ?
Vraiment ? à écrire ?

Raymond Queneau, « Pour un art poétique », *L'Instant fatal* (1948), © Gallimard.

Les questions à vous poser

- À quel champ lexical appartiennent les mots *cuire, chauffer à petit feu, sauce, saupoudrez, poivrez* ?
- À quel mode sont les verbes en début de vers ?
- À quel champ lexical appartiennent les mots : *mot, sens, technique, écrire* ?
- Quels effets le mélange des champs lexicaux produit-il ?
- Quelles connotations se rattachent aux mots *innocence, énigmatique, mettre les voiles* ?
- Quel sens le poème prend-il à la deuxième lecture ?
- Quelles conceptions de la poésie peut-on en déduire ?
- Comment appelle-t-on un poème qui parle de la manière d'écrire de la poésie ? Quelle est la visée de ce genre de poème ?

Formuler des thèses et des arguments

5 a. Lisez et analysez le texte ci-dessous.

b. Classez les arguments proposés à la suite du texte en trois groupes cohérents.

c. Formulez en une phrase complète la thèse défendue par chacun de ces trois groupes d'arguments.

Le héros de ce conte de Voltaire, Candide, a été éduqué dans un château, à l'écart du monde. Son précepteur, un philosophe optimiste, lui a enseigné qu'il vivait dans « le meilleur des mondes ». Chassé du château pour avoir embrassé Cunégonde, la fille du seigneur du lieu, il se trouve enrôlé dans une armée et propulsé sur un champ de bataille.

Rien n'était si beau, si leste, si brillant, si bien ordonné que les deux armées. Les trompettes, les fifres, les hautbois, les tambours, les canons, formaient une harmonie telle qu'il n'y en eut jamais en enfer. Les canons renversèrent d'abord à peu près six mille hommes de chaque côté ; ensuite la mousqueterie ôta du meilleur des mondes[1] environ neuf à dix mille coquins qui en infectaient la surface. La baïonnette fut aussi la raison suffisante[2] de la mort de quelques milliers d'hommes. Le tout pouvait bien se monter à une trentaine de mille âmes. Candide, qui tremblait comme un philosophe, se cacha du mieux qu'il put pendant cette boucherie héroïque.

Enfin, tandis que les deux rois faisaient chanter des *Te Deum* chacun dans son camp, il prit le parti d'aller raisonner ailleurs des effets et des causes[3]. Il passa par-dessus des tas de morts et de mourants, et gagna d'abord un village voisin ; il était en cendres : c'était un village abare que les Bulgares avaient brûlé, selon les lois du droit public. Ici des vieillards criblés de coups regardaient mourir leurs femmes égorgées, qui tenaient leurs enfants à leurs mamelles sanglantes ; là des filles éventrées après avoir assouvi les besoins naturels de quelques héros rendaient les derniers soupirs ; d'autres, à demi brûlées, criaient qu'on achevât de leur donner la mort. Des cervelles étaient répandues sur la terre à côté de bras et de jambes coupés.

Candide s'enfuit au plus vite dans un autre village : il appartenait à des Bulgares, et des héros abares l'avaient traité de même. Candide, toujours marchant sur des membres palpitants ou à travers des ruines, arriva enfin hors du théâtre de la guerre, portant quelques petites provisions dans son bissac[4], et n'oubliant jamais Mlle Cunégonde.

Voltaire, *Candide ou l'Optimisme* (1759).

1, 2 et **3.** expressions empruntées aux théories optimistes du philosophe Leibniz **4.** besace, sac à deux poches

• Les arguments à classer

1. Le texte est en prise avec l'actualité politique et les préoccupations des philosophes des Lumières.

2. Il dénonce la minimisation des conséquences de la guerre.

3. Il montre que l'adhésion à l'optimisme ne rend pas Candide meilleur.

4. Il conteste les conceptions héroïques de la guerre.

5. Le plan du texte oppose l'apparence brillante de la bataille à la réalité atroce des massacres.

6. Le narrateur utilise le vocabulaire optimiste dans un contexte qui le rend scandaleux.

7. Il dénonce la légitimation de la guerre par la théorie du « tout est bien ».

8. Il utilise des formes littéraires plaisantes et efficaces d'argumentation : le regard candide, l'ironie.

9. Le texte fait l'ellipse du récit de bataille pour donner tout de suite le bilan des pertes.

10. Il défend les valeurs humanistes des Lumières.

11. Il dénonce l'absurdité de la guerre : symétrie des pratiques, symétrie des bilans.

6 **a. Lisez et analysez ce poème de Baudelaire.**

b. Parmi les axes d'étude proposés à la suite du texte, lesquels pourraient être retenus pour un commentaire ? Justifiez vos réponses.

L'ennemi

Ma jeunesse ne fut qu'un ténébreux orage,
Traversé çà et là par de brillants soleils ;
Le tonnerre et la pluie ont fait un tel ravage,
Qu'il reste en mon jardin bien peu de fruits vermeils.

Voilà que j'ai touché l'automne des idées,
Et qu'il faut employer la pelle et les râteaux
Pour rassembler à neuf les terres inondées,
Où l'eau creuse des trous grands comme des tombeaux.

Et qui sait si les fleurs nouvelles que je rêve
Trouveront dans ce sol lavé comme une grève
Le mystique aliment qui ferait leur vigueur ?

– Ô douleur ! ô douleur ! Le temps mange la vie,
Et l'obscur Ennemi qui nous ronge le cœur
Du sang que nous perdons croît et se fortifie !

Charles Baudelaire, « Spleen et idéal », *Les Fleurs du mal* (1857).

• Les axes d'étude proposés

1. Le poète se plaint de la fuite du temps.

2. Le poème repose sur une métaphore.

3. Le poème est lyrique.

4. Le poète se plaint de ne plus pouvoir écrire de poèmes.

5. Le poème évoque le spleen.

7 **a. Reprenez le texte de Baudelaire proposé à l'exercice précédent, et proposez, sous forme de phrases complètes, deux ou trois axes d'étude pertinents pour le commenter.**

b. Choisissez un de ces axes et formulez plusieurs arguments pour défendre la thèse qu'il exprime.

8 **a. Analysez le texte ci-dessous, lié à l'objet d'étude « la poésie », à partir du parcours de lecture suivant :**

1. En quoi ce poème peut-il paraître étonnant ?

2. Quels thèmes poétiques traditionnels y retrouve-t-on ?

b. Proposez deux ou trois axes d'étude, rédigés en phrases complètes, pour en mener le commentaire, et une liste d'arguments pour les développer.

Fers, aciers…

S'aimèrent dur sous la lune
– Fers, aciers, métaux –
Pas de roses, pas de prunes
En ce pays sans défaut.

S'aimèrent dur, belle houille
Avec tes grains dans la peau.
Pas de lis, pas de citrouille :
Fers, aciers, métaux.

C'était riche et c'était beau,
Cette lune sur l'usine.
Le gamin et la gamine,
Les seins contre la poitrine
– Fers, aciers, métaux. –

Tout allait bien. Dieu sommeille
Et la guerre est en repos.
Belle amour encore plus belle,
Ô saisons industrielles,
Parmi vos grands végétaux :
Charbons aux fortes prunelles,
Fers, aciers, métaux,
Poutrelles.

Norge, *Les Râpes*, © Seghers (1949).

Henri Cartier-Bresson, *Près de Rouen* (1955).

VERS LE BAC

TEXTE : Victor Hugo, *Les Orientales* (1829).

Clair de lune

La lune était sereine et jouait sur les flots. –
La fenêtre enfin libre est ouverte à la brise,
La sultane regarde, et la mer qui se brise,
Là-bas, d'un flot d'argent brode les noirs îlots.

De ses doigts en vibrant s'échappe la guitare.
Elle écoute… Un bruit sourd frappe les sourds échos.
Est-ce un lourd vaisseau turc qui vient des eaux de Cos[1],
Battant l'archipel grec de sa rame tartare ?

Sont-ce des cormorans qui plongent tour à tour,
Et coupent l'eau, qui roule en perles sur leur aile ?
Est-ce un djinn[2] qui là-haut siffle d'une voix grêle,
Et jette dans la mer les créneaux de la tour ?

Qui trouble ainsi les flots près du sérail des femmes ? –
Ni le noir cormoran, sur la vague bercé,
Ni les pierres du mur, ni le bruit cadencé
Du lourd vaisseau, rampant sur l'onde avec des rames.

Ce sont des sacs pesants, d'où partent des sanglots.
On verrait, en sondant la mer qui les promène,
Se mouvoir dans leurs flancs comme une forme humaine… –
La lune était sereine et jouait sur les flots.

1. île grecque de la mer Égée, proche des côtes turques
2. génie ou démon, dans les croyances arabes

Documents complémentaires

Document 1

Hugo semble bien s'être inspiré d'un passage du *Giaour*, de Byron, où la femme infidèle de Hassan, cousue dans un sac, est jetée à la mer : « Le fardeau précipité dans l'abîme disparut peu à peu ; la vague recula doucement jusqu'au rivage ; mon œil attentif crut voir quelque chose se mouvoir sur la plaine azurée… Ce n'était qu'un rayon de la lune qui avait lui sur les flots. »

Pierre Albouy, note pour « Clair de lune », *Œuvres poétiques de Victor Hugo*, tome I, La Pléiade, © Gallimard (1964).

Document 2

The Giaour du poète anglais Byron évoque une histoire d'amour tragique : la belle Leila a trompé le sultan Hassan, son époux, avec un jeune chrétien. Pour cette faute, la jeune femme est condamnée. Après avoir été cousue dans un sac, elle est jetée à la mer. Cet épisode a peut-être été inspiré à Byron par un événement vécu : il aurait lui-même sauvé une jeune femme grecque condamnée à une mort semblable au cours d'un séjour en Orient.

Document rédigé par un professeur.

Document 3

Les Orientales n'offrent pas seulement des tableaux méditerranéens, elles ne sont pas en réalité un « livre inutile de pure poésie » [comme V. Hugo le prétend dans la préface] : chanter la beauté, c'est chanter la Grèce, et le recueil lance un fervent appel en faveur de l'indépendance hellénique. Bien souvent la description cache une idée, la défense d'une cause (*Clair de lune*).

Lagarde & Michard, introduction aux *Orientales*, XIXe siècle, Bordas (1985).

Document 4

Avec les *Orientales*, [Victor Hugo] lance déjà ses premiers traits contre le régime existant et n'hésite pas à montrer dans la révolution grecque un exemple de la rébellion des peuples modernes contre la tyrannie des rois. La guerre d'indépendance des Grecs contre l'Empire turc inspire en effet bon nombre des pièces contenues dans ce volume. […] La mode était alors à l'Orient. La lutte entre la Grèce et la Turquie avait suscité un vif mouvement d'opinion. Si tous les poètes n'allaient pas se faire tuer en Grèce comme Byron, tous étaient philhellènes[1] et Hugo, sans avoir jamais vu l'Orient, y trouve un choix inépuisable de thèmes nouveaux, qui lui semblent convenir particulièrement à la nouvelle poésie française.

Laffont-Bompiani, *Le Nouveau Dictionnaire des œuvres*, © Éditions Robert Laffont, coll. « Bouquins » (1994).

1. amis des Grecs, partisans de l'indépendance du peuple grec.

Questions

1. Quelles relations pouvez-vous établir entre ce poème et le titre du recueil ?
2. Comparez le premier et le dernier vers du poème : produisent-ils la même impression sur le lecteur ? Pourquoi ?
3. Pouvez-vous tirer de l'analyse précédente deux axes de lectures pour commenter ce texte ? Faites une liste d'arguments pour les soutenir.
4. Quelles interprétations du poème de Victor Hugo les documents complémentaires suggèrent-ils au lecteur ? Formulez un troisième axe d'étude, et donnez quelques arguments pour le développer.

Chapitre 68

Rédiger le commentaire

2de / 1re

Mots clés
- citation
- paragraphe
- introduction
- conclusion
- transition
- codes typographiques

Observation

Objets d'étude
L'éloge et le blâme ; l'argumentation ; la poésie

Texte

La voix

Une voix, une voix qui vient de si loin
Qu'elle ne fait plus tinter les oreilles,
Une voix, comme un tambour, voilée
Parvient pourtant, distinctement, jusqu'à nous.

Bien qu'elle semble sortir d'un tombeau
Elle ne parle que d'été et de printemps,
Elle emplit le corps de joie,
Elle allume aux lèvres le sourire.

Je l'écoute. Ce n'est qu'une voix humaine
Qui traverse les fracas de la vie et des batailles,
L'écroulement du tonnerre et le murmure des bavardages.

Et vous ? Ne l'entendez-vous pas ?
Elle dit : « La peine sera de peu de durée »
Elle dit : « La belle saison est proche ».
Ne l'entendez-vous pas ?

Robert Desnos, *Domaine public* (1944), © Gallimard.

- **Suggestion de plan pour le commentaire**

1. Le poème est un éloge de la voix humaine.
2. Le poème prend un sens particulier dans le contexte de la Seconde Guerre mondiale.
3. Il a aussi une portée universelle.

- **Exemple de paragraphe rédigé**

Par le contenu de son message, la voix rend l'espoir. Desnos exprime ce sentiment d'abord, au vers 6, par la métaphore des belles saisons, qu'il renouvelle en inversant l'ordre chronologique – il nomme l'été avant le printemps –, puis par l'alliance typiquement surréaliste de la joie et du feu :
« *Elle allume aux lèvres le sourire* » (v. 8).
Ce message d'espérance est d'autant plus crédible que la voix n'occulte pas la réalité de la « *peine* ». La symétrie des vers 13 et 14, la répétition de « *Elle dit* », l'alliance de mots abstraits comme « *la peine* » et de mots concrets comme « *la belle saison* », et surtout le discours direct, qui fait entendre la voix, donnent tout leur poids à ces paroles. Dans leur simplicité voulue et leur apparente banalité, elles sont exactement celles dont la France avait besoin, parce qu'elles consolent par la promesse de lendemains heureux.

Questions

1. Comment le paragraphe de commentaire est-il construit ?
2. Repérez les termes qui appartiennent au vocabulaire de l'analyse littéraire : sont-ils nombreux ? Quels domaines d'analyse prennent-ils en compte : lexique ? syntaxe ? figures ? écriture poétique ? contexte historique ? contexte culturel ?
3. Observez et décrivez, avec les termes grammaticaux appropriés, les diverses manières dont les citations du poème sont insérées dans le commentaire.

L'essentiel

Le commentaire obéit traditionnellement à une série de règles qui codifient sa présentation et sa rédaction.

1. Respecter les codes typographiques

■ Des **lignes sautées** séparent l'introduction, les parties, la conclusion. Des **alinéas** (blancs en début de ligne) marquent la séparation entre deux paragraphes.

■ Les **titres d'œuvres** sont soulignés, sans guillemets. Les **titres de poèmes** sont mis entre guillemets et ne sont pas soulignés.

2. Insérer correctement les citations

■ Il faut **délimiter les passages à citer** : les citations doivent être très courtes et placées entre guillemets. Elles doivent **illustrer très précisément** l'argument à justifier.

■ Les mots cités, **intégrés à la phrase rédigée**, doivent y remplir une fonction grammaticale. Le recours aux parenthèses est à éviter.

« La voix n'occulte pas la réalité de la "peine". »

■ Un **vers entier** doit être **isolé sur une seule ligne**.

3. Organiser le développement

Les parties et les transitions

■ Chaque partie du développement s'ouvre sur une **phrase qui formule l'axe d'étude**.

Pour le plan suggéré en page 370, la deuxième partie pourrait s'ouvrir sur la phrase : *La prise en compte de la situation historique en 1944 peut éclairer le sens du poème : la France est occupée par l'armée allemande, de nombreux résistants sont exilés en Angleterre, et Desnos sera déporté en avril de la même année.*

■ Une phrase de **conclusion partielle** sert de transition avec la partie suivante.

Le texte s'insère donc dans le contexte tragique de la France occupée, et rappelle le rôle joué par la radio pour soutenir le moral des Français et les encourager à la résistance. Mais même en dehors de ce contexte historique précis, le poème garde une grande force.

Max Radler (1904-1971), *Un auditeur* (1930), Munich, galerie im Lenbachhaus.

Le paragraphe

Chaque paragraphe s'ouvre par une **phrase qui formule un argument**, se poursuit par des **références précises au texte** (reformulations ou citations commentées), et se termine par une **phrase qui rappelle le lien avec l'argument** ou l'axe d'étude.

4. Introduire et conclure

■ L'**introduction** constitue un seul paragraphe et comprend **trois étapes** :
- une **entrée en matière** insère le texte à étudier dans un ensemble plus vaste : le thème, le genre, l'époque ;
- une **présentation du texte** situe son époque, son auteur, son thème ;
- une **annonce du plan du commentaire** formule clairement les axes d'étude retenus.

■ La **conclusion** comporte un seul paragraphe et se construit en **deux étapes** :
- un **bilan des analyses** menées dans le développement ;
- une **ouverture** vers d'autres textes, d'autres arts, d'autres époques.

SUJET BAC

7

Objets d'étude

Le roman
La poésie

Corpus

1. HUGO, *Les Châtiments*, Livre V, 13 (1853).
2. HUGO, *Les Misérables*, Livre I, chapitre 13 (1862).

Dans ces deux extraits tirés l'un du recueil poétique Les Châtiments, *l'autre du roman* Les Misérables, *Victor Hugo évoque la fin de la bataille de Waterloo (1815), après l'anéantissement de la garde impériale, dernier espoir de victoire pour Napoléon Ier.*

TEXTE 1 : Hugo, *Les Châtiments*, Livre V, 13 (1853).

L'expiation

Le reste de l'armée hésitait sur leurs corps
Et regardait mourir la garde. – C'est alors
Qu'élevant tout à coup sa voix désespérée,
La Déroute, géante à la face effarée,
Qui, pâle, épouvantant les plus fiers bataillons,
Changeant subitement les drapeaux en haillons,
À de certains moments, spectre fait de fumées,
Se lève grandissante au milieu des armées,
La Déroute apparut au soldat qui s'émeut,
Et, se tordant les bras, cria : Sauve qui peut !
Sauve qui peut ! affront ! horreur ! toutes les bouches
Criaient ; à travers champs, fous, éperdus, farouches,
Comme si quelque souffle avait passé sur eux,
Parmi les lourds caissons et les fourgons poudreux,
Roulant dans les fossés, se cachant dans les seigles,
Jetant shakos[1], manteaux, fusils, jetant les aigles[2],
Sous les sabres prussiens, ces vétérans, ô deuil !
Tremblaient, hurlaient, pleuraient, couraient. – En un clin d'œil
Comme s'envole au vent une paille enflammée,
S'évanouit ce bruit qui fut la grande armée,
Et cette plaine, hélas ! où l'on rêve aujourd'hui,
Vit fuir ceux devant qui l'univers avait fui !
Quarante ans sont passés, et ce coin de la terre,
Waterloo, ce plateau funèbre et solitaire,
Ce champ sinistre où Dieu mêla tant de néants,
Tremble encor d'avoir vu la fuite des géants !

1. coiffures militaires à visière
2. enseignes militaires, portant l'emblème de Napoléon

SUJET BAC

TEXTE 2 : Hugo, *Les Misérables*, Livre I, chapitre 13 (1862).

La déroute derrière la garde fut lugubre.

L'armée plia brusquement de tous les côtés à la fois, de Hougomont, de la Haie-Sainte, de Papelotte, de Plancenoit. Le cri Trahison ! fut suivi du cri Sauve-qui-peut ! Une armée qui se débande, c'est un dégel. Tout fléchit, se fêle, craque, flotte, roule, tombe, se heurte, se hâte, se précipite. Désagrégation inouïe. Ney emprunte un cheval, saute dessus, et, sans chapeau, sans cravate, sans épée, se met en travers de la chaussée de Bruxelles, arrêtant à la fois les Anglais et les Français. Il tâche de retenir l'armée, il la rappelle, il l'insulte, il se cramponne à la déroute. Il est débordé. Les soldats le fuient, en criant : Vive le maréchal Ney ! [...] Napoléon court au galop le long des fuyards, les harangue, presse, menace, supplie. Toutes ces bouches qui criaient le matin vive l'empereur, restent béantes ; c'est à peine si on le connaît. La cavalerie prussienne, fraîche venue, s'élance, vole, sabre, taille, hache, tue, extermine. Les attelages se ruent, les canons se sauvent ; les soldats du train détellent les caissons et en prennent les chevaux pour s'échapper ; des fourgons culbutés les quatre roues en l'air entravent la route et sont des occasions de massacre. On s'écrase, on se foule, on marche sur les morts et sur les vivants. Les bras sont éperdus. Une multitude vertigineuse emplit les routes, les sentiers, les ponts, les plaines, les collines, les vallées, les bois, encombrés par cette évasion de quarante mille hommes. Cris, désespoir, sacs et fusils jetés dans les seigles, passages frayés à coups d'épée, plus de camarades, plus d'officiers, plus de généraux, une inexprimable épouvante. Zieten[1] sabrant la France à son aise. Les lions devenus chevreuils. Telle fut cette fuite.

1. lieutenant général de l'armée prussienne

Questions

A. Séries générales (4 points)

Ces deux récits de la fin de la bataille de Waterloo produisent-ils les mêmes effets sur le lecteur ? Pourquoi ?

B. Séries technologiques (6 points)

1. Quelles actions évoquées dans le roman n'apparaissent pas dans le poème ? À votre avis, pourquoi ? **(3 points)**
2. Quel registre domine dans le poème ? Le retrouve-t-on dans le roman ? Justifiez votre réponse en citant quelques procédés d'écriture. **(3 points)**

Travail d'écriture

A. Séries générales (16 points)

Commentaire

Vous ferez un commentaire comparé de ces deux textes de Victor Hugo.

→ *Le plan doit confronter les deux textes dans chaque partie, autour d'axes de lecture adaptés (par exemple : Comment l'événement historique est-il décrit dans les deux textes ? Quelles émotions veulent-ils faire naître ? Quelles réflexions peuvent-ils suggérer ?).*

B. Séries technologiques (14 points)

Commentaire

Vous ferez un commentaire de l'extrait des *Châtiments* (texte 1), en fondant vos analyses sur le parcours de lecture suivant :

a. Sur quels aspects de l'événement évoqué le poète met-il l'accent ? Pourquoi ?

b. Quel est le registre dominant du passage ? Par quels procédés d'écriture est-il créé ?

Chapitre 69

Élaborer un plan de dissertation

Mots clés

- problématique
- libellé
- thèse
- implicite

2de / 1re

Observation

Texte 1

Iphicrate, citoyen d'Athènes, et son esclave Arlequin ont survécu à un naufrage et ont échoué sur une île où les esclaves deviennent les maîtres et réciproquement.

Iphicrate : Eh ! ne sais-tu pas que je t'aime ?
Arlequin : Oui ; mais les marques de votre amitié tombent toujours sur mes épaules, et cela est mal placé. Ainsi, tenez, pour ce qui est de nos gens[1], que le ciel les bénisse ! s'ils sont morts, en voilà pour longtemps ; s'ils sont en vie, cela se passera, et je m'en goberge.
Iphicrate, *un peu ému* **:** Mais j'ai besoin d'eux, moi.
Arlequin, *indifféremment* **:** Oh ! cela se peut bien, chacun a ses affaires : que je ne vous dérange pas !
Iphicrate : Esclave insolent !
Arlequin, *riant* **:** Ah ! ah ! vous parlez la langue d'Athènes ; mauvais jargon que je n'entends plus.
Iphicrate : Méconnais-tu ton maître, et n'es-tu plus mon esclave ?
Arlequin, *se reculant d'un air sérieux* **:** Je l'ai été, je le confesse à ta honte ; mais va, je te le pardonne ; les hommes ne valent rien. Dans le pays d'Athènes j'étais ton esclave, tu me traitais comme un pauvre animal, et tu disais que cela était juste, parce que tu étais le plus fort. Eh bien ! Iphicrate, tu vas trouver ici plus fort que toi ; on va te faire esclave à ton tour ; on te dira aussi que cela est juste, et nous verrons ce que tu penseras de cette justice-là ; tu m'en diras ton sentiment, je t'attends là. Quand tu auras souffert, tu seras plus raisonnable ; tu sauras mieux ce qu'il est permis de faire souffrir aux autres. Tout en irait mieux dans le monde, si ceux qui te ressemblent recevaient la même leçon que toi. Adieu, mon ami ; je vais trouver mes camarades et tes maîtres. *(Il s'éloigne.)*
Iphicrate, *au désespoir, courant après lui l'épée à la main* **:** Juste ciel ! peut-on être plus malheureux et plus outragé que je le suis ? Misérable ! tu ne mérites pas de vivre.
Arlequin : Doucement ; tes forces sont bien diminuées, car je ne t'obéis plus, prends-y garde.

Marivaux, *L'Île des esclaves*, I, 1 (1725).

1. les serviteurs d'Iphicrate, qui ont disparu lors du naufrage

Texte 2

Dans une petite ville, tous les habitants se sont transformés peu à peu en rhinocéros. Seul, Béranger reste encore humain.

Béranger : *(Il écoute les barrissements.)*
[…] J'ai la peau flasque. Ah, ce corps trop blanc, et poilu ! Comme je voudrais avoir une peau dure et cette magnifique couleur d'un vert sombre, une nudité décente, sans poils, comme la leur ! *(Il écoute les barrissements.)* Leurs chants ont du charme, un peu âpre, mais un charme certain ! Si je pouvais faire comme eux. *(Il essaye de les imiter.)* Ahh, ahh, brr ! Non, ça n'est pas ça ! Essayons encore, plus fort ! Ahh, ahh, brr ! non, non, ce n'est pas ça, que c'est faible, comme cela manque de vigueur ! Je n'arrive pas à barrir. Je hurle seulement. Ahh, ahh, brr ! Les hurlements ne sont pas des barrissements ! Comme j'ai mauvaise

conscience, j'aurais dû les suivre à temps. Trop tard maintenant ! Hélas, je suis un monstre, je suis un monstre. Hélas, jamais je ne deviendrai rhinocéros, jamais, jamais ! Je ne peux plus changer. Je voudrais bien, je voudrais tellement, mais je ne peux pas. Je ne peux plus me voir. J'ai trop honte ! *(Il tourne le dos à la glace.)* Comme je suis laid ! Malheur à celui qui veut conserver son originalité ! *(Il a un brusque sursaut.)* Eh bien, tant pis ! Je me défendrai contre tout le monde ! Ma carabine, ma carabine ! *(Il se retourne face au mur du fond où sont fixées les têtes des rhinocéros, tout en criant :)* Contre tout le monde, je me défendrai ! Je suis le dernier homme, je le resterai jusqu'au bout ! Je ne capitule pas !

Eugène Ionesco, *Rhinocéros*, Acte III, scène finale, © Gallimard (1959).

Document 1

Sidney Wernicke (Arlequin) et Fabio Zenoni (Iphicrate) dans *L'Île des esclaves*, mise en scène Irina Brook, Paris, Théâtre de l'Atelier, 2005.

Document 2

Serge Maggiani (Béranger) dans *Rhinocéros*, mise en scène Emmanuel Demarcy Mota, Paris, Théâtre de la Ville, 2004.

Sujet de dissertation

Eugène Ionesco, dans un « Discours sur l'avant-garde » publié dans *Notes et Contre-Notes* (1966), déclare que « le théâtre peut être le lieu de la plus grande liberté, de l'imagination la plus folle ».

Cette affirmation vous paraît-elle correspondre pleinement à ce que vous savez du théâtre ? Vous répondrez à cette question en vous appuyant sur les textes et documents du corpus, les œuvres étudiées et lues, et les spectacles auxquels vous avez pu assister.

L'essentiel

1. Les exigences de la dissertation

La dissertation est un exercice d'argumentation répondant à des exigences précises :

- Elle demande de mener **une réflexion organisée sur une question d'ordre littéraire** en rapport avec un ou des objet(s) d'étude du programme.
- Elle repose sur **un libellé qui peut prendre plusieurs formes** : citation d'auteur suivie d'une question et d'une consigne, ou, directement, question suivie d'une consigne.
- Elle implique une réflexion organisée sur un problème (on parle aussi de **problématique**), dont elle doit envisager les multiples aspects. Le devoir doit confronter les diverses réponses possibles. C'est pourquoi la dissertation prend la forme d'**un débat où s'affrontent des thèses différentes**, appuyées sur des arguments et des exemples.

2. L'analyse du sujet

L'**analyse du sujet** est un préalable indispensable qui implique une démarche rigoureuse. Elle doit :

- **Replacer le sujet** posé dans le cadre de **l'objet d'étude** concerné.

  La citation de Ionesco porte sur le théâtre comme genre spécifique. Elle invite à s'interroger non seulement sur le texte, mais aussi sur la représentation théâtrale.

- **Repérer les mots essentiels**, les confronter et les mettre en relation avec le corpus.

  Ionesco définit le théâtre comme le lieu de *« la plus grande liberté »* : le superlatif met l'accent sur l'absence de règles et de contraintes pour le dramaturge. De même, l'expression *« l'imagination la plus folle »* fait du théâtre un lieu hors du réel, un monde hors du monde, où le spectateur est transporté le temps de la représentation.

  La métamorphose des personnages de *Rhinocéros*, évidemment inconcevable dans la réalité, éclaire la thèse de l'auteur.

- **En déduire le ou les problèmes** posés par le sujet.

  Ionesco affirme qu'il existe une spécificité du genre théâtral : le théâtre permet la liberté de création ; il autorise la distance avec la représentation de la réalité. On est donc conduit à se demander pourquoi le théâtre aurait ce privilège.

- **Délimiter le domaine** concerné par le sujet.

  Le sujet propose une réflexion sur le seul genre théâtral ; il n'implique aucune limite d'ordre temporel ; la réflexion peut porter sur toutes les formes de théâtre existantes (comédie, tragédie, drame…).

- **S'interroger sur les implicites** contenus dans le sujet (que dit le sujet mais aussi que sous-entend-il ?) selon la forme qu'il prend :

– Si le sujet se présente sous la forme d'une question directe, on examine les réponses possibles et on en déduit les diverses thèses mises en jeu.

– Si le sujet se présente comme une citation suivie d'une question, on explique la ou les thèses que contient la citation, avant de les discuter grâce aux connaissances acquises sur l'objet d'étude.

  Le sujet proposé contient une citation de Ionesco suivie d'une question. Cette question indique que l'on attend une **prise de distance** par rapport à la pensée de l'auteur. L'adverbe *« pleinement »* implique que la position de Ionesco est partiellement fondée, mais qu'elle doit aussi être discutée. On pourra ainsi s'interroger sur les éléments qui limitent la liberté du créateur au théâtre : règles imposées à certaines époques, contraintes matérielles de la représentation théâtrale, etc.

3. L'élaboration du plan

La recherche des arguments et des exemples

■ Elle se mène à partir des **questions posées** dans l'analyse du sujet.

Pour valider la thèse de Ionesco, on cherche comment se révèlent la liberté et l'imagination du dramaturge. Le corpus offre des éléments de réponse: Marivaux imagine une île utopique où les valeurs s'inversent pour que les maîtres fassent l'expérience de la servitude; Ionesco met en scène une ville où la *«rhinocérite»* se propage comme le fait une idéologie dominante.

■ Elle s'appuie sur les **connaissances acquises** dans le domaine convoqué. Les consignes précisent qu'il faut utiliser les textes du corpus, mais aussi les œuvres lues et, par conséquent, les connaissances acquises pendant l'année. Pour le théâtre, les expériences de représentation doivent également être prises en compte.

La connaissance de l'histoire du théâtre permet de prendre la mesure de l'originalité de Ionesco. L'affirmation de Ionesco invite à s'interroger sur la manière dont la représentation participe à la liberté de l'imagination.

Le plan

■ **Les exigences de construction**

L'organisation du plan dépend évidemment du sujet et des problèmes soulevés. Il n'y a pas de plan unique ou de plan modèle pour un sujet. Mais, en règle générale, le plan doit obéir à certaines exigences :

- présenter différents points de vue sur le problème soulevé, ou dégager les différents aspects de ce problème ;

- valoriser la thèse à laquelle adhère l'auteur du devoir : on pourra ainsi l'exposer dans la dernière partie de la dissertation ;

- montrer par des arguments et des exemples que la thèse exposée dans la sujet est, au moins partiellement, valide, mais qu'elle peut être contestée ou nuancée.

■ **Les types de plan**

Suivant le sujet et les arguments dont on dispose pour le traiter, le plan comportera deux ou trois parties.

Il pourra, par exemple, prendre les formes suivantes :

Concession

1. Reconnaissance du bien-fondé partiel d'une thèse
2. Mais défense d'une thèse différente

Opposition

1. Exposé argumenté d'une thèse
2. Réfutation de cette thèse
3. Exposé argumenté de la thèse soutenue

Démarche dialectique

1. Exposé argumenté d'une thèse
2. Exposé argumenté de la thèse inverse (antithèse)
3. Dépassement de la contradiction (synthèse)

1. Le théâtre est, comme l'affirme Ionesco, un lieu de création libre.
2. Cependant, on ne peut nier l'existence de contraintes liées au genre.
3. Mais ces contraintes peuvent elles-mêmes stimuler l'imagination du créateur comme celle du spectateur.

Exercices

Analyser un sujet

1 **a. À quels objets d'étude se rapporte le sujet suivant ? Comment comprenez-vous l'expression « réveiller le peuple » ?**

b. Qui peuvent être ces « autres » mentionnés par la question ?

c. Le sujet invite-t-il à s'interroger seulement sur la littérature ?

Dans sa lettre à l'écrivain et éditeur Hetzel, Victor Hugo propose de « réveiller le peuple ». Les poètes, les écrivains, les artistes en général, vous paraissent-ils pouvoir, mieux que d'autres, remplir cette mission ?

2 **Parmi les propositions ci-dessous, laquelle formule la thèse exprimée par la citation de Baudelaire ?**

Baudelaire écrit dans *L'Art romantique* (1857) : « La poésie [...] n'a pas d'autre but qu'Elle-même ; elle ne peut pas en avoir d'autre. »

1. La poésie sert à transmettre les idées du poète.

2. La poésie est le moyen pour le poète de chanter sa joie et ses douleurs.

3. La poésie ne cherche pas à être utile.

4. La poésie doit permettre au lecteur de prendre conscience de la réalité.

3 **Parmi les reformulations du sujet suivant, lesquelles vous paraissent pertinentes ? Lesquelles vous paraissent critiquables ? Pourquoi ?**

• **Sujet :**
Les auteurs de *L'Honneur des poètes*[1] ont choisi de présenter leur ouvrage ainsi, dans la préface :
« C'est vers l'action que les poètes à la vue immense sont, un jour ou l'autre, entraînés. »
Partagez-vous cette conception de la poésie ?

1. *L'Honneur des poètes* est un recueil de poèmes publié clandestinement durant la Seconde Guerre mondiale.

• **Reformulations proposées :**

1. Ces auteurs se demandent si les hommes d'action ne sont pas supérieurs aux poètes.

2. Ces auteurs affirment que les écrivains voient plus loin que les autres hommes.

3. Ces auteurs déclarent que les grands poètes sont conduits, en tant que poètes, à s'engager dans l'action.

4. Ces auteurs estiment que les poètes doivent renoncer à la poésie pour se consacrer à l'action politique.

5. Ces auteurs jugent que les poètes doivent se détourner de l'action pour se consacrer seulement à la poésie.

6. Ces auteurs pensent que les poètes ne peuvent se désintéresser de l'action.

Utiliser un corpus

4 **a. Quels sont les thèmes des textes suivants ?**

b. Comment sont-ils traités dans chacun des textes ?

c. En quoi ce corpus éclaire-il le sujet proposé ?

• **Sujet :** Pensez-vous qu'écrire soit une entreprise futile ?

Texte 1

Quand on apprend ou qu'on voit la mort d'un de ceux qui faisaient la guerre à côté de vous et qui vivaient exactement de la même vie, on reçoit un choc direct dans la chair avant même de comprendre. C'est vraiment presque un peu son propre anéantissement qu'on apprend tout d'un coup. Ce n'est qu'après qu'on se met à regretter.

Nous regardons cette tête hideuse de jeu de massacre, cette tête massacrée qui déjà efface cruellement le souvenir. Encore un compagnon de moins... On reste là autour de lui, intimidés. [...]

– On peut pas s' figurer... dit Volpatte. Non, on ne peut pas se figurer. Toutes ces disparitions à la fois excèdent l'esprit. Il n'y a plus assez de survivants. Mais on a une vague notion de la grandeur de ces morts. Ils ont tout donné ; ils ont donné, petit à petit, toute leur force, puis, finalement, ils se sont donnés, en bloc. Ils ont dépassé la vie ; leur effort a quelque chose de surhumain et de parfait.

Henri Barbusse, *Le Feu*, (1916), © Flammarion.

Texte 2

Familiale

La mère fait du tricot
Le fils fait la guerre
Elle trouve ça tout naturel la mère
Et le père qu'est-ce qu'il fait le père ?
Il fait des affaires
Sa femme fait du tricot
Son fils la guerre
Lui des affaires
Il trouve ça tout naturel le père
Et le fils et le fils
Qu'est-ce qu'il trouve le fils ?
Il ne trouve rien absolument rien le fils
Le fils sa mère fait du tricot son père des affaires
lui la guerre
Quand il aura fini la guerre
Il fera des affaires avec son père
La guerre continue la mère continue elle tricote
Le père continue il fait des affaires
Le fils est tué il ne continue plus
Le père et la mère vont au cimetière
Ils trouvent ça tout naturel le père et la mère
La vie continue la vie avec le tricot la guerre les affaires
Les affaires la guerre le tricot la guerre
Les affaires les affaires et les affaires
La vie avec le cimetière.

Jacques Prévert, *Paroles* (1945), © Gallimard.

5 Exercice guidé

Comment les textes suivants peuvent-il vous aider à traiter le sujet proposé ?

• **Sujet :** La poésie est-elle essentiellement un jeu sur le langage ?

Texte 1

Où vont tous ces enfants dont pas un seul ne rit ?
Ces doux êtres pensifs, que la fièvre maigrit ?
Ces filles de huit ans qu'on voit cheminer seules ?
Ils s'en vont travailler quinze heures sous des meules ;
Ils vont, de l'aube au soir, faire éternellement
Dans la même prison le même mouvement.
Accroupis sous les dents d'une machine sombre,
Monstre hideux qui mâche on ne sait quoi dans l'ombre,
Innocents dans un bagne, anges dans un enfer,
Ils travaillent. Tout est d'airain, tout est de fer.
Jamais on ne s'arrête et jamais on ne joue.
Aussi quelle pâleur ! la cendre est sur leur joue.
Il fait à peine jour, ils sont déjà bien las.
Ils ne comprennent rien à leur destin, hélas !
Ils semblent dire à Dieu : « Petits comme nous sommes,
Notre père, voyez ce que nous font les hommes ! »
Ô servitude infâme imposée à l'enfant !

Victor Hugo, « Melancholia », *Les Contemplations* (1854).

Texte 2

Un port est un séjour charmant pour une âme fatiguée des luttes de la vie. L'ampleur du ciel, l'architecture mobile des nuages, les colorations changeantes de la mer, le scintillement des phares, sont un prisme merveilleusement propre à amuser les yeux sans jamais les lasser. Les formes élancées des navires, au gréement compliqué, auxquels la houle imprime des oscillations harmonieuses, servent à entretenir dans l'âme le goût du rythme et de la beauté. Et puis, surtout, il y a une sorte de plaisir mystérieux et aristocratique pour celui qui n'a plus ni curiosité ni ambition, à contempler, couché dans le belvédère ou accoudé sur le môle, tous ces mouvements de ceux qui partent et de ceux qui reviennent, de ceux qui ont encore la force de vouloir, le désir de voyager ou de s'enrichir.

Charles Baudelaire, *Spleen de Paris* (*Petits Poèmes en prose*) (1862).

Texte 3

Le plus beau vers de la langue française
« Le geai gélatineux geignait dans le jasmin »
Voici, mes zinfints
Sans en avoir l'air
Le plus beau vers
De la langue française

Ai, eu, ai, in
Le geai gélatineux geignait dans le jasmin
Le poite aurait pu dire
Tout à son aise :
« Le geai volumineux picorait des pois fins »
Eh bien ! non, mes zinfints.
Le poite qui a du génie
Jusque dans son délire
D'une main moite
A écrit :
« C'était l'heure divine où, sous le ciel gamin,
LE GEAI GÉLATINEUX GEIGNAIT DANS LE JASMIN »

René de Obaldia, *Innocentines* (1969), © Grasset.

→ Les questions à vous poser

• Que signifie l'expression *« jeu sur le langage »* ?

• À quelles conceptions s'oppose-t-on en déclarant que la poésie est *« jeu sur le langage »* ?

• Quel est le sujet de chacun des poèmes proposés ?

• En quoi ces textes vous paraissent-ils différents ?

• Quels exemples de *« jeu sur le langage »* pourraient vous fournir ces textes ?

• Comment chaque poète utilise-t-il le langage ? Dans quel but ?

Rechercher des arguments, élaborer un plan

6 **Trouvez des arguments pertinents pour valider les thèses suivantes :**

1. Le roman nous permet de mieux comprendre la réalité dans laquelle nous vivons.
2. Le roman est toujours un révélateur de la personnalité de son auteur.
3. Le roman permet au lecteur d'éprouver des émotions nouvelles et d'enrichir sa réflexion.

7 **a. Parmi les arguments suivants, lesquels vous paraissent pertinents pour traiter le sujet proposé ? (Vous pourrez vous appuyer sur l'exercice 5.)**

b. Regroupez ces différents arguments pour composer un plan cohérent. Vous indiquerez par une phrase la thèse défendue dans chacune des parties.

• **Sujet :** La poésie est-elle essentiellement un jeu sur le langage ?

• **Arguments proposés :**
1. La poésie est avant tout un moyen d'exprimer des sentiments, de traduire une subjectivité.
2. La lecture de la poésie pose plus de problèmes que la lecture de romans.
3. La poésie peut s'apparenter à un jeu en ce qu'elle refuse les usages de l'expression quotidienne.
4. La poésie privilégie les effets produits par le rythme et les sonorités.

Chapitre 70

Rédiger la dissertation

Mots clés
- développement
- argument
- paragraphe

2de / 1re

Observation

Objet d'étude
Le théâtre : texte et représentation

Sujet

Eugène Ionesco, dans un « Discours sur l'avant-garde » publié dans *Notes et Contre-Notes* (1966) déclare que « le théâtre peut être le lieu de la plus grande liberté, de l'imagination la plus folle ».

Cette affirmation vous paraît-elle correspondre pleinement à ce que vous savez du théâtre ? Vous répondrez à cette question en vous appuyant sur les textes du corpus (voir chapitre 69), les œuvres étudiées et lues, et les spectacles auxquels vous avez pu assister.

Extrait du devoir rédigé*

Introduction

Le terme *théâtre* renvoie à la fois à un texte littéraire, au lieu où celui-ci est représenté et au spectacle qu'on peut y voir. Cette polysémie met l'accent sur la dimension visuelle inhérente au genre théâtral. Un dramaturge crée une œuvre pour la donner à voir. La représentation donne vie à la fiction et plonge le spectateur dans un monde irréel. C'est pourquoi Eugène Ionesco déclare que « le théâtre peut être le lieu de la plus grande liberté, de l'imagination la plus folle » dans son « Discours sur l'avant-garde », publié en 1966 dans *Notes et Contre-Notes*. Le théâtre s'opposerait donc, par sa nature, aux contraintes et aux interdits. Cette prise de position, qui pose le problème de la liberté de création au théâtre, est polémique au regard de la tradition. Dans quelle mesure cette liberté, revendiquée par Ionesco, peut-elle réellement s'exprimer au théâtre ? L'examen du point de vue de l'auteur nous permettra de mesurer la liberté à l'œuvre dans un spectacle théâtral. Mais il nous conduira aussi à envisager les contraintes liées à la pratique théâtrale ou héritées de la tradition. Nous nous demanderons enfin si ces contraintes ne peuvent stimuler l'imagination du créateur comme celle du spectateur.

Ouverture de la première partie

L'histoire du théâtre montre que le genre a évolué par des choix de rupture et par une volonté toujours plus marquée de libération et du texte et de la scène. Ainsi, nous montrerons que la liberté de création du dramaturge se révèle dans l'univers créé, dans les personnages auxquels il donne vie, mais aussi dans l'intrigue.

L'imagination du dramaturge fait naître un univers que le texte construit, notamment par les didascalies. La dimension fictive, imaginaire, et parfois fantaisiste de ce monde, est à l'image de la liberté que revendique Ionesco pour le théâtre. En effet, les spectateurs ou les lecteurs de *Rhinocéros* sont transportés dans une ville où les individus se transforment en rhinocéros. Deux didascalies font entendre « les barrissements » (l. 1 et 4) des hommes métamorphosés. D'ailleurs, à la fin du monologue, Béranger décide de se défendre en faisant face aux « têtes

* Le devoir fait référence à l'extrait de la pièce d'Ionesco figurant p. 376.

des rhinocéros» (l. 15). L'invraisemblance de la situation porte la marque de «l'imagination la plus folle». La mise en scène concrétise le monde que l'auteur a conçu librement. [...]

Conclusion

Le théâtre autorise ainsi l'expression de l'imagination des auteurs faisant vivre à des personnages des histoires dans les cadres de leur choix. Mais les créateurs doivent nécessairement composer avec les contraintes, qu'elles soient liées aux conditions matérielles de la représentation ou aux habitudes et attentes des spectateurs. L'art du dramaturge serait alors de composer avec ces contraintes, de les intégrer dans son travail de création, de jouer avec elles pour le plus grand plaisir du spectateur. Cette dimension ludique n'est-elle pas d'ailleurs essentielle au théâtre? L'espace scénique est par nature un espace de jeu: jeu avec la réalité représentée, jeu avec les codes de représentation, jeu mené par les comédiens, jeu avec le public présent dans la salle.

Questions

1. En vous aidant des couleurs, identifiez les différentes étapes de l'introduction: entrée en matière, énoncé du sujet, exposé de la problématique, annonce du plan.
2. Quel est le plan choisi pour cette dissertation?
3. Comment la conclusion répond-elle au projet exposé dans l'introduction?
4. Distinguez les différentes étapes du paragraphe rédigé pour la première partie.

L'essentiel

La rédaction d'une dissertation obéit à certaines règles d'organisation et de présentation qu'il est indispensable de respecter.

1. L'introduction

Elle comporte:

- Une **entrée en matière**, c'est-à-dire une **réflexion générale en rapport avec le sujet**. Elle peut faire le lien entre le sujet et les objets d'étude, insérer le sujet dans un contexte historique ou littéraire.
- L'**énoncé du sujet**: on suppose, en rédigeant l'introduction, que le lecteur ignore le sujet. Si l'énoncé contient une citation, celle-ci doit figurer entre guillemets à l'intérieur d'une phrase. S'il ne contient pas de citation, le sujet est reproduit ou reformulé.

Un bref commentaire du sujet fait apparaître les différents problèmes qu'il soulève.

«Dans quelle mesure cette liberté, revendiquée par Ionesco, peut-elle réellement s'exprimer au théâtre?» La problématique choisie est ainsi exposée.

- L'**annonce du plan** présente rapidement au lecteur les étapes de la réflexion qui sera menée.

2. Le développement

La composition du développement

Le développement se détache nettement de l'introduction. Il est constitué de **deux ou trois parties** en fonction des besoins de la réflexion.

Par souci de clarté dans la présentation, chaque partie doit se détacher de la suivante.

La composition d'une partie

- Elle débute par une phase d'introduction présentant la thèse qui sera développée.
- Elle contient, en général, de deux à quatre paragraphes.
- Chaque **paragraphe** s'articule autour d'**un argument** destiné à valider la thèse soutenue dans la partie.

  Pour étayer la thèse de Ionesco, un premier argument est développé, portant sur le caractère imaginaire de l'univers créé au théâtre.
- Chaque **argument** est expliqué et illustré par un, ou mieux, plusieurs **exemples** empruntés au corpus ou aux lectures menées pendant l'année.
- Tout exemple est **présenté et expliqué** pour que le lecteur apprécie la justesse de la démonstration.
- La partie se termine par **une phrase de conclusion**.

Eugène Ionesco dans *Freshwater* de Virginia Woolf, mise en scène Simone Benmussa, Paris, 1983.

3. La conclusion

- Elle se détache nettement du développement.
- Elle fait le **bilan de la réflexion menée** en indiquant clairement la réponse qui a été apportée au problème posé par le sujet.
- Elle s'achève **en élargissant la réflexion** à d'autres problématiques littéraires.

  Dans l'exemple proposé, le devoir s'achève par un questionnement sur la nature du genre théâtral.

4. Les exigences de la rédaction

La cohérence de la formulation

La dissertation est une argumentation, les rapports logiques entre les idées doivent être clairement exprimés, par exemple à l'aide de connecteurs.

Les exemples

L'insertion des exemples se fait dans des phrases intégralement rédigées. Les références aux œuvres utilisées doivent être précises : on indiquera toujours le titre de l'œuvre à laquelle on fait référence et le nom de son auteur.

Le vocabulaire

La réflexion sur une problématique littéraire nécessite l'emploi du vocabulaire d'analyse littéraire spécifique.

Une réflexion sur le théâtre fait appel à des notions comme celles de *didascalies*, de *monologue*, de *double énonciation*, etc.

L'introduction

1 Retrouvez les différentes étapes de l'introduction.

• **Sujet**

André Maurois écrit : « Qu'est-ce qu'un roman ? Très simplement un récit d'événements fictifs. » Dans quelle mesure cette conception du roman s'applique-t-elle aux œuvres que vous avez étudiées ?

• **Introduction**

Le roman, héritier de l'épopée, prend des formes diverses au cours de son évolution. Néanmoins la fiction est le point commun de ses multiples réalisations. André Maurois écrit même : « Qu'est-ce qu'un roman ? Très simplement un récit d'événements fictifs. » Il fait le choix de définir le genre comme un discours narratif rapportant une histoire imaginaire. Aux contestations dont le roman traditionnel fait l'objet, l'auteur répond par une définition qui semble relever, à ses yeux, de l'évidence. Mais cette évidence supposée rend-elle compte des possibilités du genre et de ses multiples visages ? Après avoir évalué la validité de la conception de Mauriac, nous envisagerons les rapports que la fiction entretient avec la réalité pour montrer que ce genre, par sa complexité, déborde du cadre limité de toute définition.

2 a. Après avoir lu le corpus de textes proposé, indiquez les objets d'étude concernés.

b. Quel problème le sujet de dissertation soulève-t-il ?

c. Comparez les deux débuts d'introduction. En quoi sont-ils différents ? Lequel vous semble le plus pertinent pour le sujet proposé ?

d. Rédigez une entrée en matière différente.

• **Corpus**

Texte 1

Il courut autrefois un bruit, qu'une Montagne devait enfanter. En effet elle poussait des cris épouvantables, qui semblaient menacer le monde de quelque grand prodige. Tout le Peuple étonné de ce bruit, se rendit en foule au pied de la Montagne, pour voir à quoi aboutirait tout ce fracas. On se préparait déjà à voir sortir un Monstre horrible des entrailles de la Montagne ; mais après avoir longtemps attendu avec une grande impatience, on vit enfin sortir un Rat de son sein. Ce spectacle excita la risée de tous les assistants.

Fable attribuée à Ésope, vers le VIe siècle avant J.-C.

Texte 2

Une Montagne en mal d'enfant
Jetait une clameur si haute,
Que chacun au bruit accourant
Crut qu'elle accoucherait, sans faute,
D'une Cité plus grosse que Paris :
Elle accoucha d'une Souris.
Quand je songe à cette Fable
Dont le récit est menteur
Et le sens est véritable,
Je me figure un Auteur
Qui dit : Je chanterai la guerre
Que firent les Titans au Maître du tonnerre.
C'est promettre beaucoup : mais qu'en sort-il souvent ?
Du vent.

Jean de La Fontaine, *Fables*, Livre V, Fable 10 (1668).

Texte 3

Je chante les héros dont Ésope est le père,
Troupe de qui l'histoire, encor que mensongère,
Contient des vérités qui servent de leçon.
Tout parle en mon ouvrage, et même les poissons.
Ce qu'ils disent s'adresse à tous tant que nous sommes.
Je me sers d'animaux pour instruire les hommes.

Jean de La Fontaine, « À Monseigneur le Dauphin », *Fables*, Livre I (1668).

Texte 4

On fait apprendre les fables de la Fontaine à tous les enfants, et il n'y en a pas un seul qui les entende[1]. Quand ils les entendraient, ce serait encore pis ; car la morale en est tellement mêlée[2] et si disproportionnée à leur âge, qu'elle les porterait plus au vice qu'à la vertu.

Rousseau, *Émile*, Livre II (1762).

1. qui les comprenne 2. ambiguë

• **Sujet**

La fable vise-t-elle seulement à divertir son lecteur ?

• **Débuts d'introduction**

Proposition 1 : Les textes du corpus proposent une réflexion sur la fable, genre né dans l'Antiquité. Si La Fontaine, fabuliste du XVIIe siècle, affirme dans la Préface de ses *Fables* que « dans le fond elles portent un sens très solide », Rousseau, au XVIIIe, considérera dans l'*Émile* que les enfants ne les comprennent pas, qu'elles sont donc inutiles voire néfastes.

Proposition 2 : C'est dans la seconde moitié du XVIIe siècle que se développe l'esthétique classique, tournée vers les modèles antiques. On considère alors que la littérature et l'art doivent à la fois plaire et instruire et les genres brefs comme les portraits, les maximes, les pensées, fleurissent. La Fontaine, quant à lui, compose des fables, en s'inspirant notamment d'Ésope ou de Phèdre.

3 Rédigez l'introduction complète de la dissertation proposée dans l'exercice 2. Le plan adopté est le suivant :

1. La fable est un divertissement.

2. Mais la fable est aussi porteuse d'un enseignement.

3. Cette double visée appelle un mode de lecture particulier.

Le développement

4 **Distinguez les différentes étapes du paragraphe suivant.**

Le dialogue théâtral peut se montrer efficace pour dénoncer les problèmes de société en raison des spécificités de son écriture. Il propose tout d'abord un divertissement plaisant pour le spectateur. En effet, grâce à son caractère oral, il peut délivrer un message sérieux tout en amusant. Ainsi, dans la comédie de Beaumarchais *Le Mariage de Figaro*, le juge nommé Brid'oison est affligé d'un bégaiement, ce qui le rend ridicule alors même qu'il préside au procès convoqué par le comte Almaviva. Et quand la vieille servante Marceline se défend face aux attaques du Comte en s'en prenant au comportement des hommes, le juge se contente de répéter ses paroles en bégayant. Le rire provoqué chez le spectateur le rend plus sensible à la remise en cause de la condition de la femme par le dramaturge. Le plaisir éprouvé par le spectateur contribue ainsi à l'efficacité de l'argumentation.

5 **a. En vous appuyant sur le poème ci-dessous, analysez le sujet : quel problème soulève-t-il ?**

b. Formulez les deux arguments que pourraient illustrer les deux exemples proposés.

c. Rédigez les deux paragraphes que vous pourriez obtenir.

Demain, dès l'aube, à l'heure où blanchit la campagne,
Je partirai. Vois-tu, je sais que tu m'attends.
J'irai par la forêt, j'irai par la montagne.
Je ne puis demeurer loin de toi plus longtemps.

Je marcherai les yeux fixés sur mes pensées,
Sans rien voir au dehors, sans entendre aucun bruit,
Seul, inconnu, le dos courbé, les mains croisées,
Triste, et le jour pour moi sera comme la nuit.

Je ne regarderai ni l'or du soir qui tombe,
Ni les voiles au loin descendant vers Harfleur,
Et, quand j'arriverai, je mettrai sur ta tombe
Un bouquet de houx vert et de bruyère en fleur.

3 septembre 1847.

Victor Hugo, *Les Contemplations* (1856).

• Sujet

Dans la Préface des *Contemplations*, Victor Hugo affirme : « L'auteur a laissé, pour ainsi dire, ce livre se faire en lui. La vie, en filtrant goutte à goutte à travers les événements et les souffrances, l'a déposé dans son cœur. » Dans quelle mesure un poème exprime-t-il le Moi du poète ?

• Exemples pour construire un paragraphe de développement

1. Le poème « Demain, dès l'aube… » de Victor Hugo est daté du 3 septembre 1847, la veille du quatrième anniversaire de la mort de sa fille Léopoldine. La tombe dont parle le poète serait celle de Léopoldine ; Hugo évoquerait son intention de se rendre sur cette tombe.

2. Dans *Les Contemplations*, l'expression des sentiments vise à l'universalité : Victor Hugo, dans sa préface, considère le lecteur comme un double qui pourra se reconnaître dans l'expérience évoquée. Dans « Demain, dès l'aube… », l'énonciation à la 1re personne permet au lecteur de s'identifier au locuteur en partageant la souffrance exprimée.

6 **a. Analysez l'affirmation suivante. Quelle conception de la poésie s'en dégage ?**

b. Quels éléments des textes du corpus vous permettraient d'illustrer les trois arguments proposés ?

c. À partir de ces trois arguments, rédigez la première partie de la dissertation ; vous y défendrez la conception de la poésie défendue par le sujet. Chaque paragraphe comprendra un ou plusieurs exemples.

• Sujet

« Le poète ne peut, en tant que poète, rester aveugle et sourd au monde qui l'entoure et faire semblant d'ignorer la souffrance des hommes. Il est de son devoir de parler. »

Cette déclaration concernant le rôle du poète vous paraît-elle véritablement fondée ?

• Arguments

1. La poésie est un moyen excellent de faire prendre conscience de la souffrance humaine.

2. Le poète, en certaines circonstances, ou face à certaines situations particulièrement pénibles, est contraint à l'action.

3. La poésie permet de peindre la douleur de manière particulièrement frappante.

• Corpus

Texte 1

Ronsard écrit ce texte alors que la France est déchirée par les guerres de Religion opposant catholiques et protestants.

Madame[1], je serais ou du plomb ou du bois,
Si moi que la nature a fait naître François[2],
Aux races à venir je ne contais la peine
Et l'extrême malheur dont notre France est pleine.
Je veux de siècle en siècle au monde publier
D'une plume de fer sur un papier d'acier
Que ses propres enfants l'ont prise et dévêtue,
Et jusques à la mort vilainement battue.

Ronsard, *Continuation du discours des Misères de ce temps*, vers 1 à 8 (1563).

1. Ronsard s'adresse à la reine Catherine de Médicis. **2.** Français

Texte 2

Où vont tous ces enfants dont pas un seul ne rit ?
Ces doux êtres pensifs que la fièvre maigrit ?
Ces filles de huit ans qu'on voit cheminer seules ?
Ils s'en vont travailler quinze heures sous les meules ;
Ils vont, de l'aube au soir, faire éternellement,
Dans la même prison le même mouvement.
Accroupis sous les dents d'une machine sombre,
Monstre hideux qui mâche on ne sait quoi dans l'ombre.
Innocents dans un bagne, anges dans un enfer,

Ils travaillent. Tout est d'airain[1], tout est de fer.
Jamais on ne s'arrête et jamais on ne joue.

Victor Hugo, « Melancholia », *Les Contemplations* (1856).

1. bronze

Texte 3

J'écris dans ce pays qui souffre mille morts,
Qui montre à tous les yeux ses blessures pourprées[1],
Et la meute sur lui grouillante qui le mord,
Et les valets sonnants dans le cor la curée[2] !

J'écris dans ce pays que les bouchers écorchent,
Et dont je vois les nerfs, les entrailles, les os…
Et dont je vois les bois brûler comme des torches,
Et, sur les blés en feu, la fuite des oiseaux…

J'écris dans cette nuit profonde et criminelle
Où j'entends respirer les soldats étrangers…
Et les trains s'étrangler au loin dans les tunnels
Dont Dieu sait si jamais ils pourront déplonger[3] !

Louis Aragon, *Le Musée Grévin* (1943), © Stock.

1. de couleur pourpre, rouge foncé
2. moment où, dans une chasse à courre, les restes du gibier sont donnés aux chiens
3. sortir

La conclusion

7 **a. Quel problème le sujet pose-t-il ?**

b. Retrouvez les différentes étapes de la conclusion rédigée. Quel est le plan suivi pour traiter ce sujet ? Expliquez l'enchaînement des idées.

• **Sujet**

À propos de son roman *Le Dernier Jour d'un condamné*, Hugo affirme qu'il est « la plaidoirie générale et permanente pour tous les accusés présents et à venir ». Pensez-vous qu'un roman puisse avoir cette fonction ?

• **Conclusion**

Si nous avons montré que Victor Hugo a fait de certains de ses romans un moyen de défense vigoureux contre des dérives politiques ou sociales, il nous est apparu que la fiction romanesque a davantage exploré les sentiments et la psychologie des hommes qu'elle n'a défendu des individus précis ou des causes datées. Il semble que le caractère fictif du roman ne favorise pas une réception claire du message pour un public non averti et que, pour exprimer leur engagement, les écrivains préfèrent d'autres genres. Il serait d'ailleurs intéressant de s'interroger sur les raisons qui font aujourd'hui que le succès est massivement réservé aux romans qui s'éloignent absolument du quotidien du lecteur.

8 **À partir du sujet et du plan suivant, vous rédigerez intégralement une conclusion.**

• **Sujet**

Pensez-vous qu'écrire des romans soit une entreprise futile ?

• **Plan**

1. Le roman n'est souvent pour le lecteur que la distraction d'un moment.
2. Mais le roman permet aussi d'aborder les sujets les plus graves ou les plus douloureux.
3. Le romancier s'investit tout entier dans son œuvre.

9 **Écriture d'invention**

a. Imaginez un dialogue dans lequel s'opposeront deux conceptions du théâtre : l'un des deux intervenants pense que le théâtre est avant tout un spectacle, l'autre que le théâtre est avant tout un texte à lire.

b. À partir des éléments fournis par ce dialogue, indiquez le plan que vous pourriez adopter pour le sujet de dissertation suivant :

Le texte de théâtre n'existe réellement dans toute sa puissance que lorsqu'il est incarné et porté sur la scène par les comédiens. Qu'en pensez-vous ?

VERS LE BAC

Dissertation

Sujet : « L'art du roman est de savoir mentir », affirme Louis Aragon dans *J'abats mon jeu* en 1959.

1. Quel est le problème soulevé par le sujet ?
2. Quel plan de dissertation pourriez-vous adopter ?
3. Rédigez l'introduction et une des parties du devoir. Vous prendrez vos exemples dans les œuvres étudiées en classe et dans celles que vous avez lues à titre personnel.

Objet d'étude

Le roman et ses personnages : visions de l'homme et du monde

Corpus

1. DIDEROT, *Jacques le Fataliste et son maître* (1781).
2. FLAUBERT, *Madame Bovary*, II, 2 (1857).
3. ZOLA, *L'Assommoir*, chapitre VI (1877).
4. SARRAUTE, *Le Planétarium* (1959).

TEXTE 1 : Diderot, *Jacques le Fataliste et son maître* (1781).

Jacques, un valet, voyage avec son maître ; tous deux conversent.

Jacques : Allons, monsieur, remontons sur nos bêtes. Que vous importe que ce soit de par Dieu ou de par Belzébuth[1] que votre cheval se soit retrouvé[2] ? En ira-t-il moins bien ?

Le maître : Non. Cependant, Jacques, si vous étiez possédé[3]…

Jacques : Quel remède y aurait-il à cela ?

Le maître : Le remède ! ce serait, en attendant l'exorcisme… ce serait de vous mettre à l'eau bénite pour toute boisson.

Jacques : Moi, monsieur, à l'eau ! Jacques à l'eau bénite ! J'aimerais mieux que mille légions de diables me restassent dans le corps, que d'en boire une goutte, bénite ou non bénite. Est-ce que vous ne vous êtes pas aperçu que j'étais hydrophobe[4] ?…

Ah ! « hydrophobe » ? Jacques a dit « hydrophobe » ?… Non, lecteur, non ; je confesse que le mot n'est pas de lui. Mais avec cette sévérité de critique-là, je vous défie de lire une scène de comédie ou de tragédie, un seul dialogue, quelque bien qu'il soit fait, sans surprendre le mot de l'auteur dans la bouche de son personnage. Jacques a dit : « Monsieur, est-ce que vous ne vous êtes pas encore aperçu qu'à la vue de l'eau, la rage me prend ?… » Eh bien ? en disant autrement que lui, j'ai été moins vrai, mais plus court.

Ils remontèrent sur leurs chevaux ; et Jacques dit à son maître : « Vous en étiez de vos amours au moment où, après avoir été heureux deux fois, vous vous disposiez peut-être à l'être une troisième. »

1. le diable
2. Le cheval du maître, qui avait été volé, vient d'être retrouvé par hasard.
3. si un démon avait pris possession de vous
4. qui déteste l'eau

TEXTE 2 : Flaubert, *Madame Bovary*, II, 2 (1857).

Emma Bovary et son mari Charles viennent d'arriver à Yonville. Charles va y exercer la médecine. Ils sont accueillis par Homais, le pharmacien, et par le jeune Léon, clerc de notaire, de qui Emma tombera amoureuse.

– Avez-vous du moins quelques promenades dans les environs ? continuait Mme Bovary parlant au jeune homme.

– Oh ! fort peu, répondit-il. Il y a un endroit que l'on nomme la Pâture, sur le haut de la côte, à la lisière de la forêt. Quelquefois, le dimanche, je vais là, et j'y reste avec un livre, à regarder le soleil couchant.

– Je ne trouve rien d'admirable comme les soleils couchants, reprit-elle, mais au bord de la mer, surtout.

– Oh ! j'adore la mer, dit M. Léon.

– Et puis ne vous semble-t-il pas, répliqua Mme Bovary, que l'esprit vogue plus librement sur cette étendue sans limites, dont la contemplation vous élève l'âme et donne des idées d'infini, d'idéal !

– Il en est de même des paysages de montagnes, reprit Léon. J'ai un cousin qui a voyagé en Suisse l'année dernière, et qui me disait qu'on ne peut se figurer la poésie des lacs, le charme des cascades, l'effet gigantesque des glaciers. On voit des pins d'une grandeur incroyable, en travers des torrents, des cabanes suspendues sur des précipices, et, à mille pieds sous vous, des vallées entières, quand les nuages s'entrouvrent. Ces spectacles doivent enthousiasmer, disposer à la prière, à l'extase ! Aussi je ne m'étonne plus de ce musicien célèbre qui, pour exciter mieux son imagination, avait coutume d'aller jouer du piano devant quelque site imposant.

– Vous faites de la musique ? demanda-t-elle.

– Non, mais je l'aime beaucoup, répondit-il.

[…]

– C'est comme j'avais l'honneur, dit le pharmacien, de l'exprimer à votre époux, à propos de ce pauvre Yanoda qui s'est enfui ; vous vous trouverez, grâce aux folies qu'il a faites, jouir d'une des maisons les plus confortables d'Yonville. Ce qu'elle a principalement de commode pour un médecin, c'est une porte sur l'Allée, qui permet d'entrer et de sortir sans être vu. D'ailleurs, elle est fournie de tout ce qui est agréable à un ménage, buanderie, cuisine avec office, salon de famille, fruitier, etc. C'était un gaillard qui n'y regardait pas ! Il s'était fait construire, au bout du jardin, à côté de l'eau, une tonnelle tout exprès pour boire de la bière en été, et si Madame aime le jardinage, elle pourra…

– Ma femme ne s'en occupe guère, dit Charles ; elle aime mieux, quoiqu'on lui recommande l'exercice, toujours rester dans sa chambre, à lire.

– C'est comme moi, répliqua Léon ; quelle meilleure chose, en effet, que d'être le soir au coin du feu avec un livre, pendant que le vent bat les carreaux, que la lampe brûle !

TEXTE 3 : Zola, *L'Assommoir*, chapitre VI (1877).

Gervaise est la patronne d'une blanchisserie dans un quartier ouvrier, à Paris. Elle y travaille avec deux employées : Clémence et Mme Putois. Elle reçoit la visite d'une voisine, Virginie, qui en profite pour bavarder un peu.

« Vous êtes joliment pincée[1], dit Virginie. Où avez-vous donc empoigné[2] ça ?

– Est-ce qu'on sait ! reprit Clémence, en s'essuyant la figure avec sa manche, Ça doit être l'autre soir. Il y en avait deux qui se dépiautaient[3] à la sortie du Grand-Balcon[4]. J'ai voulu voir, je suis restée là, sous la neige. Ah ! quelle roulée[5] ! c'était à mourir de rire. L'une avait le nez arraché ; le sang giclait par terre. Lorsque l'autre a vu le sang, un grand échalas[6] comme moi, elle a pris ses cliques et ses claques… Alors, la nuit, j'ai commencé à tousser. Il faut dire aussi que ces hommes sont d'un bête, quand ils couchent avec une femme ; ils vous découvrent toute la nuit…

– Une jolie conduite, murmura Mme Putois. Vous vous crevez, ma petite.

– Et si ça m'amuse de me crever, moi !… Avec ça que la vie est drôle. S'escrimer toute la sainte journée pour gagner cinquante-cinq sous, se brûler le sang du matin au soir devant la mécanique, non, vous savez, j'en ai par-dessus

SUJET BAC

la tête!... Allez, ce rhume-là ne me rendra pas le service de m'emporter; il s'en ira comme il est venu.»

Il y eut un silence. Cette vaurienne de Clémence, qui, dans les bastringues[7], menait le chahut[8] avec des cris de merluche[9], attristait toujours le monde par ses idées de crevaison, quand elle était à l'atelier. Gervaise la connaissait bien et se contenta de dire:

«Vous n'êtes pas gaie, les lendemains de noce[10], vous!»

Le vrai était que Gervaise aurait mieux aimé qu'on ne parlât pas de batteries de femmes[11]. Ça l'ennuyait, à cause de la fessée du lavoir, quand on causait devant elle et Virginie de coups de sabot dans les quilles et de giroflées à cinq feuilles[12]. Justement, Virginie la regardait en souriant.

«Oh! murmura-t-elle, j'ai vu un crêpage de chignons, hier. Elles s'écharpillaient[13]...

– Qui donc? demanda Mme Putois.

– L'accoucheuse du bout de la rue et sa bonne, vous savez, une petite blonde... une gale, cette fille!»

---

1. malade des bronches **2.** attrapé **3.** donnaient des coups **4.** salle de bal
5. bagarre **6.** personne grande et maigre **7.** bals populaires **8.** danse populaire
9. morue, au sens argotique de «prostituée» **10.** lendemains de fête
11. bagarres **12.** marques des cinq doigts laissés par une gifle; quelques années plus tôt, Gervaise et Virginie se sont violemment battues. **13.** se battaient

TEXTE 4: Sarraute, *Le Planétarium* (1959).

Un jeune couple se dispute ici au sujet de l'achat d'une bergère, c'est-à-dire un fauteuil large et profond.

«Alain, je t'assure, on devrait avoir à notre âge d'autres chats à fouetter...» Il ricane, il laisse glisser sur elle un regard qui effleure tout avec dédain, avec dégoût, un regard qui juge froidement, qui classe rapidement: «Quels chats?» Tant pis, c'est trop tard pour reculer, il ne reste plus qu'à le saisir à bras le corps, à le ligoter, à lui jeter de l'eau froide sur la tête pour le maîtriser: «Quels chats? Eh bien, le travail, figure-toi. Un vrai travail. Pas des petits travaux d'amateur que tu fais juste pour gagner un peu d'argent, mais ta thèse, par exemple, tu as l'air de t'en moquer... Quelque chose qui mène quelque part pour de bon... il y a tout de même notre avenir, tu devrais y penser, l'avenir de nos enfants...» Il recule un peu comme pour mieux l'examiner et éclate d'un rire haineux: «Ah! elle est bonne, celle-là, c'est excellent... Voilà où mènent les bergères... Elles mènent loin... Voilà le résultat d'une bonne éducation. On ne s'écarte jamais bien longtemps des bons principes. Il suffit du plus léger rappel à l'ordre pour qu'on se remette à marcher droit. Mais si tu crois que vous m'aurez si facilement... Il faut se mutiler pour se calquer sur vos images dont rêvent les dactylos, l'idéal des bonnes d'enfants... le bon mari sérieux, la famille, la carrière... Et tout ça représenté par les solides fauteuils de cuir. Un symbole magnifique. De chez Maple. Inusables. Économiques. Le soir, pour vous satisfaire, ta mère et toi, je chausserai mes pantoufles brodées et je m'assoirai dans le fauteuil en face de toi pour me reposer de mes travaux. Nous parlerons de notre avenir, de mon avancement.»

Questions

A. Séries générales (4 points)

1. Comment ces dialogues de roman contribuent-ils à la construction des différents personnages ? **(2 points)**
2. Comparez l'importance des interventions du narrateur et leurs fonctions dans les quatre textes. **(2 points)**

B. Séries technologiques (6 points)

1. Quels éléments des textes 2, 3 et 4 permettent au lecteur de se représenter le milieu social auquel appartiennent les personnages ? **(3 points)**
2. Quelles particularités d'écriture repérez-vous dans le texte 1 ? **(3 points)**

Travail d'écriture

A. Séries générales (16 points)

1. **Commentaire**

Vous ferez un commentaire de l'extrait du *Planétarium* de Nathalie Sarraute (texte 4).

2. **Dissertation**

« Un roman, c'est un miroir que l'on promène le long d'un chemin », affirme Stendhal. Partagez-vous cette définition du roman ? Vous fonderez votre réflexion sur les textes du corpus, les œuvres étudiées en classe et vos lectures personnelles.

3. **Écriture d'invention**

Rédigez la suite du dialogue entre Emma Bovary et Léon (texte 2) : les deux personnages échangent leurs points de vue sur la lecture des romans et les plaisirs qu'elle apporte.

B. Séries technologiques (14 points)

1. **Commentaire**

Vous ferez le commentaire de l'extrait de *L'Assommoir* de Zola (texte 3).

Vous fonderez votre analyse sur le parcours de lecture suivant :

a. Que révèle le langage (lexique, tournure des phrases) employé par les personnages et par le narrateur ?

b. Montrez que la conversation entre les blanchisseuses nous offre un aperçu de leurs conditions de vie et de leurs préoccupations.

2. **Dissertation**

La découverte des personnages est-elle selon vous la principale source d'intérêt lorsqu'on lit un roman ?

Vous fonderez votre réponse sur votre analyse des textes du corpus, sur les œuvres étudiées en classe et sur vos lectures personnelles.

3. **Écriture d'invention**

Imaginez, en reprenant les procédés d'écriture employés par Nathalie Sarraute (texte 4), la façon dont la scène entre les deux époux a pu commencer, puis comment elle se prolonge.

Chapitre 71

L'invention : ses exigences

Mots clés
- imagination
- contraintes
- codes

2de / 1re

L'essentiel

1. La prise en compte des contraintes d'écriture

■ Le sujet d'écriture d'invention demande de **produire un texte à partir d'un ou de plusieurs des documents du corpus**. Elle implique donc un travail d'imagination ; néanmoins il ne s'agit pas pour autant d'un exercice d'écriture libre. L'invention prend toujours appui sur un texte ; elle obéit - tout comme la dissertation - à un certain nombre de contraintes.

■ L'analyse du sujet doit conduire à **identifier clairement les exigences du sujet**.

Sujet : *Dans une lettre adressée à l'auteur du texte, vous répondez à ses arguments en en contestant la validité sur un mode polémique.*

• Le sujet demande d'écrire une **argumentation**, en imposant une prise de position déterminée : le devoir doit se livrer à une réfutation des arguments de l'auteur, ce qui implique que ceux-ci aient été pris en compte.

• Le texte produit doit s'inscrire dans le **genre de la lettre**, dont il faut respecter les codes.

• Le texte doit adopter le **registre polémique**, dont il faut donc connaître les procédés majeurs.

■ L'écriture d'invention se fonde sur une **observation attentive du texte support** : quels sont les objectifs de ce texte, le mode d'énonciation, les registres utilisés, les procédés stylistiques employés, le lexique, les niveaux de langue ?

■ Elle implique de mettre en œuvre les savoirs acquis au contact des textes étudiés.

« M. Alexandre Dumas travaillant pour satisfaire à tous ses engagements », gravure du XIXe siècle.

2. Les types de contraintes

Exigences du sujet	Exemples
Inscrire le texte dans un genre déterminé	• rédiger un texte romanesque, un texte théâtral (monologue, dialogue), un poème, un fragment d'autobiographie • rédiger une lettre, un article de journal, un fragment d'essai, une préface, un manifeste
Utiliser un registre déterminé	• écrire un texte comique, satirique, polémique, tragique, pathétique, épique…
Obéir à un objectif particulier	• convaincre, persuader, décrire, raconter, faire parler des personnages
Opérer une transposition	• transposer un texte d'un genre dans un autre : par exemple, transformer un texte romanesque en texte théâtral • transposer un texte d'un registre dans un autre : par exemple, transformer un texte comique en un texte pathétique, une description réaliste en description fantastique • changer le mode d'énonciation d'un texte : par exemple, transformer un texte romanesque à la 1re personne en texte à la 3e personne
Imiter un texte	• écrire une imitation moqueuse : parodie • imiter le style d'un auteur : pastiche
Développer un texte	• écrire la suite d'un texte • amplifier un texte : par exemple, développer une argumentation

1 **Le texte 2 est un travail d'écriture d'invention à partir du texte 1.**

a. Comparez les deux textes ; quelles analogies et quelles différences pouvez-vous relever ?

b. Rédigez la consigne du sujet d'écriture d'invention proposé à l'élève.

Texte 1

Dans son autobiographie, Simone de Beauvoir évoque ses souvenirs d'enfance.

Quelques mois plus tard, une amie de mes parents, dont les enfants ne s'amusaient qu'à demi, m'emmena à Villers-sur-Mer. Je quittais pour la première fois ma sœur et je me sentis mutilée. Je trouvai la mer plate ; les bains me mirent au supplice ; l'eau me coupait le souffle, j'avais peur. Un matin, dans mon lit, je sanglotai. Madame Rollin me prit avec embarras sur ses genoux et me demanda la raison de mes larmes ; il me sembla que nous jouions toutes deux une comédie, et je ne sus que répondre : non, personne ne m'avait brimée, tout le monde était gentil. La vérité, c'est que, séparée de ma famille, privée des affections qui m'assuraient de mes mérites, des consignes et des repères qui définissaient ma place dans le monde, je ne savais plus comment me situer, ni ce que j'étais venue faire sur terre.

Simone de Beauvoir, *Mémoires d'une jeune fille rangée* (1958), © Gallimard.

Texte 2

Quelques mois plus tard, Simone apprit, à sa grande surprise, qu'elle allait partir en vacances à Villers-sur-Mer. Cela signifiait qu'il lui fallait quitter ses parents, sa sœur. Cette nouvelle l'abasourdit : ses parents voulaient-ils se débarrasser d'elle ? Pourquoi fallait-il qu'elle soit ainsi condamnée à perdre sa place dans ce petit monde où elle se sentait si bien ? Mais Simone eut beau protester timidement, cela ne servit à rien et, un matin, Mme Rollin l'emmena.

C'était une amie des parents de Simone ; elle avait plusieurs enfants à Villers, qui, privés de compagnons de jeu, s'ennuyaient. Simone ravala à grand peine ses larmes quand il fallut monter dans l'automobile de Mme Rollin. Celle-ci, persuadée que l'enfant ne pouvait être que ravie de venir avec elle pour découvrir la mer, ne cessait de sourire et de lui raconter à quel point elle allait être heureuse de sauter dans les vagues, d'apprendre à nager, et, surtout, de jouer avec des enfants de son âge.

La découverte de la mer en fut d'autant plus décevante. Simone ne trouva aucun intérêt à cette immense étendue d'eau, à peine agitée de quelques vaguelettes. Ses lectures lui avaient fait attendre quelque chose d'exaltant, de grandiose ; elle avait rêvé de tempêtes et de monstres marins et elle n'avait en face d'elle que cette grande mare qui lui paraissait un peu sale. Quant aux bains, ils tournèrent rapidement au supplice : l'eau était glacée, elle lui coupait le souffle. Mais il était impossible d'échapper à cette cérémonie quotidienne. Le séjour devint un vrai cauchemar. Un matin, dans son lit, Simone ne put retenir ses larmes. Madame Rollin l'entendit sangloter ; étonnée et inquiète, elle entra dans la chambre, s'assit sur le lit et essaya de consoler la petite fille. Elle la prit sur ses genoux, avec un peu d'embarras, et l'interrogea :

« Pourquoi pleures-tu ?

Simone ne répondit rien, qu'aurait-elle pu répondre ?

Mme Rollin revint à la charge.

– Quelqu'un t'a brimée ?

– Non, pas du tout…

– Il faut me dire si quelqu'un n'a pas été gentil avec toi.

– Non, non, tout le monde est gentil…

– Tu es sûre ? Alors pourquoi pleurer ?

Simone eut le sentiment, pendant cette conversation, qu'il s'agissait d'une comédie. Au fond d'elle-même, elle savait vaguement quelle était la vérité, mais elle ne pouvait la dire à cette dame qui ne l'aurait pas comprise. Avait-elle d'ailleurs les mots pour dire ce sentiment bizarre d'avoir perdu sa place dans le monde, ses repères, de ne plus vraiment savoir qui elle était, privée de son entourage familier ?

2 **a. Quelle contraintes ce sujet impose-t-il ?**

b. Le début de devoir proposé vous paraît-il répondre aux exigences du sujet ? Justifiez votre réponse.

• **Sujet :** Deux interlocuteurs confrontent leurs points de vue sur la littérature. Pour l'un, toute œuvre littéraire, même si elle appartient au passé, parle aux hommes d'aujourd'hui. Pour l'autre, une œuvre littéraire ne peut être comprise et appréciée que par des lecteurs contemporains de l'auteur.

• **Début de devoir rédigé :**

M. D* :** Je suis toujours désagréablement étonné, quand je me trouve dans une librairie, de voir la place qu'y occupent des auteurs comme Molière, Racine ou Balzac, quand il ne s'agit pas d'Homère ou de Sophocle ! Je suis, pour ma part, un grand lecteur de romans, mais je laisse Balzac à ses contemporains et, quand je vais au théâtre, ce n'est pas pour entendre parler des personnages du temps de Molière. Qui peut d'ailleurs encore rire aujourd'hui au spectacle de comédies comme *Tartuffe* ou *Le Bourgeois gentilhomme* ? Un ancien marchand de drap cherchant à imiter la conduite d'un aristocrate pouvait sembler comique aux contemporains de Molière, mais en est-il de même aujourd'hui où la noblesse n'existe, pour ainsi dire, plus ?

M. R* :** Si la noblesse n'existe plus aujourd'hui, le snobisme a-t-il pour autant disparu ? Ne rencontrons-nous pas chaque jour des personnes qui ne cessent de singer les vedettes, les « stars » du moment ? Ces personnes ont un comportement tout à fait analogue à celui que Molière expose par le biais de M. Jourdain et sont tout aussi ridicules. Notre société n'est plus celle où vivait Molière, mais on y rencontre aussi des « bourgeois gentilshommes » dont nous pouvons rire. D'ailleurs, si les pièces de Molière sont toujours jouées avec succès de nos jours, c'est bien que le public s'y reconnaît.

M. D* :** Il se reconnaîtrait bien mieux dans des comédies mettant en scène des personnages d'aujourd'hui avec les défauts et les ridicules de notre époque : pourquoi ne pas montrer sur nos scènes, plutôt que des drapiers du XVIIe siècle, des hommes et des femmes du XXIe siècle avec les soucis qui sont les leurs ?

Chapitre 72

L'invention : argumenter

2de / 1re

Mots clés
- amplification
- réfutation
- confrontation

Observation

Écriture d'invention

Dans l'extrait de *La guerre de Troie n'aura pas lieu*, Andromaque expose le point de vue des femmes et les raisons pour lesquelles elles condamnent la guerre. Écrivez un dialogue théâtral dans lequel Hector, l'époux d'Andromaque, expose le point de vue des hommes et les raisons pour lesquelles lui aussi condamne la guerre. Il s'adresse à son père Priam en présence d'Andromaque… Ces deux personnages interviendront nécessairement dans la scène.

Questions

1. Dans le texte d'écriture d'invention, quelles thèses différentes doivent s'affronter ?
2. Dans ce dialogue, Hector et Andromaque peuvent-ils utiliser les mêmes arguments ?
3. Quels registres les personnages pourront-ils employer ?

Texte

Les Grecs assiègent la ville de Troie. Des négociations sont encore possibles pour éviter l'assaut et la guerre. Andromaque, belle-fille du roi de Troie, Priam, et épouse d'Hector, lutte de toutes ses forces contre l'idée même de la guerre.

Andromaque : Mon père, je vous en supplie. Si vous avez cette amitié pour les femmes, écoutez ce que toutes les femmes du monde vous disent par ma voix. Laissez-nous nos maris comme ils sont. Pour qu'ils gardent leur agilité et leur courage, les dieux ont créé autour d'eux tant d'entraîneurs vivants ou non vivants ! Quand ce ne serait que l'orage ! Quand ce ne serait que les bêtes ! Aussi longtemps qu'il y aura des loups, des éléphants, des onces[1], l'homme aura mieux que l'homme comme émule[2] et comme adversaire. Tous ces grands oiseaux qui volent autour de nous, ces lièvres dont nous les femmes confondons le poil avec les bruyères, sont de plus sûrs garants de la vue perçante de nos maris que l'autre cible, que le cœur de l'ennemi emprisonné dans sa cuirasse. Chaque fois que j'ai vu tuer un cerf ou un aigle, je l'ai remercié. Je savais qu'il mourait pour Hector. Pourquoi voulez-vous que je doive Hector à la mort d'autres hommes ?

Priam : Je ne veux pas, ma petite chérie. Mais savez-vous pourquoi vous êtes là, toutes si belles et si vaillantes ? C'est parce que vos maris et vos pères et vos aïeux furent des guerriers. S'ils avaient été paresseux aux armes, s'ils n'avaient pas su que cette occupation terne et stupide qu'est la vie se justifie soudain et s'illumine par le mépris que les hommes ont d'elle, c'est vous qui seriez lâches et réclameriez la guerre. Il n'y a pas deux façons de se rendre immortel ici-bas, c'est d'oublier qu'on est mortel.

Jean Giraudoux, *La guerre de Troie n'aura pas lieu*, Acte I, scène 6, (1935), © Grasset.

1. léopards 2. rival

Antoine Coypel (1661-1722), *Les Adieux d'Hector et d'Andromaque*, vers 1711, Tours, musée des Beaux-Arts.

L'essentiel

1. Les objectifs de l'écriture

■ Le sujet peut demander :

- d'**amplifier** ou de **développer une argumentation** : il faut alors approfondir les arguments proposés par l'auteur et en proposer d'autres ;
- de **discuter** ou de **réfuter une argumentation** : on montre la faiblesse des arguments proposés, on leur oppose d'autres arguments ;
- de **confronter des arguments** soutenant des thèses différentes.

En s'inspirant du dialogue de Giraudoux, l'élève doit tout à la fois développer l'argumentation de Priam et d'Andromaque, inventer l'argumentation d'Hector et confronter leurs différents points de vue.

■ On peut retrouver dans ces exigences les distinctions entre les divers types d'argumentations : **convaincre** (par l'usage de la raison), **persuader** (en faisant appel aux sentiments), **délibérer** (par la confrontation d'arguments).

→ **Chapitres 55 et 57**
• Convaincre et persuader, p. 268
• La fiction argumentative, p. 282

2. L'usage de différents registres

■ Le sujet peut demander, explicitement ou implicitement, que le texte produit adopte un **registre particulier** ou mêle **plusieurs registres différents**.

Le dialogue de Giraudoux se développe sur un ton grave ; Andromaque emploie le registre pathétique pour parler de la guerre. L'écriture d'invention conservera ce registre dans le discours d'Andromaque.

■ Un débat argumentatif peut ainsi revêtir une **forme polémique** si les deux adversaires s'en prennent avec violence aux arguments ou à la personne de leur contradicteur. Dans ce cas, ils peuvent aussi utiliser l'**ironie**.

■ S'il s'agit de **persuader** le destinataire, l'argumentation pourra utiliser le registre **pathétique** pour l'émouvoir, ou le **registre comique** pour gagner sa sympathie.

3. L'inscription dans un genre

Le sujet demande généralement de s'inscrire à l'intérieur d'un **genre déterminé** et dans une **situation de communication particulière**. Un sujet peut ainsi demander de rédiger :

→ **Chapitre 58**
L'essai, p. 288

■ un article de presse ;

■ une lettre, privée ou destinée à un public multiple (courrier des lecteurs, lettre ouverte...) ;

■ un fragment d'essai, une préface, un manifeste ;

■ un discours tenu devant une assemblée ;

■ un récit à visée argumentative : fable, conte philosophique ;

■ un monologue délibératif à l'intérieur d'une pièce de théâtre ou d'un roman ;

■ un dialogue argumentatif qui peut prendre la forme d'un dialogue théâtral ou romanesque.

Le sujet proposé page 396 demande d'écrire un dialogue théâtral où interviendront trois personnages différents.

Remarque : le travail d'écriture implique toujours **l'observation préalable du texte support** : thèses en présence, arguments utilisés, procédés rhétoriques employés, recours à différents registres.

Exercices

1 Lisez le texte suivant.

Un homme incarcéré et condamné à mort pour des raisons inconnues du lecteur attend son exécution.

Il est dix heures.

Ô ma pauvre petite fille ! encore six heures, et je serai mort ! Je serai quelque chose d'immonde qui traînera sur la table froide des amphithéâtres[1] ; une tête qu'on moulera d'un côté, un tronc qu'on disséquera de l'autre ; puis, de ce qu'il restera, on en mettra plein une bière[2], et le tout ira à Clamart[3].

Voilà ce qu'ils vont faire à ton père, ces hommes dont aucun ne me hait, qui tous me plaignent et tous pourraient me sauver. Ils vont me tuer. Comprends-tu cela, Marie ? Me tuer de sang-froid, en cérémonie, pour le bien de la chose ! Ah grand Dieu !

Pauvre petite ! Ton père qui t'aimait tant, ton père qui baisait ton petit cou blanc et parfumé, qui passait sa main sans cesse dans les boucles de tes cheveux comme sur de la soie, qui prenait ton joli visage rond dans sa main, qui te faisait sauter sur ses genoux, et le soir joignait tes deux petites mains pour prier Dieu !

Qu'est-ce qui te fera tout cela maintenant ? Qui est-ce qui t'aimera ? Tous les enfants de ton âge auront des pères, excepté toi. Comment te déshabitueras-tu, mon enfant, du Jour de l'An, des étrennes, des beaux joujoux, des bonbons et des baisers ? Comment te déshabitueras-tu, malheureuse orpheline, de boire et de manger ?

Victor Hugo, *Le Dernier Jour d'un condamné* (1829).

1. salle de dissection dans une faculté de médecine **2.** un cercueil **3.** au cimetière de Clamart

• Sujet : À l'âge adulte, Marie, la fille du condamné, écrit une lettre au président du tribunal qui a prononcé la sentence de mort contre son père. En variant les arguments et les registres, elle dénonce la peine capitale. Vous rédigerez cette lettre.

• Pour préparer le sujet :

a. Quelle thèse la lettre doit-elle soutenir ?

b. Comment peut-on utiliser l'extrait de l'œuvre de Hugo pour rédiger la lettre ?

c. Quels registres différents cette lettre peut-elle utiliser ? Justifiez votre réponse.

2 Lisez le texte suivant.

Le succès public de *Rhinocéros*[1] aux États-Unis me réjouit, me surprend et m'attriste un peu, à la fois. J'ai assisté à une répétition seulement, à peu près complète, avant la générale de ma pièce. Je dois dire que j'ai été tout à fait dérouté. J'ai cru comprendre qu'on avait fait d'un personnage dur, féroce, angoissant, un personnage comique, un faible rhinocéros : Jean, l'ami de Bérenger. Il m'a semblé également que la mise en scène avait fait d'un personnage indécis, héros malgré lui, allergique à l'épidémie rhinocérique, de Bérenger[2], une sorte d'intellectuel lucide, dur, une sorte d'insoumis ou de révolutionnaire sachant bien ce qu'il faisait (le sachant, peut-être, mais ne voulant pas nous expliquer les raisons de son attitude). J'ai vu aussi, sur le plateau, des matches de boxe qui n'existent pas dans le texte et que le metteur en scène y avait mis, je me demande pourquoi. J'ai souvent été en conflit avec mes metteurs en scène : ou bien ils n'osent pas assez et diminuent la portée des textes en n'allant pas jusqu'au bout des impératifs scéniques, ou bien ils « enrichissent » le texte en l'alourdissant de bijoux faux, de pacotilles sans valeur parce que inutiles. Je ne fais pas de littérature. Je fais une chose tout à fait différente ; je fais du théâtre. Je veux dire que mon texte n'est pas seulement un dialogue mais il est aussi « indications scéniques ». Ces indications scéniques sont à respecter aussi bien que le texte, elles sont nécessaires, elles sont aussi suffisantes. Si je n'ai pas indiqué que Bérenger et Jean doivent se battre sur le plateau et se tordre le nez l'un à l'autre c'est que je ne voulais pas que cela se fît.

Eugène Ionesco, *Notes et contre-notes* (1966), © Gallimard.

1. pièce de Ionesco dans laquelle une petite ville de province est frappée par une étrange maladie ; ses habitants se transforment les uns après les autres en rhinocéros (voir p. 376) **2.** Dans la pièce, Jean accepte de devenir rhinocéros, alors que Bérenger résiste à cette tentation.

Sujet : Imaginez un article de presse dans lequel un metteur en scène répond aux propos de Ionesco en soutenant le droit du metteur en scène à interpréter les pièces comme il les ressent et à prendre avec le texte publié les libertés qu'il juge nécessaires.

• Pour préparer le sujet :

a. Quels reproches Ionesco adresse-t-il aux metteurs en scène de ses pièces ?

b. Quelle est sa conception des rapports entre l'auteur et le metteur en scène ?

c. Quelles sont les diverses exigences du sujet ?

d. Quels arguments et quels exemples pourriez-vous proposer pour le traiter ?

3 Invention – Exercice guidé

Lisez le texte suivant.

À la mort de son père, Titus devient empereur de Rome ; depuis plusieurs années, il est épris de Bérénice, reine de Palestine. Mais la tradition romaine s'oppose à l'union d'un empereur romain avec une souveraine étrangère. Titus doit donc choisir de quitter Bérénice ou de renoncer à l'empire. À l'acte IV, il semble décidé : il veut annoncer à Bérénice qu'il a choisi l'empire.

Titus, *seul*

Eh bien Titus, que viens-tu faire ?
Bérénice t'attend. Où viens-tu, téméraire ?
Tes adieux sont-ils prêts ? T'es-tu bien consulté ?
Ton cœur te promet-il assez de cruauté ?
Car enfin au combat qui pour toi se prépare
C'est peu d'être constant, il faut être barbare.
Soutiendrai-je ces yeux dont la douce langueur
Sait si bien découvrir les secrets de mon cœur ?
Quand je verrai ces yeux armés de tous leurs charmes,

Attachés sur les miens, m'accabler de leurs larmes,
Me souviendrai-je alors de mon triste devoir ?
Pourrai-je dire enfin : « Je ne veux plus vous voir » ?
Je viens percer un cœur que j'adore, qui m'aime ;
Et pourquoi le percer ? Qui l'ordonne ? Moi-même.
Car enfin Rome a-t-elle expliqué ses souhaits ?
L'entendons-nous crier autour de ce palais ?
Vois-je l'État penchant au bord du précipice ?
Ne le puis-je sauver que par ce sacrifice ?
Tout se tait, et moi seul, trop prompt à me troubler,
J'avance des malheurs que je puis reculer.
Et qui sait si sensible aux vertus de la reine
Rome ne voudra pas l'avouer pour Romaine ?
Rome peut par son choix justifier le mien.
Non, non, encore un coup, ne précipitons rien.
Que Rome avec ses lois mette dans la balance
Tant de pleurs, tant d'amour, tant de persévérance :
Rome sera pour nous… Titus, ouvre les yeux !
Quel air respires-tu ? N'es-tu pas dans ces lieux
Où la haine des rois avec le lait sucée,
Par crainte ou par amour ne peut être effacée ?
Rome jugea ta reine en condamnant ses rois.
N'as-tu pas en naissant entendu cette voix ?
Et n'as-tu pas encore ouï la renommée[1]
T'annoncer ton devoir jusque dans ton armée ?

Racine, *Bérénice*, Acte IV, scène 4 (1670).

1. la voix de l'opinion publique

Imaginez le dialogue entre un metteur en scène et un comédien devant interpréter le rôle de Titus. Tous deux sont en désaccord sur la façon de tenir le rôle et sur les différents éléments constituant la représentation de la tragédie de Racine.

Rédigez ce dialogue.

Les questions à vous poser

- Quelles sont les caractéristiques du personnage de Titus tel qu'il apparaît dans cette tirade ?
- Comment peut-on se représenter le personnage sur le plan physique ? psychologique ?
- Quels gestes, quels mouvements, quelles postures peut-on imaginer ?
- Imaginez, pour certains vers, des dictions différentes.
- Quels sont les différents éléments de la représentation théâtrale à prendre en compte dans le devoir ?
- Comparez les deux photos ci-contre : quelles visions différentes de la tragédie et du personnage de Titus proposent-elles ? Comment pourriez-vous les utiliser dans votre devoir ?

1. Jean-François Sivadier (Titus), Nathalie Nell (Bérénice), mise en scène Jacques Lassalle, Paris, Théâtre de l'Est Parisien, 1990.

2. Patrick Catalifo (Titus), mise en scène Jean-Louis Martinelli, Nanterre, Théâtre des Amandiers, 2006.

Chapitre 73 L'invention : imiter, amplifier

Mots clés
- modèle
- transposition
- imitation

2de / 1re

Observation

Sujet

Récrivez cet extrait d'une pièce de théâtre sous la forme d'un récit à la troisième personne en respectant l'atmosphère du passage.

Albert Camus en 1952.

Texte

Absent pendant vingt ans de chez lui, Jan revient dans l'hôtel familial tenu par sa mère et par sa sœur Martha. Il souhaiterait que celles-ci le reconnaissent sans qu'il se nomme. Il se présente donc comme un riche voyageur de retour d'Afrique. Or, les deux femmes ont décidé de tuer leur client pour lui voler son argent et s'enfuir vers des contrées lointaines.

Martha : Je suppose que vous avez une pièce d'identité ?

Jan : Oui, je puis vous la montrer.

Martha : Ce n'est pas la peine. Il suffit que j'indique si c'est un passeport ou une carte d'identité.

Jan, *hésitant* **:** Un passeport. Le voilà. Voulez-vous le voir ?

Elle l'a pris dans ses mains et va le lire, mais le vieux domestique paraît dans l'encadrement de la porte.

Martha : Non, je ne t'ai pas appelé. *(Il sort. Martha rend à Jan le passeport sans le lire, avec une sorte de distraction.)* Quand vous allez là-bas, vous habitez près de la mer ?

Albert Camus, *Le Malentendu* (1944), © Gallimard.

Réécriture

« Je suppose que vous avez une pièce d'identité ? » demanda Martha sur un ton mi-affirmatif mi-indifférent. Après tout, il s'agissait d'un client comme un autre qui devait remplir les formalités d'usage. D'ailleurs, il ne fallait en aucun cas éveiller son attention. Jan disposait bien d'une pièce d'identité ; il proposa même de la montrer. Mais Martha répondit que cela n'était pas nécessaire ; en fait, il lui suffisait de savoir s'il s'agissait d'un passeport ou d'une carte d'identité.

Jan hésita un instant, puis déclara qu'il avait un passeport ; il le sortit de sa poche intérieure et le tendit à Martha, cette sœur qui ne le reconnaissait pas, et il lui demanda si elle souhaitait le voir. Martha prit le passeport. Allait-elle l'ouvrir ? pensa Jan, y lire son nom ? et quelle serait alors sa réaction ? Mais un léger bruit fit sursauter la jeune femme. Elle se tourna vers l'encadrement de la porte : le vieux domestique se tenait là, il venait d'entrer. Martha l'arrêta d'un geste : « Je ne t'ai pas appelé. » Le vieux se retira, silencieux. Martha rendit à Jan son passeport, sans le lire, soudain distraite. Pourtant, elle voulut interroger l'étranger, qui, disait-il, était venu de là-bas, de cette Afrique lointaine dont elle ne connaissait l'existence que par les livres : « Quand vous allez là-bas, vous habitez près de la mer ? » murmura-t-elle.

Questions

1. La réécriture opérée vous paraît-elle conforme aux exigences du sujet ? Justifiez votre réponse.
2. Quels sont les ajouts au texte original ? Sont-ils justifiés ?
3. Par quels moyens s'opère la transposition du dialogue ?

L'essentiel

1. L'amplification

- Elle consiste à ajouter des éléments au texte de départ, c'est-à-dire :

– à **rédiger la suite** d'un texte, ou, à l'inverse, **imaginer ce qui le précède** ;

– à **insérer un élément nouveau** à l'intérieur d'un texte : combler une ellipse narrative en imaginant ce qui a pu se dérouler entre deux épisodes ; insérer une description ou un dialogue dans un récit…

- Dans tous les cas, le texte produit doit **respecter** aussi scrupuleusement que possible **le texte de départ** : la situation, le style de l'auteur (lexique, usage des figures, de la syntaxe), la signification du texte.

2. La transposition

Elle consiste à modifier un ou plusieurs éléments d'un texte ; on peut distinguer :

- le **changement de genre** : transformation d'un texte théâtral en texte romanesque, ou l'inverse ;
- le **changement de registre** : réécriture d'un texte comique sur le mode pathétique, d'un texte tragique sur le mode satirique, d'un texte épique sur le mode comique… ;
- le **changement de visée ou d'objectif** : transformation d'un texte à visée explicative en texte argumentatif, d'un éloge en blâme… ;
- le **changement de narrateur et de point de vue** dans le cas d'un extrait de roman ;
- la **transposition formelle** : réécriture en prose d'un texte en vers, ou l'inverse… ;
- le **changement d'époque** : par exemple, la transposition d'un dialogue d'une pièce de Molière à notre époque.

Remarque : un sujet peut imposer à la fois de procéder à une amplification et à une transposition. Il peut imposer de modifier plusieurs éléments du texte original (registre, point de vue…).

3. L'imitation

→ **Chapitre 64**
Les réécritures, p. 340

L'écriture d'imitation consiste à **s'inspirer d'un texte** pour en reproduire certains aspects. Mais cette imitation peut aussi conduire à **prendre des distances** par rapport au modèle.

- Un sujet d'écriture d'invention peut imposer d'**adopter une forme particulière**, par exemple rédiger un sonnet, ou une lettre.
- Le **pastiche** est une forme d'imitation dans laquelle on essaie d'écrire à la manière d'un auteur particulier. Il faut donc bien **identifier les traits de son écriture pour les réutiliser** : thèmes traités, genre littéraire, usage du lexique et des figures, des niveaux de langue.
- **Parodier** consiste à **reprendre les traits caractéristiques** d'un texte ou d'un genre littéraire **afin de les détourner**, le plus souvent **avec l'intention de faire rire**. La parodie implique donc la **modification** de certains aspects du texte original : registre, niveau de langue, comportement des personnages – et l'**accentuation** de certains traits de style.

Le changement de mode de narration

1 **a. Quels sont les deux personnages mis en scène dans cet extrait d'autobiographie ? Quels sont leurs relations et les sentiments qu'ils éprouvent l'un pour l'autre ?**

b. En réutilisant les indices fournis par le texte (lieu, temps, caractère des personnages, relation entre eux...), récrivez la scène en faisant parler la mère du narrateur. Vous insisterez sur les sentiments qu'elle éprouve.

Un jour, à Genève, lui ayant donné rendez-vous à cinq heures dans le square de l'Université, je n'arrivai, retenu par une blondeur[1], qu'à huit heures du soir. Elle ne me vit pas venir. Je la considérai, la honte au cœur, qui m'attendait patiemment, assise sur un banc, toute seule, dans le jour tombé et l'air refroidi, avec son pauvre manteau trop étroit et son chapeau affaissé sur le côté. Elle attendait là, depuis des heures, docilement, paisiblement, un peu somnolente, plus vieille d'être seule, résignée, habituée à mes retards, sans révolte en son humble attente, servante, pauvre sainte poire. Attendre son fils pendant trois heures, quoi de plus naturel et n'avait-il pas tous les droits ? Je le hais ce fils. Elle m'aperçut enfin et elle se remit à vivre, toute de moi dépendante. Je revois son sursaut de vitalité revenue, je la revois passant brusquement de l'hébétude à la vie, rajeunie, brusquement passant de sa somnolence d'esclave ou de chien fidèle à un extrême intérêt à vivre. Elle ajusta son chapeau et ses traits, car elle tenait à me faire honneur. Et ensuite, Maman vieillissante, elle eut ses deux gestes[2] à elle, d'où lui étaient-ils venus et en quelle enfance avaient-ils été puisés ? Je les revois si bien, ses deux gestes gauches et poétiques quand, de loin, elle me voyait arriver. Le terrible des morts, c'est leurs gestes de vie dans notre mémoire. Car alors, ils vivent atrocement et nous n'y comprenons plus rien.

Albert Cohen, *Le Livre de ma mère* (1954), © Gallimard.

1. une jeune femme blonde **2.** Elle pointait son index vers lui pour lui signifier qu'elle l'avait bien vu puis touchait ses lèvres à la commissure.

2 **Exercice guidé**

Le texte suivant constitue le début du roman d'Albert Camus. Transposez cette ouverture en imaginant que la narration est assurée par l'interlocuteur du personnage qui parle dans le texte. Vous utiliserez la narration, la description, les diverses formes de discours rapportés.

Puis-je, monsieur, vous proposer mes services, sans risquer d'être importun ? Je crains que vous ne sachiez vous faire entendre de l'estimable gorille qui préside aux destinées de cet établissement. Il ne parle en effet que le hollandais. À moins que vous ne m'autorisiez à plaider votre cause, il ne devinera pas que vous désirez du genièvre. Voilà, j'ose espérer qu'il m'a compris ; ce hochement de tête doit signifier qu'il se rend à mes arguments. Il y va, en effet, il se hâte, avec une sage lenteur[1]. Vous avez de la chance, il n'a pas grogné. Quand il refuse de servir, un grognement lui suffit : personne n'insiste. Être roi de ses humeurs, c'est le privilège des grands animaux. Mais je me retire, monsieur, heureux de vous avoir obligé[2]. Je vous remercie et j'accepterais si j'étais sûr de ne pas jouer les fâcheux. Vous êtes trop bon. J'installerai donc mon verre auprès du vôtre.

Vous avez raison, son mutisme est assourdissant. C'est le silence des forêts primitives, chargé jusqu'à la gueule. Je m'étonne aussi parfois de l'obstination que met notre taciturne ami à bouder les langues civilisées. Son métier consiste à recevoir des marins de toutes les nationalités dans ce bar d'Amsterdam qu'il a appelé d'ailleurs, on ne sait pourquoi, *Mexico-City*. Avec de tels devoirs, on peut craindre, ne pensez-vous pas, que son ignorance soit inconfortable ?

Albert Camus, *La Chute* (1956), © Gallimard.

1. référence à la fable de la Fontaine « Le Lièvre et la Tortue », dans laquelle la tortue « se hâte avec lenteur » **2.** de vous avoir rendu service

Les questions à vous poser

- Où se passe le début du roman ?
- Quelle est la situation ?
- Que peut-on deviner des réactions et des paroles de l'interlocuteur ?
- Quel niveau de langue le locuteur utilise-t-il ? Quels aspects de sa personnalité peut-on découvrir dans ses paroles ?
- Pourquoi ce début de roman peut-il susciter des interrogations chez le lecteur ?

Le changement de registre

3 **Voici une description réaliste. Vous en ferez une description fantastique en insistant sur le caractère inquiétant du lieu. La description sera assurée par un narrateur s'exprimant à la première personne du singulier.**

C'était une rue où presque personne ne passait, une rue de maisons seules dans une ville de l'Ouest. Des herbes poussaient sur la terre battue des trottoirs et sur la chaussée, des graminées, du plantain. Devant le numéro 11 et le numéro 20 s'étalaient des taches d'huile déposées par les deux automobiles de la rue.

Au numéro 9, le marteau qui figurait une main tenant une boule, comme la droite d'un empereur, portait un nœud de crêpe ; au pied des trois degrés de granit de l'entrée se trouvait une boîte noire à filets blancs, ornée d'une croix et de larmes blanches, c'était une maison où il y avait un mort.

La porte était entrouverte : les visiteurs pouvaient entrer sans frapper, car le tintement des sonnettes et l'écho des heurtoirs au fond des chambres troublent le sommeil des morts. Parfois, toutes les heures peut-être, un passant levait la tête vers le numéro d'émail bleu et blanc, et entrait. Il poussait la porte noire qui avait le marteau cravaté de noir et qui portait aussi un judas de cuivre, une ellipse de cuivre et la bouche de cuivre de la boîte à lettres ; sur l'ellipse de cuivre était gravé un nom : « Antoine Bloyé. »

Paul Nizan, *Antoine Bloyé* (1933), © Grasset.

Le changement de genre

4 **À partir des indications fournies par cet extrait, rédigez, comme le ferait le narrateur d'un roman, un portrait de Chatterton qui permettra de dégager les principaux aspects de sa personnalité.**

L'action de la pièce se déroule en 1770, à Londres. Chatterton, jeune poète, est pensionnaire chez John et Kitty Bell. John Bell est un homme d'affaire prospère.

Le quaker[1] **:** Quel âge as-tu donc ? Ton cœur est pur et jeune comme celui de Rachel, et ton esprit expérimenté est vieux comme le mien.
Chatterton : J'aurai demain dix-huit ans.
Le quaker : Pauvre enfant !
Chatterton : Pauvre ? oui. – Enfant ? non… j'ai vécu mille ans !
Le quaker : Ce ne serait pas assez pour savoir la moitié de ce qu'il y a de mal parmi les hommes. – Mais la science universelle, c'est l'infortune.
Chatterton : Je suis donc bien savant !… Mais j'ai cru que mistress Bell était ici. – Je viens d'écrire une lettre qui m'a bien coûté.
Le quaker : Je crains que tu ne sois trop bon. Je t'ai bien dit de prendre garde à cela. Les hommes sont divisés en deux parts : martyrs et bourreaux. Tu seras toujours martyr de tous, comme la mère de ces enfants-là.
Chatterton (*avec un élan violent*) **:** La bonté d'un homme ne le rend victime que jusqu'où il le veut bien, et l'affranchissement est dans sa main.
Le quaker : Qu'entends-tu par là ?
Chatterton (*embrassant Rachel*[2]*, dit de sa voix la plus tendre*) **:** Voulons-nous faire peur à cette enfant ? et si près de l'oreille de sa mère ?
Le quaker : Sa mère a l'oreille frappée d'une voix moins douce que la tienne[3], elle n'entendrait pas. […]
Chatterton (*s'appuyant sur le fauteuil où le quaker est assis*) **:** Vous me grondez toujours ; mais dites-moi seulement pourquoi on ne se laisserait pas aller à la pente de son caractère, dès qu'on est sûr de quitter la partie quand la lassitude viendra ? Pour moi, j'ai résolu de ne me point masquer et d'être moi-même jusqu'à la fin, d'écouter, en tout, mon cœur dans ses épanchements comme dans ses indignations, et de me résigner à bien accomplir ma loi. À quoi bon feindre le rigorisme, quand on est indulgent ? On verrait un sourire de pitié sous ma sévérité factice, et je ne saurais trouver un voile qui ne fût transparent.

Alfred de Vigny, *Chatterton*, Acte I, scène 5 (1835).

1. membre d'une secte protestante ; vieil ami de Kitty Bell qui le considère comme son père **2.** fille de John et Kitty Bell **3.** référence au personnage de John Bell, autoritaire et coléreux

L'imitation

5 **Sur un mode parodique, récrivez le début de ce conte : vous déplacerez l'histoire de Cendrillon en la situant à l'époque moderne. Vous pourrez utiliser le registre de votre choix.**

Il était une fois un Gentilhomme qui épousa en secondes noces une femme, la plus hautaine et la plus fière qu'on eût jamais vue. Elle avait deux filles de son humeur[1], et qui lui ressemblaient en toutes choses. Le Mari avait de son côté une jeune fille, mais d'une douceur et d'une bonté sans exemple ; elle tenait cela de sa Mère, qui était la meilleure personne du monde. Les noces ne furent pas plus tôt faites, que la Belle-mère fit éclater sa mauvaise humeur ; elle ne put souffrir les bonnes qualités de cette enfant, qui rendaient ses filles encore plus haïssables. Elle la chargea des plus viles occupations de la Maison ; c'était elle qui nettoyait la vaisselle et les montées[2], qui frottait la chambre de Madame et celles de Mesdemoiselles ses filles. Elle couchait tout au haut de la maison, dans un grenier, sur une méchante[3] paillasse, pendant que ses sœurs étaient dans des chambres parquetées[4], où elles avaient des lits des plus à la mode, et des miroirs où elles se voyaient depuis les pieds jusqu'à la tête. La pauvre fille souffrait tout avec patience, et n'osait s'en plaindre à son père qui l'aurait grondée, parce que sa femme le gouvernait entièrement[5]. Lorsqu'elle avait fait son ouvrage, elle s'allait mettre au coin de la cheminée et s'asseoir dans les cendres, ce qui faisait qu'on l'appelait communément dans le logis Cucendron. La cadette, qui n'était pas si malhonnête que son aînée, l'appelait Cendrillon ; cependant Cendrillon, avec ses méchants habits, ne laissait pas d'être[6] cent fois plus belle que ses sœurs, quoique vêtues magnifiquement.

Charles Perrault, *Cendrillon ou la petite pantoufle de verre* (1697).

1. de même caractère **2.** les marches d'escalier **3.** mauvaise, hors d'usage **4.** avec un parquet, signe de luxe au XVIIe siècle **5.** le faisait agir comme elle le voulait **6.** n'en était pas moins

« Cendrillon et ses sœurs » : les sœurs partent au bal, gravure anglaise du XIXe siècle.

Objet d'étude

Le roman

Corpus

Trois extraits du roman de CHODERLOS DE LACLOS, *Les Liaisons dangereuses* (1782) :
1. Lettre 9. 2. Lettre 11. 3. Lettre 21.

Le vicomte de Valmont a décidé de faire la conquête de la jeune Mme de Tourvel. Celle-ci, épouse d'un magistrat, est aussi très attachée aux principes de la religion. Mme de Rosemonde, tante de Valmont, ayant invité Mme de Tourvel à passer quelque temps auprès d'elle dans son château à la campagne, Valmont rejoint les deux femmes. Mme de Volanges, amie de Mme de Tourvel, tente de la mettre en garde.

TEXTE 1 : Laclos, *Les Liaisons dangereuses*, lettre 9 (1782).

Madame de Volanges à la présidente de Tourvel

Je n'ai jamais douté, ma jeune et belle amie, ni de l'amitié que vous avez pour moi, ni de l'intérêt sincère que vous prenez à tout ce qui me regarde. Ce n'est pas pour éclaircir ce point, que j'espère convenu à jamais entre nous, que je réponds à votre réponse : mais je ne crois pas pouvoir me dispenser de causer avec vous au sujet du vicomte de Valmont.

Je ne m'attendais pas, je l'avoue, à trouver jamais ce nom-là dans vos lettres. En effet, que peut-il y avoir de commun entre vous et lui ? Vous ne connaissez pas cet homme ; où auriez-vous pris l'idée de l'âme d'un libertin ? Vous me parlez de sa rare candeur : oh ! oui ; la candeur de Valmont doit être en effet très rare. Encore plus faux et dangereux qu'il n'est aimable et séduisant, jamais, depuis sa plus grande jeunesse, il n'a fait un pas ou dit une parole sans avoir un projet, et jamais il n'eut un projet qui ne fût malhonnête ou criminel. Mon amie, vous me connaissez ; vous savez si, des vertus que je tâche d'acquérir, l'indulgence n'est pas celle que je chéris le plus. Aussi, si Valmont était entraîné par des passions fougueuses ; si, comme mille autres, il était séduit par les femmes de son âge, blâmant sa conduite je plaindrais sa personne, et j'attendrais, en silence, le temps où un retour heureux lui rendrait l'estime des gens honnêtes. Mais Valmont n'est pas cela : sa conduite est le résultat de ses principes. Il sait calculer tout ce qu'un homme peut se permettre d'horreurs sans se compromettre ; et pour être cruel et méchant sans danger, il a choisi les femmes pour victimes.

TEXTE 2 : Laclos, *Les Liaisons dangereuses*, lettre 11 (1782).

La présidente de Tourvel à Madame de Volanges

Votre lettre sévère m'aurait effrayée, Madame, si, par bonheur, je n'avais trouvé ici plus de motifs de sécurité que vous ne m'en donnez de crainte. Ce redoutable M. de Valmont, qui doit être la terreur de toutes les femmes, paraît avoir déposé ses armes meurtrières, avant d'entrer dans ce château. Loin d'y former des projets, il n'y a pas même porté de prétentions ; et la qualité d'homme aimable, que ses ennemis mêmes lui accordent, disparaît presque ici, pour ne lui laisser que celle de bon enfant. C'est apparemment l'air de la campagne qui a produit ce miracle. Ce que je puis vous assurer, c'est qu'étant sans cesse avec moi, paraissant même s'y plaire, il ne lui est pas échappé un mot qui ressemble à l'amour, pas une de ces phrases que tous les hommes se permettent, sans avoir, comme lui, ce qu'il faut pour les justifier. Jamais il n'oblige à cette réserve, dans laquelle toute femme qui se respecte est forcée de se tenir aujourd'hui, pour contenir les hommes qui l'entourent. Il ne sait pas abuser de la gaieté qu'il inspire. Il est peut-être un peu louangeur ; mais c'est avec tant de délicatesse qu'il accoutumerait la modestie même à l'éloge.

TEXTE 3 : Laclos, *Les Liaisons dangereuses*, lettre 21 (1782).

Mme de Tourvel, pour savoir qui est véritablement Valmont, le fait suivre par un de ses domestiques. Mais Valmont, qui a eu connaissance de cette décision, l'exploite à son profit. Il raconte l'épisode à sa complice, Mme de Merteuil.

Le vicomte de Valmont à la marquise de Merteuil

Vous vous souvenez qu'on faisait épier mes démarches. Eh bien ! j'ai voulu que ce moyen scandaleux tournât à l'édification publique[1], et voici ce que j'ai fait. J'ai chargé mon confident de me trouver, dans les environs, quelque malheureux qui eût besoin de secours. Cette commission n'était pas difficile à remplir. Hier après-midi, il me rendit compte qu'on devait saisir aujourd'hui, dans la matinée, les meubles d'une famille entière qui ne pouvait payer la taille[2]. Je m'assurai qu'il n'y eût dans cette maison aucune fille ou femme dont l'âge ou la figure pussent rendre mon action suspecte ; et, quand je fus bien informé, je déclarai à souper mon projet d'aller à la chasse le lendemain. [...]

Au point du jour je me lève et je pars. À peine à cinquante pas du château, j'aperçois mon espion qui me suit. J'entre en chasse, et marche à travers champs vers le village où je voulais me rendre, sans autre plaisir, dans ma route, que de faire courir le drôle qui me suivait, et qui, n'osant pas quitter les chemins, parcourait souvent, à toute course, un espace triple du mien. [...]

Cependant j'arrive au village ; je vois de la rumeur ; je m'avance ; j'interroge ; on me raconte le fait. Je fais venir le Collecteur[3] ; et, cédant à ma généreuse compassion, je paie noblement cinquante-six livres, pour lesquelles on réduisait cinq personnes à la paille et au désespoir. Après cette action si simple, vous n'imaginez pas quel chœur de bénédictions retentit autour de moi de la part des assistants ! Quelles larmes de reconnaissance coulaient des yeux du vieux chef de cette famille, et embellissaient cette figure de patriarche, qu'un moment auparavant l'empreinte farouche du désespoir rendait vraiment hideuse ! J'examinais ce spectacle ! lorsqu'un autre paysan, plus jeune, conduisant par la main une femme et deux enfants, et s'avançant vers moi à pas précipités, leur dit : « Tombons tous aux pieds de cette image de Dieu » ; et dans le même instant, j'ai été entouré de cette famille, prosternée à mes genoux. J'avouerai ma faiblesse ; mes yeux se sont mouillés de larmes, et j'ai senti en moi un mouvement involontaire mais délicieux.

1. qu'il servît à donner à tous une leçon de morale
2. impôt en vigueur sous l'Ancien Régime
3. celui qui recueille l'impôt

Question — 4 points

Toutes séries

Quels effets Laclos tire-t-il de la technique du roman par lettres dans la représentation des personnages et la conduite de l'intrigue ?

Écriture d'invention — 16 points

Toutes séries

En tirant parti des informations contenues dans les trois lettres du corpus, imaginez un dialogue théâtral entre Mme de Volanges et Mme de Tourvel : les deux femmes, après l'épisode raconté dans la lettre 21, discutent de la conduite et du caractère de Valmont.

Chapitre 75

L'exposé oral

Mots clés
- plan
- projet d'analyse

2de / 1re

Observation

Document 1 Extrait d'un descriptif des lectures et des activités d'une classe de 1re

SÉQUENCE 1 : Les formes du discours moral au XVIIe siècle.

Objets d'étude : L'argumentation : convaincre, persuader, délibérer ; un mouvement littéraire et culturel : le classicisme.

Perspectives : analyse de l'argumentation ; connaissance des genres et des registres ; approche de l'histoire littéraire et culturelle.

Problématique : Quelles formes d'écriture sont privilégiées par les moralistes du XVIIe siècle ? Quelle représentation de l'homme ces moralistes construisent-ils ?

Groupement de textes
- **1.** La Bruyère, *Les Caractères*, « Des biens de fortune », « Giton et Phédon » (1691).
- **2.** La Rochefoucauld, *Maximes*, « L'amour-propre » (1664).
- **3.** Pascal, *Pensées*, « Divertissement » (1670).
- **4.** La Fontaine, *Fables*, « Le Geai paré des plumes du Paon » (1668).

Lecture cursive : Mme de La Fayette, *La Princesse de Clèves* (1678).

Document 2 Texte choisi par l'examinateur

Le Geai paré des plumes du Paon

Un Paon muait ; un Geai prit son plumage ;
Puis après se l'accommoda[1] ;
Puis parmi d'autres Paons tout fier se panada[2],
Croyant être un beau personnage.
Quelqu'un le reconnut : il se vit bafoué,
Berné, sifflé, moqué, joué,
Et par Messieurs les Paons plumé d'étrange sorte ;
Même vers ses pareils s'étant réfugié,
Il fut par eux mis à la porte.
Il est assez de geais à deux pieds comme lui,
Qui se parent souvent des dépouilles d'autrui,
Et que l'on nomme plagiaires[3].
Je m'en tais ; et ne leur veux causer nul ennui :
Ce ne sont pas là mes affaires.

Jean de La Fontaine, *Fables*, Livre VII (1668).

1. le prit pour lui
2. marcha en affichant une attitude orgueilleuse
3. personnes qui imitent les ouvrages d'un autre auteur en s'attribuant les mérites de l'œuvre

Estampe de Grandville (1803-1847), « Orgueil et bassesse », in *Métamophoses du jour*, Paris, Bibliothèque nationale de France.

Document 3

Question posée par l'examinateur
L'intérêt de cette fable se limite-t-il à la réflexion morale qu'elle suggère ?

Questions

Le plan suivant vous paraît-il adapté pour répondre à la question de l'examinateur ? Justifiez votre réponse.

1. Le lecteur peut tirer de la fable un enseignement moral.

2. Mais la fable a aussi une visée esthétique.

L'essentiel

1. La préparation de l'exposé

Cette préparation comporte plusieurs étapes :

- **L'analyse de la question posée** : quels en sont les termes clés ? Quel problème soulève-t-elle ? Quelle relation a-t-elle avec la problématique de la séquence ?

  La question posée sur « Le Geai paré des plumes du Paon » porte sur les visées de la fable. Elle indique explicitement que le texte a une visée morale, que le candidat doit donc analyser ; mais elle suggère aussi que l'intérêt de la fable ne se limite pas à cette dimension morale. Le candidat doit donc s'interroger sur une autre visée possible de la fable.

- La **mise en relation du texte et de la question** : quels aspects du texte permettent de répondre ? Quel projet de lecture serait pertinent ?
- L'**élaboration au brouillon d'un plan détaillé** ordonnant les principales idées et les références au texte.

2. Les étapes de l'exposé

L'introduction

Elle comporte :

- Une **présentation du texte** : nom de l'auteur, titre du texte ou de l'œuvre, date de parution, éléments d'information concernant le contexte historique et éventuellement biographique.

Dans le cas d'un extrait d'un roman, d'une pièce de théâtre, d'une autobiographie, il faut impérativement **situer le texte à l'intérieur de l'œuvre** : à quel moment de l'histoire se trouve-t-il ? quelle est la situation des personnages ?

- Une **lecture claire et expressive** du texte.
- L'**annonce du projet d'analyse** : le candidat annonce les axes d'étude retenus pour répondre à la question.

  La fable « Le Geai paré des plumes du Paon » a certes une dimension morale, mais elle a aussi une visée esthétique.

L'analyse

- Elle **obéit à un plan correspondant aux axes d'étude retenus** ; chacun de ces axes peut être annoncé sous la forme d'une phrase affirmative.

  1er axe : La fable de La Fontaine « Le Geai paré des plumes du Paon » suggère au lecteur une réflexion morale.

- Elle **organise les éléments de réponse** de façon cohérente **sur le mode d'une argumentation** ; chacun des éléments de réponse constitue un argument validant l'affirmation initiale.
- Elle **s'appuie systématiquement sur des éléments précis du texte** : champs lexicaux, figures de style, syntaxe, sonorités…

La conclusion

- Elle dresse le **bilan de la réponse** apportée à la question posée.
- Elle propose un **élargissement de la réflexion** : problèmes posés par le groupement de textes ou par l'œuvre intégrale, interrogation sur le genre littéraire, le mouvement concerné.

Glossaire

Pour les termes concernant l'analyse de l'image, se reporter au « Lexique de l'image » p. 424.

A

ACCUMULATION énumération de termes ou d'expressions de même nature.
▸ *« troncs, rameaux, feuilles, fibres, touffes, vrilles, sarments, épines, s'étaient mêlés, traversés, mariés, confondus. »* (Hugo)

ADJUVANT dans un récit, personnage (actant) qui apporte de l'aide au sujet de l'action. **(v. ch. 35, ch. 45)**

ALEXANDRIN vers de douze syllabes.

ALLÉGORIE représentation sous une forme figurée, concrète, d'idées ou de notions abstraites.
▸ *le temps représenté comme un squelette vêtu de haillons et portant une faux*

ALLITÉRATION retour des mêmes sons consonantiques.
▸ *« Pour qui sont ces serpents qui sifflent sur vos têtes »* (Racine)

ANALOGIE ressemblance, points communs entre deux réalités différentes.

ANAPHORE reprise du même mot ou de la même expression en tête de phrase, de vers ou de groupes de mots.
▸ *« Heureux ceux qui sont morts pour la terre charnelle,*
Mais pourvu que ce fût dans une juste guerre,
Heureux ceux qui sont morts pour quatre coins de terre.
Heureux ceux qui sont morts d'une mort solennelle » (Péguy)

ANTÉRIORITÉ sur la ligne du temps, l'antériorité désigne toute action qui se déroule avant l'action principale. Elle est exprimée par un temps composé : passé composé, plus-que-parfait, passé antérieur, futur antérieur. **(v. ch. 14)**

ANTICIPATION annonce de la suite du récit, perturbant l'ordre chronologique de l'histoire racontée.

ANTIPHRASE procédé qui consiste à dire le contraire de ce que l'on veut laisser entendre. C'est un des procédés de l'ironie. **(v. ch. 53)**
▸ *la formule « C'est du joli ! » appliquée à un acte condamnable*

ANTITHÈSE rapprochement de deux termes désignant des réalités opposées.
▸ *« Je vous blâmais tantôt, je vous plains à présent. »* (Corneille)

ANTONYMES mots de sens opposé.

APARTÉ au théâtre, remarque qu'un personnage est supposé s'adresser à lui-même sans être entendu des autres personnages présents sur scène.

APOLOGUE histoire généralement brève servant de support à une réflexion, à une leçon. **(v. ch. 57)**

ARGUMENT élément apporté pour valider un jugement ou pour en montrer la faiblesse.

ARGUMENT D'AUTORITÉ recours au jugement d'un auteur célèbre ou d'un expert dans un domaine donné.

ARGUMENTATION (DISCOURS ARGUMENTATIF) production écrite ou orale visant à emporter l'adhésion du destinataire, à modifier son jugement.

ART POÉTIQUE texte qui présente les principes d'écriture d'un poète ou d'un mouvement littéraire.

ASSONANCE
– Retour des mêmes sons vocaliques.
▸ *« Tout m'afflige et me nuit et conspire à me nuire »* (Racine)
– Répétition d'une même voyelle à la fin de deux vers, quelles que soient les consonnes qui suivent.
▸ *« Avec des feuilles dans sa barbe*
Et ses yeux creux qui vous regardent » (Vielé-Griffin)

ASYNDÈTE juxtaposition de groupes de mots ou de propositions sans lien de coordination ou de subordination.
▸ *L'équipe de France a perdu son dernier match ; elle s'en remettra.*

ATTELAGE (ou **ZEUGME**) rapprochement de deux termes, dont l'un est généralement concret et l'autre abstrait.
▸ *« Vêtu de probité candide et de lin blanc »* (Hugo)

AUTEUR personne physique ayant rédigé un texte, une œuvre.

AUTOBIOGRAPHIE genre littéraire fondé sur le récit qu'une personne réelle fait de sa propre vie.

AUTOFICTION genre littéraire mêlant à l'autobiographie des éléments fictifs. **(v. ch. 47)**

AUTOPORTRAIT genre littéraire ou pictural ; portrait d'une personne par elle-même. **(v. ch. 47)**

B

BALLADE poème composé de trois strophes dont le type et le nombre de vers peuvent varier.

BAROQUE mouvement littéraire et culturel européen (XVIe-XVIIIe siècle) privilégiant les thèmes du changement, de l'inconstance. **(v. ch. 28)**

BLÂME discours visant à faire partager au destinataire une opinion négative sur une personne, une institution, une œuvre… **(v. ch. 56)**

BLASON court poème valorisant la beauté du corps féminin.

BULLES espaces délimités où l'on inscrit les paroles des personnages des bandes dessinées. On dit aussi *phylactères*.

BURLESQUE forme de comique qui transforme un sujet noble ou héroïque en une forme vulgaire ou triviale. La transformation inverse est appelée *héroï-comique*.

C

CADAVRE EXQUIS jeu poétique surréaliste faisant intervenir le hasard, les associations d'idées non contrôlées. **(v. ch. 33)**

CALLIGRAMME poème dont les lignes forment un dessin qui représente un objet lié au thème du poème **(v. ch. 41, ch. 60)**.

CARICATURE représentation d'une réalité mettant en relief et exagérant certains de ses traits afin d'en faire apparaître les ridicules. **(v. ch. 52)**

CÉSURE pause forte marquée dans la prononciation après la sixième syllabe d'un alexandrin.

▸ *« Le jour n'est pas plus pur// que le fond de mon cœur. »* (Racine)

CHAMP LEXICAL ensemble des mots d'un texte relevant d'un même domaine de signification. **(v. ch. 9)**

CHIASME union de deux expressions dont les éléments syntaxiques ou lexicaux sont inversés suivant le schéma AB/BA.

« Après le dur labeur, le sommeil impossible »
A B B A
(Hugo)

CHRONIQUE recueil de faits historiques rapportés dans l'ordre de leur succession.

CHRONOLOGIE succession des événements dans le temps; on peut ainsi distinguer le présent par rapport au passé et au futur.

CITATION insertion dans un énoncé d'un fragment, plus ou moins long, issu d'un autre énoncé.

CLASSE DE MOTS (NATURE DES MOTS) ensemble de mots présentant les mêmes caractéristiques (verbe, nom, pronom, adjectif...). **(v. ch. 6)**

CLASSICISME mouvement littéraire et culturel français du XVIIe siècle privilégiant l'ordre, la rigueur. **(v. ch. 28)**

COHÉRENCE caractéristique d'un texte dont les éléments sont reliés entre eux de façon logique. **(v. ch. 15, ch. 16)**

COMMEDIA DELL'ARTE née en Italie au XVIe siècle, cette forme de théâtre comique met en scène des personnages stéréotypés (Arlequin, Polichinelle, Matamore, Colombine, etc.) et joue sur les improvisations à partir d'un canevas qui fixe les grandes lignes de l'intrigue.

COMÉDIE-BALLET comédie dans laquelle interviennent des séquences dansées, au cours de l'action ou comme intermèdes. Ces ballets peuvent jouer un rôle dans l'intrigue. La plus célèbre est *Le Bourgeois gentilhomme* de Molière (1670).

COMÉDIE genre théâtral qui vise à faire rire le public. **(v. ch. 45)**

COMIQUE un texte relève du registre comique lorsqu'il vise à faire rire son destinataire. **(v. ch. 51)**

COMIQUE DE CARACTÈRE type de comique suscité par les travers des personnages, leurs aspects ridicules (manies, obsessions...).

COMIQUE DE GESTES type de comique théâtral qui naît des gestes montrés sur scène ou racontés: coups, chutes, gestes...

COMIQUE DE MOTS type de comique qui repose essentiellement sur l'usage inattendu du langage verbal.

COMIQUE DE SITUATION type de comique provoqué par une situation amusante dans laquelle se trouvent les personnages.

COMPARAISON rapprochement de deux réalités qui présentent une ressemblance au moyen d'un outil de comparaison. **(v. ch. 18)**

COMPASSION dans le registre pathétique, émotion, faite d'apitoiement, qui fait naître chez le lecteur ou le spectateur un sentiment de proximité et de connivence avec la victime d'un malheur. **(v. ch. 49)**

CONCESSION stratégie d'argumentation selon laquelle le locuteur mentionne dans un premier temps les objections que pourrait formuler un de ses adversaires; il en reconnaît éventuellement la validité partielle pour mieux réfuter ensuite la thèse adverse. **(v. ch. 55)**

CONNECTEUR mot qui relie entre eux les éléments d'un texte, d'un raisonnement. **(v. ch. 16)**

CONNOTATIONS sens subjectifs qui s'ajoutent à la signification première d'un mot (ou dénotation). **(v. ch. 9)**

▸ *Suivant le contexte, l'adjectif* rouge *évoque la mort, la souffrance, la passion...*

CONTE genre narratif bref, qui fait souvent appel au merveilleux.

CONTE PHILOSOPHIQUE genre narratif bref visant à faire réfléchir le lecteur par le moyen d'une histoire agréable. **(v. ch. 57)**

CONTRAINTE règle d'écriture imposée par un mouvement, une époque ou l'écrivain lui-même.

CONTRE-REJET élément bref placé en fin de vers, alors qu'il est uni par la syntaxe aux mots du vers suivant.

« Un nuage tombé par terre, horrible, accru
Par des vomissements immenses de fumée »
(Hugo)

CONVAINCRE un discours argumentatif cherche à convaincre quand il s'adresse avant tout à la raison du destinataire. **(v. ch. 55)**

COORDINATION mise en relation, par une conjonction de coordination, de deux éléments de même importance à l'intérieur d'une phrase.

CORPUS ensemble de textes ou de documents utilisés pour une étude. **(v. ch. 65)**

COUPE en poésie, pause intervenant à l'intérieur d'un hémistiche.

▸ *« Je le vis,/je rougis,// je pâlis/à sa vue »* (Racine)

D

DÉCASYLLABE vers de dix syllabes.

DÉDUCTION raisonnement dans lequel on part d'un principe général pour l'appliquer à un cas particulier. (v. **SYLLOGISME**) **(v. ch. 55)**

DÉLIBÉRATION examen attentif de plusieurs thèses différentes afin de parvenir à une décision. **(v. ch. 57)**

DÉMAGOGIE dans une argumentation, recours à des procédés peu honnêtes pour persuader: usage de la flatterie, de fausses promesses, de raisonnements simplistes. **(v. ch. 55)**

DÉMONTRER prouver la validité d'un jugement par un raisonnement logique et irréfutable.

DÉNOTATION (OU SENS DÉNOTÉ) signification d'un mot telle qu'on peut la trouver dans un dictionnaire.

DÉNOUEMENT
- Fin d'une pièce de théâtre, résolution des divers conflits.
- Par extension, fin d'un roman ou d'un film de fiction.

DÉRIVÉ mot construit à partir d'un autre mot. **(v. ch. 7)**

DESTINATAIRE
- Personne, ou groupe de personnes, à qui s'adresse un énoncé;
- Dans un récit, personnage à qui le héros doit rapporter l'objet de sa quête. **(v. ch. 35, ch. 45)**

DESTINATEUR dans un récit, personnage qui envoie le héros chercher l'objet de la quête. **(v. ch. 35, ch. 45)**

DIALOGUE PHILOSOPHIQUE texte opposant les partisans de thèses différentes dans le cadre d'une conversation. **(v. ch. 57)**

DIDACTIQUE un texte ou un discours didactique vise à délivrer un enseignement.

DIÉRÈSE en poésie, désigne le fait de prononcer et de compter en deux syllabes une suite de deux voyelles dont la première est *i*, *u*, *ou*.
▸ *« Va te purifier dans l'air supérieur » (Baudelaire)* pour obtenir à la lecture un alexandrin, il faut lire *purifi-er* (4 syllabes) et *supéri-eur* (4 syllabes).

DIDASCALIES dans le texte théâtral, recommandations de jeu et de mise en scène données par l'auteur au début de la pièce, puis avant et entre les répliques. **(v. ch. 44)**

DISCOURS
- Production résultant d'une mise en pratique du langage.
- Texte prononcé à l'oral.
- Dans un récit, paroles et pensées des personnages ; interventions du narrateur.

On parle de **FORMES DE DISCOURS** pour distinguer les discours narratif, descriptif, explicatif, argumentatif.

DISCOURS RAPPORTÉ (v. **PAROLES RAPPORTÉES**) ; on distingue :
- **le discours direct** : insertion des paroles d'un personnage comme elles sont censées avoir été prononcées ;
- **le discours indirect** : les paroles des personnages sont incluses dans le récit par une subordination ; le narrateur peut les adapter ou les reformuler ;
- **le discours indirect libre** : intégration des paroles dans le cours du récit ; la voix du narrateur est mêlée à celle du personnage ;
- **le récit de paroles** (ou discours narrativisé) : résumé des paroles du personnage par le narrateur. **(v. ch. 3, ch. 38)**

DOCUMENTATION recherche d'informations permettant à un écrivain d'apporter des connaissances précises sur un thème donné dans son œuvre.

DOUBLE ÉNONCIATION cette expression propre à l'analyse du texte théâtral signifie qu'un personnage s'adresse à la fois à un personnage présent sur scène, et, de façon indirecte, au public. **(v. ch. 44)**

DRAME (ROMANTIQUE) genre théâtral qui mêle le comique et le tragique, le grotesque et le sublime.

E

ÉCOLE groupe d'artistes proposant des règles précises d'écriture.

ÉCRITURE AUTOMATIQUE pratique d'écriture surréaliste visant à déjouer les censures de la raison. **(v. ch. 33)**

ÉLÉGIE genre poétique privilégiant l'expression de la plainte.

ÉLÉMENT DÉCLENCHEUR dans un récit, action ou événement qui entraîne la transformation d'une situation en une autre.

ELLIPSE dans un récit, on parle d'ellipse quand certains événements sont passés sous silence par le narrateur.

ÉLOGE discours visant à faire partager au destinataire une opinion positive sur une personne, une institution, une œuvre… **(v. ch. 56)**

ÉLOGE PARADOXAL éloge surprenant qui valorise ce que l'on a coutume de présenter comme détestable ou dangereux.

EMPHASE procédé de mise en valeur d'un élément particulier du texte.
▸ *C'est lui qui, le premier, eut le courage de prendre la parole.*

EMPRUNT mot étranger importé dans une langue.

ENJAMBEMENT en poésie, ce terme désigne un décalage entre le rythme et la syntaxe : une phrase, une proposition, commencée dans un premier vers, se prolonge dans le vers suivant, annulant la pause que l'on pourrait marquer.
▸ *« Mais j'aperçois venir Madame*
la Comtesse
De Pimbesche… » (Racine)

ENGAGEMENT on parle d'engagement quand un écrivain prend parti pour une cause (sociale, politique…) et manifeste cette prise de position dans ses œuvres.

ENCHÂSSEMENT D'UN RÉCIT DANS UN AUTRE RÉCIT procédé qui consiste à inclure un récit raconté par un narrateur second dans un autre récit raconté par un narrateur premier.

ÉNONCÉ propos tenus par un locuteur à l'écrit ou à l'oral. **(v. ch. 1)**

ÉNONCIATION acte par lequel un individu s'exprime, à l'oral ou par écrit, en utilisant le langage.

ÉPIDICTIQUE discours qui fait l'éloge ou le blâme d'un individu, d'une institution, d'un mode de pensée…

ÉPIGRAPHE citation placée en tête d'ouvrage ou de chapitre.

ÉPIQUE registre qui emprunte ses caractéristiques au genre de l'**épopée*** : le registre épique vise à glorifier un personnage, une attitude. **(v. ch. 48)**

ÉPISTOLAIRE (ROMAN) dans un roman épistolaire, l'action et les sentiments sont connus du lecteur au moyen d'un échange de lettres entre les personnages.

ÉPOPÉE texte qui célèbre les exploits d'un héros aux qualités exceptionnelles, représentant une élite sociale dans une société fortement hiérarchisée et aux valeurs religieuses et morales très affirmées.

ESPRIT CRITIQUE capacité à analyser une situation, un système de pensée sans préjugé, en s'efforçant d'en dégager les forces et les faiblesses. **(v. ch. 26, ch. 29)**

ESSAI œuvre dans laquelle un auteur expose ses réflexions, ses interrogations, les thèses qu'il soutient sur un sujet donné. **(v. ch. 58)**

ÉTYMOLOGIE étude de l'histoire des mots.

EUPHÉMISME formulation qui adoucit une réalité jugée trop brutale.
▸ *il nous a quittés* pour *il est mort.*

EXCIPIT dernière page d'un roman ou d'une nouvelle.

EXEMPLE dans un discours argumentatif, un exemple est constitué par un fait concret que l'on utilise pour valider un jugement ou pour en montrer la faiblesse.

EXPLICATION (DISCOURS EXPLICATIF) texte oral ou écrit visant à exposer un phénomène, à le faire comprendre. **(v. ch. 54)**

EXPLICITE ce qui est dit de manière directe, sans ambiguïté. (v. **IMPLICITE**)

EXPOSITION ouverture d'une pièce de

théâtre qui délivre au spectateur un certain nombre d'informations concernant la situation et les personnages.

F

FABLE court récit en prose ou en vers visant à faire réfléchir le lecteur, à lui donner une leçon. **(v. ch. 57)**

FANTASTIQUE un récit fantastique raconte des événements étranges, en laissant le lecteur ou le spectateur hésiter entre solution naturelle et explication surnaturelle des phénomènes.

FARCE pièce de théâtre comique, dont l'action est simple; le comique de farce repose sur certains procédés scéniques (déguisements, coups de bâton) et sur l'usage de plaisanteries grossières.

FATALITÉ traduction du terme latin *fatum*, ce mot désigne le destin implacable, force supérieure plus puissante encore que les dieux, qui s'abat sur l'homme et le conduit à sa perte. **(v. ch. 49)**

FICTION histoire dont les éléments constituants (personnages, situations) relèvent principalement de l'invention de l'auteur.

FIGURE DE STYLE procédé d'écriture permettant de créer un effet particulier, souvent par un écart avec l'usage ordinaire de la langue.

FOCALISATION v. **POINT DE VUE**.

FONCTION NARRATIVE D'UN PERSONNAGE DANS UN RÉCIT (OU ACTANT) rôle que ce personnage joue dans l'action; il peut être sujet, objet, adjuvant, opposant, destinateur ou destinataire de l'action. **(v. ch. 35, ch. 45)**

FORMES FIXES en poésie, formes obéissant à des contraintes strictes. **(v. ch. 41)**

G

GENRE LITTÉRAIRE catégorie littéraire permettant de regrouper des œuvres et des textes en fonction de caractéristiques communes; on distingue ainsi le roman, la poésie, le théâtre, l'essai, l'autobiographie…

GRADATION énumération dont les termes sont ordonnés de manière progressive. L'intensité peut être croissante (gradation ascendante) ou décroissante.

▸ *« Je me meurs, je suis mort, je suis enterré. »* (Molière)

H

HÉMISTICHE moitié d'un vers.

HÉTÉROMÉTRIE emploi, dans un même poème, de différents types de vers.

HOMOGRAPHES mots de sens différents mais de même forme écrite.

HOMONYMES mots de sens différents mais de même forme écrite ou sonore.

HOMOPHONES mots de sens différents mais de même forme sonore.

HUMANISME mouvement littéraire et culturel du XVIe siècle, privilégiant le recours aux textes de l'Antiquité, l'esprit critique. **(v. ch. 26)**

HUMANITÉS étude de la langue et des textes de l'Antiquité gréco-latine.

HUMOUR manière de faire sourire le destinataire en plaisantant de sujets sérieux, sans se livrer à une critique. **(v. ch. 51)**

HUMOUR NOIR humour portant sur des sujets graves comme la maladie, la mort.

HYMNE genre poétique pratiqué depuis l'Antiquité, qui célèbre les héros, les rois, les puissants.

HYPERBOLE figure de style consistant à mettre une notion en relief par l'exagération des termes employés.

▸ *« Il faut avouer que je n'ai jamais vu porter si haut l'élégance de l'ajustement. »* (Molière)

HYPERONYME (OU MOT ENGLOBANT, OU TERME GÉNÉRIQUE) terme général permettant de désigner un ensemble d'éléments particuliers.

I

IMITATION reprise de textes ou de thèmes déjà élaborés ou abordés par des auteurs plus anciens. **(v. ch. 64)**

IMPLICITE ce qu'un énoncé laisse entendre ou supposer de façon indirecte. (v. **EXPLICITE**)

INCIPIT première page, ouverture d'un roman ou d'une nouvelle, premiers mots d'un poème.

INDUCTION raisonnement s'appuyant sur un ou plusieurs cas particuliers pour conclure à une généralité. **(v. ch. 55)**

INSPIRATION souffle, élan créateur qui pousse un auteur à écrire. La tradition lui donne une origine divine; la *muse* en est le symbole pour le poète.

INTONATION mouvement mélodique de la parole, caractérisé par des variations de hauteur. On distingue ainsi une intonation montante ou ascendante dans les phrases de type interrogatif ou exclamatif, une intonation descendante dans les phrases de type déclaratif.

IRONIE forme de moquerie détournée, qui consiste en un décalage, une distance entre les propos et la pensée réelle du locuteur. **(v. ch. 53)**

IRONIE TRAGIQUE situation dans laquelle le spectateur ou le lecteur en sait plus que le personnage lui-même sur un destin qui le conduit à sa perte. **(v. ch. 49)**

J

JOURNAL INTIME genre d'écrit autobiographique réalisé au jour le jour, sans projet de publication. **(v. ch. 47)**

JUXTAPOSITION procédé syntaxique qui, dans une phrase complexe, relie des propositions par un signe de ponctuation.

▸ *Le soleil brille, les oiseaux chantent.*

L

LEXIQUE ensemble des mots d'une langue qu'un locuteur peut utiliser.

LEXIQUE VALORISANT ET DÉVALORISANT Le **lexique valorisant** est constitué par l'ensemble des termes qui visent à vanter les mérites de quelqu'un ou de quelque chose.

▸ *beau, belle, beauté, superbe, magnifique…*

Le **lexique dévalorisant** est constitué par l'ensemble des termes qui visent à mettre en évidence des défauts, à exprimer des reproches.

▸ *laid, laide, laideur, moche, affreux…*

LIBELLÉ énoncé des consignes d'un exercice écrit ou oral

LITOTE expression qui suggère plus que ce qu'elle dit réellement.

▸ *Votre comportement n'a pas été réellement apprécié.*

Pour : *Votre comportement a été franchement condamné.*

LOCUTEUR toute personne qui, oralement ou par écrit, produit un énoncé.

LUMIÈRES mouvement littéraire et culturel du XVIIIe siècle prônant l'exercice de la raison contre les croyances et les préjugés. **(v. ch. 29)**

LYRISME registre visant à faire partager au destinataire les émotions de l'écrivain ou de l'artiste. **(v. ch. 50)**

M

MANIFESTE texte exposant les principes qui guident l'élaboration des œuvres d'un mouvement littéraire. **(v. ch. 24)**

MÉCÉNAT système dans lequel l'artiste est protégé par un personnage puissant qui lui passe commande de certaines œuvres.

MÉLANCOLIE selon la théorie antique, elle constitue l'une des quatre humeurs, supposée prendre naissance dans la rate et être liée à la bile noire ; aujourd'hui, ce mot désigne un état de profonde tristesse, accompagné d'un rejet de l'existence et de soi-même.

MÉLODRAME drame populaire qui accentue les effets du pathétique et privilégie le grand spectacle, les émotions plus que la réflexion ; c'est une forme théâtrale typique du XIXe siècle.

MÉMOIRES récit dans lequel une personne réelle raconte les événements historiques dont elle a été le témoin ou l'acteur. **(v. ch. 47)**

MÉTAPHORE figure rapprochant ou assimilant deux idées, deux notions, de manière implicite, sans outil de comparaison.
▸ *« Or, tandis que les eaux fuyaient, mouvants miroirs »* (Hugo)

MÉTAPHORE FILÉE métaphore développée sur plusieurs propositions ou sur plusieurs phrases.

MÉTONYMIE figure qui consiste à remplacer un mot par un autre mot quand les deux réalités qu'ils désignent ont entre elles une proximité logique.
▸ *Bercy a fait connaître ses décisions en matière de budget.*
Bercy = les services du ministère des Finances situé dans le quartier de Bercy.

MÈTRE (OU VERS) dans la versification traditionnelle, unité typographique définie par le nombre de syllabes prononcées.

MISE EN RELIEF (OU EMPHASE) procédé qui souligne un élément pour lui donner plus de force.

MISE EN SCÈNE organisation matérielle de la représentation d'une pièce de théâtre : choix des décors, des costumes, de la musique, des effets sonores, des lumières, des acteurs, de leurs déplacements, de leurs jeux.

MODALISATEUR mot ou expression qui, dans un texte, indique l'attitude du locuteur par rapport à ce qu'il dit (approbation, doute, rejet...).
▸ *Peut-être a-t-il agi sous le coup de l'émotion.*

MOMENT DE L'ÉNONCIATION moment où le locuteur produit réellement l'énoncé.

MONOLOGUE au théâtre, propos tenus par un personnage seul en scène (ou se croyant seul). Le monologue permet ainsi d'informer le public des pensées, des sentiments, des hésitations d'un personnage.

MONOLOGUE INTÉRIEUR dans un roman, transcription des pensées d'un personnage.

MORALISTE auteur dont les écrits portent sur le comportement et les valeurs de l'homme en société. Le moraliste vise souvent à blâmer certaines conduites, ou à les présenter comme ridicules.

MORALITÉ conclusion que le lecteur est invité à tirer d'un récit.

MOUVEMENT (LITTÉRAIRE OU ARTISTIQUE) regroupement d'écrivains et d'artistes autour d'une recherche commune et de principes partagés.

MUSICALITÉ qualité sonore et rythmique d'un texte visant à la création d'une harmonie.

MYTHE récit fabuleux, transmis par la tradition, qui met en scène des êtres incarnant sous une forme symbolique des forces de la nature ou des aspects de la condition humaine. **(v. ch. 64)**

MYTHOLOGIE ensemble de croyances propres à un peuple. Le terme, s'il n'est pas précisé par un adjectif, renvoie le plus souvent aux croyances des Grecs et des Romains.

N

NARRATEUR voix qui prend en charge le récit et raconte l'histoire.

NARRATION façon dont les événements sont racontés dans un récit.

NATURALISME école littéraire qui, dans la continuité du mouvement réaliste, se constitue autour de Zola. **(v. ch. 31)**.

NATURE D'UN MOT v. **CLASSE DE MOTS**

NÉOLOGISME mot de création récente.

NIVEAUX (OU REGISTRES) DE LANGUE variations de la langue en fonction du contexte de la communication. On distingue principalement les niveaux *soutenus*, *courants* et *familiers*. **(v. ch. 5)**

NOUVELLE récit court caractérisé par une intrigue unique, privilégiant le réalisme ou le fantastique, et orientée en vue d'un dénouement frappant, ou *chute*. Le cadre de l'espace et du temps est plus resserré que dans le roman. **(v. ch. 39)**

O

OCTOSYLLABE vers de huit syllabes.

ODE genre poétique qui célèbre les mérites d'une personne admirée, d'une abstraction, ou qui traite de sujets intimes.

OPINION point de vue, position intellectuelle que l'on manifeste dans un domaine déterminé.

OPPOSANT dans un récit, personnage (actant) qui s'oppose au sujet de l'action. **(v. ch. 35, ch. 45)**

ORDRE DU RÉCIT ordre dans lequel les événements ou les actions sont racontés ; le récit peut respecter l'ordre chronologique des actions, ou au contraire le perturber par des anticipations ou des retours en arrière.

OXYMORE juxtaposition, dans une même expression, de deux termes dont le sens est opposé.
▸ *« Elle se hâte avec lenteur. »* (La Fontaine)

P

PACTE AUTOBIOGRAPHIQUE engagement que prend l'auteur d'une autobiographie d'être sincère dans son récit. **(v. ch. 47)**

PAMPHLET ouvrage généralement bref attaquant avec violence une personne ou une institution.

PARADOXE affirmation qui heurte l'opinion commune, qui peut même sembler s'opposer au bon sens, à la logique couramment admise.

PARALLÉLISME reprise d'une construction semblable dans plusieurs énoncés.
▸ *« Si je jette la vue devant moi, quel espace infini où je ne suis pas ! Si je la retourne, quelle suite effroyable où je ne suis plus. »* (Bossuet)

PARODIE détournement d'une œuvre initiale, qui en modifie les éléments constituants et qui est le plus souvent destiné à faire rire le lecteur.
(v. ch. 64)

PAROLES RAPPORTÉES (v. **DISCOURS RAPPORTÉS)** présence dans un texte de propos tenus par une autre personne que le locuteur.

PARONOMASE figure fondée sur le rapprochement de **paronymes*** dans un énoncé.
▸ *« Bouge pas la babouche. »* (Ionesco)

PARONYMES mots de sens différents mais proches par leur forme sonore.

PASTICHE texte écrit « à la manière » d'un auteur célèbre, en reprenant les caractéristiques de son style.
(v. ch. 64)

PATHÉTIQUE registre qui, par la narration ou par la mise en scène d'une situation malheureuse, inspire au lecteur ou au spectateur une forte émotion, en s'adressant à leur sensibilité.
(v. ch. 49)

PAUSE
- Moment de ralentissement, d'arrêt, voire de rupture dans la construction d'une phrase ou d'un vers. Elle est le plus souvent marquée par l'usage de signes de ponctuation.
- Dans un récit, la pause suspend la narration des événements, par exemple pour laisser place à une description.

PÉRIPHRASE procédé qui consiste à remplacer un mot par un groupe de plusieurs mots désignant la même réalité.
▸ l'auteur de *La Comédie humaine* = Balzac

PERSONNIFICATION métaphore qui assimile un être inanimé ou un animal à une personne.
▸ *« Rome à ne vous plus voir m'a-t-elle condamnée ? »* (Racine)

PERSUADER dans le domaine de l'argumentation, le locuteur cherche à persuader quand il s'adresse avant tout aux sentiments des destinataires pour les conduire à adopter son point de vue.
(v. ch. 55)

PHRASE COMPLEXE phrase comportant plusieurs propositions (juxtaposées, coordonnées, subordonnées).
(v. ch. 11)

PHRASE SIMPLE phrase comportant une seule proposition.

PHRASES NON VERBALES ce sont des phrases dont le noyau n'est pas un verbe, mais un nom, un adverbe, un adjectif, un pronom.
▸ *Quel beau spectacle !*

PLAN organisation logique d'un énoncé écrit ou oral.

PLÉIADE mouvement littéraire du XVIe siècle œuvrant pour une renaissance de la poésie française. **(v. ch. 27)**

PLÉONASME répétition logiquement inutile d'une même idée.

POÈME EN PROSE texte qui, tout en se voulant poétique, refuse les contraintes de la versification. **(v. ch. 41)**

POÉSIE ENGAGÉE poésie à visée argumentative qui dénonce une situation politique, sociale ou religieuse. **(v. ch. 43)**

POINT DE VUE (OU FOCALISATION) position du narrateur par rapport aux personnages et aux événements. **(v. ch. 37)**

POINT DE VUE (OU FOCALISATION) INTERNE le narrateur restreint l'information à la perspective d'un personnage : il raconte les événements et les actions, décrit l'espace comme s'ils étaient vus par ce personnage.

POINT DE VUE (OU FOCALISATION) EXTERNE le narrateur ne voit les personnages que de l'extérieur, sans aucun accès à leurs pensées : le lecteur en sait donc moins que le personnage.

ABSENCE DE POINT DE VUE (OU FOCALISATION ZÉRO) aucun personnage n'oriente la perspective narrative : le narrateur en sait donc plus que le personnage.

POLÉMIQUE un texte relève du registre polémique lorsqu'il s'en prend avec violence à une personne, une institution, un système politique, social...
(v. ch. 52)

POLYPHONIQUE (ROMAN) roman à plusieurs voix, sans intervention d'un narrateur pour les introduire, les hiérarchiser ou les délimiter clairement.
(v. ch. 38)

POLYSÉMIE multiplicité des significations d'un même mot.

PRÉFACE texte présentant une œuvre littéraire, pour en expliquer les intentions, les principes, et défendre éventuellement certaines conceptions de la littérature.

PRÉFIXE élément placé avant le radical d'un mot pour former un dérivé.

PRÉJUGÉ opinion adoptée sans examen, sous l'influence de la tradition ou de l'entourage.

PRÉTÉRITION procédé qui consiste à dire qu'on ne parlera pas d'un sujet qu'on aborde cependant.

PROCÉDÉ LITTÉRAIRE moyen (lexical, grammatical, stylistique, etc.) utilisé par les écrivains pour produire divers effets.

PROGRESSION THÉMATIQUE organisation de la distribution des informations dans une suite de phrases. **(v. ch. 17)**

PROJET première ébauche d'une œuvre dans le processus d'écriture. **(v. ch. 63)**

PROPOS information donnée sur le **thème*** d'une phrase. **(v. ch. 17)**

PROPOSITION groupe de mots, généralement bâti autour d'un noyau verbal conjugué, qui constitue une unité de base de la phrase. On distingue :
- **la proposition indépendante**, quand elle n'est ni subordonnée ni principale :
▸ *Les oiseaux chantent.*
- **la proposition principale**, dont dépend, dans une phrase complexe, une proposition subordonnée :
▸ *Les oiseaux chantent, quand le soleil brille.*
- **la proposition subordonnée**, introduite le plus souvent par un mot subordonnant, et qui dépend d'une proposition principale :
▸ *Les oiseaux chantent, quand le soleil brille.*

PROSE par différence avec la poésie, traditionnellement versifiée, la prose désigne le langage communément employé.

Q, R

QUATRAIN strophe composée de quatre vers.

QUIPROQUO erreur sur l'identité d'un personnage, mauvaise interprétation d'un geste, d'une parole.

RADICAL forme minimale d'un mot, qui ne peut être décomposée.

RÉALISME mouvement littéraire et culturel du XIXe siècle, privilégiant la représentation fidèle de la réalité sociale. **(v. ch. 31)**

RÉCIT histoire que raconte un roman, une nouvelle, une pièce de théâtre, un film; ensemble des événements constituant cette histoire.

REDONDANCE reprise d'une même information sous des formes différentes.

RÉFUTATION argumentation visant à démontrer la faiblesse d'un jugement, à invalider une thèse. **(v. ch. 55)**

REGISTRE caractéristiques d'un texte qui éveillent chez le lecteur différents sentiments (joie, peine, indignation, pitié...); les registres traduisent l'attitude et les réactions du locuteur par rapport aux réalités qu'il évoque.

REGISTRES DE LANGUE voir **NIVEAUX DE LANGUE**.

REJET en poésie, on parle de rejet quand un élément bref placé au début d'un vers est étroitement lié au vers précédent par la syntaxe et le sens.
▸ *«Aussi quand je serai perdu dans*
la mémoire
Des hommes, dans le coin d'une sinistre
armoire» (Baudelaire)

RÉPLIQUE au théâtre, on désigne par ce terme ce qu'un personnage répond à un autre personnage.

REPRISE procédé grammatical qui vise à assurer la **cohérence*** d'un texte en évitant les répétitions. **(v. ch. 15)**

RETOUR EN ARRIÈRE perturbation de l'ordre chronologique du récit par un retour dans le passé.

RHÉTORIQUE art du discours et de l'expression; la rhétorique enseigne l'art de convaincre et de persuader.

RIME retour de sons identiques à la fin de plusieurs vers.

RIMES INTERNES rimes placées à l'intérieur du vers, à certaines places fixes.

ROMAN AUTOBIOGRAPHIQUE récit relevant de la fiction, mais s'inspirant plus ou moins nettement de la vie de son auteur.

ROMANTISME mouvement littéraire et culturel du XIXe siècle en France. Il s'oppose aux règles du classicisme et laisse libre cours à l'expression de l'individu. **(v. ch. 30)**

S

SATIRIQUE un texte relève du registre satirique lorsqu'il vise à tourner en ridicule des mœurs, des comportements, des institutions ou des individus. **(v. ch. 52)**

SCÉNOGRAPHIE étude des techniques de représentation d'un texte théâtral et de l'utilisation des différents moyens pour le mettre en scène.

SÉQUENCE un récit est constitué par un enchaînement de séquences. La séquence constitue une unité plus ou moins importante à l'intérieur de ce récit.

SERMON discours religieux incitant au respect de la parole divine et de la religion.

SIGNIFIANT forme graphique et sonore d'un mot.

SIGNIFIÉ sens d'un mot.

SITUATION DE COMMUNICATION ensemble des conditions réunies pour permettre à des individus de communiquer entre eux. La communication peut se faire par la parole, les gestes, l'image.

SITUATION D'ÉNONCIATION ensemble des conditions précises qui permettent de produire un énoncé: lieu, temps, personne qui s'exprime, personne à qui l'on s'adresse. **(v. ch. 1)**

SIZAIN strophe constituée de six vers.

SONNET poème d'origine italienne composé de deux quatrains et de deux tercets.

STÉRÉOTYPE opinion toute faite, acceptée sans examen; formule figée.

STROPHE groupe de vers qui constituent une unité.

STICHOMYTHIE au théâtre, échange de brèves répliques.

SUBORDINATION procédé syntaxique qui, dans une phrase complexe, relie des propositions principale et subordonnée par l'intermédiaire d'un mot subordonnant (pronom, adverbe, conjonction de subordination).

SUBSTITUT mot qui peut en remplacer un autre. **(v. ch. 15)**

SUBSTITUTION remplacement d'un mot par un autre.

SUFFIXE élément qui s'ajoute à la fin du radical d'un mot pour former un **dérivé***.

SUJET
– Dans l'énonciation, on désigne ainsi tout locuteur qui s'exprime à la première personne et émet un jugement, un sentiment.
– En grammaire, le terme de *sujet* désigne le mot qui, dans la phrase, commande l'accord du verbe.

SURRÉALISME mouvement littéraire et culturel du XXe siècle visant à l'exploration d'une réalité différente, une sur-réalité. **(v. ch. 33)**

SYLLOGISME raisonnement déductif à trois termes.
▸ *Tous les hommes sont mortels./Socrate est un homme./Donc Socrate est mortel.*

SYMBOLE être ou objet qui évoque, représente un élément abstrait ou absent.

SYMBOLISME mouvement littéraire de la seconde moitié du XIXe siècle, visant à explorer par les moyens du langage une réalité mystérieuse, profonde. **(v. ch. 32)**

SYNECDOQUE métonymie qui désigne un objet par l'une de ses parties ou bien une partie par le tout.

SYNÉRÈSE en poésie, fait de prononcer et de compter en une seule syllabe une suite de deux voyelles dont la première est *i*, *u*, *ou*.
▸ *«D'un trait meurtrier empourpré de son sang»* (Ronsard)
Le vers est un décasyllable, l'adjectif *«meurtrier»* doit donc se prononcer *meurtrer*.

SYNONYMES mots de sens identique ou presque identique.

SYNTAXE organisation des mots et des groupes de mots dans la phrase.

T

TERCET strophe constituée de trois vers.

TERREUR ET PITIÉ ces deux termes sont empruntés à la *Poétique* d'Aristote, qui définit ainsi l'attitude du spectateur (ou du lecteur) devant le tragique; on éprouve de la terreur devant la force d'une fatalité qui détruit tout, et en même temps de la pitié pour celui qui en est victime. **(v. ch. 45, ch. 49)**

THÉÂTRE DE BOULEVARD genre dérivé de la comédie de mœurs, fondé sur un comique populaire, et dont les intrigues tournent le plus souvent autour des mésaventures conjugales.

THÈME
- Dans une phrase, le thème est ce dont parle la phrase et ce sur quoi on va donner une information. (v. **PROPOS**)
- Dans un texte, le thème désigne le sujet, la notion dont parle le texte sous différentes formes.
▸ *l'amour, la mort, la fuite du temps...*

THÈSE dans le domaine de l'argumentation, jugement dont on cherche à prouver la validité.

TIRADE au théâtre, longue réplique qu'un personnage adresse d'un seul trait, sans interruption, à un ou à plusieurs personnages.

TRAGÉDIE genre théâtral dans lequel les personnages sont soumis à la fatalité. **(v. ch. 45)**

TRAGIQUE registre suscitant chez le lecteur une réaction de terreur et de pitié face aux malheurs de personnages écrasés par la fatalité, confrontés à des forces qui les dépassent. **(v. ch. 49)**

TRAITÉ ouvrage dans lequel un auteur expose les conclusions auxquelles il est arrivé sur un sujet donné.

TYPOGRAPHIE manière dont un texte est imprimé (choix des caractères, disposition dans la page, usage des blancs...).

TYPE LITTÉRAIRE personnage représentant un ensemble de caractères fixés par la tradition: le type de l'avare, du jaloux, de la coquette, de l'arriviste...

U, V

UTOPIE monde imaginaire dans lequel une organisation politique, économique et sociale idéale permet de réaliser la justice et l'harmonie. **(v. ch. 57)**

VALEURS principes, normes sur lesquels on se fonde pour formuler un jugement. Les valeurs peuvent être esthétiques, utilitaires, morales...
▸ *le beau/le laid; l'utile/l'inutile; le juste/l'injuste...*

VALEUR EXPRESSIVE certains procédés du langage comme l'intonation, certaines tournures syntaxiques, certaines formes de ponctuation permettent d'animer l'énoncé et de renforcer son expressivité.

VAUDEVILLE au XIXe siècle, comédie pouvant éventuellement comporter des parties chantées.

VERBES DE PAROLE ensemble des verbes qui, par leur sens, désignent le fait de parler, de s'exprimer par la parole:
▸ *dire, répondre, déclarer, murmurer...*

VERBES DE PENSÉE ensemble des verbes qui, par leur sens, désignent un jugement ou une opinion:
▸ *penser, confesser, avouer, juger, objecter, nier...*

VERBE INTRODUCTEUR verbe dont la fonction est d'introduire soit des paroles rapportées directement, soit des paroles rapportées indirectement.

VERS LIBRES vers n'obéissant pas aux règles traditionnelles de la poésie: régularité, usage de la rime.

VISÉE intention, but recherché.

VOIX ACTIVE le sujet est l'agent de l'action; il l'effectue.
▸ *Le jardinier* (sujet) *cultive des tomates.* (COD)

VOIX PASSIVE le sujet subit l'action; la phrase de la voix active est transformée: le COD devient sujet de la phrase passive et le sujet de la phrase active devient complément d'agent de la phrase passive.
▸ *Des tomates* (sujet) *sont cultivées par le jardinier.* (c. d'agent)

VOIX PRONOMINALE les verbes à la voix pronominale sont précédés d'un pronom personnel de même personne que le sujet. Leurs temps composés se forment à l'aide de l'auxiliaire *être*.
▸ *Elle se lève./Elle s'est levée.*

VRAISEMBLANCE on parle de vraisemblance à propos d'une œuvre littéraire quand les personnages et les situations qu'elle met en scène paraissent semblables ou conformes à la réalité, telle que le public la connaît.

Lexique de l'image

L'ANGLE

PLONGÉE : le sujet représenté, photographié ou filmé, est vu d'en haut, surplombé par le regard.

CONTRE-PLONGÉE : le sujet est vu du dessous.

ANGLE « NORMAL » : l'axe du regard par rapport au sujet représenté est horizontal.

LE CADRAGE

C'est l'opération qui inscrit le sujet représenté à l'intérieur d'un cadre. Le cadrage correspond donc à divers choix : choix d'un angle, d'un type de plan, usage de la profondeur de champ, de l'éclairage, répartition des masses à l'intérieur du cadre.

LE CADRE

Il est constitué par les limites de l'image. Dans le domaine de la peinture, il est souvent rectangulaire ; mais certains peintres utilisent des cercles, des ovales, voire des formes complexes. Dans ses dimensions et ses proportions, le cadre peut varier en fonction du projet du peintre.

Au cinéma, en raison des contraintes techniques de la projection, le choix du cadre est très limité.

LE CHAMP

LE CHAMP est la portion d'espace représentée, photographiée ou filmée, visible à l'intérieur du cadre.

LE HORS-CHAMP désigne l'espace qui n'apparaît pas dans le champ. Le hors-champ peut être constitué par l'espace contigu à ce que le champ nous en laisse voir ou par un espace beaucoup plus lointain. Dans le cas d'une image fixe, cet espace est imaginé par le spectateur ; au cinéma, le hors-champ peut nous être révélé à la faveur d'un changement de plan ou d'un mouvement de caméra.

La présence du hors-champ est souvent suggérée ; ainsi un regard vers le bord du cadre évoque un spectacle hors-champ qui nous demeure caché ; au cinéma, le hors-champ est fréquemment évoqué par le son.

LE CONTRECHAMP est la portion d'espace opposée au champ, qu'un changement d'angle de prise de vue permet de découvrir. La figure du « champ-contrechamp » fait alterner un champ et son contrechamp ; elle est souvent utilisée pour filmer un dialogue.

LA PROFONDEUR DE CHAMP : l'écran, la photographie, le tableau sont des surfaces planes donnant au regard du spectateur l'illusion de la profondeur. Dans la peinture classique, cette illusion est obtenue par le respect des lois de la perspective. Dans le cas du cinéma et de la photographie, selon l'objectif choisi et l'éclairage, il est possible de rendre nette ou floue une partie plus ou moins importante du champ : on peut ainsi obtenir des fonds flous ou, au contraire, la netteté sur l'ensemble du décor vu dans sa profondeur.

LE CLAIR-OBSCUR

Ce terme paradoxal désigne les techniques qui jouent sur le rapprochement de l'ombre et de la lumière et qui en accentuent les effets de contraste. Un des moyens les plus efficaces consiste à représenter sur le tableau lui-même la source lumineuse, une bougie dans la nuit par exemple.

LA COULEUR

Le rouge, le jaune et le bleu sont les **couleurs primaires** ; leur mélange donne les **couleurs complémentaires** (vert = bleu + jaune ; orangé = jaune + rouge ; violet : rouge + bleu). Rouge, jaune, orangé sont des couleurs chaudes ; bleu et vert, des couleurs froides.

Les rapprochements de couleurs ont des effets : les couleurs « appellent » et exaltent leur complémentaire si on les juxtapose. Le blanc augmente l'intensité des couleurs voisines, alors que le noir les atténue.

Les couleurs peuvent avoir des valeurs symboliques, variables selon les cultures et les contextes. Le bleu et le blanc symbolisent la pureté de la Vierge dans les peintures chrétiennes ; ils connotent la fraîcheur et le naturel sur les emballages de produits laitiers.

Une peinture en camaïeu utilise une seule et même couleur en différents tons.

LES FONDUS

Ce sont des procédés de ponctuation visuelle au cinéma.

FONDU AU NOIR : l'image s'obscurcit jusqu'à devenir noire avant qu'apparaisse l'image suivante.

FONDU ENCHAÎNÉ : au fur et à mesure que les dernières images d'un plan disparaissent, les images du plan suivant apparaissent.

LE MODELÉ

C'est l'ensemble des procédés qui créent sur une surface plane une impression de volume : il peut s'agir de hachures, de tons dégradés du sombre au clair, pour traduire le passage de zones en relief éclairées à des zones obscures. Le modelé contribue à l'effet de réalité dans la représentation des objets ou des corps, et traduit un effort pour égaler la sculpture dans l'imitation du réel.

La peinture moderne conteste cette volonté réaliste, et supprime volontiers le modelé au bénéfice des aplats, c'est-à-dire des couleurs franches juxtaposées sans dégradé.

LES MOUVEMENTS DE CAMÉRA

LE PANORAMIQUE (horizontal ou vertical) : la caméra pivote sur son pied.

LE TRAVELLING : la caméra se déplace pour s'avancer vers l'objet filmé (travelling avant), s'en éloigner (travelling arrière), suivre un objet en mouvement, parcourir un décor (travelling latéral ou vertical). Le travelling peut se combiner avec un panoramique. La caméra peut également donner l'impression de se rapprocher ou de s'éloigner de l'objet filmé par le procédé optique du **zoom** (ou travelling optique).

Quand la caméra demeure immobile, on parle de **plan fixe**.

LE PLAN

Ce terme peut avoir différentes significations.

• Il désigne **la disposition des objets dans la profondeur du champ** ; on parlera pour décrire une image de premier plan, de deuxième plan ou d'arrière-plan, allant ainsi du plus proche vers le plus lointain.

• On l'utilise pour décrire **la façon dont le sujet est cadré** (voir *échelle des plans*).

• Dans le tournage d'un film, on appelle plan tout ce qui est impressionné sur la pellicule entre la mise en marche de l'appareil de prise de vues et son arrêt. Dans le film achevé, les plans sont montés. Les plans réalisés au tournage sont coupés et associés à d'autres plans. Le terme de plan désigne alors **toute portion de film comprise entre deux collures réalisées par le monteur**. Dans le cas d'un plan de longue durée constituant à lui seul une séquence du film, on parle de **plan-séquence**.

L'ÉCHELLE DES PLANS

Elle désigne le rapport de surface entre la dimension de l'image et celle du principal motif représenté.

LE PLAN GÉNÉRAL (ou plan de grand ensemble) montre tout un paysage ou tout un décor ; les personnages, s'il y en a, sont plus ou moins noyés dans ce décor.

LE PLAN D'ENSEMBLE montre la totalité du décor ; la taille des personnages est réduite, mais certains détails peuvent être perçus par le spectateur.

LE PLAN DE DEMI-ENSEMBLE ne montre qu'une partie du décor et permet de saisir les personnages dans ce décor.

LE PLAN MOYEN cadre le personnage en pied.

LE PLAN AMÉRICAIN cadre le personnage à mi-cuisses.

LE PLAN RAPPROCHÉ cadre le personnage au niveau de la taille (plan rapproché taille) ou de la poitrine (plan rapproché poitrine).

LE GROS PLAN cadre le visage du personnage.

LE TRÈS GROS PLAN représente une partie du visage ou un détail d'objet.

LA PERSPECTIVE

Le terme désigne les procédés qui, sur une surface plane, donnent **l'illusion d'une troisième dimension**.

En Occident, depuis la Renaissance, c'est **la perspective dite géométrique ou centrale** qui domine : elle consiste à représenter les lignes parallèles par des lignes convergentes, qui se coupent en un point unique, appelé point de fuite, et situé au milieu de la ligne d'horizon. La taille des objets diminue en proportion exacte de leur distance à l'œil.

Dans d'autres cultures, ou dans la peinture moderne, **des conventions différentes** sont adoptées : la taille des objets ou des personnages peut dépendre de leur importance hiérarchique ; ou bien encore les plans s'étagent de bas en haut du tableau, ou sont signalés seulement par des changements de couleurs.

LES PROCÉDÉS DE REPRODUCTION

UNE ESTAMPE est une reproduction d'image imprimée à partir d'une planche gravée, en bois ou en cuivre.

UNE LITHOGRAPHIE reproduit une image à partir d'une gravure sur pierre.

L'IMPRESSION OFFSET s'effectue à partir d'un report de l'image sur un support de caoutchouc.

LA SÉRIGRAPHIE utilise une trame en soie pour reproduire une image.

LA TOUCHE

C'est **la trace du geste du peintre** restée visible sur le tableau ; elle dépend des outils employés (pinceaux plus ou moins fins, brosse, couteau) et de la matière étalée (plus ou moins épaisse). Elle est lisse ou granuleuse, large ou petite. Elle peut être effacée et masquée par des vernis.

La touche a fait l'objet de controverses : la laisser visible a été considéré tantôt comme un défaut (signe que le tableau n'était pas « fini », pas soigné), tantôt au contraire comme la manifestation de la « vraie » peinture, traduisant le geste créateur de l'artiste et son émotion.

Elle est particulièrement valorisée à partir de l'Impressionnisme.

Index des auteurs

Index des œuvres

Crédits photographiques

Couverture : fond : Félix Vallotton (1865-1925) – La Bibliothèque; Saint-Germain-en-Laye, musée du Prieuré (dépôt du musée d'Orsay) © Roger-Viollet ; htd Audrey Hepburn en 1954 © Bettmann/Corbis ; htm E. Labiche, La Cagnotte ; m. en s. : L. Serrano ; Théâtre de l'Ouest Parisien, Boulogne-Billancourt, 2005 ; avec Ph. Beautier, J.L. Cassarino, X. Czapla, J.B. Gillet, C. Leterme, E. Maglouyres, A. Paré, G. Perrot, F. Rose et B. Urbain. © Ramon Senera/Agence Bernand. ; basm Manuscrit de Paul Verlaine – Sagesse. BNF Paris ; BIS/Ph. Jeanbor © Archives Larbor ; basg Archives Nathan.

10 © Adagp, Banque d'images, Paris 2007 (détail repris P. 6ht) ; 17 © akg-images/D.R. ; 36 BIS/Ph. Michel Gounot © Archives Nathan ; 40 © M. Bellot/RMN ; 44 © H. Dubois/AFP ; 47 © Bridgeman-Giraudon © Adagp Paris 2007 ; 52 © Bridgeman-Giraudon © Adagp Paris, 2007 (détail repris P. 6bas) ; 56 BIS/© Archives Larbor ; 58 M.C. Escher's Symmetry drawing E22 © 2007 The M.C. Escher Company-Holland. All rights reserved. ; 60 BIS/Ph. A.B. © Archives Larbor ; 62 BIS/Ph. Jeanbor © Archives Larbor ; 64 BIS/Ph. Coll. Archives Larbor © Adagp, Paris 2007 ; 65 © Musée Rimbaud/Sipa © adagp Paris 2007 ; 68 © Bridgeman – Giraudon ; 69 BIS/Ph. Jeanbor © Archives Larbor ; 72 © Bridgeman – Giraudon/D.R. (détail repris P. 7ht) ; 79 BIS/Ph. Jeanbor © Archives Larbor ; 81ht BIS/Ph. © Archives Nathan ; 81bas BIS/Ph. Hubert Josse © Archives Larbor ; 83 © Bridgeman – Giraudon © Adagp Paris 2007 ; 84 BIS/Ph. Coll. Archives Larbor ; 85 © akg – images ; 86 © H. Lewandowski/RMN ; 88 BIS/Ph. Coll. Archives Larbor ; 89 BIS/Ph. Léonard de Selva © Archives Larbor ; 91 © Photos12.com – ARJ ; 92g © akg – images ; 92d © Elke Walford/BPK, Berlin, Distr. RMN ; 96 BIS/© Archives Larbor ; 97 BIS/Ph. J.L. Charmet © Archives Larbor ; 100 BIS/Ph. Hubert Josse © Archives Larbor ; 101 BIS/Ph. © Musée de Victor Hugo – Archives Larbor ; 103 © Jörg P. Anders/BPK, Berlin, Distr. RMN ; 104 BIS/Ph. © Archives Nathan ; 105 BIS/Ph. Coll. Archives Bordas ; 107g BIS/Ph. H. Josse © Archives Larbor ; 107d BIS/© Archives Nathan ; 108 © A. Danvers/RMN ; 109 BIS/© Archives Larbor ; 111 © E. Lessing/akg-images ; 112 © Photothèque R. Magritte – Adagp, Paris 2007 ; 114 © Bridgeman-Giraudon © Adagp, Paris 2007 ; 118 BIS/Ph. © The Museum of Modern Art, New-York © Adagp, Paris 2007 ; 122 © Geoffrey Clements/Corbis/D.R. (détail repris P. 7 bas) ; 124 © Horst Tappe/Rue des Archives ; 129 © Musées de la Ville de Paris, Maison de Balzac, Paris/Arch. Charmet/Bridgeman-Giraudon © Adagp Paris 2007 ; 130 © Hugh Shurley/Corbis ; 133 © Coll. Kharbine-Tapabor ; 134 BIS/Ph. Coll. Archives Larbor ; 136 BIS/© Archives Larbor ; 139 © akg-images ; 140 © H. Lewandowski/RMN ; 142 Coll. Christophe L. ; 145 BIS/Ph. Coll. Archives Nathan ; 147 BIS/© Archives Larbor ; 153 © Jean Dubout, www.dubout.fr ; 154 © G. Blot/RMN ; 157 © Erich Hartmann/Magnum. ; 161 © Bridgeman – Giraudon ; 162ht BIS/Ph. Bibliothèque de Grenoble © Archives Larbor ; 162bas BIS/Ph.© Archives Nathan ; 163 BIS/Archives Larbor. ; 164ht BIS/Ph. Coll. Archives Larbor ; 164bas BIS/Ph. P. Pascal © Archives Larbor ; 167 © Archives Charmet/Bridgeman-Giraudon © Adagp Paris 2007 ; 168 et 170 BIS/Ph. Coll. Archives Larbor © Editions Gallimard ; 172 BIS/Ph. © Archives Nathan ; 173 BIS/Ph. Léonard de Selva © Archives Larbor © Adagp, Paris 2007 ; 176 © M. Bellot/RMN ; 177 © Tessalit Productions ; 179 BIS/Ph. Michel Didier © Archives Larbor ; 189 © Photo12.com – Oronoz ; 190 © Victor Tonelli/maxppp ; 191 © Pascal Gely/Agence Bernand ; 192 © Ramon Senera/Agence Bernand ; 196 © BEP/F. Fernandes/Nice Matin/Maxppp. ; 197 © Ramon Senera/Agence Bernand ; 199 BIS/Ph. © Bibliothèque des Arts décoratifs – Archives Larbor © Adagp, Paris 2007 ; 204 © P. Victor/Maxppp ; 205 © J.P. Lozouet/Maxppp ; 207 © Pascal Gely/Agence Bernand ; 209ht © Brigitte Enguerand/Agence Enguerand Bernand ; 209basg © Lipnitzki/Roger-Viollet ; 209basd © Pascal Gely/Agence Bernand ; 210 © Enguerand – Bernand/T. ; 211 © Pascal Gely/Agence Bernand ; 213 © P. Victor/Maxppp ; 217g © H. Bréjat/RMN ; 217d © Adagp, Banque d'Images, Paris 2007 ; 220 © Barbier, Renn Production/Corbis Sygma. ; 230 © Nimatallah/akg-images © Estate of Roy Lichtenstein, New-York/Adagp Paris 2007 (détail repris P. 8 ht) ; 232 © Bridgeman-Giraudon ; 233 BIS/Ph. Coll. Archives Larbor ; 236 © P. Victor/Maxppp ; 237 BIS/Ph. © Musée des Beaux-Arts, Lille ; 240 BIS/Ph. Coll. Archives Larbor ; 241 © Nimatallah/akg-images ; 242 © akg-images © adagp Paris 2007 ; 244 © akg-images © Adagp Paris 2007 ; 245 © Bridgeman – Giraudon ; 248 © J.P. Lozouet/Maxppp ; 250 Ph. Jérôme Pilon/Rue des Archives/Collection CSFF ; 254 © H. Lewandowski/RMN ; 256 BIS/Ph. Antonia Reeve © Scottish National Gallery of Modern Art, Edimbourg/Coll. Archives Nathan © Adagp, Paris 2007 ; 259 © Brouck/Iconovox ; 261 © Lauros/Bridgeman-Giraudon ; 263 © Photothèque R. Magritte – Adagp, Paris 2007 ; 264 © Fred de Noyelle/GODONG (détail repris P. 8 m) ; 268 BIS/Ph. Luc Joubert © Archives Larbor ; 271 BIS/Ph. François Martin © Archives Larbor ; 274 © Sebastiao Salgado/Contact Press Images ; 276 © Bridgeman-Giraudon ; 277 BIS/Ph. Coll. Archives Larbor ; 278 © P. Kovarik/AFP ; 280ht © E. Lessing/akg-images ; 280bas © A. Danvers/RMN ; 282 BIS/Ph. Coll. Archives Larbor ; 283 BIS/Ph. Coll. Archives Larbor ; 284 © Costa/Leemage ; 288 © HPP/Ulf Andersen/Gamma ; 289 BIS/Ph. H. Josse © Archives Larbor ; 296 © Adagp, Banque d'images Paris 2007 (détail repris P. 8 bas) ; 298g © Thomas Coex/AFP © «SETE – Illuminations de Pierre Bideau» ; 298d © Musée d'Art Moderne de Paris/Roger-Viollet © L & M Services ; 299g © Bridgeman – Giraudon © Adagp Paris 2007 ; 299d © Gallimard Jeunesse ; 302 BIS/© Archives Larbor ; 303htg © UNESCO ; 303mg © UNICEF ; 303htd © D.R. ; 303md BIS/Ph. © Man Ray Trust/Adagp, Paris 2007/Collection Archives Larbor ; 303bas BIS/Ph. © Archives Nathan ; 304ht BIS/© Archives Larbor ; 304m © Christie's Images/Corbis © Adagp Paris 2007 ; 304bas © Dieterlen/photocuisine/Corbis ; 305htg © Rafael Valls Gallery, Londres/Bridgeman-Giraudon ; 305htd © David Seymour/Magnum ; 305bas © Archives Nathan ; 306ht 2 ph. F. Hanoteau ; 306bas BIS/© Archives Larbor ; 307ht © Peter Willi/Bridgeman-Giraudon ; 307bas © Photo CNAC/MNAM Distr. RMN – Jacques Faujour © Adagp, Paris 2007 ; 308 BIS/Ph. Coll. Archives Nathan ; 309 © Collection Kharbine – Tapabor ; 310ht BIS/Ph. Coll. Archives Larbor ; 310md © Mike Clarke/AFP ; 310bas © Fototeca/Leemage ; 311 BIS/Ph. Coll. Archives Larbor – Adagp, Paris 2007 ; 312 © Univers Poche ; 313ht © Wozniak ; 313bas © Elliott Erwitt/Magnum ; 314 BIS/Ph. Hubert Josse © Archives Larbor ; 315g © Adagp Paris 2007 ; 315d © akg-images ; 316ht © Rabatti – Domingie/akg-images ; 316basg © Joseph Martin/akg-images © The estate of Francis Bacon – Adagp Paris 2007 ; 316basd © Editions Grasset ; 317htg © Le Livre de poche ; 317htd © Editions Flammarion ; 317bas © E. Lessing/akg-images ; 318/319 11 photogrammes © Les Films Jean Giono/D.R. ; 322 8 photogrammes :© Cipango/D.R. ; 323/324 13 photogrammes : © Warner Bros/D.R. ; 325 11 photogrammes : © Dacia Films/D.R. ; 326 © Bridgeman-Giraudon © Succession Picasso 2007 (détail repris P. 9 ht) ; 329 BIS/Ph. Coll. Archives Larbor ; 330 © Denis/REA ; 334 BIS/Ph. Coll. Archives Larbor ; 336 © BNF ; 337 BIS/Ph. Jeanbor © Archives Larbor ; 340 BIS/Ph. J.L. Charmet © Archives Larbor ; 342 BIS/Ph. © Archives Nathan ; 344ht BIS/Ph. Frédéric Hanoteau © Archives Nathan ; 344basg © Gérard Blot/RMN © Adagp Paris 2007 ; 344basd © The estate of Jean-Michel Basquiat/Adagp, Banque d'Images, Paris 2007 ; 350 © Bridgeman – Giraudon © Adagp Paris 2007 (détail repris P. 9 bas) ; 352 © Photo12.com – Oronoz © Succession Picasso Paris 2007 ; 357 BIS/Ph. H. Josse © Archives Larbor ; 359 BIS/© Archives Larbor ; 362 © Bridgeman – Giraudon ; 365 © Roger-Viollet. ; 368 © H. Cartier-Bresson/Magnum ; 371 © akg-images/DR ; 373 © Bridgeman – Giraudon/D.R. ; 377ht © Pascal Gely/Agence Bernand ; 377bas © Ramon Senera/Agence Bernand ; 386 © HPP/Micheline Pelletier/Gamma ; 394 © Collection Kharbine – Tapabor ; 396 BIS/Ph. © Archives Nathan ; 399ht © Agence Bernand ; 399bas © Benoite Fanton/CIT'en scène ; 400 © HPP/Izis Bidermanas/Rapho ; 403 © The Granger Collection NYC/Rue des Archives ; 408 BIS/Ph. Coll. Archives Larbor ; 411 BIS/Ph. Coll. Archives Larbor © Adagp, Paris 2007 ; 413 © Bridgeman – Giraudon ; 415ht © Pascal Gely/Agence Bernand ; 415bas © Pascal Gely/Agence Bernand

Direction éditoriale	Marie-Hélène Tournadre
Édition	Annie Chouard
Conception graphique	Marc & Yvette
Couverture	Favre & Lhaïk
Mise en pages	Patrick Deiller, Marina Smid
Iconographie	Laurence Vacher
Correction	Michèle Aguignier

N° d'éditeur : 10137391 - Dépôt légal avril 2007 - Photogravure : IGS-CP L'Isle d'Espagnac - Imprimé en Italie par STIGE.